U0567955

国家哲学社会科学成果文库

NATIONAL ACHIEVEMENTS LIBRARY
OF PHILOSOPHY AND SOCIAL SCIENCES

汉语词类史稿

周生亚　著

中国人民大学出版社

周生亚 1934年11月生，辽宁清原人，中国人民大学文学院教授。1961年吉林大学中文系语言专门化毕业，1965年吉林大学中文系汉语史专业研究生毕业。1979—1999年，在中国人民大学中文系古代汉语教研室任教，历任讲师、副教授、教授。1990—1992年，受国家教委派遣，赴捷克查理大学讲学两年。

作者长期从事古代汉语、汉语史教学工作和汉语语法史研究工作。已发表的重要论文有《"莫"字词性质疑》（1964）、《论上古汉语人称代词繁复的原因》（1980）、《否定副词"非"及其否定的结构形式》（1998）、《论否定副词"毋""勿"用法的分合问题》（2001）及《说"否"》（2004）等20多篇；译文有[日]牛岛德次《关于"何以为"的"为"字》（1989）、[日]牛岛德次《〈史记〉和〈汉书〉中的数词》（1995）；个人专著有《古代诗歌修辞》（1995）、《古籍阅读基础》（1996、2011）、《古代诗歌语法》（2004）及《〈搜神记〉语言研究》（北京市社科基金资助项目，2007）；合写的著作有《古代汉语》（两册本，主持编写，1998）、《古代汉语词典》（主要撰稿人之一，1998）及《求是园诗词选集》（合作主编，2002）等等。

作者的信念是：夕影流光无限好，自当扬鞭奋马蹄。

《国家哲学社会科学成果文库》
出版说明

　　为充分发挥哲学社会科学研究优秀成果和优秀人才的示范带动作用，促进我国哲学社会科学繁荣发展，全国哲学社会科学规划领导小组决定自 2010 年始，设立《国家哲学社会科学成果文库》，每年评审一次。入选成果经过了同行专家严格评审，代表当前相关领域学术研究的前沿水平，体现我国哲学社会科学界的学术创造力，按照"统一标识、统一封面、统一版式、统一标准"的总体要求组织出版。

全国哲学社会科学规划办公室
2011 年 3 月

目　录

CONTENTS

引　言

　　汉语语法史是由两部分组成的：一是汉语词类史，二是汉语句法史。本书所研究的内容仅限于汉语词类史。汉语有几千年的发展史。汉语词类史和汉语句法史，在长期发展中融为一体，相互影响，相互促进，两者的关系是密不可分的。但是，从汉语发展的总趋势而言，词法和句法的发展并非始终是平衡的。事实是，词是造句的基础，词类是句法构成的基础，词类史的发展也必然是句法史发展的基础。因此，可以推知，研究汉语词类史对研究汉语句法史，乃至整个汉语语法史而言，实在是一项极其重要的基础性"工程"。

　　在词类发展中，词义变化当居其首。也可以这样说，词义的变化是词类产生、发展的起点。无数语言事实都可以证明，汉语词义分化是促成词类分化的根本因素。如名词、动词、形容词的产生和分化，动词内部的分化，序数的产生和量词的细化，介词的产生以及动态助词的产生和发展，等等，无一不是和词义变化有关。

　　纵观汉语语法史的历史发展，词类史和句法史的发展变化是密切相关的。总括汉语句法的历史发展，可用三大发展规律来加以概括。这三大规律就是扩展律、易位律（或称"交换律"）和紧缩律。扩展律是指句子成分的扩充和句式的发展，是指汉语句子由单一结构逐渐走向复杂连锁的变化过程。易位律是指句子的结构成分由于语言发展而产生的位置变化。紧缩律是指句子结构在发展中由扩展再次走向紧缩的历史过程。这种紧缩，并非简单的整合或压缩，而是句子结构复杂化的另种表现形式而已。语言历史可以证明，汉语句法发展的三大规律，无一不是同词类发展息息相关的。如主谓结构作宾语问题（句式扩展），否定句、疑问句中代词宾语的位置问题及处所状语、处所补语的位置问题（句式易位），还有连动句、兼语句、紧缩句的产生问题（句式紧缩），等等，也无一不是同动词词类变化有关。

　　研究任何一种语言历史都要有正确的观点、材料和方法，汉语史研究当然也不能例外。我们研究汉语语法史，除了要有正确的观点和科学的方法外，对史料（语料）的正确处理就成为关键的一环。大家知道，中国古代文献浩如烟海，但并不是任何一种文献都可用为语法史研究资料的。资料的选择是服务于研究对象和研究目的的，因此用于研究汉语语音史、词汇史和语法史的资料选择各不相同。从实践中，我深深地感到，用于语法史研究的资料，至少应具备三个特点：一是历史性。历史即时间，也就是说时间不能弄错。任何一种语言现象的变化或规律的形成，都不可能是以年月日、时分秒的精确时间去计算的。这里说的时间是比较宽泛的，当以时代为准。二是典型性。典型即规范，即标准。用于概括语法规律的资料不是越多越好，而是一定要典型。典型，则真实可靠。没有经过校勘的资料不可轻易引用。材料多了杂了，反而不易得出正确的结论。三是口语性。中国许多古代文献语言，风格上都显得十分凝重，古文言气息几乎无处不在。唐宋时代，汉语已发生了重大变化，但八大家的散文语言仍然古风犹存，这是汉语书面语言滞后口语的最典型的例子。根据上述原则，本书在使用材料上已经注意到了以下几个问题：

一、地上资料和地下资料

　　地上资料是指传世文献资料，地下资料是指考古发现的语言文字资料。首先，我们应当承认，考古资料对揭示字词本义及纠正古籍流传中的讹误都非常有用。如：

　　①左师触詟愿见赵太后，太后盛气而揖之。（《战国策·赵策四》）
　　②左师触龙言愿见太后，太后盛气而胥之。（《史记·赵世家》）
　　③左师触龙言愿见，大（太）后盛气而胥之。（《战国从横家书·触龙见

赵太后章》)

例①②，今本《战国策·赵策四》中的"触詟""揖"，《史记·赵世家》作"触龙言"和"胥"，两者孰是孰非，如果一时还难以确定的话，那么例③可以证明，《史记》的文字是对的。1973年底，长沙马王堆三号汉墓中出土了大批帛书。1976年由文物出版社出版的《战国从横家书》，只是其中的一种。对上古汉语前期语言的认识，最管用的地下资料还是甲骨文和金文。但也毋庸讳言，由于考释上疑点重重，加上大量汉字还无法解读，所以地下资料的作用也是有限的。要写成一部完整的汉语语法史，还得主要靠地上资料，这就是本书的观点。

二、口语资料和史书资料

上古汉语里，应当承认，书面语言和口语基本上是一致的。否则我们很难设想，上古时代的书面语言是完全脱离口语而独立存在的。今天读起来，《尚书》的语言与《论语》《孟子》的语言，与《史记》的语言确有不同，但那是由于时代的变化或文体的差异而带来的异感，并非语言本身有什么问题。但话又说回来，任何一种文学语言都是在口语之上经过文字加工而成的，和口语完全一致的书面语言是不存在的。总之，无论怎么说，两汉以后，言文确实分家了，形成了同一种民族语言之内的两种不同的表达系统：一是古文言系统，二是古白话系统。历代史书资料基本上都属于第一个表达系统；魏晋时期的志怪小说，南北朝时期的轶事小说以及后来的唐人小说，唐五代变文、宋元话本，再到元杂剧、明清小说等等，都是属于第二个表达系统。我们研究汉语语法史，材料上看重的是第二个表达系统，而不是第一个表达系统。一般来说，史书的语言是保守的，所以我们主张两汉以后，除了《史记》《宋书》等少量史书外，一般不要以史书为资料，至于唐宋以后，更该如此。说史书的语言是保守的，是有根据的。请比较：

①元伯临终，叹曰："恨不见我死友。"（《搜神记》，卷十一）

②元伯临尽，叹曰："恨不见吾死友。"（《后汉书·独行列传》）

①后盘瓠衔得一头，将造王阙。王诊视之，即是戎吴。（《搜神记》，卷十四）

②下令后，槃瓠遂衔人头造阙下，群臣怪而诊之，乃吴将军首也。(《后汉书·南蛮西南夷列传》)

①子未忘我，岂得相及？(《搜神记》，卷十一)

②子未我忘，岂能相及？(《后汉书·独行列传》)

以上三组六例，虽然记叙的事情相同，但用词和句式却不一样。经比较，我们会发现，《搜神记》的用词造句更接近口语，是代表中古汉语的发展方向的。

三、本土资料和译经资料

近些年来，汉译佛经语言成为语言学界关注的一个热点，并且也实实在在地推出了一批新的研究成果。大家知道，研究现代汉语语法，谁都不会去使用翻译资料，因为现代有足够多的资料供你去分析，去概括。可是古代却有所不同。汉译佛经资料之所以难能可贵，即在于它能从另一个侧面为我们提供观察中古汉语，尤其是前期中古汉语口语化的窗口。但是，话又说回来，译经毕竟是译经，它的语言会随着译者对双语（汉语和梵文）的不同理解和实际操作水平的不同而不同。如：

①然此众生皆已衰老，年过八十，发白面皱，将死不久，我当以佛法而训导之。(后秦·鸠摩罗什译：《法华经·随喜功德名品》，卷六)

②一切大众，叹未曾有，而皆自见坐宝莲华。(后秦·鸠摩罗什译：《维摩诘经·佛国品》，卷上)

例①②，"将死不久""叹未曾有"，这显然都不是纯正的汉语表达方式。著名东方学家季羡林先生说："如果仔细推究起来，就连这一位号称'转能汉言'的鸠摩罗什，也并不能华梵兼通。……外国来华的高僧，不管他们的汉文学到什么程度，因为他们毕竟是外国人，所以必须同中国僧人配合协作，才能把翻译的工作做好。"[1] 由此可知，我们引用汉译佛经资料应当谨慎从事，应当本着一个最基本的原则：合我者用，不合者去。因为我们引用译经资料的目的是为了研究汉语，而不是为了评判译文水平的高低对错。

---

[1]　季羡林：《朗润琐言》(修订版)，人民日报出版社 2013 年版，第 303 页。

还有汉语词类史研究中，我们也会碰到一些语言接触资料，如元明时代的蒙式汉语就是。如：

①孔夫子说，这孝道在天是经；在地是义；在人呵，便是德行有。（元·贯云石：《孝经直解·三才章》）

②祭奠呵，不忘了父母有；小心行呵，不辱末了祖上有。（元·贯云石：《孝经直解·感应章》）

③皇帝在金石上坐着，说道："那两个人是甚么人？拿了有！"（明·哈铭：《正统临戎录》）

④（老哈父子）近前叩头进马乳毕有。（明·哈铭：《正统临戎录》）

例①—④，这些缀于句末的"有"字，显然都不是汉语成分。有的学者已经指出，这类"有"字都同蒙古语底层的时体标志有关。

还有，引用由古代朝鲜人编写的汉语课本《老乞大》《朴通事》也应当注意。《老乞大》和《朴通事》的作者和具体的成书时间已无可考。两书于十五世纪初叶，在朝鲜就广为流传。十五世纪初叶相当于明成祖时代。有的学者认为"《老乞大》《朴通事》所记录的是北京话的词汇和语法"①，但实际上两书所记录的并非全是当时的"北京话"（北京元时称大都，明清时称京师，通称北京），其中也夹杂了不少东北方言。其中有些词汇至今仍活在今天的沈阳话里。如：

①我的赤马害骨眼，不住的卧地打滚。（《朴通事》）

②你去更鼓楼北边王舍家里，买将一两疥药来搽一遍，便成疙滓都吊（掉）了。（《朴通事》）

③伙伴，你将料捞出来，冷水里拔着。（《老乞大》）

④攀胸下滴溜着一个珠儿网盖儿罕答哈。（《朴通事》）

⑤跳冬瓜跳西瓜，跳的河里仰不搽。（《朴通事》）

⑥松柏桧栗诸杂树上，缠着乞留曲律藤。（《朴通事》）

⑦那西壁厢打一流儿短墙，上面画六鹤舞琴。（《朴通事》）

例①，"骨眼"，名词，指牛马等家畜得的一种眼病。例②，"疙滓"，名词，今作"嘎渣儿"，指疮口将愈时结成的疮痂。例③，"拔"，动词，指把

---

① 谢晓安等：《〈老乞大〉与〈朴通事〉语言研究》，兰州大学出版社1991年版，前言第2页。

东西浸在冷水里，使之变凉。例④，"滴溜"，动词，悬着，垂着。例⑤，"仰不搭"，动词或形容词，今作"仰八叉"，指人摔倒后，脸朝上，四肢分开的动作或样子。例⑥，"乞留曲律"，状态形容词，义指弯弯曲曲。例⑦，"一流儿"，形容词，今作"一溜儿"，指一排或一行。

四、散文资料和韵文资料

这里说的散文资料，是指一切的非韵文资料。我们研究汉语语法史，必须以散文资料为主。韵文资料，其中主要是诗歌语言，最大的特点是语言极其精练，结构常常变异，与反映自然语言的口语有较大的区别，所以应尽量少引用。请比较：

①日之夕矣，羊牛下来。(《诗经·王风·君子于役》)
②公尸燕饮，福禄来下。(《诗经·大雅·凫鹥》)
③愿得归来兮天从欲，再还汉国兮欢心足。(汉·蔡琰：《胡笳十八拍》)
④腊月来归，不敢自言苦。(汉·无名氏：《孤儿行》)

例①，"下来"是个连动结构，不是动补结构。郑笺云："鸡之将栖，日则夕矣，羊牛从下牧地而来，言畜产出入尚使有期节，至于行役者乃反不也。"郑玄的解释十分清楚，"从""下""来"是个连动结构。"来"指归来，词义没有虚化，所以"下来"也可说成"来下"(如例②所示)。例③，"归来"仍是连动结构，所以也可说成"来归"(如例④所示)。

本书写作虽然以问题为纲，但在具体问题论述中仍以史为线索。关于汉语史分期问题，我仍坚持在《〈搜神记〉语言研究》一书中提出的看法：

上古汉语
前期（商和西周）：公元前 1600—前 771 年。
中期（春秋和战国）：公元前 770—前 221 年。
后期（秦和两汉）：公元前 221—公元 220 年。

中古汉语
前期（魏和两晋）：公元 220—公元 420 年。
中期（南北朝）：公元 420—公元 589 年。
后期（隋唐和五代）：公元 581—公元 960 年。

近古汉语

前期（两宋和辽金）：公元 960—公元 1279 年。

中期（元明）：公元 1271—公元 1644 年。

后期（清）：公元 1644—公元 1911 年。

任何一种语言变化都不可能以十分精确的时间去计算的。所以我们参照中国历史年表，作如上区分，也只能是个大概值而已。当然，语言的发展变化绝不等于改朝换代，更不是什么具体历史事件有始有末，但这种变化仍然是有其自身标准的。对于汉语史的分期标准问题，本书仍然认为，当作语音、词汇和语法方面的综合性考察，而其核心标准仍是语法。这一点是已故的著名语言学家王力先生提出来的[①]，我们认为王先生的观点是对的。

---

①　王力：《汉语史稿》，上册，科学出版社 1958 年版，第 34 页。

第一章

名词史

一、名词的产生

人类最古老的语言，即原始语言（或称"祖语"），到底是什么样的，我们只能处于推测或想象之中。就汉语而言，自有文字记录开始，我们所看到的汉语，已经是高度发达的语言了。商代的甲骨刻辞，由于受到书写条件的限制，显得异常古老而单纯。但有一点是可以肯定的：这绝不可能是商代口语最真实的记录。

从发展来说，在商代语言之前，应当还存在原始汉语和远古汉语两个阶段（关于这一点，下面《动词史》部分还会谈到）。这里所谈的词类产生问题，自然是以有文字记录的商代语言为起始阶段的。语言是发展的，语音、词汇、语法都是属于一定的历史范畴的。汉语词类也是一样，不会古今一貌，自然有其发生、发展的历史。

汉语名词，作为词类，它应当是最早产生的。我们可以作这样的推想：在原始汉语里，即从有声语言产生的第一天算起，周围事物就是人们认知的首要对象。因此说，语言中首先产生名词是很自然的。从上古汉语前期的史料来看，甲骨文、西周金文和《尚书》中都涌现出大量名词。这些名词，除少部分为抽象名词外，大部分都是具体名词、专用名词、方位名词和时间名词。我们可以通过数据来考察一下各种词类在文献中的分布情况。如：

甲骨文、西周金文、今文《尚书》词类分布统计表（抽样调查）

词频 文献＼词性	名词	动词	形容词	数词	量词	代词	副词	介词	连词	助词	叹词	总计
《殷契粹编》（第3、8、26、32、69、88、91、93、100、101、108、110 片）	49	22	7	9	0	0	7	7	1	0	0	102
《大盂鼎》（康王时器，291 字）	104	75	15	20	3	24	12	6	10	2	1	272
《兮甲盘》（宣王时器，133 字）	49	28	4	5	1	9	12	2	2	0	0	112
《尚书·盘庚》（商书，1283 字）	299	374	88	13	0	171	142	49	26	44	3	1209
《尚书·大诰》（周书，649 字）	188	171	44	2	0	84	72	15	19	12	5	612

说明：①甲骨文干支名按时间名词计算。

②《大盂鼎》"在雩御事叔酉无敢酘"句，"酘"字不识。由上下文推之，当是动词。或释"醯"，义为贪酒。又"王曰𠬪，令女盂井乃嗣且南公"句，"𠬪"字不识。旧或释"於"、"若"或"而"等，当是叹词。又"𤔲𡥨□自乎土"句，"𡥨"字不识，且下文残泐不清。由上下文推之，当是连用的两个动词，暂以动词计两次。

③《兮甲盘》"至于南尸"句，"淮""尸（夷）"下各有重文符号一次，当下属，另读，故"淮尸（夷）"词频按两次计。又"兮甲吉父"即"兮甲"，"兮白（伯）"和"吉父"各计一次，作两个词处理。

④《大盂鼎》以下四篇文献，其中助动词均计入动词，不另立项。

由上表中，我们可以看出，在甲骨文、金文以及《尚书》中，名词所处的比重是相当大的。这就促使我们作出另种推测：在原始汉语或稍后的远古汉语里，作为词类产生的顺序，也许名词和动词本来就是同源的，即同一个单音节词，既是一个事物的名称，又是对这一名称的陈述或说明。正因为如此，所以在后来的上古汉语里，才多有名词用为动词情况的发生。这也许就是上古汉语"词类活用"问题的最本质的一面。名词和动词是构成句子最重要的两根支柱，这在甲骨文中也可得到证实。陈梦家先生说："构成卜辞最重要的两种词，是代表事物本身与事物的动作者，亦即所谓名词与动词。"① 陈先生的观点是对的。

甲骨文、金文和《尚书》中都存在名词用为动词的情况，并且到了上古汉语中期和后期，这种情况更为普遍。如：

①甲申卜：今日亥，不雨。(《粹编》，784)

②膺受大命，率怀不廷方。(《毛公鼎》)

③若考作室，既厎法，厥子乃弗肯堂，矧肯构？(《尚书·大诰》)

例①，"雨"，动词，指下雨。例②，"廷"，动词，指到朝廷朝见。例③，"堂"，动词，指打地基；"构"，动词，指架木为屋。到了上古汉语的中后期，这种情况更为常见。请比较：

①中田有庐，疆场有瓜。(《诗经·小雅·信南山》)(庐：名词，窝棚。)

②立戴公以庐于曹。(《左传·闵公二年》)(庐：动词，寄居。)

①从者病，莫能兴。(《论语·卫灵公》)(病：动词，患病。)

②今病小愈。(《孟子·公孙丑下》)(病：名词，疾病。)

①巧笑倩兮，美目盼兮。(《诗经·卫风·硕人》)(目：名词，眼睛。)

②目于眢井而拯之。(《左传·宣公十二年》)(目：动词，见。)

①祸福无门。(《左传·襄公二十三年》)(福：名词，福气。)

②祭余，余福女。(《左传·成公五年》)(福：动词，赐福。)

①邛夫人使弃诸梦中，虎乳之。(《左传·宣公四年》)(乳：动词，哺乳。)

②口中无齿，食乳。(《史记·张丞相列传》)(乳：名词，乳汁。)

①君父之命不校。(《左传·僖公五年》)(命：名词，命令。)

②命子封帅车二百乘以伐京。(《左传·隐公元年》)(命：动词，指派，派遣。)

①股无胈，胫不生毛。(《韩非子·五蠹》)(毛：名词，汗毛。)

②君如矜此丧人，锡之不毛之地。(《公羊传·宣公十二年》)(毛：动词，生长。)

①上下交征利而国危矣。(《孟子·梁惠王上》)(利：名词，利益。)

②虞公贪，利其璧与马而欲许之。(《韩非子·十过》)(利：动词，

---

① 陈梦家：《殷虚卜辞综述》，中华书局 1988 年版，第 91 页。

贪图。）

①崔子弑齐君。（《论语·公冶长》）（君：名词，国君，君主。）

②晋灵公不君。（《左传·宣公二年》）（君：动词，不为君道。）

①杀人以梃与刃，有以异乎？（《孟子·梁惠王上》）（刃：名词，有锋刃类的刀剑。）

②与人刃我，宁自刃。（《史记·鲁仲连邹阳列传》）（刃：动词，杀。）

①弃甲曳兵而走。（《孟子·梁惠王上》）（兵：名词，兵器。）

②左右欲兵之。（《史记·伯夷列传》）（兵：动词，杀。）

①四海之内若一家。（《荀子·儒效》）（家：名词，家庭。）

②乐羊死，葬于灵寿，其后子孙因家焉。（《史记·乐毅列传》）（家：动词，居住。）

①晋作六军。（《左传·成公三年》）（军：名词，军队。）

②楚子伐随，军于汉、淮之间。（《左传·桓公八年》）（军：动词，驻扎。）

①我辞，姬必有罪。（《左传·僖公四年》）（罪：名词，罪过。）

②桀纣罪人，其亡也忽焉。（《左传·庄公十一年》）（罪：动词，责罚。）

①虽鞭之长，不及马腹。（《左传·宣公十五年》）（鞭：名词，鞭子。）

②公子怒，欲鞭之。（《左传·僖公二十三年》）（鞭：动词，鞭打。）

①君薨，百官总己以听于冢宰三年。（《论语·宪问》）（官：名词，官吏。）

②诸弟子儒生随臣久矣，与臣共为仪，愿陛下官之。（《史记·刘敬叔孙通列传》）（官：动词，授官。）

①夫子休，就舍待命。（《庄子·说剑》）（舍：名词，馆舍。）

②旄象豹胎，必不衣短褐而舍茅茨之下。（《韩非子·说林上》）（舍：动词，居住。）

名动同形，这或许就是原始汉语或远古汉语名动同形同源的残留。但是，随着汉语词类的发展，随着语言表达精准、明确的需要，随着汉语由单音节语过渡到句子结构的需要，名动不可能永远同形同体，必然要产生分化。分化是有条件的。这个条件，借助于上古汉语的语言事实，我们认为主要有以下四点：

第一，语音手段。

　　汉语是有声调的语言。名动同形的词，可以通过声调的变化来显示名动有别。如：

　　①王好战，请以战喻。(《孟子·梁惠王上》)

　　②七十者衣帛食肉，黎民不饥不寒，然而不王者，未之有也。(《孟子·梁惠王上》)

　　③王王赵，非楚意。(《史记·张耳陈余列传》)

　　④会有张良、樊哙之救，卒得免脱，遂王天下。(《论衡·吉验》)

　　例①③的第一个"王"字，名词，音 wáng。例②④和例③的第二个"王"字，动词，音 wàng，义为称王。又如：

　　①卫文公大布之衣，大帛之冠。(《左传·闵公二年》)

　　②解衣衣我，推食食我。(《史记·淮阴侯列传》)

　　③沛公不好儒，诸客冠儒冠来者，沛公辄解其冠，溲溺其中。(《史记·郦生陆贾列传》)

　　例①②的第一个"衣"字，名词，音 yī。例①③的第二、第三个"冠"字，名词，音 guān。例②的第二个"衣"字，动词，音 yì，义为给衣穿。例③，第一个"冠"字，动词，音 guàn，义为戴帽子。例②，第一个"食"字，名词，音 shí，食物；第二个"食"字，动词，音 sì，义为使……食。又如：

　　①丑父使公下，如华泉取饮。(《左传·成公二年》)

　　②饮余马于咸池兮，总余辔乎扶桑。(《楚辞·离骚》)

　　③其为气也，至大至刚，以直养而无害，则塞于天地之间。(《孟子·公孙丑上》)

　　④其乡人曰："肉食者谋之，又何间焉？"(《左传·庄公十年》)

　　例①，"饮"，名词，音 yǐn，饮料，水。例②，"饮"，动词，音 yìn，义为使……饮。例③，"间"，名词，音 jiān，表方位，与"中"同义。例④，"间"，动词，音 jiàn，义为参与。

　　当然，上古汉语中也有许多材料可以证实，名动虽同形同体，但也可同音。请比较：

　　①天油然作云，沛然下雨。(《孟子·梁惠王上》)(雨：名词，雨水。)

　　②宋有富人，天雨墙坏。(《韩非子·说难》)(雨：动词，降雨。)

①闻鼓声而进，闻金声而退。（《荀子·议兵》）（鼓：名词，战鼓。）

②填然鼓之，兵刃既接，弃甲曳兵而走。（《孟子·梁惠王上》）（鼓：动词，击鼓进攻。）

①寤寐无为，辗转伏枕。（《诗经·陈风·泽陂》）（枕：名词，枕头。）

②饭疏食饮水，曲肱而枕之，乐亦在其中矣。（《论语·述而》）（枕：动词，枕着。）

①（子舆）裹饭而往食之。（《庄子·大宗师》）（饭：名词，饭食。）

②有一母见信饥，饭信。（《史记·淮阴侯列传》）（饭：动词，给……饭吃。）

①宗庙之事，如会同，端章甫，愿为小相焉。（《论语·先进》）（相：名词，司仪，仪式的主持人。）

②季孙相鲁，子路为郈令。（《韩非子·外储说右上》）（相：动词，为相。）

第二，字形手段。

有些名动同形的词，可以通过变换字形的方式来表示词性的不同。字形的改变，反映的是词义的分化。请比较：

①鱼不可脱于渊。（《老子》第三十六章）（鱼：名词，一种水生动物。）

②公将如棠观鱼者。（《左传·隐公五年》）（鱼：动词，捕鱼。）

③譬之若渔深渊，其得鱼也大。（《吕氏春秋·决胜》）（渔：动词，捕鱼。）

①秋，叔孙侨如围棘，取汶阳之田。（《左传·成公三年》）（田：名词，田地，土地。）

②初，宣子田于首山，舍于翳桑。（《左传·宣公二年》）（田：动词，畋猎。）

③荆文王得茹黄之狗，宛路之矰，以畋于云梦，三月不反。（《吕氏春秋·直谏》）（畋：动词，畋猎。）

①无恒产而有恒心者，惟士为能。（《孟子·梁惠王上》）（士：名词，士人。）

②以宅田、士田、贾田，任近郊之地。（《周礼·地官·载师》）（士：动词，同"仕"。取郑玄说，见贾疏。）

③终身不仕，以快吾志焉。(《史记·老子韩非列传》)(仕：动词，做官。)

以上三组，凡九句，"鱼""鱼"、"田""田"、"士""士"，一名一动，名动同形，而"渔""畋""仕"当是因词义分化而带来的字形分化的结果。

第三，词汇手段。

名动同形的词，其中的动词也可以被音形不同的另一个同义动词所取代。请比较：

①日有食之，于是乎用币于社，伐鼓于朝。(《左传·庄公二十五年》)(鼓：名词，钟鼓之鼓。)

②儒者鼓瑟乎？(《韩非子·外储说左下》)(鼓：动词，击，弹奏。)

③贺司空入洛赴命，为太孙舍人，经吴阊门，在船中弹琴。(《世说新语·任诞》)(弹：动词，弹奏。)

①僖负羁之妻曰："吾观晋公子之从者，皆足以相国。(《左传·僖公二十三年》)(妻：名词，男子的配偶。)

②妻帝二女而取天下，不可谓义。(《韩非子·忠孝》)(妻：动词，娶。)

③公之未昏于齐也，齐侯欲以文姜妻郑太子忽。(《左传·桓公六年》)(妻：动词，嫁给。)

④开章之淮南见长，长数与坐语饮食，为家室娶妇，以二千石俸奉之。(《史记·淮南衡山列传》)(娶：动词，迎女子过门成亲。)

⑤那可嫁女与之？(《世说新语·方正》)(嫁：动词，出嫁。)

①病愈，我且往见。(《孟子·滕文公上》)(病：名词，疾病。)

②弥子瑕母病。(《韩非子·说难》)(病：动词，得病。)

③卫思因，经日不得，遂成病。(《世说新语·文学》)(成：动词，变成，成为。)

④昔摩罗国有一刹利，得病极重，必知定死。(《百喻经·二子分财喻》)(得：动词，得上，患上。)

⑤主人问病，(小儿)曰："患疟也。"(《世说新语·言语》)(患：动词，得上，患上。)

以上三组，凡十三句，"鼓""鼓"、"妻""妻"、"病""病"，一名一动，名动同形，而"弹""娶""嫁""成""得""患"诸词，当是因义分化而用同义动词取代的结果。

第四，语法手段。

所谓语法手段，就是指通过复音构词或动宾结构形式来达到区分名动同形的目的。请比较：

①楚人执之，将以衅鼓。（《左传·昭公五年》）（鼓：名词，钟鼓之鼓。）

②齐侯亲鼓，士陵城。（《左传·成公二年》）（鼓：动词，击鼓。）

③坎其击鼓，宛丘之下。（《诗经·陈风·宛丘》）（击鼓：动宾结构，与动词"鼓"同义，名动不同形。）

④日有食之，于是乎用币于社，伐鼓于朝。（《左传·庄公二十五年》）（伐鼓：动宾结构，与动词"鼓"同义，名动不同形。）

①子子干旄，在浚之城。（《诗经·鄘风·干旄》）（城：名词，都城。）

②陈辕宣仲怨郑申侯之反己于召陵，故劝之城其赐邑。（《左传·僖公五年》）（城：动词，筑城。）

③初，汉闻此言，故筑受降城，犹以为远。（《史记·匈奴列传》）（筑受降城：动宾结构，"筑……城"与动词"城"同义，名动不同形。）

①胡逝我梁，不入我门？（《诗经·小雅·何人斯》）（门：名词，家门。）

②巴人叛楚而伐那处，取之，遂门于楚。（《左传·庄公十八年》）（门：动词，攻打城门。）

③子我归，属徒，攻闱与大门，皆不胜，乃出。（《左传·哀公十四年》）（攻闱与大门：动宾结构，"攻……门"与动词"门"同义，名动不同形。）

①瞻之在前，忽焉在后。（《论语·子罕》）（前：名词，面前。）

②孔子下车而前。（《庄子·盗跖》）（前：动词，前进，前行。）

③至门，刘前进谓抚军曰："下官今日为公得一太常博士妙选。"（《世说新语·文学》）（前进：复音构词，与动词"前"同义，名动不同形。）

④帝唤司马迁向前。（变文《李陵变文》）（向前：复音构词，与动词"前"同义，名动不同形。）

①是用作歌，将母来谂。（《诗经·小雅·四牡》）（歌：名词，歌曲，歌声。）

②心之忧矣，我歌且谣。（《诗经·魏风·园有桃》）（歌：动词，唱歌，

歌唱。）

③歌唱青琴女，弹筝燕赵人。（南朝宋·鲍照：《代少年时至衰老行》）（歌唱：复音构词，与动词"歌"同义，名动不同形。）

④遂举酒数巡，生起，请玉唱歌。（唐·蒋防：《霍小玉传》）（唱歌：复音构词，与动词"歌"同义，名动不同形。）

以上五组，凡十八句，"鼓""鼓"、"城""城"、"门""门"、"前""前"、"歌""歌"，一名一动，名动同形，通过复音构词或动宾结构等句法手段，达到了分化名动同形的目的。

值得注意的是，到了中近古汉语，文献中仍能找到名动同形的用例。不过，这种情况应视为后人的仿古之笔，并不属于发展问题。如：

①欺君不忠，病母不孝。（《世说新语·政事》）

②既望之夕，张因梯其树而踰焉。（唐·元稹：《莺莺传》）

③人其人，火其书，庐其居。（唐·韩愈：《原道》）

④荆公闻其来，以二人肩鼠尾轿，迎于江上。（宋·王铚：《默记》，卷中）

例①，"病"，用为动词，义指"称母有病"或"咒母有病"。例②，"梯"，用为动词，义指"爬"。例③，第一个"人"字，用为动词，义指"还俗于民"；"火"，用为动词，义指"焚毁"；"庐"，用为动词，义指"使……改为民居"。例④，"肩"，用为动词，义指"抬"。汉语的书面语言，发展上常常是滞后于口语的。中近古汉语中的名动同形问题，在很大程度上都是后人仿古之笔，带有极强的修辞味道，应与发展问题区别开来。

二、名词的分类

词类是词的语法分类，而语法分类又是语法研究的基础。从汉语史角度而言，汉语词类的产生和发展都是有其过程的，词类的产生和分类问题，都是谈发展问题的基础。因此，本书将词类的产生、分类和发展均列为每一章论述的基本内容。谈名词分类（包括以下其他各章），当以上古汉语为起始点。如果缺少这一环节，下面谈发展，则失去基础。

上古汉语名词，主要有五类：

（一）具体名词

具体名词是指表示具体的人或事物的词。如：

①若火之燎于原，不可向迩。（《尚书·盘庚》）

②冉子为其母请粟。（《论语·雍也》）

③天油然作云，沛然下雨，则苗浡然兴之矣。（《孟子·梁惠王上》）

④故金石有声，不考不鸣。（《庄子·天地》）

⑤飞龙乘云，腾蛇游雾。（《韩非子·难势》）

⑥兄弟、嫂妹、妻妾窃皆笑之。（《史记·苏秦列传》）

⑦卒然牛马践根，刀镰割茎。（《论衡·累害》）

两汉以后，具体名词仍盛行于世，没什么变化。如：

①虎既死，其妇故活。（《搜神记》，卷五）

②华歆、王朗俱乘船避难。（《世说新语·德行》）

③矛戟斧钺，布列左右。（唐·李公佐：《南柯太守传》）

④阮小五见放箭来，拿着划楸，翻筋斗钻下水里去。（《水浒传》，第十
九回）

⑤这包袱里是两匹绸子。（《红楼梦》，第四十二回）

（二）抽象名词

抽象名词是指表示思想、品德、道理或理念等内容的词。如：

①非予自荒兹德。（《尚书·盘庚》）

②先王有服，恪谨天命。（《尚书·盘庚》）

③道不行，乘桴浮于海。（《论语·公冶长》）

④颜渊问仁。（《论语·颜渊》）

⑤礼义由四贤出。（《孟子·梁惠王下》）

⑥我善养吾浩然之气。（《孟子·公孙丑上》）

⑦夫小惑易方，大惑易性。（《庄子·骈拇》）

⑧理贯不乱。（《荀子·天论》）

⑨景公不知用势。（《韩非子·外储说右上》）

⑩魏其、武安俱好儒术。（《史记·魏其武安侯列传》）

两汉以后，抽象名词在语言中也是大量存在的。如：

①（施续）有门生，亦有理意。（《搜神记》，卷十六）

②虽神气不变，而心了其故。（《世说新语·雅量》）

③佛法难闻，善心难发。（变文《大目乾连冥间救母变文》）

④贤人所以异于圣人，众人所以异于贤人，亦只争这些子境界，存与不存而已。（《朱子语类·训门人》）

⑤不如听咱劝你，认个自家悔气。（元·关汉卿：《窦娥冤》，第二折）

值得注意的是，上古汉语前期，文献中抽象名词不是很多，但到了上古汉语中期，即春秋战国时期，随着古代哲学思想的发生、发展，表达思想、理念的抽象名词却突然大量产生出来。如：

道、名、心、气、根、鬼、神、谷神、上善、自然、玄同、玄德、天网（见《老子》）

本、道、仁、礼、义、利、和、德、文、命、性、天命、大伦、法度（见《论语》）

仁、义、利、孝、悌、忠、信、礼、志、气、道、德行、邪说、仁政、心志、人性（见《孟子》）

性、道、德、精、神、情、志、祸、福、精神、道理、道术、道德、神明、仁义、礼教、阴阳（见《庄子》）

名、实、道、志、理、心、义、信、枢要、神明、权谋、志意、道义、正义（见《荀子》）

法、术、势、理、德、魂魄、精神、仁义、廉耻、智术、法术、阴阳（见《韩非子》）

（三）专有名词

专有名词是指专门表示人、物、地域、山川、河流、职官、邦国等内容的具有专一称谓的词。如：

①植璧秉珪，乃告太王、王季、文王。（《尚书·金滕》）

②诰告尔多方，非天庸释有夏，非天庸释有殷。（《尚书·多方》）

③太保、太史、太宗皆麻冕彤裳。（《尚书·顾命》）

④季氏旅于泰山。（《论语·八佾》）

⑤三年春，曲沃武公伐翼，次于陉庭。(《左传·桓公三年》)

⑥夏曰校，殷曰序，周曰庠。(《孟子·滕文公上》)

⑦丘治诗、书、礼、乐、易、春秋六经，自以为久矣。(《庄子·天运》)

⑧火犯守角，则有战。(《史记·天官书》)

⑨太岁，岁月之神。(《论衡·调时》)

⑩河发昆仑，江起岷山。(《论衡·效力》)

例①④⑤⑦，"太王""王季""文王""季氏""武公""丘"，皆人名。例②⑥，"有夏""有殷""夏""殷""周"，皆朝代名。例③，"太保""太史""太宗"，皆职官名。例④⑩，"泰山""昆仑""岷山"，皆山名。例⑤，"曲沃""翼""陉庭"，皆地名。例⑦，"诗""书""礼""乐""易""春秋"，皆书名。例⑧⑨，"火""角""太岁"，皆星名。例⑩，"河""江"，黄河、长江之专名。

两汉以后，专有名词也一直沿用下去。如：

①我是伯夷之弟。(《搜神记》，卷十六)

②右扶风臧仲英，为侍御史。(《搜神记》，卷三)

③张天锡为凉州刺史。(《世说新语·言语》)

④谢安年少时，请阮光禄道《白马论》。(《世说新语·文学》)

⑤青州刺史博望侯之孙，广武将军钜鹿侯之子。(唐·张鷟：《游仙窟》)

⑥东京八十万禁军教头林冲，为因身犯重罪，断配沧州。(《水浒传》，第八回)

⑦如今的牛黄都是假的。(《红楼梦》，第八十四回)

(四) 方位名词

方位名词是指表示人或物所处的方向、处所的词。

上古汉语，方位名词和即将谈到的时间名词，都是很发达的。这是因为不论是方位名词，还是时间名词，其产生与发展，都是同汉语谓语动词的发展息息相关的。上古汉语的方位名词出现得很早。其类别主要有两类：一类是表示方向的，一类是表示处所的。

1. 表示方向的方位名词

与表示处所的方位名词相比，表示方向的方位名词产生较早，商代的甲骨文里就有了。以下四例，均采自徐中舒先生主编的《甲骨文字典》。如：

①东土受年。(《合集》，9735)

②帝于西。(《前》，5.13.4)

③王于南门逆羌。(《合集》，32036)

④辛亥卜，内贞：帝于北方……(《合》，361)

从上古汉语开始，在传世的文献中，这种方位名词就更屡见不鲜了。如：

①一人冕，执戣，立于东垂；一人冕，执瞿，立于西垂。(《尚书·顾命》)

②南人有言曰："人而无恒，不可以作巫医。"(《论语·子路》)

③东西南北，谁敢宁处？(《左传·襄公二十九年》)

④无南无北，奭然四解，沦于不测。(《庄子·秋水》)

⑤尊长在西，卑幼在东。(《论衡·四讳》)

⑥阮仲容步兵居道南，诸阮居道北。(《世说新语·任诞》)

⑦偷牛之时，在尔村东不？(《百喻经·偷犛牛喻》)

⑧天地既不辩（辨）东西，昏阍岂知南北？(变文《破魔变》)

值得注意的是，从上古汉语中期开始，表方向的复音方位名词就开始出现了，而两汉以后，就更加普遍。对此，后面另有论述。

2. 表处所的方位名词

与表方向的方位名词相比，表处所的方位名词在发展中占有绝对优势，且表达精准、细致。如：

内/外　里/外

①王出，在应门之内。(《尚书·顾命》)

②四海之内皆兄弟也。(《论语·颜渊》)

③唯圣人能外内无患。(《左传·成公十六年》)

④当是时也，内无怨女，外无旷夫。(《孟子·梁惠王下》)

⑤除日无岁，无内无外。(《庄子·则阳》)

⑥墙之外，目不见也。(《荀子·君道》)

⑦将在外，主令有所不受。(《史记·魏公子列传》)

⑧累害自外，不由其内。(《论衡·累害》)

值得注意的是，上古汉语里少用"里""外"相对。如《左传》就很少用"里"字，仅两例。大约从中古汉语起，语言中常常"里""外"相对。如：

①而二门之里，两不失雍熙之轨焉。(《世说新语·德行》)

②王之学华，皆是形骸之外。(《世说新语·德行》)

③傍边愚人见其毒蛇变成真宝，谓为恒尔，复取毒蛇内著怀里。(《百喻经·得金鼠狼喻》)

④尔时此人过在门外。(《百喻经·说人喜瞋喻》)

⑤今潜来，裹头隐在杨（卿）宅里，令童子清凉将书来。(唐·〔日〕释圆仁：《入唐求法巡礼行记》，卷四)

⑥台顶独秀，与碧天接连，超然出于众峰之外。(唐·〔日〕释圆仁：《入唐求法巡礼行记》，卷三)

⑦彼布袋里有明珠。(变文《庐山远公话》)

⑧善庆昨夜随从阿郎入寺，隔在门外，不得闻经。(变文《庐山远公话》)

中/间

①虽在缧绁之中，非其罪也。(《论语·公冶长》)

②千乘之国，摄乎大国之间。(《论语·先进》)

③东闾之役，臣左骖迫，还于门中，识其枚数，其可以与于此乎？(《左传·襄公二十一年》)

④师出于陈、郑之间，国必甚病。(《左传·僖公四年》)

⑤从许子之道，则市贾不二，国中无伪。(《孟子·滕文公上》)

⑥其为气也，至大至刚，以直养而无害，则塞于天地之间。(《孟子·公孙丑上》)

⑦庄子行于山中。(《庄子·山木》)

⑧孔子穷于陈蔡之间，七日不火食。(《庄子·山木》)

⑨蓬生麻中，不扶而直。(《荀子·劝学》)

⑩口耳之间，则四寸耳。(《荀子·劝学》)

⑪臣有客在市屠中，愿枉车骑过之。(《史记·魏公子列传》)

⑫晏子为齐相，出，其御之妻从门间而窥其夫。(《史记·管晏列传》)

⑬天行地中，出入水中乎？（《论衡·说日》）

⑭人生于天地之间，其犹冰也。（《论衡·论死》）

两汉以后，"中""间"的使用情况同上古汉语也没什么不同。如：

①南人学问，如牖中窥日。（《世说新语·文学》）

②每当至讲时，辄窃听户壁间。（《世说新语·文学》）

③经二宿，去盐汁，内蜜中。（《齐民要术·种梅杏》，卷四）

④竖枝于坑畔，置枯骨、礓石于枝间，下土筑之。（《齐民要术·安石榴》，卷四）

⑤过去有人，共多人众坐于屋中。（《百喻经·说人喜瞋喻》）

⑥世间愚人，亦复如是。（《百喻经·医治脊偻喻》）

⑦白瑠璃瓶中，有五粒舍利。（唐·［日］释圆仁：《入唐求法巡礼行记》，卷三）

⑧今此五月犹寒，花开未盛，六七月间，花开更繁。（唐·［日］释圆仁：《入唐求法巡礼行记》，卷三）

　　左/右　前/后

①太保率西方诸侯入应门左，毕公率东方诸侯入应门右。（《尚书·顾命》）

②瞻之在前，忽焉在后。（《论语·子罕》）

③左手据膝，右手持颐以听。（《庄子·渔父》）

④虎狼在前，鬼神在后。（《韩非子·十过》）

⑤强弩在前，锬戈在后。（《史记·苏秦列传》）

⑥佩刀于右，带剑于左。（《论衡·效力》）

两汉以后，"左""右""前""后"也是常见的表处所的方位名词。如：

①此人宜在帝左右。（《世说新语·言语》）

②宣武与简文、太宰共载，密令人在舆前后鸣鼓大叫。（《世说新语·雅量》）

③左折右炊，停则牙生。（《齐民要术·禾》，卷十）

④左右僮竖，不能掩之。（《颜氏家训·名实》，卷四）

⑤方其幼也，父母左提右挈，前襟后裾，食则同案，衣则传服，学则连业，游则共方。（《颜氏家训·兄弟》，卷一）

⑥铸金人十二以象之，各重二十四万斤，坐之宫门之前。(《水经注·河水》，卷四)

⑦黄檗作驴鞦，始知苦在后。(唐·寒山子:《寒山诗·我见》，第一二五)

⑧行爱观牛犊，坐不离左右。(唐·寒山子:《寒山诗·满卷》，第一○七)

上/下

①将行，谋于桑下，蚕妾在其上，以告姜氏。(《左传·僖公二十三年》)

②王坐于堂上，有牵牛而过堂下者。(《孟子·梁惠王上》)

③桓公读书于堂上，轮扁斫轮于堂下。(《庄子·天道》)

④余登箕山，其上盖有许由冢云。(《史记·伯夷列传》)

⑤庞涓死于此树之下。(《史记·孙子吴起列传》)

⑥使之完廪，火燔其下;令人浚井，土掩其上。(《论衡·吉验》)

两汉以后，"上""下"也是常用的方位名词。如:

①又床上当有一大蛇衔笔。(《搜神记》，卷三)

②下有黄金一釜。(《搜神记》，卷十一)

③吾家君譬如桂树生泰山之阿，上有万仞之高，下有不测之深。(《世说新语·德行》)

④医以酥涂，上下著板，用力痛压，不觉双目一时并出。(《百喻经·医治脊偻喻》)

⑤下视禾根土，上看桑树头。(唐·寒山子:《寒山诗·人生》，第一三五)

旁(傍)/边/侧/头/次

大约从上古汉语后期开始，汉语表处所的方位名词又增加了"旁(傍)""边""侧""头""次"等新生形式。如:

①景帝入卧内，于后宫秘戏，仁常在旁。(《史记·万石张叔列传》)

②今者臣从东方来，见道傍有襄田者。(《史记·滑稽列传》)

③二帝之旁，必多贤也。(《论衡·本性》)

④离形更自为鬼，立于人傍。(《论衡·死伪》)

⑤母陈氏，随邺舍于亭傍居。(晋·王嘉:《拾遗记》，卷七)

⑥池傍有树不？（《百喻经·偷氂牛喻》）

⑦观者满路旁，个是谁家子？（唐·寒山子：《寒山诗·董郎》，第一
三七）

⑧树在道边而多子，此必苦李。（《世说新语·雅量》）

⑨溪边有二女子，资质妙绝。（南朝宋·刘义庆：《幽明录》）

⑩尔村中有池，在此池边共食牛不？（《百喻经·偷氂牛喻》）

⑪而随俗雅化，佳冶窈窕赵女不立于侧也。（《史记·李斯列传》）

⑫卫瓘在侧，欲申其怀，因如醉跪帝前。（《世说新语·规箴》）

⑬（魏武）自以形陋，不足雄远国，使崔季珪代，帝自捉刀立床头。
（《世说新语·容止》）

⑭杨卿使及李侍御不肯归去，相送到长乐坡头去城五里一店里，一夜同
宿话语。（唐·〔日〕释圆仁：《入唐求法巡礼行记》，卷四）

⑮王光禄远避流言，明公蒙尘路次，群下不宁。（《世说新语·言语》）

⑯见一丈夫牵牛渚次饮之。（晋·张华：《博物志》，卷七）

⑰昨因侍从，而伍子胥见强牵过，卒不得舍去，烦劳至尊暴露水次。
（晋·葛洪：《神仙传》，卷七）

上古汉语里，方位名词"侧""次"也有偶见者，但使用频率确实不
多。如：

①绵蛮黄鸟，止于丘侧。（《诗经·小雅·绵蛮》）

②昔者鲁缪公无人乎子思之侧，则不能安子思。（《孟子·公孙丑下》）

③喜怒哀乐不入于胸次。（《庄子·田子方》）

④赵王幽死，以民礼葬之长安民冢次。（《史记·吕太后本纪》）

（五）时间名词

时间名词是指表示动作、行为发生、进行或结束所需用的时间的词。汉
语的时间名词产生很早，商代的甲骨文里已大量使用。以下五例均采自徐中
舒先生主编的《甲骨文字典》。如：

①戊寅……口贞：今日不雨。（《前》，3.17.1）

②中日大启。（《甲》，1561）

③贞：王其省盂田，湄日不雨。（《粹编》，929）

④丙辰卜，宾贞：于生八月饮。(《前》，1.46.5)

⑤壬辰卜，旅贞：今日亡祸，三月。(《人》，1618)

分析汉语时间名词，我们应当把握住三点：

1. 时间名词和时点、时段

从上古汉语开始，汉语的时间名词均可分为时点和时段两类。时点表示时间名词在时量计算上是确定的，是集中在某一点上。如：

①向者先生形体掘若槁木，似遗物离人而立于独也。(《庄子·田子方》)

②吾敬鬼尊贤，亲而行之，无须臾离居。(《庄子·山木》)

③俄而王已睡矣。(《韩非子·外储说右下》)

④西门豹曰："诺，且留待之须臾。"(《史记·滑稽列传》)

⑤斯须之顷，气绝而死矣。(《论衡·道虚》)

⑥三人登时仆地无气。(《搜神记》，卷二)

⑦少时翅长欲飞，支意惜之，乃铩其翮。(《世说新语·言语》)

⑧俄而雪骤。(《世说新语·言语》)

⑨向时灌药，我取服之，是故欲死。(《百喻经·倒灌喻》)

⑩须臾，宫中皆恸哭。(唐·李朝威：《柳毅传》)

⑪至汉邸，潜以足蹑妃履，妃登时退阁。(宋·无名氏：《梅妃传》)

⑫烦请二位义士同往小寨相会片时。(《水浒传》，第四十四回)

与时点时间名词相对的就是时段时间名词。表时段的时间名词，其时量计算也是确定的，是表示一段时间，定量而不定时。如：

朝/晨/旦/晓

①朝闻道，夕死可矣。(《论语·里仁》)

②晨往，寝门辟矣。(《左传·宣公二年》)

③魏其与其夫人益市牛酒，夜洒埽，早帐具至旦。(《史记·魏其武安侯列传》)

④天晏旸者，星辰晓烂。(《论衡·佚文》)

夕（昔）/宿/暮/夜/晚/暝/日夕/日暮

①及夕，子产闻其未张也，使速往，乃无所张矣。(《左传·昭公十三年》)

②蚊虻噆肤，则通昔不寐矣。(《庄子·天道》)

③去何以不径行而留三宿乎？（《论衡·刺孟》）

④暮寒，卧炭下。（《论衡·吉验》）

⑤昔有一人，夜语儿言："明当共汝至彼聚落，有所取索。（《百喻经·与儿期早行喻》）

⑥私作都门，蚤闭晚开。（《世说新语·规箴》）

⑦简文帝崩，孝武年十余岁立，至暝不临。（《世说新语·言语》）

⑧臣意复诊之曰："当旦日日夕死。"（《史记·扁鹊仓公列传》）

⑨舍弃而走，到于露地，乃至日暮，亦不肯来。（《百喻经·野干为折树枝所打喻》）

明旦/朝旦/清旦

①明旦，二主又朝而出，复见智过于辕门。（《韩非子·十过》）

②常朝旦问讯，郗家法，子弟不坐。（《世说新语·俭啬》）

③儿闻语已，至明清旦，竟不问父，独往诣彼。（《百喻经·与儿期早行喻》）

朝暮/朝夕/旦暮/旦夕

①王驩朝暮见，反齐滕之路，未尝与之言行事也。（《孟子·公孙丑下》）

②故朝夕赋敛而毫毛不挫。（《庄子·山木》）

③夫犬马，人所知也，旦暮罄于前，不可类之，故难。（《韩非子·外储说左上》）

④臣幸有老母，家贫，客游以为狗屠，可以旦夕得甘毳以养亲。（《史记·刺客列传》）

平明/平旦/日中/午时/午后/夜半/宵中

①君昧爽而栉冠，平明而听朝。（《荀子·哀公》）

②人之寐者，至平旦则寤矣。（《列子·力命》）

③婀荷甘日中奓户而入，曰："老龙死矣。"（《庄子·知北游》）

④明日午时，但至曲头觅桂子，即得矣。（唐·蒋防：《霍小玉传》）

⑤从前不许午后出寺，今不许犯钟声。（唐·〔日〕释圆仁：《入唐求法巡礼行记》，卷四）

⑥光武生于济阳宫，夜半无火，内中光明。（《论衡·初禀》）

⑦宵中树忽呼龟曰："劳乎元绪，奚事尔耶？"（南朝宋·刘敬叔：《异

苑》，卷三）

一更/二更/三更/四更/五更

①今一更首途，三更可以复命。（唐·袁郊：《甘泽谣》）

②至二更许，灯在床之东南，忽尔稍暗，如此再三。（唐·李景亮：《李章武传》）

③其萧禧只于厅上倚柱立地，屡遣人请唤，不肯下阶习仪，直至三更二点，却索归位。（宋·李焘：《续资治通鉴长编》，卷二六三）

④四更山吐月，残夜水明楼。（唐·杜甫：《月》）

⑤公归逆旅，其夜五更初，忽闻叩门而声低者，公起问焉。（唐·杜光庭：《虬髯客传》）

昼/旦昼/昼日/白日/终日/当日

①伍子胥橐载而出昭关，夜行而昼伏。（《战国策·秦策三》）

②其好恶与人相近也者几希，则其旦昼之所为，有梏亡之矣。（《孟子·告子上》）

③昼日父眠，小者床头盗酒饮之。（《世说新语·言语》）

④有参军见鼠白日行，以手板批杀之。（《世说新语·德行》）

⑤终日忧奔走，归期未敢论。（唐·杜甫：《愁坐》）

⑥当日夫人闻说，即时日夜坚持。（变文《欢喜国王缘》）

日/夜/昼夜

①其有不合者，仰而思之，夜以继日。（《孟子·离娄下》）

②于是惠子恐，搜于国中三日三夜。（《庄子·秋水》）

③人昼夜居家，朝夕坐市，其实一也。（《论衡·诘术》）

④昼夜想念，情不能已。（《百喻经·田夫思王女喻》）

昨暮/昨夜/今宵/今夕/明夜

①昨暮月不宿毕乎？（《史记·仲尼弟子列传》）

②昨夜听殷王清言，甚佳。（《世说新语·文学》）

③今宵花烛泪，非是夜迎人。（南朝陈·徐陵：《走笔戏书应令》）

④使人今夕当宿涿州。（宋·徐梦莘：《三朝北盟会编·茅斋自叙》，卷六）

⑤越越的哭得灯儿灭，惭愧哑，秋天甫能明夜，一枕清风半窗月。

（金·董解元：《西厢记诸宫调》，卷七）

前日/昨/昔/昨日/今日/翌日（翼日）/明日/旦日/明旦/后日

①前日愿见而不可得。（《孟子·公孙丑下》）

②前日君家饮，昨日王家宴。（唐·白居易：《赠梦得》）

③周昨来，有中道而呼者，周顾视车辙，中有鲋鱼焉。（《庄子·外物》）

④是今日适越而昔至也。（《庄子·齐物论》）

⑤将军昨日幸许过魏其。（《史记·魏其武安侯列传》）

⑥王翼日乃瘳。（《尚书·金縢》）

⑦翌日亲登嵩高，御史乘属，在庙旁吏卒咸闻呼万岁者三。（《汉书·武帝纪》）

⑧明日遂行。（《论语·卫灵公》）

⑨将军旦日蚤临。（《史记·魏其武安侯列传》）

⑩母顾明旦视臼出水，即东走十里。（《论衡·吉验》）

⑪当晚回复了西门庆的话，约定后日准来。（《水浒传》，第二十四回）

前年/去年/今年/明年

①去年虎食吾夫，今年食吾子，是以哭哀也。（《论衡·遭虎》）

②明年壬寅，余又将杀段也。（《论衡·死伪》）

③今年长安人吃人。（唐·［日］释圆仁：《入唐求法巡礼行记》，卷四）

④前年皇帝与良嗣握手曰："我已许南朝燕京，便我得之亦然。"（宋·徐梦莘：《三朝北盟会编·燕云奉使录》，卷十一）

日/旬/月/春/夏/秋/冬/岁/年/载/世

①子于是日哭，则不歌。（《论语·述而》）

②以万乘之国伐万乘之国，五旬而举之。（《孟子·梁惠王下》）

③子在齐闻韶，三月不知肉味。（《论语·述而》）

④春耕、夏耘、秋收、冬藏，四者不失时，故五谷不绝，而百姓有余食也。（《荀子·王制》）

⑤容成氏曰："除日无岁，无内无外。"（《庄子·则阳》）

⑥三日不举火，十年不制衣。（《庄子·让王》）

⑦九载，绩用弗成。（《尚书·尧典》）

⑧君子之泽，五世而斩。（《孟子·离娄下》）

2. 时间名词和时制

汉语的时间名词，从时间的表达上说，分为定时制和泛时制两类。上述的时点时间名词和时段时间名词均属于定时制时间名词。定时制时间名词，就是指其时量是确定的，而非泛化的。与此相对的就是泛时制时间名词。泛时制时间名词，就是指其时量是泛化的，不可量化的，是个大概值，不是确数。泛时制时间名词，从大的时限来说，可以指明谓语动词发生的时间是过去、现在或将来。

(1) 表示过去时的泛时制时间名词如：

昔/古/初/时/古者/昔者/昔日/古昔/昔古/宿昔/昔岁/昔年/曩者/曩时/向者/前日/从前/前时/前年/顷岁/当时

①昔之人无闻知。(《尚书·无逸》)

②自古皆有死，民无信不立。(《论语·颜渊》)

③初郑武公娶于申，曰武姜。(《左传·隐公元年》)

④时李元礼有盛名。(《世说新语·言语》)

⑤古者易子而教之。(《孟子·离娄上》)

⑥昔者庄周梦为蝴蝶。(《庄子·齐物论》)

⑦昔日月离其阴，故雨。(《论衡·明雩》)

⑧今有灵星，古昔之礼也。(《论衡·明雩》)

⑨历日弥久，以为昔古之事，所言近是。(《论衡·自纪》)

⑩宿昔习弄，非直一再奏也。(《论衡·感虚》)

⑪昔岁霍王小女将欲上鬟，令我作此，酬我万钱。(唐·蒋防:《霍小玉传》)

⑫昔年过洛，见李公简。(宋·苏轼:《东坡志林》，卷二)

⑬曩者使汝狗白而往，黑而来，子岂能毋怪哉？(《韩非子·说林下》)

⑭曩时端庄，不复同矣。(唐·元稹:《莺莺传》)

⑮臣向者进说，陛下欣然无难意，谓即行矣，今寂无所闻。(宋·苏轼:《司马温公行状》)

⑯前日更币，以为轻。(《史记·循吏列传》)

⑰从前不许午后出寺，今不许犯钟声。(唐·〔日〕释圆仁:《入唐求法巡礼行记》，卷四)

⑱前时遗策郎也。(唐·白行简:《李娃传》)

⑲上党复有前年之祸。(《后汉书·冯衍传》)

⑳顷岁有李十八郎,曾舍于我家。(唐·李景亮:《李章武传》)

㉑梁王、赵王,国之近属,贵重当时。(《世说新语·德行》)

(2) 表示现在时的泛时制时间名词如:

今/今日/今时/今者/今世/今朝/方今/当今/见(现)今/近者/今来

①今朕作大邑于兹洛。(《尚书·多士》)

②今日我疾作,不可以执弓。(《孟子·离娄下》)

③今时韩、魏,与始孰彊?(《史记·魏世家》)

④今者赤帝子斩之,故哭。(《论衡·纪妖》)

⑤长生家在会稽,生在今世,文章虽奇,论者犹谓稚于前人。(《论衡·超奇》)

⑥瓶沉簪折知奈何,似妾今朝与君别。(唐·白居易:《井底引银瓶》)

⑦方今宰牧华夏,处杀戮之职。(《世说新语·政事》)

⑧当今乏才,以尔为柱石之用。(《世说新语·规箴》)

⑨悟真在岭南漕溪山法兴寺,见今传受此法。(唐·法海:《六祖坛经》)

⑩近者,京都有数生会宴。(唐·皇甫氏:《京都儒士》)

⑪今来北人称以黄嵬大山分水岭为界。(宋·李焘:《续资治通鉴长编》,卷二六一)

(3) 表示将来时的泛时制时间名词如:

后日/后岁/后世/后时/他日/向后/明日/后/今后/已(以)后

①自今至于后日,各恭尔事。(《尚书·盘庚》)

②后岁,人或梦见伯有介而行。(《论衡·死伪》)

③如千世之后,读经书不见汉美,后世怪之。(《论衡·须颂》)

④复于后时遇恶知识,恼乱不已,方还师所。(《百喻经·野干为折树枝所打喻》)

⑤他日,又求见孟子。(《孟子·滕文公上》)

⑥不知向后有数百人来。(唐·法海:《六祖坛经》)

⑦(梅)颐曰:"梅仲真膝,明日岂可复屈邪?"(《世说新语·方正》)

⑧汝后当得好妇。(《搜神记》,卷十一)

⑨我今后更不叫汝。(宋·圜悟克勤:《碧岩录》,卷一)

⑩若是此起不再商量定夺了当,已后终须难绝往复。(宋·李焘:《续资治通鉴长编》,卷二六三)

泛时制时间名词的时制问题,有时通过对比使用,更可以看出所表示的过去、现在或将来的时间概念。如:

①前日之不受是,则今日之受非也。(《孟子·公孙丑下》)

②昔者疾,今日愈,如之何不吊?(《孟子·公孙丑下》)

③吾他日未尝学问,好驰马试剑;今也父兄百官不我足也,恐其不能尽于大事。(《孟子·滕文公上》)

④昔日吾昭然,今日吾昧然,敢问何谓也?(《庄子·知北游》)

⑤向也不怒而今也怒,向也虚而今也实。(《庄子·山木》)

⑥曩者曰车轐,今又曰车轐,是何众也?(《韩非子·外储说左上》)

⑦我先失钎,今欲觅取。(《百喻经·乘船失钎喻》)

例①—⑦,"前日"和"今日","昔者"和"今日",等等,均用于过去时和现在时的对比。又如:

①臣知今日言之于前而明日伏诛于后,然臣不敢避也。(《史记·范睢蔡泽列传》)

②今日营此业,明日造彼业。(《百喻经·观作瓶喻》)

例①②,"今日""明日"均用于现在时和将来时的对比。

3. 时间名词和方位名词

汉语时间名词在发展中,有部分时间名词是由方位名词演变过来的。这种从空间意义到时间意义的转换,是借助词义的引申来完成的。由方位名词演变过来的时间名词,在定时制和泛时制两类时间名词中都是存在的。如:

方位名词→时点时间名词

①立春之际,百刑皆断,囹圄空虚。(《论衡·寒温》)

②其友应劭适往候之,语次相告。(《搜神记》,卷三)

③为名利故,至七日头,自杀其子,以证己说。(《百喻经·婆罗门杀子喻》)

④师看经次,僧问:"和尚寻常不许人看经,为什摩却自看经?"(《祖堂集》,卷四)

例①，"际"，《说文》："际，壁会也。"段注："两墙相合之缝也。"引申之，两物之间或交界之处也叫"际"。此"际"实为处所义。引申后，则为时间名词，指前后相接的时点或时段。例②④，"次"，《说文》："次，不前不精也。""不前不精"，恐非本义。次，古文作帀形，盖象帐幕之形，是个名词。因此，临时搭建的帐幕叫"次"。《周礼·天官·掌次》云："朝日祀五帝，则张大次小次，设重幂重案。"郑注："次谓幄也。"引申之，停留或宿处均可叫"次"。再引申，短暂的停留之时也叫"次"。"语次"就是"语时"，"看经次"就是"看经时"。例③，"头"，本指人头，引申之，可用于方位名词，如"每岁时农收后，察其强力收多者，辄历载酒肴，从而劳之，便于田头树下，饮食劝勉之，因留其余肴而去"（贾思勰：《齐民要术·序》）。进一步引申，"头"由方位义变为时间义，"七日头"就是"七日时"。

方位名词→时段时间名词

①八年之中，九合诸侯。（《左传·襄公十一年》）

②七八月之间旱，则苗槁矣。（《孟子·梁惠王上》）

③三日之内，与谋之士，封为诸侯，诸大夫赏以书社，庶士施政去赋。（《吕氏春秋·慎大》）

④至元和、章和之际，孝章耀德，天下和洽。（《论衡·讲瑞》）

⑤志诚奉使欢喜，遂半月中间，即至漕溪山。（唐·法海：《六祖坛经》）

⑥见说那状元祖居西蜀，家住成都，三岁上读得书，五岁上属得对。（《张协状元》，第二十七出）

⑦（王冕）七岁上死了父亲，他母亲做些针指，供给他到村学堂里去读书。（《儒林外史》，第一回）

例①，"中"，《说文》："中，内也"，指的是方位。中，甲骨文作 形、 诸形，后来变作"中"。中，甲骨文中是个氏族的旗帜，是个名词，因此卜辞中多有"立中"之词。"中"由一般名词引申指方位义和时间义，甲骨文中已经开始。以下两例亦采自徐中舒先生主编的《甲骨文字典》：

⑧丁酉贞：王作三师右中左。（《粹编》，597）

⑨中日至埔兮启。（《甲》，547）

例⑨"中日"即"日中"，相当于后代的午时。例②，"间"，《说文》："间，隙也。"段注："隙者，壁际也。引申之，凡两边有中者，皆谓之隙。

隙谓之间。间者，门开则中为际，凡罅缝皆曰间。"总之，"间"的本义是指两扇门中间的缝隙，引申为方位义，表示中间；进一步引申为时间义，表示动作、行为实施中的片刻时间或一段时间。例⑤，"中间"，分析同。例③，"内"，《说文》："内，入也。"段注："今人谓所入之处为内，乃以其引申之义为本义也。互易之，故分别读奴答切，又多假纳为之矣。"古"内""纳"同形。依《说文》义，"内"之本义为"入"，是个动词，"内"之处所义，为其引申义。甲骨文有"内"字，只作贞人名。金文亦有"内"字，本义、引申义同时存在。以下两例采自陈初生先生编纂的《金文常用字典》：

⑩井白（伯）内（入）右师虎即立中廷。（《师虎簋》）

⑪龏（摄）命于外内之事。（《叔夷钟》）

例⑩，"内"，义入，动词。例⑪，"内"，方位名词，与"外"相对。例③，"三日之内"，"内"当是由方位义引申而成的时间名词。例④，"际"，分析已见上。例⑥⑦，"上"，甲骨文形作 ⌒，是个指事字，语法上当是方位名词。后引申为时间义，是个表示时段的时间名词。"三岁上""五岁上""七岁上"，"上"即"时"义。

方位名词→泛时制时间名词

①昔者孔子没，三年之外，门人治任将归。（《孟子·滕文公上》）

②五帝之外无传人，非无贤人也，久故也。（《荀子·非相》）

③奋乎百世之上，百世之下闻之者，莫不兴起，非圣而若是乎？（《论衡·知实》）

④足下前则失咸阳之约，后又有彊宛之患。（《史记·高祖本纪》）

⑤千岁之前，万岁之后，无以异也。（《论衡·实知》）

⑥夫神农以前，吾不知已。（《史记·货殖列传》）

例①②，"外"，甲骨文无"外"字，金文"外"作 卟、外诸形，已用于方位义。如：

⑦厤自今，出入敷命于外。（《毛公鼎》）

例①②，"三年之外"即"三年之后"，"五帝之外"亦即"五帝之后"。"外"均是用于泛时义的时间名词。例③，"上""下"，甲骨文作 ⌒、⌄ 形，是指事字，方位名词。引申为时间义，均用为泛时义的时间名词。"百世之上"即"百世之前"，"百世之下"即"百世之后"。例④—⑥，"前""后"，

《说文》云："前，不行而进谓之前，从止在舟上"，又云："後，迟也。"依《说文》解释，"前""后"本来都是个动词。甲骨文已有"前""后"两字。"前"作𧾷、𣥠诸形，"后"（後）作𢓜、𢓜诸形。"前"，小篆作肯形，"止"下之"舟"，依甲文形，或谓"履"字，以为足穿履行在路上，故有"进"义。"后"（後），依甲文形，"止"在"系"（绳）下，以表示世系在后之义。"前""后"由动词引申为方位名词，进而又引申为时间名词。如：

⑧瞻之在前，忽焉在后。（《论语·子罕》）

⑨故王不如速解周恐，彼前得罪而后得解，必厚事王矣。（《战国策·东周策》）

三、名词的发展

关于名词的发展，这里只想谈四个问题：

（一）单音名词的复音化是名词发展的核心内容

上古汉语的词汇系统是一个以单音节词为主的词汇群体，这是无须用数据就可以证明的事实。虽说如此，但是从上古汉语一开始也产生了一定数量的复音词，这也是事实。在这些复音词中，属于名词的（主要是具体名词和抽象名词），占有很大分量。如：

①四罪而天下咸服。（《尚书·尧典》）

②黄鸟黄鸟，无集于桑。（《诗经·小雅·黄鸟》）

③大人者，不失其赤子之心者也。（《孟子·离娄下》）

④古之贤人，贱为布衣，贵为匹夫。（《荀子·大略》）

两汉以后，这种情况也一直继续下去。如：

①上书乞骸骨归葬，帝许之。（《搜神记》，卷十六）

②王祥事后母朱夫人甚谨。（《世说新语·德行》）

③譬彼外道，闻节饮食可以得道，即便断食。（《百喻经·愚人食盐喻》）

④眼似流星，面如花色。（变文《伍子胥变文》）

⑤读书之法，既先识得他外面一个皮壳了，又须识得他里面骨髓方好。（《朱子语类·训门人》）

⑥我是那提刑的女孩，须不比现世的妖怪。（元·关汉卿：《窦娥冤》，第四折）

⑦两个公人怀着鬼胎，各自要保性命。（《水浒传》，第九回）

⑧这园子却是像画儿一般。（《红楼梦》，第四十二回）

值得注意的是，从中古汉语开始，又产生了大量的三音节复音名词。如：

安阳城、百子池、北辰星、长安令、丞相府、堕马髻、德阳殿、蛾眉山、鳄鱼池、服留鸟、方山冠、高山君、孤竹城、函谷关、虎贲寺（见《搜神记》）

曹夫人、谢太傅、丹阳郡、琢钉戏、外祖母、五石散、琉璃屏、华林园、金华殿、丹阳尹、曲阿湖、松树子、三都赋、宣武场、道德经（见《世说新语》）

黑石蜜、阿罗汉、胡麻子、兜罗绵、孔雀屎、摩罗国、缘事瓶、罗刹衣、金鼠狼、钦婆罗、三法衣、北天竺、南天竺、毒药丸、欢喜丸（见《百喻经》）

南山郡、茶城村、盟津河、锡杖泉、白莲池、昆仑山、香炉峰、别乡关、吐浑王、定远侯、西王母、开元寺、和尚庵、善法堂、崔相公（见《敦煌变文校注》）

汉语词汇复音化的过程，不仅促进了汉语构词法的发展，而且也由于单音节名词词义分化所带来的交叉重组，又必然带动新的复音词的产生。而新的复音词的产生，又必然促使古老的名动同形语言现象的分化，使汉语表达更加趋于精准化。请比较：

①神之吊矣，诒尔多福。（《诗经·小雅·天保》）

②小信未孚，神弗福也。（《左传·庄公十年》）

③福祚之不登，叔父焉在？（《左传·昭公十五年》）

④陛下圣德宽仁，敬承祖宗，奉顺神祇，宜蒙福祐子孙千亿之报。（《汉书·哀帝纪》）

例①，"福"，名词，福气。例②，"福"，动词，赐福，福祐。例③，"福祚"，名词，福气，福运。例④，"福祐"，动词，保佑。又如：

①虽执鞭之士，吾亦为之。（《论语·述而》）

②公鞭侍人贾举而又近之。(《左传·襄公二十五年》)

③然而使王良操左革而叱咤之,使造父操右革而鞭笞之,马不能行十里,共故也。(《韩非子·外储说右下》)

④后槽牵过一匹快马,备上了鞍辔,拿了鞭子,便出庄门。(《水浒传》,第四十七回)

例①,"鞭",名词,鞭子。例②,"鞭",动词,鞭打。例③,"鞭笞",动词,鞭打。例④,"鞭子",名词,赶车驱马的工具。又如:

①口中无齿,食乳,女子为乳母。(《史记·张丞相列传》)

②还,见狼乳之。(《汉书·张骞传》)

③至渭桥,有女子浴于渭水,乳长七尺。(《搜神记》,卷四)

④汉丞相张苍,偶得小术,吮妇人乳汁,得一百八十岁。(晋·葛洪:《抱朴子·至理》)

⑤牛产三日,……以脚二七偏蹴乳房,然后解放。(《齐民要术·养羊》,卷六)

⑥譬如婴儿在股掌之上,绝其哺乳,立可饿杀。(《三国志·魏书·袁绍传》)

例①③,两"乳"字均为名词,一指乳汁,一指乳房。例②,"乳",动词,哺乳。例④⑤,"乳汁""乳房",均为名词,是例①③名词"乳"的复音化。例⑥,"哺乳",动词,是例②动词"乳"的复音化。

(二) 方位名词的复音化、方位义的泛化及方位名词的动用问题

1. 方位名词的复音化

在汉语名词复音化的发展中,方位名词的复音化问题是一个很值得单独关注的问题。方位名词中,表方向的方位名词和表处所的方位名词相比,前者复音化的时间较早,上古汉语中已经存在。表方向的方位名词有两类:一类是表基本方向的,如"东""南""西""北";一类是表中介方向的,如"东北""东南""西北""西南"。上古汉语中,表基本方向的"东""南""西""北",复音化中常常缀以"方""边"诸字。如:

①为坛于南方,北面,周公立焉。(《尚书·金滕》)

②若有事于东方,则可以逞。(《左传·襄公十八年》)

③北方之学者，未能或之先也。(《孟子·滕文公上》)

④西方有木焉，名曰射干，茎长四寸，生于高山之上。(《荀子·劝学》)

⑤今者臣从东方来，见道傍有禳田者。(《史记·滑稽列传》)

⑥臣居匈奴中，闻乌孙王号昆莫，昆莫之父，匈奴西边小国也。(《史记·大宛列传》)

⑦故日出于东方，入于西方。(《论衡·说日》)

⑧东边直丑巳之地，西边直亥未之民，何为不得南北徙？(《论衡·难岁》)

而表中介方向的方位名词，复音化的方式就是把相邻的方向词组合在一起。如：

①侵郑东北，至于虫牢而反。(《左传·襄公十八年》)

②又伐其东南，至于阳丘，以侵訾枝。(《左传·文公十六年》)

③一奏之，有玄云从西北方起。(《韩非子·十过》)

④此皆巴蜀西南外蛮夷也。(《史记·西南夷列传》)

⑤西北方高，东南方下，水性归下，犹火性趋高也。(《论衡·说日》)

⑥海外西南有珠树焉。(《论衡·说日》)

两汉以后，方位名词的复音化趋势，不论是表方向者或表处所者，均得以继承和发展。如：

①元帝以藩臣树德东方。(《搜神记》，卷七)

②君北堂西头有两死男子。(《搜神记》，卷三)

③北边坐人是北斗。(《搜神记》，卷三)

④唯东北角如有人迹。(《世说新语·惑溺》)

⑤不能截断，便在二妇中间，正身仰卧。(《百喻经·为二妇故丧其两目喻》)

⑥须臾之间，忽闻内里调筝之声。(唐·张鷟：《游仙窟》)

⑦向东北行十里，到大花严寺，入库院住。(唐·[日]释圆仁：《入唐求法巡礼行记》，卷二)

⑧庭间有四樱桃树，西北悬一鹦鹉笼。(唐·蒋防：《霍小玉传》)

⑨不利在家，宜出居东南某所，以取生气。(唐·沈既济：《任氏传》)

⑩台顶东头有高垛，名罗汉台。(唐·[日]释圆仁：《入唐求法巡礼行

记》，卷三）

⑪南头置文殊像，骑双师子；东头置维摩像，坐四角座。（唐·〔日〕释圆仁：《入唐求法巡礼行记》，卷三）

⑫不但今夜斫营去，前头风火亦须汤。（变文《汉将王陵变》）

⑬西边是甚声音？（变文《庐山远公话》）

⑭缘为善庆，初伏事相公，不得入寺听经，只在寺门外边与他看马。（变文《庐山远公话》）

⑮召六宫彩女，发在左边；命一国夫人，分居右面。（变文《破魔变》）

⑯你去东边仔细看，石头上坐底僧，若是昨来底后生，便唤他。（《祖堂集》，卷四）

⑰北面是北界旧界，东面、南面、西面并是南朝见（现）今界至。（宋·李焘：《续资治通鉴长编》，卷二六五）

⑱今西方用兵连年不解，东南数起大狱，公独无一言以救之乎？（宋·邵伯温：《邵氏闻见录》，卷十二）

2. 方位义的泛化

方位名词在发展中，由于词义引申的结果，其方位意义存在泛化问题。其中最为突出的有"上""下""中""边"四个词。这种现象始于上古汉语，到中古汉语较为普遍，而在近古汉语里又基本消失了。如：

上＝中／内／里　　上＝边／侧／旁

①子在川上曰："逝者如斯夫，不舍昼夜。"（《论语·子罕》）（上：边，侧，旁。）

②井上有李，蝤食实者过半矣。（《孟子·滕文公下》）（上：边，侧，旁。）

③吾闻楚有神龟，死已三千岁矣，王巾笥而藏之庙堂之上。（《庄子·秋水》）（上：中，内，里。）

④河上有家贫恃纬萧而食者，其子没于渊，得千金之珠。（《庄子·列御寇》）（上：边，侧，旁。）

⑤灵王饿而死乾溪之上。（《韩非子·十过》）（上：边，侧，旁。）

⑥武王伐纣，至河上。（《搜神记》，卷八）（上：边，侧，旁。）

⑦太傅已醉，坐上多客。（《世说新语·言语》）（上：中。）

⑧王谓厕上亦下果，食遂至尽。(《世说新语·纰漏》)(上：中，内，里。)

⑨先令人扛抬珊瑚树去园上，开空闲阁子里安了。(明·冯梦龙：《喻世明言·宋四公大闹禁魂张》，第三十六卷)(上：中，内，里。)

下＝中/内/里　　下＝边/侧/旁/前

①乐羊坐于幕下而啜之，尽一杯。(《韩非子·说林上》)(下：中，内，里。)

②伯夷以将军葬于首阳山之下。(《韩非子·外储说左下》)(下：边，侧，旁。)

③久之，方闻屋里有人言："宾堂下有人，不可进。"(《搜神记》，卷十九)(下：中，内，里。)

④见一少女从瓮中出，至灶下燃火。(晋·陶潜：《搜神后记》，卷五)(下：边，前。)

⑤魏武尝过曹娥碑下，杨修从。(《世说新语·捷悟》)(下：边，侧，旁。)

⑥文帝兄弟每造其门，皆独拜床下。(《世说新语·方正》)(下：前。)

⑦南壁及东壁下各有一大床，皆施绛罗帐。(南朝宋·刘义庆：《幽明录》)(下：边，旁。)

⑧读书须是成诵方精熟，今所以记不得，说不去，心下若存若亡，皆是不精不熟之患也。(《朱子语类·总训门人》)(下：中，内，里。)

中＝上　　边＝中/内/里

①宁生而曳尾涂中。(《庄子·秋水》)(中：上。)

②其儿耳中有真金珰。(《百喻经·父取儿耳珰喻》)(中：上。)

③公于是独往食，辄含饭著两颊边，还吐与二儿。(《世说新语·德行》)(边：中，内，里。)

但是随着语言发展，汉语方位名词的方位义泛化问题又逐渐得到规范。如：

①王丞相过江，自说昔在洛水边，数与裴成公、阮千里诸贤共谈道。(《世说新语·企羡》)

②尔时河边有一仙人，此二小儿诤之不已，诣彼仙所，决其所疑。(《百

喻经·小儿争分别毛喻》)

③廿八日，入平谷，西行卅里，巳时到停点普通院前。(唐·[日]释圆仁：《入唐求法巡礼行记》，卷三)

④适会此日岳神在庙中阙第三夫人，放到店中，夜至三更，使人娶之。(变文《叶净能诗》)

⑤毗耐小兽，便意生心扰乱中原，如今殿前有何理说？(变文《韩擒虎话本》)

⑥尊兄在楼上，禄子在楼下。(《张协状元》，第二十四出)

⑦宋四公却待要睡，又怕吃赵正来后如何，且只把一包细软安放头边，就床上掩卧。(明·冯梦龙：《喻世明言·宋四公大闹禁魂张》，第三十六卷)

⑧三尺晓垂杨柳岸，一竿斜刺杏花傍。(明·冯梦龙：《喻世明言·宋四公大闹禁魂张》，第三十六卷)

3. 方位名词的动用问题

上古汉语里，所谓的"词类活用"问题，是人们经常关注的热点问题之一。其中，方位名词"活用"为动词的现象，更是容易引起人们的注意。前面，本章开始，我们曾谈过名动同源问题。应该在更大的语言背景下，来考察"词类活用"问题，其中自然也包括方位名词的动用问题。方位名词和时间名词相比，前者更容易用为动词。时间名词是表示动作、行为时间概念的，不容易用为动词，但文献中也能找到时间名词动用的个别例子。如：

①暮而果大亡其财。(《韩非子·说难》)

而方位名词，不论表示方向的还是表示处所的，都与动作、行为的施向、位置有关，因此就很容易"活用"为动词。这种动用的方位名词，不论是作谓语，还是作状语，其词性都是用为动词。如：

东/西/南/北

①岁二月，东巡狩，至于岱宗，柴。(《尚书·尧典》)(东：作状语，到东方。)

②齐侯执阳虎，将东之。(《左传·定公九年》)(东：作谓语，欲置阳虎于齐之东方。)

③齐侯不务德而勤远略，故北伐山戎，南伐楚，西为此会也。(《左传·僖公九年》)(北：作状语，向北。南：作状语，向南。西：作状语，于西。)

④云将东游，过扶摇之枝而适遭鸿蒙。（《庄子·在宥》）（东：作状语，到东方。）

⑤庞援揄兵而南，则邯尽矣。（《韩非子·饰邪》）（南：作谓语，自燕南返。）

⑥劫卫取阳晋，则赵不南，赵不南而梁不北。（《史记·张仪列传》）（南：作谓语，南下。北：作谓语，北上。）

⑦譬之湍水，决之东则东，决之西则西。（《论衡·本性》）（东：作谓语，向东流。西：作谓语，向西流。）

上/下/中

①君子不欲多上人，况敢陵天子乎？（《左传·桓公五年》）（上：作谓语，凌驾。）

②其君能下人，必能信用其民矣。（《左传·宣公十二年》）（下：作谓语，居人下。）

③丑父使公下，如华泉取饮。（《左传·成公二年》）（下：作谓语，下车。）

④千岁厌世，去而上仙。（《庄子·天地》）（上：作谓语，升，升天。）

⑤夫至人者，上窥青天，下潜黄泉。（《庄子·田子方》）（上：作状语，向上。下：作状语，向下。）

⑥有渔父者，下船而来。（《庄子·渔父》）（下：作谓语，从船上下来。）

⑦中天下而立，定四海之民，君子乐之，所性不存焉。（《孟子·尽心上》）（中：作谓语，居。）

⑧上称帝喾，下道齐桓，中述汤武，以刺世事。（《史记·屈原贾生列传》）（上：作状语，对上。下：作状语，对下。中：作状语，居中。）

前/后/左/右

①子路从而后。（《论语·微子》）（后：作谓语，落在后面。）

②事君，敬其事而后其食。（《论语·卫灵公》）（后：作谓语，使……置于后。）

③晋师右移，上军未动。（《左传·宣公十二年》）（右：作状语，向右。）

④孔子下车而前。（《庄子·盗跖》）（前：作谓语，走向前。）

⑤东野稷以御见庄公，进退中绳，左右旋中规。（《庄子·达生》）（左：

作谓语，向左转。右：作谓语，向右转。）

⑥一进一退，一左一右，六骥不致。（《荀子·修身》）（左：作谓语：向左。右：作谓语，向右。）

⑦寡人将立管仲为仲父，善者入门而左；不善者入门而右。（《韩非子·外储说左下》）（左：作谓语，站在左面。右：作谓语，站在右面。）

⑧复三令五申而鼓之左，妇人复大笑。（《史记·孙子吴起列传》）（左：作谓语，向左转。）

内/外

①今楚内弃其民，外绝其好。（《左传·成公十六年》）（内：作状语，对内。外：作状语，对外。）

②内则父子，外则君臣，人之大伦也。（《孟子·公孙丑下》）（内：作谓语，在内。外：作谓语，在外。）

③修行无有而外其形骸，临尸而歌，颜色不变。（《庄子·大宗师》）（外：作谓语，把……置之度外。）

④太子能为我内应，而我攻其外，灭郑必矣。（《史记·伍子胥列传》）（内：作状语，于内。）

总的来看，方位名词"活用"为动词，多数使用在上古汉语里，且以作状语者居多。这种情况，两汉以后虽然继续存在，但已相当弱化，最终而走上被淘汰之路。如：

①成都王之攻长沙也，反军于邺，内外陈兵。（《搜神记》，卷七）（内：作状语，于内。外：作状语，于外。）

②妾上下着白衣、青丝履，犹未朽也。（《搜神记》，卷十六）（上：作状语，于上。下：作状语，于下。）

③《春秋》之义，内其国外诸夏。（《世说新语·言语》）（内：作谓语，亲近。外：作谓语，疏远。）

④矢左右发，使者不敢进。（《世说新语·方正》）（左：作状语，向左。右：作状语，向右。）

⑤崟乘白马而东，郑子乘驴而南，入升平之北门。（唐·沈既济：《任氏传》）（东：作谓语，向东行。南：作谓语，向南行。）

方位名词作状语之所以走上弱化，乃至消亡之路，自然同另种语法形式的兴起有关。请比较：

①穿井旁出，不触土害。(《论衡·吉验》)(旁：作状语，从旁。)

②日，火也，使在地之火，附一把炬，人从旁射之，虽中，安能灭之？(《论衡·感虚》)(从旁：介宾结构作状语。)

①上尝坐武帐中，黯前奏事。(《史记·汲郑列传》)(前：作状语，向前，走向前。)

②目连言讫更往前行，须臾之间，至一地狱。(变文《大目乾连冥间救母变文》)(往前：介宾结构作状语。)

③待我向前问他姓字。(《大唐三藏取经诗话上》)(向前：介宾结构作状语。)

①此尧之所以南面而守名，舜之所以北面而效功也。(《韩非子·功名》)(南：作状语，向南。北：作状语，向北。)

②留思北顾，涕渐渐兮。(《楚辞·九叹·忧苦》)(北：作状语，向北。)

③和尚欲得向南去，即向南递去；欲得向北去，即向北递去。(唐·[日]释圆仁：《入唐求法巡礼行记》，卷四)(向南：介宾结构作状语。向北：介宾结构作状语。)

由以上诸例对比可知，由介词和方位名词构成的介宾结构作状语，就是取代方位名词作状语的另种新兴语法形式。由此可知，语法形式的转换，是历史语法发展的重要内容。

(三) 名词词头、词尾的产生和发展，是汉语名词复音化作用下的直接结果

1. 词头"阿"的产生和发展

词头"阿"的产生问题，是一个比较复杂的问题。由于受到资料的限制，这个问题学术界至今尚未解释得十分清楚。

从现有的资料来看，词头"阿"的产生时间可定在战国末期至秦汉之间。如：

①黄帝妻雷祖生昌意，昌意降处若水，生韩流。韩流擢首、谨耳、人面、豕喙、麟身、渠股、豚止，取淖子曰阿女，生帝颛顼。(《山海经·海内经》，卷十八)

②炎帝之孙伯陵，伯陵同吴权之妻阿女缘妇，缘妇孕三年，是生鼓、延、殳。(《山海经·海内经》，卷十八)

旧传《山海经》为禹、益所作，不可信。现在多数学者认为此书非一人一时之作，其成书时间大约在战国末期到秦汉之间。《大荒西经》说："开上三嫔于天，得《九辩》与《九歌》以下。此天穆之野，高二千仞，开焉得始歌《九招》。"这里说的《九歌》《九辩》，实际是借屈原、宋玉的作品为天帝之乐曲，均是想象之词。屈原、宋玉均为战国末期楚国人。又司马迁《史记·大宛列传》的"传论"中也明确提到《山海经》一书。如"太史公曰：……至《禹本纪》、《山海经》所有怪物，余不敢言之也"。由此可知，早在刘歆(汉建平元年改名刘秀)撰《七略》之前，此书当已存在。今本《山海经》共十八篇，即《山经》五篇，《海经》八篇，《大荒经》四篇，《海内经》一篇，计十八篇。然《汉书·艺文志》，将《山海经》列为"形法六家"之首，明言"《山海经》十三篇"，此中不计《大荒经》四篇及《海内经》一篇，颇多疑问。《四部备要书目提要》有云："隋唐二志皆云二十三卷，今本乃少五卷，疑后人并其卷帙，以就刘秀奏中一十八篇之数，非阙佚也。……旧本所载，刘秀奏中称其书凡十八篇，与汉志称十三者不合。《七略》即秀所定，不应自相牴牾，疑其赝托，然璞序已引其文，相传既久，今仍并录焉。"① 古籍流传中，卷帙亡佚，多为减少而不会增多。《汉书·艺文志》所记十三篇与十八篇数目不合，此或为班固有误，或为原篇缺失，不一定就能证明《大荒经》和《海内经》为后人增补。然而从更严谨的角度来说，认为词头"阿"产生于东汉时代，那是绝无问题的。潘允中先生认为，名词词头"阿"字最早出现的资料当属顾炎武《日知录》卷三十二所引的《隶释》汉《殷阫碑》文。潘先生说："《隶释》汉《殷阫碑》阴云：'其间四十人，皆字其名而系以'阿'字，如刘兴—阿兴，潘京—阿京之类。'"② 《隶释》，宋洪适撰，凡二十七卷，前十九卷，著所藏汉碑189种。这里所说的《殷阫碑》，亦即《殷阫君神祠碑》。此碑阴刻文，人名加"阿"字者用例甚多，如刘奉/阿奉，刘兴/阿兴，潘京/阿京，杨明/阿明，杨阳/阿阳，张丙/阿丙，李贤/阿贤，

---

① 《山海经笺疏》"本书略述"部分，《四部备要书目提要》，第二册，史部，中华书局民国二十五年(1936年)版。

② 潘允中：《汉语语法史概要》，中州书画社1982年版，第32页。

等等。《敹阢碑》文为东汉时代作品。又杨天戈先生也认为，"阿"字作为纯粹的"不再具备任何词汇意义，变成了称谓之前的一个附加成分，成了词缀"的时间是东汉末，引用的资料是蔡琰的《悲愤诗》："人言母当去，岂复有还时？阿母常仁恻，今何更不慈？"[1]

那么，"阿"作为一个词头，又是如何产生的呢？就目前所知，共有四种说法：

（1）助词说。

王力先生说："到了汉代，产生了一个新的词头'阿'字。……词头'阿'字最初用作疑问代词'谁'字的词头（阿谁），而'阿谁'是从'伊谁'变来的。"[2] 引证的例句是：

①有皇上帝，伊谁云憎？（《小雅·正月》）

②伊谁云从？惟暴之云。（《小雅·何人斯》）

王先生又说："到了汉代，'伊谁'变了'阿谁'。"[3] 引证的例句是：

③道逢乡里人，家中有阿谁？（《汉乐府·十五从军征》）

④羹饭一时熟，不知贻阿谁？（同上）

⑤向者之论，阿谁为失？（《三国志·蜀志·庞统传》）

《诗经》中的"伊谁"之"伊"，现在一般认为是助词，而非"词头"。助词说会有许多困难：

第一："伊谁"之"伊"是助词，而非词头。如：

①有皇上帝，伊谁云憎？（《诗经·小雅·正月》）

②伊谁云从？维暴之云。（《诗经·小雅·何人斯》）

③不念昔者，伊余来墍。（《诗经·邶风·谷风》）

④何辜于天，我罪伊何？（《诗经·小雅·小弁》）

例①②，"伊……云……"这种句式，"谁"显然是动词"憎""从"的前置宾语，"伊""谁"之间不含构词关系，"伊"不是词头。例①，郑笺云："伊，当读为繄"，而"繄"也是个助词。《左传·襄公十四年》："王室之不坏，繄伯舅是赖"，"繄……是……"句型与"伊……云……"句型并无本质区别。

例③，"余"也是动词"墍"的前置宾语。"墍"，毛传："墍，息也。"又郑笺云："君子忘旧，不念往昔年稚，我始来之时安息我。""墍"，或言通"愛"字，"愛"古文"爱"字，小篆作"恶"。由此可知，"伊余"之"伊"，也是个助词。例④，"我罪伊何"，就是"我罪维何"，"伊"表示加强判断，也是个助词。例③④亦表明，"伊"也可处于其他代词之前，它并不是"伊谁"的一部分。

第二，"阿"首先应当出现于名词之前。

前面说过，如果《海内经》中的"阿女"两例成立，那说明"阿"字首先是加在名词之前，因此才称之为名词词头。这一点也可为《殹阮碑》文所证实。"阿"加在代词前，充作词头，那恐怕是后来的事。

第三："阿""伊"两字，上古音值相去较远。

依王先生的拟音，"阿"上古属影母，歌部，开口一等字，音值为〔ai〕，而"伊"上古属影母，脂部，开口三等字，音值为〔iei〕[1]。由此可知，"阿""伊"的音值相去较远，也难以用"旁转"的理论加以解释。

第四，"阿""伊"两字，语法上的演变难以解释。

如果承认"伊"是疑问代词"词头"，它又是如何演变为名词词头"阿"的？这也是难以用"扩散"的理论解释清楚的。

（2）动词说。

前面说过，杨天戈先生认为名词前缀"阿"字的产生时间是东汉末年，引证的资料是蔡琰的《悲愤诗》。而就来源来说，认为"阿"字是由《诗经》中"阿衡"的"阿"和《史记》《汉书》中"阿保"的"阿"逐渐演变而成的。而"阿衡""阿保"的"阿"又是一个动词性的"实词素"，这实际上就是承认"阿"源自动词。

动词说的长处有二：一是从词义发展上看，多少能看出一些动词"阿"和词头"阿"的发展脉络；二是此说也比较符合汉语虚词多半源自实词虚化的事实。但是，动词说仍然不能完美解释动词"阿"演变为词头"阿"的全部语法化过程。如说"阿母"的"阿"最初是和"'阿''保'同义"，但这并不能圆满解释"阿爷""阿姨""阿兄""阿弟"的"阿"到底是怎么演变来的，很难说这里的"阿"义同"保护""庇护""养"义有什么关系。杨先

---

① 王力：《汉语语音史》，中国社会科学出版社1985年版，第57页。

生说："有了这个开端，前缀'阿'即在很短的时间内以极快的速度推广开来，使许多名词都带上了'阿'字。推广的最直接途径自然是从家庭范围开始。于是除'阿母'之外，其他亲属称谓之前也带上了'阿'字，这在汉魏六朝年间不算少见。"① 任何一种语言规律的生成都是一个漫长的过程。"在很短的时间内以极快的速度推广开来"，这可能是想象之词。

（3）代词说。

清代学者郝懿行说："《木兰诗》云：'阿耶无大儿'，'阿耶'犹'我父'也。《晋书·潘岳传》云：'负阿母'，'阿母'犹言'我母'也。"② 显然，郝氏释"阿"为"我"，可视为代词说。

代词说有其新颖之处。本书比较赞成代词说，对此下文另有论述。代词说的缺欠是，在上古汉语里找不到最直接的证据。

（4）谱系说。

竟成先生从亲属语言的谱系角度，对藏缅语中的〔a〕、阿尔泰诸语言中的〔ə〕和汉语词头"阿"进行了"语言类型"的比较以后，认为汉语的"有""阿"和藏缅语中的〔a〕是"属于同一种成分"③。对此，可视为谱系说。

谱系说的优点虽说是能跳出汉语范围，从历史比较语言学的角度去发掘问题，具有一定的理论高度，但此说仍有许多可疑之处。如上古汉语里，我们找不到任何词头"阿"存在的证据，竟成先生却先设定了商和西周时的"有"到春秋时的"阿"（?），再到秦汉时的"阿"的演化路线，这就显得十分可疑。④ "有"，上古属匣母，之部合口三等字，拟音为〔ɣiuə〕；"阿"，上古属影母，歌部开口一等字，拟音为〔ai〕，两字音值相去较远。⑤

本书主张：名词词头"阿"产生于战国末期到秦汉之间。为稳妥起见，也可以说它产生于东汉时代。词头"阿"很可能是语言接触的产物，也就是说它最初可能是从北方某外族语言引进的借词，并以汉语方言的资格存在

---

① 杨天戈：《名词前缀"阿"探源》，《中国语文》1991 年第 3 期，第 233—234 页。

② 郝懿行：《尔雅义疏·释诂上》，第一册，四部备要本。

③ 竟成：《试论汉语前缀"有"和"阿"》，见《第一届国际先秦汉语语法研讨会论文集》，岳麓出版社 1994 年版，第 134 页。

④ 同上，第 140 页。

⑤ 本书一切拟音,除特殊说明者外，一律依据王力先生的《汉语语音史》,特此说明。

着。就词义而言，"阿"最初是一个第一人称代词，后虚化为名词词头。应当把代词说和谱系说结合起来。具体理由如下：

第一，首先我们应当注意到词头"阿"字的产生时间。为慎重起见，我们说过，认为词头"阿"产生于东汉时代，是毫无问题的。而汉代是中国历史上第一个中外交流的活跃时代。汉武帝两次派遣张骞出使西域，促进了汉族和西域各民族的经济、文化交流。又汉武帝时经过三次重大战役，终于挫败了北方匈奴对中原的侵扰，致使东汉以来，南匈奴不断内迁，加深了与中原汉族文化的交流和融合。民族的融合必然要带动语言的接触与交流。

第二，从谱系角度而言，虽然汉语同藏缅语族的关系十分密切，但就汉语词头"阿"字的产生而言，它很可能是受阿尔泰语系中的某种或某些语言影响的结果。阿尔泰语系，一般认为应包括蒙古、突厥和满—通古斯语族。现代突厥语，就中国境内而言，主要是分布于新疆、甘肃、青海一带，而这些地方又主要是张骞通西域的必经之地。由于语言接触的结果，没有亲属关系的语言，并不妨碍个别词汇的输出或借入。据专家研究，阿尔泰语系中的大部分语种，在父母兄姐等亲属名词之前加〔a〕或〔ə〕。[①]

第三，从现有的资料来看，使用词头"阿"的语句也多与北方事物有关。这说明词头"阿"，最初是以北方或东方方言的资格存在着。如：

①阿母常仁恻，今何更不慈？（汉·蔡琰：《悲愤诗》）

②阿婆许嫁女，今年无消息。（北朝民歌·无名氏：《折杨柳枝歌》，其四）

③阿爷无大儿，木兰无长兄。（北朝民歌·无名氏：《木兰诗》，其一）

④阿姊闻妹来，当户理红妆。（北朝民歌·无名氏：《木兰诗》，其一）

例①，是蔡琰在南匈奴所生胡儿对自己的称呼。例②，属北朝乐府民歌。"阿婆"是老妇自指，反映了北方少数民族性格的直率和坦诚。例③④，"阿爷""阿姊"均用于他指。《木兰诗》不论写作的时间是北朝还是唐代，诗中出现的词语，如"可汗""黄河""黑山""燕山""胡骑""朔气""寒光""明驼""猪羊"等等，显然都与北方事物有关。这种情况甚至也出现在近古汉语里。如：

---

① 竟成：《试论汉语前缀"有"和"阿"》，见《第一届国际先秦汉语语法研讨会论文集》，岳麓书社 1994 年版，第 144 页"附录二"。

①阿妈，有甚话对你孩儿说呵，怕做甚么？（元曲《货郎旦》，第三折）

②阿马，认得瑞兰么？（元曲《拜月亭》，第二折）

③比及见阿妈阿姐，先见李嗣源哥哥去。（元曲《五侯宴》，第四折）

④左右报复去，道有阿者来了也。（元曲《哭存孝》，第二折）

以上四例均引自林伦伦文①，"阿妈"或作"阿马"，指父亲；"阿姐"或作"阿者"，指母亲，都是女真语。女真族是满族的祖先，所以满语父亲叫〔ama〕，母亲叫〔ajə〕。今天蒙古语管母亲叫"额吉"，"额""阿"也当属同源。

第四，就词义而言，词头"阿"最初应是第一人称代词，词头用法应是第一人称代词虚化的结果。文献中，"阿"最早用为第一人称代词的当属《三国志·魏书·东夷传》，其后《世说新语》中亦有用例。如：

①名乐浪人为阿残；东方人名我为阿，谓乐浪人本其残余人。（《三国志·魏书·乌丸鲜卑东夷传》）

②谢车骑问谢公："真长性至峭，何足乃重？"答曰："是不见耳。阿见子敬，尚使人不能已。"（《世说新语·赏誉》）

例①，"名乐浪人为阿残"，这是古代辰韩人对乐浪人的一种称呼。"阿残"即"我的遗后"之意。"东方人名我为阿"，这"东方人"指的就是辰韩人，而辰韩人的先祖正是来自中国内地。因此可以推想，这个"阿"也可能是源自夷语的汉语方言词。例②，这是谢玄和谢安的问答语。"答曰"是谢安的答话。此句刘笺云："阿，我也，乃谢公自指。《三国志·辰韩传》：'东方人名我为阿。'此为我见子敬，尚不能已已，则汝见真长，足重可知也。"②

第五，词头"阿"的正式形成是来自代词"阿"的虚化。"阿"由人称代词演变为一个词头成分，这个语法化过程是伴随着汉语单音词的复音化过程而出现的。促成代词"阿"的虚化主要有两大因素：一是结构因素，二是共同语因素。从结构，即从构词角度而言，当"阿"为代词时，其组合形式必然是个偏正结构。而偏正结构的语义表达重点必然是中心词，时间一久，代词"阿"的词义必然被弱化。其次，"阿"的代词义的消失，也是受到汉

---

① 林伦伦：《古今同形双音节词语浅析》，《汕头大学学报》（人文版），1988 年第 4 期。

② 张万起：《世说新语词典》，商务印书馆 1993 年版，第 420—421 页。

民族共同语形成影响的结果。众所周知，两汉以后，人称代词的发展，由于
受到共同语的影响，也日益规范，"我"成为第一人称代词的最主要形式，
而其他形式都受到淘汰或抵制。

说到词头"阿"的发展，主要有以下几种形式：

【阿＋亲属名词】

"阿"加在亲属名词之前，这一用法应出现得最早，这自然同"阿"原
本是代词有关。体现这一用法的较早资料是东汉末年的蔡琰的《悲愤诗》和
无名氏的《焦仲卿妻》。如：

①阿母常仁恻，今何更不慈？（汉·蔡琰：《悲愤诗》）

②府吏得闻之，堂上启阿母。（汉·无名氏：《焦仲卿妻》）

③阿兄得闻之，怅然心中烦。（汉·无名氏：《焦仲卿妻》）

后来，这一用法在中古和近古时期也沿用下去。如：

①阿母所生，遣授配君，可不敬从？（《搜神记》，卷一）

②阿兄，老翁可念，何可作此？（《世说新语·德行》）

③阿爷无大儿，木兰无长兄。（北朝民歌·无名氏：《木兰诗》，其一）

④仙客谓鸿曰："阿舅、舅母安否？"（唐·薛调：《无双传》）

⑤又义阳殿皇后萧氏，是今上阿娘。（唐·[日]释圆仁：《入唐求法巡
礼行记》，卷四）

⑥阿姨抱得弟头，哽咽声嘶，不敢大哭。（变文《伍子胥变文》）

⑦那个阿哥不在这里。（《水浒传》，第三回）

值得注意的是，在唐宋时代，"阿＋亲属名词"之前还可以加上人称代
词或其他修饰语。如：

①天子虽则尊贵，是我阿耶册立之也。（唐·[日]释圆仁：《入唐求法
巡礼行记》，卷四）

②行至大富长者家门前，有一黑狗出来，捉汝袈裟，衔著作人语，即是
汝阿娘也。（变文《大目乾连冥间救母变文》）

③阿耶若取得计（继）阿娘来，也共亲阿娘无二。（变文《舜子变》）

④师曰："汝婀爷姓什摩？"（《祖堂集》，卷三）

⑤我阿儿归报，与娘行知会。（《张协状元》，第三十出）

词头"阿"字之前又出现人称代词（含第一人称代词），这说明"阿"

已彻底语法化了。

【阿＋普通名词/人名（含小字）】

"阿"的这一用法虽始于《山海经》和汉《郎阮碑》，但大量使用还是在中古魏晋南北朝时期。如：

①阿紫，狐字也。（《搜神记》，卷十八）

②（鲁）肃拊蒙背曰："非复吴下阿蒙。"（《三国志·吴书·吕蒙传》）

③阿源有德有言。（《世说新语·赏誉》）

例①，"阿紫"，狐名。例②，"阿蒙"，指吕蒙。例③，"阿源"，指殷渊源。"阿"也可加在字或小字之前。如：

①阿寿故为不负我也。（《宋书·刘敬宣传》）

②阿平若在，当复绝倒。（《世说新语·赏誉》）

③阿螭不作尔。（《世说新语·简傲》）

例①，"阿寿"，指刘敬宣，字万寿。例②，"阿平"，指王澄，字平子。例③，"阿螭"，指王恬，小字螭虎。这一用法到了中古唐五代仍沿用下去。如：

①娘子适以亲情事言于阿郎。（唐·薛调：《无双传》）

②益德冤魂终报主，阿童高义镇横秋。（唐·李商隐：《无题》）

③阿郎不卖，万事绝言。（变文《庐山远公话》）

值得注意的是，中古、近古时期，"阿"前还可以加姓。这样一来，原来的"阿"字组合又成了人名的一部分。如：

④又指一绯衣小女，曰："姓石，名阿措。"（唐·段成式：《崔玄微》）

⑤同县顾阿秀，兄弟以操舟为业。（明·李祯：《剪灯余话》，卷四）

【阿＋称谓名词】

这一用法主要使用在中古汉语后期，如唐五代的变文里就用得极为普遍。"阿＋称谓名词"，其中的名词又多为单音节词。如：

①不弃人微同千载，便与相逐事阿郎。（变文《董永变文》）

②阿奴身年十五春，恰似芙蓉出水宾（滨）。（变文《破魔变》）

③阿翁自往看之。（变文《降魔变文》）

④桑蚕织络，以事阿婆。（变文《秋胡变文》）

例①，"阿郎"，指男主人，即东家。例②，"阿奴"，女子自指。例③，

"阿翁"，牧牛小子对须达的尊称。例④，"阿婆"，秋胡妻对婆母的称呼。

【阿＋数词】

"阿＋数词"表示排行，这种用法主要使用在南北朝及隋唐时期，到了宋元时代就较少用了。在现代方言里，如吴语和粤语仍用这种方法表示排行，但北方话里却用"老"不用"阿"。"阿＋数词"这种组合，其中的数词一般都是"十"以内的基数，如：

①帝始知非仗，大悦，谓曰："阿六汝生活大可。"（《南史·临川靖惠王宏传》）

②巙曰："阿五常日不尔，今可谓仰藉天威。"（《南齐书·高帝十二王传》）

③上数与同坐，呼为阿三。（《隋书·滕穆王瓒传》）

例①，"帝"指梁武帝，"阿六"指文帝第六子。例②，"阿五"，指武陵昭王萧晔，南齐太祖第五子。例③，"上"指隋高祖，"阿三"指高祖母弟滕穆王瓒，时称"杨三郎"。

【阿＋代词】

"阿＋代词"这种用法比较特殊，也较难理解。这可能是由"阿＋名词"这种用法扩展而成。这种用法，主要有以下几类：

阿＋谁

"阿谁"出现较早，汉代的古诗里已经使用了。如：

①道逢乡里人，家中有阿谁？（古诗《十五从军征》）

②羹饭一时熟，不知贻阿谁。（古诗《十五从军征》）

后来，这一用法也一直沿用下去，直到近古也是如此。如：

①向者所论，阿谁为失？（《三国志·蜀书·庞统传》）

②我妇已死，汝是阿谁？（《百喻经·妇诈称死喻》）

③汝今悲泣，更有阿谁忧吾不知去处在？（唐·法海：《六祖坛经》）

④山神曰："今日是阿谁当直？"（变文《庐山远公话》）

⑤师示众曰："王老师要卖身，阿谁买？"（《祖堂集》，卷十六）

⑥曾闻叶上题红怨，叶上题诗寄阿谁？（宋·张实：《流红记》）

值得注意的是，中古汉语后期和近古汉语前期，语言中也可用"阿那"或"阿那个"来代替"阿谁"。如：

①五千步卒逢狂虏，此苦从来阿那经？（变文《李陵变文》）

②相公问昨夜西院内，阿那个家人念经之声？（变文《庐山远公话》）

③阿那个是阇梨主人公？（《祖堂集》，卷六）

④且道达磨是观音，志公是观音，阿那个是端的底观音？（宋·圜悟克勤：《碧岩录》，卷一）

⑤师问洛浦："从上来，一人引棒，一人行喝，阿那个亲？"（宋·释普济：《五灯会元·临济义玄禅师》）

阿＋那/那边/那里

这种用法也主要出现在变文里。如：

①南北东西行七步，问阿那盘陁石最平？（变文《八相变》）

②亦（一）入城来人总喜，问太子如今在阿那边？（变文《八相变》）

《祖堂集》里也有这种用法。如：

③祖曰："生缘在阿那里？"（《祖堂集》，卷三）

阿＋没/莽/堵

"阿＋没/莽"用于疑问代词，也主要是使用在变文里。如：

①更被枷禁不休，于身有阿没好处？（变文《燕子赋》一）

②嗖我阿莽蘗（劈）斫？（变文《燕子赋》一）

例①②，"阿没""阿莽"义同，意指什么、怎么。"没""莽"也可单用，指什么。如：

③缘没不攒身入草，避乱南归？（变文《李陵变文》）

④佛是谁家种族，先代有没家门？（变文《降魔变文》）

⑤今受困危天地窄，更向何边投莽人？（变文《捉季布传文》）

例③，"缘没"，因为什么。例④，"有没"，有什么。例⑤，"投莽人"，投什么人。至于"阿＋堵"，只能用为指示代词。"堵"义同"这""这个""这些"。如：

①人问其故，顾曰："四体妍蚩，本无关于妙处；传神写照，正在阿堵中。"（《世说新语·巧艺》）

②（王）夷甫晨起，见钱阂行，呼婢曰："举却阿堵物！"（《世说新语·规箴》）

③少顷，却要突燃炬，疾向厅事，豁双扉而照之，谓延禧辈曰："阿堵

贫儿，争敢向这里觅宿处？"（唐·皇甫枚：《却要》）

例①，"阿堵"犹言"这"，指代"目精"。例②，"阿堵物"犹言"这物"，"阿堵"指代钱。例③，"阿堵"犹言"这些"，"阿堵贫儿"即这些贫儿。

阿十你/侬

"阿十你/侬"，这种用法也主要是使用在变文里。如：

①茶为（谓）酒曰："阿你不见道：男儿十四五，莫与酒家亲。"（变文《茶酒论》）

②阿你逋逃落籍，不曾见你膺（应）王役。（变文《燕子赋》一）

后来《祖堂集》里也有这种用法。如：

③有一人不受戒而远生死，阿你还知也无？（《祖堂集》，卷四）

至于"阿侬"，中古汉语中期就使用在语言里。这个词很特别，自称、对称均可用"阿侬"。如：

①吴人之鬼，住居建康，小作冠帽，短制衣裳，自呼阿侬，语则阿傍。（《洛阳伽蓝记·景宁寺》杨注，卷二）

②何世天子无要人，但阿侬货主恶耳。（《南齐书·东昏侯记》）

例①，"侬"，我，"阿侬"仍指我。例②，"侬"，你，"阿侬"仍指你。

"阿"加在代词前，是很难理解的一种语言现象。从大处说，这可能含有更深远的语言背景。问题有待于进一步研究。如藏缅语族的词头〔ə〕，就可以加在名词、动词、形容词、代词，甚至是数词之前。壮侗语族的黎语，词头〔a〕及其变体也可以加在名词、代词和形容词的前面。①

【阿十复音词/词组】

"阿十复音词/词组"，这种用法也主要使用在变文里。其中也有几种情况：

阿十复音亲属名词/词组

①弟一把（火）是阿后娘，续得瞽叟弟二。（变文《舜子变》）

②旷大劫来有何罪，如今孤负阿耶娘。（变文《伍子胥变文》）

---

① 竟成：《试论汉语前缀"有"和"阿"》，见《第一届国际先秦汉语语法研讨会论文集》，岳麓书社1994年版，第135—136页。

阿＋复音普通名词

①更有诸都统、毗尼、法师……尼众、阿姨师等，不及一一称名。（变文《佛说阿弥陀经讲经文》二）

②宫人抱出阿孩儿，相貌端严，世所希有。（变文《太子成道变文》三）

例①，"阿姨师"或称"阿姨"，均指尼姑。

阿＋复音代词/词组

①人生百岁寻常道，阿那个得七十身不妖（夭）？（变文《解座文汇抄》）

②自家缝绽由（犹）嫌拙，阿那个门兰（阑）肯索伊？（变文《父母恩重经讲经文》一）

③亦（一）入城来人总喜，问太子如今在阿那边？（变文《八相变》一）

④所吃饮食，滋味都无，只忧身命片时，阿那里有心语话？（变文《父母恩重经讲经文》一）

⑤水为（谓）茶酒曰："阿你两个，何用怱怱，阿谁许你，各拟论功？（变文《茶酒论》）

例①，"阿那个"犹言"阿谁"，问人物。例②，"阿那个"犹言"哪个"，问事物。例③④，"阿那边""阿那里"犹言"哪边""哪里"，问处所。例⑤，"阿你两个"犹言"你们两个"，指"茶"与"酒"。"两个"犹言"两家"，指争辩双方。

2. 词头"老"的产生和发展

《说文》"老""考"转注互训，同在老部。《说文》："老，考也"，又说："考，老也。"假如远古汉语或上古汉语存在复辅音的话，"老""考"最初也许是同形同源。甲骨文"老"作 𦒶、𦒴 诸形，"考"作 𦓝、𦒻 诸形，正象弯腰伛背，依杖而行之状。"老"最初应当是个名词。甲骨文中，"老"有作名词的用例。如：

①贞：勿乎多老舞。（《前》，7.35.2）

例①，"多老"，依《甲骨文字典》解，为职官名。在上古汉语的传世文献中，"老"用作名词，也不乏其例。如：

②不慭遗一老，俾守我王。（《诗经·小雅·十月之交》）

③其为人也，发愤忘食，乐以忘忧，不知老之将至云尔。（《论语·述而》）

④不宁唯是，又使围蒙其先君，将不得为寡君老，其蔑以复矣。（《左

传·昭公元年》)

　　例②，"老"，老年人。例③，"老"，老年。例④，"老"，上卿。

　　形容词"老"当由名词"老"引申而成。如：

　　①老夫灌灌，小子跻跻。(《诗经·大雅·板》)

　　②樊迟请学稼，子曰："吾不如老农。"(《论语·子路》)

　　③且先君而有知也，毋宁夫人，而焉用老臣?(《左传·襄公二十九年》)

　　词头"老"当是由形容词"老"虚化而成。

　　周法高先生认为词头"老"(周氏称之为"名词前附语")产生于汉代，引用的例证是《方言》中的"老鼠"一词。扬雄《方言》卷八云："蝙蝠，自关而东谓之服翼，或谓之飞鼠，或谓之老鼠，或谓之仙鼠。"[①] 这里"老鼠"和"飞鼠""仙鼠"对举，显然是个词组，不是词。"老鼠"即"老的鼠"，成仙成精。《尔雅·释鸟》"蝙蝠、服翼"条，清人郝懿行说："(蝙蝠)俗言为鼠所化，形还类鼠，毛紫黑色，肉翅与足相连，巢于屋檐，孳乳其中，未必是鼠所化为也。"[②] 即便到了唐代，"老鼠"也未必是词。如唐代王度的《古镜记》说："有一老鼠，亦无毛齿，其肥大可重五斤"，显然，这里的"老鼠"仍是"老的鼠"的意思。向熹先生认为"六朝以后，'老'才虚化为词头"[③]。其中引用的资料，时代最早的为晋代张华的《列异传》："及费长房知是魅，乃呵之，即解衣冠叩头，乞自改变为老鳖，大如车轮。""大如车轮"是形容"老鳖"之大，"老"显然是个形容词，不是词头。至于所引的《晋书》《北齐书》例证的语料时间应定为唐代。有的学者主张，唐人修撰的史书，如《晋书》《梁书》《陈书》《北齐书》《周书》《南史》《北史》等等，"其中引用的原始资料"，也可以作为当时的语料来用。[④] 这话听起来很有道理，但实际操作很难。后人写前代史书，虽然参阅不少历史资料，但下笔还得经过作者的消化、理解、剪裁、取舍，所反映出的语言信息不会完全一样。因此，我们主张，确定这种语料的时间还是应以作者所处的时代为准。

　　本书主张：词头"老"产生在唐代，但真正成熟而又得到广泛应用，是

---

　　① 周法高:《中国古代语法·构词编》，国图藏影印本，第213页。

　　② 郝懿行:《尔雅义疏·释鸟》，第四册，四部备要本。

　　③ 向熹:《简明汉语史》(修订本)，下册，商务印书馆2010年版，第279页。

　　④ 高小方、蒋来娣:《汉语史语料学》，高等教育出版社2005年版，第155页。

宋代以后的事。词头"老"加在名词前，主要有以下几种形式：

老＋动物名词

"老＋动物名词"，这类名词出现得最早。如：

①老鼠入饭瓮，虽饱难出头。（唐・寒山子：《寒山诗・寄语》，第二六九）

②心无所之，老鼠入牛角，便见倒断也。（宋・大慧普觉禅师：《答吕郎中》）

③只见猫儿拖老鼠。（《张协状元》，第二出）

④天那，我要告这刘衙内，谁想正投在老虎口里。（元・无名氏：《陈州粜米》）

⑤天下老鸹一般黑。（《红楼梦》，第五十七回）

老＋称谓名词

①大丈夫岂当以老姊求名？（《晋书・郭奕传》）

②王老师要卖身，阿谁买？（《祖堂集》，卷十六）

③书画奇物，老弟近年视之不啻如粪土也。（宋・苏轼：《与蒲传正书》）

④我怎么是你的老婆？（元・关汉卿：《救风尘》，第四折）

⑤不瞒老师说，门生少孤，奉事母亲在乡下住。（《儒林外史》，第三十六回）

老＋姓/名

①此是老石机杼，聊以奉赠。（《北齐书・儒林传》）

②每被老元偷格律，苦教短李伏歌行。（唐・白居易：《编集拙诗成一十五卷因题卷末戏赠元九李二十》）

③快诵老坡《秋望赋》，大千风月一毫端。（宋・范成大：《寄题永新张教授无尽藏》）

④这泼魔这般眼大，看不见老孙。（《西游记》，第二回）

例①，"老石"，指石曜。例②，"老元"，指元稹。例③，"老坡"，指苏东坡。例④，"老孙"，指孙悟空。

老＋数词

词头"老"加在十以内的基数前表示排行，这种用法出现得最晚，在近古汉语后期才广泛应用。如：

①那开米店的赵老二，扯银炉的赵老汉，本来上不得台盘。(《儒林外史》，第六回)

②那老六跌跌撞撞，作了个揖，就到厨下去了。(《儒林外史》，第十一回)

如果排行第一，不说"老一"，而说"老大"。如：

③那薛老大也是"吃着碗里瞧着锅里"的。(《红楼梦》，第十六回)

综合上述，可知词头"阿"产生于上古汉语后期而通行于中古汉语，词头"老"产生于中古汉语后期而盛行于近古汉语，两者在语法上有明显的互补作用。为比较两者用法之异同，作成下表，供参考。

词头"阿""老"用法比较表

例词分类 \ 用法	名词前				数词前	代词前			复音词/词组前	
	+亲属名词	+普通名词、人名(含小字)	+称谓名词	+动物名词	+数词(表排行)	+疑问代词	+人称代词	+指示代词	+名词语	+复音代词
阿	阿母 阿爷 阿兄 阿姊	阿源 阿螭 阿郎 阿僧	阿奴 阿翁 阿婆	○	阿六 阿五 阿三	阿谁 阿那 阿没	阿你 阿侬	阿堵	阿后娘 阿耶娘 阿姨师	阿那个 阿那边 阿你两个
老	○	老石 老元 老坡	老姊 老弟 老婆	老鼠 老虎 老鸹	老二 老六 老大	○	○	○	○	○

说明：①古代"阿"有加在动物名词前的，是作人名用，非动物名。如"阿鹜"，三国魏荀攸妾名(见《三国志·魏书·朱建平传》)；"阿鼠"，子文名(见《法苑珠林·渔猎篇》)。现代方言仍有这类用法，如"阿猫""阿狗"之类。

②词头"老"不能加在代词前。宋刘克庄《贺新郎·送黄成父还朝》有"老我伴身惟有影"句，"老"是形容词，非词头。

3. 词尾"子"的产生和发展

汉语名词词尾"子"和"头""儿"相比，"子"产生最早。词尾"子"是由表示小称的名词"子"虚化而来的。"子"本来就是个名词，指小儿。甲骨文"子"作 、、、诸形，正象幼儿头有毛发、两肢舞动之形。甲骨文地支"巳"亦作 、 诸形，那是"巳"字假"子"为之，因为"子""巳"古音十分相近："子"，上古属精母，之部，开口三等字，拟音为〔tsiə〕；"巳"，上古属邪母，亦之部，开口三等字，拟音为〔ziə〕。著名语言学家王力先生说："要把词尾'子'字和非词尾'子'字区别开来是相当困难的。就现代普通话来说，鉴定词尾的主要标准是轻声，但是古代的史料并没有把轻声记录下来。现在我们只能凭意义来看它是不是词尾"，并提出有六种"子"不该认为是词尾。这六种"子"是"儿子的'子'"、"作为尊称的'子'"、"指禽兽虫类的初生者"、"指鸟卵"、"指某种行业的人"和"指圆形的小东西"。① 王先生提出的标准很管用。但是，实践中仍有些似是而非的例子难以辨别。如：

①如我死，则必大为我棺，使吾二婢子夹我。（《礼记·檀弓下》）

②今野人昼见喜子者，则以为喜乐之瑞。（汉·桓谭：《新论》）

③却与小姑别，泪落连珠子。（汉·无名氏：《焦仲卿妻》）

例①，《礼记》是礼经中后起之书，一般认为成书于汉代。"婢子"，郑注："婢子，妾也。"因此"婢子"之"子"，也可认为是指人的名词。例②，《新论》，东汉桓谭作。"喜子"是指很小的蜘蛛，此"子"和"虫类的初生者"又何以区别？例③，《焦仲卿妻》，东汉末无名氏之作，"珠子"之"子"亦可认为是"指圆形的小东西"。

由以上引例可知，词尾"子"不会产生在汉代。本书认为，词尾"子"产生于魏晋时代，成熟于南北朝，而广泛应用于唐宋。如：

①吏曰："夫人鼻高耳口低，岂能就啮之乎?"甲曰："他踏床子上啮之。"（魏·邯郸淳：《笑林》）

②（秦女）即命取床后盒子开之。（《搜神记》，卷十六）

③甘子正熟，三人共食致饱。（《搜神记》，卷十七）

例①，"床子"，物非圆形，体积也不小。例②，"盒子"，形非圆形，亦非小物。例③，"甘子"，"甘"即"柑"，橘属，形虽圆，但形体亦非"小东西"。由此断定，"床子""盒子""甘子"的"子"是词尾，不是词。又《尔雅·释木》"杻"条，郭注云："（杻）似棣，细叶，叶新生可饲牛，材中车辋，关西呼为杻子，一名土橿。"又《方言》卷五"瓵瓯"条，郭注亦云："今江东亦呼罂为瓿子。""罂"是"瓵瓯瓵罃"等瓦器的通语词，"罃"今简作"罌"。"瓿"是周魏之间的方言词。郭璞是东晋人，由此亦足证词尾

---

① 王力：《王力文集》，第11卷，山东教育出版社1990年版，第10—11页。

"子"在晋代已经产生。至中古汉语中期，即南北朝时代，词尾"子"已比较成熟。如：

①预前多买新瓦盆子容受二斗者。(《齐民要术·醴酪》，卷九)

②若有粗毛，镊子拔却。(《齐民要术·菹绿》，卷八)

③世祖在便殿，用金柄刀子治瓜。(《南齐书·袁彖传》)

④鹞子经天飞，群雀两向波。(北朝民歌·无名氏：《企喻歌》，其一)

到了唐宋时期，词尾"子"已广泛应用，其使用情况，大约有以下几类：

日常器物名＋子

①忽见自门抛一斑犀钿花合子，方圆一寸余。(唐·蒋防：《霍小玉传》)

②并乱丝一绚，文竹茶碾子一枚。(唐·元稹：《莺莺传》)

③是夜明烛，半宵之后，果有二幡子，一红一白，飘飘然如相击于床四隅。(唐·裴铏：《聂隐娘》)

④十娘曰："暂借少府刀子割梨。"(唐·张鷟：《游仙窟》)

⑤道士一见惨然，下棋子曰："此局全输矣。"(唐·杜光庭：《虬髯客传》)

⑥于是净能怀中取笔，便于瓮上画一道士，把酒盏饮，帖在瓮子上。(变文《叶净能诗》)

⑦有一日，其道者提篮子摘梨。(《祖堂集》，卷十六)

⑧又出玉束带、玉篦刀子及马一匹，付三宝奴献上。(宋·徐梦莘：《三朝北盟会编·靖康城下奉使录》，卷二十九)

⑨天地不仁，以万物为刍狗；衲僧不仁，以自己为腊月扇子。(宋·虚堂和尚：《虚堂和尚语录》)

⑩若下一句语，如铁橛子相似。(宋·圜悟克勤：《碧岩录》，卷一)

织品、衣物名＋子

①更取滑州小绫子一匹，留与桂心、香儿数人共分。(唐·张鷟：《游仙窟》)

②此清凉山五月之夜极寒，寻常著绵袄子。(唐·[日]释圆仁：《入唐求法巡礼行记》，卷二)

③著石榴裙，紫褙裆，红绿帔子。(唐·蒋防：《霍小玉传》)

④后节度使必遣人搜殿，见此汗衫子，必差人进来。（变文《叶净能诗》）

人物名＋子

①妹子虽不端正，手头裁缝最巧。（变文《丑女缘起》）

②小娘子眉奇（齐）龙楼，身临帝阙。（变文《破魔变》）

③什摩人为伴子？（《祖堂集》，卷十八）

④初到澧州，路上见一婆子卖油糍。（宋·圜悟克勤：《碧岩录》，卷一）

人体部位名＋子

①下官不忍相看，忽把十娘手子而别。（唐·张鷟：《游仙窟》）

②舌子芬芳，颊疑钻破。（唐·张鷟：《游仙窟》）

③十指纤纤如露柱，一双眼子似木槌离（梨）。（变文《丑女缘起》）

④"三经"是赋、比、兴，是做诗的骨子。（《朱子语类》，卷八十）

动物名＋子

①老罴当道卧，貉子那得过？（《北史·王罴传》）

②于时，忽有一蜂子飞上十娘面上。（唐·张鷟：《游仙窟》）

③燕子被打，可笑尸骸。（变文《燕子赋》一）

④师于窗下看经时，蝇子竟头打其窗，求觅出路。（《祖堂集》，卷十六）

植物、水果、食物名＋子

①树子非不楚楚可怜，但恐永无栋梁日耳。（《晋书·孙绰传》）

②南国传椰子，东家赋石榴。（唐·张鷟：《游仙窟》）

③阿娘见后园果子，非常最好。（变文《舜子变》）

④路边有一个树子。（《祖堂集》，卷五）

⑤自过咸州，至混同江以北，不种谷麦，所种止稗子。（宋·徐梦莘：《三朝北盟会编·茅斋自叙》，卷四）

⑥正如吃馒头只撮个尖处来吃，下面的馅子许多滋味都不见。（《朱子语类·训门人》）

建筑物名＋子

①遂命酒馔，即令小玉自堂东阁子中而出。（唐·蒋防：《霍小玉传》）

②乃一小版门子，扣之，有应者。（唐·杜光庭：《虬髯客传》）

③某已得从良，客户有一小宅子，贩缯为业。（唐·薛调：《无双传》）

④一似人家盖房子，使椽柱瓦木盖得是好，却须是住房子底人做主，防水火盗贼。（宋·徐梦莘：《三朝北盟会编·绍兴甲寅通和录》，卷一六二）

山川河流、自然之物名＋子

①雹子变成珍珠。（变文《破魔变》）

②适值渡一小涧子，臣括与耶律寿先过。（宋·李焘：《续资治通鉴长编》，卷二六五）

③分水岭自转向南，下去白草铺，望古长城，只是平川，何处有岭子？（宋·李焘：《续资治通鉴长编》，卷二六五）

④未免借一条小路子行。（宋·虚堂和尚：《虚堂和尚语录》）

到了近古汉语中后期，即元明清时代，词尾"子"用得更加普遍、纯熟，与现代汉语几乎没什么区别。下面只引例词说明之。如：

器物名＋子

绳子、箱子、刀子、轿子、钉子、梯子（见《元曲选》）

金子、银子、珠子、车子、盒子、盏子、帘子、桌子、凳子、梆子、盘子、酒望子（见《水浒传》）

鞭子、幌子、碟子、椅子、扇子、茶炉子（见《红楼梦》）

衣物名＋子

裤子、被子（见《元曲选》）

袖子、袄子、衫子、裙子（见《水浒传》）

褂子、褥子、绢子、靴子（见《红楼梦》）

人物名＋子

婶子、妮子、叫化子（见《元曲选》）

小子、汉子、嫂子、儿子（见《水浒传》）

姑子、婆子、马贩子（见《红楼梦》）

人体名＋子

肚子、嗓子（见《水浒传》）

腰子、身子、膀子、脖子（见《红楼梦》）

动植物名＋子

驴子、叶子（见《元曲选》）

蝇子、林子（见《水浒传》）

骡子、蚊子（见《红楼梦》）

食物名＋子

枣子、榛子、馅子（见《水浒传》）

豆子、包子（见《红楼梦》）

建筑名＋子

亭子、房子、堂子（见《元曲选》）

城子、阁子、窗子（见《水浒传》）

屋子、宅子、园子、夹道子（见《红楼梦》）

综合上述，可知到元明清时代，词尾"子"的用法已相当灵活。值得注意的是，大约从宋代起，"动词＋子"的现象已经出现了。如：

①石门拈起拂子。（《祖堂集》，卷十四）

②青布帘大写着"员梦如神"，纸招子特书个"听声揣骨"。（《张协状元》，第四出）

到了元明清，这种情况也是存在的。如"筛子"（见《元曲选》），"刷子"（见《水浒传》），"拐子""探子"（见《红楼梦》）。

4. 词尾"头"的产生和发展

词尾"头"也是由名词"头"虚化而来的。《说文》："头，首也，从页，豆声。""首"就是人头。先秦典籍中"头"已有用为人头义者。如：

①荀偃瘅疽，生疡于头。（《左传·襄公十九年》）

②（孔子）据轼低头，不能出气。（《庄子·盗跖》）

③臣之于君也，下之于上也，……若手臂之扦头目而覆胸腹也。（《荀子·议兵》）

④是岁人有自到死，以其头献者。（《韩非子·内储说上》）

"头"的人头义，进一步引申，表示物体的一头或顶端。如：

①视之，舌头、半舌犹在。（《搜神记》，卷二）

②后人有见此狸出坑头，掘之，无复尾焉。（《搜神记》，卷十八）

③帝自捉刀立床头。（《世说新语·容止》）

④高高山头树，风吹叶落去。（北朝民歌·无名氏：《紫骝马歌辞》，其三）

例①，"舌头"，舌尖。例②，"坑头"，坑口，洞口。例③，"床头"，坐榻的一头。例④，"山头"，山顶。"头"的顶端义进一步引申，表示方位义。如：

①东方千余骑，夫婿居上头。（汉·无名氏：《陌上桑》）

②三间瓦屋，士龙住东头，士衡住西头。（《世说新语·赏誉》）

"头"的方位义，进一步引申，就虚化为纯粹的名词词尾。王力先生认为词尾"头"产生于南北朝时期①，我们完全赞同王先生的结论。

从发展上看，词尾"头"和"子"相比，不如"子"用得那么普遍、自然。南北朝时代，由于"头"还处于初始阶段，所以用例不是很多。如：

①水中有物，如三四岁小儿，鳞甲如鲮鲤，射之不可入。七八月中，好在碛上自曝，羽头似虎，掌爪常没水中。（《水经注·沔水》）

②谚曰："锄头三寸泽"，此之谓也。（《齐民要术·杂说》）

③前头看后头，齐著铁钜铮。（北朝民歌·无名氏：《企喻歌》，其三）

④南市买辔头，北市买长鞭。（北朝民歌·无名氏：《木兰诗》）

例②，"锄头三寸泽"，句意为如能经常锄草、松土，可以抵得上湿度三寸的降雨量。此"锄头"为农具无疑。《齐民要术》有两篇《杂说》，一居《序》后，一在卷三。例②所引，为《序》后《杂说》。有的学者认为，此篇《杂说》非贾氏所作，乃唐人伪托②，而有的著作却引此例作为"六朝时期开始不带'顶''端'义的虚化的'头'"，争议如此，录以备考。

到了唐宋时代，词尾"头"的虚化已彻底完成。如：

①十个指头，刺人心髓。（唐·张鷟：《游仙窟》）

②台东头有供养院，入院吃茶。（唐·［日］释圆仁：《入唐求法巡礼行记》，卷三）

③明日午时，但至曲头觅桂子，即得矣。（唐·蒋防：《霍小玉传》）

④前头失却桅，后头又无柁。（唐·寒山子：《寒山诗·如许》，第二三二）

⑤外头有一僧，善有妙术，不感（敢）不报。（变文《韩擒虎话本》）

⑥词理若乖，便为弟子，牢把绳头，莫交（叫）失手。（变文《庐山远公话》）

---

① 王力：《王力文集》，第11卷，山东教育出版社1990年版，第20页。

② 缪启愉、缪桂龙：《齐民要术译注》，上海古籍出版社2006年版，第19页脚注"启愉按"。

⑦妹子虽不端正，手头裁缝最巧。(变文《丑女缘起》)

⑧你去东边子细看，石头上坐底僧，若是昨来的后生，便唤他。(《祖堂集》，卷四)

⑨语带玄而无路，舌头谈而不谈。(《祖堂集》，卷五)

⑩赵州和尚寻常举此话头，只是"唯嫌拣择"。(宋·圜悟克勤：《碧岩录》，卷一)

⑪客长在下头，它(他)在上头打拳。(《张协状元》，第八出)

⑫从三更直立到日头出。(《张协状元》，第四十九出)

到了元明清时代，词尾"头"用得更加普遍，下面只引例词说明之。如：

人物、人体名＋头

小鬼头、眉头、指头、舌头(见《元曲选》)

心头、口头、骨头(见《水浒传》)

丫头、舌头、手指头(见《红楼梦》)

心理、事物名＋头

日头、云头(见《元曲选》)

念头、木头、石头、座头(见《水浒传》)

想头、兴头(见《红楼梦》)

食物、器物名＋头

馒头(见《元曲选》)

枕头、锄头(见《水浒传》)

枕头(见《红楼梦》)

方位名＋头

后头、里头(见《元曲选》)

前头、后头(见《水浒传》)

里头、外头(见《红楼梦》)

同词尾"子"一样，有的词尾"头"也可加在动词后面，这是发展。动词加"头"，就变成名词。如"问头"(见《碧岩录》)，"撅头""望头"(见《元曲选》)，"念头"(见《水浒传》)，"想头""来头"(见《红楼梦》)，等等。

5. 词尾"儿"的产生和发展

和词尾"子""头"相比，"儿"产生得最晚，这同"儿"音的历史演变有极大关系。词尾"儿"也是由名词虚化而成的。"儿"繁体作"兒"。《说文》："兒，孺子也，从儿，象小儿头囟未合。"段注："子部曰：'孺，乳子也'。乳子，乳下子也。"由段注可知，"儿"的本义就是指婴幼儿。"儿"，甲骨文作、诸形，正象小儿头大而囟门未合之形。先秦文献中，"婴""儿"多连用，指的就是婴儿或幼儿。如：

①我独泊兮其未兆，如婴儿之未孩。（《老子》第二十章）

②今秦妇人、婴儿皆言商君之法，莫言大王之法。（《战国策·秦策一》）

③安禽兽行，虎狼贪，故脯巨人而炙婴儿矣。（《荀子·正论》）

④夫婴儿相与戏也，以尘为饭，以涂为羹。（《韩非子·外储说左上》）

"婴""儿"如单用，依《玉篇》解，当是"男曰儿，女曰婴"。但两汉后，"儿"多单用，或指婴儿，或指幼儿。如：

①孔子东游，见两小儿辩斗。（《列子·汤问》）

②公于是独往食，辄含饭著两颊边，还，吐与二儿。（《世说新语·德行》）

③乳母抱儿在中庭，儿见充喜踊。（《世说新语·惑溺》）

"儿"由小儿义，引申后可用于人或事物的小称义或爱称义，应当说这就是词尾"儿"虚化的词义基础。如：

①阿婆不嫁女，那得孙儿抱？（北朝民歌·无名氏：《折杨柳枝歌》，其二）

②已而有娠，而生敬儿，故初名狗儿；又生一子，因狗儿之名，复名猪儿。（《南史·张敬儿传》）

③细雨鱼儿出，微风燕子斜。（唐·杜甫：《水槛遣心》，其一）

④打起黄莺儿，莫教枝上啼。（唐·金昌绪：《春怨》）

例①，"孙儿"之"儿"，指婴儿。例②，"狗儿""猪儿"，均是初生儿的乳名。例③④，"鱼儿""黄莺儿"都不是什么庞然大物，显然具有小称义。尤其例④，"儿"不仅占一个音节，而且又是韵脚字，显然具有实体义。总之，本书不太赞成词尾"儿"产生于六朝或唐代的说法。

对词尾"儿"发展的考察，我认为应分为三个时期：产生期、应用期和成熟期。

（1）产生期（宋代）。

词尾"儿"产生于宋代或宋金时代。由于是刚刚产生，所以这一时期的"儿"应用不是很广。说它产生于宋或宋金时代，最有力的证据是从意义上看，"儿"可以用在无生命的名词之后，并且这些名词所表示的东西也并非小物。如：

①守着窗儿，独自怎生得黑？（宋·李清照：《声声慢》）

②不如向帘儿底下，听人笑语。（宋·李清照：《永遇乐》）

③漾人葫芦水上游，葫芦儿沉后我共伊休。（《张协状元》，第十六出）

④先来小生心儿闷，见贫女又嫁。（《张协状元》，第十六出）

（2）应用期（元代）。

元代属近古汉语中期。词尾"儿"在元代文献中，尤其在元曲里得到较广泛的应用。如：

一般事物名＋儿

①俺父亲做官，专好唱《醉太平》的小曲儿。（元·杨显之：《潇湘雨》，第四折）

②你这般沙糖般甜话儿多曾吃。（元·关汉卿：《诈妮子调风月》，第二折）

③交左右人将狗皮儿来了。（元·无名氏：《杀狗劝夫》，第四折）

④忠心报母世间希，美名儿动省惊台。（元·无名氏：《小张屠焚儿救母》，第三折）

衣物、器物名＋儿

①慢惚惚胸带儿频那系，裙腰儿空闲里偷提。（元·关汉卿：《诈妮子调风月》，第二折）

②哥哥，这被儿原是我的来。（元·无名氏：《鸳鸯被》，第三折）

③哥哥，我寄着这包袱儿在这里。（元·杨显之：《潇湘雨》，第二折）

④我这眼则是琉璃葫芦儿。（元·张国宾：《合汗衫》，第三折）

人体、人物名＋儿

①我好俊脸儿，要搽胭脂。（元·无名氏：《朱砂担》，第二折）

②我好心儿搭救了你。（元·无名氏：《杀狗劝夫》，第二折）

③窦秀才留下他这女孩儿与我做媳妇儿。(元·关汉卿:《窦娥冤》,楔子)

④但是我的性命全亏他这爷儿两个救的。(元·关汉卿:《窦娥冤》,第一折)

动植物、水果名＋儿

①子弟每是个茅草岗、沙土窝、初生的兔羔儿。(元·关汉卿:《不伏老》)

②婆婆,我无事也不来,你许下这狗儿,我特来取那。(元·无名氏:《杀狗劝夫》,第三折)

③尽把恩情,悄似梧叶儿一片轻。(元·无名氏:《小孙屠》,第十出)

④您两个孩儿偷出小荳,客人处换梨儿吃。(《元典章·前集刑部》)

数量词名＋儿

①小姐,那两个人拿过一张儿纸来,不知写甚么,小姐看咱。(元·白仁甫:《墙头马上》,第一折)

②如今两笼儿朱砂,都是我的了。(元·无名氏:《朱砂担》,第二折)

③老夫人,有热酒筛一钟儿我吃。(元·李直夫:《虎头牌》,第三折)

④两门亲便走一遭儿成。(元·关汉卿:《诈妮子调风月》,第三折)

(3)成熟期(明清时代)。

明清两代属近古汉语中后期。词尾"儿"的发展,到了明清时代,已进入成熟期。所谓"成熟",这不仅是指"儿"应用广泛并具有极强的构词能力,而且还指语音上 er 这一特殊韵母已经形成并促成儿化词的产生。儿化词和词的儿化应当是两个概念。词的儿化,即词的附缀化,是从词尾"儿"产生的那天起就存在着。也就是说,当词尾"儿"最初产生的时候,"儿"是有声母的,连同后面的韵母,它仍是一个独立的音节,只是从意义上判断,它已虚化,是个词尾。这就是我们说的"词的儿化"。而"儿化词",是指 er 韵产生之后,虽然文字上"儿"仍是独立的音节,但语音上 er 韵已与前一个音节融为一体。依王力先生的《汉语语音史》,在宋代,"儿"属日母、资思韵,拟音为〔rı〕;在元代,属耳母、支思韵,拟音为〔ɿ〕;在明清时代,属影母、支思韵中的儿韵,拟音为〔ə〕。王先生于《汉语语音史》中讲的"明清音系",是以明徐孝的《等韵图经》为准的。王先生说:"'儿而耳尔二贰'等字原属日母,在元代读〔ɿ〕,到明清时代转入影母(零声母），读〔ɚ〕。《等韵图经》把'尔二而'放在影母下，可以为证。"① 由此可知，到明代，er 韵已正式形成。再加上元代时入声韵已彻底消失，分别转入支思、齐微、鱼模、皆来、萧豪、歌戈、家麻、车遮和尤侯九个阴声韵中，这样就为词尾"儿"和前面音节的融合彻底扫清了障碍，使"儿化词"得以大量产生和广泛应用。

明清时代的儿化词，从意义上看，主要有：

一般事物名＋儿

①那妇人只得假意儿谢了，众人各自散了。（《水浒传》，第二十五回）

②我最喜欢听撕的声儿。（《红楼梦》，第三十一回）

③况且一个是美人灯儿，风吹吹就坏了。（《红楼梦》，第五十五回）

④凡有大小事儿，仍是照着老祖宗手里的规矩。（《红楼梦》，第五十五回）

衣物、器物名＋儿

①掀起笠儿，挺着朴刀，来战丘小乙。（《水浒传》，第六回）

②这小猴子提了篮儿，一直望紫石街走来。（《水浒传》，第二十四回）

③这的帽儿也做的中中的。（《朴通事》）

④跟他的小丫头子小吉祥儿没衣裳，要借我的月白绫子袄儿。（《红楼梦》，第五十七回）

人体、人物名＋儿

①老身钱锁儿的母亲，今年七十三岁了。（明·朱有燉：《团圆梦》，第一折）

②这马是四个主儿的，各自有数目。（《老乞大》）

③谁知赵姨奶奶招手儿叫我。（《红楼梦》，第五十七回）

④更觉两个眼珠儿直直的起来。（《红楼梦》，第五十七回）

动植物、水果名＋儿

①那一个大虫门前，汪汪地有狗儿吠。（明·朱有燉：《团圆梦》，第二折）

②这小猴子打那虔婆不过，一头骂，一头哭，一头走，一头街上拾梨

---

① 王力：《汉语语音史》，中国社会科学出版社 1985 年版，第 394 页。

儿。(《水浒传》，第二十四回)

③我是属牛儿的，今年四十也。(《老乞大》)

④难道那些蚊子、蛇蚕、蠓虫儿、花儿、草儿、瓦片儿、砖头儿，也有阴阳不成?(《红楼梦》，第三十一回)

如果从语法上看，明清时代的儿化词主要有:

时间、方位名十儿

①到寺里烧香随喜之后，却到湖心桥上玉石龙床上，坐的歇一会儿。(《朴通事》)

②那钱物则由那帮闲的人支使，他则妆孤，正面儿坐着，做好汉。(《老乞大》)

③你明儿见了他，好歹赔释赔释。(《红楼梦》，第十六回)

④昨儿进的京，今儿太太带了姑娘进宫请安了。(《红楼梦》，第五十六回)

数量词十儿

①我将这一碗儿浆水、一陌纸钱，就这铺里先祭他一祭咱。(明·朱有燉:《团圆梦》，第三折)

②你说老实价钱，则一句儿话还你。(《老乞大》)

③你馈我掏一遍儿。(《朴通事》)

④你这小蹄子儿，要掂多少过儿才罢?(《红楼梦》，第五十五回)

动词、动宾结构十儿

①拿着取灯儿，到那一个人家里，舌尖儿润开了窗孔，吹起火来。(《朴通事》)

②恰好武大归来，挑着空担儿进门。(《水浒传》，第二十四回)

③姑娘站了半天，乏了，这太阳地里歇歇儿罢。(《红楼梦》，第五十五回)

④石头冷，这是极干净的，姑娘将就坐一坐儿罢。(《红楼梦》，第五十五回)

形容词十儿

①不瞒太公说，贫僧是胎里素，自幼儿不吃荤。(《西游记》，第十九回)

②老婆子们不中用，得空儿吃酒斗牌。(《红楼梦》，第五十五回)

③宝玉本来心实，可巧林姑娘又是从小儿来的，他姊妹两个一处长得这么大，比别的姊妹更不同。（《红楼梦》，第五十七回）

④你们看他可怜见儿的。（《红楼梦》，第三十八回）

至此，我们对汉语名词词尾"子""头""儿"的产生、发展都作了比较全面的论述。但是，还有一个问题应引起我们的注意，即大约从元代起，词尾"子""头""儿"就有复音化的趋向。从结构上分析，这种复音化现象是有层次的，并非词尾的简单连用。如：

①似这一个布，经纬都一般，便是鱼子儿也似匀净的。（《老乞大》）

②咱们九个心里孝顺，只是不象那蹄子儿嘴巧，所以公公婆婆只说他好。（《红楼梦》，第五十四回）

例①②，"鱼子儿""蹄子儿"，是"子"化后再"儿"化，结构层次应是〔（鱼子）＋儿〕、〔（蹄子）＋儿〕。又如：

①说得他美甘甘枕头儿上双成，闪得我薄设设被窝里冷。（元·关汉卿：《诈妮子调风月》，第三折）

②我的话头儿过去了也。（元·李直夫：《虎头牌》，第三折）

③老叔，我爱吃的是羊舌头儿。（元·无名氏：《朱砂担》，第二折）

④还有一件事，里头床头儿上有个小荷包儿，拿了来。（《红楼梦》，第二十七回）

例①—④，"枕头儿""话头儿""羊舌头儿""床头儿"，它们的结构层次是〔（枕头）＋儿〕、〔（话头）＋儿〕、〔（羊舌头）＋儿〕和〔（床头）＋儿〕。又如：

①你不过是几两银子买来的小丫头子罢咧。（《红楼梦》，第二十回）

②仍命小丫头子坠儿送出去了。（《红楼梦》，第二十六回）

例①②，"丫头子"，其结构层次是〔（丫头）＋子〕。

（四）名词的叠用及其语法意义的表达

一般说来，名词是不能重叠的，古今汉语都是如此。但是也确有部分名词是可以叠用的，并因此而带来一些语法变化。请注意，这里说的是词的重叠，而不是叠音词。叠音词是构词问题。

在上古汉语，名词一般是不能叠用的。如：

①燕燕于飞，差池其羽。(《诗经·邶风·燕燕》)

②凤兮凤兮，何德之衰?(《论语·微子》)

③骓不逝兮可奈何，虞兮虞兮奈若何!(《史记·项羽本纪》)

例①，毛传:"燕燕，鳦也"。毛亨这里认为"燕燕"是一个词，所以释之以"鳦"。而朱氏《集传》云:"燕，鳦也。谓之'燕燕'者，重言之也。"当以朱熹说为是。例②③，两"凤"两"虞"字，被语气词"兮"隔开，这不是名词叠用，而是修辞上讲的反复辞格。

总体上看，大约从上古汉语后期，即从汉代开始，有部分名词可以叠用。名词叠用后带来的语法意义的变化主要有以下几种情况:

(1) 普通名词重叠。

普通名词叠用后，有逐指意义，并表示人或事物众多。如:

①物物各自异，种种在其中。(汉·无名氏:《焦仲卿妻》)

②花花自相对，叶叶自相当。(汉·宋子侯:《董娇饶》)

③山山白鹭满，涧涧白猿吟。(唐·李白:《秋浦歌》，其十)

④家家习为俗，人人迷不悟。(唐·白居易:《买花》)

⑤旧游一别无因见，嫩叶如眉处处新。(五代·徐铉:《柳枝词》)

(2) 时间名词重叠。

单音节时间名词重叠后，也有逐指意义，并表示时间盈余。如:

①仰头相向鸣，夜夜达五更。(汉·无名氏:《焦仲卿妻》)

②朝朝见云归，夜夜闻猿鸣。(南朝宋·鲍照:《拟古》，其八)

③月月望君归，年年不解绽。(南朝宋·鲍令晖:《古意赠今人》)

④门前一株枣，岁岁不知老。(北朝民歌·无名氏:《折杨柳枝歌》，其二)

⑤天边雨露年年在，上苑芳华岁岁新。(五代·徐铉:《柳枝词》)

(3) 名量词重叠。

此类词叠用后，除含有逐指意义，表示数量众多外，仍有计量意义。如:

①枝枝相覆盖，叶叶相交通。(汉·无名氏:《焦仲卿妻》)

②翩翩新来燕，双双入我庐。(晋·陶渊明:《拟古》，其三)

③破视其腹中，肠皆寸寸断。(《世说新语·黜免》)

④片片红颜落，双双泪眼生。（北周·庾信:《昭君辞应诏》）

⑤军书十二卷，卷卷有爷名。（北朝民歌·无名氏:《木兰诗》）

（4）名词对应性重叠。

这类叠用现象多由并列式名词词组构成。其语法意义，除含有同类事物的概括意义外，也可表示事物众多或主观上的欣喜意义。如:

①虽我之死，有子存焉。子又生孙，孙又生子，子又有子，子又有孙，子子孙孙，无穷匮也。（《列子·汤问》）

②夫家同受其祚，子子孙孙咸享其荣。（晋·傅玄:《秦女休行》）

③海棠一株春一国，燕燕莺莺作寒食。（金·元好问:《题商孟卿家明皇合曲图》）

④你有钱时待朋友，每日家花花草草;你今日无钱也，便这般烦烦也那恼恼。（元·武汉臣:《老生儿》，第二折）

例③，"燕燕莺莺"，喻娇妻美妾。例④，"花花草草"，喻风流快活之事。

第二章

动词史

一、动词的产生

上一章的第一节里，在谈到名词产生的时候，我们曾引出了原始汉语和远古汉语两个概念。这一节，在谈到动词产生的时候，我们想从古人类学角度再来谈一谈这个问题。

大家知道，语言是随着人类的产生而产生，也是随着人类的发展而发展的。现在学术界有一种观点认为人类起源于非洲南部，并从那里走向世界。这种观点无疑是表明非洲南部也是现代人类语言的发源地，并且也只有一次起源。这种观点是有害的。我们可以设想：当地球某个时候适合人类起源、生存的时候，也绝不会仅限于一处，它应当是多元的。科学家认为，在距今约 1400 万～1000 万年前，地球上曾生活着一种拉玛古猿（Ramapithecus），学术界公认它就是猩猩的远祖。这种古猿化石在中国云南开远、禄丰及印度西瓦利克山诸处均有发现。近些年，中国云南昭通出土了约 620 万年～610 万年前的古猿头骨化石，汉江流域也发现了约 100 万年前的郧县人头骨化石。另据有关报道，希腊和保加利亚也发现过 720 万年前的类人猿动物化石。这些事实都彻底地动摇了人类最早起源于非洲之说。

古猿虽能直立行走，但不会制造工具，更不能有语言。古猿不是人类，它仍是处于从猿到人的一种猿类动物。古猿经过长期演变，就变成了猿人。

猿人超越了动物，它是最原始的人类。猿人会制造工具，懂得取火、狩猎技术，其脑容量约是现代人平均脑容量的 80%。直立行走改变了古猿的身体结构，使脑容量增大，使唇齿舌喉等发音器官得以发展；共同劳动、群居生活又必然促使思想交流和情感表达。因此，可以推测出，猿人已经有了语言。从考古学角度来看，猿人就是旧石器时代的早期人类，如云南的"元谋人"（距今约 170 万年前）、陕西的"兰田人"（距今约 60 万~50 万年前）和北京周口店的"北京人"（距今约 50 万~40 万年前），都是典型的代表。猿人进一步发展，就进入了"古人"阶段。"古人"就是一般所说的早期智人，距今约 30 万~20 万年前，处于旧石器时代中期。"古人"不仅会取火，而且还会制作兽皮衣服和精致的石器。考古学讲的广东"马坝人"、湖南的"长阳人"和山西的"丁村人"，都是"古人"的代表。我们可以推测：生活在中华大地上的"猿人""古人"的语言应属于原始汉语（祖语）的前期和后期阶段。

"古人"进一步发展就进入了"新人"阶段，距今约 4 万~1 万年前。"新人"就是一般所说的晚期智人，时处旧石器时代晚期。"新人"懂得制造弓箭、标枪技术，爱好绘画、雕刻，生活以狩猎、采集、捕鱼为生，婚姻形式已进入族外婚，氏族之内不得通婚。考古学讲的广西"柳江人"、四川的"资阳人"、内蒙的"河套人"和北京的"山顶洞人"都是"新人"的代表。"新人"进一步发展，就进入"现代人"阶段。"现代人"时处新石器时代的中期和晚期，时间约 1 万~4000 年前。陶器的出现是进入新石器时代的标志。考古学讲的河南的"仰韶文化"、山东的"大汶口文化"和"龙山文化"，都是新石器时代的代表文化。从语言上说，"新人"和"现代人"的语言应属远古汉语的前期和中期。中国的有史文化是从夏代开始的，时间是公元前 2070—前 1600 年。夏代的语言当属远古汉语后期。语言先于文字。夏代语言虽然没有文字记录，但它已是高度发达的汉语了，这应是确定无疑的。

据推测：原始汉语应是音节语言。这就是说，一个音节，从表达功能上说，既是一个词，也是一个句子。如果从词类产生的角度来理解，那就是名动同形同源。换句话说，一个词既是名词，又是动词，两者处于同形同源的混合状态。后来汉语到了远古时期，这时汉语可能已由音节语言逐步过渡到句子语言，名词和动词同时分化出来，因此从词类产生的顺序上说，它们应同属一级词类。在上古汉语里，我们常常遇到名动兼类问题。如果我们能从历史角度看问题，这也许就是原始汉语或远古汉语语法的残留。总之，我们对上古汉语中的名动兼类或"词类活用"问题，都该换个角度来重新思考。

在第一章里，我们借助《甲骨文、西周金文、今文〈尚书〉词类分布统计表》中的数据，可以看到上古汉语前期中的名词和动词在语言中占有极其重要的地位。汉语的早期资料中，如甲骨文里名动同形同源者就比较普遍，这应引起我们高度注意。本书曾对徐中舒先生主编的《甲骨文字典》[①] 进行过统计：该书收字 1 114 字（不计异体），其中准确断定为动词者有 383 字（词），占全书所收全部字（词）的 34.4％，而其中名动同形同源者就有 71 例。甲骨文中的名动同形例，实际上也许就是原始汉语或远古汉语语法的残留吧。下面引例，均采自《甲骨文字典》（原文无断句。为阅读方便，引例加了标点。）请比较：

①癸丑卜，贞：今岁亡大水。（《金》，377）（水：名词，洪水。）

②丙戌卜，贞：弜自在𣱱，不水。（《前》，2.4.3）（水：动词，发大水。）

①贞：𢀛方亡闻。（《遗》，345）（闻：名词，消息。）

②庚子卜，永贞：妣己闻。（《合》，227）（闻：动词，耳闻。）

①贞：有疒齿，不佳父乙蛊。（《乙》，4626）（齿：名词，牙病。）

②戊寅卜，亘贞：取牛，不齿。（《遗》，152）（齿：动词，有灾祸。）

①贞：王其疒目。（《合》，165 正）（目：名词，眼目，眼病。）

②贞：乎目𢀛方。（《前》，4.32.6）（目：动词，侦伺。）

①贞：……劦于小乙，亡蛊，在十月。（《合集》，23123）（蛊：名词，灾祸。）

②贞：佳帝蛊我年。（《合集》，10124）（蛊：动词，降灾。）

①庚戌……贞：易多母有贝朋。（《合集》，11438）（朋：名词，宝货。）

②甲申贞，夬贞：寮于王亥，其朋。（《乙》，6738）（朋：动词，奉献朋贝。）

---

① 徐中舒：《甲骨文字典》，四川辞书出版社 1995 年版。

①贞：王疒身，隹妣己蛊。(《乙》，7797)（身：名词，身之腹部。）

②丙申卜，㱿贞：妇好身，弗以妇葬。(《乙》，6691)（身：动词，妊娠。）

①贞：燎，三羊，三犬，三豤。(《乙》，2381)（豤：名词，野猪。）

②丙戌卜，侑于父丁，叀豤。(《乙》，766)（豤：动词，用野猪祭祀。）

①方亡保。(《掇》，1.269)（保：名词，先王之神灵。）

②……古贞：黄尹保我事。(《合》，422)（保：动词，安定。）

①壬辰卜，执于圉。(《前》，4.4.1)（圉：名词，囹圄。）

②……圉二人。(《京》，1402)（圉：动词，执。）

以上共 10 组 20 例，这些名动同形同源词，恐怕是不能用兼类说或活用说来完全解释清楚的。

甲骨文中，还有些词，在后代的传世文献中常常用为名词，而在甲骨文里却常用为动词，这些词也可证明名词和动词最早也该是同形同源的。如：

①……妣戊至，卢豕。(《乙》，8951)（卢："炉"之初文，动词，用炉火烤。）

②壬戌，雷不雨。(《乙》，7313)（雷：动词，打雷。）

③庚辰，……贞：翌癸未，屎西单田，受有年，十三月。(《存》，2.166)（屎：动词，施粪于田。）

④贞：隹父乙咎妇好。(《乙》，3401)（咎：动词，降祸。）

⑤弜网鹿，弗𦥑。(《人》，3116)（网：动词，张网捕猎。）

⑥贞：今二月宅东寝。(《卜》，595)（宅：动词，营建。）

⑦丙寅卜，日风，不祸。(《粹编》，1417)（风：动词，刮风。）

⑧戊寅卜，血牛于妣庚。(《库》，1988)（血：动词，杀牲以祭。）

⑨贞：祟鬯于祖乙。(《前》，1.9.7)（鬯：动词，用香酒祭祀。）

⑩甲子卜，宾贞：卓酒，在疒，不从王……(《甲》，2121)（酒：动词，饮酒。）

随着语言的发展，词义分化必然引起词类分化。到了上古汉语中后期，这些名动同形同源词可以借助语音、字形、词汇及语法等多种手段，彼此作了切割。对此，我们在上一章里已经作了交代。到了中古汉语，随着复音词的大量产生，语言中采用词汇手段来区分名动同形同源词就更为普遍了。请比较：

①谨而信，泛爱众而亲仁。(《论语·学而》)(亲：动词，亲近。)

②有人于此，夙兴夜寐，耕耘树艺，手足胼胝，以养其亲。(《荀子·子道》)(亲：名词，双亲。)

③亲近邪友，习行非法。(《百喻经·为二妇故丧其两目喻》)(亲近：动词，亲密接触。)

①公闭门而泣之。(《左传·定公十年》)(泣：动词，哭泣。)

②列子入，泣涕沾襟以告壶子。(《庄子·应帝王》)(泣：名词，眼泪。)

③畴至，谒祭虞墓，陈发章表，哭泣而去。(《三国志·魏书·田畴传》)(哭泣：动词，小声哭。)

①规有摩而水有波，我欲更之，无奈之何。(《韩非子·八说》)(波：名词，波浪。)

②袅袅兮秋风，洞庭波兮木叶下。(《楚辞·九歌·湘夫人》)(波：动词，涌起波浪。)

③方今四海波荡，匹夫横议。(《后汉书·公孙述传》)(波荡：动词，动荡。)

①子曰："乡愿，德之贼也。"(《论语·阳货》)(贼：名词，败坏道德的人。)

②贼仁者谓之贼，贼义者谓之残。(《孟子·梁惠王下》)(贼：动词，破坏。)

③群盗纵横，贼害元元。(《后汉书·光武帝纪上》)(贼害：动词，残害。)

①工欲善其事，必先利其器。(《论语·卫灵公》)(器：名词，器物，工具。)

②上亦器其能，遂擢方进为丞相。(《汉书·翟方进传》)(器：动词，器重，重视。)

③(孝章皇帝)少宽容，好儒术，显宗器重之。(《后汉书·肃宗孝章帝纪》)(器重：动词，重视，看重。)

①莫春者，春服既成。(《论语·先进》)(服：服装，衣服。)

②以力服人者，非心服也。(《孟子·公孙丑上》)(服：动词，服从，

使……服从。)

③心生信服，悉来致敬。(《百喻经·婆罗门杀子喻》)(信服：动词，相信而佩服。)

①子张书诸绅。(《论语·卫灵公》)(书：动词，书写。)

②颂其诗，读其书，不知其人，可乎？(《孟子·万章下》)(书：名词，书籍。)

③能令众生书写此经，受持、读诵、解说其义。(《法华经·劝持品》，卷四)(书写：动词，写。)

①登大坟以远望兮，聊以舒吾忧心。(《楚辞·九章·哀郢》)(坟：名词，堤岸。)

②公祭之地，地坟。(《国语·晋语二》)(坟：动词，隆起。)

③每兵来，常虑祸及坟墓。(《宋书·鲁爽传》)(坟墓：名词，坟头，坟穴。)

①季康子患盗，问于孔子。(《论语·颜渊》)(患：动词，担忧。)

②事若不成，则必有人道之患。(《庄子·人间世》)(患：名词，祸患。)

③舍东种白杨、茱萸三根，增年益寿，除患害也。(《齐民要术·种茱萸》，卷四)(患害：名词，祸害。)

以上共 9 组 27 例。通过比较，我们会发现，复音动词或复音名词的出现，就是区别名动同形同源词的最佳途径。

二、动词的分类

汉语绝大部分动词都可以采取二分法的原则，把它们分为及物动词和不及物动词两类。及物动词和不及物动词的划分，就是依据动词和宾语的关系这一基本原则。我们认为，这恐怕是最简单，也是最稳妥的办法。但是，这种办法也并非万能的，如对待"助动词"这类词就显得很无奈。助动词在句中的作用和副词很相似，但它并不是副词。因此，在上古汉语动词分类问题上，也只好将及物动词、不及物动词与助动词分开，使之鼎足而三。

(一) 及物动词

及物动词是能带宾语的动词。上古汉语的及物动词有以下十五类：

1. 动作动词

动作动词是表示具体动作的动词。动作动词可以带对象宾语、结果宾语和工具宾语。如：

①予击石拊石，百兽率舞。(《尚书·尧典》)

②西子蒙不洁，则人皆掩鼻而过之。(《孟子·离娄下》)

③于后，公乃为诗以贻王。(《尚书·金縢》)

④二十一年春，天王将铸无射。(《左传·昭公二十一年》)

⑤若乘舟，汝弗济，臭厥载。(《尚书·盘庚》)

⑥赤也，束带立于朝。(《论语·公冶长》)

例①②，"石""鼻"，对象宾语。例③④，"诗"、"无射"(钟名)，结果宾语。例⑤⑥，"舟""带"，工具宾语。

2. 行为动词

行为动词是表示比较抽象活动的动词。行为动词可以带对象宾语和原因宾语。如：

①予不掩尔善。(《尚书·盘庚》)

②叔孙武叔毁仲尼。(《论语·子张》)

③知者不失人，亦不失言。(《论语·卫灵公》)

④郑人有相与争年者。(《韩非子·外储说左上》)

例①②，"善""仲尼"，对象宾语。例③④，"人""言""年"，原因宾语。

3. 感知动词

感知动词是表示感觉、认知的动词。感知动词可以带对象宾语和主谓结构宾语。如：

①格尔众庶，悉听朕言。(《尚书·汤誓》)

②视其所以，观其所由，察其所安。(《论语·为政》)

③厥子不知稼穑之艰难，乃逸。(《尚书·无逸》)

④介葛卢闻牛鸣。(《左传·僖公二十九年》)

例①②，"朕言""其所以""其所由""其所安"，对象宾语。例③④，"稼穑之艰难""牛鸣"，主谓结构宾语。

4. 心理动词

心理动词是表示心理活动的动词。心理动词也可以带对象宾语和主谓结构宾语。如：

①我后不恤我众。(《尚书·汤誓》)

②退而省其私，亦足以发，回也不愚。(《论语·为政》)

③晋侯梦大厉被发及地，搏膺而踊。(《左传·成公十年》)

④愿夫子辅吾志，明以教我。(《孟子·梁惠王上》)

例①②，"我众""其私"，对象宾语。例③④，"大厉被发及地，搏膺而踊""夫子辅吾志"，主谓结构宾语。

5. 言语动词

言语动词是表示言语活动的动词。言语动词可以带对象宾语、主谓结构宾语和引述宾语。如：

①子不语怪力乱神。(《论语·述而》)

②王何必曰利？(《孟子·梁惠王上》)

③陈司败问昭公知礼乎？(《论语·述而》)

④子谓子产有君子之道四焉。(《论语·公冶长》)

⑤古人有言曰："人无于水监，当于民监。"(《尚书·酒诰》)

⑥子在川上曰："逝者如斯夫，不舍昼夜。"(《论语·子罕》)

⑦子谓子夏曰："女为君子儒，无为小人儒。"(《论语·雍也》)

⑧右御冶工言王曰："臣闻人主无十日不燕之斋……"(《韩非子·外储说左上》)

例①②，"怪力乱神""利"，对象宾语。例③④，"昭公知礼""子产有君子之道四"，主谓结构宾语。例⑤⑥，"人无于水监，当于民监""逝者如斯夫，不舍昼夜"，引述宾语。例⑦⑧，"子夏""王""女为君子儒，无为小人儒""臣闻人主无十日不燕之斋"，对象宾语和引述宾语的结合式。

6. 称谓动词

称谓动词是表示称呼的动词。称谓动词可以带对象宾语和说解宾语。说解宾语是对对象宾语的一种解释。如：

①于后，公乃为诗以贻王，名之曰《鸱鸮》。(《尚书·金縢》)

②邦君之妻，君称之曰夫人。(《论语·季氏》)

③君取于吴，为同姓，谓之吴孟子。(《论语·述而》)

④请京，使居之，谓之京城大叔。(《左传·隐公元年》)

⑤庄公寤生，惊姜氏，故名曰寤生。(《左传·隐公元年》)

⑥匡章，通国皆称不孝焉。(《孟子·离娄下》)

例①②，"之"是对象宾语，"鸱鸮""夫人"是说解宾语。例③④，"之"是对象宾语，"吴孟子""京城大叔"是说解宾语。例⑤⑥，对象宾语"之"略而不用，"寤生""不孝"是说解宾语。

7. 施与动词

施与动词是表示对客观对象有所给予的动词。施与动词一般都能带两个对象宾语，一个是近宾语，一个是远宾语，因此施与动词也可称为"双宾动词"。如：

①天乃锡禹洪范九畴。(《尚书·洪范》)

②冉子与之粟五秉。(《论语·雍也》)

③(贼)遂幽其妻，曰："畀余而大璧。"(《左传·襄公十七年》)

④阳货瞰孔子之亡也，而馈孔子蒸豚。(《孟子·滕文公下》)

例①—④，"禹""之""余""孔子"，近宾语；"洪范九畴""粟五秉""而大璧""蒸豚"，远宾语。有时远宾语不仅是单项的，也可以是多项的。如：

①用赍尔秬鬯一卣、彤弓一、彤矢百、卢弓一、卢矢百、马四匹。(《尚书·文侯之命》)

②公赐季友汶阳之田及费。(《左传·僖公元年》)

例①②，"尔""季友"，近宾语；"秬鬯一卣"以下及"汶阳之田及费"，远宾语。有时远宾语前加上介词"以"字，可以变成补语或状语。如：

①诵《诗》三百，授之以政，不达。(《论语·子路》)

②济洹之水，赠我以琼瑰。(《左传·成公十七年》)

③王以后之鞶鉴予之。(《左传·庄公二十一年》)

④尧以天下与舜，有诸？(《孟子·万章上》)

有时近宾语后置，前面加一个介词"于"字，变成补语。如：

①矧今天降戾于周邦。(《尚书·大诰》)

②昔者有馈生鱼于郑子产。(《孟子·万章上》)

有时，这个"于"字也可不用，但结构性质不变。如：

①天毒降灾荒（于）殷邦。(《尚书·微子》)

②饮先从者酒，醉之，窃马而献之（于）子常。(《左传·定公三年》)

8. 承受动词

承受动词是表示承接、受理的动词。承受动词的动作施向与施与动词正好相反，一般说来，也只能带对象宾语。如：

①太保承介圭，上宗奉同瑁，由阼阶隮。(《尚书·顾命》)

②王享国百年。(《尚书·吕刑》)

③一箪食，一瓢饮，在陋巷，人不堪其忧，回也不改其乐。(《论语·雍也》)

④今有人受人之牛羊而为之牧之者。(《孟子·公孙丑下》)

例①—④，"介圭""同瑁""国""其忧""人之牛羊"，对象宾语。承受动词常与处所补语搭配使用，表示对象宾语来自何人、何处。如：

①正月上日，受终于文祖。(《尚书·尧典》)

②子之不得受燕于子哙。(《孟子·公孙丑下》)

9. 求取动词

求取动词是表示需求、索取的动词。求取动词可以带对象宾语。如：

①人惟求旧，器非求旧，惟新。(《尚书·盘庚》)

②王其德之用，祈天永命。(《尚书·召诰》)

③三军可夺帅也，匹夫不可夺志也。(《论语·子罕》)

④十二月，郑人夺堵狗之妻。(《左传·襄公十五年》)

求取动词也常和处所补语搭配使用，表示对象宾语来自何人、何处。如：

①乃罪多，参在上，乃能责命于天？(《尚书·西伯戡黎》)

②晋人以垂棘之璧与屈产之乘假道于虞以伐虢。(《孟子·万章上》)

上古汉语里，求取动词也可用一个兼词"诸"字把对象宾语"之"字和其后的介词"于"字兼代起来。如：

①或乞醯焉，乞诸其邻而与之。(《论语·公冶长》)

②道在迩而求诸远，事在易而求诸难。(《孟子·离娄上》)

10. 使令动词

使令动词是具有使令意义的动词。使令动词一般都要带"兼语"。兼语可以是名词，也可以是代词。兼语的宾语性质远大于它的主语性质，因此它实际上是使令动词的对象宾语。如：

①命汝作纳言。(《尚书·尧典》)

②子路使子羔为费宰。(《论语·先进》)

兼语后的动词可以是及物动词，也可以是不及物动词，甚至还可以是个连动结构。如：

①郑人使我掌其北门之管。(《左传·僖公三十二年》)

②为巨室则必使工师求大木。(《孟子·梁惠王下》)

③王命众悉至于庭。(《尚书·盘庚》)

④子使漆雕开仕。(《论语·公冶长》)

⑤王命予来承保乃文祖受命民。(《尚书·洛诰》)

⑥（公）命子封帅车二百乘以伐京。(《左传·隐公元年》)

兼语如果是代词"之"字，这个"之"可用可不用，但以不用为常。如：

①使之主祭，而百神享之，是天受之。(《孟子·万章上》)

②文王闻之，喟然而叹，故拘之于牖里之库百日，而欲令之死。(《战国策·赵策三》)

③我乃劓殄灭之，无遗育，无俾（　）易种于兹新邑。(《尚书·盘庚》)

④请京，使（　）居之，谓之京城大叔。(《左传·隐公元年》)

11. 趋向动词（甲）

趋向动词（甲）是表示具有一定运动方向的及物动词。趋向动词（甲）常带处所宾语。如：

①子曰："由也升堂矣，未入于室也。"(《论语·先进》)

②故不登高山，不知天之高也。(《荀子·劝学》)

③人性之善也，犹水之就下也。(《孟子·告子上》)

④赤子匍匐将入井，非赤子之罪也。(《孟子·滕文公上》)

⑤子入太庙，每事问。(《论语·八佾》)

⑥川渊深而鱼鳖归之。(《荀子·致士》)

⑦子适卫，冉有仆。(《论语·子路》)

⑧虢公丑奔京师。(《左传·僖公五年》)

⑨盘庚作，惟涉河以民迁。(《尚书·盘庚》)

⑩醉者越百步之沟，以为跬步之浍也。(《荀子·解蔽》)

⑪齐师败绩，逐之，三周华不注。(《左传·成公二年》)

⑫王乃牵而上殿，宰人上食，王三环之。(《庄子·说剑》)

例①②，"升""登"，表上向。例③④，"就""入"，表下向。例⑤⑥，"入""归"，表内向。例⑦⑧，"适""奔"，表外向。例⑨⑩，"涉""越"，表横向。例⑪⑫，"周""环"，表环向。值得注意的是，上古汉语里，趋向动词（甲）和处所宾语之间，一般是不加"于"字的，但是有时候也是可以加的。这种"于"字看似介词，实际上仍具有明显的动词性质，或释"往"，或释"至"，当视具体语境而定。如：

①盘庚迁于殷，民不适有居，率吁众感出矢言。(《尚书·盘庚》)

②古我先王将多于前功，适于山。(《尚书·盘庚》)

③吾闻出于幽谷迁于乔木者，未闻下乔木而入于幽谷者。(《孟子·滕文公上》)

④逃墨必归于杨，逃杨必归于儒。(《孟子·尽心下》)

例③④，《孟子》两例，"于"原作"於"。此处"於"，用同"于"。

12. 变化动词

变化动词是表示事物发展变化的动词。变化动词只能带结果宾语。如：

①惟汝自生毒。(《尚书·盘庚》)

②臣作朕股肱耳目。(《尚书·皋陶谟》)

③女为君子儒，无为小人儒。(《论语·雍也》)

④离娄之明，公输之巧，不以规矩，不能成方圆。(《孟子·离娄上》)

例①—④，"毒""股肱耳目""君子儒""小人儒""方圆"，结果宾语。上古汉语，"为"有时或可置于另一动词之后，组成复音变化动词，然后再续接结果宾语。如：

①其神化为黄熊。(《左传·昭公七年》)

②象日以杀舜为事，立为天子则放之。(《孟子·万章上》)

有时在两个动词之间也可先插进对象宾语，然后再续接结果宾语。如：

①东汇泽为彭蠡。(《尚书·禹贡》)

②命赵衰为卿，让于栾枝、先轸。(《左传·僖公二十七年》)

13. 判断动词

判断动词是表示句子主语和宾语可以构成判断关系的动词。上古汉语的中期和后期，语言中已经产生了判断动词的个别用例，但这也只是源头滥觞而已。如：

①桀溺曰："子为谁？"（子路）曰："为仲由。"（《论语·微子》）

②左师曰："谁为君夫人？余胡弗知？"（《左传·襄公二十六年》）

③俄又复得一，问人曰："此是何种也？"对曰："此车辄也。"（《韩非子·外储说左上》）

④此必是豫让也。（《史记·刺客列传》）

例①—④，"为""是"，如果不承认是判断动词，是难以解释的。但是上古文献中，有些"是"字句还应仔细研究。如：

⑤乃卜三龟，一习吉。启籥见书，乃并是吉。（《尚书·金縢》）

例⑤，"是"是判断词无疑。但《金縢》一文，行文平易，恐非西周作品，更非周公所作，因此有的学者怀疑此篇或是春秋或战国时人的"述古之作"。联系上例③④，此说或是。

14. 类比动词

类比动词是表示主语和宾语具有比喻关系的动词。类比动词只能带类同宾语。类同宾语虽指明主语和宾语是不同客体，但彼此间仍存在某种共性。如：

①二十有八载，帝乃殂落，百姓如丧考妣。（《尚书·尧典》）

②有若无，实若虚。（《论语·泰伯》）

③小国之仰大国也，如百谷之仰膏雨焉。（《左传·襄公十九年》）

④怒而飞，其翼若垂天之云。（《庄子·逍遥游》）

例①—④，"丧考妣""无""虚""百谷之仰膏雨""垂天之云"，类同宾语。

15. 存现动词（甲）

存现动词（甲）是表示人或事物存在与否或有无的及物动词。存现动词（甲）常带施事宾语。施事宾语是指语法上的宾语是事实上的主语（主体）。如：

①井有仁焉。（《论语·雍也》）

②庖有肥肉，厩有肥马。(《孟子·滕文公下》)

③鲁无君子者，斯焉取斯？(《论语·公冶长》)

④当是时也，内无怨女，外无旷夫。(《孟子·梁惠王下》)

例①—④，"有"表示存在，"无"就是不存在。"仁""肥肉""肥马""君子""怨女""旷夫"，施事宾语。由"有"构成的存现句，"有"字下常常续接一个"兼语"成分。如：

①有朋自远方来，不亦乐乎？(《论语·述而》)

②郑有叔詹、堵叔、师叔三良为政。(《左传·僖公七年》)

③五百年必有王者兴。(《孟子·公孙丑下》)

(二) 不及物动词

不及物动词是不能带宾语的动词。能带宾语而未带宾语的动词不能叫不及物动词。上古汉语的不及物动词有以下四类：

1. 趋向动词（乙）

趋向动词（乙）是表示具有一定运动方向的不及物动词。趋向动词（乙）后可以带处所补语或时间补语，也可以不带，作零位。如：

①揖让而升，下而饮。(《论语·八佾》)

②卫将军文子见曾子，曾子不起。(《韩非子·说林下》)

③树落则粪本。(《荀子·致士》)

④利足而迷，负石而坠，是天下之所弃也。(《荀子·非十二子》)

⑤世子自楚反，复见孟子。(《孟子·滕文公上》)

⑥妻适市来，曾子欲捕彘而杀之。(《韩非子·外储说左上》)

⑦王若曰："往哉，封，勿替敬典。"(《尚书·康诰》)

⑧乡人饮酒，杖者出，斯出矣。(《论语·乡党》)

⑨三人行，必有我师焉。(《论语·述而》)

⑩兵刃既接，弃甲曳兵而走。(《孟子·梁惠王上》)

例①②，"升""起"，表上向。例③④，"落""坠"，表下向。例⑤⑥，"反""来"，表内向。例⑦⑧，"往""出"，表外向。例⑨⑩，"行""走"，表横向。以上所引诸例，补语均属零位。但也有不少趋向动词（乙）可以带处所补语或时间补语。如：

①马惊而不行，其子下车牵马，父子（下）推车。（《韩非子·外储说右下》）

②枉道而事人，何必去父母之邦？（《论语·微子》）

③惟二月既望，越六日乙未，王朝步自周，则至于丰。（《尚书·召诰》）

④祭肉不出三日。出三日，不食之矣。（《论语·乡党》）

例①②，"车""父母之邦"，处所补语。例③④，"六日乙未""三日"，时间补语。有的处所补语前还可以加介词。如：

①惟五月丁亥，王来自奄，至于宗周。（《尚书·多方》）

②夏五月，公游于申池。（《左传·文公十八年》）

2. 居止动词

居止动词是表示居处、休止的动词。居止动词常带处所补语或时间补语，不带者为少数。如：

①君处北海，寡人处南海，风马牛不相及也。（《左传·僖公四年》）

②曾子居武城，有越寇。（《孟子·离娄下》）

③群居终日，言不及义。（《论语·卫灵公》）

④神居莘六月。（《左传·庄公三十二年》）

例①②，"北海""南海""武城"，处所补语。例③④，"终日""六月"，时间补语。处所补语前也可以加介词"于"字。如：

①曷至哉，鸡栖于埘。（《诗经·王风·君子于役》）

②子路宿于石门。（《论语·宪问》）

③三年春，曲沃武公伐翼，次于陉庭。（《左传·桓公三年》）

④士止于千里之外，则谗谄面谀之人至矣。（《孟子·告子下》）

居止动词之后，不带任何成分，作零位者，较少见。如：

①子路、曾晳、冉有、公西华侍坐。（《论语·先进》）

②舜之居深山之中，与木石居，与鹿豕游。（《孟子·尽心上》）

3. 存现动词（乙）

存现动词（乙）是表示人或事物存在与否或有无的不及物动词。存现动词（乙）可以带处所补语或时间补语，也可以不带任何成分，作零位。如：

①正冠而缨绝，捉衿而肘见。（《庄子·让王》）

②禹之法犹存，而夏不世王。（《荀子·君道》）

③人皆有兄弟，我独亡。(《论语·颜渊》)

④其言虽教，谪之实也，古之有也，非吾有也。(《庄子·人间世》)

例①—④，"见""存""亡""有"等动词后不带任何成分。存现动词(乙)后也可带处所补语或时间补语。如：

①周公居东二年，则罪人斯得。(《尚书·金縢》)

②郑公子忽在王所。(《左传·隐公七年》)

处所补语前也可加介词"于"字。如：

①古之人，得志，泽加于民；不得志，修身见于世。(《孟子·尽心上》)

②无定理，非在于常所，是以不可道也。(《韩非子·解老》)

4. 状态动词

状态动词是表示动作、行为、感知、心理和言语等意义并处于自然状态的动词。状态动词虽然是由及物动词转化而成，但它并不是及物动词。也就是说，它不是省略宾语的及物动词，而是处于自然状态就能完整表达句意的不及物动词。状态动词的后面可以续接补语，但更多情况下是零位。如：

①往者不可谏，来者犹可追。(《论语·微子》)

②苟无恒心，放辟邪侈，无不为已。(《孟子·梁惠王上》)

③惠子因说："不可不察也。"(《韩非子·内储说上》)

④罔罪尔众，尔无共怒。(《尚书·盘庚》)

⑤八佾舞于庭。(《论语·八佾》)

⑥食不语，寝不言。(《论语·乡党》)

例①—③，"追""为""察"，源自及物动词。例④—⑥，"怒""舞""语""言"，源自不及物动词。上古汉语里，不论是及物动词，还是不及物动词，当它们充当定语或状语时，实际上都是处于一种自然状态，应认为这也是状态动词。如：

①高宗肜日，越有雊雉。(《尚书·高宗肜日》)

②祭肉不出三日。(《论语·乡党》)

③退而有去志，不欲变，故不受也。(《孟子·公孙丑下》)

④君子食无求饱，居无求安。(《论语·学而》)

⑤生而知之者，上也；学而知之者，次也。(《论语·季氏》)

⑥夫蚓，上食槁壤，下饮黄泉。(《孟子·滕文公下》)

例①—③，"雏""祭""去"，作定语。例④—⑥，"食""居""生"
"学""上""下"，作状语。

（三）助动词

助动词是指加在谓语动词或谓语形容词之前表示可能、意愿、应该或被
动意义的动词。因为表示可能义和愿望义是其常用项，因此这类动词又叫
"能愿动词"。助动词，《马氏文通》称之为"助动字"。马氏说："'可''足'
'能''得'等字，助动字也。不直言动字之行，而惟言将动之势，故其后必
有动字以续之者，即所以言其所助之行也。"[1] 马建忠这里是从意义、结构
两大方面，给助动词下了比较准确的定义。

就汉语助动词产生而言，应当说，大部分助动词都是由动词分化而成
（小部分来自形容词）。这种分化，主要是从上古汉语中期开始的。因此，文
献中，我们常常看到动词与助动词并存的现象。请比较：

①克己复礼为仁。（《论语·颜渊》）（克：动词，克制。）

②大决所犯，伤人必多，吾不克救也。（《左传·襄公三十一年》）（克：
助动词，能。）

①（赤）对曰："非曰能之，愿学焉。"（《论语·先进》）（能：动词，胜
任，在……方面能做到。）

②君能补过，衮不废矣。（《左传·宣公二年》）（能：助动词，能够。）

①蒲城人欲战，重耳不可。（《左传·僖公二十三年》）（可：动词，认可。）

②虞公贪利其璧与马而欲许之，宫子奇谏曰："不可许。"（《韩非子·十
过》）（可：助动词，可以。）

①富与贵，是人之所欲也，不以其道得之，不处也。（《论语·里仁》）
（得：动词，获得。）

②今秦王使臣斯来而不得见。（《韩非子·存韩》）（得：助动词，能。）

①子曰："力不足者，中道而废，今女画。"（《论语·雍也》）（足：形容
词，足够。）

②彼天子固然，其无足怪。（《战国策·赵策三》）（足：助动词，值得。）

---

[1]　马建忠：《马氏文通》（校注本），上册，中华书局 1961 年版，第 234 页。

①请盟，齐侯不肯。(《左传·文公十六年》)（肯：动词，同意。）

②吾已召之矣，丙怒甚，不肯来。(《韩非子·内储说上》)（肯：助动词，愿意。）

①苟子之不欲，虽赏之不窃。(《论语·颜渊》)（欲：动词，贪求。）

②王欲行之，则盍反其本矣？(《孟子·梁惠王上》)（欲：助动词，想，想要。）

①管仲，曾西之所不为也，而子为我愿之乎？(《孟子·公孙丑上》)（愿：动词，羡慕。）

②臣昔者不知所以治邺，今臣得矣，愿请玺，复以治邺。(《韩非子·外储说左下》)（愿：助动词，愿意。）

①夫子之云不亦宜乎？(《论语·子张》)（宜：形容词，适宜，自然。）

②是以惟仁者宜在高位。(《孟子·离娄上》)（宜：助动词，应当。）

①子夏之门人小子，当洒扫、应对、进退，则可矣。(《论语·子张》)（当：动词，担当。）

②为人臣不忠，当死；言而不当，亦当死。(《韩非子·初见秦》)（当：助动词，应当。）

上古汉语助动词，依据意义，可以分为四类：A. 表可能，B. 表意愿，C. 表应当，D. 表被动。

A 类：表可能。如：

①靡不有初，鲜克有终。(《诗经·大雅·荡》)

②法语之言，能无从乎？(《论语·子罕》)

③回也，视予犹父也，予不得视犹子也。(《论语·先进》)

④蔓草犹不可除，况君之宠弟乎？(《左传·隐公元年》)

⑤（周公阅）辞曰："国君，文足昭也。"(《左传·僖公三十年》)

⑥幼而不肯事长，贱而不肯事贵，不肖而不肯事贤，是人之三不祥也。(《荀子·非相》)

B 类：表意愿。如：

①工欲善其事，必先利其器。(《论语·卫灵公》)

②寡君愿事卫君。(《左传·哀公十二年》)

③岂敢爱之，畏我父母。(《诗经·郑风·将仲子》)

C 类：表应当。如：

①黾勉同心，不宜有怒。（《诗经·邶风·谷风》）

②文王既勤止，我应受之。（《诗经·周颂·赉》）

③为人臣不忠当死，言而不当亦当死。（《韩非子·初见秦》）

D 类：表被动。如：

①故君子耻不修，不耻见污。（《荀子·非十二子》）

②此二人说者皆当矣，厚者为戮，薄者见疑，则非知之难也，处之则难也。（《韩非子·说难》）

三、动词的发展

本章第一节里，我们曾假定在原始汉语里，名词和动词本来就是同形同源的。只是后来由于语言发展，汉语才由最早的音节语言逐步过渡到句子语言，名动也才逐步分立，并最终形成二分结构。我们甚至也可以这样说，汉语词类的产生和发展，就是以名词、动词为核心而逐步建立或发展起来的一种语言体系。而在这一发展过程中，动词的发展尤为重要，可以说它是核心中的核心。著名语言学家吕叔湘先生说："动词是句子中的中心、核心、重心，别的成分都跟它挂钩，被它吸住。"又说："世界上任何语言，不管它划分的词类是多还是少，都不能没有动词和名词。……构成句子的最根本的词是名词和动词；除特殊情况外，光有名词，没有动词，不能成句，光有动词，没有名词，也不能成句。"[①] 这段论述极其精彩。因此，我们考察动词的发展，应当成为研究汉语词类史的一个极其重要的内容。

（一）及物动词和不及物动词的相互转化，是汉语动词历史发展的核心内容

最早提出及物动词和不及物动词相互转化问题的是著名语言学家王力先生。王先生在写《汉语语法史》时，把原来的《汉语史稿》（中册）的《动词的发展》内容扩展为《动词（上）》和《动词（下）》两个部分，其中的

---

① 吕叔湘：《句型和动词学术讨论会开幕词（代序）》，见中国社会科学院语言研究所现代汉语研究室：《句型和动词》，语文出版社 1987 年版，第 1 页。

《动词（下）》就明确提出来及物动词和不及物动词的相互转化问题。王先生说："在历史发展中，确实有些不及物动词变成了及物动词，还有些及物动词变成了不及物动词"①，并列出"去""往""至""问"四个动词，作了重点分析。

本书认为汉语及物动词和不及物动词的相互转化问题，是具有体制性或结构性的深刻变化。这种变化从上古汉语时已经开始。根据我的观察，由不及物动词发展为及物动词是主流，而由及物动词发展为不及物动词是次要的，并且情况也不十分明朗。下面，我们就对这些问题作出重点分析。

1. 不及物动词变为及物动词

汉语句法发展的最基本的规律有三条，即扩展律、紧缩律和易位律（或称"交换律"）。扩展律讲的是汉语句子在发展中，不断扩展结构，使短句变成长句，使简单结构变成复杂结构，以适应交际的需要，使表达日臻完善。汉语发展中，部分动词由不及物动词发展为及物动词，大概就是受到扩展律影响的结果。及物动词是要带宾语的，而宾语的情况又是千差万别，这就势必使句子变得日益复杂。汉语动词由不及物动词发展为及物动词的内在因素是以词义变化为基础的。纵观汉语历史，由不及物动词发展为及物动词的主要有以下三类动词：

（1）零宾动词→及物动词。

零宾动词就是不带宾语的纯粹不及物动词。零宾动词带上宾语，就变为及物动词。这种变化的前提条件就是动词词义的变化。请比较：

①既见复关，载笑载言。（《诗经·卫风·氓》）（笑：零宾动词，一种喜悦表情，欢笑。）

②以五十步笑百步则何如？（《孟子·梁惠王上》）（笑：及物动词，讥笑。）

①三人行，必有我师焉。（《论语·述而》）（行：零宾动词，行走。）

②日月之行，则有冬夏。（《尚书·洪范》）（行：零宾动词，运行。）

③先行其言，而后从之。（《论语·为政》）（行：及物动词，践行。）

④王欲行王政，则勿毁之矣。（《孟子·梁惠王下》）（行：及物动词，

---

① 王力：《王力文集》，第11卷，山东教育出版社1990年版，第140页。

推行。)

①诸侯出庙门俟。(《尚书·顾命》)(出:零宾动词,走出。)

②凤鸟不至,河不出图。(《论语·子罕》)(出:及物动词,出现。)

③先生何为出此言也?(《孟子·离娄上》)(出:及物动词,说出。)

④肉腐出虫,鱼枯生蠹。(《荀子·劝学》)(出:及物动词,生出。)

⑤公慎氏出其妻。(《荀子·儒效》)(出:及物动词,赶走。)

⑥今秦出号令而行赏罚。(《韩非子·初见秦》)(出:及物动词,发出。)

⑦秦特出锐师取韩地而随之。(《韩非子·存韩》)(出:及物动词,派出。)

⑧(有人)出髻中疏示(李)重。(《世说新语·贤媛》)(出:及物动词,拿出,出示。)

①去卫地如鲁地,于是有灾,鲁实受之。(《左传·昭公七年》)(去:零宾动词,从……地方离开。)

②什一,去关市之征,今兹未能。(《孟子·滕文公下》)(去:及物动词,去掉。)

③子之持戟之士,一日而三失伍,则去之否乎?(《孟子·公孙丑下》)(去:及物动词,开除。)

①弃甲曳兵而走。(《孟子·梁惠王上》)(走:零宾动词,逃走。)

②渴马见圃池,去车走池,驾败。(《韩非子·外储说右下》)(走:及物动词,跑向……地方。)

③此走邯郸道也。(《史记·张释之冯唐列传》)(走:及物动词,通向。)

①二人雀弁执惠,立于毕门之内。(《尚书·顾命》)(立:零宾动词,站立。)

②称尔戈,比尔干,立尔矛,予其誓。(《尚书·牧誓》)(立:及物动词,竖立。)

③先君舍与夷而立寡人。(《左传·隐公三年》)(立:及物动词,确立君位。)

④立其子,不为比。(《左传·襄公三年》)(立:及物动词,推举。)

⑤汉立博士之官。(《论衡·明雩》)(立:及物动词,设立。)

①邦人大恐。(《尚书·金滕》)(恐:零宾动词,惊恐。)

②吾恐季孙之忧不在颛臾，而在萧墙之内也。(《论语·季氏》)(恐：及物动词，担心。)

③其出入为流言，惊骇恐吏民。(《墨子·迎敌祠》)(恐：及物动词，恫吓。)

(2) 含宾动词→及物动词。

含宾动词是指除去表面具有动词本身的意义外，又同时含有其后宾语意义的一种不及物动词。总之，一句话，含宾动词就是指同时含有动宾两种意义的一种不及物动词。这种动词主要是使用在上古汉语里，但语言发展又可以证明：当这种动词丧失了兼含隐性宾语的特性后，其后又可续接宾语，变成真正的及物动词。请比较：

①上宗曰："飨!"(《尚书·顾命》)(飨：含宾动词，享用福酒。)

②来假来飨，降福无疆。(《诗经·商颂·烈祖》)(飨：含宾动词，享用祭品。)

③神飨而民听。(《国语·周语上》)(飨：含宾动词，享用祭品。)

④朋酒斯飨，曰杀羔羊。(《诗经·豳风·七月》)(飨：及物动词，享用。)

⑤明主尚贤使能而飨其盛。(《荀子·臣道》)(飨：及物动词，享有。)

⑥项羽大怒，曰："旦日飨士卒，为击破沛公军!"(《史记·项羽本纪》)(飨：及物动词，用酒肉犒劳。)

⑦魏武入荆州，烹以飨士卒，于时莫不称快。(《世说新语·轻诋》)(飨：及物动词，用酒肉犒劳。)

①先归复所，后者劓。(《左传·昭公十三年》)(劓：含宾动词，割鼻子。)

②使赵高傅胡亥而教之狱，所习者非斩劓人，则夷人之三族也。(《汉书·贾谊传》)(劓：及物动词，斩杀。)

③昔周用肉刑，刖足劓鼻。(晋·葛洪:《抱朴子·用刑》)(劓：及物动词，割去。)

①宣子盥而抚之，曰："事吴敢不如事主!"(《左传·襄公十九年》)(盥：含宾动词，洗手。)

②洗去足垢，盥去手垢，浴去身垢，皆去一形之垢，其实等也。(《论

衡·讥日》)（盥：及物动词，洗。)

③焚香礼真像，盥手披灵编。(唐·陆龟蒙：《引泉》)（盥：及物动词，洗。)

①宋人使来告命。(《左传·隐公五年》)（使：含宾动宾，使使，派遣使者。)

②项梁已破东阿下军，遂追秦军，数使使趣齐兵，欲与俱西。(《史记·项羽本纪》)（使：及物动词，派遣。)

③甲子，使使者奉策。(《三国志·魏书·三少帝纪》)（使：及物动词，派遣。)

①予发曲局，薄言归沐。(《诗经·小雅·采绿》)（沐：含宾动词，洗头发。)

②病得之沐发未干而卧。(《史记·扁鹊仓公列传》)（沐：及物动词，洗。)

③良久，乃沐头散发而出。(《世说新语·简傲》)（沐：及物动词，洗。)

①曹公闻其骈胁，欲观其裸。浴，薄而观之。(《左传·僖公二十三年》)（浴：含宾动词，洗身。)

②新沐者必弹冠，新浴者必振衣。(《史记·屈原贾生列传》)（浴：含宾动词，洗身。)

③每浴佛，辄多设饮饭，布施于路。(《后汉书·陶谦传》)（浴：及物动词，洗。)

①五日，则燂汤请浴，三日具沐，其间面垢，燂潘请靧。(《礼记·内则》)（靧：含宾动词，洗脸。)

②北齐卢士深妻，崔林义之女，有才学，春日以桃花靧儿面。(唐·虞世南：《史略》)（靧：及物动词，洗。)

①舜让于德，弗嗣。(《尚书·尧典》)（嗣：含宾动词，继承君位。)

②太姒嗣徽音，则百斯男。(《诗经·大雅·思齐》)（嗣：及物动词，继承。)

③子产而死，谁其嗣之？ (《左传·襄公三十年》)（嗣：及物动词，继承。)

①王宾，杀、禋，咸格，王入太室裸。(《尚书·洛诰》)（宾：通"傧"，

含宾动词，迎宾或迎神。）

②傧于东序，一献，无介语可也。（《礼记·文王世子》）（傧：含宾动词，迎接宾客。）

③侯氏用束帛、乘马傧使者，使者再拜受。（《仪礼·觐礼》）（傧：及物动词，迎接。）

①于是申息之北门不启。（《左传·文公十六年》）（启：含宾动词，开门。）

②然我往，必不敢启门。（《左传·定公十年》）（启：及物动词，打开。）

③秦启关而听楚使。（《战国策·秦策二》）（启：及物动词，打开。）

以上所引，共10组33例。这些例句足以说明含宾动词在上古汉语里的真实存在，并且也是构成不及物动词的重要内容。

（3）活用动词→及物动词。

活用动词是指具有特殊动宾关系的动词。所谓"活用"，这里是借助一般的说法。因为这类动词的词义变化，往往缺乏词义演变的历史基础，只是具有临时性质，所以称为"活用"。所谓"特殊动宾关系"，是指谓语动词和其宾语之间具有使动、意动、为动和向动等种种语法关系。上古汉语的"活用动词"，主要是由不及物词构成的，小部分来自名词和形容词。上古汉语"活用动词"向及物动词的靠拢，是汉语由不及物动词向及物动词历史演变过程中所带来的一种及物化效应。因此我们必须从语言发展角度来重新审视"词类活用"问题。

汉语活用动词向及物动词演变，主要出现在上古汉语里。具体类别有四：

甲、使动词→及物动词。如：

①天休于宁王，兴我小邦周。（《尚书·大诰》）

②求也退，故进之。（《论语·先进》）

③庄公寤生，惊姜氏。（《左传·隐公元年》）

④吾欲辅重耳而入之晋，何如？（《韩非子·十过》）

⑤闻太子不幸而死，臣能生之。（《史记·扁鹊仓公列传》）

使动词的这种用法，甲骨文里就已经存在。如：

①乎不其来舟。（《乙》，7203）

②……巳卜，王泽祖丁，羌……庚。(《佚》，678)

③癸未卜，习一卜。(《佚》，220)

④贞：来辛酉饮王亥。(《粹编》，76)

上古汉语有部分名词或形容词也具有这种使动用法。当名词或形容词具备这种用法时，应承认它们已变成了动词。如：

①天其永我命于兹新邑。(《尚书·盘庚》)

②疾，君视之，东首，加朝服，拖绅。(《论语·乡党》)

③冉有曰："既庶矣，又何加焉?"曰："富之。"(《论语·子路》)

④吾见申叔，夫子所谓生死而肉骨也。(《左传·襄公二十二年》)

⑤项王虽霸天下而臣诸侯，不居关中而都彭城。(《史记·淮阴侯列传》)

乙、意动词→及物动词。如：

①敏而好学，不耻下问。(《论语·公冶长》)

②公送葬，诸侯莫在，鲁人辱之，故不书，讳之也。(《左传·成公十年》)

③御者且羞与射者比。(《孟子·滕文公下》)

④孟尝君怪其疾也，衣冠而见之。(《战国策·齐策四》)

上古汉语的名词或形容词也有用为意动词者。如：

①其在祖甲，(祖甲)不义惟王，旧为小人。(《尚书·无逸》)

②于是乘其车，揭其剑，过其友曰："孟尝君客我。"(《战国策·齐策四》)

③孔子登东山而小鲁，登泰山而小天下。(《孟子·尽心上》)

④左右以君贱之也，食以草具。(《战国策·齐策四》)

丙、为动词→及物动词。

为动词是指谓语动词为其宾语而动的动词。为动词与其宾语含有一种目的关系。为动词也多来自不及物动词。如：

①既而悔之。(《左传·隐公元年》)

②邴夏御齐侯，逢丑父为右。(《左传·成公二年》)

③利之所在，民归之；名之所彰，士死之。(《韩非子·外储说左上》)

④伏清白以死直兮，固前圣之所厚。(《楚辞·离骚》)

丁、向动词→及物动词。

向动词是指谓语动词向其宾语而动的动词。向动词与其宾语含有一种施向关系。向动词也多来自不及物动词。如：

①夫知保抱携持厥妇子，以哀吁天。（《尚书·召诰》）

②孔子退，（陈司败）揖巫马期而进之。（《论语·述而》）

③遂寘姜氏于城颍，而誓之曰："不及黄泉，无相见也。"（《左传·隐公元年》）

④上怒内史曰："公平生数言魏其武安长短，今日廷论，局趣效辕下驹，吾并斩若属矣！"（《史记·魏其武安侯列传》）

例①，"吁天"，向天呼告。例②，"揖巫马期"，向巫马期作揖。例③，"誓之"，对之（姜氏）发誓。例④，"怒内史"，对内史发怒。

到了中古汉语，汉语不及物动词向及物动词的演变有加快的趋势。这主要体现在两点上：

第一，由于词义的历史变化，大批的零宾动词，即纯粹的不及物动词，转化为及物动词。请比较：

①若死而可作，当与之同归。（《世说新语·赏鉴》）（作：零宾动词，起身，活过来。）

②高坐道人不作汉语。（《世说新语·言语》）（作：及物动词，讲，说。）

③（愚人）而作是念。（《百喻经·愚人集牛乳喻》）（作：及物动词，产生。）

①初云当留婢，既发定将去。（《世说新语·任诞》）（发：零宾动词，出发。）

②王子猷、子敬曾俱坐一室，上忽发火。（《世说新语·雅量》）（发：及物动词，发生。）

③贫人见已，心大欢喜，即便发之。（《百喻经·宝箧镜喻》）（发：及物动词，打开。）

①丞相见长豫辄喜，见敬豫辄嗔。（《世说新语·德行》）（喜：零宾动词，喜悦，高兴。）

②庾公大喜小儿对。（《世说新语·言语》）（喜：及物动词，喜欢，欣赏。）

①刘尹在郡，临终绵惙，闻阁下祠神鼓舞，正色曰："莫得淫祀。"（《世说新语·德行》）（祀：零宾动词，祭祀。）

②我能使尔求子可得，当须祀天。(《百喻经·妇女欲更求子喻》)(祀：及物动词，祭祀。)

③立性凶暴，多行煞戮，不信佛法，好祀鬼神。(《洛阳伽蓝记·凝玄寺》杨注，卷五)(祀：及物动词，祭祀。)

①及渠成而水不流。(《后汉书·王梁传》)(流：零宾动词，流动。)

②(桓公)攀枝执条，泫然流泪。(《世说新语·言语》)(流：及物动词，流淌，流下。)

③宜流之海外，以正风教。(《世说新语·任诞》)(流：及物动词，流放。)

①长老相传，此湖塞，天下乱；此湖开，天下平。(《宋书·五行志三》)(开：零宾动词，有水流动。)

②及开帐，乃见吐唾从横。(《世说新语·假谲》)(开：及物动词，掀开。)

③神轨、季明等见长乐王往，遂开门降。(《洛阳伽蓝记·永宁寺》杨注，卷一)(开：及物动词，打开。)

①当时名士，王、裴子弟悉集。(《世说新语·文学》)(集：零宾动词，集合，聚会。)

②歆蜡日尝集子侄燕饮。(《世说新语·德行》)(集：及物动词，邀集。)

③昔有愚人，将会宾客，欲集牛乳，以拟供设。(《百喻经·愚人集牛乳喻》)(集：及物动词，储存。)

①光和末，黄巾起。(《三国志·魏书·武帝纪》)(起：零宾动词，兴起。)

②(姜)岐坚卧不起。(《后汉书·桥玄传》)(起：零宾动词，起身。)

③晋明帝欲起池台，元帝不许。(《世说新语·豪爽》)(起：及物动词，修建。)

④(陈仲弓)未至发所，道闻民有在草不起子者，回车往治之。(《世说新语·政事》)(起：及物动词，举，抚育。)

①吾今死矣，子可去。(《世说新语·德行》)(去：零宾动词，离开。)

②(稻)将熟，又去水。(《齐民要术·水稻》，卷二)(去：及物动词，排放。)

③如彼女人不忍近痛，便欲去眼，乃为长痛。(《百喻经·妇女患眼痛喻》)(去：及物动词，剜掉。)

①帝自捉刀立床头。(《世说新语·容止》)(立：零宾动词，站立。)

②吾欲立功于河北。(《世说新语·言语》)(立：及物动词，建树。)

③景明中，比丘道恒立灵仙寺于其上。(《洛阳伽蓝记·法云寺》杨注，卷四)(立：及物动词，修建。)

①家无余财，诸子易衣而出，并日而食。(《后汉书·周章传》)(出：零宾动词，出门，出行。)

②白兰出黄金、铜、铁。(《宋书·鲜卑吐谷传》)(出：及物动词，出产。)

③我此箧者，能出一切衣服、饮食、床褥、卧具资生之物。(《百喻经·毗舍阇鬼喻》)(出：及物动词，变出。)

①仲尼笑而不答。(《列子·仲尼》，卷四)(笑：零宾动词，喜笑。)

②高祖大笑。(《宋书·王昙首传》)(笑：零宾动词，喜笑。)

③时诸人等笑王无智。(《百喻经·医与王女药令卒长大喻》)(笑：及物动词，嘲笑。)

①后稷生乎巨迹，伊尹生乎空桑。(《列子·天瑞》，卷一)(生：零宾动词，出生。)

②太后使人检视，根遂诈死，三日，目中生蛆，因得逃窜。(《后汉书·杜根传》)(生：及物动词，生出。)

③(络秀)遂生伯仁兄弟。(《世说新语·贤媛》)(生：及物动词，生育出。)

④此之树上，将生美果，汝能食不？(《百喻经·斫树取果喻》)(生：及物动词，结出。)

第二，活用动词的复音化，强化了不及物动词向及物动词转化的历史进程。

中古汉语，单音节词的复音化趋势是不可逆转的。这一趋势，也催生了一大批复音及物动词和不及物动词的产生。如：

①父文孙，明晓天官风角秘要。(《后汉书·方术列传上》)

②坚辅以礼义，乾改悔前过。(《后汉书·宗室四王三侯列传》)

③时有象三头至江陵城北数里，攸之自出格杀之。(《宋书·沈攸之传》)

④淳之少有高尚，爱好坟籍，为太原王恭所称。(《宋书·隐逸传》)

⑤五子哀恋，思念其母。(《世说新语·方正》)

⑥乐亦不复剖析文句。(《世说新语·文学》)

⑦亲近邪友，习行非法。(《百喻经·为二妇故丧其两目喻》)

以上例①—⑦，"明晓""改悔"等，均是复音及物动词。又如：

①先主定蜀之际，山寇攻县，县长捐家逃亡。(《三国志·蜀书·张嶷传》)

②当时吏职，何能悉理；论议之徒，岂不喧哗？(《后汉书·朱浮传》)

③（质）无所归，乃入南湖逃窜，无食，摘莲啖之。(《宋书·臧质传》)

④蓝田惊喜。(《世说新语·假谲》)

⑤（贤臣）夜中呻唤，甚大苦恼。(《百喻经·人说王纵暴喻》)

⑥合座官寮道俗，礼拜和尚，无不嗟叹。(唐·法海：《六祖坛经》)

⑦响发之时，山峰振动。(唐·〔日〕释圆仁：《入唐求法巡礼行记》，卷三)

以上例①—⑦，"逃亡""喧哗"等，均是复音不及物动词。在这复音化进程中，最值得注意的是活用动词的复音化问题。活用动词复音化的最直接的效果就是促使使动词、意动词等迅速消亡，加快了汉语动词及物化的历史进程。复音活用动词的及物化是以单音活用动词的及物化为前提的。如：

①光武止之曰："卿勿妄言！"(《后汉书·冯异传》)

②下不止火，扇之不已，云何得冷？(《百喻经·煮黑石蜜浆喻》)

③诸葛亮之死也，遗令葬于其山，因即地势，不起坟墓。(《水经注·沔水》，卷二十七》)

④春锄起地，夏为除草。(《齐民要术·种谷》，卷一)

⑤律设大法，礼顺人情。(《后汉书·卓茂传》)

⑥汉室微弱，阉竖乱朝。(《后汉书·皇甫嵩传》)

⑦裴曰："自可全君雅志。"(《世说新语·雅量》)

⑧那得方低头看此邪？(《世说新语·政事》)

例①—⑧，"止""起"等均不必再看作是使动词，它们已经是及物化了，应认作是及物动词。又如：

①数年中，恩化大行，百姓乐其政，流民越江山而归者以万数。(《三国志·魏书·刘馥传》)

②时陇西李元谦乐双声语。(《洛阳伽蓝记·凝玄寺》杨注，卷五)

③往来者，皆怪此树非凡，或谓当出贵人。(《三国志·蜀书·先主传》)

④时人见之，深生嗤笑，怪未曾有。(《百喻经·子死欲停置家中喻》)

⑤晋国苦盗。(《列子·说符》，卷八)

⑥王本自有一往隽气，殊自轻之。(《世说新语·文学》)

⑦桓公奇其意而不责也。(《世说新语·规箴》)

例①—⑦，"乐""怪"等，也不必再认作是意动词。又如：

①百姓号之，二百余年不辍。(《列子·黄帝》，卷二)

②后主既降邓艾，斌诣会于涪，待以交友之礼。(《三国志·蜀书·蒋琬传》)

③它人能令疏亲，臣不能使亲疏，以此愧陛下。(《世说新语·方正》)

④羞其妇故，不肯弃之，是以不语。(《百喻经·奄米决口喻》)

例①—④，"号""降"等，也不必再认作是为动词或向动词。

至于复音活用动词的及物化，中古汉语中也不乏其例。如：

①分裂郡国，断截地络。(《后汉书·隗嚣传》)

②鞞鼓之声，震动天地。(《宋书·王玄谟传》)

③先生何为颠倒衣裳？(《世说新语·言语》)

④我父小来，断绝淫欲，初无染污。(《百喻经·叹父德行喻》)

⑤尔时远人既受教已，坚强其意，向师子所。(《百喻经·五百欢喜丸喻》)

⑥其寺东有太尉府，西对永康里，南界昭玄曹，北邻御史台。(《洛阳伽蓝记·永宁寺》杨注，卷一)

⑦远近闻者，咸叹服之。(《后汉书·陈寔传》)

⑧篆自以宗门受莽伪宠，惭愧汉朝，遂辞归不仕。(《后汉书·崔骃列传》)

2. 及物动词变为不及物动词

如果说不及物动词变为及物动词是受汉语句法扩展律影响的结果，那么及物动词变为不及物动词，则必然是受汉语句法紧缩律支配所致。因为前者变化的结果是扩展了结构空间，而后者是缩小了结构空间，两者动向刚好相反。这两种变化是不平衡的，语言中及物动词变为不及物动词的用例很少。及物动词，由于表达需要，临时省去宾语的仍属及物动词，不是及物动词变为不及物动词。

据我观察，在上古汉语中，确有部分及物动词的用法很值得注意：及物动词与其对象宾语之间常常加一个"于"字。这个介词"于"，在后人看来完全是多余的。如何解释这种现象？我认为这种结构中的动词已由及物动词变为状态动词，而状态动词是属于不及物动词的。这就是本书所指的及物动词变为不及物动词的核心内容。这种现象，主要是出现在上古汉语里，且使用频率不低。上古汉语里，以前期的文献中用得最多，如《尚书》就是如此。如：

①左不攻于左，汝不恭命；右不攻于右，汝不恭命。（《尚书·甘誓》）

②盘庚敩于民。（《尚书·盘庚》）

③故天降丧于殷，罔爱于殷，惟逸。（《尚书·酒诰》）

④庶狱，庶慎，文王罔敢知于兹。（《尚书·立政》）

⑤往敷求于殷先哲王，用保乂民。（《尚书·康诰》）

⑥不协于极，不罹于咎，皇则受之。（《尚书·洪范》）

⑦用咸戒于王，曰："王左右常伯、常任、准人、缀衣、虎贲。"（《尚书·立政》）

《尚书》中这类句子，动词后的"于"字有时也可换为"乎"或"在"。如：

①能哲而惠，何忧乎驩兜？（《尚书·皋陶谟》）

②若德裕乃身，不废在王命。（《尚书·康诰》）

《尚书》中状态动词这种用法并不是孤立的，甲骨文中早已存在。如：

①癸亥卜，菁饮，宜伐于大乙。（《京》，3974）

②癸巳卜，㱿贞：子渔疒目，福告于父乙。（《佚》，524）

③辛丑卜，㱿贞：祝于母庚。（《铁》，127.1）

④……祀于父乙一牛。（《陈》，42）

例①，"伐"，祭名，用人牲之祭。例②，"告"，祭名，同"祮"，告祭。例③，"祝"，祭名，祷告，以言语告神求福。例④，"祀"，祭祀。

到了上古汉语中后期及中古汉语时，状态动词的这种用法也一直存在着。如：

①（诗）迩之事父，远之事君，多识于鸟兽草木之名。（《论语·阳货》）

②求也为季氏宰，无能改于其德，而赋粟倍他日。（《孟子·离娄上》）

③心疑于不以天子礼葬公。（《论衡·感类》）

④又居宅离水七八十步，夏时诣水中，澡洒手足，窥于园圃。（《三国志·魏书·管宁传》）

⑤神通之相，放大光明，照于东方万八千土，悉见彼佛国界庄严。（《法华经·从地涌出品》，卷五）

⑥但愿明公威德加于四海。（《后汉书·邓寇列传》）

⑦我与前人同买于汝，云何独尔？（《百喻经·五人买婢共使作喻》）

⑧楚王捕逐于子，捉获赏赐千金，隐匿之人，诛身灭族。（变文《伍子胥变文》）

以上就是我们对汉语及物动词和不及物动词相互转化的论述。

（二）汉语动词时体语法范畴的形成和发展

法国汉学家贝罗贝教授说："众所周知，汉语是拥有体的表达方式的语言。相比其他语言来说，汉语缺乏表达时间的语法手段，而且不具有时间范畴。因而，在汉语句子中，过去时、现在时、将来时一般是不加区分的。"[①]这是一位外国汉学家对汉语时体语法范畴的看法，是带有普遍性的。在国内，持有同样看法的学者恐怕也不在少数。本书认为，这种观点是不符合汉语实际的。说汉语有体无时，这要看采用什么标准。如果用西方语言标准来衡量，汉语不仅没有时的语法范畴，就连体的语法范畴是否存在也大有问题。因为汉语动词并不存在西方语言的那种形态变化，"时"也好，"体"也罢，从汉语动词本身的语言形式中是找不到任何标志的。即便是一般人都承认的"了""着""过"是汉语动词"体"的表达形式，但"了""着""过"也不是动词本身的一部分，称它们为动词"词尾"或"后缀"都是欠妥的。汉语是典型的分析型语言，分析问题，一切必须从汉语实际出发。

---

① ［法］贝罗贝：《汉语的体与时（代序）》，见冯力等：《汉语时体的历史研究》，语文出版社2009年版，第1页。

时（tense）和体（aspect）都是一种语法范畴，是动词语法特点的总的归类。"时"说的是通过一定的语法形式来表示动作行为发生的时间；"体"说的是通过一定的语法形式来表示动作行为所处的一种状态。我们认为，汉语是既有"时"，又有"体"的一种语言，只不过动词的这种"时"与"体"有它自己的特殊表达方式而已。

1. 汉语动词"时"的表达

从上古汉语起，汉语动词就有时的语法范畴。就是到了中古和近古汉语，其表达系统也基本如此。汉语动词时的表达，主要是借助词汇手段，而不是构词手段。具体说，主要是借助时间名词或时间副词来表达时的语法范畴的。从古至今，汉语时间名词或时间副词都是为表达动词的时间概念而产生、而存在的，它们不是为句子服务的。就上古汉语而言，其前期，动词时的表达，主要是借助时间名词来完成的，这在甲骨文中看得十分清楚。反过来说，时间副词在甲骨文中却十分罕见。有的学者认为，甲骨文中只有两个时间副词，一个是"卒"，另一个是"气"①。著名古文字学家陈梦家先生曾明确指出："卜辞关于时间的指称有'三时'之别。"② 陈先生说的"三时"，指的就是"过去"、"现在"和"未来"。与这些时间概念相对应的时间名词是"昔日""之日""之夕""之月"（表过去）；"今月""今旬""今夕""今日""今岁""今秋""今世""今祀""兹月""兹旬""兹夕"（表现在）；"羽日""羽夕""来日""来夕""来岁""来世""生月"（表未来）。到了上古汉语中期和后期，亦即春秋战国和两汉时代，汉语动词时的表达系统已经确立。其表达公式有二：一是"时间名词＋动词/形容词/句子"，二是"时间副词＋动词/形容词"。如：

①昔我往矣，杨柳依依。（《诗经·小雅·采薇》）

②昔者吾友尝从事于斯矣。（《论语·泰伯》）

③道之不行，已知之矣。（《论语·微子》）

④门已闭矣。（《左传·哀公十五年》）

⑤填然鼓之，兵刃既接，弃甲曳兵而走。（《孟子·梁惠王上》）

⑥向吾见若眉睫之间，吾因以得汝矣。（《庄子·庚桑楚》）

---

① 杨逢彬：《殷虚甲骨刻辞词类研究》，花城出版社 2003 年版，第 265 页。

② 陈梦家：《殷虚卜辞综述》，中华书局 1988 年版，第 114 页。

⑦业入而不舍，每更为失。(《庄子·庚桑楚》)

例①—⑦，"昔""昔者""尝""已""既""向""业"等等，表示动词的过去时。又如：

①今我来思，雨雪霏霏。(《诗经·小雅·采薇》)

②昔岁入陈，今兹入郑，不无事矣。(《韩非子·外储说左下》)

③及其壮也，血气方刚，戒之在斗。(《论语·季氏》)

④不知夫五尺童子，方将调饴胶丝，加己乎四仞之上，而下为蝼蚁食也。(《战国策·楚策四》)

⑤闵予小子，遭家不造，嬛嬛在疚。(《诗经·周颂·闵予小子》)

⑥我思舜，正郁陶。(《史记·五帝本纪》)

例①—⑥，"今""今兹""方""方将""正"等等，表示动词的现在时。又如：

①鸟之将死，其鸣也哀；人之将死，其言也善。(《论语·泰伯》)

②今吾尚病，病愈，我且往见。(《孟子·滕文公上》)

③两君之士皆未憖也，明日请相见也。(《左传·文公十二年》)

④信方斩，曰："吾悔不用蒯通之计，乃为儿女所诈……"(《史记·淮阴侯列传》)

⑤翌日亲登嵩高，御史乘属，在庙旁吏卒咸闻呼万岁者三。(《汉书·武帝纪》)

例①—⑤，"将""且""明日""方""翌日"等等，表示动词的将来时。两汉以后，到了中古汉语，汉语动词的表时系统与先秦几乎没有什么区别，所差的只有词汇增减而已。当然，我们也承认：汉语动词"时"的表达不是任何时候都要借助时间名词或时间副词来完成的，有时什么都不需要，只凭借上下语言环境就可以确定了。有人将这种情况称为"零形式"。具体情况应具体分析，这就是汉语的灵活性。

2. 汉语动词"体"的表达

大家知道，从上古汉语算起，汉语动词虽有时的语法范畴，却无体的语法范畴。汉语动词，在很长时间里有时无体。动词"体"的概念，是很晚才建立起来的。为什么那么长时间有时无体？汉语动词的时和体到底是什么关系？这些都是很值得深入研究的理论问题。

（1）汉语动词"体"的历史描写。

甲、完成体

大家承认，表示动词完成体的最标准的语法标志就是在动词后面加上动态助词"了"字。动词的完成体是表示动作进行的状态已经完成或结束。动态助词"了"的词义演变起点是表终了义的动词"了"字。上古汉语前期和中期的文献里，均无发现这种"了"字。至东汉《说文》，收有"了"字，但这个"了"是"了戾"的"了"，与终了义无关。《说文》云："了，尥也。"段注云："尥，行胫相交也。牛行，脚相交为尥。凡二物、二股或一股结纠绉缚，不直伸者曰了戾。""了戾"就是纠结、缠绕的意思，是个状态形容词。后三国魏张揖撰《广雅》，收有"尥"字。《广雅·释诂》云："了、阕、已、讫也。"清代学者王念孙说："阕者，《文选·七命》注引《仓颉篇》云：'阕，讫也。'《燕礼》云：'主人答拜而乐阕。'"①"乐阕"，就是奏乐终止，因此"了""阕""已"均有"讫"义。"了"的终了义，始见文献是西汉宣帝时王褒写的《僮约》："晨起早扫，食了洗涤。"但是，总的来看，表终了义的"了"，虽然始见于上古汉语后期，可使用频率却很低。甚至可以说，整个中古汉语前期和中期都很少使用，直到中古汉语后期，即唐五代时才逐渐多起来。如：

①亮数出军，仪常规画分部，筹度粮谷，不稽思虑，斯须便了。（《三国志·蜀书·杨仪传》）

②一手持蟹螯，一手持酒杯，拍浮酒池中，便足了一生。（《世说新语·任诞》）

③斋了吃茶。（唐·〔日〕释圆仁：《入唐求法巡礼行记》，卷二）

④事了早还，莫令忧虑。（变文《伍子胥变文》）

"了"由一个动词虚化为动态助词，是一个漫长的演变过程。这个语法化过程大体分为三步：

第一步：动词＋（终了义）动词"毕""竟""讫""了"等，构成动补结构。

值得注意的是，这种动补结构仍是词和词的结合，而不是动补式合成

---

① 王念孙：《广雅疏证·释诂》，卷四上，中华书局影印本 1983 年，第 117 页。

词，因此从语法功能上看，"毕""竟""讫""了"只是表示前面动词的一种结果，表示前面动词所代表的动作行为的终结或完成。如：

①及琼卒归葬，稚乃负粮徒步到江夏赴之，设鸡酒薄祭，哭毕而去。（《后汉书·徐稚传》）

②国主不任其苦，于是到泉所酌水饮之，饮毕便狂。（《宋书·袁粲传》）

③我已饮竟，水莫复来。（《百喻经·杀群牛喻》）

④戴乃画《南都赋》图，范看毕咨嗟，甚以为有益。（《世说新语·巧艺》）

⑤王看竟，既不笑，亦不言好恶。（《世说新语·雅量》）

⑥崇视讫，以铁如意击之，应手而碎。（《世说新语·汰侈》）

⑦我等闻已，皆共修学。（《法华经·化城喻品》，卷三）

⑧言已，忽然不现，还到彼国。（《维摩诘经·菩萨行品》，卷下）

⑨翰省讫，语"今且去，明可便呈。"（《宋书·吉翰传》）

⑩薅讫，决去水，曝根令坚。（《齐民要术·水稻》，卷二）

例①—⑩，"毕""竟""已""讫"等等都是同义词，因此"饮毕"又可说成"饮竟"，"看毕"又可说成"看竟""视讫"。南北朝时期，极少用"了"字。偶有用者，"了"亦与"毕""竟""已""讫"无异。请比较：

①铰了，更洗如前。（《齐民要术·养羊》注，卷六）

②铰讫，于河水之中净洗羊，则生白净毛也。（《齐民要术·养羊》，卷六）

"动+毕/竟/已/讫"这一格式，整个中古汉语时期都是这样沿用下去的。直到唐五代，又增加个"却"字。"却"与"毕""竟""已""讫"基本同义，这只是词汇更替问题，不是语法问题。如：

①舞毕，因谢曰："仆实庸才，得陪清赏，赐垂音乐，惭荷不胜。"（唐·张鷟：《游仙窟》）

②三人议毕，即俟晨去。（《祖堂集》，卷五）

③言竟，身亡。（唐·［日］释圆仁：《入唐求法巡礼行记》，卷三）

④惠问已，即识大意。（唐·法海：《六祖坛经》）

⑤太子闻已，欢喜非常。（变文《八相变》）

⑥老人言讫，走出寺门。（变文《庐山远公话》）

⑦浴讫，端坐长往。（《祖堂集》，卷六）

⑧十娘见诗，并不肯读，即欲烧却。（唐·张鷟：《游仙窟》）

⑨大师曰："佛殿前一搭草，明晨粥后划却。"（《祖堂集》，卷四）

值得注意的是，只是到了唐五代，亦即中古汉语后期，语言中"动＋了"这一动补格式才逐渐多起来。应强调的是，这时的"了"仍是动词，还不是动态助词。如：

①愿闻先圣教者，各须净心，闻了愿自除迷，于先代悟。（唐·法海：《六祖坛经》）

②老宿云："初造此菩萨时，作了便裂，六遍捏作，六遍颓裂。"（唐·〔日〕释圆仁：《入唐求法巡礼行记》，卷三）

③拖出军门，斩了报来。（变文《韩擒虎话本》）

④军官食了，便即渡江。（变文《伍子胥变文》）

也可以说，整个中古时期，这种"了"都是十足的动词，因为它们前面仍可接受副词修饰。如：

①祠谒既讫，当南礼大江。（《后汉书·张禹传》）

②昔有一人与他妇通，交通未竟，夫从外来。（《百喻经·摩尼水窦喻》）

③辞违已了，（惠能）便发向南。（唐·法海：《六祖坛经》）

④子胥哭已了，更复前行。（变文《伍子胥变文》）

第二步：动词＋宾语＋（终了义）动词"毕""竟""已""讫""了"等，构成动宾补结构。

这一语法格式，主要是从中古汉语中期开始的，此后一直沿用下去，直至唐宋时代。如：

①读策毕，太尉奉上玺绶，即皇帝位，年十三。（《后汉书·孝安帝纪》）

②胡饮酒毕，引佩刀自刺，不死，斩首送京邑。（《宋书·邓琬传》）

③（谢公）看书竟，默然无言。（《世说新语·雅量》）

④尔时，五百阿罗汉于佛前得授记已，欢喜踊跃。（《法华经·五百弟子授记品》，卷四）

⑤小儿面患皴者，夜烧梨令熟，以糠汤洗面讫，以暖梨汁涂之，令不皴。（《齐民要术·种红蓝花、栀子》注，卷五）

⑥余读诗讫，举头门中，忽见十娘半面。（唐·张鷟：《游仙窟》）

⑦神秀上座，题此偈毕，归房卧，并无人见。（唐·法海：《六祖坛经》）

⑧每称名竟，皆唱："唯愿慈悲，哀愍我等……"（唐·〔日〕释圆仁：《入唐求法巡礼行记》，卷二）

⑨子胥闻此语已，即知是船人之子。（变文《伍子胥变文》）

⑩第三日早，若水等诣军前谢国相讫，若水曰："某等昨日尝以国事上冒台严……"（宋·徐梦莘：《三朝北盟会编·靖康大金山西军前和议录》，卷五十五）

到了唐五代，"动＋宾＋了"这一格式才逐渐多起来，但其中的"了"字，仍然是动词。如：

①大师说法了，韦使君、官寮、僧众、道俗，赞言无尽，昔所未闻。（唐·法海：《六祖坛经》）

②大师说偈已了，遂告门人曰："汝等好住，今共汝别。"（唐·法海：《六祖坛经》）

③念佛了，打槌随意，大众散去。（唐·〔日〕释圆仁：《入唐求法巡礼行记》，卷二）

④照仪已破，今未除者，唯是天下寺舍，兼条流、僧侃都未了，卿等知否？（唐·〔日〕释圆仁：《入唐求法巡礼行记》，卷四）

⑤（子胥）作此语了，遂即南行。（变文《伍子胥变文》）

⑥答语已了，留船即去。（变文《伍子胥变文》）

第三步："动词＋了＋宾语"，是"了"演变为动态助词的最终语法格式。

"了"虚化为动态助词，唐五代时已萌芽，北宋时已有所发展，而最终完成当在南宋时代。如：

①各请万寿暂起去，见了师兄便入来。（变文《难陁出家缘起》）

②且依了义教，犹有相亲分。（《祖堂集》，卷四）

③北朝自行遣了萧扈、吴湛，括怎生得知？（宋·李焘：《续资治通鉴长编》，卷二六五）

④学者用了许多功夫，下头须落道了，是入异教。（《河南程氏遗书》，卷二上）

但是这一时期，作为表示动作完成体的动态助词"了"字，还不十分稳

定：当用"了"时，也有用"却"的，这说明对"了"的选择，并未最后确
定。如：

①我舜子小，失却阿娘，家里无人主领。（变文《舜子变》）

②贪看天上月，忘却室中灯。（《祖堂集》，卷十五）

③僧众才集，和尚关却门便归丈室。（《祖堂集》，卷十九）

④后来萧禧已受却圣旨，更无商量，遂改臣等作回谢。（宋·李焘：《续
资治通鉴长编》，卷二六三）

但到了南宋时代，"了"已彻底虚化为动态助词"了"字。"了"作为汉
语动词完成体的语法标志，已正式完成。如：

①且杀了一个南人，即是与契丹报仇；杀了一个女真，亦是与契丹报
仇。（宋·徐梦莘：《三朝北盟会编·茅斋自叙》，卷二十二）

②某尝叹息，以为此数人者，但求文字言语声响之工，用了许多工夫，
费了许多精力，甚可惜也。（《朱子语类·总训门人》）

③似哑子吃了黄柏，教我苦在肚皮里。（《张协状元》，第五十三出）

④婆婆忘了你容仪。（《张协状元》，第五十三出）

至于到了近古汉语中期，即元明时代，动态助词"了"已得到广泛应
用。如：

①志若有了志向，心便有个主张，不妄动了。（元·许衡：《鲁斋遗书·
大学直解》，卷四）

②谁知母亲还了香愿，在房店中已自死了。（元·无名氏：《小孙屠》，
第十四出）

③伟王看了郭威背上杖疮，便不疑他。（元·无名氏：《新编五代史平
话·周史平话上》）

④洪武八年六月，太师伴当陈千户斫了胡丞相淮西坟上树。（明·钱谦
益：《牧斋初学集》，卷一〇四）

⑤我这两个小厮，不想走到这穷子坟上，带了穷气回去。（明·朱有燉：
《团圆梦》，第二折）

⑥我今日放鹰，得了一个野鸡。（明·哈铭：《正统临戎录》）

说到这里，有个问题必须提出来：当动态助词"了"产生之后，遇到
"动词＋了＋〇"句式该如何分析呢？这种"了"是动态助词呢，还是句末

语气助词？我们的观点是，这种"了"既是动态助词，也是句末语气助词，它是兼具两种助词性质的。如：

①李靖来云："御笔皇帝见了，与诸郎君商量，亦不多也。"（宋·徐梦莘：《三朝北盟会编·茅斋自叙》，卷十四）

②譬如人有大宝珠失了，不著紧寻，如何会得？（《朱子语类·训门人》）

③头发剪了，终须再长。（《张协状元》，第二十出）

但当遇到"动词＋了＋宾语＋了"句式时，这说明句末语气助词已彻底从动态助词"了"中分化出来，两种"了"的语法性质是不一样的：一个是动态助词，是表示动词完成体的；一个是句末语气助词，是表示全句语气的。如：

①今见看《诗》，不从头看一过，云："且等我看了一个了，却看那个。"（《朱子语类·总训门人》）

②某之说却高了，移了这位置了。（《朱子语类》，卷十六）

③这店里都闭了门子了，怕有甚么人来？（《老乞大》）

乙、持续体

汉语动词，不论是持续体，还是进行体，都是从动词"着"演变过来的。动词的持续体，表示动词所处的状态正在持续、延长。动态助词"着"的词义演变起点是表示附着义的动词"着"字。"着"，今音 zhuó，形本作"著"，为行文方便起见，今一律作"着"。"着"，动词，有触及、附着、依附、放置诸义。如：

①秋七月戊戌，楚子与若敖氏战于皋浒。伯棼射王，汰辀及鼓跗，着于丁宁。（《左传·宣公四年》）

②宅舍附地之体，列宿着天之形。（《论衡·祀义》）

③且口着乎体，口之动与体俱。（《论衡·雷虚》）

④客至，屏当未尽，余两小簏，着背后。（《世说新语·雅量》）

例①，"着"，触及。例②，"着"，附着。例③，"着"，依附。例④，"着"，放置。"着"进一步引申，其穿戴义、执着义也可叫"着"。如：

①太傅时年七八岁，着青布裤。（《世说新语·德行》）

②（山羌）不知着之，应在手者着于脚上，应在腰者返着头上。（《百喻经·山羌偷官库衣喻》）

③武帝着邪道，不识正法。（唐·法海：《六祖坛经》）

但是，应当知道，作为动态助词"着"的词义演变起点应是动词"着"的附着义。动态助词"着"，作为动词持续体的语法标志，其语法化过程有以下三步：

第一步：动作动词＋着＋处所补语。

"动作动词＋着＋处所补语"，这是动词"着"虚化为动态助词的起始性结构。在这种结构中，"着"是个实实在在的动词，"着"和前面动词的语法关系属于并列结构。动作动词所表示的具体动作，要借助"着"落实在具体处所上，因此"着"有安置义，"着"后又必须有处所补语。如：

①又舍利佛，十方世界所有诸风，菩萨悉能吸着口中，而身无损，外诸树木，亦不摧折。（《维摩诘经·不思议品》，卷中）

②今进不赦其命，退不彰其罪，闭着囹圄，使自引分，四方观国，或疑此举也。（《三国志·魏书·高柔传》）

③苍头子密等三人因宠卧寐，共缚着床。（《后汉书·彭宠传》）

④蓝田爱念文度，虽长大，犹抱着膝上。（《世说新语·方正》）

⑤候实开，便收之，挂着屋里壁上，令廗干，勿使烟熏。（《齐民要术·种茱萸》，卷四）

⑥而彼仙人寻即取米及胡麻子，口中含嚼，吐着掌中。（《百喻经·小儿争分别毛喻》）

例①—⑥，诸句中的"着"，绝不可释为介词"在"。它是个实实在在的动词，表安置义。"着"的这一用法，直到中古汉语后期，仍然如此。如：

⑦从京将来圣教功德帧及僧服等，都四笼子，且寄着译语宅里。（唐·〔日〕释圆仁：《入唐求法巡礼行记》，卷四）

⑧舜得母钱佯忘，安着迷囊中而去。（变文《舜子变》）

我们之所以认定这类结构中的"着"仍是动词，并与前面动词构成并列关系，是因为语言中还存在"动作动词＋宾语＋着＋处所补语"这样的结构。如：

①遂就床缚之，将出到界，自解其绥以系督邮颈，缚之着树，鞭杖百余下，欲杀之。（《三国志·蜀书·先主传》裴注）

②行欲至宛市，定伯便担鬼着肩上，急执之。(《搜神记》，卷十六)

③譬如写水着地，正自纵横流漫。(《世说新语·文学》)

④掐心着泥中，亦活。(《齐民要术·种兰香》，卷三)

⑤我今宁可截取其鼻着我妇面上，不亦好乎？(《百喻经·为妇贸鼻喻》)

第二步：非动作动词＋着＋对象宾语。

"非动作动词＋着＋对象宾语"，这是动词"着"虚化为动态助词的中介性结构。在这类结构中，由于对象宾语的引进，使得"着"与其前面动词的关系变得更加紧密，已由原来的并列结构变成动补式合成词。这样，就促使"着"的词义已相当虚化了。曹广顺先生认为，这类结构在汉译佛经中已经出现了。如：

①迦弥尼鬼者着小儿乐着女人。(《童子经念诵法》，《大藏经》，卷十九)

②不留心于无明，贪着世间。(《大宝积经》，卷九十三，《大藏经》，卷十一)

他又说："'着'字表示这些动作附着在这些对象上，因此就隐含有一种动作持续或获得结果的意思。但从意义和词性上看，这些'着'仍都是动词。"[1] 例①②，"乐着""贪着"，不论是看成动补式合成词，还是看成动补式词组，都可商议，但"乐着""贪着"，已不可能再是个并列结构，否则"着"的虚化路线是很难设计的。在唐以前，即中古汉语的前期和中期，"非动作动词＋着＋对象宾语"这类句式是很少见的。这样的语言信息也就预示着动态助词"着"很难在唐以前发生。如：

①诸子幼稚，未有所识，恋着戏处，或当堕落，为火所烧。(《法华经·譬喻品》，卷二)

②冻树者，凝霜封着木条也。(《齐民要术·黍穄》注，卷二)

③而诸比丘不奉佛教，贪求利养，诈现清白，静处而坐，心意流驰，贪着五欲，为色、声、香、味之所惑乱。(《百喻经·奴守门喻》)

第三步：可持续动词＋着＋（对象宾语）。

"可持续动词＋着＋（对象宾语）"，这是动词"着"虚化为动态助词的终端性结构。蒋绍愚先生说："'着'的历史变化，是和'着'前面的动词性

---

[1]　曹广顺：《近代汉语助词》，语文出版社 1995 年版，第 27 页。

质有关的。"① 这话是很有启发性的。所谓"动词性质",这不仅同动词的词义有关,而且也必然同动词的分类有关。就动词的状态而言,"着"前的动词可分为两类:一类是可持续动词,另一类是不可持续动词。前类多由行为动词、心理动词及感知动词等动词充当;后类多由动作动词充当。当"着"前动词由可持续动词充当时,就要借助"着",把这种状态施及"着"后的对象宾语上。这种"传导"的结果是必然使"着"的词义、词性也发生变化:由原来的附着义变为持续义,其词性也由实实在在的动词变为一个动态助词。当"着"变成动态助词之后,它和前面动词的语法关系也随之而变:既不是并列关系,也不是补充关系,而是附缀于动词之后的附加关系,虽然它并不是动词的构词成分。

一般认为,汉语动词的持续体从晚唐五代起正式形成之后,就一直沿用下去。如:

①太子年登拾玖,恋着五欲。(变文《八相变》)

②凤池云:"守着合头,则出身无路。"(《祖堂集》,卷六)

③曾点底,须子细看他是乐个甚底,是如何地乐,不只是圣人说这个可乐,便信着他。(《朱子语类·总训门人》)

④不如上国,追寻着丈夫。(《张协状元》,第三十出)

⑤洪义心肠,倒大来乖劣,专等着刘知远。(《刘知远诸宫调》,第二)

⑥所以君子常常要存着这心,以检求其身。(元·许衡:《鲁斋遗书·大学直解》,卷四)

⑦你每回去行着好勾当,休污了父亲的好名。(明·刘仲璟:《遇恩录》)

⑧锺会是魏元帝时人,做司徒,教他提调关中的军马,却要谋反,只怕着邓艾一个人,不曾反里。(《皇明诏令·戒谕管军官敕》)

动词的持续体形成之后,如果"着"后面的宾语是个零位,那么句子的动词就常常由状态动词充当。状态动词说的就是一种状态,是可以持续的。如:

①(黄雀)见他宅舍鲜净,便即穴白占着。(变文《燕子赋》一)

②百理具在,平铺放着。(《河南程氏遗书》,卷二上)

---

① 蒋绍愚:《近代汉语研究概况》,北京大学出版社 1996 年版,第 168 页。

③你我直迷着，那言语煞有意，来者使臣却也敢向前覆事，也不可得。（宋·徐梦莘：《三朝北盟会编·绍兴甲寅通和录》，卷一六二）

④闲时也须思量着。（《朱子语类·总训门人》）

⑤孩儿且放心着。（《张协状元》，第二十七出）

⑥做好的事，着人学着。（元·贯云石：《孝经直解》）

⑦众军每赞叹着。（《皇明诏令·谕武臣恤军敕》）

⑧恁每都在这里歇着。（明·刘仲璟：《遇恩录》）

⑨他都在地上跪着，进马怎么行得？（明·哈铭：《正统临戎录》）

⑩你且住着。（《老乞大》）

丙、进行体

汉语动词的进行体和持续体本来就是一根藤上的两个瓜，两者密不可分。本书认为动词的进行体来源于动词的持续体，其产生时间应与持续体相同或稍后，其演化路线也应与持续体相同。前面说过，就动词的状态而言，"着"前面的动词可以分成两类：一类是可持续动词，另一类就是不可持续动词。这不可持续动词多由动作动词充当。动作动词，一般说来，其动作是不可持续的。不可持续就是说动词所呈现的状态是短暂的。这样一来，动词后面的"着"字，只能表示这种状态是正在进行着，而不可能是持续的。如：

①净能都不忙惧，收氎盖着死女子尸，钉之内四角，血从氎下交流，看人无数。（变文《叶净能诗》）

②后母一女把着阿爷："煞却前家歌（哥）子，交与甚处出坎（头）？"（变文《舜子变》）

③岩云："如无灯夜把着枕子。"（《祖堂集》，卷五）

④先生曰："公常常缩着一只手，是如何？"（《朱子语类·总训门人》）

⑤如战陈厮杀，擂着鼓，只是向前去，有死无二，莫便回头始得。（《朱子语类·总训门人》）

⑥悠悠的品着鹧鸪，雁行般但举手都能舞。（元·关汉卿：《诈妮子调风月》，第四折）

⑦莫想青凉伞儿打，休指望坐骑着鞍马。（《刘知远诸宫调》，第二）

⑧皇甫殿直一只手揢着僧儿狗毛，出这枣槊巷，径奔王二哥茶坊前来。

（明·洪楩：《清平山堂话本·简贴和尚》）

⑨我拿着马，你净手去。（《老乞大》）

⑩我的官人洗手时，递着揩手的手帕时，好歹也说得一句话。（明·哈铭：《正统临戎录》）

由以上引例可知，说汉语动词的进行体也是产生于晚唐五代应是没有问题的，只是到了宋代以后，才更加成熟、更加普遍而已。汉语动词的进行体与持续体有时也是很难分清的。凡是能持续的动词，其状态也往往正在进行，但反过来却不一定。因此，当"状态动词＋着＋○"句式出现的时候，我们就可以认定动态助词"着"，既是持续体，也是进行体的语法标志。

丁、经历体

动词的经历体，是表示动作行为曾是一种经历、体验，同时也表明这种经历、体验已成为过去。动词经历体的典型语法标志是在动词后加上动态助词"过"字。"过"，原本也是个动词，本义就是经过，所以《说文》说："过，度也。"文献用例如：

①子击磬于卫，有荷蒉而过孔氏之门者。（《论语·宪问》）

②（姜氏）将行，哭而过市曰："天乎，仲为不道，杀嫡立庶。"（《左传·文公十八年》）

③当是时也，禹八年于外，三过其门而不入。（《孟子·滕文公上》）

动态助词"过"，其语法化过程也主要有以下三步：

第一步：趋向动词＋过＋处所宾语。

"趋向动词＋过＋处所宾语"，"过"是个动词，它和前面动词的语法关系是并列结构。但这种句式在上古汉语是很难找到的，它主要是从中古汉语开始的。如：

①有县农行过舍边，仰视，见龙牵车。（《搜神记》，卷三）

②八月丙寅，京师大风，蝗虫飞过洛阳。（《后汉书·孝安帝纪》）

③王子猷行过吴中。（《世说新语·简傲》）

这种句式，甚至到了中古汉语后期及近古汉语时仍能见到。如：

④使君得对，趋过萧墙，拜舞叫呼万岁。（变文《韩擒虎话本》）

⑤张辙带了本朝银牌，走过南界，须先以见还。（宋·徐梦莘：《三朝北盟会编·燕云奉使录》，卷十五）

⑥半陂泊，根寻到天晚，夜深不敢依门户，跳过墙来见新妇。(《刘知远诸宫调》，第二)

例①②，"行过""飞过"，就是"行而过""飞而过"。下分析同。

第二步：非趋向动词＋过＋○。

"非趋向动词＋过＋○"，这是动词"过"虚化为动态助词的中介性结构。动词"过"的词义虚化，实际上是从它前面动词的"非趋向化"开始的。动词的"非趋向化"，也就是词义的泛化，因此要求"过"的后面也不再续接处所宾语。但是，这种中介性结构，"过"仍当认为是个动词，它和前面动词的关系，应是一种动补关系，"过"表示一种趋向或结果。如：

①远公对曰："贱奴念得一部十二卷，昨夜总念过。"(变文《庐山远公话》)

②丞相遂令人用番书译过，共传看后大喜。(宋·徐梦莘：《三朝北盟会编·绍兴甲寅通和录》，卷一六二)

③当时史官已被高祖瞒过。(《河南程氏遗书》，卷二上)

④想经礼，圣人平日已说底都一一理会了，只是变礼未说，也须逐一问过。(《朱子语类·训门人》)

第三步：非趋向动词＋过＋对象宾语。

"非趋向动词＋过＋对象宾语"，这是动词"过"虚化为动态助词的终端性结构。这种句子中的"过"，已彻底虚化：它不再表示动作的空间移动或趋向，而只是表示前面的动词所具有的一种状态，而这种状态就是指该动词所体现的曾经有过的一种经历或体验。因此，"过"和前面动词的语法关系，既不是并列关系，也不是动补关系，而只是附缀于动词之后的附加关系。在这种情况下，"过"的后面可以再续接对象宾语。如：

①颖又顾臣评曰："前来侍读说道，鸿和尔大山、天池子曾有北朝国信使带过圣旨去定了界至，怎生道不知国信使是谁?"(宋·李焘：《续资治通鉴长编》，卷二六五)

②那张介元教请过员梦先生。(《张协状元》，第四出)

③闹中朵(躲)过器械，扯得兜毛(鍪)侧。(《刘知远诸宫调》，第十二)

④你休说此话，我方才告过官人，乞了半日假，扶你去太医家讨些药

吃。（明·朱有燉：《团圆梦》，第三折）

"非趋向动词＋过＋对象宾语"这种句式主要出现在宋代以后，因此我们断定：动态助词"过"产生在宋代。

以上就是对汉语动词"体"的粗略的历史描写。我们从论述中可知，动态助词"了""着""过"的产生和发展，并不是同处于一个历史平面之上的。与"了""着"相比，"过"的发展始终处于弱势地位。究其根本原因，恐怕同动词的经历体与完成体的相互关系有关。这个问题，还有待于进一步研究。

汉语动词时体语法范畴的表达，本书主张限定在三时四体的范围之内。"三时"是指过去时、现在时和将来时；"四体"是指完成体、持续体、进行体和经历体。有的著作把动词"体"的范围扩充得很宽，混淆了词法和句法的界限，我认为这不太可取。如把"动＋起/起来"称为"起始体"，"动一动"称为"尝试体"，"动＋来＋动＋去"称为"反复体"，"动＋了＋动"称为"间歇体"，以及"动＋下/下来"称为"终止体"，等等，这些说法都有待于进一步研究。

（2）汉语动词"体"形成的历史机制。

说汉语动词"体"形成的历史机制，其实就是讨论动词"体"的产生的历史条件问题。这个条件，我们可以从两大角度去观察：一是从外部来说，汉语动词"体"是从"时"的语法范畴发展出来的；二是从内部来说，动词"体"的产生有其本身的词义条件和结构条件。先说第一点。

汉语动词"体"的概念来源于"时"的概念，这是本书认定的一个观点。汉语动词先有"时"，后有"体"，这是有目共睹的事实。上古汉语没有"体"的语法标志，中古汉语前期和中期也没有。汉语动词"体"的产生主要是从中古汉语后期和近古汉语前期才开始的。语法范畴是指概括成类的语法意义的总和。汉语动词由时的语法范畴过渡到时体语法范畴共存状态，是动词表达上的一大进步。有的学者认为，"时"是从过程角度认识动词的，因而有过去时、现在时和将来时；"体"是从一个点上，即从情态或情貌上关注动词的一种状况，因而有完成体、持续体、进行体和经历体等等。这话是很有道理的。总之，汉语"时"与"体"的关系，是我们应很好研究的一个重要课题。

再说第二点。

汉语动词"体"的产生也有其内部条件。概括起来，就是三点：

第一，"了""着""过"置于动词之后，是动态助词产生的首要的结构条件。

前面说过，当"了""着""过"最初单用时，都是典型的单音节动词。但是当它们处于另一个动词之后，一起充当谓语的时候，就为后来的词义虚化找到了一个起始性的结构位置。这个位置是十分优越的：由于它们是处于另一个动词之后，不论与前面的动词是并列关系或补充关系，都不会成为语义的关注焦点；但当它们后面再出现其他句子成分时，却又成为夹在两种成分之间的"传导性"或"中介性"的成分。然而，正是这样的身份，却很容易使"了""着""过"的词义和功能都发生变化。

第二，"了""着""过"前面动词的词汇意义和动词类型的变化，都为动态助词的产生提供了语义条件。

如"动作动词＋着＋处所补语"结构，当"着"前动词不再由动作动词充当时，"着"也就失去了安置义，词义进一步虚化，"着"后的成分也发生了变化，由处所补语变为对象宾语。又如"趋向动词＋过＋处所宾语"结构，当"过"前动词不再由趋向动词充当时，"过"也不再表示趋向动作，词义开始虚化，最后变成只是表示动作所处一种经历状态的语法标志。

第三，"了""着""过"后再续接宾语，是动态助词产生的关键结构条件。

"了""着""过"最终演变为动态助词，其中有一个共同环节，就是"了""着""过"后面都可以带上对象宾语。"了""着""过"后面续接宾语的最直接的结果，就是促使它们和前面的动词结合得更紧，并在"传导"动词的作用时又悄悄地改变了自己的词义和结构功能。如"读策毕""看书竟""念佛了"等结构，宾语"策""书""佛"显然阻隔了动词和"毕""竟""了"的结合。但是当宾语处于终了义诸动词之后，这些动词词义也开始变化了，并最终整合成一个"了"字：由一个实实在在的动词，最后虚化成一个表示完成体的语法符号。

（三）判断动词的产生和发展

判断动词也叫"系词"或"判断词"，因为从逻辑上看，"是"字是构成主宾两项判断关系的"联系词"。但从语法上说,"系词"或"判断词"的词性属于动词,所以不如直接称之为"判断动词"来得更直接、更明白。

在所有的动词立项中,我们之所以把判断动词单独提出来加以叙述,是因为判断动词十分重要:它不仅从无到有(就主要形式"是"字句而言),而且它的出现也带来了相关的词法变化和句法变化。

1. 判断动词"是"的产生和发展

对汉语来说,有两个词常用为判断动词,一个是"为"字,一个是"是"字。这里重点说"是"字。

在中国早期的汉语语法著作中,有的学者把"乃""则""即""曰""惟""维""伊""繄"等词都看成是具有是义、为义的"不完全内动词",把"非""匪"看成是具有非(不是)义的"不完全内动词"。到后来,有的学者仍把"惟""维"称为"系词",把"非""匪"称为"否定系词"。甚至有的外国汉学家也持有相同看法,认为"唯(佳、惟、维)"是"前古汉语中的系词","曰"也是"系词"①。现在学术界一般都不再这样看了。不能把具有加强判断作用的副词同判断动词本身混同起来。如果不是这样,则下面的语言事实就很难解释了。如:

①黄昙子乃是王忱之字也。(《宋书·五行志二》)

②我衣乃是祖父之物。(《百喻经·山羌偷官库衣喻》)

③佛即是法,法即是众。(《维摩诘经·不二法门品》,卷中)

④左贤王即是单于储副。(《后汉书·南匈奴列传》)

⑤如彼外道,偷取佛法,著己法中,妄称己有,非是佛法。(《百喻经·估客偷金喻》)

⑥我以欲得彼之钱财,认之为兄,实非是兄。(《百喻经·认人为兄喻》)

判断动词"是"的产生和发展,可分为三个时期:产生期(先秦两汉时期)、发展期(魏晋南北朝时期)和成熟期(隋唐五代及近古时期)。下面就分头论述之。

甲、产生期

判断动词"是"字,战国末期已经产生。如:

---

① [加]蒲立本:《古汉语语法纲要》,孙景涛译,语文出版社 2006 年版,第 22—23 页。

①俄又复得一，问人曰："此是何种也？"（《韩非子·外储说左上》）

②韩是魏之县也，魏得韩以为县，则卫、大梁、河外必安矣。（《战国策·魏策三》）

③此是欲皆在为王，而忧在负海。（《战国策·中山策》）

《史记》《论衡》中，也产生了少量的判断动词"是"字。如：

①天子识其手书，问其人，果是伪书。（《史记·封禅书》）

②客人不知其是商君也。（《史记·商君列传》）

③此必是豫让也。（《史记·刺客列传》）

④夜梦见老父曰："余是所嫁妇人之父也。"（《论衡·死伪》）

⑤夫孔子虽去"不及地尺"，但言"如雨"，其谓霣之者，皆是星也。（《论衡·说日》）

⑥如以鬼是死人，则其薄葬非也。（《论衡·薄葬》）

产生期的判断动词"是"字，使用上的特点是：

第一，频率很低，绝大部分名谓判断句仍以不用"是"字为常。

如《韩非子》一书，"是"字用为判断动词者，仅有一例。又如《史记》一书，有人统计过，"是"字用为判断动词者最多是七例，而没有任何问题，经得起推敲的也仅有五例而已。

第二，结构上，判断动词"是"字还不能完全独立，常与句末语气助词"也"字相呼应。有些"是"字，是判断动词还是指示代词，有时又难以确定。如：

①巫妪、弟子是女子也，不能白事。（《史记·滑稽列传》）

②龟者是天下之宝也。（《史记·龟策列传》）

乙、发展期

发展期判断动词"是"字，使用上的特点是：

第一，使用频率明显增加。

如《搜神记》中，据我统计，有判断句460句，其中使用"是"字的就有84句，约占总数的18.3%。[①] 除《搜神记》外，其他文献的使用频率也不低。具体用例如：

①（来敏）姊夫黄琬是刘璋祖母之侄。（《三国志·蜀书·来敏传》）

---

① 周生亚：《〈搜神记〉语言研究》，中国人民大学出版社2007年版，第212页。

②此是我子，我之所生。(《法华经·信解品》，卷二)

③我是李君通家子弟。(《后汉书·孔融传》)

④我是鲜卑，无姓。(《宋书·张畅传》)

⑤我是李府君亲。(《世说新语·言语》)

⑥矿麦，此是今马食者。(《齐民要术·大小麦》注，卷二)

第二，结构上，多半不再与句末语气助词"也"字相呼应，并且也较为普遍地接受副词修饰，从而也就限定了"是"字的词性变化。

据唐钰明先生统计，两汉时《穀梁传》《新语》等十部文献，东汉时《汉书》《潜夫论》等十二部文献，魏晋时《六度集经》《生经》等六部文献，南北朝时《众经撰杂譬喻经》《过去现在因果经》等四部文献，"是"字句的"也"字煞句率分别为80％，28.8％，19％和4％。① 唐先生的统计数据足以说明判断动词"是"逐步走向独立而失去了对句末语气助词的依赖。具体用例如：

①是以萧何建武库、太仓，皆是要急，然犹非壮丽。(《三国志·魏书·陈群传》)

②今此幼童，皆是吾子，爱无偏党。(《法华经·譬喻品》，卷二)

③(伦)即作汤二升，再服，须臾，吐出三升许虫，头赤而动，半身犹是生鱼脍。(《后汉书·方术列传》)

④今在近路，正是诸人归身之日。(《宋书·武帝纪中》)

⑤东岩西谷，又是刹灵之图。(《水经注·清水》，卷九)

⑥实是良医，与我女药，能令卒长。(《百喻经·医与王女药令长大喻》)

⑦彪亦是南人。(《洛阳伽蓝记·景宁寺》杨注，卷二)

第三，否定判断句中，出现了"非是"代替"非"的明显趋势。如：

①房凶狡情状可见，自关中再败，皆是帅师违律，非是内有事故，致外有败伤。(《宋书·郑鲜之传》)

②我以欲得彼之钱财，认之为兄，实非是兄。(《百喻经·认人为兄喻》)

③如彼外道，偷取佛法，著己法中，妄称己有，非是佛法。(《百喻经·估客偷金喻》)

④郎君，儿生非是家人，死非家鬼。(变文《秋胡变文》)

---

① 唐钰明：《中古"是"字判断句述要》，见王云路、方一新：《中古汉语研究》，商务印书馆2004年版，第349—350页。

⑤臣恐此药非是真药，臣拟试之。(变文《叶净能诗》)

丙、成熟期

成熟期判断动词"是"字，使用上的特点是：

第一，使用频率很高。尤其在接近口语的作品中，"是"字句用得相当普遍。如：

①灯是光之体，光是灯之用。(唐·法海：《六祖坛经》)

②登州是唐国东北地极，去楚州一千百余里。(唐·〔日〕释圆仁：《入唐求法巡礼行记》，卷四)

③此病是野狐之病。(变文《叶净能诗》)

④我是病儿。(变文《八相变》)

⑤什摩处是某甲住处？(《祖堂集》，卷十八)

第二，一般说来，这一时期名谓判断句和"是"字判断句是很少并存的，但个别用例仍然存在。请比较：

①佛者，觉也；法者，正也；僧者，净也。(唐·法海：《六祖坛经》)

②灯是光之体，光是灯之用。(唐·法海：《六祖坛经》)

①登州者，大唐东北地极也。(唐·〔日〕释圆仁：《入唐求法巡礼行记》，卷四)

②登州是唐国东地极，去楚州一千百余里。(唐·〔日〕释圆仁：《入唐求法巡礼行记》，卷四)

而这种现象在中古汉语前期和中期，是极为普遍的。请比较：

①公主者，女之尊称也。(《搜神记》，卷十四)

②南边坐人是南斗。(《搜神记》，卷三)

①佛身者，即法身也。(《维摩诘经·方便品》，卷上)

②十善是菩萨净土。(《维摩诘经·佛国品》，卷上)

①丰隆，雷公也。(《水经注·河水》，卷一)

②山东名高平，是亮宿营处。(《水经注·沔水》，卷二十七)

①桓郎者，桓范也。(《世说新语·贤媛》)

②谢中郎是王蓝田女婿。(《世说新语·简傲》)

①太傅李延实者，庄帝舅也。(《洛阳伽蓝记·秦太上君寺》杨注，卷二)

②掘故井得石铭，云是汉太尉荀彧宅。(《洛阳伽蓝记·建中寺》杨注，

卷一）

第三，否定判断句中，"不是"已普遍代替"非是"，并且"是""不是"常常对立出现。如：

①下官笑曰："不是百兽率舞，乃是凤凰来仪。"（唐·张鷟：《游仙窟》）

②见说被送来者不是唐叛人，但是界首牧牛、耕种百姓枉被捉来。（唐·〔日〕释圆仁：《入唐求法巡礼行记》，卷四）

③太子是出世之尊，不是凡人之数。（变文《八相变》）

④和尚莫来，此间不是好道，此是地狱之路。（变文《大目乾连冥间救母变文》）

⑤为复是心，为复不是心？（《祖堂集》，卷三）

第四，判断动词"是"字，到了隋唐五代已经衍生出许多新的用法，这也是"是"字用法日趋成熟的表现。如：

（1）"是"＋动词/动词性词组，"是"表示确认。如：

①从前恶行，一时自性若除，即是忏悔。（唐·法海：《六祖坛经》）

②鸟是有情，水及树岂是有情乎？（《祖堂集》，卷三）

（2）"是"＋形容词/形容词性词组，"是"表示确认。如：

①白庄耳内，忽闻人说江州庐山有一化城之寺中，甚是富贵，施利极多，财帛不少。（变文《庐山远公话》）

②地狱是最苦。（《祖堂集》，卷五）

到了近古汉语，这种用法也是如此。如：

③既欲讲和，须是至诚，不可奸诈。（宋·徐梦莘：《三朝北盟会编·绍兴甲寅通和录》，卷一六三）

④也如曾子，平日用工极是子细。（《朱子语类·训门人》）

（3）"是"＋句子，"是"表示确认。如：

①杨坚举目忽见皇后，心口思量："是我今日莫逃得此难。"（变文《韩擒虎话本》）

②是你下牒言我，共你到头无益。（变文《燕子赋》一）

例②，有的学者认为"是你，你。'是'为词缀"①。这一说法，令人

---

① 黄征、张涌泉：《敦煌变文校注》，中华书局1997年版，第388页注㉖。

生疑。

（4）"是"表示存在。如：

①重阁于峻崖上建立，四方涯面尽是花楼宝殿。（唐·〔日〕释圆仁：《入唐求法巡礼行记》，卷三）

②善庆思惟毕，满目是泪。（变文《庐山远公话》）

③浑身是眼。（《祖堂集》，卷五）

（5）"是"＋名词，"是"表示"凡是"，无例外。如：

①是人皆老，贵贱亦同。（变文《庐山远公话》）

②一脉不调，是病俱起。（变文《庐山远公话》）

（6）"是"＋"是"字判断句，第一个"是"表确认。如：

①是你两个僧便是某甲朋友。（《祖堂集》，卷十四）

②是甚人？是即大名将是韩擒男。（变文《韩擒虎话本》）

句式（6）实际是上面句式（3）的扩展。句首"是"或可换成"即"或"只"（疑是"即"之通假字），仍表确认，作用相同。如：

③即这个不污染底是诸佛之所护念。（《祖堂集》，卷三）

④只我便是佛弟难陁。（变文《难陁出家缘起》）

（7）"是"＋被动句，"是"表示加强被动语气。如：

①令诸道进年十五岁童男童女心胆，亦是被道士诳惑也。（唐·〔日〕释圆仁：《入唐求法巡礼行记》，卷四）

这种句式，中古汉语中期时就已经产生了。如：

②今定是为贼所畏不？（《宋书·刘勔传》）

（8）"是"＋名词/动词＋"是"＋名词/动词，"是"表示选择。如：

①阿娘迷闷之间，乃问是男是女？（变文《庐山远公话》）

②且容问天池神堂到了是北朝地土，是南朝地土？（宋·李焘：《续资治通鉴长编》，卷二六五）

③萧扈、吴湛带去圣旨，不知是有文字，为复只是口说？（宋·李焘：《续资治通鉴长编》，卷二六五）

2. 判断动词"是"产生的语法流程

（1）关于判断动词"是"产生的四种说法。

判断动词"是"是如何产生的？"是"的产生的语义基础、语法框架又是什么？这些问题至今学术界仍无定论。关于判断动词"是"的来源问题，就目前所知，主要有以下四种说法：

甲、来自指示代词"是"字。

这一说法，最早是由著名语言学家王力先生提出来的。王先生说："'是'字是由指示代词发展为系词的。发展的过程是这样：在先秦时代，主语后面往往用代词'是'字复指，然后加上判断语。……无论是这种情况或那种情况，'是'字经常处在主语和谓语中间，这样就逐渐产生出系词的性质来。"[①]

乙、来自形容词"是"字。

洪成玉先生认为上古汉语"形容词'是'的意义，是对事物表示肯定"，"同它相对的是'非'"，"判断词'是'的意义，是对事物表示确认"，"同它相对的也是'非'"，由于判断词"是"和形容词"是"的词汇意义、语法功能十分接近，因而"从形容词'是'逐渐产生出判断性质的'是'是自然的"。[②]

丙、来自副词"是"字。

这一提法较早。洪心衡先生曾认为判断动词（系词）"是"字是由表示确认意义的副词"是"演变过来的，与指示代词"是"复指功能无关。[③]

丁、来自"主＋动＋宾"语法结构的类化。

石毓智、李讷两先生认为汉语判断动词"是"字产生的语法环境就是语言成分类化的基本机制。两位将这一语法框架概括为下列公式：话题（Topic），回指的"是"（anaphor）＋说明（comment）。他们认为，按照汉语绝大多数动词句的模式，应当是 SVO（主＋动＋宾）结构，而"话题＋是＋说明"的模式显然是缺乏谓语动词的，因此处于这种语法框架中的"是"字最终被"类化"为判断动词。[④]

以上诸说均有可商榷之处。复指说的问题是，用于复指的指示代词

---

①　王力：《王力文集》，第 11 卷，山东教育出版社 1990 年版，第 265—266 页。

②　洪成玉：《判断词"是"的来源——与王力先生商榷》，《河北师范学院学报》1980 年第 1 期。

③　洪心衡：《〈孟子〉里的"是"字研究》，《中国语文》1964 年第 4 期。

④　石毓智、李讷：《汉语语法化的历程——形态句法发展的动因和机智》，北京大学出版社 2001 年版，第二章；转引自肖娅曼：《汉语系词"是"的来源与成因研究》，巴蜀书社 2006 年版，第 7 页。

"是"字，它本身就是主语，并不是"处在主语和谓语中间"，再说"是"的复指功能又如何变为判断功能，也说不清楚。形容词说的问题是，两者的语法框架根本不同。形容词"是""非"作谓语，经常处于句末，而非主谓之间。在这种情况下，形容词"是"又是如何变为判断动词"是"的也说不清楚。副词说的根本问题是有点本末倒置。副词"是"应当是判断动词"是"产生之后的用法引申，它不会出现在判断动词"是"产生之前。类化说实际是复指说的翻版。汉语动词句的 SVO 结构是怎么把"回指"的"是""类化"成判断动词的，也是语焉不详。针对上述说法，本书尝试提出一种新的解释，即功能传导说。下面详细论述之。

（2）判断动词"是"的产生是源自判断动词"为"的功能传导。

对于这一命题，论述如下：

第一，首先必须承认，上古汉语判断动词"为""是"已经产生。

本书一直坚持这样的观点，即上古汉语中后期已经产生了两种判断句："为"字句和"是"字句，且"为"字句又早于"是"字句而存在。"为"最早本是个动作动词。依据甲骨文字形，"为"的本义当是以手牵象从事劳作之意。不过，在甲骨文里，"为"的词义已经抽象化了，可释作"作为"，如"丁未卜，㱿贞：我为宾"（《南明》，145）。到了春秋战国时代，"为"义进一步虚化，表示判断义已经产生。如：

①长沮曰："夫执舆者为谁？"子路曰："为孔丘。"（《论语·微子》）

②余为伯鯈；余，而祖也。（《左传·宣公三年》）

③尔为尔，我为我，虽袒裼裸裎于我侧，尔焉能浼我哉？（《孟子·公孙丑上》）

④丈人归，酒醒而诮其子曰："吾为汝父也，岂谓不慈哉？"（《吕氏春秋·疑似》）

⑤俱为一水，源从天涯，或浊或清，所在之势使之然也。（《论衡·率性》）

⑥始皇知左右洩其言，莫知为谁，尽捕诸在旁者皆杀之。（《论衡·语增》）

两汉以后，中古汉语时期，这种"为"字句也经常出现。如：

①此《法华经》最为难信难解。（《法华经·授学无学人记品》，卷四）

②天生万物，唯人为贵。(《列子·天瑞》，卷一)

③帝曰："百官贪污佞邪者为谁?"(《后汉书·周举传》)

④白麻子为雄麻。(《齐民要术·种麻》贾注，卷二)

⑤凡种谷，雨后为佳。(《齐民要术·种谷》，卷一)

⑥佛言："我今问汝，天下众生为苦为乐?"(《百喻经·引言》)

⑦其人当时悔不急去，懊恼之情，甚为极苦。(《百喻经·地得金钱喻》)

⑧太子为半国之君。(变文《伍子胥变文》)

但是，与"为"字句不同的是"是"字句在战国末期虽然产生，却用得很少，即便是两汉时期，也是如此。但有一点是肯定的，即判断动词"是"字产生在"为"字之后。为避免重复，这里不再引证例句。

第二，"是""为"连用，是"为"字功能传导的结构条件。

这一点非常重要。指示代词"是"，作主语，复指上文；判断动词"为"作谓语，紧接其后，这是"为"促使"是"改变词性的最佳语言环境。所谓"功能传导"，就是指判断动词"为"对"是"的影响所及。"是""为"连用，在先秦，是从《论语》开始的。如：

①老而不死，是为贼。(《论语·宪问》)

②有王者起，必来取法，是为王者师也。(《孟子·滕文公上》)

③五甲首而隶五家，是最为众强长久。(《荀子·议兵》)

这种句式，从上古汉语后期起较为多用。如：

①禺京处北海，禺貌处东海，是为海神。(《山海经·大荒东经》，卷十四)

②试复以屋中堂而坐一人，一人行于屋上，其行中屋之时，正在坐人之上，是为屋上之人与屋下坐人相去三丈矣。(《论衡·说日》)

③遂废少帝为弘农王而立协，是为献帝。(《后汉书·皇后纪下》)

④无利无功德，是为出家。(《维摩诘经·弟子品》，卷上)

⑤十四日，车驾入城，大赦天下，改号为建义元帝，是为庄帝。(《洛阳伽蓝记·永宁寺》杨注，卷一)

"是""为"经常连用，判断动词"为"字是很容易把自己的判断作用"传导"给代词"是"字的，使其改变词性，变为判断动词。以下诸例，也许会有说服力。如：

①黄帝生骆明，骆明生白马，白马是为鲧。(《山海经·海内经》，卷十八)

②亦复不知何者是火，何者为舍，云何为失，但东西走戏，视父而已。(《法华经·譬喻品》，卷二)

③居士，父母妻子，亲戚眷属，吏民知识，悉为是谁？(《维摩诘经·佛道品》，卷中)

④汝等师为是谁？谁之弟子？(《法华经·妙庄严王本事品》，卷七)

例①，"是""为"连用，很像一种过渡形式，释"是"为代词有些困难。例②，"是""为"均是判断动词，所以才同义互举。例③④，正因为"是""为"已同是判断动词，所以又可以"为""是"连用，同作谓语。青年学者龙国富先生说："'为''是'连用现象多见于佛经翻译，以后并没得到发展。它出现在《法华经》中，是为了更好地满足四字格语言的需求。"① 此结论或可有待进一步研究，但判断动词"是""为"连用却是事实。

"是""为"连用的句式，有时"为"字也可省略不用。在这种情况下，"是"字倒很像是一个词性已经变化了的判断动词。如：

①夫出家者，无彼无此，……若能如此，是( )真出家。(《维摩诘经·弟子品》，卷上)

②四生者，是( )胎生、卵生、湿生、化生，是为四生。(变文《庐山远公话》)

③师云："是( )阿谁？"对曰："良钦。"(《祖堂集》，卷十六)

第三，指示代词"是"的代词性质是它转换词性的语义基础。

如果说"是""为"连用，"为"的功能传导是"是"词性转换的外部条件，那么代词性质就是"是"的转换词性的语义基础，亦即其内部条件。"是"本来是个形容词，这点没错。因此《说文》说："正，是也"，"是，直也"，这是递训例。但是，指示代词"是"和形容词"是"未必有什么词义联系。我们可以说，几乎所有代词都是假借而来的，"是"字也不例外。因此在判断动词"是"的产生问题上，没有必要和形容词"是"扯在一起。我

---

① 龙国富：《〈妙法莲华经〉语法研究》，商务印书馆 2013 年版，第 403 页。

们应注意到，当指示代词"是"作主语并用于复指时，这个功能本身就含有动词因素在内。这是由代词性质决定的。代词的性质是指别而非代替。指别就是确认、强调，就是非此即彼。从逻辑学角度来分析，判断就是对思维对象有所断定的一种思维形式，判断的质，就是对思维对象作肯定或否定的断定。判断动词"是"，是表示肯定判断的联系词；具有指别作用的指示代词"是"，当其作主语并用于复指时，也是很容易把指别的两端联系起来，作出断定。指别就是断定，断定就是判断，因此指示代词"是"演变成判断动词"是"，是有其内在的因素的。

（3）"……是也"判断句是"是"字判断句的变体形式。

在上古汉语后期，中古汉语前期，汉语判断句中又产生了一种新的表达形式，即"……是也"句式（"是也"或作"是已"）。在此之前，"是"字判断句已经产生，因此本书认为这种句式实际是"是"字句的一种变体形式。如：

①少顷，当东郭牙至，管仲曰："此必是已"，乃令宾延而上之，分级而立。（《论衡·知实》）

②唇齿之喻，岂唯虞虢，温与野王即是也。（《三国志·魏书·司马朗传》）

③尔时妙光菩萨，岂异人乎？我身是也；求名菩萨，汝身是也。（《法华经·序品》，卷一）

这种句式使用频率不是很高。到了中古汉语中后期也有用的。如：

①将见幸，薄姬曰："妾昨梦青龙据妾心。"高帝曰："我是也，吾为尔成之。"（《宋书·符瑞志上》）

②武婆者，则天皇是也。（唐·［日］释圆仁：《入唐求法巡礼行记》，卷三）

有时句末语气助词"也"字也可不用。如：

①妙庄严王岂异人乎？今华德菩萨是。（《法华经·妙庄严王本事品》，卷七）

②虏既入，兵刃交至，问曰："青州刺史沈文秀何在？"文秀厉声曰："身是。"（《宋书·沈文秀传》）

③何名六门？眼、耳、鼻、舌、身、意是。（唐·法海：《六祖坛经》）

④百颜经宿，自知不得，入堂问："昨日二头陀何在?"师曰："某甲是。"（《祖堂集》，卷六）

龙国富先生将这种句式称为"特殊判断句"，并将其表达格式概括为"NP_2＋NP_1＋是（是也）"。同时，他又从梵汉对勘角度探讨了这种"特殊判断句"的来源，认为这种"汉译佛经特殊判断句是汉语判断句和梵文判断句两种句式相互融合的产物"[①]。说法颇新颖，可备一说。

古代"……是也"句式共有三种：第一种是"是"为形容词。如：

①子曰："二三子，偃之言是也，前言戏之耳。"（《论语·阳货》）

②掩之诚是也，则孝子仁人掩其亲，亦必有道矣。（《孟子·滕文公上》）

③既使我与若辩矣，若胜我，我不若胜，若果是也，我果非也?（《庄子·齐物论》）

④己诚是也，人诚非也，则是己君子而人小人也。（《荀子·荣辱》）

第二种是"是"为指示代词。如：

①取之而燕民悦，则取之，古之人有行之者，武王是也。（《孟子·梁惠王下》）

②濡濡者，豕虱是也。（《庄子·徐无鬼》）

③则圣人之得势者，舜禹是也。（《荀子·非十二子》）

④毁廉求财，犯刑趋利，忘身之死者，盗跖是也。（《韩非子·忠孝》）

第三种是"是"字本身就是个判断动词。据我观察，上古汉语的中期，只有前两种形式，而没有第三种形式。第三种形式始见于《论衡》，因而可以断定：这第三种形式与判断动词"是"的产生无关。据我统计，上古汉语（前中期）"……是也"句式的使用频率如下：

上古汉语（前中期）"……是也"句式使用频率比较表

句式	文献 / 频率	（今文）尚书	诗经	论语	左传	孟子	庄子	荀子	韩非子	总计
A	"……是也"	0	0	2	0	2	7	5	2	18

---

① 龙国富：《〈妙法莲华经〉语法研究》，商务印书馆2013年版，第407—411页。

续前表

句式＼频率＼文献		（今文）尚书	诗经	论语	左传	孟子	庄子	荀子	韩非子	总计
B	"……是也"	0	0	1	0	11	11	21	15	59
C	"……是也"	0	0	0	0	0	0	0	0	0

说明：A式，是＝形容词；
　　　B式，是＝指示代词；
　　　C式，是＝判断动词。

中古汉语后期和近古汉语时，"……是也"句式中的"也"可以不用，"是"前还可接受副词修饰，这更证明"是"字是个判断动词。如：

①舜有亲阿娘在堂，乐登夫人便是。（变文《舜子变》）

②师问："阿那个是阇梨主人公？"对曰："祇对和尚即是。"（《祖堂集》，卷六）

③老夫王员外便是。（元·无名氏：《小张屠焚儿救母》，楔子）

④小生孙虫儿的便是。（元·无名氏：《杀狗劝夫》，楔子）

近古汉语里，甚至还有两种"是"字句套用的情况，这些都是句法问题，本书不再作深入讨论。如：

①益戒云："到底来是不肯商量便是也。"（宋·李焘：《续资治通鉴长编》，卷二六五）

②妾身是开封府上厅角妓李琼梅的便是。（元·无名氏：《小孙屠》，第三出）

③我是本卫一个队长是也。（明·朱有燉：《团圆梦》，第一折）

（四）助动词的产生和发展

助动词是经常处于谓语动词之前，表示可能、愿望、应当及被动等诸多语法意义并对动词进行限定的一种辅助性动词。助动词虽属于动词，但它却是一个辅助性的词类。助动词，最早《马氏文通》称之为"助动字"。马建忠说："（动字）有不记行而惟言将动之势者，如'可''足''能''得'等字，则谓之'助动'，以其常助动字为功也。"[1] 又说："'可''足''能'

---

[1]　马建忠：《马氏文通》（校注本），上册，中华书局1961年版，第226页。

'得'等字，助动字也。不直言动字之行，而惟言将动之势，故其后必有动字以续之者，即所以言其所助之行也。"[①] 有的学者将古代助动词分为两类：前置助动词和后置助动词。"前置助动词"是指"可""能""是""得"等等，"后置助动词"是指"了""着""过"等等。[②] 这一说法，盖源自黎锦熙先生的"前附""后附"之说。现在多数学人没有采用这一说法。助动词问题，是古代汉语语法或汉语历史语法研究中的一个薄弱环节。关于古代助动词的产生和发展问题，我认为下面四个问题是很重要的：

第一，从分类角度来看，汉语助动词的产生和发展有一个历史过程。

汉语助动词，绝大部分是由动作动词、行为动词、感知动词和心理动词虚化而成的，极小部分来是自其他词类。依照意义，助动词可以分成四类：表可能的助动词（A类），表意愿的助动词（B类），表应当的助动词（C类）和表被动的助动词（D类）。这四类词，在文献中分布的情况是不同的。ABCD，基本上反映出它们的产生顺序。徐中舒先生主编的《甲骨文字典》，其中可确认为助动词者，仅有"克"字一例而已。如：

①癸卯卜，其克𢦏周。（《掇》，2.164）

例①，𢦏，甲骨文或作、诸形，原指兵灾，引申指伤害，所以《说文》说："𢦏，伤也，从戈，才声。"段注云："伤者，刅也，此篆与'烖''菑'音同而义相近，谓受刅也。""刅"即"创"的古字。"𢦏"既为动词，则"克"释为助动词"能"较妥。《甲骨文字典》中同时还收有"可""敢"诸字。如：

②贞：其可。（《乙》，5678）

③弜可祖丁升。（《摭续》，10）

④乙亥卜，内贞：今乙亥子商敌基方，弗其𢦏。（《乙》，5349）

例②③，"可"，认可，动词。"弜可"用于否定，不认可，"弜"与"勿"用法接近。"可"，是动词，不是助动词。例④，"敌"今作"敢"，动词。《说文》："敌，进取也，从𠬪，古声。""敌"甲骨文作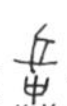形，象双手持干刺豕之形。此句意义十分明显，"敢"也是个动词，指侵犯。《国语·吴

① 马建忠：《马氏文通》（校注本），上册，中华书局1961年版，第234页。

② 史存直：《汉语史纲要》，中华书局2008年版，第216、230页。

语》云："寡人帅不腆吴国之役，遵汶之上，不敢左右，唯好之故"，"敢"亦用于侵犯义，此其证。在金文和今文《尚书》中，用为助动词者也主要是A、B两类词，C、D两类者较少见。

但是到了上古汉语中期以后，助动词已逐渐从动词中分化出来，仍以A、B两类词用得较多。如：

①夏礼，吾能言之，杞不足征也。（《论语·八佾》）

②宋宣公可谓知人矣。（《左传·隐公三年》）

③此心足以王矣。（《孟子·梁惠王上》）

④平公曰："清角可得而闻乎？"（《韩非子·十过》）

例①—④，"能""可""足以""可得"，为A类助动词。又如：

①宗庙之事，如会同，端章甫，愿为小相焉。（《论语·先进》）

②阳货欲见孔子，孔子不见。（《论语·阳货》）

③其佐先縠刚愎不仁，未肯用命。（《左传·宣公十二年》）

④臣敢言之。（《韩非子·初见秦》）

例①—④，"愿""欲""肯""敢"，为B类助动词。又如：

①穆氏宜存，则固愿也。（《左传·宣公四年》）

②公当享，卿当宴。（《左传·宣公十六年》）

③子曰："年四十而见恶焉，其终也已。"（《论语·阳货》）

④自今无有代其君任患者，有一于此，将为戮乎？（《左传·成公二年》）

例①②，"宜""当"，为C类助动词。例③④，"见""为"，为D类助动词。但总的来看，上古汉语中期，B、C、D三类助动词都不是很发达。如《论语》《孟子》中无"肯"字；《左传》中"应"无用于助动者；《论语》《孟子》《韩非子》中"须""会""当""应"亦无用于助动者。

到了中古汉语以后，助动词已从动词中彻底分化出来，文献中也普遍得到应用。如A类助动词有：

①能阴能阳，能柔能刚。（《列子·天瑞》，卷一）

②（赤松子）能入火不烧。（《搜神记》，卷一）

③此人可就见，不可屈致也。（《三国志·蜀书·诸葛亮传》）

④释迦牟尼佛可就此座。（《法华经·见宝塔品》，卷四）

⑤假其剋捷，不知足南抗悬瓠，北捍长社与不？（《宋书·刘勔传》）

⑥天生万物，唯人为贵，而吾得为人，是一乐也。（《列子·天瑞》，卷一）

⑦开小户，仅得容人出入。（《齐民要术·作豉法》，卷八）

⑧吕进伯可爱，老而好学，理会直是到底。（《河南程氏遗书》，卷二上）

⑨颜回是能正心的人。（元·许衡：《鲁斋遗书·直说大学要略》，卷三）

⑩皇帝着我去时，我也只得去。（明·哈铭：《正统临戎录》）

又如 B 类助动词有：

①袁术欲称帝于淮南，使人告吕布。（《三国志·魏书·武帝纪》）

②（管夷吾）我仇也，愿杀之。（《列子·力命》）

③子贡不敢问，出告颜回。（《列子·仲尼》）

④众皆曰："愿尽力。"（《宋书·竟陵王诞传》）

⑤既有陵霄之姿，何肯为人作耳目近玩？（《世说新语·言语》）

⑥若欲得王意者，王之形相，汝当效之。（《百喻经·人效王眼睛喻》）

⑦夺佛供养祭鬼神，谁肯观看？（唐·［日］释圆仁：《入唐求法巡礼行记》，卷四）

⑧便即将身且回避，心中不愿见如来。（变文《难陀出家缘起》）

⑨你肯拜我为哥哥么？（明·洪楩：《清平山堂话本·杨温拦路虎传》）

⑩皇帝着他去，他怎么敢不去？（明·哈铭：《正统临戎录》）

又如 C 类助动词有：

①君子爱人以德，不宜如此。（《三国志·魏书·荀彧传》）

②吾将大启佑孙氏，宜为我立祠。（《搜神记》，卷五）

③我当为此土地神，以福尔下民。（《搜神记》，卷五）

④汝若为选官，当好料理此人。（《世说新语·德行》）

⑤良田宜种晚，薄田宜种早。（《齐民要术·种谷》注，卷一）

⑥某甲要买。（《祖堂集》，卷十六）

⑦我只要嫁个读书人。（明·冯梦龙：《警世通言·一窟鬼癞道人除怪》，第十四卷）

又如 D 类助动词有：

①于是立馆后宫，下诏称扬，甚见优宠。（《三国志·魏书·明帝纪》）

②吾死不幸，见谴三年。（《搜神记》，卷四）

③我等愚痴，误服毒药，愿见救疗，更赐寿命。(《法华经·如来寿量品》，卷五)

④陈述为大将军掾，甚见爱重。(《世说新语·术解》)

在上古汉语里，用于表被动的助动词，只有两个词，即"见"和"为"。两词用法的特点是直接加在动词前，其后不必出现施动者。如：

①若背其言，臣死，妻子为戮，无益于君，不可悔也。(《左传·文公十三年》)

②此二人说者皆当矣，厚者为戮，薄者见疑，则非知之难也，处之则难也。(《韩非子·说难》)

③举世皆浊我独清，众人皆醉我独醒，是以见放。(《楚辞·渔父》)

但两汉以后，随着语言的发展，情况有所变化。"为"后可以出现施动者，它逐渐由助动词变为一个介词；而"见"字，也处于消亡之中，如《搜神记》中仅8见，《世说新语》也仅10见而已。所以，总的来说，表助动的D类词，没有多大发展，两汉之后，更是处于消亡之中。

第二，从词义角度来看，由于词义的发展，助动词出现了转类或兼类现象。如：

①王大将军下，庾公问："闻卿有四友，何者是?"答曰："君家中郎，我家太尉、阿平、胡毋彦国。阿平故当最劣。"庾曰："似未肯劣。"(《世说新语·品藻》)

②凡秋耕欲深，春夏欲浅。(《齐民要术·耕田》，卷一)

③其余图书及文书等具得将来。(唐·〔日〕释圆仁：《入唐求法巡礼行记》，卷四)

④目连虽是圣人，亦得魂惊胆落。(变文《大目乾连冥间救母变文》)

⑤你得时候到了时，留不住，自然回去了，好歹见娘娘。(明·哈铭：《正统归戎录》)

例①，"未肯"意同"未必"。例②，"欲"意同"应""应该"。例③—⑤，"得"亦意同"应""该"。这些都是由B类词转为C类词。

第三，从词汇角度来看，古代助动词发展也有一个兴废交替过程。

词汇的发展，首先展示的是新旧词汇的更迭。如"克"字，这是最早出现在甲骨文、金文中并在《尚书》里得到广泛应用的A类助动词，但到了上古汉语中后期，就已经不太常用了，并被新兴词"能"字所代替。到了中古汉语，A类助动词又产生了"堪""解"等新词，这些都是词汇兴废交替的明证。如：

①酒能祛百虑，菊解制颓龄。（晋·陶渊明：《九日闲居》）

②五年之后，便堪作椽。（《齐民要术·种榆、白杨》，卷五）

③明珠可贯须为佩，白璧堪裁且作环。（唐·李商隐：《和友人戏赠》之二）

④张良奏曰："卢绾堪往送书。"（变文《汉将王陵变》）

⑤世尊不在之时，我解看家守舍。（变文《破魔变》）

⑥玄都观内有一客道士，解医野狐之病。（变文《叶净能诗》）

更值得我们重视的是，古代助动词发展中也涌现出一批复音助动词。这些复音助动词多是采用同义组合形式出现的，这不仅丰富了汉语构词法的发展内容，而且也大大扩展了助动词的范围。这种复音组合，上古汉语时已开其端，只不过其形式仍可视为词组，而非复音词。如：

①子曰："片言可以折狱者，其由也与？"（《论语·颜渊》）

②子曰："士而怀居，不足以为士矣。"（《论语·宪问》）

③今恩足以及禽兽，而功不至于百姓者，独何与？（《孟子·梁惠王上》）

④王之所大欲可得闻与？（《孟子·梁惠王上》）

两汉以后，到了中古汉语，这种复音组合很常见，当以复音词视之。如：

①可以生而生，天福也。（《列子·力命》）

②椹熟时，多收，曝干之，凶年粟少，可以当食。（《齐民要术·种桑柘》，卷五）

③今兵士虽少，自足以一战。（《宋书·武帝纪上》）

④汝尝一果，足以知之。（《百喻经·尝庵婆罗果喻》）

⑤法真名可得闻，身难得而见。（《后汉书·逸民列传》）

⑥于此中过，可得解脱。（《百喻经·摩尼水窦喻》）

⑦光影所照，王目眩不能得视；音响所来，王耳乱不能得听。（《列子·周穆王》，卷三）

⑧吾是鬼神，非人也，自能得过。（《搜神记》，卷五）

⑨然人情难保，要宜考核，两验其实。(《三国志·魏书·和洽传》)

⑩小儿无状，分当万死。(《搜神记》，卷一)

⑪皇帝意切，欲得早成。(唐·〔日〕释圆仁：《入唐求法巡礼行记》，卷四)

⑫若能勾去时节，便寻你家里去。(《老乞大》)

第四，从用法角度来看，助动词产生以后，结合不同句式，又扩大了汉语句型的表达空间。

其中最为突出的就是 A、B 两类助动词，通过和否定副词、疑问代词的结合，组合成肯定式、否定式、选择式和疑问式，使汉语句型表达上更为丰富和精准。如"不＋助动词＋不"句式，借助双否定句式来表达肯定句意。如：

①父母之年，不可不知也。(《论语·里仁》)

②计者，所以定事也，不可不察也。(《韩非子·存韩》)

③臣闻天不可以不刚，不刚则三光不明。(《后汉书·丁鸿传》)

④生者不能不生，化者不能不化。(《列子·天瑞》)

⑤今日何缘复患，但父子同死，不能不悲耳。(《宋书·范晔传》)

⑥以目视头，头不得不动。(《论衡·物势》)

⑦安石必出，既与人同乐，亦不得不与人同忧。(《世说新语·识鉴》)

⑧丧事不敢不勉。(《论语·子罕》)

⑨妾闻叶净能法述(术)通神，妾欲求子，不敢不奏。(变文《叶净能诗》)

⑩上好礼，则民莫敢不敬。(《论语·子路》)

⑪镆铘傅体，不敢弗搏。(《韩非子·有度》)

⑫由此言之，重之不必不伤，轻之不必不惧。(《宋书·孔琳之传》)

又如借助"不/无/未/勿/莫＋助动词"句式，表达否定句意。如：

①不以礼节之，亦不可行也。(《论语·学而》)

②大决所犯，伤人必多，吾不克救也。(《左传·襄公三十一年》)

③君仇不报，吾不可以立于世。(《三国志·魏书·田畴传》)

④(泰伯)三以天下让，民无得而称焉。(《论语·泰伯》)

⑤予未得为孔子之徒也。(《孟子·离娄下》)

⑥文殊师利，是《法华经》于无量国中，乃至名字不可得闻，何况得见、受持、读诵？（《法华经·安乐行品》，卷五）

⑦汝等勿怖，莫得退还。（《法华经·化城喻品》，卷三）

⑧汝等勤作，勿得懈息。（《法华经·信解品》，卷二）

⑨以是尼寺，丈夫不得入。（《洛阳伽蓝记·景乐寺》，卷一）

⑩荡荡乎，民无能名焉。（《论语·泰伯》）

⑪誉者不能进，非者弗能退。（《韩非子·有度》）

⑫良久，闻鼓声恨恨，不能得住。（《搜神记》，卷二）

⑬殷礼，吾能言之，宋不足征也。（《论语·八佾》）

⑭屈伸其体，存亡其形，未足以为神也。（《论衡·龙虚》）

⑮吾已召之矣，丙怒甚，不肯来。（《韩非子·内储说上》）

⑯今人主非肯用法术之士。（《韩非子·人主》）

⑰如龙神，天取之，不宜怒。（《论衡·雷虚》）

⑱君家不宜畜此婢，可于东南二十里卖之。（《搜神记》，卷三）

⑲丘未达，不敢尝。（《论语·乡党》）

⑳寡人弗敢忘。（《左传·隐公三年》）

㉑背有丹书，人莫敢发也。（《搜神记》，卷三）

㉒于时两人对坐，未敢相触。（唐·张鷟：《游仙窟》）

又如借助"助动词＋不＋助动词""何/焉/安/恶/胡＋助动词"句式，表达选择或疑问句意。如：

①人之为学，只是争个肯不肯尔。（《朱子语类·总训门人》）

②肯与不肯，确的逐旋奏闻。（宋·李焘：《续资治通鉴长编》，卷二六五）

③我交官人撰百十钱，把来将息，你却肯也不肯？（明·洪楩：《清平山堂话本·杨温拦路虎传》）

④我要和你放对，使一合棒，你敢也不敢？（明·洪楩：《清平山堂话本·杨温拦路虎传》）

⑤赐也，何敢望回？（《论语·公冶长》）

⑥择不处仁，焉得知？（《论语·里仁》）

⑦从许子之道，相率而为伪者也，恶能治国家？（《孟子·滕文公上》）

⑧彼恶敢当我哉?(《孟子·梁惠王下》)

⑨是道也,何足以臧?(《论语·子罕》)

⑩奸邪之臣安肯乘利而退其身?(《韩非子·孤愤》)

⑪不改政修行,坐出三善言,安能动天,天安肯应?(《论衡·变虚》)

⑫不安则犹人勤苦无聊也,安能得久生乎?(《论衡·道虚》)

⑬笔集成文,文具情显,后人观之,以见正邪,安宜妄记?(《论衡·迭文》)

⑭天地强阳,气也,又胡可得而有邪?(《列子·天瑞》,卷一)

中古以后,疑问代词也有改用"那""怎""怎生"者。如:

①女郎何姓?那得忽相闻?(《搜神记》,卷四)

②贫道须是出家儿,力小那能救慈母?(变文《大目乾连冥间救母变文》)

③　您是军将,怎得妄杀平民?(《新编五代史平话·周史平话上》)

④这酒子是不沉水,怎生得倒?(《老乞大》)

第三章

形容词史

一、形容词的产生

根据本书第一、第二两章的观点，我们认定汉语形容词属于二级词类。我们之所以这样说，是因为我们认为形容词是从名词中分离出的产物。大家知道，汉语形容词是表示人或事物的性质、属性或状态的词。凡是事物都有其一定的性质或属性。事物由于属性相同或相异，就形成了各种不同的类别。人们在实践中，在感性认知的基础上，借助比较、分析、综合或抽象的办法，使事物属性抽象化，形成了各种各样的概念。汉语实词都是表达概念的。概念又必须借助语言的词语形式才能表达出来。因此我们认为汉语形容词的产生过程，实际上就是人们对事物性质或属性的一种认知过程，因而它也是运用抽象化或概念化的手段，最后用词语形式固定下来的一种语言形式。语言材料是可以证实这一点的：

第一，甲骨文中的形容词来源于名词。

根据现有资料，可以确认甲骨文中已经产生了性质形容词。甲骨文中虽然名词、动词占有绝大多数，但性质形容词也确实存在着，虽然数量极少。据有的学者研究，现有的甲骨文资料中可以确定为形容词的仅有十一个词。这十一个词是幽、黑、黄、白、赤、大、小、多、少、新、旧。[①] 可以说，

---

① 杨逢彬：《殷虚甲骨刻辞词类研究》，花城出版社 2003 年版，第 94—95 页。

这十一个词，几乎全是性质形容词。如"小"或"少"，甲骨文作⺁⺁、⺁⺁诸形，本象散落的细微之物，当是名词，"微小"是其性质或属性，后经过认知的抽象化过程，最后以词的形式固定下来，于是"小"或"少"均有微小之义。如：

①丁至庚，不菁小雨？丁至庚，其菁小雨？（《粹编》，1004）

②壬戌卜，甲子少（小）雨。（《人》，2389）

③小事不用大牲。（《左传·僖公十九年》）

④从我而朝少君，少君见我，我顾，乃杀之。（《左传·定公十四年》）

例②④，"少雨"即"小雨"；"少君"即"小君"。小君，周代指诸侯之妻。又如"多"，甲骨文作彡形，本象两块并列的肉形，当是名词。古代祭祀之后，有分胙肉之礼，两块胙肉并列，则多义自见。如：

①乎多臣伐呂方。（《前》，4.31.3）

②肉虽多，不使胜食气。（《论语·乡党》）

例①，"乎"同"呼"，使，动词。"多臣"即众臣，"多"为形容词。又如"高"，甲骨文作⺁、⺁诸形，本象高地穴居之形，亦当为名词。后"高"引申指高低之高，变成了形容词。如：

①叀高祖夒祝用，王受又。（《粹编》，1）

②故立尺材于高山之上，下临千仞之溪，材非长也，位高也。（《韩非子·功名》）

例①，"高祖"即远祖，"高"为形容词。郭沫若先生说："'叀册用'与'叀祝用'为对贞，祝与册之别，盖祝以辞告，册以策告也"，又说："'用'当读为诵若颂，言以歌乐侑神也。"[①]

第二，颜色名词用为形容词。

古代有部分具体名词是带有颜色的。这些词有时候在诗文中经常用为形容词。这也可间接证明性质形容词来源于名词。这种情况在上古汉语和中古汉语里都是存在的。如：

①绿叶兮素华，芳菲菲兮袭予。（《楚辞·九歌·少司命》）

---

①　郭沫若：《殷契粹编》，科学出版社 1965 年版，第 343—344 页。

②今东方连年饥馑，加之以疾役，百姓菜色，或至相食。(《汉书·翼奉传》)

③有文马，缟身朱鬣，目若黄金，名曰吉量，乘之寿千岁。(《山海经·海内北经》，卷十二)

④江碧鸟逾白，山青花欲然。(唐·杜甫:《绝句二首》之二)

⑤两岸严风吹玉树，一滩明月晒银沙。(唐·韦庄:《夜雪泛舟游南溪》)

例①，"素"，未染色的生绢，名词，白色是其属性。"素华"，白花，"素"用为形容词。例②，"菜"，蔬菜，名词，青色是其属性。"菜色"，青色，形容人因饥饿而脸色青黄，"菜"用为形容词。例③，"缟"，精细的白色生绢，名词，白色是其属性。"缟身"，白身，"缟"用为形容词。"朱"，朱木，名词，红色是其属性。"朱鬣"，红鬃，"朱"用为形容词。例④，"碧"，青绿色的玉石，名词，青绿色是其属性。"江碧"，江水青绿，"碧"用为形容词。例⑤，"玉"，玉石，名词，白色是其属性。"玉树"，白雪覆盖的树枝，"玉"用为形容词。"银"，白银，名词，白色是其属性。"银沙"，白色的沙滩，"银"用为形容词。从普通语言学角度来说，外语中也有这种情况。如古伊朗语 suxra（红色的），其词根是 suk（火，燃烧）；俄语的 розовый（粉红色的），来自颜色名词 роза（玫瑰）；фиолетовый（紫色的），来自颜色名词 фиалка（紫罗兰）。[1]

上古汉语里，还有一类形容词是专门描摹人或事物状态的，我们称之为状态形容词。状态形容词肯定是产生在性质形容词之后，因为甲骨文中我们尚未发现状态形容词，而金文中也是极少使用的。汉语状态形容词的使用，主要是从《诗经》开始的。我们想，这恐怕同《诗经》的四言形式有极大关系。四言诗句的节奏形式一般是二二式，而二二式的格式是很容易把双音节的状态形容词装进去的，使得诗句结构单位和意义单位完全统一起来，让诗歌语言变得更有节奏感和音乐感。在这方面，叠音类状态形容词显得特别突出。状态形容词可以单用，也可以叠音为词，请比较:

①厥草惟夭，厥木惟乔。(《尚书·禹贡》)

②桃之夭夭，灼灼其华。(《诗经·周南·桃夭》)

---

[1]　高名凯:《语言论》，科学出版社 1963 年版，第 331 页。

③不我以归，忧心有忡。(《诗经·邶风·击鼓》)

④未见君子，忧心忡忡。(《诗经·周南·草虫》)

⑤有洸有溃，既诒我肄。(《诗经·邶风·谷风》)

⑥江汉汤汤，武夫洸洸。(《诗经·大雅·江汉》)

⑦溃溃回遹，实靖夷我邦。(《诗经·大雅·召旻》)

例①②，"夭"，草木茂盛的样子；"夭夭"，桃树繁茂的样子。例③④，"忡"，忧虑的样子；"忡忡"，亦忧虑不安的样子。例⑤—⑦，"洸""溃"，粗暴的样子；"洸洸"，威武的样子；"溃溃"，昏乱的样子。

二、形容词的分类

上古汉语形容词，一般分为两类：一类是性质形容词，另一类就是状态形容词。这种分类方法，古今没有太大的变化。

(一) 性质形容词

前面说过，汉语性质形容词起源较早，甲骨文里就已经存在了，但数量也不一定就是十一个词，也可能再多一点。如：

①王固曰："吉，亡祸。"(《乙》，3427)

②叀白羊，又大雨。(《粹编》，786)

③癸酉卜，夬贞：王腹不安，亡延。(《续》，5.6.1)

④丁丑卜，贞：王今夕宁？(《前》，3.25.4)

至金文，性质形容词的范围有所扩大。如：

①武王既克大邑商，则廷告于天。(《何尊》)

②王曰："颂，令汝官嗣成周，贮廿家，监嗣新瘑。(《颂鼎》)

③王若曰："父厝，不显文武，皇天弘厌厥德。"(《毛公鼎》)

④班非敢觅，隹作邵考爽，益曰大政，子子孙多世其永宝。(《班簋》)

例②，"嗣"，同"司"。"贮"，通"予"，赐予。"瘑"，同"造"。例④，"益"，或曰同"谥"。到了《尚书》以及上古汉语中后期文献中，性质形容词已得到普遍应用。如：

①人惟求旧，器非求旧，惟新。(《尚书·盘庚》)

②无偏无党，王道荡荡。(《尚书·洪范》)

③汤汤洪水方割。(《尚书·尧典》)

④黑水、西河惟雍州。(《尚书·禹贡》)

⑤子谓韶，尽美矣，又尽善矣。(《论语·八佾》)

⑥樊迟请学稼，子曰："吾不如老农。"(《论语·子路》)

⑦怙其俊才，而不以茂德，兹益罪也。(《左传·宣公十五年》)

⑧固哉，高叟之为诗也。(《孟子·告子下》)

⑨三年之后，未尝见全牛也。(《庄子·养生主》)

⑩蓬生麻中，不扶而直。(《荀子·劝学》)

中古以后，性质形容词在文献中已大量使用。如：

①太祖由是心不能平。(《三国志·魏书·荀彧传》)

②蛮夷者，外痴内黠。(《搜神记》，卷十四)

③逮及洛，遂称之于羊晫、顾荣诸人，大获美誉。(《世说新语·贤媛》)

④于破瓦中煮人尿令沸，热涂之，即愈。(《齐民要术·养牛马驴骡》，卷六)

⑤甘蔗极甜。(《百喻经·甘蔗喻》)

⑥于是夜久更深，情急意密。(唐·张鷟：《游仙窟》)

⑦峰上松林，谷里树木，直而且长。(唐·〔日〕释圆仁：《入唐求法巡礼行记》，卷二)

⑧额阔头尖，胸高鼻曲，发黄齿黑，眉白口青。(变文《破魔变》)

⑨法师讲下人少。(《祖堂集》，卷二)

⑩此颂极好，只是太拙。(宋·圜悟克勤：《碧岩录》，卷一)

(二) 状态形容词

据现有资料，甲骨文中尚未发现状态形容词。不过，有一条资料有些争议，无结论。如：

①不𦉯𦉯。(《合集》，17746)

例①，此条句意不明。胡光炜先生于《甲骨文例》中释为"不𦉯𦉯"，读为"不踟蹰"；郭沫若先生于《古代铭刻汇考》中释为"不𦉯甿"，即"不迷茫""不朦胧"，言兆璺鲜明；于省吾先生于《殷契骈枝》中释为"不午

覭",即"不鞈冥",言兆辞不舛鞈,不冥阍。[1] 西周金文,已经出现了叠音类状态形容词。如:

①䚦䚦四方,大从不静。(《毛公鼎》)

②趄趄子白,献馘于王。(《虢季子白盘》)

《毛公鼎》《虢季子白盘》,均为西周宣王时器。例①,"䚦䚦",或同"蹙蹙",动乱的样子。"䚦",音册,属初母字,"蹙"属精母字,两字当属准双声字。《诗经·小雅·节南山》:"我瞻四方,蹙蹙靡所骋",郑笺:"蹙蹙,缩小之貌",亦即局促,不得舒展的样子,与"䚦䚦"词义相近。"大从不静",意同"大纵不靖"。纵,乱也。例②,"趄趄",同"桓桓",武勇的样子。《尚书·牧誓》:"尚桓桓,如虎,如貔,如熊,如罴",孔传:"桓桓,武貌。"

到了上古汉语中期,状态形容词的类型已基本齐备。其类型,主要有四类词:

(1) 叠音类。如:

①宾于四门,四门穆穆。(《尚书·尧典》)

②氓之蚩蚩,抱布贸丝。(《诗经·卫风·氓》)

③而良人未之知也,施施从外来,骄其妻妾。(《孟子·离娄下》)

④揽茹蕙以掩涕兮,沾襟之浪浪。(《楚辞·离骚》)

⑤缥乎忽忽,若神之仿佛。(《史记·司马相如列传》)

⑥比到,见光若火正赤,在旧庐道南,光耀憧憧,上属天,有顷不见。(《论衡·吉验》)

(2) 象声类。如:

①关关雎鸠,在河之洲。(《诗经·周南·关雎》)

②曀曀其阴,虺虺其雷。(《诗经·邶风·终风》)

③呦呦鹿鸣,食野之苹。(《诗经·小雅·鹿鸣》)

④雷填填兮雨冥冥,猿啾啾兮狖夜鸣。(《楚辞·九歌·山鬼》)

⑤乘龙兮辚辚兮,高驰兮冲天。(《楚辞·九歌·大司命》)

象声类状态形容词,一般多为两个音节连用,这在《诗经》《楚辞》中

---

[1] 徐中舒主编:《甲骨文字典》,四川辞书出版社 1995 年版,第 1442—1443 页。

十分明显。类型的形成，可能同诗句的节奏有极大关系。

（3）连绵类。

古代的连绵词，不一定都是形容词，其中也有名词和动词。连绵类状态形容词，如细分，其内部仍可分为双声类、叠韵类、双声兼叠韵类及非双声、叠韵类四种。但实际运用中，仍以第一、第二两种为主。如：

①参差荇菜，左右流之。（《诗经·周南·关雎》）

②何有何亡，黾勉求之。（《诗经·邶风·谷风》）

③一之日觱发，二之日栗烈。（《诗经·豳风·七月》）

④提刀而立，为之四顾，为之踌躇满志，善刀而藏之。（《庄子·养生主》）

⑤高余冠之岌岌兮，长余佩之陆离。（《楚辞·离骚》）

⑥君不行兮夷犹，蹇谁留兮中洲？（《楚辞·九歌·湘君》）

以上为双声例。例①，"参差"，两字同为初母字。例②，"黾勉"，两字同为明母字。例③，"觱发"，两字同为帮母字；"栗烈"，两字同为来母字。例④，"踌躇"，两字同为定母字。例⑤，"陆离"，两字同为来母字。例⑥，"夷犹"，两字同为喻母字。又如：

①窈窕淑女，君子好逑。（《诗经·周南·关雎》）

②陟彼崔嵬，我马虺隤。（《诗经·周南·卷耳》）

③彷徨乎无为其侧，逍遥乎寝卧其下。（《庄子·逍遥游》）

④过故乡，则必徘徊焉。（《荀子·礼论》）

⑤苟余情其信姱以练要兮，长颔颔亦又何伤？（《楚辞·离骚》）

⑥众蹀蹀而日进兮，美超远而逾迈。（《楚辞·九章·哀郢》）

以上为叠韵例。例①，"窈窕"，两字同为宵部字。例②，"崔嵬""虺隤"，四字同为微部字。例③，"彷徨"，两字同为阳部字；"逍遥"，两字同为宵部字。例④，"徘徊"，两字同为微部字。例⑤，"颔颔"，两字同为侵部字。例⑥，"蹀蹀"，两字同为叶部字。

（4）附缀类。

上古汉语里有部分状态形容词是通过词根加词尾的方式来完成构词的。其词尾，常见者有"然""如""若""尔""而"等等。如：

①吾党之小子狂简，斐然成章，不知所以裁之。（《论语·公冶长》）

②其志嘐嘐然。(《孟子·尽心下》)

③有鄙夫问于我,空空如也。(《论语·子罕》)

④孔子三月无君,则皇皇如也。(《孟子·滕文公下》)

⑤桑之未落,其叶沃若。(《诗经·卫风·氓》)

⑥鼓瑟希,铿尔,舍瑟而作。(《论语·先进》)

⑦舒而脱脱兮,无感我帨兮。(《诗经·召南·野有死麕》)

中古以后,汉语形容词的分类,基本上还是维持了上古汉语时的框架,没有太大的变化。有些变化了的内容,将放在发展中去谈。

三、形容词的发展

(一) 性质形容词的发展

古代性质形容词的发展,一个重要内容就是复音化问题。上古汉语前期,甲骨文和金文中,性质形容词不仅词量很少,而且多为单音节词。大约从上古汉语中后期开始,文献中就开始出现了一定数量的复音性质形容词,其构词方式多为并列式(结构符号:A|B)。如:

①不信仁贤,则国空虚。(《孟子·尽心下》)

②廉清而不信,勇忮而不成。(《庄子·齐物论》)

③今世俗之乱君,乡曲之儇子,莫不美丽、姚冶。(《荀子·非相》)

④灌夫为人刚直使酒,不好面谀。(《史记·魏其武安侯列传》)

⑤善政贤行,尚不能却,出虚华之三言,谓星却而祸除,增寿延年,享长久之福,误矣。(《论衡·变虚》)

⑥人间之水污浊,在野外者清洁。(《论衡·率性》)

中古汉语以后,涌现出大量的复音性质形容词,A|B式也一直是最具生命力的构词方式。如:

①南道狭窄,草木深,不可追也。(《三国志·魏书·李典传》)

②我子孙必将强大。(《搜神记》,卷四)。

③舍利佛,菩萨于一切众生悉皆平等,深心清净。(《维摩诘经·佛国品》,卷上)

④臣实愚蠢,不及大体。(《后汉书·张酺传》)

⑤时兵难危急，贼已至南掖门。(《宋书·袁粲传》)

⑥张骏酒后，挽歌甚凄苦。(《世说新语·赏誉》)

⑦（王）景陈利害，应对敏捷，帝甚善之。(《水经注·河水》，卷五)

⑧坑底必令平正，以足踏之，令其保泽。(《齐民要术·种瓜》，卷二)

⑨（宝公）形貌丑陋，心实通达。(《洛阳伽蓝记·白马寺》)杨注，卷四)

⑩玉馔珍奇，非常厚重。(唐·张鷟：《游仙窟》)

⑪惠能幼小，父又早亡。(唐·法海：《六祖坛经》)

⑫台顶平坦，周围可百町余。(唐·〔日〕释圆仁：《入唐求法巡礼行记》，卷三)

⑬寺院狭小，无处安排。(变文《庐山远公话》)

⑭及诞之夕，满室光明。(《祖堂集》，卷四)

到了近古汉语，情况也是如此，引例从略。

从中古汉语开始，随着汉语复音词的大量产生，各种构词格式也日臻完善，这就促使复音性质形容词的构词方式不再局限于 A｜B 式，而是有所扩大。如：

①肃然升车，去若飞迅。(《搜神记》，卷一)

②（钟繇）尝数月不朝会，意性异常。(《搜神记》，卷十六)

③遵为人廉约小心，克己奉公。(《后汉书·祭遵传》)

④风流秀才，臣不如恭。(《世说新语·方正》)

⑤以我见故，流驰生死，烦恼所逐，不得自在，坠堕三途，恶趣沟壑。(《百喻经·伎儿著戏罗刹服共相惊怖喻》)

例①④，"飞迅""风流"，构词方式为偏正式（乙）（结构符号：A//B）。例②，"异常"，构词方式为动补式（结构符号：A←B）。例③，"小心"，构词方式为动宾式（结构符号：A→B）。例⑤，"自在"，构词方式为主谓式（结构符号：A‖B）。这些构词格式，上古汉语里都是极少见的。但总的来看，从古至今，A｜B 式构词一直是主流，这里面自然也包括复音性质形容词在内。

（二）状态形容词的发展

前面说过，上古汉语状态形容词分为四类：叠音类（结构符号：AA 甲）、象声类（结构符号：AA 乙）、连绵类（结构符号：AB）和附缀类〔结构符号：A（B）〕。这四类词，发展情况有所不同，分述如下：

1. 叠音类（AA 甲）的发展

AA 甲式发展的核心内容是 AA 的形尾化问题。大家知道，上古汉语中期，语言中出现了单音形容词缀以叠音状态形容词的综合形式。如：

①君子坦荡荡，小人长戚戚。（《论语·述而》）

例①，"坦荡荡"很像后代的 ABB 式的状态形容词。其实"荡荡"并不是形尾，它仍然是个状态形容词。易言之，"坦荡荡"应视为词组而不是词。正因为"荡荡"是词，所以也可以单用。如：

②无偏无党，王道荡荡。（《尚书·洪范》）

在《楚辞》里，单音形容词和叠音状态形容词之间甚至还可以加上连词。请比较：

①杳冥冥兮羌昼晦，东风飘兮神灵雨。（《楚辞·九歌·山鬼》）

②深林杳以冥冥兮，乃猿狖之所居。（《楚辞·九章·涉江》）

《楚辞》中之所以较多地出现单音形容词缀以叠音状态形容词这种组合形式，恐怕同《楚辞》的六言诗句格式有关。六言诗句的节奏格式一般为三三式（语气助词"兮"字多数不计在内）。如：

①芳菲菲而难亏兮，芬至今犹未沫。（《楚辞·离骚》）

②纷总总其离合兮，忽纬繣其难迁。（《楚辞·离骚》）

③穆眇眇之无垠兮，莽芒芒之无仪。（《楚辞·九章·悲回风》）

④忠湛湛而愿进兮，妒被离而鄣之。（《楚辞·九章·哀郢》）

到了中古汉语以后，这种组合形式多出现在五言诗句里。七言诗句中也有，不过为数不多。不论是五言诗句，还是七言诗句，这种组合形式都是处于诗句末尾的三个字上，因为五言诗句的节奏是二三式，七言诗句的节奏是二二三式（或四三式）。如：

①鸟雀夜各归，中原杳茫茫。（唐·杜甫：《成都府》）

②天池光滟滟，瑶草绿萋萋。（唐·元稹：《青云驿》）

③秋花紫蒙蒙，秋蝶黄茸茸。（唐·白居易：《秋蝶》）

④五陵北原上，万古青濛濛。（唐·岑参：《与高适薛据登慈恩寺》）

⑤忆君不见坐销落，日西风起红纷纷。（唐·白居易：《山石榴寄元九》）

⑥人间万事莽悠悠，我歌此诗闻者愁。(宋·张耒：《和晁应之悯农》)

甚至中古汉语后期的变文里，也出现了这种组合形式。如：

①只昨日腮边红艳艳，如今头上白丝丝。(变文《破魔变》)

②一世似风灯虚没没，百年如春梦苦忙忙。(变文《破魔变》)

例②，"没没"犹"漠漠"，"忙忙"犹"茫茫"，皆指人世虚幻迷茫的样子。我们认为，只有到了近古汉语里，大约从宋代起，尤其是南宋以后，汉语ABB式状态形容词才正式形成，其中的BB，才由叠音的状态形容词演变为真正的形尾。这种形尾，已逐渐失去原来的形容词意义而变成了一个只起烘托作用的记音符号。如：

①(强人)把光霍霍，冷搜搜鼠尾样刀，番过刀背，去张叶左肋上劈，右肋上打。(《张协状元》，第一出)

②我个胜花娘子生得白蓬蓬，一个头髻长长似盘龙。(《张协状元》，第三十二出)

③慢惚惚胸带儿频那系，裙腰儿空闲里偷提。(元·关汉卿：《诈妮子调风月》，第二折)

④想母亲痛枕着床时分，你孩儿急煎煎无处安身。(元·无名氏：《小张屠焚儿救母》，第四折)

⑤稀刺刺草户扃，破设设砖窑净。(元·无名氏：《杀狗劝夫》，第三折)

⑥山顶上有一小池，满地荷花香喷喷。(《朴通事》)

⑦孙行者把他的头先割下来，血沥沥的腔子立地，头落在地上。(《朴通事》)

这种形尾，不一定都是叠音式，有时也可采用异字异形的纯记音形式。如：

①好轻乞列薄命，热忽刺姻缘，短古取恩情。(元·关汉卿：《诈妮子调风月》，第三折)

②我子见红滴溜的染枫林，霜色匀，干此此刺的败池前露气新。(明·朱有燉：《团圆梦》，第三折)

例①，"热忽刺"，今口语有"热乎乎""热辣辣"说法，"热忽刺"或许是"热忽忽""热刺刺"的混合形式。今东北方言仍有"热乎拉"的说法。例②，"干此此刺"，《近代汉语语法资料汇编》《校记》二十八条有云："'此此'原作'此'下有重文号，似可判为'些'字，但上下文的'些'字均为草体，右边折勾拖长。自刊本作一'此'字。"① 将"此"及其下的重文符号合释为"些"字恐怕有误。今东北方言形容某物没有水分，很干，仍说"干巴"或"干巴此拉的"，或"干巴此咧的"。

2. 象声类（AA乙）的发展

AA乙式发展的核心内容，也是 AA 形尾化问题。AA 乙式状态形容词起源较早，上古汉语时就已经产生了，而且多以 AA 形式出现。AA 乙式状态形容词功能灵活，主要是作谓语、定语或状语。如：

①今汝聒聒，起信险肤，予弗知乃所讼。（《尚书·盘庚》）

②启呱呱而泣。（《尚书·皋陶谟》）

③喓喓草虫，趯趯阜螽。（《诗经·召南·草虫》）

④雍雍鸣雁，旭日始旦。（《诗经·邶风·匏有苦叶》）

⑤扬云霓之晻蔼兮，鸣玉鸾之啾啾。（《楚辞·离骚》）

⑥风飒飒兮木萧萧，思公子兮徒离忧。（《楚辞·九歌·山鬼》）

例①⑤⑥，"聒聒""啾啾""飒飒""萧萧"，作谓语。例②，"呱呱"，作状语。例③④，"喓喓""雍雍"，作定语。

古代象声词模拟声音的能力是有限的。有时模仿不了，就直接采用文字描写的方法来加以叙述。这方面，古代的《山海经》中表现得尤为突出。如：

①其中多鳙鳙之鱼，其状如犁牛，其音如彘鸣。（《山海经·东山经》，卷四）

②是有大蛇，赤首白身，其音如牛，见则其邑大旱。（《山海经·北山经》，卷三）

③其中多人鱼，其状如鲺鱼，四足，其音如婴儿，食之无痴疾。（《山海经·北山经》，卷三）

但总的来看，古代象声词仍以 AA 为主，即便于《山海经》中也不难找到这样的例证。如：

①有兽焉，其状如狸而白首，名曰天狗，其音如猫猫，可以御凶。（《山

---

① 刘坚、蒋绍愚：《近代汉语语法资料汇编·元代明代卷》，商务印书馆 2007 年版，第 366 页注㉘。

海经·西山经》，卷二）

②有兽焉，其状如狟而赤毫，其音如榴榴，名曰孟槐，可以御凶。（《山海经·西山经》，卷二）

③爰有瑶水，其清洛洛。（《山海经·西山经》，卷二）

两汉以后，AA乙式状态形容词也一直沿用下去。如：

①翩翩吹我衣，肃肃入我耳。（汉·蔡琰：《悲愤诗》）

②良久，闻鼓声悢悢，不能得住。（《搜神记》，卷三）

③荒草何茫茫，白杨亦萧萧。（晋·陶渊明：《挽歌辞》）

④百姓嗷嗷，道路以目。（《三国志·魏书·董卓传》）

⑤见一群白颈乌，但闻唤哑哑声。（《世说新语·轻诋》）

⑥邓艾口吃，语称艾艾。（《世说新语·言语》）

⑦亭亭山上松，瑟瑟谷中风。（魏·刘桢：《赠从弟》）

⑧朱光蔼蔼云英英，离禽喈喈又晨鸣。（南朝宋·谢庄：《怀园引》）

⑨抚掌黄河曲，嗤嗤阮嗣宗。（唐·李白：《登广武古战场怀古》）

⑩雨声飕飕催早寒，胡雁翅湿高飞难。（唐·杜甫：《秋雨叹》，其三）

⑪四儿日夜长，索食声孜孜。（唐·白居易：《燕诗示刘叟》）

⑫暗地行刀声劈劈，帐前死者乱纵横。（变文《汉将王陵变》）

⑬颜色变异，呵呵地笑。（《祖堂集》，卷五）

值得注意的是，到了近古汉语，大约从宋代起，这种AA乙式状态形容词可以附加在另一个单音动词之后，也变成ABB形式，使单音动词形容词化，在句中充当谓语、定语或状语。在这种情况下，原来的象声词就已发展为形尾了。如：

①入到波罗国内，别是一座天宫：美女雍容，人家髼髯，大孩儿闹攘攘，小孩儿衮毯嬉嬉。（《大唐三藏取经诗话中》）

②则见圣像严恶，鬼似娄罗，排列的闹呵呵。（元·无名氏：《小张屠焚儿救母》，第二折）

③王孙仕女，笑嘻嘻，同宴乐。（元·无名氏：《小孙屠》，第三出）

例①—③，"闹攘攘""闹呵呵""笑嘻嘻"，作谓语。又如：

①我是个蒸不烂、煮不熟、捶不匾、炒不爆、响珰珰一粒铜豌豆。（元·关汉卿：《一枝花·不伏老》）

②我忽听一声，猛惊，元来是扑剌剌宿鸟飞腾。（元·王实甫：《西厢记》，第一本第一折）

③只见穴内刮剌剌一声响亮，那非同小可，恰似天摧地塌，岳撼山崩。（《水浒传》，第一回）

例①—③，"响珰珰""扑剌剌""刮剌剌"，作定语。又如：

①你休得要闹咳咳、闹咳咳使性窄，我须是奉着官差，法令应该。（元·李直夫：《虎头牌》，第四折）

②一个七十多岁的老人家，笑嘻嘻进堂中，望见了闻俊卿，先自欢喜。（明·凌蒙初：《二刻拍案惊奇》，卷十七）

③只见那个道童，笑吟吟地骑着黄牛，横吹着那管铁笛，正过山来。（《水浒传》，第一回）

例①—③，"闹咳咳""笑嘻嘻""笑吟吟"，作状语。

3. 连绵类（AB）的发展

前面说过，汉语连绵词，从词性上看，并不仅限于状态形容词，其中也包含一小部分名词和动词。但总的来看，连绵词的发展，从古到今，都是处于守势，处于消亡之中。其中自然也包括 AB 式状态形容词，即连绵类状态形容词在内。AB 式状态形容词在发展中之所以处于守势，处于消亡之中，这同连绵词的特点有很大关系：

第一，形体不定，难以辨认。

古代连绵词往往形体不定，一词数形，难以辨认。请比较：

①习习谷风，维山崔嵬。（《诗经·小雅·谷风》）

②高山崔巍兮，水流汤汤。（《楚辞·七谏·初放》）

①参差荇菜，左右流之。（《诗经·周南·关雎》）

②世沈淖而难论兮，俗岭峨而崒嵯。（《楚辞·七谏·怨世》）

③增宫嵾差，骈嵯峨兮。（《汉书·扬雄传上）

①诞实匍匐，克岐克嶷。（《诗经·大雅·生民》）

②张匄抽殳而下，射之，折股；扶伏而击之，折轸。（《左传·昭公二十一年》）

③嫂虵行匍伏，四拜，自跪而谢。（《战国策·秦策一》）

第二，字音多变，难以认读。

　　AB式状态形容词，古代多为双声、叠韵词。由于时代发展，语音变化，这些双声、叠韵词的读音也随着时间变化而变化。这样一来，就造成古今语音隔阂，难以认读。如：

　　①凡民有丧，匍匐救之。（《诗经·邶风·谷风》）

　　②时不可兮再得，聊逍遥兮容与。（《楚辞·九歌·湘君》）

　　③舒窈纠兮，劳心悄兮。（《诗经·陈风·月出》）

　　④退食自公，委蛇委蛇。（《诗经·召南·羔羊》）

　　例①，"匍匐"，全力以赴的样子。"匍""匐"，今音不是双声，古代是，两字同属并母字。例②，"容与"，从容闲舒的样子。"容""与"，今音不是双声，古代是，两字同属喻母字。例③，"窈纠"，体态轻盈、优美的样子。"窈""纠"，今音不是叠韵，古代是，两字同属幽部字。例④，"委蛇"，从容自得的样子。"委""蛇"，今音既非双声，也非叠韵，古代同此。"委"，古属影母、微部，"蛇"，古属喻母、歌部，两字既非双声，也非叠韵。由以上引例可知，辨认双声、叠韵，既以古音为准，然而古音又随着时代不同而发生变化，致使汉语历史上大部分双声、叠韵词的读音都难以判明，难以应用。试想，这也许就是AB式状态形容词乃至整个连绵词走向衰败的主要原因吧。

　　第三，词义纷乱，难以理解。

　　汉语连绵词的词义是很难理解的，可以说多数词义都是纷繁淆乱，难辨难明。这也许就是它走向衰败的另一个重要原因。如：

　　①高余冠之岌岌兮，长余佩之陆离。（《楚辞·离骚》）

　　②纷总总其离合兮，斑陆离其上下。（《楚辞·离骚》）

　　③长发曼鬋，艳陆离些。（《楚辞·招魂》）

　　④带长铗之陆离兮，冠切云之崔嵬。（《楚辞·九章·涉江》）

　　⑤灵衣兮被被，玉佩兮陆离。（《楚辞·九歌·大司命》）

　　例①，"陆离"，汉王逸《章句》云："陆离犹参嵯众貌也，言己怀德不用，复高我之冠，长我之佩，尊其威仪，整其服饰以异于众也。"宋洪氏《补注》曰："许慎云：'陆离，美好貌。'颜师古云：'陆离，分散也。'《九章》云：'带长铗之陆离兮，冠切云之崔嵬。'"又宋朱熹《集注》云："陆离，美好分散之貌。"由以上引文可知，对"陆离"一词竟有四种解释：一是参嵯义，二是美好义，三是分散义，四是美好分散义。由此可知，古代连绵词义是如何地难解难辨。例①，上下两句为对偶句。"岌岌"，王逸《章句》已注为"岌岌，高貌"；下句"陆离"，当然是形容"余佩"之长的，所以释为曼长貌较优。例②，上下两句的主语是指"飘风"和"云霓"，"陆离"是描写"飘风""云霓"的动态的，因此释"陆离"为错综缭乱貌为优。王逸《章句》云："斑，乱貌，陆离，分散也"，已近其义。例③④，"陆离"，是形容鬓发柔长和"长铗"修长的样子。例⑤，"陆离"，是形容"玉佩"彩色绚丽的样子。词义各有不同，分析从略。

从构词角度来看，连绵词与合成词有所不同。合成词的意义单位是词素（或称语素），这是释义的起点。而连绵词是单纯词，两个音节不可分割，合为一个词素，彼此不能构成语法关系，因此释义要借音而不借形，要在上下语境中去理解，去完成。这也许就是连绵词义难解难辨的真正原因。

古代连绵词，含 AB 式状态形容词在内，尽管在发展中处于守势，处于衰亡之中，但从上古汉语起，直到中古、近古汉语，基本上还是延续下来了。这是有条件的。这个条件就是连绵词本身的语音特点所带来的音乐性。正因为连绵词具有一定的音乐性，因此才在历代的诗文中，尤其在韵文中得以传承。先秦有《诗经》《楚辞》，汉代有汉赋，都是较多使用连绵词的文体。如：

①燕燕于飞，差池其羽。(《诗经·邶风·燕燕》)

②一之日觱发，二之日栗烈。(《诗经·豳风·七月》)

③苟余情其信姱以练要兮，长顑颔亦何伤？(《楚辞·离骚》)

④众踥蹀而日进，美超远而逾迈。(《楚辞·九章·哀郢》)

⑤若乃俶傥瑰玮，异方殊类，珍怪鸟兽，万端鳞崒。(汉·司马相如：《子虚赋》)

⑥经乎桂林之中，过乎泱漭之野。(汉·司马相如：《上林赋》)

两汉以后，非韵文中也有使用连绵词的，但频率不是很高。如：

①有神焉，其状如黄囊，赤如丹火，六足四翼，浑敦无面目，是识歌舞，实维帝江也。(《山海经·西山经》，卷二)

②灵王于是独傍偟山中，野人莫敢入王。(《史记·楚世家》)

③河发昆仑，江起岷山，水力盛多，滂沛之流，浸下益盛。(《论衡·效力》)

④帝引见禁，须发皓白，形容憔悴。(《三国志·魏书·于禁传》)

⑤秦人逢氏有子，少而惠，及壮，而有迷罔之疾。(《列子·周穆王》)

⑥（蒋子文）嗜酒，好色，挑达无度。（《搜神记》，卷五）

⑦此是我子，我之所生，予某城中舍我逃走，伶俜辛苦，五十余年。（《法华经·信解品》，卷二）

⑧司徒、丞相、扬州官僚问讯，仓卒不知何辞。（《世说新语·言语》）

⑨然香醹之色，清白若滫浆焉，别调氛氲，不与佗同。（《水经注·河水》，卷四）

⑩还作尖堆，勿令婆陀。（《齐民要术·作豉法》，卷八）

⑪有一种物，身毛耽毭，来毁害我。（《百喻经·为熊所啮喻》）

⑫花容婀娜，天上无俦；玉体透迤，人间小匹。（唐·张鷟：《游仙窟》）

⑬嵯峨万岫（岫），叠嶂（障）千嶒（层），崒嵂高峰，崎岖峻岭。（变文《庐山远公话》）

⑭今尚差池者，盖为昔亦有杂学。（《河南程氏遗书》）

⑮见门下左右金刚，精神猛烈，气象生狞，古貌楞层，威风凛冽。（《大唐三藏取经诗话上》）

⑯某尝说文字不难看，只是读者心自峣崎了，看不出。（《朱子语类·总训门人》）

⑰今日乍领报恩，人事侘傺，若是未了公案，不敢拈出，何故？（宋·虚堂和尚：《虚堂和尚语录》）

⑱我乃重立舍人帐下小卒，姓陈名千，后因狼狈，不得已而落草。（明·洪楩：《清平山堂话本·杨温拦路虎传》）

⑲话说沈文述是一个士人，自家今日也说一个士人，因来行在临安府取选，变做十数回跷蹊作怪的小说。（明·冯梦龙：《警世通言·一窟鬼癞道人除怪》，第十四卷）

⑳母亲病在膏肓，你孩儿仰天悲怆，添惆怅。（元·无名氏：《小张屠焚儿救母》，第一折）

4. 附缀类〔A（B)〕的发展

A（B）式状态形容词发展的核心内容是词尾的变化和规范。A（B）式状态形容词，从构词角度来看，当属合成词，其构词方式为附缀式或称后加式。A（B）式状态形容词的词尾共有六种形式，即"如""若""尔""然""而""耳"。其中"如""若""尔""然"较常用，"而""耳"较少见。这些形式看似纷繁，实际都是同一种词形的变写，或因方言，或因时代。王力先生说："有一类字必须认为是形容词或副词的词尾，那就是'如''若''然''而''尔''耳'等。它们是同一个词的变形。"[1] 王先生对这些词尾的拟音是：

如 ńĭa　尔 ńĭai　而 ńĭə

若 ńĭak　然 ńĭan　耳 ńĭə

具体用例如：

①有美一人，婉如清扬。(《诗经·郑风·野有蔓草》)

②我马维骆，六辔沃若。(《诗经·小雅·皇皇者华》)

③舒而脱脱兮，无感我帨兮。(《诗经·召南·野有死麕》)

④吾党之小子狂简，斐然成章，不知所以裁之。(《论语·公冶长》)

⑤鼓瑟希，铿尔，舍瑟而作。(《论语·先进》)

从上古汉语中期开始，这些词尾也可以加在双音节的状态形容词之后，其中尤以续接"如""然"较为常见。如：

①有鄙夫问于我，空空如也。(《论语·子罕》)

②子之燕居，申申如也，夭夭如也。(《论语·述而》)

③夫子循循然善诱人。(《论语·子罕》)

④孔子三月无君，则皇皇如也。(《孟子·滕文公下》)

⑤其志嘐嘐然，曰"古之人，古之人"，夷考其行，而不掩焉者也。(《孟子·尽心下》)

大约从上古汉语后期开始，词尾"然"就逐渐取代其他词尾而成为主要形式。这一变化，显然同两汉以后汉民族共同语的地位得到进一步确立有关。如：

①（田）婴嘿然。(《论衡·四讳》)

②孔子闻之，泫然流涕曰："古者不修墓。"(《论衡·论死》)

③华子曰："曩吾忘也，荡荡然不觉天地之有无。"(《列子·周穆王》，卷三)

④亮默然不答。(《三国志·蜀书·费诗传》)

⑤郭闻之怅然。(《搜神记》，卷十)

⑥颖心怆然。(《搜神记》，卷十六)

⑦既下，头鬓皓然。(《世说新语·巧艺》)

---

[1]　王力：《王力文集》，第 11 卷，山东教育出版社 1990 年版，第 166 页。

⑧此儿神色恬然。(《世说新语·雅量》)

⑨两三宿，竖头着日中曝之，令浥浥然。(《齐民要术·种紫草》，卷五)

⑩觞则兕觥犀角，厄厄然置于座中。(唐·张鷟:《游仙窟》)

这一变化趋势，通过词频统计，就可以看得更清楚了。借助《诗经》《论语》《孟子》《搜神记》《世说新语》等五部文献，我们对"如""若""尔""然""而""耳"等词尾分布情况作了考察，结论如下:

上古汉语、中古汉语"然""如"等词尾分布情况比较表

词尾	文献 频率	上古汉语			中古汉语		总计
		诗经	论语	孟子	搜神记	世说新语	
如	动＋如		11				38
	形＋如	2	23	1			
	副＋如					1	
若	动＋若						4
	形＋若	4					
	副＋若						
尔	动＋尔			2			13
	形＋尔		2	1			
	副＋尔		1			7	
然	动＋然	1	2	4	8	49	214
	形＋然	7	6	33	23	45	
	副＋然	4		1	16	15	
而	动＋而						19
	形＋而	4					
	副＋而	1	1	1	1	11	
耳	动＋耳						
	形＋耳						
	副＋耳						

说明：①统计所据版本:

陈宏天、吕岚:《诗经索引》，书目文献出版社 1984 年版。

洪业等:《论语引得》，上海古籍出版社 1986 年版。

洪业等:《孟子引得》，上海古籍出版社 1986 年版。

〔晋〕干宝:《搜神记》，汪绍楹校注本，中华书局 1979 年版。

②《世说新语》数据，据张万起的《世说新语词典》(商务印书馆 1993 年版)。本书引用时，已有所选择:"尔"，《词典》出示"率尔""正尔""乃尔""顿尔"4 例，"乃尔"当删，"尔"是代词，非词尾。"然"，《词典》出示"毅然"等47 例，但"灼然"为晋代举试科目名，是名词，当删。

③《世说新语词典》出示的形容词、副词词尾未作区分。本书为便于观察形容词和副词的来源，已将例词作了构词词素的词性分析，特此说明。

由上表的统计数据可知，词尾"然"，从上古汉语中期开始，其使用频率就已经开始增加了。到了中古汉语，词尾"然"已得到广泛应用，如《孟子》中凡 38 见，《搜神记》中凡 47 见，《世说新语》中凡 109 见。同时，上表统计数据还显示出，词尾"然"不仅可以加在形容词或副词之后，它还可以加在动词之后，这实际上就是揭示了"然"字的词尾化的途径。动词，包括其他任何词，加上词尾"然"变成 A（B）式合成词后，其词性就已经形容词化了，其句法功能当然也因此而变得更加灵活。如：

①卜云其吉，终然允臧。（《诗经·鄘风·定之方中》）

②天油然作云，沛然下雨，则苗浡然兴之矣。（《孟子·梁惠王上》）

③宋忠、贾谊忽而自失，芒乎无色，怅然嗫口不能言。（《史记·日者列传》）

④由此观难易，察然可见也。（《盐铁论·论功》）

⑤须臾，化为大鸟，开而视之，翻然飞去。（《搜神记》，卷一）

⑥（胡母）班出，瞑然，忽得还舟。（《搜神记》，卷四）

⑦由是释然，无复疑虑。（《世说新语·言语》）

⑧世尊默然，则为许可。（《世说新语·言语》）

⑨元和中，颍川陈鸿祖携友人出春明门，见竹柏森然。（唐·陈鸿：《东城老父传》）

⑩生愀然不语。（唐·裴铏：《昆仑奴》）

值得注意的是，大约从中古汉语后期，即从唐代开始，汉语形容词又产生一个新的词尾"生"字。"生"字在宋代得到广泛应用。如：

①借问别来太瘦生，总为从前作诗苦。（唐·李白：《戏赠杜甫》）

②（虞）世南应诏为绝句曰："学画鸦黄半未成，垂肩弹袖太憨生。缘憨却得君王惜，长把花枝傍辇行。"（唐·颜师古：《隋遗录》）

③师每上堂云："近日禅师太多生，觅一个痴钝底不可得。"（《祖堂集》，卷十六）

④有僧在师边叉手立，师云："太俗生。"（《祖堂集》，卷十六）

⑤夕凉恰恰好溪行，暮色催人底急生。（宋·杨万里：《夏至雨霁暮行溪上》）

"生"也可加在副词之后，作副词词尾。如：

①待恁时，等着回来贺喜，好生地，剩与我儿利市。（宋·柳永：《长春乐》）

②天气骤生轻暖，衬沈香罗薄。（宋·宋祁：《好事近》）

例②，"骤生"犹言"乍生"。"生"有时还可以加在动词之后，这样一来，动词也就形容词化了。如：

①五嫂曰："张郎太贪生，一箭射两垛。"（唐·张鷟：《游仙窟》）

②怕君不饮太愁生，不是苦留君住。（宋·辛弃疾：《御街行》）

③野水奔来不小停，知渠何事太忙生。（宋·杨万里：《过五里迳》）

张相说："生，语助辞，用于形容语辞之后，有时可作样字或然字解。"① 其实张相说的"形容语辞"范围很广，不仅包括形容词、副词、动词，也包括代词。如：

①问怎生禁得，如许无聊？（宋·柳永：《临江仙》）

②病民岂天意，致此定谁生？（宋·杨万里：《视旱遇雨》）

③休道这生年纪后生，恰早害相思病。（元·王实甫：《西厢记》，二之二）

以上诸例均引自《诗词曲语辞汇释》。例①，"怎生"犹言"怎样"。例②，"谁生"犹言"何生""怎生"。例③，"这生"犹言"这样"。向熹先生认为唐宋时代的词尾"生"字，可能是由六朝时代的"馨"字演变而来的。他说："'馨'到唐代写成了'生'。蒋礼鸿《义府续貂》'馨'字条云：'唐人虽犹有"馨"语，而用之者盖稀，于是"生"字起而代之。若"太憨生""太瘦生""可怜生"之类是也。唐人小说称隋炀帝使虞世南和诗嘲宝儿曰："垂肩亸袖太憨生。"则隋、唐之交其为"馨"与"生"嬗变之交乎。'蒋氏的话是有道理的。"② 蒋、向两先生的结论可备一说。其实中古汉语的"馨"字并非完全出现于代词之后，有时也可出现在句末，如《世说新语》中材料就是如此。请比较：

①殷去后，乃云："田舍儿，强学人作尔馨语。"（《世说新语·文学》）

②与何次道语，唯举手指地曰："正自尔馨。"（《世说新语·品藻》）

③顾看两王掾，辄翣如生母狗馨。（《世说新语·文学》）

---

① 张相：《诗词曲语辞汇释》，上册．中华书局1963年版，第168页。

② 向熹：《简明汉语史》（修订本），下册，商务印书馆2010年版，第292页。

④蟜拨其手曰："冷如鬼手馨，强来捉人臂。"（《世说新语·忿狷》）

（三）从构词重叠到构形重叠

汉语形容词在发展中曾出现过多种重叠形式。这些重叠形式，从性质上说主要有两类：一类是构词重叠，另一类是构形重叠。构词重叠是构词法问题，构形重叠是一个词内部的词形变化问题。这两种重叠形式都很重要，因为它们不仅涉及词义、语法意义的变化问题，也涉及词的构词和构形的关系问题。

关丁古代形容词的重叠形式，孙锡信先生曾提出过四种模式：AA 式、AABB 式、ABB 式和 A 里 AB 式。① ABB 式涉及形尾发展问题，前面已谈过；A 里 AB 式文献中出现频率很低，可以略而不谈。剩下的，我们想集中谈一谈 AA 式和 AABB 式两种形式问题。

汉语形容词的重叠形式主要发生在状态形容词之中。前面，本书对古代状态形容词的范围限定为四种形式，即叠音类（AA 甲）、象声类（AA 乙）、连绵类（AB）和附缀类〔A（B）〕。古代形容词的重叠问题主要涉及的是 AA 甲和 AA 乙式，其中以 AA 甲式为主。请比较：

①心婵媛而伤怀兮，眇不知其所蹠。（《楚辞·九章·哀郢》）
②忽忽乎如将不得，渺渺乎如穷无极。（《管子·内业》）
③其理不竭，其来不蜕，芒乎昧乎，未之知者。（《庄子·天下》）
④天苍苍，野茫茫，风吹草低见牛羊。（北朝民歌·无名氏：《敕勒歌》）
⑤含情凝睇谢君王，一别音容两渺茫。（唐·白居易：《长恨歌》）
⑥重重叠叠山，渺渺茫茫水。（《张协状元》，第八出）

例①，"眇"通"渺"。例③，"芒"通"茫"。又如：

①道之为物，惟恍惟惚。（《老子》第二十一章）
②登兰台而遥望兮，神恍恍而外淫。（汉·司马相如：《长门赋》）
③惚兮恍兮，其中有象。（《老子》第二十一章）
④是以肠一日而九回，居则忽忽若有所亡，出则不知所往。（汉·司马迁：《报任安书》）

---

① 孙锡信：《汉语历史语法要略》，复旦大学出版社 1992 年版，第 149—157 页。

⑤精神恍惚，若有所喜。（战国楚·宋玉：《神女赋》）

⑥荆公眼中垂泪道："适才昏愦之时，恍恍忽忽到一个去处，如大官府之状，府门尚闭。"（明·冯梦龙：《警世通言·拗相公饮恨半山堂》，第四卷）

例④，"忽忽"同"惚惚"。例⑥，"恍恍忽忽"同"恍恍惚惚"。又如：

①木直中绳，輮以为轮，其曲中规。（《荀子·劝学》）

②曲曲河回复，青青草接天。（宋·陈师道：《寓目》）

③石梁茅屋有弯碕，流水溅溅度两陂。（宋·王安石：《初夏即事》）

④日西待伴同下山，竹担弯弯向身曲。（唐·张籍：《樵客吟》）

⑤林甫于正堂后别创一堂，制度弯曲，有却月之形，名曰"月堂"。（唐·郑棨：《开天传信记》）

⑥那山景致，尖尖险险的山，弯弯曲曲的路。（《朴通事》）

由以上三组例句可知，两个单音形容词（多为状态形容词），起先可以各自叠音构词（多为 AA 甲式，构词重叠），然后它们还可以彼此组合成词（多为 AB 式状态形容词），最后发展为 AABB 式形容词（多为状态形容词，构形重叠）。由此可知，AABB 式形容词实际是 AB 式形容词的变形，而不是 AA 和 BB 的组合或叠用。我们设定：A 和 B 分别代表两个单音形容词（多为状态形容词），古代形容词从构词重叠到构形重叠的演变公式应当是：

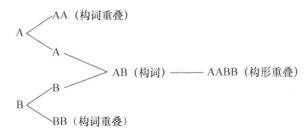

这样，我们就可以辨认出，上古汉语或中古汉语中有部分叠用的叠音形容词，它们并不是 AABB 式的构形重叠，而是 AA 和 BB 式两个形容词的组合。如：

①民兴胥渐，泯泯棼棼，罔中于信，以覆诅盟。（《尚书·吕刑》）

②其为鸟也，翂翂翐翐，而似无能，引援而飞，迫胁而栖。（《庄子·山木》）

③潏潏淑淑，皇皇穆穆，周流四海，曾不崇日。（《荀子·赋》）

④明明暗暗，惟时何为？（《楚辞·天问》）

⑤蚩尤之民，涵涵纷纷，亡秦之路，赤衣比肩。（《论衡·寒温》）

⑥太尉答曰："诚不如卿落落穆穆。"（《世说新语·赏誉》）

⑦林木萧森，离离蔚蔚，乃在霞气之表，俯瞩仰映，弥习弥佳。（《水经注·江水》，卷三十四）

根据我们的观察，汉语形容词的构形重叠，主要是在近古汉语里才完成的。这种构形变化所带来的语法意义的改变，主要是用来表示程度加深加重。如：

①向上云烟散散漫漫，向下铁锵撩撩乱乱。（变文《大目乾连冥间救母变文》）

②崔崔嵬嵬，天堂地狱一时开。（变文《大目乾连冥间救母变文》）

③兵马浩浩瀚瀚，数百里之交横。（变文《伍子胥变文》）

④曹山曰："朦朦瞳瞳地。"（《祖堂集》，卷十六）

⑤圣人教人，如一条大路，平平正正，自此直去，可以到圣贤地位。（《朱子语类·训门人》）

⑥眼前虽粗有用，又都是零零碎碎了。（《朱子语类·总训门人》）

⑦你又恁地孤孤单单，我恁地白白净净底。（《张协状元》，第十一出）

⑧这般说谎呵，谩不过人，怎似那人诚实的心，正正当当的。（元·许衡：《鲁斋遗书·直说大学要略》，卷三）

⑨只见卖馉饳的小厮儿掀起帘子，猖猖狂狂，探一探便走。（明·洪楩：《清平山堂话本·简贴和尚》）

⑩宋四公吃了三两杯酒，只见一个精精致致的后生走入酒店来。（明·冯梦龙：《喻世明言·宋四公大闹禁魂张》，第三十六卷）

⑪这章三益是个善善良良一个老儿。（明·刘仲璟：《遇恩录》）

⑫整整齐齐五六百僧人，尽披袈裟，都到法座下合掌作礼，分作两班。（《水浒传》，第四回）

⑬林冲一步高，一步低，跟跟跄跄捉脚不住。（《水浒传》，第十回）

⑭一日三遍家，每日洗刷刨的干干净净地。（《朴通事》）

⑮两个舍人打扮的风风流流。（《朴通事》）

受到形容词构形重叠的影响，近古汉语里甚至部分动词和象声词也产生了 AABB 式的重叠形式。如：

①向马前睹吏者颤颤兢兢，荒急忙分说。（《刘知远诸宫调》，第十二）

②有一日，孤孤另另，冷冷清清，咽咽哽哽觑着你个拖汉精。（元·关汉卿：《诈妮子调风月》，第三折）

③一盏孤灯，冷冷清清，悽悽凉凉，悲悲切切，哭哭啼啼。（元·无名氏：《杀狗劝夫》，第一折）

④秀才家须看（着）读书，识之乎者也，裹高桶头巾，着皮靴，臂臂朴朴。（《张协状元》，第二十一出）

⑤孜孜矻矻底，鬼神莫测其由。（宋·虚堂和尚：《虚堂和尚语录》）

⑥（这个汉子）棒头上挑着一个银丝笠儿，滴滴答答走到茶坊前过，一直奔上岳庙中去朝岳帝生辰。（明·洪楩：《清平山堂话本·杨温拦路虎传》）

（四）发展中的形容词和动词的关系问题

前面第二章，在谈到动词发展时，我们曾谈到不及物动词向及物动词演变问题，其中就涉及形容词和动词的关系问题。汉语形容词不同于西方语言的一个重要特点就是它可以作谓语。但是，当谓语形容词的后面再可以续接宾语时，此形容词的身份是形容词还是动词，就颇费思考。我们的观点是：当谓语形容词的后面又出现宾语时，就不必再讲成形容词的使动用法或意动用法，应干脆承认这个形容词已变成了动词，就叫"使动词"或"意动词"。这完全是从发展角度看问题的。当谓语形容词再带宾语时，此形容词已不再表示性质或状态，而是表示一种行为或变化过程。到了中古汉语、近古汉语时，有些谓语形容词带上宾语，再讲成"使动用法""意动用法"，甚至觉得可笑。语言是发展的，应承认汉语部分动词来源于形容词。汉语形容词演变为动词，主要有三条途径：

第一，因词义变化而改变词性。

在上古汉语，形容词变为动词的最早用例就是所谓的形容词的使动用法和意动用法。如：

①天其永我命于兹新邑。（《尚书·盘庚》）

②君子之于禽兽也，见其生，不忍见其死，闻其声，不忍食其肉，是以

君子远庖厨也。(《孟子·梁惠王上》)

③人不难以死免其君，我戮之不祥。(《左传·成公二年》)

④孔子登东山而小鲁，登泰山而小天下。(《孟子·尽心上》)

例①②，"永""远"，形容词用于使动，已变成了动词，可称之为使动词。例③④，"难""小"，形容词用于意动，也变成了动词，可称之为意动词。到了中古汉语和近古汉语里，这种"使动"或"意动"的意义越来越模糊，如再讲成"使动用法"或"意动用法"，就显得十分勉强了。如：

①吏踊跃大呼，言："人坏我章。"(《三国志·吴书·太史慈传》)

②是故宝积，若菩萨欲得净上，当净其心。(《维摩诘经·佛国品》，卷上)

③党聪惠，善史书，喜正文字。(《后汉书·孝明八王列传》)

④时又谓景文在江州，不能洁己。(《宋书·王景文传》)

⑤梁伯好土功，大其城，号曰新里。(《水经注·颍水等》，卷二十二)

⑥司马文王问侍中陈泰曰："何以静之？"(《世说新语·方正》)

⑦桂心咥咥然，低头而笑。(唐·张鷟：《游仙窟》)

⑧似领他在一边，又似验他相似，斜身看他如何。(宋·圜悟克勤：《碧岩录》，卷一)

⑨买卖归来汗湿衫，算来方觉养家难。(元·无名氏：《小孙屠》，第四出)

⑩皇帝宽心，你不要心急。(明·哈铭：《正统临戎录》)

例①—⑩，"坏""净""正""洁"等等，应认为已变为使动词。又如：

①天子嘉其意，拜谦安东将军。(《三国志·魏书·王朗传》)

②子其愚我也。(《列子·黄帝》，卷三)

③歆美兴才，使撰条例、章句、传诂及校《三统历》。(《后汉书·郑兴传》)

④士友常以此短之，而(鲁)丕欣然自得。(《后汉书·鲁恭传》)

⑤太祖尝问为政得失，敬弘对曰："天下有道，庶人不议"，上高其言。(《宋书·王敬弘传》)

⑥南阳宗世林，魏武同时，而甚薄其为人，不与之交。(《世说新语·方正》)

例①—⑥，"嘉""愚""美""短"等等，应承认已变为意动词。应当承认，汉语有部分形容词，由于词义变化，它们本来就兼属形动两类，与使动、意动用法无关。这类词，上古汉语里就存在，而在中古汉语、近古汉语里就更为普遍了。如：

①有夏多罪，天命殛之。（《尚书·汤誓》）

②我王来，既爰宅于兹，重我民，无尽刘。（《尚书·盘庚》）

③儒生不为非而文吏好为奸者，文吏少道德而儒生多仁义也。（《论衡·量知》）

④军士皆言愿属大树将军，光武以此多之。（《后汉书·冯异传》）

⑤（江湛）爱好文义，喜弹棋鼓琴，兼明算术。（《宋书·江湛传》）

⑥若近其一，为一所瞎。（《百喻经·为二妇故丧其两目喻》）

⑦臣愿陛下勿轻此贼。（宋·徐梦莘：《三朝北盟会编·绍兴甲寅通和录》，卷一六三）

⑧他少我五两银子里。（《朴通事》）

⑨智深道："什么道理，叫你众人坏钞。"（《水浒传》，第七回）

例①，"多"，多有。例②，"重"，重视。例③，"少""多"，缺少，多有。例④，"多"，赞美。例⑤，"明"，明了，通晓。例⑥，"近"，接近。例⑦，"轻"，轻视。例⑧，"少"，欠。例⑨，"坏"，破费。

第二，因语音变化而改变词性。

汉语有部分形容词，发展中借助声调的变化而改变了词义和词性。这种现象主要出现在中古汉语以后，是汉语固有特点的体现，并非六朝经师所为。如：

①主好辩，有口则遇。（《论衡·逢遇》）

②许昌城南门无故自崩，帝心恶之，遂不入。（《三国志·魏书·文帝纪》）

③嘉禾三年，（泰）从权围新城，中流矢死。（《三国志·吴书·宗室传》）

④初，帝好文学，以著述为务。（《三国志·魏书·文帝纪》）

⑤晋安帝义熙七年，无锡人赵朱，年八岁，一旦暴长八尺，髭须蔚然，三日而死。（《宋书·五行志五》）

⑥丈人不悉恭，恭作人无长物。（《世说新语·德行》）

⑦勿令人泼水，水长亦可泻却，莫令人用。（《齐民要术·造神曲并酒》，卷七）

⑧明年，乃中为谷田。（《齐民要术·耕田》，卷一）

⑨昔有一人，事须火用，及以冷水，即便宿火，以澡盥盛水，置于火上。（《百喻经·水火喻》）

例①④，"好"，音 hào，喜好。例②，"恶"，音 wù，厌恶。例③，"中"，zhòng，被射中。例⑤，"长"，音 zhǎng，生长。例⑥⑦，"长"，音 zhàng，剩余。例⑧，"中"，音 zhōng，可，可以。例⑨，"盛"，音 chéng，把东西装在容器里。著名语言学家周祖谟先生说："由上所述，可知以四声别义远自汉始，确乎信而有征。清人所称此乃六朝经师之所为，殆未深考。"①

第三，因附缀动态助词而改变词性。

我们确认，动态助词是动词的语法标志。当谓语形容词附缀上动态助词"了""着""过"时，不管其后是否续接宾语，都应承认这个形容词已经变成了动词。如：

①天明了，其鬼使来太安寺里，讨主不见。（《祖堂集》，卷十四）

②然源清则未见得，被他流出来，已是浊了。（《朱子语类·训门人》）

③自家若不重，便自坏了天理。（《朱子语类·训门人》）

④莫道水性从来无定准，这头方了，那头园（圆）。（《张协状元》，第三十二出）

⑤裙破衣穿，瘦着脸，一似乍出卑田院。（《张协状元》，第三十九出）

⑥一般志量要宽大着，宽大呵，便容得人；心要平正着，平正呵，处得事务停当。（元·吴澄：《吴文正集·经筵讲义》，卷九十）

⑦我如今老了，怕他不知道。（明·刘仲璟：《遇恩录》）

⑧你每家里也不少了穿的，也不少了吃的。（明·刘仲璟：《遇恩录》）

⑨这肉熟了，你尝着，咸淡如何？（《老乞大》）

⑩切的草细着。（《朴通事》）

---

① 周祖谟：《四声别义释例》，见《汉语音韵论文集》，商务印书馆1957年版，第56—57页。

⑪伤弓之鸟，不敢揽事，且低着头只顾走。（明·冯梦龙：《警世通言·崔待诏生死冤家》，第八卷）

⑫我如今卖酒肉与你，吃的面皮红了。（《水浒传》，第九回）

⑬林冲娘子红了脸道："清平世界，是何道理，把良人调戏！"（《水浒传》，第七回）

⑭宝蟾把脸红着，并不答言。（《红楼梦》，第九十一回）

⑮你便是落了我牙，歪了我嘴，瘸了我腿，折了我手，天赐与我这几般儿歹症候，尚兀自不肯休。（元·关汉卿：《一枝花·不服老》）

⑯等他净了手，说道："长老请你说话。"（《水浒传》，第四回）

⑰待他起来，穿了直裰，赤着腿，一道烟走出僧堂来。（《水浒传》，第四回）

⑱既然恁地，宽了崔宁，且与从轻断治。（明·冯梦龙：《警世通言·崔待诏生死冤家》，第八卷）

第四章

数词史

一、数词的产生

数词是表示数目的词。数词的作用在于计算，因此数词的产生是人类抽象思维高度发展的结果。天文和历法是人类社会最早发展起来的两个自然学科。我国古代社会，这两门学科都很发达。在商代，殷人已知平年分为十二个月，闰年为十三个月；已知干支纪日，十日为旬，一日之内又分明、大采、大食、中日、昃、小食、小采和暮几个时段。在周代，已设有掌管天文、历法的专门官职。《周礼·春官·冯相氏》说："冯相氏掌十有二岁，十有二月，十有二辰，十日，二十有八星之位，辨其叙事，以会天位"，又《保章氏》条也说："保章氏掌天星，以志星辰、日月之变动，以观天下之迁，辨其吉凶。"天文、历法的发展都离不开计算，因此周人很重视数学教育。"数"为"六艺"之一。《周礼·地官·大司徒》说："以乡三物教万民，而宾兴之：一曰六德，知仁圣义忠和；二曰六行，孝友睦婣任恤；三曰六艺，礼乐射御书数。"郑注云："数，九数之计。"从语言学角度来说，数词是计算的载体、工具。汉语数词很早就产生了，甲骨文中已有从一到万的数字。此外，另据考古材料发现，属于新石器时代晚期的仰韶文化的陶片上刻有丨、川、Ｘ、Ｔ、十、Ｖ、乙诸多符号，这些符号与甲骨文数字一（一）、二（二）、Ｘ（五）、介（六）、十（七）、八（八）、乁（九）诸形十分接近。假使陶片上的符号是数字，一（一）、二（二），只是改变了书写方向；Ⅹ（五）只是"Ⅹ"的省略形，甲骨文中的"五"也可写作Ⅹ；Ⅰ（六）也是"介"的省略形，甲骨文中的"六"也可写作"介"；十（七）与甲骨文的"十"十分相似（甲骨文"十"作丨形，金文作十、十诸形）；Ⅴ（八）似倒写的八，只是改变了书写方向；乙（九）与甲骨文的"乙"也十分接近，也可认为是省略形。如果假设成立，那么我们可以说距今约五六千年前，汉语就已经产生了数词。传说中说黄帝使隶首作数，创造数词，那也只是传说而已，并不可信。我国古代文献，明确记载有关数词起源的有以下三种说法：

（一）本体说

古代道家学派创始人老子说："道生一，一生二，二生三，三生万物。"（《老子》第四十二章）老子这里说的"道"，是指世界万物的本源。这种"道"，哲学上是指超越时空的绝对精神。老子基于这一哲学命题，提出了"道生一，一生二，二生三，三生万物"的宇宙生成论。因此可以说，老子说的"一""二""三"并非完全是"数"的概念，而是借"数"的生成，以虚代实地大谈哲学问题而已。尽管如此，我们从中也不难看到老子对数的产生的认识。在老子看来，天地万物（当然也包括"数"）都是生于"道"，而且这种生成关系是累加的，是一个生一个。这样一来，就把"数"的产生问题带到一个神秘世界里去了，变成一种不可思议的概念。

（二）五行说

我国战国时代，有一个哲学流派，提倡阴阳五行说，其代表人物有邹衍等。五行也叫"五材"。他们认为世界是由"木""火""土""金""水"五种元素构成，这五种元素相生相克，并在此基础之上提出"五德始终"理论，想借此来解释社会的更迭和事物的发展。这种理论虽有朴素的唯物论成分在内，但本质上仍属于充满了神秘主义的历史循环论。汉代许慎在写《说文》时，也不免受到这种理论的影响，如说"五，五行也，从二，阴阳在天地间交午也，凡五之属皆从五"，说"七，阳之正也，从一，微阴从中衺出也，凡七之属皆从七"，说"九，阳之变也，象其屈曲究尽之形，凡九之属皆从九"。著名语言学家高名凯先生曾评论说："汉代充满阴阳五行学说的气味。许慎用阴阳五行的理论来解释这些数目字，可以说是离题太远了。"①高先生的话是很有道理的。

（三）象数说

象数说认为抽象的数词是起源于具体事物的形象。最早记载象数说的文献是《左传》。如《左传·僖公十五年》说："韩简侍，曰：'龟，象也；筮，数也。物生而后有象，象而后有滋，滋而后有数。'"后来清初学者据此又提出"象数相倚"的命题。王夫之说："天下无数外之象，无象外之数。既有象，则得以一之、二之而数之矣。既有数，则得以奇之、偶之而象之矣。是故象数相倚，象生数，数亦生象。象生数，有象而数之以为数；数生象，有数而遂成乎其为象。"（《尚书引义·洪范一》）为了解释"象数相倚"这个命题，王氏又举例说，因为人有两眼，所以"人得数之以二"；因为人手有五指，所以"人得数之以五"。后来，郭沫若先生在《甲骨文字研究》一书中也说："数生于手。古文一二三四作一 二 三 三，此手指之象形也。手指何以横书？曰，请以手作数，于无心之间必先出右掌，倒其拇指为一，次指为二，中指为三，无名指为四，一拳为五，六则伸其拇指，轮次至小指，即以一掌为十。一、二、三、四均倒指，故横书也。"② 其实甲骨文的一、二、三、三，未必一定是手指的象形，也可能是算筹的象形。即便如此，也没什么关系，因为算筹也是形象之物，这正如王夫之所说的"象生数，有象而数之以为数"。

在国外，一些语言学家也有类似的说法。如爱斯基摩人没有大于五的数的名称。"他们用手指计算：5——这是一只手，6是左手第一手指，7是左手第二手指等，一直到10，20——这是一个人，100则是5个人。……历史并且证明，许多语言中的数的名称是来自现实对象的名称的，例如新几内亚人的5意思是'一手'，10意思是'鳄鱼'（鳄鱼在河滩上留下的十个痕迹），拉丁语calculus（计算）这个词本来的意思是'石块'，罗马人利用石

---

① 高名凯：《汉语语法论》，科学出版社1957年版，第146页。
② 同上，第147页。

块作现实的计算单位。"① 又如前苏联语言学家 Э. Б. 阿卡扬也说过："(美洲)火地岛的奥诺——谢尔克语就只能数到五；非洲和美洲许多土人，正像已经指出的，至今也只能数到五，而另一些土人，也只能数到十、二十等等。然而，尽管他们具有计算能力，但是这些民族语言中的数词，仍不能构成独立的词类。因为对他们来说，这些语言中的1、2、3、4、5等等，事实上并不是数词，而是名词。比如说，一根手指（＝1），一对手指（＝2），一只手（＝5），一双手（＝10），一双手加一个脚趾（＝11），一双手加一只脚（＝15），一双手加一双脚或者说整个一个人（＝20），如此等等。"②

综合上述三种理论，我们认为象数说还是比较合理的。象数说之所以合情合理，是因为它比较符合人类思维发展规律。要知道，语言是发展的，思维也是发展的。思维是一个过程，它必然随着人脑机能的变化而变化，随着人脑机能的发展而发展。人类的一切抽象思维活动都是在形象思维的基础上形成的，而在这一变化过程中，语言就是它的物质载体。数词，作为语言中一个独立的语法类别从语言中分立出来，这是语言高度发展的结果，也是人类思维高度发展的结果。但是，这些抽象的数的概念的建立，都是在具体事物的认知、比较基础上逐步抽象出来的。我想，这一点也正如《管子·七法》中所说："刚柔也，轻重也，大小也，实虚也，远近也，多少也，谓之计数。"先有"象"，后有"数"，"数"生于"象"的道理十分简单。这正如同生活中的幼童，先要借助手指或其他实物，经过反复训练，才逐渐建立起"数"的概念一样。基于上述认识，我们认为数词的产生，是离不开名词的，是在名词的基础上经过高度抽象、分析之后才分离出来的。因此，我们把数词也划为二级词类。这里说的"级"，没什么特殊含义，指的就是层级，即指汉语词类产生的先后顺序而已。

二、数词的分类

数词可以有不同的分类。从数学角度而言，可以分为整数和分数、整数和小数、正数和负数、实数和虚数、有理数和无理数等等。但从语言学角度

---

① 高名凯：《语言论》，科学出版社1963年版，第331—332页。
② ［苏］Э. Б. 阿卡扬：《语言学概论》，俄文版，埃里温大学出版社1960年版，第378—379页。

来说，上古汉语里，下面几类数词是经常遇到的，如基数、双数、序数、概数、虚数、倍数和分数等等。

（一）基数

基数，也叫自然数，即指零和大于零的整数。汉语各类数词中，基数起源最早，甲骨文和金文中都早已存在。如：

①丁巳卜，宾贞：出于丁一牛。（《合集》，339）

②庚子卜，出父乙羊九。（《合集》，21065）

③余其舍女臣三十家。（《令鼎》）

④折首五百，执讯五十，是以先行。（《虢季子白盘》）

到了春秋战国时代，文献中基数更是屡见不鲜。如：

①臣侍君宴，过三爵，非礼也。（《左传·宣公二年》）

②强而后可，一朝而获十禽。（《孟子·滕文公下》）

（二）双数

双数是指二和与二具有相近或相关词义的数词，如"二""两""双""再"。双数在上古汉语里已广泛应用。如：

①周监于二代，郁郁乎文哉，吾从周。（《论语·八佾》）

②乃我请君塞两耳，无听谈者。（《战国策·赵策一》）

③公膳日双鸡，饔人窃更之以鹜。（《左传·襄公二十八年》）

④夫战，勇气也。一鼓作气，再而衰，三而竭。（《左传·庄公十年》）

（三）序数

序数是表示次第的数词。上古汉语序数，前中期主要有两种形式：一是整数前无任何标志、与基数完全同形的形式；二是借用词汇描写的形式。前者如：

①何谓四维？一曰礼，二曰义，三曰廉，四曰耻。（《管子·牧民》）

②圣人之所以为治道者三：一曰利，二曰威，三曰名。（《韩非子·诡使》）

后者如：

③豹闻之曰："大上有立德，其次有立功，其次有立言。"（《左传·襄公二十四年》）

④百亩之粪，上农夫食九人，上次食八人，中食七人，中次食六人，下食五人。（《孟子·万章下》）

到了上古汉语后期，即两汉时代，汉语序数又产生了一种新形式，即在整数前加"第"字。这是真正的序数，不过当时应用并不普遍。如：

①有男四人，使相工相之，至第二子，其名玄成，相工曰："此子贵，当封。"（《史记·张丞相列传》）

②孝文皇帝初立，闻河南守吴公治平为天下第一。（《史记·屈原贾生列传》）

（四）概数

概数就是表示大概数值的数词。概数不是确数，有的书叫"约数"。"约"就是大约的意思，但"约数"的提法有些含混不清。上古汉语的概数，主要是借助于两个相邻的基数来表示的，其排序一般是先小后大，个别的也有先大后小者。如：

①自时厥后，亦罔或克寿：或十年，或七八年，或五六年，或四三年。（《尚书·无逸》）

②莫春者，春服既成，冠者五六人，童子六七人，浴乎沂，风乎舞雩，咏而归。（《论语·先进》）

有的概数也可在数词前后，用附加其他词汇的形式来表示。如：

①且年未盈五十，而谆谆焉如八九十者，弗能久矣。（《左传·襄公三十一年》）

②由尧舜至于汤，五百有余岁。（《孟子·尽心下》）

③项羽之卒可十万。（《史记·高祖本纪》）

④其后一岁所，匈奴混邪王果将十万众来降汉。（《史记·滑稽列传》）

（五）虚数

虚数是指没有明确取值范围的数词。虚数也不是确数。虚数不同于概数：表面上看取值范围是确定的，但实际上是不定的，用于表示众多之意。

上古汉语里最常用于虚数的两个词是"三"和"九"。如：

①三江既入，震泽底定。(《尚书·禹贡》)

②吾日三省吾身。(《论语·学而》)

③桓公九合诸侯，不以兵车，管仲之力也。(《论语·宪问》)

④余既滋兰之九畹兮，又树蕙之百亩。(《楚辞·离骚》)

也可用巨数来表示虚数。如：

⑤百姓昭明，协和万邦。(《尚书·尧典》)

⑥栗腹以百万之众，五折于外。(《战国策·齐策六》)

(六) 倍数

所谓倍数，就是指一个数能被另一个数整除，而这个数就是另一个数的倍数。"倍"就是表示增加跟原数相等的数。某数的几倍，就是表示某数乘以几的意思。上古汉语中，乘数与被乘数经常直接相连，或隐去积数，或直现积数，情况不一。如：

①妇人为之自杀于房中者二八。(《战国策·赵策二》)

②得时之菽，长茎而短足，其荚二七以为族。(《吕氏春秋·审时》)

③凡一鼎而九万人挽之，九九八十一万人，士卒师徒，器械被具，所以备者称此。(《战国策·东周策》)

④(三) 徙行七星，星当一年，三七二十一，故君命延二十一岁。(《论衡·变虚》)

(七) 分数

分数是表示一个单位若干等份中的一份或几份的数词。上古汉语中后期，语言中已经出现了标准的分数形式。如：

①(鲍牧) 出门，使以三分之一行，半道，使以二乘。(《左传·哀公八年》)

②故关中之地，于天下三分之一，而人众不过什三。(《史记·货殖列传》)

不过，总体而言，上古汉语里的分数大多是形式不完整的"准分数"。如：

③三分天下有其二，以服事殷。(《论语·泰伯》)

④其稼亡三之一者，命曰小凶。(《管子·八观》)

⑤海内之地方千里者九，齐集有其一，以一服八，何以异于邹敌楚哉？(《孟子·梁惠王上》)

⑥会天寒，士卒堕指者什二三。(《史记·高祖本纪》)

三、数词的发展

(一) 基数的发展

前面说过，在各类数词中，基数是最早产生的一类数词。基数是直接用于计算的数词，它的产生与应用，说明人类思维对数的概念已达到了高度的抽象和概括。甲骨文、金文中已出现基数，并且应用普遍。甲骨文中最大的基数是三万。如：

①甲戌卜，贞：翼乙亥出于且乙三牛。(《合集》，1520)

②壬子卜，宁贞：更今一月，用三白羌于丁？(《合集》，293)

③贞：舁人三千乎伐舌方，受出又？(《合集》，6168)

④癸卯卜，□隻(获)□□其三万，不……(《粹编》，1171)

⑤阙厥匿，匍有四方。(《大盂鼎》)

⑥王咸茸，何易贝三十朋。(《何尊》)

到了上古汉语中后期，以及中古、近古汉语里，基数都一直是汉语数词中最重要的成员。如：

①大战于甘，乃召六卿。(《尚书·甘誓》)

②回也闻一以知十，赐也闻一以知二。(《论语·公冶长》)

③克敌者，上大夫受县，下大夫受郡，士田十万。(《左传·哀公二年》)

④师旷之聪，不以六律不能正五音。(《孟子·离娄上》)

⑤陈皇后求子，与医钱凡九千万，然竟无子。(《史记·外戚世家》)

⑥今欲为使君合步骑十万。(《三国志·蜀书·先主传》)

⑦周哀王八年，郑有一妇人生四十子。(《搜神记》，卷六)

⑧汝一月日自用不可过三十万，若能省此，益美。(《宋书·武三王传》)

⑨见鲁国贤臣今来助国，即便拜为左相，赐户三千，锦绮绫罗，更赏十

万。（变文《秋胡变文》）

⑩三魂归地府，七魄丧冥幽。（元·关汉卿：《不伏老》）

关于基数的发展，我们准备讨论以下三个问题：

1. 关于基数的数值问题

基数的数值，一般说来，小于"万"的数都没有什么问题，问题出在大数上。上古汉语常用作大数的数词有"亿""兆""京""垓""秭"五个词，而其中最常见者只有"亿""兆"两个词。下面，我们仅对"亿""兆"的数值问题作些疏理。

王力先生说："汉语称数法是十进制：十十为百，十百为千，十千为万。万数以上，有亿、兆、京、垓、秭等等。这些数有三种称数法：下数以十万为亿，十亿为兆，十兆为京，十京为垓，十垓为秭；中数以万万为亿，万万亿为兆，万万兆为京，万万京为垓，万万垓为秭；上数以亿亿为兆，兆兆为京，京京为垓，垓垓为秭。现在通行的说法是百万为兆（下数），万万为亿（中数）。"① 其实，在现代汉语里，"兆"也不太常用，该用"兆"的时候，就以百万为单位，说"××百万"。由此可知，在上古汉语里，"亿""兆"的数值有不同的计算方法，并不统一。如：

①公其以予万亿年，敬天之休。（《尚书·洛诰》）

②不稼不穑，胡取禾三百亿兮。（《诗经·魏风·伐檀》）

③干禄百福，子孙千亿。（《诗经·大雅·假乐》）

④后王命冢宰，降德于众兆民。（《礼记·内则》）

例①，孔传云："十千为万，十万为亿，言久远。"孔疏亦云："是古十万曰亿，今之算术，乃万万为亿也。"例②，毛传云："万万曰亿。"例③，郑笺云："干，求也。十万曰亿。"例④，郑注云："万亿曰兆。"孔疏云："云万亿曰兆者，依如算法，亿之数有大小二法：其小数以十为等，十万为亿，十亿为兆也；其大数以万为等，万至万是万万为亿，又从亿而数至万亿曰兆，亿亿曰秭，故诗颂毛传云：'数万至万曰亿，数亿至亿曰秭'，兆在亿秭之间，是大数之法。"孔氏所云之"诗颂"，是指《诗经·周颂·丰年》而言。由此可知，"亿""兆"在上古时代确有不同算法：小数（下数）之法是

---

① 王力：《王力文集》，第11卷，山东教育出版社1990年版，第23页。

十万为亿，十亿为兆，进制是"以十为等"；大数（中数）之法是万万为亿，万亿为兆，进制是"以万为等"。同时，我们从孔疏中也可看出，这些大数的数值之所以不同，是由于古今进制的不同。"小数""大数"之异，古法、今法之变，这些都涉及了大数数值的计算问题，涉及了基数的历史变化。值得注意的是，到了上古汉语后期，即两汉时代，大数数值基本上都能确定下来，概念上逐渐趋于一致，只是术语还不太一致而已。两汉时代，很少用"亿"这个词，相当于"亿"的概念是"巨万"或"大万"。"巨万"或"大万"，肯定是个数词，而不是具有夸张性的修辞性词语。如：

①京师之钱累巨万，贯朽而不可校。（《史记·平准书》）

②治道二岁，道不成，士卒多物故，费以巨万计。（《史记·司马相如列传》）

例①，裴骃《集解》引韦昭注云："巨万，今万万。"例②，司马贞《索隐》云："案，巨万犹万万也。案：数有大小二法。张揖曰：'算法万万为亿'，是大数也。《鹖子》曰'十万为亿'，是小数也。"由此可知，"巨万"在汉代是一个自然数的单位，是一个数词，数值与"亿"同。日本汉学家牛岛德次先生也说过："在《史记》里，虽然我们也能见到'亿'这个词，但它的用例极少。"又说："我们可以推想出《史记》中的'亿'是所谓的古数'十万曰亿'的'亿'，而'万'的一万倍的数值则是由'巨万'来表示的。"① "巨万"在《汉书》中也经常写作"钜万"或改称"大万"，其数值均与"亿"同。如：

①梁多作兵器弩、弓、矛数十万，而府库金钱且百巨万，珠玉宝器多于京师。（《史记·梁孝王世家》）

②又兴十万余人筑卫朔方，转漕甚辽远，自山东咸被其劳，费数十百巨万，府库益虚。（《史记·平准书》）

③今累世承平，豪富吏民訾数钜万，而贫弱俞困。（《汉书·食货志上》）

④营起邑居，期日迫卒，功费大万百余。（《汉书·刘向传》）

例①，"百巨万"就是百亿。例②，"数十百巨万"就是数十亿到数百亿。例③，"数钜万"就是数亿。例④，"大万"，应劭曰："大万，亿也。

① ［日］牛岛德次：《〈史记〉和〈汉书〉中的数词》，周生亚译，《语言教学与研究》1995年第2期，第136页。

大，巨也。"《汉书》中也有不称"钜万"而径用"亿"或"万万"者。如：

①乃分遣御史廷尉正监分曹往，（往）即治郡国缗钱，得民财物以亿计，奴婢以千万数。（《汉书·食货志下》）

②今寿昌欲近籴漕关内之谷，筑仓治船，费直二万万余，有动众之功，恐生旱气，民被其灾。（《汉书·食货志上》）

例②，服虔曰："万万，亿也。"由此可断定，两汉时代，大数数值基本上是可以确定的。

其实，上古汉语里，"亿""兆"这类大数，在多数情况下都不是确数，而是虚数，意指极言其多。如：

①一人有庆，兆民赖之。（《尚书·吕刑》）

②虽其善祝，岂能胜亿兆人之诅？（《左传·昭公二十年》）

③此两策者，相去远矣，有亿兆之数。（《战国策·楚策一》）

④朕获保宗庙，以微眇之身托于兆民君王之上。（《史记·孝文本纪》）

古人视"十""百""千""万"为"盈数"，如《左传·闵公元年》说："万，盈数也。"盈数即满数，数至"十"为"小盈"，至"万"为"大盈"，所以生活中真正被视为大数的常常是"万"。文献中也常常"一""万"对比使用，道理即在于此。如：

①万室之国，一人陶，则可乎？（《孟子·告子下》）

②一心定而万物服。（《庄子·天道》）

③故曰"以近知远，以一知万，以微知明"，此之谓也。（《荀子·非相》）

④既知一时之权，又知万世之利。（《韩非子·难一》）

2. 关于零位和零数的表达问题

古代基数中，有关零位和零数的表达问题是一个十分重要的问题。前面说过，古人把"十""百""千""万"视为"盈数"，而"盈数"又有大小之分：数至"十"者为"小盈"，数至"万"者为"大盈"。盈数即满数，亦即整数。以"十"为单位，足"十"者为整数，不足者为零数。同理，以"百""千""万"为单位，足此者为整数，不足者为零数。上古汉语里，前期史料中于整数和零数之间多加连词"有"或"又"（"有"，甲骨文中作"㞢"形），而后期史料中，整数和零数之间又多以不加"有"或"又"为常。加不加"有"或"又",是个发展问题,其中是有规律可循的。

(1) 整数或整数和零数之间加"有"或"又"。其中有以下几种情况:

第一,多位数之间虽无空位,但数位之间可加"有"或"又"。如:

①壬申允狩、罕,隻(获)兕六,豕十业六,兔一百业九业九。(《乙》,764)

②易女邦嗣四白,人鬲自驭至于庶人六百又五十又九夫。(《大盂鼎》)

③叙孚戎孚人百又十又四人。(《敔簋》)

④期三百有六旬有六日,以闰月定四时,成岁。(《尚书·尧典》)

多位数的数位之间加"有"或"又",这种形式应承认是最古老的,起源最早。这种"有"或"又"的作用在于说明数位之间的区隔,是十进制的标志。管燮初先生说:"数词的位与位之间每进一位可以加一个连词业或又,如⋯⋯'十业六,一百业九业九。'"[①]

第二,相邻的数位之间加"有"或"又"。如:

①贞:羌十又五,卯五牢。(《粹编》,540)

②南尸东尸具见,廿又六邦。(《宗周钟》)

③肇十有二州,封十有二山,浚川。(《尚书·尧典》)

④吾十有五而志于学。(《论语·为政》)

⑤卫之遗民男女七百有三十人。(《左传·闵公二年》)

⑥(今秦)在魏者乃据圉津,即去大梁百有二十里。(《荀子·强国》)

例①—④,"十""廿"为整数,"又"或"有"以下为零数。例⑤⑥,"七百""百"为整数,"有"以下为零数。因此,引例中的"有"或"又"的作用,即在于标明零数。

第三,零位加"有"或"又"。

多位数中,如果相邻的数位有空位(即零位),那么这个空位也可加"有"或"又"。如:

①丙子麑,允罕二百业九。(《通纂》,23)

②易宜庶人六百又六夫。(《宜侯矢簋》)

③出铁之山三千六百有九。(《管子·地数》)

---

① 管燮初:《殷虚甲骨刻辞的语法研究》,中国科学院 1953 年版,第 34 页。

④执卤获丑七万有四百四十三级。(《史记·卫将军骠骑列传》)

例①—③，十位数均为空位，即零位，因此加"有(屮)""又"以为标志。例④，千位数为零位，因缺位而加"有"，以为标志。由以上论述可知，古代整数或整数和零数之间加"有"或"又"，其作用有三：一是标志进制，二是标志零数，三是标志零位。这第三点尤为重要。

国外学者认为公元前 300 年(周赧王十五年)左右，当苏美尔人的计算体系传给巴比伦人后，巴比伦人在他们的楔形数字体系中发明了用楔形符号表示空着的数位。应当说这不算太早。前面的材料可以证实，我国的甲骨文早就用"屮"作为多位数的隔位或零位符号。在殷人的计算体系中，既然能把"屮"作为进位和零数的标志，这说明零位的概念在头脑中已牢牢地建立起来。数的零位概念和"零"的数的概念完全不是一回事。在国外，公元 628 年(唐太宗贞观二年)，印度天文学家、数学家布拉马古普塔被看作是建立"零"的数的概念和符号的第一人。与此相关的是中国唐代的瞿昙悉达。瞿昙悉达，唐睿宗、玄宗时代人物，其先祖由天竺移居中国，后世居长安。唐玄宗开元六年(公元 718 年)，瞿氏奉诏翻译天竺《九执历》并修撰《开元占经》，其中就提到"九数进十，进入前位，每空位处，恒安一点，但当时并未被我国学者采用"①。这说明，我国在唐代以前，"零"作为数的概念还没有建立起来。汉语"零"作为数词，真正确立起来是在宋元以后。"零"的数的概念确立之后，其名称或称"单"或称"零"，它是多位数的有机组成部分，与古代的"有"或"又"在性质上是完全不同的。如：

①寒食相逢何处，百单五个黄昏。(宋·李从周：《风入松·冬至》)

②吏人，这官人曾做三百单八只词，博得个屯田员外郎。(《张协状元》，第四十八出)

③小夫人将一串一百单八颗西珠数珠，颗颗大如鸡豆子，明光灿烂。(明·冯梦龙：《警世通言·小夫人金钱赠年少》，第十六卷)

④再添五两，共一百零五两，成交了罢，天平地平。(《老乞大》)

⑤却说那女娲氏炼石补天之时，于大荒山无稽崖炼成高十二丈、见方二十四丈大的顽石三万六千五百零一块。(《红楼梦》，第一回)

---

① 向熹：《简明汉语史》(修订本)，下册，商务印书馆 2010 年版，第 582 页。

⑥这四十九日，单请一百零八众僧人在大厅上拜"大悲忏"，超度前亡后死鬼魂。（《红楼梦》，第十三回）

（2）整数或整数和零数之间也可不加"有"或"又"。也有以下几种情况：

第一，多位数的数位之间或相邻的数位之间也可以不加"有"或"又"。如：

①八日辛亥，允戈伐二千六百五十六人，在𤔌。（《通纂》，19）

②我二十五年矣，又如是而嫁，则就木焉。（《左传·僖公二十三年》）

③吾有司死者三十三人，而民莫之死也。（《孟子·梁惠王上》）

④荆庄王并国二十六，开地三千里。（《韩非子·有度》）

⑤回年二十九，发尽白，蚤死。（《史记·仲尼弟子列传》）

第二，多位数中的零位也可以不加"有"或"又"。如：

①三百五篇，孔子皆弦歌之，以求合韶武雅颂之音。（《史记·孔子世家》）

②食邑平阳万六百三十户，号曰平阳侯。（《史记·曹相国世家》）

③二十九篇何所起？百二篇何所造？（《论衡·谢短》）

例①③，零位均为十位数，缺位不加"有"或"又"。例②，零位为千位数，缺位也不加"有"或"又"。多位数中的零位不加"有"或"又"，这种情况主要出现在上古汉语后期。

第三，多位数如果充当句子的状语成分，该数的数位之间也不加"有"或"又"。如：

①景伯曰："晋范鞅贪而弃礼，以大国惧敝邑，故敝邑十一牢之。"（《左传·哀公七年》）

②殇公即位十年耳，而十一战，民苦不堪。（《史记·宋微子世家》）

例①，"十一牢"，是指用牛羊豕各十一头去进献给范鞅，供其享用。"牢"用如动词，指牢赏。例②，"十一"，用为动量，指十一次。

综上所述，就整个上古汉语而言，其前期，即商和西周时期，整数和零数之间，基本上是以加"有"或"又"为常，而到了中后期，即春秋、战国及两汉时代，又以不加"有"或"又"为常，这就是因语言发展而带来的变化。龙国富先生曾以《春秋》和《左传》为例作过统计：《春秋》经中有

219 例位数词和系数词组合都带"有"字,而到《左传》中带"有"的只有
4 例,不带"有"的竟有 275 例,借此说明"春秋末年,不带'有'的形式
逐渐取代带'有'的形式,带'有'的形式趋于消亡"①。这一数据是很能说
明问题的。《春秋》和《左传》的材料对比,主要体现在时间词上。如:

　　①十有五年春二月,天王使家父来求车。(《春秋·桓公十五年》)

　　②十五年春,天王使家父来求车,非礼也。(《左传·桓公十五年》)

　　③二十有九年春,公至自乾侯,居于郓。(《春秋·昭公二十九年》)

　　④二十九年春,公至自乾侯,处于郓。(《左传·昭公二十九年》)

　　其实,对比的材料还可以扩充一些。《尚书》和《史记》的材料对比或
许更能说明问题。如:

　　①帝曰:"咨,汝二十有二人,钦哉,惟时亮天功。"(《尚书·尧典》)

　　②此二十二人咸成厥功。(《史记·五帝本纪》)

　　③期三百有六旬有六日,以闰月定四时,成岁。(《尚书·尧典》)

　　④岁三百六十六日,以闰月正四时。(《史记·五帝本纪》)

　　⑤二十有八载,帝乃殂落。(《尚书·尧典》)

　　⑥尧辟位凡二十八年而崩。(《史记·五帝本纪》)

　　例①—⑥,通过材料对比,充分说明《史记》在运用古代史料时所体现
的口语化趋势。到了中古汉语,个别文献的多位数仍有于整数和零数之间加
"有"的古老用法,应承认这只是一种仿古现象,要区别对待。如:

　　①共工生后土,后土生噎鸣,噎鸣生岁十有二。(《山海经·海内经》,
卷十八)

　　②又二十有八年,天下大治。(《列子·黄帝》,卷二)

　　③臣生长邠岐,年五十有九。(《后汉书·皇甫规传》)

　　④舍利弗,吾止此室十有二年。(《维摩诘经·观众生品》,卷中)

　　⑤自永嘉已来,二百余年,建国称王者十有六君。(《洛阳伽蓝记·建阳
里》杨注,卷二)

　　3. 关于自然数的进位问题

　　所谓自然数,就是指大于零的整数,亦即指有自然序列的基数。著名语

---

　　①　殷国光、龙国富、赵彤:《汉语史纲要》,中国人民大学出版社 2011 年版,第 155 页注②。

言学家高名凯先生认为中国古代数词的进制，"除十进系统之外尚有十二系统"，"还有以十六为单位的数目系统，这系统和十进的系统或许同时存在"，但不可否认的是"十进系统在殷商时代早已成为中国数目的正统系统了，虽然十六系统的痕迹尚有其存在"[①]。

应当承认十进制系统是中国古代数词最古老、最正统的进制系统。这是可以证明的：

（1）甲骨文多位数，数位之间加"屮"，被区隔的数位，除小于"十"的零数外，其他都是"十"或"十"的倍数，这是十进制的最有力的证明。例句见前，不再引证。

（2）甲骨文的数字合文，也足以证明十进制系统的存在。如以"十""二十""三十""四十""五十""百""五百""千""三千""五千""万""三万"为例，其合文字形分别作|、∪、山、山、坴、△、叒、礻、羊、

羊、、。由以上字形分析可以看出，以"十""百""千""万"为单位，合文正是通过算筹累加或字形复合的手段来表示出"十""百""千""万"的倍数：$10 \times 2 = 20$，$10 \times 3 = 30$，$10 \times 4 = 40$，$10 \times 5 = 50$，$100 \times 5 = 500$，$1\,000 \times 1 = 1\,000$，$1\,000 \times 3 = 3\,000$，$1\,000 \times 5 = 5\,000$，$10\,000 \times 1 = 10\,000$，$10\,000 \times 3 = 30\,000$。

（3）从《说文》对造字的解释上也可看出古代十进制系统的存在。如《说文》说："百，十十也。从一白，数十十为百。"又说："千，十百也，从十，人声。"又说："万，虫也，从厹，象形。"段注云："谓虫名也，假借为十千数名。而十千无正字，遂久假不归，学者昧其本义矣。唐人作'万'，故《广韵》'万'与'萬'别。"

（4）古代文献视"十"为满数，破"十"为零，"百""千""万"均被视为"十"的倍数。如《史记·律书》说："数始于一，终于十，成于三。"《说文》也说："十，数之具也。""具"就是完备的意思，所以古人视"十"为盈数。古代文献叙事时常将"十"分解为两个数，两个数的和是"十"，"十"就是满数。如：

①　高名凯：《汉语语法论》，科学出版社1957年版，第150—152页。

①秋，晋韩宣子卒，魏献子为政，分祁氏之田以为七县，分羊舌氏之田以为三县。（《左传·昭公二十年》）

②今之欲王者，犹七年之病，求三年之艾也。（《孟子·离娄上》）

③若九合诸侯，一匡天下，为五伯长，是亦无他故焉，知一政于管仲也。（《荀子·王霸》）

例①—③，"七"加"三"，"九"加"一"均为"十"，"十"为满数。另外，文献中既然把"十"视为一个运算单位，那么与"十"对比使用的"百""千""万"等数自然也被视为"十"的倍数。如：

①起一人之徭，百亩不举；起十人之徭，千亩不举；起百人之徭，万亩不举；起千人之徭，十万亩不举。（《管子·臣乘马》）

②一可以胜十，十可以胜百，百可以胜千，千可以胜万，万可以胜天下矣。（《战国策·秦策一》）

③且仁人之用十里之国，则将有百里之听；用百里之国，则将有千里之听；用千里之国，则将有四海之听。（《荀子·议兵》）

总结以上，可知古代十进制系统不仅存在，而且早已运作于实际的计算之中，至迟到殷商时代，就已完全确立了。

（二）双数的发展

这里说的"双数"，指的就是"二""两""双""再"。"二""两""双""再"在古代汉语里是几个很有特点的数词，用法比较复杂。

1. "二"和"两"

上古汉语里"二"和"两"用法上很有区别，在多数情况下彼此是不能互代的。"二"和"两"的用法主要区别是：

第一，生活中用于计算数量多少时，用"二"不用"两"。如：

①二子乘舟，泛泛其景。（《诗经·邶风·二子乘舟》）

②二子知子孔之谋。（《左传·襄公十八年》）

③二老者，天下之大老也。（《孟子·离娄上》）

④樗里疾、公孙衍二人者，挟韩而议，王必听之。（《战国策·秦策二》）

"二"的这种用法，后来也一直保留下去。如：

①鲁公扈、赵齐婴二人有疾，同请扁鹊求治。（《列子·汤问》）

②忆念昔者，有二比丘犯律行，以为耻，不敢问佛。(《维摩诘经·弟子品》，卷上)

③(张)敷先设二床，去壁三四尺，二客就席。(《宋书·张邵传》)

④桓玄初并西夏，领荆江二州二府一国。(《世说新语·文学》)

作为基数，文献中当"二"与其他基数对比使用时，也是用"二"不"两"。如：

①三人占，则从二人之言。(《尚书·洪范》)

②回也闻一以知十，赐也闻一以知二。(《论语·公冶长》)

③尧之于舜也，使其子九男事之，二女女焉。(《孟子·万章下》)

④文王诛四，武王诛二。(《荀子·仲尼》)

第二，位数"十""百""千""万"的前面，一般也是用"二"不用"两"。如：

①二十年之外，吴其为沼乎！(《左传·哀公元年》)

②二百里男邦，三百里诸侯。(《尚书·禹贡》)

③信所出奇兵二千骑。(《史记·淮阴侯列传》)

④安息王令将二万骑迎于东界。(《史记·大宛列传》)

"万"的倍数，前面也用"二"不用"两"。如：

⑤(公孙)衍请受甲二十万，为君攻之。(《庄子·则阳》)

⑥万乘之国，人数开口千万也，偶策之，适日二百万，十日二千万。(《管子·海王》)

例⑥，"适"，原文作"商"，据于省吾先生意见校改。适，恰，恰好。

第三，整数后的零数，用"二"不用"两"。如：

①肇十有二州，封十有二山，浚川。(《尚书·尧典》)

②冬十二月，宣公即位。(《左传·隐公四年》)

③孔子以诗书礼乐教，弟子盖三千焉，身通六艺者七十有二人。(《史记·孔子世家》)

④骠骑将军逾居延，遂过小月氏，攻祁连山，得酋涂王，以众降者二千五百人，斩首虏三万二百级。(《史记·卫将军骠骑列传》)

第四，用邻接基数表示概数时，用"二"不用"两"。

这一规律主要用于上古汉语。如：

①（文王）用肇造我区夏，越我一二邦，以修我西土。（《尚书·康诰》）

②吾于武成，取二三策而已矣。（《孟子·尽心下》）

③居一二日，何来谒上，上且喜且怒。（《史记·淮阴侯列传》）

④周文败，走出关，止次曹阳二三月。（《史记·陈涉世家》）

但两汉以后，用邻接基数表示概数时，"二""两"也多混用。如：

①且诸君独以身随我，多者两三人。（《史记·萧相国世家》）

②人且死见鬼，宜见数百千万，满堂盈廷，填塞巷路，不宜徒见一两人也。（《论衡·论死》）

③及受遗当权，四方辐凑，闲居高卧，一无所接，谈客文士，所见不过一两人。（《宋书·袁粲传》）

④闻有虎，辄自围捕，往无不得，一日或得两三。（《宋书·沈攸之传》）

⑤饮酒勾巡一两杯，徐徐慢拍管弦催。（变文《难陀出家缘起》）

古代"一二""二三"这类概数也可活用。活用时，也是用"二"不用"两"。如：

①寡君愿与一二兄弟相见，以谋不协。（《左传·襄公三年》）

②听不失一二者，不可乱以言。（《史记·淮阴侯列传》）

③士也罔极，二三其德。（《诗经·卫风·氓》）

④士之二三犹丧妃耦，而况霸主？（《左传·成公八年》）

例①②，"一二"，极言数量之少。例③④，"二三"用为动词，指人言行不一，品德不正。

第五，分数中的分子，用"二"不用"两"。如：

①二，吾犹不足，如之何其彻也？（《论语·颜渊》）

②马之死者十二三矣。（《庄子·马蹄》）

③诸侯之地不足为汉郡什二。（《史记·吴王濞列传》）

④会天寒，士卒堕指者什二三。（《史记·高祖本纪》）

第六，表次序，表排行，用"二"不用"两"。如：

①岁二月，东巡狩，至于岱宗。（《尚书·尧典》）

②郕文公元妃齐姜生定公，二妃晋姬生捷菑。（《左传·文公十四年》）

③取国有五难：有宠而无人，一也；有人而无主，二也；有主而无谋，三也；有谋而无民，四也；有民而无德，五也。（《左传·昭公二十年》）

④臣意即为之作下气汤以饮之，一日气下，二日能食，三日即病愈。（《史记·扁鹊仓公列传》）

当汉代标准序数形式产生之后，"第"字后面只能用"二"，不能用"两"。如：

①有男四人，使相工相之，至第二子，其名玄成，相工曰："此子贵，当封。"（《史记·张丞相列传》）

②光武帝建平元年十二月甲子生于济阳宫后殿第二内中。（《论衡·吉验》）

第七，计算天然成双成对的事物，用"两"不用"二"。如：

①乃我请君塞两耳，无听谈者。（《战国策·赵策一》）

②长者与之提携，则两手奉长者之手。（《礼记·曲礼上》）

③蛾有两翼，变去蚕形。（《论衡·无形》）

这一用法，后来也一直继承下去。如：

①王子夜之尸，两手、两股、胸、首、齿，皆断异处。（《山海经·海内北经》，卷十二）

②公于是独往，食辄含饭著两颊边，还，吐与二儿。（《世说新语·德行》）

③捺熊两手，熊不得动。（《百喻经·老母捉熊喻》）

④两眼如镮大，叫如雷作。（《刘知远诸宫调》，第十一）

⑤两脸泪流如线。（《刘知远诸宫调》，第一）

与此相关的，凡是经过人们加工或有意搭配而成的成双成对的事物，也用"两"不用"二"。如：

①髧彼两髦，实维我仪。（《诗经·鄘风·柏舟》）

②两服上襄，两骖雁行。（《诗经·郑风·大叔于田》）

③与子上盟，用两珪质于河。（《左传·襄公三十年》）

作为上述用法的引申，现实中凡是对立的双方或相互矛盾的事物也是用"两"不用"二"。如：

①民之乱，罔不中听狱之两辞。（《尚书·吕刑》）

②一国两君，其谁堪之？（《左传·昭公七年》）

③故从亲，则诸侯割地以事楚；横合，则楚割地以事秦，此两策者相去远矣。（《战国策·楚策一》）

④今两虎共斗，其势不俱生。（《史记·廉颇蔺相如列传》）

⑤吾闻两雄不俱立，两贤不并世。(《史记·南越列传》)

⑥两敌相遇，一巧一拙，其必胜者，有术之家也。(《论衡·别通》)

第八，大约从中古汉语以后，量词前一般也是用"两"不用"二"。如：

①人有两种，法无不一。(唐·法海：《六祖坛经》)

②有西川黄三郎，教两个儿子投马祖出家。(《祖堂集》，卷十四)

③您咱两口儿夫妻似鱼如水。(《刘知远诸宫调》，第一)

④不多时，则见二人骑两匹马来。(明·洪楩：《清平山堂话本·杨温拦路虎传》)

第九，语法功能上，"两"可作状语而"二"不能。"两"作状语，表示两种动作行为在同一条件下同时进行。如：

①生不能用，死而诔之，非礼也；称一人，非名也。君两失之。(《左传·哀公十六年》)

②王曰："善，寡人愿两闻之。"(《战国策·楚策一》)

③目不能两视而明，耳不能两听而聪。(《荀子·劝学》)

④右手画圆，左手画方，不能两成。(《韩非子·功名》)

⑤燕秦不两立，愿先生留意也。(《史记·刺客列传》)

⑥事势不两大，王氏与刘氏亦且不并立。(《汉书·楚元王传》)

"两"也可作谓语，用为动词，表示两种情况同时存在，"二"却不能。如：

①见之知无厉，今贤之两之。(《战国策·燕策二》)

②心未尝不两也，然而有所谓一。(《荀子·解蔽》)

③利不可两，忠不可兼。(《吕氏春秋·权勋》)

例①，"两之"，指对苏子既封之，又相之。例②，"两"，指心有二用。例③，"不可两"，指大利、小利不可同时兼得。

通过以上论述，可知"二""两"在上古汉语时期，用法上是有较严格的区别的，不可互代。但两汉以后，"二""两"用法逐渐模糊起来。这正如王力先生所说："从汉代开始，'两''二'的范围渐渐交错起来，……从此以后，'两'和'二'在某种程度上竟成为同义词。"[①] 其实，"二""两"混

---

① 王力：《汉语史稿》，中册，科学出版社1958年版，第251页。

用，先秦时已有些苗头。请比较：

①辛伯谏曰："并后，匹嫡，两政，耦国，乱之本也。"（《左传·桓公十八年》）

②昔辛伯谂周桓公云："内宠并后，外宠二政，嬖子配嫡，大都耦国，乱之本也。"（《左传·闵公二年》）

③然则人之所以为人者，非特以二足而无毛也，以其有辨也。（《荀子·非相》）

④两足不能相过。（《穀梁传·昭公二十年》）

⑤二军相当，两旗相望。（《韩非子·内储说下》）

例①②，"两政""二政"并用。例③④，"二足""两足"并用。例⑤，"二军""两旗"并用。但是，"二""两"用法界限不清者主要还是出现在两汉以后。如：

①（高祖）乃前，拔剑击斩蛇，蛇遂分为两，径开。（《史记·高祖本纪》）

②赵军分而为二，粮道绝。（《史记·白起王翦列传》）

③独有女弟二人，两女一男，今复十余年。（《汉书·苏武传》）

④举手长劳劳，二情同依依。（汉·无名氏：《焦仲卿妻》）

⑤夫天无二日，土无二王。（《三国志·蜀书·邓芝传》）

⑥二国交兵，当互加抚养。（《宋书·张畅传》）

⑦既用两牛，两人牵之，一人将耕，一人下种，二人挽耧，凡用两牛六人，一日才种二十五亩。（《齐民要术·耕田》，卷一）

⑧以先有要，不敢起避，遂令二目俱失其明。（《百喻经·为二妇故丧其两目喻》）

⑨舜子拭其父泪，与舌舐之，两目即明。（变文《舜子变》）

例①②，"两""二"并用。例③，"二""两"并用。例④—⑥，"二情""二日""二王""二国"，当用"两"而用"二"。例⑦，"两""二"并用。例⑧⑨，"二""两"并用。

2. "双"和"两"

"双"和"两"，虽然词义上比较接近，但用法上仍有较大区别。两词用法上主要区别是：

第一，从词性上看，"双"既是数词，也是量词，而"两"只能用为数词。

《说文》云："双，隹二枚也，从雔，又持之。"段注："《方言》：'飞鸟曰双，雁曰乘。'"段注引文见《方言》卷六。戴震云："扬雄《解嘲》：'乘雁集不为之多，双凫飞不为之少'，李善注引《方言》：'飞鸟曰双，四雁曰乘'，'四'字，盖李善所增。"① 由引文可知，"双"最初适应范围很窄，是专指自然界的禽鸟说的，两鸟叫"双"，两雁叫"乘"。《广雅·释诂》："双、耦、匹、乘，二也。""双"在先秦两汉文献中较少使用。据我统计，今文《尚书》等十部文献，共见11次。具体数据是：今文《尚书》0次，《诗经》1次，《论语》0次，《左传》2次，《孟子》0次，《庄子》1次，《荀子》0次，《韩非子》1次，《吕氏春秋》0次，《论衡》6次。"双"字使用较多的是两汉以后。如：

①愿为双黄鹄，高飞还故乡。（古诗《步出城东门》）

②思为双飞燕，衔泥巢君屋。（古诗《东城高且长》）

和"两"相比，"双"还可以用为量词，因此它经常使用在数量组合之中。这样的数量结构，既可以置于名词之前，也可以置于名词之后。如：

①然则不买五双珥，令其一善而献之王，明日视善珥所在，因请立之。（《战国策·楚策四》）

②臣请献白璧一双，黄金千镒，以为马食。（《战国策·燕策二》）

③我持白璧一双，欲献项王，玉斗一双，欲与亚父，会其怒，不敢献。（《史记·项羽本纪》）

④见鸟六双，以王何取？（《史记·楚世家》）

两汉以后，由"双"组成的数量结构，以置于名词之前为常。如：

①帐下壮士有典君，提一双戟八十斤。（《三国志·魏书·典韦传》）

②一双臂腕，切我肝肠。（唐·张鷟：《游仙窟》）

③一双老父母，解放眉头结。（《刘知远诸宫调》，第一）

④皇甫殿直劈手夺了纸包儿，打开看，里面一对落索环儿，一双短金钗，一个柬贴儿。（明·洪楩：《清平山堂话本·简贴和尚》）

---

① 戴震：《方言疏证》，卷六，四部备要本。

至于"两"，则不能用为量词。文献中，"两"通"緉"或"辆"，用于量词，那是另一个词，不能混为一谈。如：

①葛屦五两，冠緌双止。(《诗经·齐风·南山》)

②之子于归，百两御之。(《诗经·召南·鹊巢》)

③卤马牛羊十余万头，车四千余两。(《汉书·赵充国传》)

例①，"两"，《说文》作"緉"。《说文》云："緉，履两枚也。"段注云："《齐风》'葛屦五两'，履必两而后成用也，是之谓'緉'。"例②，"百两"即"百辆"。毛传云："百两，百乘也。"孔疏云："谓之两者，《风俗通》以为车有两轮，马有四匹，故车称两，马称匹。"例③，"四千余两"，"两"即"辆"。

第二，从词义上看，"双"的特点是专用于计算人为搭配的成双成对的事物，而"两"不能。如：

①葛屦五两，冠緌双止。(《诗经·齐风·南山》)

②(公)赐子家子双琥、一环、一璧、轻服，受之。(《左传·昭公三十二年》)

③美人赠我琴琅玕，何以报之双玉盘。(汉·张衡:《四愁诗》)

④中有双飞鸟，自名为鸳鸯。(汉·无名氏:《焦仲卿妻》)

⑤客从远方来，遗我双鲤鱼。(汉·无名氏:《饮马长城窟行》)

例①，"冠緌"即冠缨，一边一条，成双成对。例②③，"琥""玉盘"，均玉饰之物，亦成双成对。例⑤，"双鲤鱼"，指刻成鲤鱼形的一对木板，用作夹藏书信的信函。"冠緌""双琥""双玉盘""双鲤鱼"，皆人为搭配而成，故用"双"不用"两"。例④，"双飞鸟"，虽为自然之物，但人们将它们比为"夫妻"，也含有人为成分在内，所以也用"双"不用"两"。

由前面的统计数据可知，上古汉语很少用"双"，"双"字起源较晚。甲骨文无"两"也无"双"，金文有"两"无"双"，《尚书》不论今古文均不见"双"字。因此，我们可以推知，上古汉语前期，该用"双"的地方必然要用"两"去代替。由此可知，"双"的用法应视为是从"两"的用法中分化出来的。如：

①矩(白)或取赤虎两，麂𡲵两，秉鞈一，才二十朋，其舍三田。(《裘卫盂》)

例①，《裘卫盉》，西周中期恭王器。"赤虎两"，"两"是指成双成对的虎皮两张。"𪓈韐两"，疑是用麋皮包裹的一对玉缫，即盛玉的垫板。这些虎皮、玉缫成双成对，都是经过人工搭配的结果，照理应当用"双"不用"两"，但当时无"双"字，只能用"两"。这充分说明"双"字用法是后起的。这种"双""两"混用的情况，到了上古汉语中期也是存在的。如：

②以两矢门之，众莫敢进。（《左传·哀公四年》）

例②，"以两矢门之"，指公孙翀以双矢守卫着蔡昭所进之民宅，追杀蔡昭之人怕死而不敢入，可知"两矢"即"双矢"，"两""双"混用。到汉代，这种混用的情况也是存在的。请比较：

①庄子欲刺虎，馆竖子止之曰："两虎方且食牛，食甘必争，争则必斗，斗则大者伤，小者死，从伤而刺之，一举必有双虎之名。"（《史记·张仪列传》）

②侯八岁为将相，持国秉，贵重矣，于人臣无两。（《史记·绛侯周勃世家》）

③此时孟尝君有一狐白裘，直千金，天下无双。（《史记·孟尝君列传》）

例①，"两虎""双虎"并用，依理当用"两"不用"双"。例②③，"无两""无双"并用，依理当用"双"不用"两"。两汉以后，"双""两"混用的情况继续存在，两词几乎是作为同义词来使用的。如：

①谢公曰："见林公双眼黯黯，明黑。"（《世说新语·容止》）

②医以酥塗，上下著板，用力痛压，不觉双目一时併出。（《百喻经·医治脊偻喻》）

③十娘报以双履，报诗曰："双凫乍失伴，两燕还相属。"（唐·张鷟：《游仙窟》）

④"非礼勿听"，自是天理付与自家双耳，不曾教自家听非礼，才听非礼，便不是天理。（《朱子语类·训门人》）

⑤歇罢力生再战，双手执刃从争。（《刘知远诸宫调》，第十二）

⑥那爷爷睁双怪眼乌云黑，两鬓艮（银）丝雪炼（练）白。（元·无名氏：《小张屠焚儿救母》，第三折）

3. "再"和"二"

上古汉语里，"再"可用作基数，与"二"同义，这种用法大约始于战国时期。如：

①唯廿又再祀，屬羌乍戎。(《屬羌钟》)

②古之丧礼，贵贱有仪，上下有等：天子棺椁七重，诸侯五重，大夫三重，士再重。(《庄子·天下》)

③君子贱野而羞瘠，故天子棺椁十重，诸侯五重，大夫三重，士再重。(《荀子·礼论》)

④故事再其本，则无卖其子者；事三其本，则衣食足。(《管子·轻重甲》)

例①，《屬羌钟》，战国初期作品。"廿又再祀"，即周安王二十二年（公元前 380 年），"再"表示个位的零数，与"二"意义相同。例②③，"再重"即"二重"，"再""二"同义。例③，"十重"，清王引之认为当是"七"字之误，此说可从。① 例④，"再其本"，即"二其本"，指农事收益相当于工本的两倍，"再"引申作动词。到了上古汉语后期，"再""二"也有相通者。如：

①王之五路，一曰玉路，锡樊缨，十有再就，建大常，十有二斿，以祀。(《周礼·春官·巾车》)

②凡丧，王则张帝三重，诸侯再重，孤卿大夫不重。(《周礼·天官·掌次》)

③于是弘羊赐爵左庶长，黄金再百斤焉。(《史记·平准书》)

例①，"五路"即"五辂"，古代帝王出行时所乘的五种车子。"十有再就"指"樊"（通"鞶"）、"缨"上缠绕之物有十二匝；"十有二斿"指"太常"旗上的十二条飘带，文中"再""二"对举，可知词义相同。例②，"再重"即二重。例③，"再百斤"即"二百斤"。但是，总体上看，"再""二"用法上仍有较大区别：

第一，"再"可作状语，表示动量或次第，"二"不行。如：

①季文子三思而后行，子闻之曰："再，斯可矣。"(《论语·公冶长》)

②吾父再奸王命，王弗诛，惠孰大焉？(《左传·昭公十三年》)

③范睢再拜，秦王亦再拜。(《战国策·秦策三》)

---

① 梁启雄：《荀子柬释》，商务印书馆民国二十五年（1936 年）版，第 266 页。

④吾与夫子再罹难，宁斗而死。（《史记·孔子世家》）

例①，"再"犹言"再思"，"再"指两次。余例说解同。"再"作状语，常与其他数词搭配使用，表示次第，意为"第二次"。如：

①夫战，勇气也。一鼓作气，再而衰，三而竭。（《左传·庄公十年》）

②一不朝，则贬其爵；再不朝，则削其地；三不朝，则六师移之。（《孟子·告子下》）

③教训不善，政事其不治，一再则宥，三则不赦。（《管子·小匡》）

④白起，小竖子耳，率数万之众，兴师以与楚战，一战而举鄢郢，再战而烧夷陵，三战而辱王之先人。（《史记·平原君虞卿列传》）

例①—④，"再"，表次第，均为"第二次"之意。《说文》云："再，一举而二也。"段注云："凡言二者，对偶之词；凡言再者，重复之词，一而又有加也。"段注与《说文》说的有点不搭边。"再"作副词，表重复义，是后起的。

第二，"再"与"一""三"连用，表示重复，"二"不行。

"再"的这一用法，主要是在两汉以后。从功能上看，不限于作状语，也可作谓语、补语。如：

①再三问，不对。（《左传·昭公二十五年》）

②夫一杨叶射而中之，中之一再。（《论衡·儒增》）

③管蔡篡畔，周公告教之，至于再三。（《论衡·谴告》）

④一弹再三叹，慷慨有余哀。（古诗《西北有高楼》）

⑤布欲使涣作书晋辱备，涣不可，再三强之，不许。（《三国志·魏书·袁涣传》）

⑥托疾免归，州郡承冀旨，几陷死者再三。（《后汉书·皇甫规传》）

⑦又有将雏鸡雀集其前，皆驱去复还，至于再三。（《宋书·符瑞志上》）

⑧敬弘见儿孙岁中不过一再相见，见辄克日。（《宋书·王敬弘传》）

⑨大师言："有疑即问，何须再三？"（唐·法海：《六祖坛经》）

⑩云庆见和尚再三不肯回避，雨泪悲啼。（变文《庐山远公话》）

⑪宁术割犹以为数少，再三乞增加，上不许。（宋·徐梦莘：《三朝北盟会编·燕云奉使录》，卷十五）

近古时期，也有"再""四"连用者，这属于个别情况。如：

⑫那钱锁儿说有浑家在家，再四不肯。（明·朱有燉：《团圆梦》，第三折）

⑬王夫人再四遣他去睡，他也便去了。（《红楼梦》，第七十六回）

王力先生说："整个上古时期，'再'字始终只有'两次'的意义，没有'复'的意义"①，又说："直到近代（大约在明代或较早），'再'字才发展为副词，表示'又一次'。"② 实际情况恐怕有出入。我们认为，"再"由数词演变为副词，上古汉语中后期就已经有了这样的苗头。如：

①吾生乎乱世，而无道之人再来漫我以其辱行，吾不忍数闻也。（《庄子·让王》）

②龟至，君再欲杀之，再欲活之。（《庄子·外物》）

③曾子再仕而心再化。（《庄子·寓言》）

④公之鱼曰："昔吾先君用之不终，终为诸侯笑。今又用之，不能终，是再为诸侯笑。"（《史记·孔子世家》）

例①，"再""数"对举，"再"为副词无疑。例②③，"再""再"并用，意为"……又……又……"，"再"为副词无疑。例④，"又""再"对举，"再"为副词无疑。两汉以后，到了中古、近古时期，"再"已演变为副词，这更是确定无疑的。如：

①于是相公闻语，举身自扑，匐面在地，更不再起。（变文《庐山远公话》）

②劣（当）时却领张令事（妻）归衣（于）店内，不经时向（饷）中间，张令妻即再苏息。（变文《叶净能诗》）

③兀室去，再来，云："得圣旨，将西京地土与贵朝，所有人户本国收系。"（宋·徐梦莘：《三朝北盟会编·燕云奉使录》，卷十四）

④知州相公再要夹时，张李受苦不过，再三哀求道："沈襄实未曾死，乞爷爷立个限期，差人押小的捱寻沈襄。"（明·冯梦龙：《喻世明言·沈小霞相会出师表》，第四十卷）

例②，文本《敦煌变文校注》。

第三，"再"也可用为动词，直接作谓语，表示两次或第二次实施某种

① 王力：《汉语史稿》，中册，科学出版社1958年版，第252页。
② 王力：《王力文集》，第11卷，山东教育出版社1990年版，第26页。

动作行为。如：

　　①一之谓甚，其可再乎？（《左传·僖公五年》）

　　②天禄不再。（《左传·昭公二十五年》）

　　③过言不再，流言不极。（《礼记·儒行》）

　　④勉哉夫子，不可再，不可三。（《史记·周本纪》）

　　⑤陛下至代邸，西向让天子位者再，南面让天子位者三。（《史记·袁盎晁错列传》）

　　"再"表动量，上古和中古汉语，也有"再""二"混用者。如：

　　①故舜一徙成邑，二徙成都，三徙成国。（《管子·治国》）

　　②五月耕，一当三；六月耕，一当再。（《齐民要术·耕田》，卷一）

　　③治牛中热方：取兔肠肚，勿去屎，以草裹吞之，不过再三，即愈。（《齐民要术·养牛马驴骡》，卷六）

　　例①，"二徙"犹言"再徙"，"二""再"义同。例②，"一当再"，一遍抵两遍之意，"再""二"义同。例③，"不过再三"犹言"不过二三"，"再三"表动量，非表重复。

（三）序数的发展

　　古代序数的形成和发展，是一个比较复杂的问题，不能笼统而论，必须分类说明之。总的来说，上古汉语前中期，没有真正的序数。真正序数的产生是在上古汉语后期，即两汉时代。下面分别说明一下。

1. 序数和序数的表达

　　前面说过，序数是表示次第的数词，因此序数最基本的作用是用来排序的，不是用来计数的，这是它与基数的本质区别。汉语序数的产生有一个过程。在上古汉语前中期，序数的表达主要是借助同形的基数法和其他词汇描写法（含干支法和词汇借代法）来完成的。但这些具有指序作用的基数和其他词汇形式，并不是真正的序数，我们统称为"准序数"。到了上古汉语后期，即两汉时代，汉语才产生了真正的序数（即第字法），可称之为"真序数"或"纯序数"。序数和序数表达是两个问题，两者并非总是一致的。这里涉及语言形式和语言逻辑的关系问题。语言中具有指序作用的词并不一定都是"真序数"或"纯序数"，这正像语言中具有连接作用的词并不都是连词一样。这些都是语言发展带来的问题，也必须从发展角度予以合情合理的解释才是。

著名语言学家高名凯先生曾认为："汉语的纯粹序数其实就是干支。干支的发明本来是用以纪日，后来又用以纪年纪月纪时。时、日、月、年都是时间的问题，而时候的特征则在于有顺序。干支是用来纪年、纪月、纪日、纪时的，并不是用来计算时日的多少。换言之，他的用处是在说明时日前后的顺序，所以它根本是个序数的性质。"① 我们认为干支是个"准序数"，不是"纯粹序数"。理由是：

第一，上古汉语中，干支并非唯一具有指序作用的词。

甲骨文中确实已出现过一份完整的干支法（见《甲骨文合集》第 37986 片），从甲子始，至癸亥止，六十个单位为一组合，完完整整。干支的来历至今说不清楚。《尔雅·释鱼》说："鱼枕谓之丁，鱼肠谓之乙，鱼尾谓之丙"，这话都是不可靠的。但有一点可以肯定，干支的用字都是假借而成。有种说法认为，十干和十二支最初同月名有关：十干是西羌民族的十个月名，十二支是东夷民族的十二个日名。商族进入中原之后，便将干支合起来用于纪日。这样看来，干支本应视为时间名词较妥。时间是有序的。因此用于纪日的干支也是有序的。管燮初先生说："日子的序数用干支替代数词，初一要是甲子，初二初三就排着乙丑、丙寅数下去"②，又说："西周沿用干支纪日。干支有序数的作用。"③ 我们同意管先生的意见。干支本该是名词，它"有序数的作用"，是因为它能"替代数词"，因此我们称之为"准序数"，而不是"真序数"或"纯序数"。上古汉语中，具有指序的词并不限于六十干支。如"大上""其次""上""中""下""长""少"这类词，在叙事、等级排列中也都具有指序作用，它们也不是"真序数"或"纯序数"，而是"准序数"。现实生活中也不乏其例。如我国的耳苏族至今仍用十二生肖纪日，而不用序数④，但我们应承认，"虎""兔""龙""蛇"这些词并不是"真序数"或"纯序数"，它们至多算是个"准序数"而已。

① 高名凯：《汉语语法论》，科学出版社 1957 年版，第 154 页。
② 管燮初：《殷虚甲骨刻辞的语法研究》，中国科学院 1953 年版，第 34 页。
③ 管燮初：《西周金文语法研究》，商务印书馆 1981 年版，第 176 页。
④ 刘尧汉等：《一部罕见的象形文历书》，《中国历史博物馆刊》1981 年第 3 期，第 125—131 页。

第二，上古汉语中，"干支"的指序作用是有限的。

大家知道，基数和与之相对应的序数，都是一个无穷尽的数的系列。但是"干支"的指序作用是十分有限的：六十个单位为一组合，始于甲子，终于癸亥，超过六十，又得从头再来。如西汉汉平帝刘衎元始元年（公元1年），用干支纪年，这一年是辛酉年，而同一个"辛酉"，六十年后却是东汉明帝刘庄的永平四年（公元61年）。同理，先秦时代干支主要用于纪日，但同一个干支究竟指的那一天，这要由当月朔日的干支来确定，然后才能准确推算出来。这些都说明干支的指序作用是有限的，所以它也不是真正的序数。

2. 上古汉语序数的分类及其功用

上古汉语的前中期，虽无真正的序数，但为了表达语言中的时间、叙事、等级以及动作行为先后的次序，就常常采取同形基数或借用其他词汇的"准序数"形式来表示序数的概念。这样，就必然涉及汉语序数产生过程中所遇到的内部分类问题。因此本书在讨论这一内容时，又必然将"准序数"作为数的一个概念加以反复交代。我们认为，只有这样，在后面讨论序数的发展时才算有了"根基"。

（1）时间序数。

时间序数是说明时间先后顺序的数词。古代时间序数的表达，主要是采用"准序数"的形式：

甲、基数法

基数法是指用基数形式来表达序数概念。如：

①既克商二年，王有疾，弗豫。（《尚书·金縢》）

②七月流火，九月授衣。（《诗经·豳风·七月》）

③君子之泽五世而斩。（《孟子·离娄下》）

④自吾闻子之言，一年而野，二年而从，三年而通，四年而物，五年而来，六年而鬼入，七年而天成，八年而不知死、不知生，九年而大妙。（《庄子·寓言》）

⑤臣意即为之作下气汤以饮之，一日气下，二日能食，三日即病愈。（《史记·扁鹊仓公列传》）

乙、干支法

干支法是指把具有指序作用的十干和十二支依次相配，组成六十个单位，用于纪时。在先秦，干支主要用于纪日。如：

①予维乙卯，朝至于洛师。（《尚书·洛诰》）

②五月庚申，郑伯侵陈，大获。（《左传·隐公六年》）

单用天干或地支来纪日也是有的，不过情况较少见。如：

①出国门而轸怀兮，甲之晁吾以行。（《楚辞·九章·哀郢》）

②子卯不乐。（《礼记·檀弓下》）

例①，王逸注云："甲，日也，晁，旦也。"例②，郑玄注云："纣以甲子死，祭以乙卯亡，王者谓之疾日，不以举乐为吉事，所以自戒惧。"可知"子卯"当是甲子和乙卯的简称。干支纪日始于商代，两汉以后也可用于纪月、纪年。

丙、综合法

综合法是指把基数法和干支法结合起来用于纪时。如：

①七月甲戌，齐子尾卒。（《左传·昭公八年》）

②后七年六月己亥，帝崩于未央宫。（《史记·孝文本纪》）

早期文献中，也有用基数法和干支法同时纪日的。如：

③惟二月既望，越六日乙未，王朝步自周，则至于丰。（《尚书·召诰》）

④越三日丁巳，用牲于郊，牛二。（《尚书·召诰》）

例③，"二月"指周成王七年二月。此月望日为己丑，"既望"应是庚寅。以望日为起点，过了六日正是乙未。例④，"越三日丁巳"是指周成王七年三月十四日。"三日"和"丁巳"，也是用基数法和干支法同时纪日。

（2）叙事序数。

叙事序数是指叙事说理时指明论述先后层次的数词。

古代叙事序数的表达，也主要采用"准序数"形式：

甲、基数法

①务三而已：一曰择人，二曰因民，三曰从时。（《左传·昭公七年》）

②君之所审者三：一曰德不当其位，二曰功不当其禄，三曰能不当其官。（《管子·立政》）

③父母俱存，兄弟无故，一乐也；仰不愧于天，俯不怍于人，二乐也；得天下英才而教育之，三乐也。（《孟子·尽心上》）

④是吾处三不义也：为主守地而不能死，而以与人，不义一也；主内之

秦，不顺主命，不义二也；卖主之地而食之，不义三也。(《战国策·赵策一》)

乙、借代法

借代法是指借用其他词汇形式来表达序数概念。如：

①大上有立德，其次有立功，其次有立言。(《左传·襄公二十四年》)

②故善战者服上刑，连诸侯者次之，辟草莱、任土地者次之。(《孟子·离娄上》)

丙、综合法

综合法是指把基数法和借代法结合起来用于表达叙事说理的层次。如：

①初一曰五行，次二曰敬用五事，次三曰农用八政，……次九曰向用五服，威用六极。(《尚书·洪范》)

②天乃锡禹洪范九等，常伦所序。初一曰五行，二曰五事，三曰八政，……九曰向用五服。(《史记·宋微子世家》)

(3) 等级序数。

等级序数是表示人或事物等级排列或自然排序的数词。古代等级序数的表达主要采用"准序数"或"真序数"形式：

甲、基数法

①中行伯之于晋也，其位在三。(《左传·成公三年》)

②文公二妃敬嬴生宣公。(《左传·文公十八年》)

③太后曰："敬诺，年几何矣?"对曰："十五岁矣。"(《战国策·赵策四》)

④脉法曰："年二十脉气当趋，年三十当疾步，年四十当安坐。"(《史记·扁鹊仓公列传》)

乙、借代法

①(雍州)厥土惟黄壤，厥田惟上上，厥赋中下。(《尚书·禹贡》)

②百亩之粪，上农夫食九人，上次食八人，中食七人，中次食六人，下食五人。(《孟子·万章下》)

③群臣吏民，能面刺寡人之过者受上赏，上书谏寡人者受中赏，能谤议于市朝，闻寡人之耳者受下赏。(《战国策·齐策一》)

例①，序列为九级，"上上"为第一等，"中下"为第六等。例②，序列为五级，"上""上次""中""中次""下"分别为第一、第二、第三、第四和第五等。例③，序列为三级，"上""中""下"分别为第一、第二和第三等。上古汉语里，借代法也可用来表示排行。如：

①伯父、伯兄、仲叔、季弟、幼子、童孙，皆听朕言，庶有格命。（《尚书·吕刑》）

②伯氏吹埙，仲氏吹篪。（《诗经·小雅·何人斯》）

③（熊严）有子四人，长子伯霜，中子仲雪，次子叔堪，少子季徇。（《史记·楚世家》）

丙、综合法

这里说的综合法是指把基数法和借代法结合起来表示等级序数的概念。如：

①陈哀公元妃郑姬生悼大子偃师，二妃生公子留，下妃生公子胜。（《左传·昭公八年》）

②陆终生子六人，坼剖而产焉。其长一曰昆吾，二曰参胡，三曰彭祖，四曰会人，五曰曹姓，六曰季连。（《史记·楚世家》）

丁、第字法

第字法是指在整数前加"第"字，用来表示等级的序数。用第字法构成的序数是"真序数"或称"纯序数"。这一形式产生于两汉时代。如：

①太后乃告上，拜义姁弟纵为中郎，补上党郡中令。治敢行，少蕴藉，县无逋事，举为第一。（《史记·酷吏列传》）

②文帝初立，闻河南守吴公治平为天下第一。（《汉书·贾谊传》）

（4）行为序数。

行为序数是用来说明动作行为先后次序的数词。行为序数的表达，在先秦主要是采用"准序数"形式的基数法。如：

①夫战，勇气也，一鼓作气，再而衰，三而竭。（《左传·庄公十年》）

②一不朝，则贬其爵；再不朝，则削其地；三不朝，则六师移之。（《孟子·告子下》）

③虞卿者，游说之士也，蹑𫏋檐簦说赵孝成王。一见，赐黄金百镒，白璧一双；再见，为赵上卿，故号为虞卿。（《史记·平原君虞卿列传》）

3. 序数发展的三个阶段

上面，我们从功用角度将古代序数（含"准序数"）分为四类：时间序数、叙事序数、等级序数和行为序数。但从表达形式而言，这四类序数所采用的方法最主要的有三种：基数法、借代法和第字法。我们认为，这三种方法实际上正好体现了汉语序数发展的三个阶段。

（1）基数法阶段。

从甲骨文开始，基数法就可以纪时，主要是用于纪月。如：

①丙辰卜，㱿贞：我弗其受黍年？四月。（《合集》，9950 正）

②壬子卜，宾贞：叀今一月，用三白羌于丁？（《合集》，293）

金文里，基数法不仅可以纪月，还可以纪年。如：

③隹三年五月既死霸甲戌，王才周康邵宫。（《颂鼎》）

④隹十又二年正月初吉丁亥，虢季子白乍宝盘。（《虢季子白盘》）

甲骨文里，个别基数也可用于等级序数。如：

⑤丙戌卜，其又（侑）四祖丁。（《粹编》，303）

例⑤，郭沫若先生考释云："'四祖丁'，王国维谓祖丁，以其在殷先王号丁者中居第四位也。大丁、沃丁、中丁、祖丁。"① 现在学术界有一种观点认为，甲骨文中"既然不能从形式上区分基数词与序数词，便不能说殷虚甲骨刻辞中有序数词。我们可以说刻辞中只有基数词而无序数词；但基数词与序数词是相对应而存在的，倒不如说刻辞中只有'数词'，它是后世基数词、序数词的共同祖先"②。杨先生的看法是可以商量的。这又涉及前面提到的语言形式和语言逻辑的关系问题。我们可以说甲骨文中基数和序数同形，但不可以说没有序数，更不可以说没有基数和序数之别，而只有"数词"。从"准序数"到"真序数"或"纯序数"，是要有一个发展过程的。甲骨文时代，虽然没有"真序数"的语言形式，但人们仍可以采用与基数同形的形式去表达序数的逻辑概念，这就是语言形式和语言逻辑的微妙关系。

到了上古汉语中后期，基数法不仅可以继续表示时间序数，而且还可以用于表示叙事序数、等级序数以及行为序数，并且这一用法后来也沿用下去。如：

①惟三月，周公初于新邑洛，用告商王士。（《尚书·多士》）

②火出，于夏为三月，于商为四月，于周为五月。（《左传·昭公十七年》）

① 郭沫若：《殷契粹编》，科学出版社 1965 年版，第 440 页。

② 杨逢彬：《殷虚甲骨刻辞词类研究》，花城出版社 2003 年版，第 192 页。

③人有恶者五，而盗窃不与焉：一曰心达而险，二曰行辟而坚，三曰言伪而辩，四曰记丑而博，五曰顺非而泽。(《荀子·宥坐》)

④一命齿于乡，再命齿于族，三命，族人虽七十，不敢先。(《荀子·大略》)

⑤四十八年十月，秦复定上党郡。(《史记·白起王翦列传》)

⑥秦二年十月，沛公攻胡陵，方与，还守丰。(《汉书·高帝纪上》)

⑦一则不能见是非，二则畏罚不敢直言。(《论衡·量知》)

⑧十五从军征，八十始得归。(古诗《十五从军征》)

⑨愚谓乃宜贷其妻子，一可使贼中不信，二可使诱其还心。(《三国志·魏书·高柔传》)

⑩始吾为盗也，一年而给，二年而足，三年大穰。(《列子·天瑞》，卷一)

⑪汉文帝十二年，吴地有马生角，在耳前，上向。(《搜神记》，卷六)

⑫是菩萨众中，有四导师：一名上行，二名无边行，三名净行，四名安立行。(《法华经·从地涌出品》，卷五)

⑬五月十五日以后，七月二十日以前，必须三度舒而展之。(《齐民要术·杂说》，卷三)

⑭过去有人，共多人众坐于屋中，叹一外人德行极好，唯有二过，一者喜瞋，二者作事仓卒。(《百喻经·说人喜瞋喻》)

⑮廿二日，早朝主人施粥。(唐·〔日〕释圆仁：《入唐求法巡礼行记》，卷二)

⑯一来雪儿正下，二来身上查痕未好。(《张协状元》，第十二出)

(2) 借代法阶段。

用借代法来表示序数概念，实际上甲骨文时已经开始。前面说过，甲骨文中的干支可以用于纪日，而干支实际上应视为时间名词。把时间名词借过来，用为时间序数，这就是借代。如：

①癸丑卜，贞：今岁受禾？弘吉。(《粹编》，896)

②壬子卜，争贞：我其乍邑，帝弗左，若？(《丙》，147)

例②，"左"同"左"，意为不便。甲骨文中也有只用天干纪日的用例。如：

③庚辰卜，辛至于壬雨？（《屯南》，2772）

例③，辛指次日辛巳，"壬"指第三日"壬午"。金文也是用干支纪日的。如：

④佳王元年六月既望乙亥，王才周穆王大（室）。（《曶鼎》）

⑤乙亥，王又大丰。（《大丰簋》）

整个上古汉语前中期，干支的主要作用都是用于纪日。如：

⑥越翼日乙丑，王崩。（《尚书·顾命》）

⑦五月辛丑，大叔出奔共。（《左传·隐公元年》）

⑧丁丑，楚子入飨于郑。（《左传·僖公二十二年》）

⑨及昭公即位，惧其杀己也，辛卯，弑昭公而立子亹也。（《韩非子·难四》）

上古汉语里，借代法也可用于叙事序数、等级序数的表达。如：

①初一曰五行，次二曰敬用五事，次三曰农用八政。（《尚书·洪范》）

②（荆州）厥土惟涂泥，厥田惟下中，厥赋上下。（《尚书·禹贡》）

③先王之正时也，履端于始，举正于中，归馀于终。（《左传·文公元年》）

④七年，厉公所杀桓公太子免之三弟：长曰跃，中曰林，少曰杼臼。（《史记·陈杞世家》）

这种用法，两汉以后也延续下去。如：

⑤彭城王，帝之次弟，宜征还入朝，共参朝政。（《宋书·范泰传》）

⑥诸葛恢大女适太尉庾亮儿，次女适徐州刺史羊忱儿。（《世说新语·方正》）

⑦首当缮篱落，次招抚流民，又次当置弓箭手，最后授常胜军田也。（宋·徐梦莘：《三朝北盟会编·茅斋自叙》，卷十九）

为适应语言交际的需要，语言发展就必然日趋精密化、科学化和实用化。长期保持基序同形是不可能的，因这会带来歧义，影响交际。同时，又由于上古汉语中期以后，叙事序数、等级序数和行为序数的产生，完全采用基数法去表达，这更是不可能的。序数发展的借代法的产生，虽然能满足时间序数、叙事序数、等级序数和行为序数表达的一时需要，但其本身也有许多不够完善的地方，这就决定了借代法也只能是序数发展的一个过渡阶段而已，只能是个汉语"真序数"或"纯序数"产生之前的准备期。

（3）第字法阶段。

古代序数发展到了第字法阶段，才算取得了完全独立的形式，做到了基序彻底分离而各自完全独立。

作为词头，"第"字产生于何时？王力先生说："'第'字真正用作序数的词头，大约在晋代以后（或较早）。"① 现在一般都认为"第"字产生于汉代，本书同意这一观点。大家知道，今本《说文》有"弟"无"第"，这说明原本《说文》是有"第"字的。唐代孔颖达在解释毛诗篇目"关雎诂训第一"的时候，引证《说文》说："《说文》云：'第，次也，从竹弟。'称第一者，言其次当一，所以分别先后也。"清代学者段玉裁同意此说，所以他在写《说文解字注》时，将"第"字收录进去，并于"弟"字注云："《诗》正义引《说文》有'第'字。"（见"弟"字注）《说文》是东汉时代作品，但从实际文献材料来看，《史记》中已有"第"字。"第"的本义是次第，是个名词，所以王力先生说："'第'字最初是个名词（次等），表示功勋的名次，或爵位的位次。"② "第"后接数词，如"第一""第二"云云，最初就是"次第为一""次第为二"的意思，应视为一个主谓词组。由此我们可以断定，词头"第"字就是由这种词组虚化而来，变成一个前加式的合成词的。《史记》里，"第"字作为词头，尚在形成之中，所以有些材料是游离的，特别是当"第＋数"作谓语的时候。如：

①何乃给泗水卒史事，第一。（《史记·萧相国世家》）

②夫君位为相国，功第一，可复加哉？（《史记·萧相国世家》）

③于是孝文帝乃以绛侯勃为右丞相，位次第一；平徙为左丞相，位次第二。（《史记·陈丞相世家》）

④策奏，天子擢弘对为第一。（《史记·平津侯主父列传》）

⑤有男四人，使相工相之，至第二子，其名玄成，相工曰："此子贵，当封。"（《史记·张丞相列传》）

例①②，"第一"之"第"，未必是词头。例①，萧何供职泗水郡卒史，而郡卒史、书佐各十人，何课第为一。此句《索隐》云："按：谓课最居第

---

①　王力：《王力文集》，第 11 卷，山东教育出版社 1990 年版，第 29 页。

②　同上。

一也"，"第"当指课第。例②，"功第一"犹言"功之次第为一"。但是，《史记》中"第＋数"，也可作宾语和定语，应视为一个合成词，"第"的词头性质是十分明显的。例③，"位次第一""位次第二"，就是"位居第一""位居第二"，"第一""第二"均作宾语。例④，"为第一"，"第一"亦作宾语。例⑤，"第二子"，"第二"作定语。

　　两汉以后，第字法的发展，主要体现在两大方面：

　　第一，从语法功能上说，"第＋数"或"第＋数量"结构不仅可作宾语、定语，还可作状语，这就促使"第"字彻底虚化为词头。如：

　　①我常称其于说法人中，最为第一。(《法华经·五百弟子授记品》，卷四)

　　②西域浮图，最为第一。(《洛阳伽蓝记·凝玄寺》杨注，卷五)

　　③不造第二，云何得造第三重屋？(《百喻经·三重楼喻》)

　　④石穴间得古《岳渎经》第八卷，文字古奇，编次蠹毁，不能解。(唐·李公佐：《古〈岳渎经〉》)

　　⑤座主云："讲第四卷毕。"(唐·[日]释圆仁：《入唐求法巡礼行记》，卷二)

　　⑥且如读书，读第一章，便与他理会第一章；读第二章，便与他理会第二章。(《朱子语类·训门人》)

　　⑦这是曾子传《大学》的第七章。(元·许衡：《鲁斋遗书·大学直解》，卷四)

　　例①—⑦，以上是"第＋数""第＋数量"作宾语。又如：

　　①孙休字子烈，权第六子。(《三国志·吴书·三嗣主传》)

　　②帝后第七车者，知我所来。(《搜神记》，卷四)

　　③其第五十善男子，善女人，随喜功德，我今说之，汝当善听。(《法华经·随喜功德品》，卷六)

　　④景仁爱其第三弟遰而憎述。(《宋书·谢景仁传》)

　　⑤世论温太真是过江第二流之高者。(《世说新语·品藻》)

　　⑥第二门，本名清明门。(《水经注·渭水》，卷十九)

　　⑦兄即清河崔公之第五息，嫂即太原公之第三女。(唐·张鷟：《游仙窟》)

　　⑧同甲中，有个赵裁，是第一手针线。(明·冯梦龙：《喻世明言·滕大

尹鬼断家私》，第十卷）

⑨转了第二个念头，心下愈加可怜起来。（明·冯梦龙：《喻世明言·陈御史巧勘金钗钿》，第二卷）

例①—⑨，以上是"第＋数""第＋数量"作定语。又如：

①第二、第三、第四说法时，千万亿恒河沙那由他等众生，亦以不受一切法故，而于诸漏心得解脱。（《法华经·化城喻品》，卷三）

②若作秫、黍米酒，一斗曲，杀米二石一斗：第一酘，米三斗；停一宿，酘米五斗，……又停三宿，酘米三斗。（《齐民要术·造神曲并酒》，卷七）

③取第三度淋者，以用揉花，和，使好色也。（《齐民要术·种红蓝花、栀子》，卷五）

④雁雁汝飞向何处？第一莫飞西北去。（唐·白居易：《放旅雁》）

⑤第七遍捏作此像，更不裂损。（唐·［日］释圆仁：《入唐求法巡礼行记》，卷三）

⑥第一番且平看那一重文义，是如何；第二番又揭起第一重，看那第二重是如何。（《朱子语类·训门人》）

⑦这是第三次相聚，更觉熟分了。（明·冯梦龙：《喻世明言·蒋兴哥重会珍珠衫》，第一卷）

例①—⑦，以上是"第＋数""第＋数量"作状语。

第二，从序数的功用上说，第字法不仅可以用于时间序数，而且还可以用于叙事序数、等级序数和行为序数，具有统括四类序数的明显趋势。

第字法用于时间序数，主要是从中古汉语开始的。如：

①移领钱塘第二年，始有心情问丝竹。（唐·白居易：《霓裳羽衣舞歌·和微之》）

②白须如雪五朝臣，又值新正第七旬。（唐·白居易：《喜入新年自咏》）

③恰到第三日整歌欢之次，忽有一人著紫，忽见一人著绯，乘一朵黑云，立在殿前。（变文《韩擒虎话本》）

④第四日打开铁盖，见痴那从钻镞中起身唱喏。（《大唐三藏取经诗话下》）

⑤到第五日，夫妇两个啼啼哭哭，说了一夜的说话，索性不睡了。（明·

冯梦龙:《喻世明言·蒋兴哥重会珍珠衫》,第一卷)

但是,值得注意的是,农历每月开头的前十天,用于时间序数的不是"第",而是"初"字。"初"的意思是初始,比"第"的意思更实在些,如看成是"词头",肯定是不合适的。这种用法是从汉末开始的,后一直沿用至今。如:

①初七及下九,嬉戏莫相忘。(汉·无名氏:《焦仲卿妻》)

②四月初八日,京师士女,多至河间寺。(《洛阳伽蓝记·法云寺》,卷四)

③今月初三日,午时后,有馆中句当萧太尉名呼图克台,体问得北朝太后帐前人。(宋·李焘:《续资治通鉴长编》,卷二六五)

④六月初六日见,奏闻,钦奉圣旨。(明·刘仲璟:《遇恩录》)

⑤我这月初一日离了王京。(《老乞大》)

⑥初五日聚会,约在初八日送驾。(明·哈铭:《正统临戎录》)

还有,虽说第字法可用于时间序数,但从上古汉语开始,基序同形的形式就一直沿用下去,特别是当"年""月""日"时间名词连用的时候,更是如此。如:

①郑伯将伐许,五月甲辰,授兵于大宫。(《左传·隐公十一年》)

②平公六年,箕遗及黄渊、嘉父作乱,不克而死。(《国语·晋语八》)

③汉六年,人有上书告楚王韩信反。(《史记·陈丞相世家》)

④十二年冬十二月,河决东郡。(《汉书·文帝纪》)

⑤建安十六年,益州牧刘璋遣法正迎先主,使击张鲁。(《三国志·蜀书·诸葛亮传》)

⑥文帝后元五年六月,齐雍城门外有狗生角。(《搜神记》,卷六)

⑦九月甲申,益州郡地震。(《后汉书·孝安帝纪》)

⑧七月七日,北阮盛晒衣,皆纱罗锦绮。(《世说新语·任诞》)

⑨秫米酢法:五月五日作,七月七日熟。(《齐民要术·作酢法》,卷八)

⑩亦云一更、二更、三更、四更、五更,皆以五为节。(《颜氏家训·书证》,卷六)

⑪十四年三月,衣斗鸡服,会玄宗于温泉。(唐·陈鸿:《东城父老传》)

⑫五月一日,天晴,拟巡台去。(唐·[日]释圆仁:《入唐求法巡礼行

记》，卷二）

⑬师自咸通十年己丑岁三月一日剃发被衣，令击钟，俨然而往。（《祖堂集》，卷六）

⑭宣和二年春二月，诏遣中奉大夫右文殿修撰赵良嗣假朝奉大夫由登州泛海使女真。（宋·徐梦莘：《三朝北盟会编·燕云奉使录》，卷四）

⑮洪武八年六月，太师伴当陈千户斫了胡丞相淮西坟上树。（明·钱谦益：《牧斋初学集》）

此外，第字法还可用于叙事序数、等级序数和行为序数。如：

①今封君为吴王，使使持节太常高平侯贞，授君玺绶策书，金虎符第一至第五，左竹使符第一至第十，以大将军使持节督交州、领荆州牧事。（《三国志·吴书·吴主传》）

②弟一四天王天，弟二忉利天，弟三须夜摩天，弟四兜率陁天，弟五乐变化天，弟六他化自在天。（变文《八相变》）

③伯眼道："起头坐静，第二柜中猜物，第三滚油洗澡，第四割头再接。"（《朴通事》）

例①—③，为用于叙事序数用例。又如：

①平阳侯曹参，身被七十创，攻城略地，功最多，宜第一。（《史记·萧相国世家》）

②文帝初立，闻河南守吴公治平为天下第一。（《汉书·贾谊传》）

③云有第三郎，窈窕世无双。（汉·无名氏：《焦仲卿妻》）

④迁表昭德将军，加金紫，位特进，表第二子训为骑都尉。（《三国志·魏书·后妃传》）

⑤显宗孝明皇帝讳庄，光武第四子也。（《后汉书·显宗孝明帝纪》）

⑥攸之第二子懿，太子洗马，先攸之卒。（《宋书·沈攸之传》）

⑦李廞是茂曾弟五子。（《世说新语·栖逸》）

例①—⑦，为用于等级序数用例。其中例③—⑦，"第三""第二"等等，表示排行。后代表排行，也有直接采用基数形式者，如：

①牛七翁庄头卖务场，刘知远试端祥。（《刘知远诸宫调》，第一）

②我如今见说，它家里婆婆和孙大孙二一同出去烧香，只有那妇人在家，不免去走一遭。（元·无名氏：《小孙屠》，第十出）

③（郝千驴后妻）不合于延祐三年十二月十四日早辰（晨），与房亲郝六嫂一同前来本县南关，与开店老刘做斋。（《元典章·前集刑部》）

④这个员外，排行第三，人叫做万三官人。（明·冯梦龙：《警世通言·万秀娘仇报山亭儿》，第三十七卷）

⑤原来张七嫂曾受蒋兴哥之讬，央他访一头好亲。（明·冯梦龙：《喻世明言·蒋兴哥重会珍珠衫》，第一卷）

第字法用于行为序数表达的，前面"第＋数""第＋数量"用为状语的用例已列出许多，这里再补充两例。如：

①我这番出外，甚不得已，好歹一年便回，宁可第二遍多去几时罢了。（明·冯梦龙：《喻世明言·蒋兴哥重会珍珠衫》，第一卷）

②他第一次如何不到前门，却到后园来寻你？（明·冯梦龙：《喻世明言·陈御史巧勘金钗钿》，第二卷）

（四）概数的发展

1. 概数的产生

从现有资料来看，甲骨文里没有发现概数。金文中也很少使用概数。汉语概数的产生，始自西周初期，较多使用是始自东周时期。如：

①今我隹即井富于玟王正德，若玟王令二三正。（《大盂鼎》）

②用肇造我区夏，越我一二邦，以修我西土。（《尚书·康诰》）

③要囚，服念五六日，至于旬时，丕蔽要囚。（《尚书·康诰》）

④自时厥后，亦罔或克寿，或十年，或七八年，或五六年，或四三年。（《尚书·无逸》）

⑤莫春者，春服既成，冠者五六人，童子六七人，浴乎沂，风乎舞雩，咏而归。（《论语·先进》）

⑥有兄弟四五人，皆在此者，以告。（《国语·吴语》）

例①，"隹"，唯。"井富"，读为"型禀"，即效法、禀承之意。"玟王"，文王。"二三正"，指两三个执政之朝臣。例③，"要"，通"幽"。"服念"，思念，考虑。"蔽"，审断，判决。

当我们讨论概数产生的时候，应当意识到两个问题：一是基数相连类概数是产生最早的一类概数，二是用邻接基数表示概数，很可能是由"数＋

名＋数＋名"这一形式演变而来的。如：

①兢兢业业，一日二日万几。(《尚书·皋陶谟》)

②故千人万人之情，一人之情是也。(《荀子·不苟》)

例①，"一日二日"，即"一二日"或"一两日"，应作概数理解，非确数。孔疏云："为人君，当兢兢然戒慎，业业然危惧，言当戒慎，一日两日之间而有万种几微之事皆须亲自知之，不得自为逸豫也。"例②，"千人万人"，即"千万人"之意，也是概数，非确数。到了中古、近古时期，仍能找到这种古老的概数形式。如：

①假令十日二十日未出者，亦勿怪之，寻自当出。(《齐民要术·种胡荽》，卷三)

②或三方四方，浮浪乘风，百日便至。(《洛阳伽蓝记·永明寺》杨注，卷四)

③譬如民家，去别人地内居住一世两世，若执出契书，亦须夺却，住坐半年岂足为凭？(宋·李焘：《续资治通鉴长编》，卷二六五)

④献四五碟芝麻糖饼，一陌两陌纸钱，如何会通灵显圣？(《张协状元》，第十六出)

⑤我一日家嗟叹娘千声万声，那一夜不哭到二更三更？(元·无名氏：《杀狗劝夫》，第三折)

⑥有一簇两簇人家，有凹坡凸岭庵堂。(《朴通事》)

例①—⑥，"十日二十日"，即"一二十日"；"三方四方"，即"三四方"。余例分析同。超过十的相邻的十位数也可以完整的形式并列，这仍是概数，非确数。如：

①四十五十而无闻焉，斯亦不足畏也已。(《论语·子罕》)

②老苦者，人受百岁，由(犹)如星火，须臾之间，七十八十，气力衰微。(变文《庐山远公话》)

例①②，"四十五十"，即"四五十"；"七十八十"，即"七八十"。皆概数，非确数。上述的表达形式，有时也会出现在"数＋动量＋数＋动量"结构里，这一形式也是概数。如：

①欲行三里二里时，虽是四回五回歇。(变文《八相变》)

②不用一日三度五度上来。(《祖堂集》，卷十)

到了近古汉语，这一形式甚至可以变换为不同的动量词，其实仍是概数，非确数。如：

①当此，李洪义遂侧耳厅（听）沉，两回三度。（《刘知远诸宫调》，第二）

②没半盏茶时，求和到两回三次。（元·无名氏：《杀狗劝夫》，第四折）

例①②，"两回三度"，即"两三回"或"两三度"；"两回三次"，即"两三回"或"两三次"。

2. 概数的分类及其表达

根据构成方式，古代概数可以分为五类：基数相连类、前加词类、后加词类、中加词类和前后加词类。下面依次论述之。

（1）基数相连类。

基数相连类概数就是指用相邻的两个基数来表示大概数值的概数。这类概数产生最早，西周初期就已存在，但用得并不广。从上古汉语中后期开始，基数相连类概数才逐渐得到普遍应用。从发展上看，有以下几点值得注意：

第一，十以内的概数，邻接基数一般都是依照先小后大的方式出现的。这种排序方式，从古至今，基本如此。如：

①是岁，有禾生景天中，三本一茎九穗，长于禾一二尺，盖嘉禾也。（《论衡·吉验》）

②一二日必有密书促卿进道，张辽等又将被召。（《三国志·魏书·温恢传》）

③草未及燃，后土续至，一二日，堑便欲满。（《宋书·殷琰传》）

④书不曾读，不见义理，乘虚接渺，指摘一二句来问人。（《朱子语类·总训门人》）

近古汉语里，"一二"也可说成"一两"。如：

①于二十八年中，山中和尚有什摩枢要处，请和尚不费家才，举一两则。（《祖堂集》，卷十一）

②某之法是如此，不可只摘中间一两句来理会，意脉不相贯。（《朱子语类·训门人》）

③阿骨打复设皮坐，撒火炙啗，或生脔，饮酒一两杯。（宋·徐梦莘：《三朝北盟会编·茅斋自叙》，卷四）

④待到根前来，那冤家们打关节时，内中一两个官人受他钱财当住，还不肯发落。(《朴通事》)

其他如：

①未至二三里，摧藏马悲哀。(汉·无名氏:《焦仲卿妻》)

②草于是火燃，二日间草尽，堑中土不过二三寸。(《宋书·殷琰传》)

③可行至二三里，回头看数人，犹在旧处立。(唐·张鷟:《游仙窟》)

④他跟着那娘娘常氏回潞州时节，郭威且得二三岁。(《新编五代史平话·周史平话上》)

从中古汉语开始，"二三"也可说成"两三"。如：

①家贫乏役，至于春秋令节，辄自将两三门生，入草采之。(《宋书·王微传》)

②取醋石榴两三个，擘取子，捣破，少着粟饭浆水极酸者和之。(《齐民要术·种红蓝花、栀子》，卷五)

③如是两三年，然后方去寻师，证其是非，方有可商量，有可议论。(《朱子语类·总训门人》)

④止不过做两三夜道场，看几卷忏文《心经》。(元·无名氏:《小孙屠》，第十四出)

其他如：

①（张）敷先设二床，去壁三四尺，二客就席，酬接甚欢。(《宋书·张敷传》)

②水中有物如三四岁小儿。(《水经注·沔水》，卷二十八)

③自从钱老兄去世，不觉又过三四年了。(明·朱有燉:《团圆梦》，楔子)

④弟兄三四个，守着停柱坐。(《朴通事》)

①（傅）亮年四五岁，（郗）超令人解亮衣，使左右持去。(《宋书·傅亮传》)

②又见一石盘，阔四五里地。(《大唐三藏取经诗话中》)

③遂率四五侍从，又同白宰相说:"王权退师，已临江口，必败国事。"(宋·徐梦莘:《三朝北盟会编·采石战胜录》，卷二四二)

④四五只孤舟，横潇潇野岸。(明·洪楩:《清平山堂话本·杨温拦路

虎传》)

①度等得空城不能守，出城西五六里止屯。(《三国志·魏书·程昱传》)

②豆生五六叶，锄之。(《齐民要术·大豆》，卷二)

③两朝计议五六年，大事已定。(宋·徐梦莘:《三朝北盟会编·燕云奉使录》，卷十一)

④五六个妇人们坐的缝时，怎么做不出一套衣裳来，赶也赶上做里。(《朴通事》)

①人生长六七尺，大三四围，面有五色，寿至于百，万世不异。(《论衡·齐世》)

②后事泄，坐死者六七人。(《三国志·吴书·妃嫔传》)

③六七月间，花开更繁。(唐·[日]释圆仁:《入唐求法巡礼行记》，卷三)

④奴家在此庙中，将傍六七年，不得公公叫唤，谁来管你? (《张协状元》，第十二卷)

①树盛夏枯落，见大蛇长七八丈，悬死其间。(《后汉书·方术列传下》)

②齐庄时年七八岁。(《世说新语·言语》)

③子贡亦做得七八分工夫，圣人也要唤醒他。(《朱子语类·训门人》)

④这里到那里，还有七八里路。(《老乞大》)

①(青稞麦)石八九斗面。(《齐民要术·大小麦》，卷二)

②某八九岁时读《孟子》，到此未尝不慨然奋发。(《朱子语类·总训门人》)

③我国里军人厮杀八九年，受了苦辛不少，方得西京。(宋·徐梦莘:《三朝北盟会编·燕云奉使录》，卷十四)

④知远成人过弱冠，(知崇)八九岁正痴愚。(《刘知远诸宫调》，第一)

基数相连类概数，十以内的数到"八九"为止，没有"九十"这类说法。《诗经·豳风·东山》说:"亲结其缡，九十其仪"，这"九十"是虚数，用为动词，不是概数。笺云:"女嫁，父母既戒之，庶母又申之，'九十其仪'喻丁宁之多。"郑玄的解释是对的。

第二，十以内的概数，也有隔位相连的，其排序仍是先小后大。如:

①僧达肆意驰骋，或三五日不归，受辞讼多在猎所。(《宋书·王僧

达传》)

②若三五石，不自暖，难得所，故须以十石为率。(《齐民要术·作豉法》，卷八)

③遂便散却手下徒党，只留三五人，作一商客，将三五个头疋，将诸行货，直向东都，来卖远公。(变文《庐山远公话》)

④如此三五事，都不及和议。(宋·徐梦莘：《三朝北盟会编·靖康城下奉使录》，卷二十九)

⑤婆婆与你三五两白金，后去做得好时，便还我。(《张协状元》，第十九出)

⑥杨三哥，你去休，我三五日便归。(明·洪楩：《清平山堂话本·杨温拦路虎传》)

又如：

①国家幅员虽广，然出产金银不过五七处。(宋·徐梦莘：《三朝北盟会编·靖康城下奉使录》，卷二十九)

②居此庙，五七年。(《张协状元》，第十出)

③又前行五七步，见一座宅，粉墙鸳瓦，朱户兽环。(《宣和遗事》)

④我回去见我爹则个，五七日便来。(明·洪楩：《清平山堂话本·杨温拦路虎传》)

⑤到得来日，尹宗背着万秀娘，走相将到襄阳府，则有得五七里田地。(明·冯梦龙：《警世通言·万秀娘仇报山亭儿》，第三十七卷)

用隔位相连的基数来表示概数，使用频率并不高，我们只发现有"三五""五七"两种形式，且主要使用在中古、近古汉语里。与此相关的是，"三五"的十倍、百倍、千倍、万倍的倍数，也可用隔位相连的办法来表示概数。如：

①卧处比有一溪，相去三五十步，犬即奔往，入水湿身，走来卧处。(《搜神记》，卷二十)

②每三五里之间，有一二族帐，每族帐不过三五十家。(宋·徐梦莘：《三朝北盟会编·茅斋自叙》，卷四)

③我前次说的冄舍，又到我家央我来说亲，情愿出三五百两银子。(明·朱有燉：《团圆梦》，第三折)

④若论门人，僧之与俗，三五千人说不尽。（唐·法海：《六祖坛经》）

⑤次论及犒军金银，可许银三五百万两。（宋·徐梦莘：《三朝北盟会编·靖康城下奉使录》，卷二十九）

"五七"的十倍、百倍、千倍、万倍的倍数是否也可用隔位相连的办法来表示概数，情况不明，我们没有发现这样的用例。

第三，十以内的概数，也可采用先大后小、逆序邻接的方式来表示，不过这种情况并不多见。如：

①且统军在后，政三二里间，比吾交手，何忧不至？（《宋书·殷琰传》）

②菜生三二寸，锄去概者，供食及卖。（《齐民要术·种胡荽》，卷三）

③既得妻子，不经三二年间，便即生男种女。（变文《庐山远公话》）

④譬如富人家，有贼三两人，当昼踰墙，而主家觉之。（宋·徐梦莘：《三朝北盟会编·靖康城下奉使录》，卷三十三）

⑤不用布裙三两幅，恁儿身穿锦绣衣。（《刘知远诸宫调》，第十一）

⑥斗经三两合，陈千人马败走。（明·洪楩：《清平山堂话本·杨温拦路虎传》）

第四，与上相关的是，这种逆序邻接的基数也有隔位相连者。我们也只发现有"五三""七五"两种形式。如：

①上燕私甚数，多命群臣五三人游集，智渊常为其首。（《宋书·江智渊传》）

②屏风十二扇，画鄣五三张。（唐·张鷟：《游仙窟》）

③五三济（侪）流参谒问其道术，净能且说符录之能，队（除）其精魅妖邪之病，无不可言矣。（变文《叶净能诗》）

④道路放七五只猎犬，生擒底是麋鹿猱獐。（《张协状元》，第八出）

第五，十以外、二十以内的概数，常常采用个位数依序相连的方式来表示。这种用法在中古、近古汉语里很普遍。如：

①司马宣王年十六七，与俊相遇，俊曰："此非常之人也。"（《三国志·魏书·杨俊传》）

②（知琼）自言年七十，视之如十五六女。（《搜神记》，卷一）

③初婢之埋，年十五六，及开冢更生犹十五六也。（《宋书·五行志五》）

④王平子年十四五，见王夷甫妻郭氏贪欲，令婢路上儋粪，平子谏之，

并言不可。(《世说新语·规箴》)

⑤夏停十日，春秋十二三日，冬十五日，便熟。(《齐民要术·作豉法》，卷八)

⑥劣时策贤坊百姓康太清有一女年十六七，被野狐精魅，或哭或笑，或走或坐。(变文《叶净能诗》)

⑦某自十七八读《论语》，当时已晓文义，读之愈久，但觉气味深长。(《河南程氏遗书》，卷十九)

⑧难忘夫人，十二三年好好看承，亲生来也不忒地。(《刘知远诸宫调》，第十二)

⑨(郭威)年至十五六岁，勇力过人。(《新编五代史平话·周史平话上》)

⑩侯兴赶那赵正，从四更前后到五更二点时候，赶十一二里，直到顺天新郑门一个浴堂。(明·冯梦龙：《喻世明言·宋四公大闹禁魂张》，第三十六卷)

第六，"十""百""千""万"这些位数，也可依序或逆序相连来表示概数。如：

①(纣)虽为武王所擒，时亦宜杀伤十百人。(《论衡·语增》)

②郡有叶榆县，县西北八十里，有吊鸟山，众鸟千百为群。(《水经注·淹水等》，卷三十六)

③未审百千诸佛有何过？(《祖堂集》，卷六)

④我若还不被赶了，今日我定是同去搬担，也有百十钱撰。(明·冯梦龙：《警世通言·万秀娘仇报山亭儿》，第三十七卷)

第七，"十""百""千""万"的倍数，也可以依序相连构成概数。这种用法在中古、近古汉语里也很普遍。如：

①军马单行，每骑相去五七步，接续不断，两头相望，常及一二十里。(宋·徐梦莘：《三朝北盟会编·茅斋自叙》，卷四)

②良田亩得二三十斛。(《齐民要术·种谷》，卷一)

③(杨温)忽然又遇二三十个小娄罗。(明·洪楩：《清平山堂话本·杨温拦路虎传》)

④家后坑里，都搜出三四十个血沥沥的尸首和那珠子、布绢。(《朴通事》)

①有败屦自聚于道，多者至四五十量。(《搜神记》，卷七)

②告员外，实不敢相瞒，是有四五十钱，安在一个去处。(明·冯梦龙：《警世通言·万秀娘仇报山亭儿》，第三十七卷)

①且如一百件事，理会得五六十件了，这三四十件虽未理会，也大概可晓了。(《朱子语类·训门人》)

②又行五六十里，有一小屋，七人遂止宿于此。(《大唐三藏取经诗话上》)

①供厨者，子鹅百日以外，子鸭六七十日，佳。(《齐民要术·养鹅鸭》，卷六)

②又居宅离水七八十步，夏时诣水中澡洒手足，窥于园圃。(《三国志·魏书·管宁传》)

③亚公，我住五矶山下七八十年，见了几家成败。(《张协状元》，第十一出)

①人定时，步果引去，伏兵起纵击，追至钜昧水上，八九十里僵尸相属。(《后汉书·耿弇传》)

②到三河县抽分了几个马，瘦倒的倒了，又不见了三个，只将的八九十个马来了。(《朴通事》)

①静纠合乡曲及宗室五六百人以为保障，众咸附焉。(《三国志·吴书·宗室传》)

②郡内少粮，器仗又乏，元景设方略，得六七百人，分五百人屯驿道。(《宋书·柳元景传》)

③妇女道："二哥，看他今日把出金银钗子，有二三百只。"(明·冯梦龙：《喻世明言·宋四公大闹禁魂张》，第三十六卷)

①胜兵者二三千骑，皆勇健富强。(《后汉书·邓寇列传》)

②绍骑将文丑与刘备将五六千骑前后至。(《三国志·魏书·武帝纪》)

③金人去家有六七千里。(宋·徐梦莘：《三朝北盟会编·靖康城下奉使录》，卷二十九)

④男女七八千人相枕而死，莫有离叛。(《三国志·魏书·臧洪传》)

⑤时城中唯有八九千人。(《后汉书·光武帝纪上》)

①宋四公道："也没甚么，只有得个四五万钱。"(明·冯梦龙：《喻世明

言·宋四公大闹禁魂张》，第三十六卷）

②正始五年，爽乃西至长安，大发卒六七万人，从骆谷入。（《三国志·魏书·曹爽传》）

③时大郡口五六十万，举孝廉二人。（《后汉书·丁鸿传》）

④质又顾恋嬖妾，弃营单马还城，散用台库见钱六七百万，为有司所纠。（《宋书·臧质传》）

⑤六七日中，纠发其臧五六千万。（《后汉书·第五伦传》）

（2）前加词类。

前加词类概数是指在数词或数量词前面加上特定词语以表示大概数值的一种概数。这种概数，先秦时代较少使用，两汉以后却用得较为普遍。其数值，因前加不同词语而有所不同。常见的前加词语有"数"，"不下""不减"，"将""且""几""近""比"，"不过""不至""未盈""不盈""未满""不满"，以及"可""约""盖"等。下面分头叙述之。

数

"数"义为几（jǐ）。"数"后经常续接"十""百""千""万"等位数。这一用法始自上古汉语，中古、近古汉语亦沿用之。如：

①其徒数十人，皆衣褐，捆屦、织席以为食。（《孟子·滕文公上》）

②八月丙寅夜，大流星长数十丈，从首山东北坠襄平城东南。（《三国志·魏书·公孙度传》）

③斋后见有数十僧游南台去。（唐·〔日〕释圆仁：《入唐求法巡礼行记》，卷二）

④次行又过一荒州，行数十里，憩歇一村。（《大唐三藏取经诗话中》）

①食前方丈，侍妾数百人，我得志，弗为也。（《孟子·尽心下》）

②今王亡地数百里，亡城数十而国患不解。（《战国策·魏策四》）

③高（侍中）便为谢道形势，作数百语。（《世说新语·言语》）

④登途行数百里，法师嗟叹。（《大唐三藏取经诗话中》）

①今臣之刀十九年矣，所解数千牛矣。（《庄子·养生主》）

②其明年，匈奴又复入代郡定襄、上郡，各三万骑，杀略数千人。（《史记·匈奴列传》）

③白颈不胜，堕泗水中，死者数千。（《搜神记》，卷六）

④西京在其西南数千里。(宋·徐梦莘:《三朝北盟会编·茅斋自叙》,卷十四)

①时相与争地而战,伏尸数万。(《庄子·则阳》)

②又况乎义兵,多者数万,少者数千。(《吕氏春秋·论威》)

③壬寅,兵进于橐皋,钦诣峻降,淮南余众数万口来奔。(《三国志·吴书·三嗣主传》)

④先是,大金国主阿骨打已亲领兵甲数万。(宋·徐梦莘:《三朝北盟会编·燕云奉使录》,卷十)

"数"后也可续接"万"的倍数。如:

①四战之后,赵亡卒数十万,邯郸仅存。(《战国策·赵策一》)

②子休掘而验之,果得砖数十万。(《洛阳伽蓝记·建阳里》杨注,卷二)

③秦之所杀三晋之民数百万。(《史记·苏秦列传》)

④(吕)母家素丰,资产数百万。(《后汉书·刘盆子传》)

值得注意的是,"数"后不能直接续接十以内的基数,语言中没有"数一""数二""数三"这种说法。如果"数"后基数不超过十,若表示概数,就可以直接与名词或量词相连,而不必出示基数。如:

①一日纵敌,数世之患也。(《左传·僖公三十三年》)

②堂高数仞,榱题数尺,我得志,弗为也。(《孟子·尽心下》)

③(燕)地方二千余里,带甲数十万,车六百乘,骑六千匹,粟支数年。(《史记·苏秦列传》)

④长数仞之竹,大连抱之木,工技之人裁而用之。(《论衡·幸偶》)

⑤往来者见床头有数帙书,便言学问。(《宋书·王微传》)

⑥良嗣曰:"但归日语录中载力争之言数段足矣。"(宋·徐梦莘:《三朝北盟会编·茅斋自叙》,卷十四)

⑦爹娘见儿苦苦要去,不免与它数两金银,以作盘缠。(《张协状元》,第一出)

如果"数"后直接续接动量词,则该概数数值表示动量不会超过十次。如:

①斧数下,娥于棺中言曰:"蔡仲,汝护我头。"(《搜神记》,卷十五)

②四日,就馆夜筵,酒数行。颍顾寿又说起鸿和尔、天池。(宋·李焘:

《续资治通鉴长编》，卷二六五）

③夫人不肯，如此让数番。（《刘知远诸宫调》，第十二）

④又蔽数下，偶然一孩儿出来。（《大唐三藏取经诗话中》）

⑤酒行数巡，陈朝奉取出白金二十两。（明·冯梦龙：《警世通言·吕大郎还金完骨肉》，第五卷）

还有，"数"后也可依序或逆序续接两个位数，但其数值并不相同。前者，数值是一个数段；后者，数值是整数加零数。前者如：

①籍所击杀数十百人。（《史记·项羽本纪》）

②凡与匈奴、乌桓大小数十百战，颇识边事。（《后汉书·王霸传》）

③是以齐稷下学士复盛，且数百千人。（《史记·田敬仲世家》）

④邑落各有小帅，数百千落自为一部。（《后汉书·乌桓传》）

例①—④，"数十百""数百千"，说的是"数十"至"百"，"数百"至"千"，数值是个数段。后者用例不是很多，如：

⑤主人某甲，谨以七月上辰，造作麦曲数千百饼。（《齐民要术·造神曲并酒》，卷七）

例⑤，"数千百"，是说制作麦曲饼为数千个，另有零头数百个，是整数加零数。

不下/不减

"不下""不减"，意思是不少于。"不下""不减"加在确数之前，表示其数值已超过所列之确数。如：

①臣闻魏氏悉其百县胜兵，以止戍大梁，臣以为不下三十万。（《战国策·魏策三》）

②粟粮漕庾，不下十万。（《战国策·魏策一》）

③二千石系者新故相因，不减百余人。（《史记·酷吏列传》）

④今关东有十余县，能胜兵者不减万人。（《三国志·魏书·任峻传》）

将/且/几/近/比

"将""且""几（jǐ）""近""比"，加在确数或概数之前，表示数值十分接近所列之数。如：

①今滕，绝长补短，将五十里也，犹可以为善国。（《孟子·滕文公上》）

②梁多作兵器弩弓矛数十万，而府库金钱且百巨万，珠玉宝器多于京

师。(《史记·梁孝王世家》)

③北山愚公者，年且九十，面山而居。(《列子·汤问》，卷五)

④琅邪刘勋为河内太守，有女年几二十。(《搜神记》，卷三)

⑤此盏只碾作工价几千缗。(宋·徐梦莘：《三朝北盟会编·靖康城下奉使录》，卷三十三)

⑥今穿褒斜道，少阪，近四百里。(《史记·河渠书》)

⑦南朝每谓燕人思汉，殊不思自割属契丹已近二百年，岂无君臣父子之情？(宋·徐梦莘：《三朝北盟会编·茅斋自叙》，卷八)

⑧躁者有余病，即饮以消石一齐，出血，血如豆比五六枚。(《史记·扁鹊仓公列传》)

不过/不至/未盈/不盈/未满/不满

"不过""不至""未盈""不盈""未满""不满"，加在确数之前，表示其数值也是没有达到所列之确数，但其程度要比"将/且/几/近/比＋数"所示数值低得多。如：

①料大王之卒，悉之不过三十万。(《战国策·韩策一》)

②汤死，家产直不过五百金。(《史记·酷吏列传》)

③东宫同恶不过三十人。(《宋书·沈庆之传》)

④左右带刀不过百人。(《洛阳伽蓝记·凝玄寺》杨注，卷五)

⑤魏地方不至千里，卒不过三十万人。(《战国策·魏策一》)

⑥彼前不得斗，退不得还，吾奇兵绝其后，使野无所掠，不至十日，而两将之头可致于戏下。(《史记·淮阴侯列传》)

⑦且年未盈五十，而谆谆焉如八九十者，弗能久矣。(《左传·襄公三十一年》)

⑧即使所从二千骑共遮马令回，不盈三百步，欻然悲鸣突走，声若颓山。(《宋书·鲜卑吐谷传》)

⑨文王年未满二十，方脉气之趋也而徐之，不应天道四时。(《史记·扁鹊仓公列传》)

⑩(范)晔长不满七尺，肥黑，秃眉须。(《宋书·范晔传》)

可/约/盖

"可""约""盖"，其后可续接确数或概数，表示其数值只是个主观上估计的大概值而已，与上列诸项有所不同。"可""约""盖"后可续接确数。如：

①项羽之卒可十万。(《史记·高祖本纪》)

②夫余在长城之北，去玄菟千里，南与高句丽、东与挹娄、西与鲜卑接，北有弱水，方可二千里。(《三国志·魏书·乌丸鲜卑东夷传》)

③但见高岸对水，渌波东倾，唯见一童子，可年十五，新溺死，鼻中出血。(《洛阳伽蓝记·大统寺》杨注，卷三)

④渐睹云中有一僧人，年约十五，容貌端严。(《大唐三藏取经诗话下》)

⑤约半里，风吹满目麦浪。(《刘知远诸宫调》，第一)

⑥孔子以诗书礼乐教，弟子盖三千焉。(《史记·孔子世家》)

"可""约""盖"后还可续接概数，这进而又增加了概数的不确定性。如：

①大月氏在大宛西可二三千里，居妫水北。(《史记·大宛列传》)

②去龙可数十步，又见状如驹马。(《论衡·验符》)

③妇年可十八九。(《搜神记》，卷四)

④南阳人侯庆，有铜像一躯，可高丈余。(《洛阳伽蓝记·法云寺》杨注，卷四)

⑤前后开启，约近数年。(变文《庐山远公话》)

⑥所争地南北约十七八里。(宋·李焘：《续资治通鉴长编》，卷二六一)

⑦当夜，三传女子，号曰三娘，因烧夜香，明月之下，见一金蛇，长约数寸，盘旋入于西房。(《刘知远诸宫调》，第一)

⑧盖老子百有六十余岁。(《史记·老子韩非列传》)

(3) 后加词类。

后加词类概数是指在数词或数量词后面加上特定词语以表示大概数值的一种概数。常见的后加词语有"数"，"余""有余""多""有零"，"以往""以(已)上""之上"，"以(已)下""以还"，"所""许"，"来""以(已)来"，"前后"等。

数

"数"也可加在"十""百""千""万"位数之后，其义为多，表示其数值要比所列数值多一点。这种用法也是始自上古汉语，而广泛应用是在中古汉语以后。如：

①古有万国，今有十数焉，是无它故焉，其所以失之一也。（《荀子·富国》）

②洒之者家，屋室自坏，杀十数人。（《搜神记》，卷一）

③顷刻间有十数舟达南岸。（宋·徐梦莘：《三朝北盟会编·采石战胜录》，卷二四二）

④后公出近郊，士人从者百数。（《搜神记》，卷一）

⑤常有大德名僧讲《一切经》，受业沙门亦有千数。（《洛阳伽蓝记·秦太上君寺》，卷二）

⑥秋八月，怀陵上有雀万数，悲鸣，因斗相杀。（《后汉书·孝灵帝纪》）

例①，"今有十数焉"句，"有"或校作"无"。①

余/有余/多/有零

"余""有余""多""有零"加在数词或数名、数量之后，表示其数值略大于所列之数。"余"经常续接在"十""百""千""万"或其倍数之后，然后再接名词或量词。如：

①明年，人之所以毁死者，岁十余人。（《韩非子·内储说上》）

②魏王与龙阳君共船而钓，龙阳君得十余鱼而涕下。（《战国策·魏策四》）

③（羊）欣拜职少日，称病自免，屏居里巷，十余年不出。（《宋书·羊欣传》）

④主上即位十余日，上皇南幸。（宋·徐梦莘：《三朝北盟会编·靖康城下奉使录》，卷二十九）

其他如：

①今君相楚二十余年。（《战国策·楚策四》）

②其北治大池，渐台高二十余丈，名曰泰液池。（《史记·孝武本纪》）

③（孙）季高距战二十余日，循乃破走。（《宋书·孙处传》）

④吴起杀其谤己者三十余人。（《史记·孙子吴起列传》）

⑤韶州刺史韦璩及诸官寮三十余人。（唐·法海：《六祖坛经》）

---

①　梁启雄：《荀子柬释》，商务印书馆 1936 年（民国二十五年）版，第 134 页。

⑥那时郭威跃马手轮双刀，突入裴约阵上格斗，杀伤三十余人。(《新编五代史平话·周史平话上》)

⑦文武之隆，遗在成康，刑错不用四十余年。(《论衡·儒增》)

⑧有四十余僧列坐听讲。(唐·[日]释圆仁：《入唐求法巡礼行记》，卷二)

⑨又行四十余里，尽是蛇乡。(《大唐三藏取经诗话上》)

⑩子孙为三都尉封侯者五十余人。(《三国志·蜀书·后主传》)

⑪与子离别五十余年，而未曾向人说如此事。(《法华经·信解品》，卷二)

⑫向西行经五十余里，整(正)行之次，路逢一山。(变文《庐山远公话》)

⑬伪辅国将军谯道福等悉众距险，相持六十余日。(《宋书·刘敬宣传》)

⑭武安君所以为秦战胜攻取者七十余城。(《战国策·秦策三》)

⑮唐时年九十余，不能复为官，乃以唐子冯遂为郎。(《史记·张释之冯唐列传》)

⑯后数岁，琅邪人樊崇起兵于莒，众百余人转入太山，自号三老。(《后汉书·刘盆子传》)

⑰吾血食一方却最灵，百余岁都说我感应。(《张协状元》，第十六出)

⑱从郑至梁，二百余里。(《史记·张仪列传》)

⑲传称老子二百余岁。(《论衡·气寿》)

⑳曹公将精骑五千急追之，一日一夜行三百余里。(《三国志·蜀书·先主传》)

㉑十四日天欲明，译者令某等出天长南门，过城壕，于道边立马有三百余骑，围定某等。(宋·徐梦莘：《三朝北盟会编·绍兴甲寅通和录》，卷一六二)

㉒时孙权在东关，当豫州南，去江四百余里。(《三国志·魏书·贾逵传》)

㉓(远公)犹恐文字差错，义不通，将其疏抄八百余卷。(变文《庐山远公话》)

㉔(湛之)门生千余人，皆三吴富人之子。(《宋书·徐湛之传》)

㉕见经藏阁大藏经六千余卷。(唐·〔日〕释圆仁:《入唐求法巡礼行记》,卷三)

㉖燕精兵万余,骑数千。(《三国志·魏书·吕布传》)

㉗仆初入燕,诸路正兵有十五万余。(宋·徐梦莘:《三朝北盟会编·茅斋自叙》,卷十九)

"有余"加在整数之后表示零头,说明概数数值略大于所列之整数。如:

①由尧舜至于汤,五百有余岁。(《孟子·尽心下》)

②周之先自后稷,尧封之邰,积德累善,十有余世。(《史记·刘敬叔孙通列传》)

③孔子门徒七十有余,颜回早夭。(《论衡·幸偶》)

④而后宫之中坐食者万有余人。(《三国志·吴书·贺邵传》)

⑤是以附化之民万有余家。(《洛阳伽蓝记·宣阳门》,卷三)

⑥吾显圣,八百有余年。(《张协状元》,第三十三出)

"有余"还可以直接续接在数量词之后,这种用法也是始自上古汉语。如:

①邹忌修八尺有余,身体昳丽。(《战国策·齐策一》)

②穰侯出关,辎车千乘有余。(《史记·穰侯列传》)

③张汤八尺有余,其父不满五尺。(《论衡·齐世》)

④其水北流注井,井际广城东侧,三面积石,高深一匹有余。(《水经注·沭水等》,卷二十六)

⑤遂与来使登途进发,迅速不停,直至长安十里有余,常乐驿安下。(变文《韩擒虎话本》)

⑥(郭威)连泛了二三斗酒,该酒钱一贯有余。(《新编五代史平话·周史平话上》)

⑦行一里有余,取八角镇路上来。(明·冯梦龙:《喻世明言·宋四公大闹禁魂张》,第三十六卷)

⑧我学了半年有余。(《老乞大》)

"多""有零"也多加在数量词之后,并主要是使用在近古汉语里。如:

①比至孳生监,一更多时。(宋·徐梦莘:《三朝北盟会编·靖康城下奉使录》,卷二十九)

②两个下得岭来，尚有一里多路。（明·冯梦龙：《警世通言·一窟鬼癞道人除怪》，第十四卷）

③这里到夏店有多少路？敢有三十里多地。（《老乞大》）

④一霎儿赢了二升多榛子。（《朴通事》）

⑤王婆自死五个月有零了。（明·冯梦龙：《警世通言·一窟鬼癞道人除怪》，第十四卷）

以往/以（已）上/之上

"以往""以（已）上""之上"加在数词或数名、数量之后，表示其数值已超过所列之数。如：

①凡雨，自三日以往为霖。（《左传·隐公九年》）

②宋饥，竭其粟而贷之，年自七十以上，无不馈诒也。（《左传·文公十六年》）

③田常乃选齐国中女子长七尺以上为后宫。（《史记·田敬完世家》）

④项王怒，悉令男子年十五已上诣城东，欲坑之。（《史记·项羽本纪》）

⑤（刘湛）为人刚严用法，奸吏犯赃百钱以上，皆杀之。（《宋书·刘湛传》）

⑥桃性皮急，四年以上，宜以刀竖剞其皮。（《齐民要术·种桃柰》，卷四）

⑦武州地分，本朝以烽火铺为界，北人称以瓦窑坞分水岭为界，所争地南北十里以上。（宋·李焘：《续资治通鉴长编》，卷二六一）

⑧似这一等的马，卖十五两以上。（《老乞大》）

"以（已）上"也可说成"之上"。如：

①送行行一里之上有。（明·哈铭：《正统临戎录》）

②时光似箭，日月如梭，也有一年之上。（明·冯梦龙：《警世通言·崔待诏生死冤家》，第八卷）

③这里到京里还有五百里之上。（《老乞大》）

"以（已）上"还可以续接在表示动量的数词或动量词之后。如：

①锄得五遍以上，不烦耩。（《齐民要术·种谷》，卷一）

②杖十已上关天，去死不过半寸。（变文《燕子赋》一）

以（已）下/以还

"以（已）下""以还"加在数词或数名、数量之后，表示数值不超过所列之数。如：

①万家以上，则就山泽可矣；万家以下；则去山泽可矣。(《管子·八规》)

②上为立后故，赐天下鳏寡孤独穷困及八十已上，孤儿九岁已下，布帛米肉各有数。(《史记·孝文本纪》)

③成帝鸿嘉四年秋，雨鱼于信都，长五寸以下。(《搜神记》，卷六)

④荆雍二州，西局，蛮府吏及军人年十二以还，六十以上，及扶养孤幼，单丁大艰，悉仰遣之。(《宋书·武帝纪中》)

所/许

"所""许"加在数词或数名、数量之后，表示数值略大于或略低于所列之数，意为"……左右"。"所"的产生时间，大约在两汉时代，而中古以后，逐渐被淘汰了；"许"的应用，盖始自中古汉语。"所""许"两词，古音相近。依王力先生的《汉语语音史》，"所"古属山母、鱼部，开口三等字，拟音为〔ʃia〕；"许"古属晓母、鱼部，开口三等字，拟音为〔xia〕，所以向熹先生说："这两个字语音相近，也许是一个词的不同变体。"① 如：

①今庆已死十年所。(《史记·扁鹊仓公列传》)

②广令诸骑曰："前！"前未到匈奴陈二里所，止。(《史记·李将军列传》)

③建章、未央、长乐宫钟虡铜人皆生毛，长一寸所。(《汉书·郊祀志》)

④城外有溪水，去城一里所，广三十余丈，深者八九尺，浅者半之。(《三国志·吴书·朱桓传》)

⑤尻上有目，长二寸所。(《搜神记》，卷六)

⑥自后，宾客绝百所日。(《世说新语·规箴》)

和"所"相比，"许"从中古汉语起才得以广泛应用。用法上，"许"经常续接在"十""百""千""万"或其倍数之后，然后放在名词或量词之前作定语，这一用法和"所"有很大不同。如：

①(萧)思话年十许岁，未知书。(《宋书·萧思话传》)

②俄而(庾公)率左右十许人步来，诸贤欲起避之。(《世说新语·

---

① 向熹：《简明汉语史》(修订本)，下册，商务印书馆 2010 年版，第 301 页。

容止》)

③泽在中牟县西，西限长城，东极官渡，北佩渠水，东西四十许里。（《水经注·颖水等》，卷二十二）

④峻与胤至石头，因饯之，领从者百许人入据营。（《三国志·吴书·孙峻传》）

⑤南康国吏二百许人，不问有罪无罪，递互与鞭，鞭疮痂，常以给膳。（《宋书·刘穆之传》）

⑥从山谷西北行廿五里，见过一羊客驱五百许羊行。（唐·〔日〕释圆仁：《入唐求法巡礼行记》，卷二）

⑦文姬曰："昔亡父赐书四千许卷，流离涂炭，罔有存者。"（《后汉书·列女传》）

⑧赴河死者五万许人，焚烧车重三万余两。（《后汉书·皇甫嵩传》）

当然，"许"也可直接加在数名或数量词之后。如：

①视器如一升许，而二人饮之，终日不尽。（《后汉书·方术列传下》）

②君可下山百步许，顾见我去，即可葬也。（《宋书·符瑞志上》）

③庾子嵩读《庄子》，开卷一尺许便放去。（《世说新语·文学》）

④（胡统寺）在永宁南一里许。（《洛阳伽蓝记·胡统寺》，卷一）

⑤中间一塔四角，高一丈许。（唐·〔日〕释圆仁：《入唐求法巡礼行记》，卷三）

⑥行二里许，一黄麖跃起。（宋·徐梦莘：《三朝北盟会编·茅斋自叙》，卷四）

来/以（已）来

"来""以（已）来"加在数词或数名、数量之后，表示其数值也是略大于或略小于所列之数，其意亦为"……左右"。这一形式，主要是应用在唐宋时代和近古汉语里。

"来"，一般以续接"十""百""千"者居多，表示数值略小于所列之数。如：

①寺之正东，去寺十来里，有高峰，号为金石山。（唐·〔日〕释圆仁：《入唐求法巡礼行记》，卷三）

②行十五里到太原府，属河东道，此则北京，去西京二千来里。（唐·

［日］释圆仁：《入唐求法巡礼行记》，卷三）

③这里有三百来众，于中不可无人。（《祖堂集》，卷十八）

④官人去腰里取下金线箧儿，抖下五十来钱，安在僧儿盘子里。（明·洪楩：《清平山堂话本·简贴和尚》）

"来"也可续接在数名或数量词之后，数值或大于或小于所列之数，不能肯定。如：

①汝且去，一两日来思惟，更作一偈来呈吾。（唐·法海：《六祖坛经》）

②池水清澄，深三尺来，在岸透见底砂，洁净并无尘草。（唐·［日］释圆仁：《入唐求法巡礼行记》，卷三）

③后面是杨员外，杨温随他行得二里来田地，见一所庄院。（明·洪楩：《清平山堂话本·杨温拦路虎传》）

④则见一个人喫得八分来醉，提着一条朴刀从外来。（明·冯梦龙：《警世通言·万秀娘仇报山亭儿》，第三十七卷）

⑤这里到夏店还有十里来地。（《老乞大》）

⑥前面一个鬼拿着三丈来高的大旗号，上写着"明现真君"。（《朴通事》）

与"来"相比，"以（已）来"不能直接与数词相连，就是说它必须续接在数名或数量词之后，其数值略大于所列之数。如：

①俄尔中间，擎一大钵，可受三升已来，金钿铜镮，金盏银杯，江螺海蚌。（唐·张鷟：《游仙窟》）

②臣启大王，莫道三日，请假一月已来总得。（变文《韩擒虎话本》）

③从巳时饮至申时，道士饮一石已来，酒瓮子恰荡（满）。（变文《叶净能诗》）

④若北朝却要横岭为界，奈缘横岭在冷泉村北七里以来，上面有长城者是。（宋·李焘：《续资治通鉴长编》，卷二六五）

前后

近古汉语里，"前后"常加在表时的数量词之后，其数值或大于或小于所列之数，不能确定，是个不定值，表示一个数段。如：

①夜至三更前后，万秀娘在那床上睡不着。（明·冯梦龙：《警世通言·万秀娘仇报山亭儿》，第三十七卷）

②前日三更前后，贼入来，把我二三年布施来的金银钞锭都偷将去了。（《朴通事》）

（4）中加词类。

中加词类概数是指在两个数词之间加上特定词语以表示大概数值的一种概数。这类概数不是很多。常见的中加词有"余""许""数"等等。如：

①汉五年秋，项王之南走阳夏，彭越复下昌邑旁二十余城，得谷十余万斛，以给汉王食。（《史记·魏豹彭越列传》）

②胡、汉降者二十余万口。（《三国志·魏书·武帝纪》）

③诏书未到，述果使其将谢丰、袁吉将众十许万，分为二十余营，并出攻汉。（《后汉书·吴汉传》）

④收冀财货，县官斥卖，合三十余万万，以充王府，用减天下税租之半。（《后汉书·梁充传》）

⑤（梁念法）又曰："士马多少？"（蒯应）答云："四十余万。"（《宋书·张畅传》）

⑥二人受宣，拜舞谢恩，领军四十余万，登途进发。（变文《韩擒虎话本》）

例①，"十余万"，"余"为加词，"十余万"即"十多万"，余例分析同。这些加词也可加在整数和零数之间。如：

①不知自孔孟以后，千数百年间，读书底更不子（仔）细把圣人言语略思量，看是如何。（《朱子语类·训门人》）

例①，"千数百年"，就是一千又零数百年之意。

（5）前后加词类。

前后加词类概数是指发展中的前加词类或后加词类概数又累加其他词语而形成的概数。这类概数数值的观察窗口，当以最后累加的词语为主，其结构层次一定要分清。如：

①河决积久，日月侵毁，济渠所漂数十许县。（《后汉书·循吏列传》）

②时太中大夫盖升与帝有旧恩，前为南阳太守，臧数亿以上。（《后汉书·桥玄传》）

③于树旁数尺许掘坑，泄其根头，则生栽矣。（《齐民要术·奈林擒》，卷四）

④所著文集数百余篇，给事封晫伯作序行于世。(《洛阳伽蓝记·永宁寺》杨注，卷一)

例①—④，为前加词类再累加后加词语，其数值的观察窗口当是"许""以上""许""余"等等。又如：

①行可二十余里，新妇谢去。(《搜神记》，卷四)

②较略二军，可七千许人，既入其心腹，调租发车，以充军用。(《宋书·索虏传》)

③案于阗国境东西不过三千余里。(《洛阳伽蓝记·凝玄寺》杨注，卷五)

④其柱约一半已上，转起分明，全无净能趿由。(变文《叶净能诗》)

⑤是夜约四更多时，刘都管高叫云："相公懑悉起，你家人马来厮杀也。"(宋·徐梦莘：《三朝北盟会编·靖康城下奉使录》，卷三十三)

⑥学人自出家，览《涅槃经》近十余载未明大义，愿师垂诲。(宋·大慧普觉禅师：《答吕郎中》)

例①—⑥，为后加词类再累加前加词语，其数值的观察窗口当是"可""可""不过""约""约""近"等等。

(五) 虚数的发展

上古汉语里，"三""九"常被视为满数，满数就是数的极限。如：

①帝曰："咨，四岳，有能典朕三礼?"(《尚书·尧典》)

②三军可夺帅也，匹夫不可夺志也。(《论语·子罕》)

③孟子曰："柳下惠不以三公易其介。"(《孟子·尽心上》)

例①，"三礼"，指祭天神、祭地神、祭人鬼之礼。例②，"三军"，依周制，诸侯大国设有上中下三军。例③，"三公"，古以太师、太傅、太保为"三公"，是古代中央政府三种最高之官职。此外，"三"用为满数的还有许多实例，如天文中有"三光"（日、月、星），等级中有"三品"（上、中、下），官制中有"三卿"（上卿、亚卿、下卿）等等。至于"九"，用为满数的实例，更是不胜枚举。如：

①克明俊德，以亲九族。(《尚书·尧典》)

②子欲居九夷。(《论语·子罕》)

③孔盖兮翠旍，登九天兮抚彗星。(《楚辞·九歌·少司命》)

例①，"九族"，指上自高祖，下至玄孙，共九代人。例②，"九夷"，古代东方九种少数民族之统称。例③，"九天"，天有九重，指天之极高之处。其他如河有"九川"，地有"九泉"，官有"九品"，思有"九思"等，"九"皆用为满数。正因为"三""九"可用为满数，因此才引申为虚数，用来表示最大的数。清人汪中在《述学·释三九》中说："凡一二之所不能尽者，则约之三以见其多；三之所不能尽者，则约之九以见其多，此言语之虚数也。""三"用为虚数的例证如：

①三岁贯女，莫我肯顾。(《诗经·魏风·硕鼠》)

②吾日三省吾身。(《论语·学而》)

③于是平原君欲封鲁仲连，鲁仲连辞让者三，终不肯受。(《战国策·赵策三》)

④将军虽老，尚善饭。然与臣坐，顷之，三遗矢矣。(《史记·廉颇蔺相如列传》)

⑤少正卯在鲁，与孔子并，孔子之门三盈三虚，唯颜渊不去。(《论衡·讲瑞》)

"九"用为虚数的例证如：

①鹤鸣于九皋，声闻于野。(《诗经·小雅·鹤鸣》)

②桓公九合诸侯，不以兵车，管仲之力也。(《论语·宪问》)

③善守者，藏于九地之下；善攻者，动于九天之上。(《孙子·形篇》)

④亦余心之所善兮，虽九死其犹未悔。(《楚辞·离骚》)

⑤是以肠一日而九回，居则忽忽若有所亡，出则不知其所往。(汉·司马迁：《报任安书》)

上古文献中，有时"三""九"多用于实指而非虚指，特别是与其他数词搭配使用时，更该注意。如：

①彼采葛兮，一日不见，如三月兮。(《诗经·王风·采葛》)

②举一隅不以三隅反，则不复也。(《论语·述而》)

③子曰："君子道者三，我无能焉：仁者不忧，知者不惑，勇者不惧。"(《论语·宪问》)

④癸亥，克之，取三师焉。(《左传·隐公十年》)

⑤故一人有罪而三族皆夷。(《荀子·君子》)

⑥皋陶曰:"都,亦行有九德。"(《尚书·皋陶谟》)

⑦孔子曰:"君子有九思:视思明,听思聪,色思温,貌思恭,言思忠,事思敬,疑思问,忿思难,见得思义。"(《论语·季氏》)

例④,"三师",指宋、卫、蔡三国之师。例⑥,"九德",指"宽而栗,柔而立,愿而恭,乱而敬,扰而毅,直而温,简而廉,刚而塞,强而义"。

到了中古汉语,"三""九"用为虚数的已基本被淘汰了,如《搜神记》《世说新语》中已找不到"三""九"用为虚数的实例。两汉以后,汉语多用"百""千""万"及其倍数来表示虚数,这是一个重要的变化,应该注意到。如:

①(昆仑之虚)面有九门,门有开明兽守之,百神之所在。(《山海经·海内西经》,卷十一)

②夫言众必言千数,言少则言无一。(《论衡·儒增》)

③渤海之东,不知几亿万里,有大壑焉,实惟无底之谷。(《列子·汤问》,卷五)

④所为辄得,赀至千万。(《搜神记》,卷十)

⑤千山鸟飞绝,万径人踪灭。(唐·柳宗元:《江雪》)

⑥非但一生,如是百千万亿劫,精练身心,发其大愿,种种苦行,无不修断,令其心愿满足。(变文《八相变》)

⑦今往西天,程途百万。(《大唐三藏取经诗话上》)

其实"百""千""万"及其倍数用于虚数,上古汉语已开其端。如:

①百川沸腾,山冢崒崩。(《诗经·小雅·十月之交》)

②千岁厌世,去而上仙。(《庄子·天地》)

③一心定而万物服。(《庄子·天道》)

④栗腹以百万之众,五折于外。(《战国策·齐策六》)

例①—④,"百""千""万""百万"等,均用为虚数,其数值不可计校。

汉语虚数,到了中古汉语,还有一点应引起我们注意的是,在汉译佛经中常常使用百千万亿和描写性的词语相结合形式来表示虚数。这种情况,就汉语历史来说,应视为一种变例,是属于非本质性的语言现象。据我观察,这种变例主要有以下四种形式：

第一，在汉语"千""万""亿"位数词的基础上，再加上"无数""无量""阿僧祇"之类的描写词语，用来表示虚数。如：

①如是长者维摩诘，为诸问病者如应说法，令无数千人，皆发阿耨多罗三藐三菩提心。(《维摩诘经·方便品》，卷上)

②尔时长者维摩诘问文殊师利："仁者游于无量千万亿阿僧祇国，何等佛土，有好上妙功德成就师子之座?"(《维摩诘经·不思议品》，卷中)

例②，"阿僧祇"，梵文 asa mkhya 的音译词，或译为"阿僧""阿僧企耶"，意指数的极限。①

第二，汉语"千""万"等位数词再加上比喻词，用来表示虚数。如：

①时弥勒菩萨摩诃萨，知八千恒河沙诸菩萨等心之所念，并欲自决所疑。(《法华经·从地涌出品》，卷五)

②我娑婆世界自有六万恒河沙等菩萨摩诃萨。(《法华经·从地涌出品》，卷五)

③阿难，是诸人等，当供养五十世界微尘数诸佛如来，恭敬、尊重、护持法藏。(《法华经·授学无学人记品》，卷四)

例①—③，"恒河沙""世界微尘数"均为比喻词，极言其多。

第三，汉语"千""万""亿"位数词再加上梵文音译数词，用来表示虚数。如：

①是须菩提，于当来世，奉觐三百万亿那由他佛，供养恭敬，尊重赞叹，常修梵行，具菩萨道。(《法华经·授记品》，卷三)

②其佛号须弥灯王，今现在，彼佛身长八万四千由旬，其师子座，高八万四千由旬，严饰第一。(《维摩诘经·不思议品》，卷中)

例①，"那由他"，梵文 nayuta 的音译词，或译为"那由佗""那由多""那述"等，其数值说法不一，或指"十万""百万"，或指"兆""亿"等。②例②，"由旬"，梵文 yojana 的音译词，古印度的计程单位。一由旬，相当于中国的四十里、六十里或八十里，说法亦不一。"那由他""由旬"，均用于

---

① 龙国富：《〈妙法莲华经〉语法研究》，商务印书馆 2013 年版，第 132—133 页。

② 同上，第 133 页。

虚指，非实数。

第四，综合上述二、三两项，汉语"千""万""亿"位数词再加上梵文音译数词和比喻词，用来表示虚数。如：

①第二、第三、第四说法时，千万亿恒河沙那由他等众生，亦以不受一切法故，而于诸漏心得解脱。（《法华经·化城喻品》，卷三）

②尔时，佛放白毫一光，即见东方五百万亿那由它恒河沙等国土诸佛。（《法华经·见宝塔品》，卷四）

当然，汉译佛经中，也有直接用大数位词来表示虚数的，这一点和中土文献倒是相同的。如：

①释提桓因言："甚多，世尊！彼之福德若以百千亿劫，说不能尽。"（《维摩诘经·法供养品》，卷下）

②今此会中，如我等比，百千万亿，世世已曾从佛受化，如此人等，必能敬信。（《法华经·方便品》，卷一）

（六）倍数的发展

甲骨文、金文中都没有发现倍数。我国在上古汉语时代，已经懂得乘法运算，倍数的应用始于战国时代。《管子·轻重戊》中已有九九乘法的记载。如"管子对曰：'虑戏作，造六法以迎阴阳，作九九之数以合天道，而天下化之'"（《管子·轻重戊》）。《管子·地员》中更有九九口诀具体运算的记载，如说"五七三十五尺""四七二十八尺"等等。九九之数，最初也只是一个时令名称。为适应生产、生活之需，我国传统上将夏至和冬至后的八十一天，各分为九个时段，每段九天，俗称"夏九九"和"冬九九"。

上古汉语的倍数，从应用上看，主要分为两类：一类是乘数、被乘数相连而隐去积数，另类是乘数、被乘数相连并直现积数。前者如：

①景公曰："善"，乃令犁且以女乐二八遗哀公，哀公乐之，果怠于政。（《韩非子·内储说下》）

②一奏之，有玄鹤二八集于廊门；再奏之，延颈而鸣，舒翼而舞。（《史记·乐书》）

这一用法，中古汉语、近古汉语也沿用下去。如：

①篡盗短祚，极于三六，当有飞龙之秀，兴复祖宗。（《搜神记》，卷六）

②于三七日中，思惟如是事。(《法华经·方便品》，卷一)

③三七日酢成，香美可食。(《齐民要术·种桃柰》，卷四)

④以麻子二七颗，赤小豆七枚，置井中，辟疫病，甚神验。(《齐民要术·小豆》，卷二)

⑤正青春二八当年，恰结上丝萝早剪断冰绞。(明·朱有燉：《团圆梦》，第四折)

另类用例如：

①刀之重加六，五六三十，五刀一人之籍也。(《管子·海王》)

②立视前，六尺而大之，六六三十六，三丈六尺。(《荀子·大略》)

③案周时九州，东西五千里，南北亦五千里，五五二十五，一州者二万五千里。(《论衡·谈天》)

例②，"六尺而大之"，"大"当作"六"。[1]

两汉以后，这一用法也沿袭下去。如：

①崇客李元佑语人云："李令公一食十八种。"人问其故，元佑曰："二九一十八。"(《洛阳伽蓝记·高阳王寺》杨注，卷三)

②生六识，出六门，见六尘，是三六十八。(唐·法海：《六祖坛经》)

但是，从发展上看，古代倍数表示法，更多的是采用以下三种形式：

第一，数词变为动词，作谓语，以此表示倍数。如：

①大国地方百里，君十卿禄，卿禄四大夫。(《孟子·万章下》)

②母之爱子也倍父，父令之行于子者十母；吏之于民无爱，令之行于民也万父母。(《韩非子·六反》)

③吾闻兵法十则围之，倍则战。(《史记·淮阴侯列传》)

例①—③，"十""四""十""万""十"，均作谓语，变为动词，意指"十倍于……""四倍于……"等等。"倍父""倍则战"，"倍"犹言"一倍于……"，"一"字略。

第二，直接用表示倍数的词作谓语，其前不加数词。如：

①墨辟疑赦，其罚百锾，阅实其罪；劓辟疑赦，其罚惟倍，阅实其罪。(《尚书·吕刑》)

---

① 本王引之说。说见梁启雄：《荀子柬释》，商务印书馆民国二十五年（1936 年）版，第 372 页。

②夫物之不齐，物之情也。或相倍蓰，或相什百，或相千万。(《孟子·滕文公上》)

③师少于我，斗士倍我。(《左传·僖公十五年》)

例①，"其罚惟倍"，是指罚金比"百锾"的多一倍，所以孔传说"倍百为二百锾"。例②，"或相倍蓰"，是指相差一倍或五倍。例③，"斗士倍我"，是指秦师虽人数比晋军少，但请战之士却比晋军多一倍，亦即两倍于晋军。

第三，"倍"前直接加数词表示倍数。如：

①如贾三倍，君子是识。(《诗经·大雅·瞻卬》)

②绝圣弃智，民利百倍。(《老子》第十九章)

③国粟之价坐长而四十倍。(《管子·轻重甲》)

④伯乐乃还而视之，去而顾之，一旦而马价十倍。(《战国策·燕策二》)

⑤田肥以易则出实百倍。(《荀子·富国》)

⑥秦富十倍天下，地形强。(《史记·高祖本纪》)

两汉以后，这一用法也一直延续下去。也就是说，上述三种方式中，唯第三种形式才得以继承和发展。如：

①君才十倍曹丕，必能安国，终定大事。(《三国志·蜀书·诸葛亮传》)

②今理财所增，三倍于前。(《后汉书·循吏列传》)

③徒众属目，其气十倍。(《世说新语·豪爽》)

④斗粟千钱，自应十倍，岂可以此为定？(宋·徐梦莘：《三朝北盟会编·燕云奉使录》，卷十三)

(七) 分数的发展

1. 分数的产生

分数的产生和发展，也是汉语数词系统日益完善的一个重要标志。从现有的资料来看，汉语分数的标准式产生在上古汉语中期，亦即春秋战国时代。马建忠称分数为"约数"，他在《马氏文通》中提出了古代分数的十一种形式。[①] 其后，杨树达先生在《高等国文法》中，将分数分为七种。[②] 现

---

① 马建忠：《马氏文通》(校注本)，上册，中华书局 1961 年版，第 158—159 页。

② 杨树达：《高等国文法》，商务印书馆 1957 年版，第 184—186 页。

在，向熹先生又将古代分数分作十种。[①] 过往的研究，总的感觉是过于平面化了，缺乏历史感。

我们想，在分数标准式正式产生之前，它一定有一个形成的历史过程。那么，这个历史过程是怎样的呢？就是说，汉语分数的标准式到底是如何产生的呢？我觉得最重要的步骤有三个：

第一，准分母的确立。

分数的实质，就是先对正整数的均分，然后才是观察均分的结果，各占几分之几。所以分数的产生，首先必是分母的产生。准分母是指分数标准式产生之前，具有分母意义的分数词。古代的准分母，从语法功能上说，多作状语。如：

①吾三分四军，与诸侯之锐，以逆来者。（《左传·襄公九年》）

②夫胜赵而三分其地，城今且将拔矣。（《战国策·赵策一》）

③约曰，四国为一以攻赵，破赵而四分其地。（《战国策·赵策二》）

例①，"三分四军"，晋有上、中、下、新四军，现在要重新整合而分成三部分，再加上诸侯精锐之师，以迎击楚军。"三分"，"三"作状语，是准分母。例②③，"三分""四分"，分析同。

第二，准分子的确立。

准分子是指分数标准式产生之前，具有分子意义的分数词。古代的准分子，从语法功能上说，或作谓语，或作状语，或作宾语，不能确定。如：

①摽有梅，其实七兮，求我庶士，迨其吉兮。摽有梅，其实三兮，求我庶士，迨其今兮。（《诗经·召南·摽有梅》）

②彼谷七藏于上，三游于下。（《管子·山至数》）

③故善者不如与民量其重，计其赢，民得其七，君得其三。（《管子·轻重乙》）

④髡窃乐此，饮可八斗，而醉二参。（《史记·滑稽列传》）

例①，"其实七兮""其实三兮"，"七""三"是指十分之七和十分之三。古代常把"十"视为满数，因此"七""三"自然是指十分之七和十分之三，都是准分子。毛传云："摽，落也，盛极则隋。落者，梅也，尚在树者七。"

---

① 向熹：《简明汉语史》（修订本），下册，商务印书馆 2010 年版，第 53—56 页。

又云："在者三也"，毛传释义是正确的。例②③，"七""三"均指十份中的七份和三份。例④，"二参"即"二三"。《索隐》云："二参，言十有二参醉也。""二""参"都是准分子。

第三，准分母和准分子组合成句。

把准分母和准分子组合在一个句子里，这是促使分数标准式产生的最为重要的过渡形式。如：

①三分天下有其二，以服事殷。(《论语·泰伯》)

②正月，作三军，三分公室而各有其一。(《左传·襄公十一年》)

③夫貉，五谷不生，惟黍生之；无城郭、宫室、宗庙、祭祀之礼，无诸侯币帛饔飧，无百官有司，故二十取一而足也。(《孟子·告子下》)

④故当世之重臣，主变势而得固宠者十无二三。(《韩非子·孤愤》)

⑤贵贱在于骨法，忧喜在于容色，成败在于决断，以此参之，万不失一。(《史记·淮阴侯列传》)

⑥从门应庭，听堂室之言，什而失九；如升堂窥室，百不失一。(《论衡·须颂》)

例①—⑥，"三""二"和"三""一"等准分母和准分子，都是通过动词"有""取""无""失"等等，把它们组合在一个句子里，拉近了关系，而最后必然会影响人们的逻辑判断。有的准分母和准分子，是通过动词把它们组合在上下句里，其最终的效果是一样的。如：

①及其舍之也，四分公室，季氏择二，二子各一。(《左传·昭公五年》)

②海内之地方千里者九，齐集有其一，以一服八，何以异于邹敌楚哉？(《孟子·梁惠王上》)

③盐铁抚轨，谷一廪十，君常操九。(《管子·山国轨》)

④天下三分，其二归周者，太公之谋计居多。(《史记·齐太公世家》)

2. 分数的标准式

分数的标准式是指"分母＋分＋之＋分子"这一格式。这一格式在春秋战国时代已经产生。如：

①出门，使以三分之一行。(《左传·哀公八年》)

②楚人降齐者十分之四，三年而楚服。(《管子·轻重戊》)

③其存人之国也，无万分之一。(《庄子·在宥》)

④三贵竭国以自安，然则令何得从王出，权何得毋分，是我王果处三分之一也。(《战国策·秦策三》)

⑤今臣虽不肖，于秦亦万分之一也。(《战国策·韩策三》)

⑥故关中之地，于天下三分之一。(《史记·货殖列传》)

这一形式，自产生之后，经中古汉语传承，一直沿用下去。如：

①吾所惑者，又恐绍侵扰关中，乱羌胡，南诱蜀汉，是我独以兖、豫抗天下六分之五也。(《三国志·魏书·荀彧传》)

②若得龟兹，则西域未服者百分之一耳。(《后汉书·班超传》)

③以军兴减百官俸三分之一。(《宋书·文帝纪》)

④遏立积三十六载，至五年夏六月，洪水暴出，毁损四分之三。(《水经注·湿余水等》，卷十四)

3. 分数的简化式

分数的简化式自然是对分数的标准式而言的。分数的标准式在形成之后，为行文方便，常常省去分母和分子以外的其他结构成分，这就是分数的简化式。其主要形式有：

第一，分母之后无"分"字。如：

①舜有大功二十而为天子，今行父虽未获一吉人，去一凶矣，于舜之功，二十之一也，庶几免于戾乎？(《左传·文公十八年》)

②其稼亡三之一者，命曰"小凶"。(《管子·八观》)

③藏三之一，不足以伤民。(《管子·山权数》)

④昔季孙行父，亲逆君命，逐出莒仆，于舜之功，二十之一。(《后汉书·党锢列传》)

第二，分母、分子直接相连，无"分""之"两字。如：

①昔者文王之治岐也，耕者九一，仕者世禄。(《孟子·梁惠王下》)

②今赵卒之死于长平者已十七八。(《战国策·中山策》)

③累三而不坠，则失者十一。(《庄子·达生》)

④天下初定，故大城名都散亡，户口可得而数者十二三。(《史记·高祖功臣侯者年表》)

⑤千人以上，万人以下，计一聚之中，生者百一，死者十九，可谓无道至痛甚矣。(《论衡·祸虚》)

⑥时公兵不满万，伤者十二三。(《三国志·魏书·武帝纪》)

⑦若一谷不登，则饥者十三四矣。(《后汉书·郎颐传》)

⑧（张）永战大败，又值寒雪，死者十八九，遂失淮北四州。(《宋书·蔡廓传》)

这一形式，如果分母是"十"，则"十"常作"什"，这也许是为了不与基数"十"相混之故。如：

①什一，去关市之征，今兹未能，请轻之，以待来年然后已，何如？(《孟子·滕文公下》)

②万物，财物去什二，策也。(《管子·山至数》)

③田野什一，关市几而不征，山林泽梁，以时禁发而不税。(《荀子·王制》)

④会天寒，士卒堕指者什二三。(《史记·高祖本纪》)

⑤一府员吏，儒生什九。(《论衡·程材》)

⑥司隶、豫州饥死者什四五。(《后汉书·孝桓帝纪》)

第五章

量词史

一、量词的产生

量词是表示人、事物或动作、行为计量单位的词。古代汉语同现代汉语一样，量词可以分为两个语法小类：名量词和动量词。汉语量词的发展，也是经历一个从无到有，从不完善到自成系统的发展变化过程。名量词主要是从名词中分化出来的，动量词主要是从动词（或部分名词）中分化出来的，因此量词的产生应是名词和动词滋生的结果，它在汉语词类生成的顺序中，应同数词一样，属于二级词类。

上古汉语里，量词并非一开始就是一个必不可少的结构成分。也就是说，汉语量词的发展，是一个从无到有的发展过程。汉语名量词和动量词的生成情况有很大的不同，下面只能分开论述。

（一）名词量的产生

上古汉语前期，数词可以直接加在名词前或置于名词后，是完全自由的，并不需要以量词为中介。如：

①甲戌卜，贞：翼乙亥虫于且乙三牛。（《合集》，1520）

②庚子卜，虫父乙羊九？（《合集》，20165）

甲骨文里，"数＋名"或"名＋数"格式是占绝对优势的。至于"名＋

数量"，是很少用的。如：

③……马廿丙有……（《前》，19.1）

④其翌新邑二升一卣。（《戢》，25.10）

若说到"数量＋名"，这种结构在甲骨文里可能是不存在的。我们以《殷契粹编》为对象，作一次初步考察，其结果如下表所示：

《殷契粹编》数量结构分布表（抽样调查）

结构类型		频率	用例
A	数＋名	461	三豕，六牛，九宰，卅豕，五十小宰，百小宰，三人，廿人，五月，六旬，八祀，四戈，五山，三门，三祖辛，四祖丁
B	名＋数	44	羊一，牛二，兕二，犬十，豚十
C	名＋数量	1	□十朋
D	数量＋名	1	五丰臣

说明：①此统计，据郭沫若先生的《殷契粹编考释》。

②对原片中的残文或误记，均按郭先生的意见来处理。如第 5 片中的"五五"，郭氏认为是"五牛"之误，因此统计时归入 A 式。又如第 48 片中的"（三）豕"，"三"为郭氏所补，统计时也按 A 式处理。

③A 式中包括部分序数在内，如"五月""六旬""三祖辛""四祖丁"之类。

④D 式中的"五丰臣"，这里暂按郭氏意见处理。有人对此提出异议。张玉金先生说："在甲骨文中还没有'一卣鬯''一丙马'这样的语序，所以'三介父''五丰臣'中的'介'和'丰'不会是量词"①，可备一说。

那么，到底是什么原因，促使汉语的数量结构由 AB 式转到了 CD 式呢？其中就涉及了名量词的产生问题。我认为，主要原因有两点：

第一，名量词的最原始作用是在于对事物的描写和分类标记，而不在于记量。

由前面引例可知，甲骨文里，最初数词是可以直接同名词搭配的，并不需要以量词为中介。"三牛"就是"三头牛"，"羊九"就是"羊九只"，并不需要名量词来搭配，仍运用自如。那么，后来为什么要加上各种各样的名量词呢？我们认为唯一的合理解释就是，随着生产的发展、财富积累的增多，可用于分配、交换的物品也越来越多；随着人们认识世界能力的逐步提高，外界被认识的事物也越来越多。在这种情况下，对外界纷繁的事物必须有个明确的分类，因此最初产生的名量词也只是同类事物的一个"类

---

① 张玉金：《甲骨文语法学》，学林出版社 2002 年版，第 21 页。

名"而已，其本身并无计量作用。著名语言学家高名凯先生曾把汉语的名量词称为"数位词"或"范词"。他说："数位词实在是规定者的一种，……汉语的数位词却刚刚好不求于阴阳性或有生无生性的分别，而在表示每一个事物的具体的形状而加以范围的"，又说："'一条狗'是一个单位，这是谁也明白的，所以有的语言只说'一狗'，然而汉语，则除了'一狗'之外，又有'一条狗'的说法。这里的'条'字是把'狗'归纳到'条'的范围之中，表明其为'条'类的事物。因此，我们就认此类词为范词。"[1] 从高先生的论述中，我们不难发现，汉语名量词最初的产生，实在是为了区分事物而非用于计量。正因为如此，有的外国汉学家，如戴遂良者，就干脆称汉语名量词为"别词"，又有些英法学者则称之为"类词"。汉语最古老的名量词，只是把名词再重复一遍，如果说这样做是为了"计量"，那是不可思议的。如：

①俘人十有五人，五日戊申，方亦 𡴆，俘人十有六人，六月在。（《菁》，5）

②隻馘四千八百□二馘，孚人万三千八十一人，孚牛三百五十五牛，羊廿八羊。（《小盂鼎》）

再往后，被标志的对象进一步扩大，于是"朋"用于"贝"，"丙"用于车马，"卣"用于"鬯"，"束"用于"矢"，"家"用于"臣"，等等，"朋""丙""卣""束""家"显然都具有明显的分类和描写作用。如：

①叀贝十朋，吉。（《合集》，29694）

②马五十丙。（《续》，1027.4）

③易女鬯一卣、冂衣、巿、舄、车、马。（《大盂鼎》）

④易女弓一、矢束、臣五家、田十田，用夒乃事。（《不嬰簋》）

汉语的名量词，绝大部分都是由名词演变过来的。上古汉语到了中后期，语言中又产生了大量名词。与此相应的是标志或描写名词类别的名量词自然也会应运而生。如车称"两"（辆），也称"乘"；马称"匹"，也称"蹄"；牛羊称"头"，矢类称"枚"，鸟亦称"枚"；帷幕称"张"；树木称"树"；首级称"级"，捕获的俘虏也称"级"等。如：

---

[1] 高名凯：《汉语语法论》，科学出版社 1957 年版，第 160—168 页。

①之子于归，百两御之。(《诗经·召南·鹊巢》)

②秋，子元以车六百乘伐郑。(《左传·庄公八年》)

③见子皮如上卿，以马六匹。(《左传·昭公六年》)

④故曰陆地牧马二百蹄。(《史记·货殖列传》)

⑤塞之斥也，唯桥姚已致马千匹，牛倍之，羊万头，粟以万钟计。(《史记·货殖列传》)

⑥矢高弩臂三尺，用弩无数，出人六十枚。(《墨子·备高临》)

⑦公子耻之，即使人多设罗，得鹊数十枚。(《论衡·书虚》)

⑧子产以幄幕九张行。(《左传·昭公十三年》)

⑨安邑千树枣，燕秦千树栗，蜀汉江陵千树橘。(《史记·货殖列传》)

⑩从攻围东郡守尉于成武，却敌，斩首十四级。(《史记·樊郦滕灌列传》)

⑪捕伏听者三千一十七级。(《汉书·卫青传》)

上古汉语里，也有直接用器物作名量词来使用的。如：

①一箪食，一瓢饮，在陋巷，人不堪其忧，回也不改其乐。(《论语·雍也》)

②吾以一杯羊羹亡国，以一壶飧得士二人。(《战国策·中山策》)

③杀一牛，取一豆肉，馀以食士。(《韩非子·外储说右上》)

以上引例都足以表明，这些名量词本身都是无量值的，它们的最主要的作用即在于对事物的描写和标志类别。如同样是牲畜，马称"蹄"，羊称"头"，这就是抓住了两者的不同特征，因此才具有描写作用，同时也就具有分类作用，但"蹄""头"两词本身并不具备任何的量值。

第二，名量词从无量值到有量值，要求和数词搭配运行。

虽说名量词是作为对人或事物的计量单位而存在，但并非所有名量词都是有量值的。所谓量值，就是指量词本身所含有的数值。如个体量词和器物量词，都是无量值的名量词；又如长度量词、容量量词、重量量词、面积量词和部分配制量词，都是有量值的量词。汉语名量词从无量值到有量值是一个重要发展。"人类对数的认识比对量的认识要早得多。……由于生产和生活的需要，先民们不但学会了计数，而且还逐渐地发现自然界存在着'量'。用数和单位表示事物的物理量就叫做'计量'。中国古代，计量的称谓是

'度量衡'。"① 我国到了春秋战国时期，各种度量衡器具已基本具备，度量衡体制已经建立起来，并已成为各个诸侯国政治、经济生活中的大事。如《左传·昭公十七年》说："利器用，正度量，夷民者也"。《管子·侈靡》也说："法制度量，王者典器也。"

有量值的名量词产生之后，从表达上说，它要求必须和数词结合在一起，组合成一个完整的数量结构，或置于名词后，或置于名词前，这就促使汉语的数量结构，由 A 和 B 式演变为 C 和 D 式。如：

①能货子犹，为高氏后，粟五千庾。(《左传·昭公二十六年》)

②君予金三十斤。(《战国策·东周策》)

③汉王赐良金百溢，珠二斗。(《史记·留侯世家》)

④不知夫五尺童子，方将调饴胶丝，加己乎四仞之上，而下为蝼蚁食也。(《战国策·楚策四》)

⑤令县官销半两钱，更铸三铢钱。(《史记·平准书》)

⑥三尺之木，数弦之声，感动天地，何其神也。(《论衡·感虚》)

例③，"溢"，通"镒"。例①—③，为 C 式例；例④—⑥，为 D 式例。

(二) 动量词的产生

甲骨文、金文中均未发现动量词。上古汉语中期，文献中已出现使用动量词的苗头。如：

①伐绞之役，楚师分涉于彭。罗人欲伐之，使伯嘉谍之，三巡数之。(《左传·桓公十二年》)

②孔子游于匡，卫人围之数匝，而弦歌不惙。(《庄子·秋水》)

例①②，"三巡"即三遍，"数匝"即数周或数圈。但是，作为动量词的真正起始期，还是定为两汉时代较好。如：

①围汉王三帀。(《史记·项羽本纪》)

②汉军围之数重。(《史记·项羽本纪》)

③我之王家食马肝，食饱甚，见酒来，即走去，驱疾至舍，即泄数十出。(《史记·扁鹊仓公列传》)

---

① 阴法鲁、许树安：《中国古代文化史》，第三册，北京大学出版社 1993 年版，第 48 页。

④武王又射三发，击以剑，斩以玄钺，县其头小白之旗。(《史记·周本纪》)

⑤一岁中往来过他客，率不过再三过。(《史记·郦生陆贾列传》)

例①—⑤，"帀"同"匝"，"三帀"即三匝、三周；"数重"，数层；"数十出"，数十次；"三发"，三次；"再三过"，两三次。

同部分名量词一样，汉语动量词虽然作为动作、行为的计量单位而存在，但其本身并无可计可数的量值存在。既然如此，那又为什么需要并无量值的记量单位呢？究其原因，大概也有两点：一是受名量词的影响，是语言类化的结果；二是动量词的产生，也有它自身的发展过程。

(1) 在先秦，最通常的动量表示法就是把数词直接放在谓语动词之前。如：

①令尹子文三仕为令尹，无喜色；三已之，无愠色。(《论语·公冶长》)

②三进及溜，而后视之。(《左传·宣公二年》)

③宋殇公立，十年十一战，民不堪命。(《左传·桓公二年》)

④老聃死，秦失吊之，三号而出。(《庄子·养生主》)

例①—④，"三""三""十一""三"，这些数词都是直接表示动量的，并不需要动量词。"仕""进""战""号"，都是不及物动词。表示动量的数词，也可加在及物动词之前，意义表达不受任何影响。如：

①郤至三遇楚子之卒。(《左传·成公十六年》)

②若卫叛晋，晋五伐我，病何如矣。(《左传·定公八年》)

③是时也，禹八年于外，三过其门而不入，虽欲耕，得乎？(《孟子·滕文公上》)

④说秦王书十上而说不行。(《战国策·秦策一》)

(2) 在先秦，表示动量的数词，也可放在谓语动词之后。如：

①公怒，鞭师曹三百。(《左传·襄公十四年》)

②魏犨束胸见使者曰："以君之灵，不有宁也！"距跃三百，曲踊三百，乃舍之。(《左传·僖公二十八年》)

③昏鼓，鼓十，诸门亭皆闭之。(《墨子·号令》)

值得注意的是，到了汉代，这一用法的使用频率已有了明显的增加。如：

④主父大怒，笞之五十。(《史记·苏秦列传》)

⑤既不得，乃掘楚平王墓，出其尸，鞭之三百，然后已。(《史记·伍子胥列传》)

⑥师曹又怒公之尝笞三百，乃歌之，欲以怒孙文子，报卫献公。(《史记·卫康叔世家》)

（3）表示动量的数词，由谓语动词前移至谓语动词后，这就为"动＋数＋动量"结构的产生创造了极为有利的条件。

前面说过，汉语句式的发展，就其总的历史趋势而言，有三大规律，这就是扩展律、易位律和紧缩律。易位律也可称为交换律，是指句子成分在发展中形成的历史性的语序变化。一般说来，这种变化是不可逆转的。汉语表示动量的数词，上古汉语时以处于谓语动词之前为常。但到了中古汉语，又逐渐和动量词结合，以置于谓语动词之后为常，这就是历史性的语序变化，是易位律使然。

表示动量的数词为什么一定要由谓语动词前移到谓语动词后呢？这恐怕都是由其自身的语法功能决定的。大家知道，在先秦，数词在谓语动词前作状语，就其语法意义而言，不仅表示动量，也可以表示次第。如：

①齐人三鼓。(《左传·庄公十年》)

②齐王四与寡人约，四欺寡人。(《战国策·燕策二》)

③一命而偻，再命而伛，三命而俯。(《左传·昭公七年》)

④一不朝则贬其爵，再不朝则削其地，三不朝则六师移之。(《孟子·告子下》)

例①②，"三""四""四"，用于表动量；例③④，"一""再""三"，均用于表次第。显然，这两种用法是很容易混淆的。如果表动量的数词移至谓语动词后，这就避开了这一问题。在上古汉语、中古汉语，谓语动词后的数词多半是表示动量的，很难找到表示次第的用例，究其原因，即在于此。

（4）同部分名量词一样，动量词最原始的作用也是在于对动词特征作标记，而非计量。

任何动量词本身都是无量值的。也就是说，动量词的量值是由它前面的数词来体现的，而非借助动量词本身。大家知道，汉语动量词绝大部分都是来源于动词，只有一小部分才来源于名词，因此有的学者把前类动量词称为

"专用的动量词",把后类动量词称为"借用的动量词"。"专用""借用"这类提法未必妥当。动量词本身既无量值可言,那它又为什么作为动作、行为的"计量单位"而存在呢?我们认为,动量词产生的最原始作用即在于对动词特征作标记而非计量。请比较:

①三十三年春,秦师过周北门。(《左传·僖公三十三年》)

②一岁中往来过他客,率不过再三过。(《史记·郦生陆贾列传》)

③前后读兄文一再过,便上口语。(晋·陆云:《与兄平原书》)

④胡儿既无由知父为此事,闻人道痴人有作此者,戏笑之,时道此,非复一过。(《世说新语·纰漏》)

例①②,"过周北门""过他客""不过","过"都是趋向动词,词义由经过而引申出探望、超过等诸义。趋向动词的特点是表示由甲处到乙处的运动过程。"再三过",即两三次。"过"是动量词。动量词"过",也正标示出动词"过"的活动过程的特性。例③④,"读""道"都是言语动词,阅读、说话也都有个起止过程,所以也用"过"作为动量词。"一再过"即一两次,"一过"即一次,用"过"作动量词,也正标示出"读""道"的活动过程。又如:

①姜出而赋:"大隧之外,其乐也洩洩。"(《左传·隐公元年》)

②我之王家食马肝,食饱甚,见酒来,即走去,驱疾至舍,即泄数十出。(《史记·扁鹊仓公列传》)

③有人道上见者,问云:"公何处来?"(林道人)答云:"今日与谢孝剧谈一出来。"(《世说新语·文学》)

④诸公怪而问之,祖曰:"昨夜复南塘一出。"(《世说新语·任诞》)

例①,"出",趋向动词,动词特点是由里及外,也有一个运动过程。例②—④,"泄",趋向动词,活动由里及外;"谈",言语动词,表达由里及外;"复",趋向动词,活动由外及里。"出",由动词引申为动量词后,仍具有标示出相关动词的词义特点的作用:"泄数十出",排泄数十次;"剧谈一出",畅谈一次;"复南塘一出",回南塘一次或一趟。又如:

①我腾跃而上,不过数仞而下。(《庄子·逍遥游》)

②谨追辞叩头五百下,两手自搏。(《三国志·吴书·韦曜传》)

③(衡)农呼妻相出于庭,叩头三下。(《搜神记》,卷十一)

④如是五人各打十下。(《百喻经·五人买婢共使作喻》)

例①，"下"，亦趋向动词，表示由高处到低处的运动过程。例②—④，"叩""叩""打"，虽说都是动作动词，但其运动的施向，也都是由上及下，因此"下"引申作动量词后，仍有标示动词词义特点的作用。

二、量词的分类

（一）名量词

上古汉语的名量词，可分为以下七类：

1. 个体量词

个体量词是指用天然单位"个"来计量的量词。在先秦，个体量词比较发达，是名量词的重要内容。如：

①君有楚命，亦不使一个行李告于寡君，而即安于楚。（《左传·襄公八年》）

②故天下诸侯罢马以为币，缕綦以为奉，鹿皮四个。（《国语·齐语》）

例①，杨伯峻先生说："'个'，原作'介'，今依《释文》、《石经》、金泽文库本、宋本等及钱绮《左传札记》说正。"[1] "个"或通"盖"，"一盖"即"一个"。如：

③秦乃者过柱山，有两木焉：一盖呼侣，一盖哭。（《战国策·赵策一》）

④一盖曰："此非吾所苦也，是故吾事也。"（《战国策·赵策一》）

个体量词"个"，先秦时应用并不广。先秦时，不同类的名词，其个体量词也往往有不同的称呼。如：

①之子于归，百两御之。（《诗经·召南·鹊巢》）

②晋侯许之七百乘。（《左传·成公二年》）

③莱人使正舆子赂夙沙卫以索马牛，皆百匹，齐师乃还。（《左传·襄公二年》）

④请以三万户之都封太守，千户封县令，诸吏皆益爵三级。（《战国策·赵策一》）

⑤夫今樊将军，秦王购之金千斤，邑万家。（《战国策·燕策三》）

---

① 杨伯峻：《春秋左传注》，第三册，中华书局 1981 年版，第 959 页。

⑥归公乘马，祭服五称。(《左传·闵公二年》)

⑦棺三寸，足以朽体；衣衾三领，足以覆恶。(《墨子·节葬下》)

⑧枪二十枚，周置二步中。(《墨子·备城门》)

⑨昔正考父校商之名颂十二篇于周太师，以《那》为首。(《国语·鲁语下》)

⑩公父文伯之母欲室文伯，飨其宗老，而为赋《绿衣》之三章。(《国语·鲁语下》)

⑪水火独一种，金木多品何？(汉·班固：《白虎通·五行》)

2. 器物量词

器物量词是指借助有容量的器物作为计量单位的量词。不过这种器物并不是刻意制造的有标准的量具，其容量可大可小，有随意性。如：

①与之一箪珠，使问赵孟。(《左传·哀公二十年》)

②今之为仁者，犹以一杯水救一车薪之火也。(《孟子·告子上》)

③一箪食，一豆羹，得之则生，弗得则死，嘑尔而与之，行道之人弗受。(《孟子·告子上》)

④太后怒，酒令酌两卮酖，置前，令齐王起为寿。(《史记·吕太后本纪》)

3. 长度量词

长度量词是指用来计量长度、高度、深度、厚度、围度以及里程等方面的量词。如：

①（曹）交闻文王十尺，汤九尺，今交九尺四寸以长，食粟而已，如何则可？(《孟子·告子下》)

②今有人于此，以随侯之珠弹千仞之雀，世必笑之。(《吕氏春秋·贵生》)

③且之网得白龟焉，其圆五尺。(《庄子·外物》)

④地之东西二万八千里，南北二万六千里。(《管子·地数》)

⑤龟千岁乃满尺二寸。(《史记·龟策列传》)

4. 容量量词

容量量词是计量容量的量词。容量量词有精确的计量标准，这是它与器物量词的本质区别。如：

①齐旧四量，豆、区、釜、钟。四升为豆，各自其四，以登于釜。釜十则钟。(《左传·昭公三年》)

②盐百升而釜。(《管子·海王》)

③请以令禁百钟之家不得事屦，千钟之家不得为唐园，去市三百步者不得树葵菜。(《管子·轻重甲》)

④有日，无云，不风，当其时者稼有败。如食顷，小败；熟五斗米顷，大败。(《史记·天官书》)

例①，杨伯峻先生说："杜注：'四豆为区，区，一斗六升。四豆为釜，釜，六斗四升。登，成也。'疑登即升，由小量升至大量也。自，用也。以升至釜，各用四倍。"又于"釜十则钟"下，杨氏注云："杜注：'六斛四斗。'《周礼·考工记》郑注：'四升为豆，四豆曰区，四区曰鬴，鬴十曰钟。'鬴即釜，古同音。"①

5. 重量量词

重量量词是指用来计算重量的量词。重量量词也有严格的计量标准。如：

①墨辟疑赦，其罚百锾，阅实其罪。(《尚书·吕刑》)

②遂赋晋国一鼓铁，以铸刑鼎，著范宣子所为刑书焉。(《左传·昭公二十九年》)

③吾力足以举百钧，而不足以举一羽。(《孟子·梁惠王上》)

④黑貂之裘弊，黄金百斤尽，资用乏绝，去秦而归。(《战国策·秦策一》)

⑤大王据千乘之地，而建千石钟、万石虡。(《战国策·齐策四》)

⑥汉王赐良金百溢，珠二斗。(《史记·留侯世家》)

⑦令县官销半两钱，更铸三铢钱。(《史记·平准书》)

例①，"锾"，量值说法不一，此取一锾为六两说。例②，"鼓"，四百八十斤。杨伯峻先生说："《孔子家语·正论篇》亦载此事，注云：'三十斤为钧，钧四为石，石四为鼓'，则以鼓为重量单位，当时之四百八十斤。《小尔雅》说同。"② 例③，"钧"，三十斤为一钧。例④，"斤"，十六两为一斤。例

① 杨伯峻：《春秋左传注》，第四册，中华书局1981年版，第1235页。
② 同上，第1504页。

例⑤，"石"，一石为一百二十斤。例⑥，"溢"，通"镒"，一镒等于二十四两。例⑦，"两""铢"，二十四铢为一两，半两为十二铢，十六两为一斤。

6. 面积量词

面积量词是指用来计量方域、土地及其他平面体面积的量词。如：

①天子之地方千里，不千里，不足以待诸侯。（《孟子·告子下》）

②臣闻七十里为政于天下者，汤是也。（《孟子·梁惠王下》）

③简子赐扁鹊田四万亩。（《史记·赵世家》）

④之子于垣，百堵皆作。（《诗经·小雅·鸿雁》）

例①②，"里"，用于计算方域面积。"方"指方圆，数词前加不加"方"字均可。例③，"亩"，用于计算土地面积。周制，六尺为步，百步为亩。秦汉时，五尺为步，二百四十步为亩。例④，"堵"，墙体单位，用于计算平面体面积。古多以长高各一丈为一堵。

7. 配制量词

配制量词是指经过人们刻意搭配而成的计量单位。如：

①葛屦五两，冠緌双止。（《诗经·齐风·南山》）

②崔子弑齐君，陈文子有马十乘，弃而违之。（《论语·公冶长》）

③齐景公有马千驷。（《论语·季氏》）

④周君留之十四日，载以乘车驷马而遣之。（《战国策·东周策》）

⑤郑伯嘉来纳女、工、妾三十人，女乐二八，歌钟二肆。（《国语·晋语七》）

⑥抽矢，扣轮，去其金，发乘矢而后反。（《孟子·离娄下》）

⑦岁终布帛，取二制焉，馀以衣士。（《韩非子·外储说右上》）

⑧或取一编菅焉，或取一秉秆焉，国人投之，遂弗熟也。（《左传·昭公二十七年》）

⑨上与病者粟，则受三钟与十束薪。（《庄子·人间世》）

⑩假令愚民取长陵一抔土，陛下何以加其法乎？（《史记·张释之冯唐列传》）

例①，"两"通"緉"，屦两枚为一緉。例②，"乘"，马四匹；"十乘"，四十匹。例③，"驷"，四匹马；"千驷"，四千匹马。例④，"驷马"，四匹马；"驷"，四匹。例⑤，"肆"，悬钟十六枚为一肆；"二肆"，三十二枚。例

⑥，"乘"，四枚。例⑦，"制"，古代布帛，广度称"纯"，长度称"制"，一制为一丈八尺；"二制"，三丈六尺。例⑧—⑩，"秆""薪""土"，这些都是无法以"个"去计量的事物，因此只好论"秉"（把）、"束"（把）和"抔"（捧），"秉""束""抔"都是人为配制的量词，无标准，无量值。

（二）动量词

本书体例限定，每章第二节所谈的词类分类问题都是仅限于上古汉语时期的词类，但由于上古汉语后期动量词才刚刚产生，资料十分有限，所以分类问题也无从谈起，只能从略。有关动量词的相关内容，只好放在第三节中去谈了。

三、量词的发展

（一）名量词的发展

上面，我们将上古汉语的名量词分为七类：个体量词、器物量词、长度量词、容量量词、重量量词、面积量词和配制量词。这七类量词中，尤以个体量词和长度量词、容量量词、重量量词的发展变化最值得关注。其中问题有：

1. 名量词在细化中产生了一大批新生量词

所谓细化，是指发展中名词和量词的相互选择过程。汉语词汇，中古以后，产生一大批新生名词。与此相应的是，也必然产生一大批新生的名量词，在选择中，与名词相互适应，直到完全稳定、平衡为止。汉语名量词，中古时期有了很大发展，在人物、动物、器物及其他事物方面都产生了一大批新生的名量词。如：

①臣门宗二百余口，为孟德所诛略尽。（《三国志·蜀书·马超传》）

②时有象三头至江陵城北数里，攸之自出格杀之。（《宋书·沈攸之传》）

③须恒食一种雉肉，可得愈病。（《百喻经·病人食雉肉喻》）

④明于政体，吏才有余，论当世便事数十条，名曰政论。（《后汉书·崔寔传》）

⑤颖凡破西羌，斩首二万三千级，获生口数万人，马牛羊八百万头，降

者万余落。(《后汉书·段颎传》)

⑥买肥猪肉脂合皮大如手者三四段。(《齐民要术·醴酪》,卷九)

⑦复有石碑四十八枚,亦表里隶书,写《周易》《尚书》《公羊》《礼记》四部。(《洛阳伽蓝记·报德寺》杨注,卷三)

⑧仙大师领金讫,将一万粒舍利,新经两部,造敕五通等嘱附(咐)小子,请到日本答谢国恩。(唐·[日]释圆仁:《入唐求法巡礼行记》,卷三)

⑨花岩院佛堂有金刚曼荼罗一铺。(唐·[日]释圆仁:《入唐求法巡礼行记》,卷三)

⑩皇帝闻奏,龙颜大悦,开库赐彤弓两张,宝箭二百只。(变文《汉将王陵变》)

到了近古汉语,这种新生的个体量词,更是俯拾即是,随处可见。如:

①雪窦颂一百则公案,一则则焚香拈出,所以大行于世。(宋·圜悟克勤:《碧岩录》,卷一)

②少顷,国相令人传语,送羊二羫,酒三十瓶,钱百贯,与使副洗尘。(宋·徐梦莘:《三朝北盟会编·靖康大金山西军前和议录》,卷五十五)

③偶然一阵凡人气,大梵天王问曰:"今日因何有凡人俗气?"(《大唐三藏取经诗话上》)

④如向者吕子约书来说,近来看《诗》甚有味,录得一册来书,是写他读《诗》有得处。(《朱子语类·训门人》)

⑤好一局棋,黑白已分,只是末后一著,无人知得落处。(宋·虚堂和尚:《虚堂和尚语录》)

⑥而今剪一捻头发在此,怕婆要做头髻。(《张协状元》,第十九出)

⑦你去街上,有登科记,买一本归。(《张协状元》,第二十六出)

⑧方畅饮酣歌,忽听甚处风送一派乐声嘹亮。(《宣和遗事》)

⑨舍了我嫡亲子热血一腔。(元·无名氏:《小张屠焚儿救母》,第一折)

⑩则为我生身母三焦病,许下喜孙儿做一柱香。(元·无名氏:《小张屠焚儿救母》,第一折)

⑪则被一胞(泡)尿,爆的我没奈何。(元·杜仁杰:《庄家不识构阑》)

⑫今日崔宁的东人郡王,听得说刘两府恁地孤寒,也差人送一项钱与他。(明·冯梦龙:《警世通言·崔待诏生死冤家》,第八卷)

⑬马吃一和草时饮水去。(《老乞大》)

⑭将几个磨果钉子来，钉在这壁子上，挂几轴画儿。(《朴通事》)

⑮大姐骂一句，小子添一分精神。(《明·朱有燉：《团圆梦》，第二折)

⑯至凶恶、害的军民利害的广西都指挥耿良，所犯不仁不义共二十八招，备载大诰武臣册内。(《皇明诏令·谕武臣恤军敕》)

我们观察名量词的发展，不仅要注意词量的更迭，更重要的是应当把目光集中在名词和量词的相互选择上。汉语名量词在细化中，有三种现象最值得注意：

（1）同量不同名。

汉语名词对量词的选择并非一次完成，而是有一个选择、细化过程。这一点，在个体量词发展中显得格外突出。所谓"同量不同名"，是指同一个量词，最初使用面很宽，与之搭配的名词不止一类。请比较以下各组资料：

张：弩/弓/剑/床/纸

①宠有强弩数千张，出军都亭。(《后汉书·孝明八王列传》)

②并往桑弓一张，材理乃快，先所常用，既久废射，又多病，略不能制之，便成老公，令人叹息。(《宋书·萧思话传》)

③小人请一张剑，并大王帐下亲兵一人为伴。(《新编五代史平话·周史平话上》)

④于露处高叠八十张床。(唐·〔日〕释圆仁：《入唐求法巡礼行记》，卷四)

⑤再把一张纸折叠了，写成封家书，付与当直王吉。(明·洪楩：《清平山堂话本·简贴和尚》)

部：鼓吹/弄/经籍/众人

①又除宣城太守，给鼓吹一部，剑卒千人。(《洛阳伽蓝记·追先寺》杨注，卷四)

②颙又制长弄一部，并传于世。(《宋书·戴颙传》)

③写《春秋》《尚书》二部，作篆、科斗、隶三种字，汉右中郎将蔡邕笔之遗迹也。(《洛阳伽蓝记·报德寺》杨注，卷三)

④王留政教，佛演真宗，皆是十二部尊经，总是释迦梁津。(变文《庐山远公话》)

⑤无数龙神八部众，相随一队向前行。（变文《大目乾连冥间救母变文》）

段：人/物/事/意气/文义/风光/姻缘/场地

①捉得知更官健，斩为三段，唤作厌兵之法。（变文《汉将王陵变》）

②师与邓隐峰划草次，见蛇。……师却拈锹子截作两段。（《祖堂集》，卷四）

③某甲有一段事，欲问多时，未得其便。（《祖堂集》，卷四）

④或谓言深博，作一段意气，鄙薄人世，初不敢然。（《宋书·王微传》）

⑤盖这一段文义横在心下，自是放不得，必晓而后已。（《朱子语类·总训门人》）

⑥状元今日欲游街，一段风光好。（《张协状元》，第二十七出）

⑦丈夫，我想我和你这一段姻缘非同小可也。（明·朱有燉：《团圆梦》，第四折）

⑧杨温随员外入来后地，推开一个角子门，入去看一段空地。（明·洪楩：《清平山堂话本·杨温拦路虎传》）

座：山/宫殿/亭阁/城门/书房/县/庄

①西上有一座名山，灵异光明，人所不至，鸟不能飞。（《大唐三藏取经诗话下》）

②入到波罗国内，别是一座天宫。（《大唐三藏取经诗话中》）

③湖心中，有圣旨里盖来的两座瑠璃阁。（《朴通事》）

④行之三日，见一座城门，门上牌额云："竺国。"（《大唐三藏取经诗话下》）

⑤我要盖一座书房，木匠你来咱商量。（《朴通事》）

⑥大国长安一座县，唤做咸阳县，离长安四十五里。（明·洪楩：《清平山堂话本·简贴和尚》）

⑦这座庄，前临剪径道，背靠杀人冈。（明·冯梦龙：《警世通言：万秀娘仇报山亭儿》，第三十七卷）

只（隻）：戟/肢体/眼睛/桌子/词曲/屦履/食物

①布令门候于营门中，举一只戟。（《三国志·魏书·张邈传》）

②空中有一神人，送龙腿一只，可重三十余斤。（变文《叶净能诗》）

③公常常缩着一只手，是如何？（《朱子语类·总训门人》）

④忆师兄，哭太煞，失却一只眼，下世去。（《祖堂集》，卷四）

⑤你好似一只卓（桌）子。（《张协状元》，第十六出）

⑥这官人曾做三百单八只词，博得个屯田员外郎。（《张协状元》，第四十八出）

⑦当时推出这和尚来，一个书会先生看见，就法场上做了一只曲儿，唤做《南乡子》。（明·洪楩：《清平山堂话本·简贴和尚》）

⑧祖师留下一只履，直到如今觅不得。（《祖堂集》，卷十八）

⑨宋四公夜至三更前后，向金梁桥上四文钱买两只焦酸馅，揣在怀里。（明·冯梦龙：《喻世明言·宋四公大闹禁魂张》，第三十六卷）

道：门锁/关卡/阶级/桥梁/光线/鬼符/仙气/野火

①复有铁锁四道，引刹向浮图四角。（《洛阳伽蓝记·永宁寺》，卷一）

②若问三塗何处苦，咸言五道鬼门关。（变文《大目乾连冥间救母变文》）

③古人以三道宝阶接人，未审和尚如何接？（《祖堂集》，卷十八）

④门外有两道金桥。（《大唐三藏取经诗话上》）

⑤念经僧于夜房中坐念经，有三道光明来照。（唐·［日］释圆仁：《入唐求当巡礼行记》，卷三）

⑥净能遂取笔书一道黑符，吹向空中。（变文《叶净能诗》）

⑦（怀让和尚）初生之时，有六道白气应于上像。（《祖堂集》，卷三）

⑧又忽遇一道野火连天，大生烟焰，行去不得。（《大唐三藏取经诗话上》）

条：袈裟/棍棒/扁担/绦带/绳索/弓弦/脊骨/蜡烛/龙蛇/道路/刀具/仙气/罪状/人物

①有佛袈裟十三条，以尺量之，或短或长。（《洛阳伽蓝记·凝玄寺》杨注，卷五）

②与阿耶三条荆杖来，与打煞前家歌（哥）子。（变文《舜子变》）

③茶博士去不多时，只见将五条捍棒来，撇在地上。（明·洪楩：《清平山堂话本·杨温拦路虎传》）

④两条扁担向前飚，洪信洪义更强怎措手？（《刘知远诸宫调》，第十二）

⑤皇甫松去衣架上取下一条绦来，把妮子缚了两只手。（明·洪楩：《清

平山堂话本·简贴和尚》)

⑥你明日领我去，做一条银厢花带。(《朴通事》)

⑦然后用麻绳一条，将女子丑哥两手缚住。(《元典章·前集刑部》)

⑧有卖的弓弦时将来，我一发买一条。(《老乞大》)

⑨德山老汉一条脊梁骨拗不折。(《祖堂集》，卷七)

⑩初如萤火，次若灯光，千条蜡烛焰难当。(明·冯梦龙：《警世通言·崔待诏生死冤家》，第八卷)

⑪我师，看此是九条馗头鼍龙，常会作孽，损人性命。(《大唐三藏取经诗话中》)

⑫而今只是弄得一条死蛇，不济事。(《朱子语类·总训门人》)

⑬圣人教人，如一条大路，平平正正，自此直去，可以到圣贤地位。(《朱子语类·训门人》)

⑭三人把三条朴刀，叫："铁僧随我来！"(明·冯梦龙：《警世通言·万秀娘仇报山亭儿》，第三十七卷)

⑮皇帝与高力士见一条紫气升空而去。(变文《叶净能诗》)

⑯国有宪章，三千条罪。(宋·虚堂和尚：《虚堂和尚语录》)

⑰咳，正是一条好汉。(《朴通事》)

　　枚：禽鸟/戟笮/珊瑚树/蛇虫/碑石/钉子/书案/草苫/香袋/舰船/火炬/瓜豆/橘桃/鸡子/食饼/铜钟/璧镜/钵盒/钱币/瓦器

①公子耻之，即使人多设罗，得鹊数十枚，责让以击鸠之罪。(《论衡·书虚》)

②连日续夜，大小呼嗟，败坏藏中矛戟五千余枚，以作戏具。(《三国志·吴书·孙琳传》)

③夏四月，辽东郡言肃慎国遣使重译入贡，献其国弓三十张，长三尺五寸，楛矢长一尺八寸，石砮三百枚。(《三国志·魏书·三少帝纪》)

④（石崇）乃命左右悉取珊瑚树有三尺、四尺，条干绝世，光彩溢目者六七枚，如（王）恺许比甚众。(《世说新语·汰侈》)

⑤时沛郡相县唐赐往比邻朱起母彭家饮酒还，因得病，吐蛊虫十余枚。(《宋书·顾觊之传》)

⑥浴堂下犹有石数十枚。(《洛阳伽蓝记·金光寺》杨注，卷四)

⑦有石碑一枚，背上有侍中崔光施钱四十万，陈留侯李崇施钱二十万。（《洛阳伽蓝记·正始寺》杨注，卷二）

⑧此病是野狐之病，欲得除喻（愈），但将一领毡来，大钉四枚，医之立差。（变文《叶净能诗》）

⑨在郡作书案一枚，及去官，留以付库。（《宋书·江秉之传》）

⑩编作草苫数千万枚，益贮鱼膏数千斛，为战守备。（《三国志·魏书·刘馥传》）

⑪惠生初发京师之日，皇太后敕付五色百尺幡千口，锦香袋五百枚。（《洛阳伽蓝记·凝玄寺》杨注，卷五）

⑫别有八艚舰九枚，起四层，高十二丈。（《宋书·武帝纪上》）

⑬郭威下令令军士备办粮食，人持火炬一枚。（《新编五代史平话·周史平话上》）

⑭以瓜子、大豆各十枚，遍布坑中。（《齐民要术·种瓜》，卷二）

⑮术出橘，绩怀三枚。（《三国志·吴书·陆绩传》）

⑯破鸡子十枚。（《齐民要术·炙法》，卷九）

⑰譬如有人，因其饥故，食七枚煎饼。（《百喻经·欲食半饼喻》）

⑱汉中城固县水际，忽有雷声，俄而岸崩，得铜钟十二枚。（《宋书·符瑞志上》）

⑲扉上有五行金钉，其十二门二十四扇，合有五千四百枚。（《洛阳伽蓝记·永宁寺》，卷一）

⑳男子张伯除堂下草，土中得玉璧七枚。（《水经注·泗水等》，卷二十五）

㉑因下玉台镜一枚，姑大喜。（《世说新语·假谲》）

㉒袆使左右徐虎儿以金合一枚饷幼文，铜钵二枚饷祖珍、隆伯。（《宋书·庐江王袆传》）

㉓此衣适可值一枚金钱。（《百喻经·为恶贼所劫失氎喻》）

㉔遗令俭葬，墓中惟置一坐，瓦器数枚，其余一无所设。（《三国志·魏书·裴潜传》）

头：家畜/家禽/野生动物/鱼蝇/亲事

①建初元年正月，会柳中击车师，攻交河城，斩首三千八百级，获生口三千余人，驼驴马牛羊三万七千头。（《后汉书·耿弇列传》）

②作鸭臛法：用小鸭六头，羊肉二斤，大鸭五头。(《齐民要术·羹臛法》，卷八)

③蒸鸡法：肥鸡一头，净治，猪肉一斤，香豉一升，盐五合。(《齐民要术·蒸鱼法》，卷八)

④王有斗象七百头。(《洛阳伽蓝记·凝玄寺》杨注，卷五)

⑤时跋提国送狮子儿两头与乾陀罗王。(《洛阳伽蓝记·凝玄寺》杨注，卷五)

⑥作兔臛法：兔一头，断，大如枣。(《齐民要术·羹臛法》，卷八)

⑦日夕载鱼入上虞郭，经亲故门，各以一两头置门内而去。(《宋书·王弘之传》)

⑧连梦见青蝇数十头，来在鼻上，驱之不肯去，有何意故？(《三国志·魏书·方技传》)

⑨我见你家艰难，好心来与你保这头亲事。(明·朱有燉：《团圆梦》，第一折)

种：宝器/柏木/乐器/食品/果物/文字/气味/祥瑞/恩泽/种族/人物

①诸子欲从其诲，朝廷不听，赐以东园朱寿（之）器，银镂、黄肠、玉匣、什物二十八种，钱二百万，布三千匹。(《后汉书·梁统列传》)

②维卫佛时，香山摩利大仙造三千种七宝乐器。(唐·〔日〕释圆仁：《入唐求法巡礼行记》，卷三)

③季龙取十三种肠，著大篚中，使辂射。(《三国志·魏书·方技传》)

④焘又送毡各一领，盐各九种。(《宋书·张畅传》)

⑤且见香花千座，斋果万种。(《大唐三藏取经诗话上》)

⑥堂前有三种字石经二十五碑，表里刻之。(《洛阳伽蓝记·报德寺》杨注，卷三)

⑦荷叶别有一种香。(《齐民要术·作鱼鲊》，卷八)

⑧亦可洗讫，作粥清，麦䴷末，如醢、芥菹法，亦有一种味。(《齐民要术·种胡荽》，卷三)

⑨普佛世界，六种震动。(《法华经·序品》，卷一)

⑩慈母之恩，应无两种。(变文《庐山远公话》)

⑪于昭等从之，乃发兵救武威，降其三种胡。(《三国志·魏书·苏

则传》）

⑫世间有两种人不得见王面。（变文《大目乾连冥间救母变文》）

口：人口/缸钟类器物/井穴/刀剑/气息

①淮南余众数万口来奔。（《三国志·吴书·三嗣主传》）

②晞张先行不在，本村遇水，妻息五口避水移寄恭家。（《宋书·蒋恭传》）

③缸一口，直三百。（《齐民要术·种榆、白杨》注，卷五）

④有钟一口，撞之闻五十里。（《洛阳伽蓝记·龙华寺》，卷二）

⑤于中遂长穿井十口。（《齐民要术·种葵》，卷三）

⑥泉上数丈有石穴二口，容人行。（《水经注·汶水》，卷二十四）

⑦又特赐汝绀地句文锦三匹，……五尺刀二口，铜镜百枚。（《三国志·魏书·乌丸鲜卑东夷传》）

⑧陛下但诏净能上殿赐坐，殿后蜜（密）排五百口剑。（变文《叶净能诗》）

⑨他别处画了一个官人的影来，一似那活的，只少一口气。（《朴通事》）

个：人物/家畜/肢体器官/岩石/风/船只/时间/哲理/方法

①天生男女共一处，愿得两个成翁姬。（北朝民歌·无名氏：《捉搦歌》）

②（子胥）捉得两个外甥子安、子永。（变文《伍子胥变文》）

③我前日卖一个猪，又卖三只鸡。（《张协状元》，第十一出）

④我将这几个马卖去。（《老乞大》）

⑤治牛病：用牛胆一个，灌牛口中，差。（《齐民要术·养牛马驴骡》，卷六）

⑥十个指头，刺人心髓。（唐·张鷟：《游仙窟》）

⑦两个大岩相对高起，一南一北，高各三丈许。（唐·［日］释圆仁：《入唐求法巡礼行记》，卷三）

⑧孙虫儿无分，见一个旋风儿绕定坟，来时节旋的慢，去时节旋的紧。（元·无名氏：《杀狗劝夫》，第一折）

⑨而今诸公看文字如一个船阁（搁）在浅水上，转动未得。（《朱子语类·总训门人》）

⑩我此踏碓八个余月。（唐·法海：《六祖坛经》）

⑪万物皆只是一个天理，己何与焉?（《河南程氏遗书》，卷二上）

⑫此只是个死法。（《朱子语类·训门人》）

件：衣物/书籍/文字/话语/道理/事情/毛病

①次日，阿骨打遣其弟韶瓦郎君赍貂裘、锦袍、犀带等七件，云："南使能驰射，皇帝赐。"（宋·徐梦莘：《三朝北盟会编·茅斋自叙》，卷四）

②心里著两件物不得。（《河南程氏遗书》，卷二上）

③却没一件儿新衣裳，怎么好?（《朴通事》）

④若不读这一件书，便阙了这一件道理。（《朱子语类·训门人》）

⑤如此文字瞭多，但一件文字可用后，其余更何必援引?（宋·李焘：《续资治通鉴长编》，卷二六五）

⑥语录是杂载，只如闲说一件话，偶然引上，经史上便把来编了。（《朱子语类·总训门人》）

⑦思量一件道理不透，便扬掉放一壁。（《朱子语类·总训门人》）

⑧官人道："我吃，先烦你一件事。"（明·洪楩：《清平山堂话本·简贴和尚》）

⑨这员外有件毛病，要去那虱子背上抽筋，鹭鸶腿上割股。（明·冯梦龙：《喻世明言·宋四公大闹禁魂张》，第三十六卷）

片：肉食/土地/云彩/片状物/心愿

①水尽，炙一片，尝咸淡。（《齐民要术·作鱼鲊》，卷八）

②我把些子兵士，似一片之肉，入在虎牙。（变文《韩擒虎话本》）

③这一片田地，好个卓庵。（《祖堂集》，卷十六）

④身挂天宫三珠服，足蹑巫山一片云。（变文《破魔变》）

⑤湖两边各有一片板，忽有人过，打板一下。（《祖堂集》，卷七）

⑥愿我捉得一片牛皮，一半鞔鼓，一半做鞋儿。（《张协状元》，第二十七出）

⑦望远浦几片帆归，听高楼数声画角。（明·洪楩：《清平山堂话本·杨温拦路虎传》）

⑧尽把恩情，悄似梧叶儿一片轻。（元·无名氏：《小孙屠》，第十出）

⑨倘值明主得迁达，施展英雄一片心。（变文《伍子胥变文》）

例②，"一片之肉"，"片"，《近代汉语语法资料汇编》（唐五代卷）作

"斤"，此处从《敦煌变文校注》本，作"片"。

（2）同名不同量。

所谓"同名不同量"，是指同一类名词，在发展中选择了不同的量词。这表明量词在细化中，其适应面在逐渐减少，这是固化名量搭配关系的前奏。请比较以下各组资料：

柄/把：刀具

①十柄麻扎吊圈刀一时下，两个性命如何？（《刘知远诸宫调》，第十二）

②苗忠放下手里朴刀，右手换一把尖长靶短，背厚刃薄八字尖刀，左手揢住万秀娘胸前衣裳。（明·冯梦龙：《警世通言·万秀娘仇报山亭儿》，第三十八卷）

③剃头刀子一百把，剪子一百把。（《老乞大》）

两（辆）/乘：车子

①神虎门外，每旦车常数百两。（《宋书·傅亮传》）

②止须一乘车牛专供此园。（《齐民要术·种葵》，卷三）

③每日卅乘车般入内库，一日之内般运不尽。（唐·［日］释圆仁：《入唐求法巡礼行记》，卷四）

剂/服/裹/包：中药

①尝有病，因法静尼就熙先乞治，为合汤一剂，耀疾即损。（《宋书·范晔传》）

②早间一服术附汤，午后又一服清凉散。（《朱子语类·训门人》）

③帝患手创积年，沙门出怀中黄散一裹与帝曰："此创难治，非此药不能瘥也。"（《宋书·符瑞志上》）

④赵正怀里取出一包药来。（明·冯梦龙：《喻世明言·宋四公大闹禁魂张》，第三十六卷）

株/根/树/棵（颗）：树木

①鲁郡孔子旧庭有柏树二十四株。（《宋书·武三王传》）

②东方种桃九根，宜子孙，除凶祸。（《齐民要术·种桃柰》，卷四）

③（枣）三步一树，行欲相当。（《齐民要术·种枣》，卷四）

④其时园内，新果万株，含青吐绿。（唐·张鷟：《游仙窟》）

⑤大圣闻言，即令土地回去，与八戒跳过溪来，寻那颗杨树。（《西游

记》，第七十九回）

只（隻）/根：箭

①（阿骨打）率诸酋至，各取所佩箭一只，掷占远近，各随所占，左右上马放围。（宋·徐梦莘：《三朝北盟会编·茅斋自叙》，卷四）

②那厮你也将那箭岱里再插三十根箭，弓岱里插一张弓，盔甲一副，环刀一口。（《朴通事》）

篇/首：诗文

①昔者周公旦，朝读书百篇，夕见漆十士。（《墨子·贵义》）

②（谢庄）所著文章四百余首，行于世。（《宋书·谢庄传》）

③初，萧衍子豫章王综来降，闻此钟声，以为奇异，遂造听钟歌三首，行传于世。（《洛阳伽蓝记·龙华寺》，卷二）

④李白一斗诗百篇，长安市上酒家眠。（唐·杜甫：《饮中八仙歌》）

⑤这三首词都不如王荆公看见花瓣儿片片风吹下地来。（明·冯梦龙：《警世通言·崔待诏生死冤家》，第八卷）

头/口/只（隻）：牛马羊驼

①建初四年夏六月，雷击会稽鄞县羊五头，皆死。（《论衡·雷虚》）

②明年，比能帅部落大人小子代郡、乌丸、修武卢等三千余骑，驱牛马七万余口交市，遣魏人千余家居上谷。（《三国志·魏书·乌丸鲜卑东夷传》）

③梁王闻吴军欲至，遂杀牛千头，烹羊万口，饮食堆（堆）如山岳，列在路边。（变文《伍子胥变文》）

④也先又说："皇帝你没下饭，我送四十只大羊来。"（明·哈铭：《正统临戎录》）

⑤是铭见天道寒冷，与伯颜帖木儿讨车一辆，骆驼一只。（明·哈铭：《正统临戎录》）

盏/椀（碗）：灯

①初夜，台东隔一谷岭上空中，见有圣灯一盏，众人同见而礼拜。（唐·［日］释圆仁：《入唐求法巡礼行记》，卷三）

②不多时，侯兴浑家把着一椀灯，侯兴把一把劈柴大斧头，推开赵正房门。（明·冯梦龙：《喻世明言·宋四公大闹禁魂张》，第三十六卷）

艘/只（隻）：船

①先主自樊将南渡江，别遣羽乘船数百艘会江陵。（《三国志·蜀书·关羽传》）

②同从日本国过来船两只，到江南常州界著岸。（唐·［日］释圆仁：《入唐求法巡礼行记》，卷四）

③有战船三百余只，大小不一。（宋·徐梦莘：《三朝北盟会编·绍兴甲寅通和录》，卷一六三）

扇/片：门

①一振黑城关锁落，再振明（冥）门两扇开。（变文《大目乾连冥间救母变文》）

②外面门破弗好看，叫小鬼来，你两个权化作两片门。（《张协状元》，第十出）

躯/尊：佛像

①（佛殿）中有丈八金像一躯，中长金像十躯，绣珠像三躯。（《洛阳伽蓝记·永宁寺》，卷一）

②都维那僧法遇赠檀龛像一躯，以充归国供养。（唐·［日］释圆仁：《入唐求法巡礼行记》，卷四）

③铸了三尊佛（像），我待要上金来。（《朴通事》）

件/席：话语

①语录是杂载，只如闲说一件话，偶然引上，经史上便把来编了。（《朱子语类·总训门人》）

②今世有人知为学者，听人说一席好话，亦解开悟，到切己工夫却全不曾做，所以悠悠岁月，无可理会。（《朱子语类·总训门人》）

（3）同名又同量。

所谓"同名又同量"，是指汉语量词在细化中，经过长期发展，某类名词对某类量词的选择日趋稳定，形成了比较固定的搭配关系。请比较以下各组资料：

马：匹

①太祖在官渡，与袁绍相持，繇送马二千余匹给军。（《三国志·魏书·钟繇传》）

②遣使上书，献骆驼二头，文马十匹。(《后汉书·南匈奴列传》)

③魏武帝尝梦有三匹马在一槽中共食。(《宋书·符瑞志上》)

④两个一人一匹马，行到一个所在。(明·洪楩:《清平山堂话本·杨温拦路虎传》)

牛/驴:头

①时北土饥馑，乃散私谷十万斛，牛千头以振之。(《宋书·王玄谟传》)

②昔有一人，有二百五十头牛，常驱逐水草，随时锉食。(《百喻经·杀群牛喻》)

③于耀灵殿上养驴数十头。(《宋书·后废帝纪》)

④老僧是一头驴。(《祖堂集》，卷十八)

⑤如何是一头水牯牛?(《祖堂集》，卷十六)

⑥年时又有一客人，赶着一头驴，着两个荆笼子里盛着枣儿，驮着行。(《老乞大》)

鼓/镜子/旗子:面

①四十二面大鼓笼天，三十六角音声括地，傍震百里山林，隐隐轰轰。(变文《伍子胥变文》)

②致知乃本心之知，如一面镜子，本全体通明，只被昏翳了，而今逐旋磨去，使四边皆照见，其明无所不到。(《朱子语类·总训门人》)

③二百面帝赐绣旗影里，三百条皇宣金槊丛中，甲光灼灼遮围着未遇君王。(《刘知远诸宫调》，第十二)

屏风/石磨/门板:扇

①屏风十二扇，画鄣五三张。(唐·张鷟:《游仙窟》)

②譬之两扇磨行，便其齿齐不得。(《河南程氏遗书》，卷二上)

③(两人)又同和尚走到后边屋里，……见两扇门开着。(《儒林外史》，第七回)

房屋/厅堂:间

①(王)微常住门屋一间，寻书玩古，如此者十余年。(《宋书·王微传》)

②蔡司徒在洛见陆机兄弟住参佐廨中，三间瓦屋，士龙住东头，士衡住西头。(《世说新语·赏誉》)

③铁塔北边，有四间堂，置文殊师利及佛像。(唐·〔日〕释圆仁：《入唐求法巡礼行记》，卷三)

④兀底一间小屋，四扇旧门。(《张协状元》，第四出)

书信：封

①子渊附书一封，令达其家。(《洛阳伽蓝记·大统寺》杨注，卷三)

②因台州国清寺僧巨坚归本寺，付书二封，送圆载上人所。(唐·〔日〕释圆仁：《入唐求法巡礼行记》，卷二)

③(王氏)修一封书，叫当直王吉来。(明·洪楩：《清平山堂话本·简贴和尚》)

④我与你一封书，去见个人，也是我师弟。(明·冯梦龙：《喻世明言·宋四公大闹禁魂张》，第三十六卷)

书籍：卷

①及破南皮，阅脩家，谷不满十斛，有书数百卷。(《三国志·魏书·王脩传》)

②佗临死，出一卷书与狱吏，曰："此可以活人。"(《后汉书·方术列传下》)

③大师言："十弟子，已后传法，递相教授一卷《坛经》，不失本宗。"(唐·法海：《六祖坛经》)

④三藏顶礼，点检经文五千四十八卷，各各俱足，只无《多心经》本。(《大唐三藏取经诗话下》)

花/云彩：朵

①玉貌细看花一朵，蝉鬓窈窕似神仙。(变文《丑女缘起》)

②恰到第三日整歌欢之次，忽有一人著紫，忽见一人著绯，乘一朵黑云，立在殿前。(变文《韩擒虎话本》)

③(白衣妇人)手把白牡丹花一朵，面似白莲，十指如玉。(《大唐三藏取经诗话上》)

④三杯竹叶穿心过，两朵桃花上脸来。(明·冯梦龙：《警世通言·崔待诏生死冤家》，第八卷)

砖/玉等块状物：块

①这天理说得荡漾，似一块水银滚来滚去，捉那不著。(《朱子语类·训

门人》)

②上位，臣如今肚内一块硬结，怛谅着不好。（明·刘仲璟：《遇恩录》）

③崔宁谢了恩，寻一块一般的玉，碾一个铃儿。（明·冯梦龙：《警世通言·崔待诏生死冤家》，第八卷）

④大官人见庄门闭着，不去敲那门，就地上捉一块砖儿，撒放屋上。（明·冯梦龙；《警世通言·万秀娘仇报山亭儿》，第三十七卷）

头巾/轿子：顶

①（那官人）头上裹一顶高样大桶子头巾。（明·洪楩：《清平山堂话本·简贴和尚》）

②当下差人押送，方出北关门，到鹅项头，见一顶轿儿，两个人抬着。（明·冯梦龙：《警世通言·崔待诏生死冤家》，第八卷）

③恰待奔入这店里来，见个男女，头上裹一顶牛胆青头巾，身上裹一条猪肝赤肚带。（明·冯梦龙：《警世通言·一窟鬼癩道人除怪》，第十四卷）

话语/偈语：句

①何得默然而不言，并不为妾说一句半句之偈？（变文《庐山远公话》）

②经中有一句语不会。（《祖堂集》，卷六）

③爹娘不听这句话，万事俱休；才听此一句话，托地两行泪下。（《张协状元》，第一出）

④我有一句话劝你，你肯听我么？（明·朱有燉：《团圆梦》，第一折）

饮食：顿

①今日有一顿饱食，便欲残害我儿子。（《宋书·徐湛之传》）

②（罗友）答曰："闻卿祠欲乞一顿食耳。"（《世说新语·任诞》）

③阿娘就此盆中，始得一顿饱饭吃。（变文《大目乾连冥间救母变文》）

④这几个贼汉们，一日吃三顿家饭。（《朴通事》）

眼泪等成行事物：行

①燕王闻之，泣数行而下。（《吕氏春秋·行论》）

②两个黄鹂鸣翠柳，一行白鹭上青天。（唐·杜甫：《绝句四首》，其三）

③圣王才见了，流泪两三行。（变文《欢喜国王缘》）

④两行清泪星眸中堕，我这九曲柔肠刀割。（元·无名氏：《小张屠焚儿救母》，第二折）

米粒等粒状物：粒

①昔尸毗王仓库为火所烧，其中粳米燋然，至今犹在。若服一粒，永无疟患。(《洛阳伽蓝记·凝玄寺》杨注，卷五)

②青瑠璃瓶里有七粒舍利。(唐·〔日〕释圆仁：《入唐求法巡礼行记》，卷三)

③如一粒菜子，中间含许多生意。(《朱子语类·训门人》)

④庄中米粮搬过，不敢动一粒。(明·洪楩：《清平山堂话本·杨温拦路虎传》)

种子/明珠等圆状物：颗

①候水尽，即下瓠子十颗，复以前粪覆之。(《齐民要术·种瓠》，卷二)

②刀山白骨乱纵横，剑树人头千万颗。(变文《大目乾连冥间救母变文》)

③如粪扫堆上拾得一颗明珠。(《祖堂集》，卷五)

④只见一个猛兽，金睛闪烁，尤如两颗铜铃。(《张协状元》，第一出)

2. 度量衡单位的逐步完善及相关量值的历史变化

汉语的长度量词、容量量词和重量量词，虽然先秦时期已经产生，但并不完善，也不统一。因此，其相关的量值问题也必然处于不断变化的发展之中。度量衡单位的历史变化，是汉语名量词发展的一个重要内容。

(1) 汉语度量衡单位量值的历史变化。

汉语度量衡量值的第一次变化始于先秦。春秋战国时代，各诸侯国虽然已经建立起初步的度量衡制度，但并不统一。有的学者已经指出："秦国的重量单位是铢、两、斤、钧、石；魏国用镒、釿；东周用孚、舶；中山用石、刀等。容量单位虽多用升、斗，单位量值也不统一。秦国的一升约合今200毫升，赵国合175毫升，韩国合169毫升，楚国合225毫升。"[①] 第二次变化是始于秦始皇统一中国之后。公元前221年，秦始皇统一了中国。为了发展生产，巩固中央政权，秦国建立了全国统一的度量衡制度，并于秦始皇二十六年（公元前221年），下四十字诏书："廿六年，皇帝尽并兼天下诸侯，黔首大安，立号为皇帝，召诏丞相状绾，法度量则不一歉（嫌）疑者，

---

① 阴法鲁、许树安：《中国古代文化史》，第三册，北京大学出版社1993年版，第64页。

皆明一之。"并同时命令把诏书铸刻在秦权、秦量上，以示"一法度衡石丈尺，车同轨、书同文字"的决心。

《汉书·律历志上》说："度者，分、寸、尺、丈、引也，所以度长短也。……一为一分，十分为寸，十寸为尺，十尺为丈，十丈为引，而五度审矣。"上古汉语里，常用的长度量词有"寸""尺""丈""步""里""舍"等等。"寸""尺""丈"，是用来测量物体的长度、高度、广度、厚度、深度或圆度的；而"步""里""舍"，是用于测量甲乙间的平面距离的。这些始自上古汉语的用法，例示如下：

①马颊长二尺八寸。(《墨子·备城门》)

②今将军兼此三者，身长八尺二寸。(《庄子·盗跖》)

③城中广二丈五尺二。(《墨子·备城门》)

④今墨子独生不歌，死不服，桐棺三寸而无椁，以为法式。(《庄子·天下》)

⑤繇胸汏䩱，匕入者三寸。(《左传·昭公二十六年》)

⑥且之网得白龟焉，其圆五尺。(《庄子·外物》)

⑦自郢及我九百里，焉能害我？(《左传·僖公十二年》)

⑧守法：五十步丈夫十人，丁女二十人。(《墨子·备城门》)

⑨晋楚治兵，遇于中原，其辟君三舍。(《左传·僖公二十三年》)

这些用法，在中古、近古汉语里都得到了继承。下仅举数例说明之：

①（先主）身长七尺五寸。(《三国志·蜀书·先主传》)

②四月，初营宗庙，掘地得玉玺，方一寸九分。(《三国志·魏书·后妃传》)

③二十一日，虏作地道偷城内井，井深四十丈。(《宋书·索虏传》)

④脔形长二寸，广一寸，厚五分。(《齐民要术·作鱼鲊》，卷八)

⑤敕令两军于内里筑仙台高百五十尺。(唐·〔日〕释圆仁：《入唐求法巡礼行记》，卷四)

⑥金莲三寸太轻盈，言谈举止多风韵。(元·无名氏：《小孙屠》，第九出)

值得注意的是，中古汉语的"里"不仅可以表示平面的里程，而且还可以表示高度。如：

①北沃沮一名置沟娄，去南沃沮八百余里。(《三国志·魏书·乌丸鲜卑

东夷传》)

②石济在滑台西南百二十里。(《宋书·垣护之传》)

③灊中有天柱山，高峻二十余里。(《三国志·魏书·张辽传》)

④郭景纯以为（昆仑之山）自上二千五百余里。(《水经注·河水》，卷一)

当然，如果测量较低矮的人或物时，仍用"丈""尺""寸""分"等单位。如：

①建武年中，颍川张仲师长一丈二寸，张汤八尺有余，其父不满五尺，俱在今世，或长或短。(《论衡·齐世》)

②泉上数丈有石穴二口，容人行，入穴丈余，高九尺许，广四五丈。(《水经注·汶水》，卷二十四)

③有刹复高十丈，合去地一千尺。(《洛阳伽蓝记·永宁寺》，卷一)

还有，中古汉语里，表示圆度的计量单位，一般不用尺寸，而是用"围"，这也是应注意的。"围"，本是个动词，后引申作名词，可用于计算周长的约略单位，指人两手或两臂相合的长度。如：

①上有大禾，长五寻，大五围。(《山海经·海内西经》，卷十一)

②（许褚）长八尺余，腰大十围。(《三国志·魏书·许褚传》)

③及长，（虞延）长八尺六寸，要带十围。(《后汉书·虞延传》)

④豫章有大樟树，大三十五围，枯死积久，永嘉中，忽更荣茂。(《宋书·符瑞志上》)

⑤桓公北征，经金城，见前为琅邪时，种柳皆已十围。(《世说新语·言语》)

⑥山丰野牛、野羊，腾岩越岭，驰走若飞，触突树木，十围皆倒。(《水经注·沔水》，卷二十七)

从战国时代起，虽然各个时代"分""寸""尺""丈"名称相同，但具体量值并不相同。据丘光明先生研究，战国时代，一尺约合今制 23.2 厘米；秦汉时代，一尺约合今制 23～24 厘米；三国魏晋时代，一尺约合今制 23.8～24.2 厘米；南北朝时代，一尺约合今制 24.5 厘米或 27.8～30 厘米；隋唐时代，一尺约合今制 29.5～30.2 厘米；明代，一尺约合今制 32～34 厘米；清代，一尺约合今制 32 厘米。[①] 而缪启愉、缪桂龙两先生认为西汉时代，一尺

---

① 阴法鲁、许树安：《中国古代文化史》，第三册，北京大学出版社 1993 年版，第 60—96 页。

折合今制为 231 毫米（0.69 市尺）；魏晋时代，一尺折合今制为 242～245 毫米（约 0.73 市尺）；后魏时代，一尺折合今制为 280 毫米（0.84 市尺）；所作结论与丘氏结论相差无几。① 由此可知，长度单位的标准化，是有个过程的。

《汉书·律历志上》说："量者，龠、合、升、斗、斛也，所以量多少也。……合龠为合，十合为升，十升为斗，十斗为斛，而五量嘉矣。"同长度量词一样，先秦时代，各诸侯国的容量量词并不统一，甚至一国之内也不统一。据《左传·昭公三年》记载："齐旧四量：豆、区、釜、钟。四升为豆，各自其四，以登于釜。釜十则钟。陈氏三量皆登一焉，钟乃大矣。以家量贷，而以公量收之。"齐景公的家臣陈氏（即田氏）为了收买人心，夺取政权，于是"三量皆登一焉"，即改四进制为五进制：五升为豆，五豆为区，五区为釜。

上古汉语常用的容量量词主要是"合""升""斗""斛"。如：

①请欲固置五升之饭足矣。（《庄子·天下》）

②故田常上请爵禄而行之群臣，下大斗斛而施于百姓，此简公失德而田常用之也，故简公见弑。（《韩非子·二柄》）

③千二百黍为一龠，十龠为一合，十合为一升。（刘向：《说苑·辨物》）

④十撮为一抄，十抄为一勺，十勺为一合，十合为一升。（《孙子算经》，卷上）

中古汉语以后，"合""升""斗""斛"，也都是历代所沿用的主要容量量词。下仅举数例说明之：

①从受道者出五斗米，故世号米贼。（《三国志·魏书·张鲁传》）

②时百姓饥饿，人相食，黄金一斤易豆五升。（《后汉书·冯异传》）

③是岁谷一斛五十余万钱。（《三国志·魏书·武帝纪》）

④一亩用子三升。（《齐民要术·种麻子》，卷二）

⑤以葱白长三寸一升，细切姜、橘皮各二升，盐三合，合和之。（《齐民要术·蒸缹法》，卷八）

⑥併四钵纳一盂中，可集三斗六升。（变文《八相变》）

---

① 缪启愉、缪桂龙：《西汉、魏晋、后魏度量衡亩折合今制表》，《齐民要术译注》，上海古籍出版社 2006 年版，第 1 页。

⑦两个妯娌也道："俺吃三斗三升盐。"(《刘知远诸宫调》，第二)

从中古汉语起，容量量词也常用"石"（或作"硕"）。一斛等于十斗，一石（今音 dàn）也是十斗，所以一斛也就是一石（南宋末改五斗为一斛）。这只是单位名称的更换而已，是词汇问题。如：

①是以官不过六百石，而免于忧患。(《三国志·蜀书·郤正传》)

②七年粟百石，以赐孝子刘殷。(《搜神记》，卷十一)

③王经少贫苦，仕至二千石。(《世说新语·贤媛》)

④锁上亦有金铎，铎大小如一石瓮。(《洛阳伽蓝记·永宁寺》，卷一)

⑤六日，生料米十硕送来。(唐·〔日〕释圆仁：《入唐求法巡礼行记》，卷四)

⑥（国王）遂惠白米一硕，珍珠一斗，金钱二千，彩帛二束。(《大唐三藏取经诗话中》)

⑦我一月只关一石五斗米，尚不肯背了主人。(《皇明诏令·戒谕管军官敕》)

同长度量词一样，古代容量量词的量值也有一个标准化过程。据研究，战国时代，秦国一升，约合今制 200 毫升；赵国一升，约合今制 175 毫升；韩国一升，约合今制 169 毫升；楚国一升，约合今制 225 毫升。秦统一中国后，一升量值以秦为准，约合今制 200 毫升。汉代，汉承秦制，没有变化。三国魏时，一升约合今制 205 毫升；南北朝时，梁陈一升，约合今制 200 毫升；齐一升约合今制 300 毫升。隋唐时代，一升约合今制 600 毫升；明代，一升约合今制 1 022.4 毫升；清代，一升约合今制 1 035 毫升。[①] 另据缪启愉、缪桂龙两先生研究，西汉至魏晋时，一升折合今制 200 毫升（0.2 市升），而后魏时，一升折合今制 400 毫升（0.4 市升），可备一说。[②]

《汉书·律历志上》又说："权者，铢、两、斤、钧、石也，所以称物平施，知轻重也。……一龠容千二百黍，重十二铢，两之为两。二十四铢为两，十六两为一斤，三十斤为钧，四钧为石。"上古汉语，常用的重量量词是"两""斤""石"。如：

---

① 阴法鲁、许树安：《中国古代文化史》，第三册，北京大学出版社 1993 年版，第 60—96 页。

② 缪启愉、缪桂龙：《西汉、魏晋、后魏度量衡亩折合今制表》，《齐民要术译注》，上海古籍出版社 2006 年版，第 1 页。

①有能捕告，赐黄金二十斤。(《墨子·号令》)

②吾力足以举百钧而不足以举一羽。(《孟子·梁惠王上》)

③千钧得船则浮，锱铢失船则沉。(《韩非子·功名》)

④臣闻之，王者不绝世，霸者无强敌，千钧之重加铢两而移。(《史记·仲尼弟子列传》)

⑤日夜分，则同度量，平权衡，正钧石，角斗甬。(《礼记·月令》)

⑥其以为量(重)，十二粟而当一分，十二分而当一铢，十二铢而当半两，衡有左右，因倍之，故二十四铢为一两。(《淮南子·天文训》)

中古汉语，"铢""两""斤""石"也继承下去，只是"斤""两"则更为常见而已。下仅举数例说明之：

①益州既平，(先主)赐诸葛亮、法正、飞及关羽金各五百斤，银千斤。(《三国志·蜀书·张飞传》)

②先是元嘉中，铸四铢钱，轮郭形制，与五铢同。(《宋书·颜竣传》)

③陵云台楼观精巧，先称平众木轻重，然后造构，乃无锱铢相负揭。(《世说新语·巧艺》)

④道士奏药名目：李子衣十斤，桃毛十斤，生鸡膜十斤，龟毛十斤，兔角十斤。(唐·〔日〕释圆仁：《入唐求法巡礼行记》，卷四)

⑤仰赐黄金二两，乱采(绿)一束。(变文《秋胡变文》)

中古汉语，"斤"也成为"角力"时计量单位，这应当注意。如：

①肜有勇力，能贯三百斤弓。(《后汉书·祭遵传》)

②(盖延)身长八尺，弯弓三百斤。(《后汉书·盖延传》)

近古汉语里，重量单位又进一步细化，淘汰了"铢"，而又产生了十进制的"钱""分"，这是一个重要的变化。如：

①买三十钱麻油，把虼(蝌)蚪儿煎了，吃大麦饭。(《张协状元》，第十八出)

②我那相识人曾说："他来时，八分银子一斗粳米，五分一斗小米，一钱银子十斤面，二分银子一斤羊肉。"(《老乞大》)

阴法鲁、许树安两先生说："秦汉以来，长度和容量皆为十进位制，唯重量非十进位。唐初制造'开元通宝'，规定每枚重二铢四累，十枚重一两，后来感到十钱为一两比二十四铢为一两更便于计算，于是就改用十钱为一两。宋代又将十进位的分、厘代替了钱以下的累、黍。这样，重量单位除仍用十六两为一斤外，其他单位也都采用了十进位制。"①

同长度量词、容量量词一样，重量量词也同样存在一个标准化过程。据研究，先秦时代，各国的重量单位量值也是不统一的。秦国一石为120斤，折合今制每斤重约250.3克，而楚国一斤，约为今制每斤248克；西汉时代，每斤折合今制250克左右；隋唐时代，每斤约合今制750～664克；元代，一斤约合今制625克；明代，每斤约合今制593.1克；清代，每斤约合今制273.01克。②另据缪启愉、缪桂龙两先生研究，西汉时，一斤合今制240克（0.48市斤）；后魏时，一斤合今制444克（0.89市斤）。③

（2）度量衡单位量值的标准化及其影响。

由上面的论述可知，汉语度量衡单位的量值，在各个时代均有所不同，但总的趋势是逐渐走向统一和规范。而这种发展趋势对其他几种量词的使用肯定是要带来一定的影响的。这种影响主要体现在两个方面：

第一，自身影响。

所谓自身影响是指度量衡单位量值的标准化，也就是它使用上的科学化和实用化。前面说过，自秦汉以来，汉语的长度量词和容量量词都是采用十进制体制的，唯重量量词特别，与众不同。但到了近古汉语，"斤""两""分""钱"等单位自成系统之后，十进制体制也就基本建立起来了（"斤"除外，仍是十六两为一斤）。

第二，同名异实者被淘汰。

汉语量词中，有许多同名异实者，其中比较突出的是"斗""升""斛""石""钟"几个词。这些词，有的是同名异物；有的则可能是同物异用。不管是哪一种，均可归为同名异实者。如"斗"，既是饮酒器具，又是容量单位，是量器名，但两者该是同名异物，不是一种东西。如：

①酌以大斗，以祈黄耇。（《诗经·大雅·行苇》）
②为之斗斛以量之，则并与斗斛而窃之。（《庄子·胠箧》）

---

① 阴法鲁、许树安：《中国古代文化史》，第三册，北京大学出版社1993年版，第83页。
② 同上，第60—96页。
③ 缪启愉、缪桂龙：《西汉、魏晋、后魏度量衡亩折合今制表》，《齐民要术译注》，上海古籍出版社2006年版，第1页。

③十升为斗，十斗为斛。（《汉书·律历志上》）

例①，"斗"，盛酒器名，有柄。《毛传》云："大斗，长三尺也。"依孔疏，知"三尺"为柄长三尺。例②③，"斗"为量具名和容量单位名，与"大斗"之"斗"当是两物，后酒器名"斗"被淘汰。又如"石"，既是容量单位名，又是重量单位名，两者也是同名异物，后重量名"石"被淘汰。如：

①楚国之法，得伍胥者赐粟五万石。（《史记·伍子胥列传》）

②钧衡石，角斗桶，正权概。（《吕氏春秋·仲春》）

③素木铁器若卮茜千石。（《汉书·货殖传》）

例①②，"五万石""衡石"，"石"为容量单位名、量器名，十斗为一石。例③，"千石"，"石"，重量单位名，三十斤为"钧"，四钧为"石"，即一百二十斤。又如"斗""升""斛""石""钟"，它们作为容量单位，既可用于计量粮食谷物，又可用于计量酒水，这其实是同物异用，实际上也是同名异实。后来发展证明，这些词只能用于容量单位，而用于计量酒水的功能被淘汰了，又代之以一批新生的器物量词。如：

①试以一斗水灌冶铸之火，气激裴裂，若雷之音矣。（《论衡·雷虚》）

②传语曰："文王饮酒千钟，孔子百觚。"（《论衡·语增》）

③即作汤二升，先服一升，斯须尽服之。（《三国志·魏书·方技传》）

④及帝崩，庆号泣前殿，呕血数升，因以发病。（《后汉书·章帝八王传》）

⑤初，湛家数见怪异，未败少日，所眠床忽有数升血。（《宋书·江湛传》）

⑥（郑玄）身长八尺，饮酒一斛，秀眉明目，容仪温伟。（《后汉书·郑玄传》）

⑦天生刘伶，以酒为名，一饮一斛，五斗解酲。（《世说新语·任诞》）

⑧柳罐令受（水）一石。（《齐民要术·种葵》，卷三）

⑨唯河东裴子明为诗不工，罚酒一石。（《洛阳伽蓝记·法云寺》杨注，卷四）

⑩酒有千斛，肉乃万斤。（变文《伍子胥变文》）

"斗""升""斛""石""钟"，作为容量量词，既可以计量粮食、谷物，又可以计量酒水等液状物，这是不科学的，所以后来被逐渐淘汰，而代之以一批新生的器物量词。这种发展趋势，从汉代已经开始，直至近古汉语。如：

①夫燂一炬火，爨一镬水，终日不能热也。(《论衡·感虚》)

②还京都，高祖封药酒一罂付祎，使密加酖毒。(《宋书·张畅传》)

③卿昔尝见臣，今不能见劝一盃酒乎？(《宋书·刘穆之传》)

④先煮一釜粗粥，然后净洗用之。(《齐民要术·醴酪》，卷九)

⑤一七日，旦，着井花水一碗。(《齐民要术·作酢法》，卷八)

⑥净能奏曰："索水一盆。"(变文《叶净能诗》)

⑦酒行至十四盏，臣括等共辞之。(宋·李焘：《续资治通鉴长编》，卷二六五)

⑧好一釜羹，被两颗鼠粪污却。(宋·虚堂和尚：《虚堂和尚语录》)

⑨叫小二来，送一瓶酒，一方米，一块豆腐。(《张协状元》，第十一出)

⑩可怜他那媳妇十分孝顺，家中艰难，问我赊了一壶酒，要到坟上去祭他公公。(明·朱有燉：《团圆梦》，第二折)

⑪(郭立)掀起帘子看一看，便是一桶水倾在身上。(明·冯梦龙：《警世通言·崔待诏生死冤家》，第八卷)

⑫鲁达道："先打四角酒来。"(《水浒传》，第三回)

3. 面积量词及其计量方法的历史变化

（1）方域面积及其计算方法。

上古和中古时期，计算大面积的方域，常用的量词或单位词是"里"，或在"里"前加上"方""广""广圆""周""周回"等词，表示其后的数词是两数相乘，是用于计算面积的。如：

①天子之制，地方千里，公侯皆方百里。(《孟子·万章下》)

②今秦地断长续短，方数千里。(《战国策·秦策一》)

③有范林方三百里。(《山海经·海外南经》，卷六)

例①—③，"方"表示方圆，"千里""百里"等不是计算长度，而是表示两数相乘，用于计算面积。数词前如不用"方"，还可以用别的词。如：

④又北三百五十里，曰白沙山，广员三百里，尽沙也，无草木鸟兽。(《山海经·北山经》，卷三)

⑤浙江又东北得长湖口，湖广五里，东西百三十里。(《水经注·浙江水等》，卷四十)

⑥武溪水又南入重山，山名蓝豪，广圆五百里，悉曲江县界。(《水经注·资水等》，卷三十八)

⑦沔水又东得浐口，其水承大浐、马骨诸湖水，周三四百里。(《水经注·沔水》，卷二十八)

⑧(朱崖州)周回二千余里，径度八百里，人民可十万余家。(《水经注·青衣水等》，卷三十六)

如果计算的是体积，还得加上"尺""仞""丈"等长度量词。如：

⑨昆仑之虚，方八百里，高万仞。(《山海经·海内西经》，卷十一)

⑩东入衡阳湘乡县，历石鱼山下，多玄石，山高八十余丈，广十里，石色黑而理若云母。(《水经注·资水等》，卷三十八)

计算方域面积，古代还有"井""通""成""终""同""封""畿"等概念。如《汉书·刑法志》说："地方一里为井，井十为通，通十为成，成方十里；成十为终，终十为同，同方百里；同十为封，封十为畿，畿方千里。"从"井"至"畿"共七级，这些方域概念在后代文献中并没有多少继承下来。

(2) 土地面积及其计算方法。

古代计算土地面积，最常见的量词是"亩"和"顷"。如：

①百亩之田，勿夺其时，数口之家可以无饥矣。(《孟子·梁惠王上》)

②回有郭外之田五十亩，足以给饣干粥。(《庄子·让王》)

③万乘为耕田百万顷，为户百万户。(《管子·揆度》)

④乃进田万顷。(《韩非子·外储说右上》)

但是，"亩""顷"的量值，说法并不统一。周代以横一步（六尺为步），纵百步为亩；而秦以横一步（五尺为步），纵二百四十步为亩。至于"顷"，或以十二亩半为顷，或以百亩为顷，说法也不统一。两汉以后，"亩""顷"等量词在语言中得到了广泛应用。如：

①进给衣服车乘，田三十顷，岁给谷五千斛。(《三国志·吴书·三嗣主传》)

②及在公辅，有宅数亩，田不过一顷，复推与兄子。(《后汉书·郭

丹传》）

③种蓝十亩，敌谷田一顷。（《齐民要术·种蓝》，卷五）

④每户给田二顷五十亩。（宋·徐梦莘：《三朝北盟会编·茅斋自叙》，卷十九）

⑤比说道百户管一百二十一名军，便是种一百二十一亩田。（《皇明诏令·谕武臣恤军敕》）

古代如果计算小块土地面积，也常用量词"步"。"步"是长度量词，量值说法不一：周代以六尺（或言"八尺"）为步，秦代以五尺（或言"六尺"）为步。以"步"为计量单位，来计算土地面积，这主要应用于中古时期。如：

①是山也，广员三百步，其名曰发丸之山。（《山海经·北山经》，卷三）

②阙之东北有浴池，方四十许步；池中有钓台，方十步。（《水经注·泗水等》，卷二十五）

③其寺东西南北方五百步。（《洛阳伽蓝记·景明寺》，卷三）

④台东有曲池，池北列两钓台，水周六七百步。（《水经注·睢水等》，卷二十四）

如果"方""广"或"长""广"对举，则"方""广"常指长度和宽度。如：

①所作台基三层，层高三丈，上级平敞，方二百余步，广五里。（《水经注·沭水等》，卷二十六）

②郁依范蠡《养鱼法》作大陂，陂长六十步，广四十步，池中起钓台，池北亭，郁墓所在也。（《水经注·汳水》，卷二十八）

在先秦，还有"町""畦""畹"等小块土地面积名称。其实它们并不是真正的面积单位，因为它们既无确切的量值，也不能进入法定的进制系统。"町"，本义当指正在整治的小块田地。《说文》云："町，田践处曰町"，段注以为"此'践'字疑浅人所增，……'田处'者，谓人所田之处"。"所田之处"，就是指正在整治的小块田地，所以《急就篇》注云："町，一曰治田处也。""町"由名词义，也可引申为动词，指划分、约束。如：

①町原防，牧隰皋，井衍沃。（《左传·襄公二十五年》）

②彼且为无町畦，亦与之为无町畦。（《庄子·人间世》）

"畦""畹"这些词，也无固定的量值。如：

①（子贡）见一丈人方将为圃畦。（《庄子·天地》）

②余既滋兰之九畹兮，又树蕙之百亩。（《楚辞·离骚》）

例①，"畦"，《释文》引《说文》云："五十亩曰畦。"又《史记·货殖列传》"若千亩卮茜"句《索隐》引汉刘熙云："今俗以二十五亩为小畦，五十亩为大畦。"例②，"畹"，《说文》云："畹，田三十亩曰畹。"段注云："大徐本'三'作'二'，误。《魏都赋》'下畹高堂'张注云：'班固曰："畹，三十亩也。"此盖孟坚《离骚章句》'滋兰九畹'之解也。王注乃云'十二亩曰畹'。"到了中古汉语，"町""畦""畹"虽然仍可出现于文献之中，但它们也并没有进入法定的进制系统。如：

①近春田三顷，秋园五畦，若此无灾，山装可具。（《宋书·周朗传》）

②以亩为率：令一亩之地，长十八丈，广四丈八尺；当横分十八丈作十五町；町间分为十四道，以通人行，道广一尺五寸；町皆广一丈五寸，长四丈八尺。（《齐民要术·种谷》，卷一）

③向东北遥望，谷底深处数十町地，见白银之色。（唐·〔日〕释圆仁：《入唐求法巡礼行记》，卷三）

④怀宝自足珍，艺兰那计畹？（宋·苏轼：《和子由记园中草木》，其一）

（3）平面体面积及其计算方法。

古代计算平面体面积的量词，最常见的有四个词，这就是"版""堵""雉""面"。一般认为，墙高二尺、长八尺为一版；墙高一丈、长一丈叫一堵；墙高三丈、长一丈叫一雉。而"面"，多用于计量带有平面的物体或片状物体。中古汉语以后，除"雉"外，其余的词都继承下来了。如：

①之子于垣，百堵皆作。（《诗经·小雅·鸿雁》）

②都城过百雉，国之害也。（《左传·隐公元年》）

③筑十版之墙，凿八尺之牖。（《韩非子·外储说左上》）

④三国攻晋阳，岁余，引汾水灌其城，城不浸者三版。（《史记·赵世家》）

⑤郦县有故城一面，未详里数。（《水经注·沁水》，卷三十一）

⑥见一彪人马到庄门，匹头里几面旗舒：一面旗白胡阑套住迎霜兔，一面旗红曲连打着个毕月乌。（元·睢景臣：《高祖还乡》）

⑦走了一里田地，苗忠却遇着一堵墙。（明·冯梦龙：《警世通言·万秀娘仇报山亭儿》，第三十七卷）

⑧我家墙也倒了几堵。（《朴通事》）

4. 配制量词的历史变化

配制量词，从量值上看，可以分为两类：一类是有确切量值的，一类是无确切量值的。有确切量值的又可分为两个小类：

（1）量词为"两（緉）""双""对""副"等等，与之搭配的名词多为自然或人工搭配的成双成对的事物。这种配制量词起源较早，其发展，几乎贯穿整个上古汉语、中古汉语和近古汉语之中。如：

①葛屦五两，冠绥双止。（《诗经·齐风·南山》）

②操二三量不借，挂屋后楮上。（《搜神记》，卷十七）

③得白璧一双来，当听为婚。（《搜神记》，卷十一）

④元康末至太安间，江淮之域，有败编自聚于道，多者或至四五十量。（《宋书·五行志一》）

⑤薛大使施三两袜，刘译语九疋绢，新罗刀子十枚，袜五两，自余资供不少。（唐·〔日〕释圆仁：《入唐求法巡礼行记》，卷四）

⑥一双臂腕，切我肝肠。（唐·张鷟：《游仙窟》）

⑦你不接丝鞭后，哭损我一双眼。（《张协状元》，第四十八出）

⑧李洪义这里自扎（眨）一对眼。（《刘知远诸宫调》，第十二）

⑨这些众人，都攧掇道："好对夫妻！"（明·冯梦龙：《警世通言·崔待诏生死冤家》，第八卷）

⑩一对靴上都有红绒雁爪。（《老乞大》）

⑪我这几日差使出去，好姐姐，你做馈我一副护膝。（《朴通事》）

例①⑤，"两"通"緉"。《说文》："緉，履两枚也"。由此引申，成双的袜子自然也可称"两（緉）"。例②④，"量"，亦通"緉"。例④"败编"，《晋书·五行志》"编"作"履"。例⑪，"一副"即"一对"。

（2）量词为"匹（疋）""端"等等，与之搭配的名词多为布帛绫绢之物。"匹（疋）""端"不应列入长度量词，因为它们不能进入"分""寸""尺""丈"的十进制系统。"匹（疋）""端"先秦时代很少用，两汉以后得以继承，但"端"的使用频率不高。如：

①秦王曰"善"，因以文绣千匹，好女百人，遗义渠君。(《战国策·秦策二》)

②廼赐叔孙通帛二十匹，衣一袭，拜为博士。(《史记·刘敬叔孙通列传》)

③其生时以夜，适免母身，母见其上若一疋练状，经上天。(《论衡·吉验》)

④诏书慰劳，赐绢七百匹。(《三国志·魏书·孙礼传》)

⑤汉乃遣单于使，令谒者将送，赐彩缯千匹，锦四端，金千斤。(《后汉书·南匈奴列传》)

⑥上许之，给锦百疋，杂缯三百疋。(《宋书·薛安都传》)

⑦王戎为侍中，南郡太守刘肇遗筒中笺布五端。(《世说新语·雅量》)

⑧市施主杨差人送来绢一疋，褐布一端，钱一千文，充路上用。(唐·〔日〕释圆仁:《入唐求法巡礼行记》，卷四)

⑨张令遂于笼中取绢廿疋上尊师。(变文《叶净能诗》)

⑩ (王君廓)后来降了唐高祖，教他做左武卫将军，赐彩段(缎)一百匹，教他去镇守幽州。(《皇明诏令·戒谕管军官敕》)

例①—⑩，"匹(疋)"，古代通常说法是四丈为一匹，后或曰五十尺、百尺为"匹"，情况不一。"端"，依《周礼·地官·媒氏》"入币纯帛无过五两"句郑注之说，当以两丈为端，后或曰六丈、八丈为"端"，情况也有所不同。

无确切量值的配制量词也分为两个小类：

(1) 量词为"把""聚""洪""撮""掬""串""溜""缕""裹""陌"等等，与之搭配的名词多为不可以"个"来计算的集合事物。这些量词，主要使用在中古和近古汉语里。如：

①米里着蒿叶一把，白盐一把。(《齐民要术·飧饭》，卷九)

②譬如昔日有二小儿，入河遨戏，于此水底得一把毛。(《百喻经·小儿争分别毛喻》)

③三间屋，得作百石豆。二十石(豆)为一聚。(《齐民要术·作豉法》，卷八)

④五十头(紫草)作一洪，着敞屋下阴凉处棚栈上。(《齐民要术·种紫

草》，卷五）

⑤又方：朱砂三指撮，油脂三合，清酒六合，暖，灌，即差。（《齐民要术·养牛马驴骡》，卷六）

⑥欲种时，布子于坚地，一升子与一掬湿土和之，以脚蹉令破作两段。（《齐民要术·种胡荽》，卷三）

⑦一串数珠长在手，常常相续念弥陁。（变文《难陁出家缘起》）

⑧譬之铺一溜柴薪，从头燕著，火到处，其光皆一般，非是有一块物推著行将去。（《河南程氏遗书》）

⑨却元来是用斧截青丝一缕。（《刘知远诸宫调》，第二）

⑩那着紫衫的人怀里取出一裹松子、胡桃仁，倾在两盏茶里。（明·冯梦龙：《喻世明言·宋四公大闹禁魂张》，第三十六卷）

⑪我和你也该去你公公坟上浇一盏酒，烧一陌纸。（明·朱有燉：《团圆梦》，第二折）

（2）量词为"袭""本""科""剂""贯""具""帖""副""套""床"等等，与之搭配的名词多为成套的事物。如：

①官牛畜为师，荀欣为中尉，徐越为内史，赐相国衣二袭。（《史记·赵世家》）

②（刘宽）迁侍中，赐衣一袭。（《后汉书·刘宽传》）

③谚曰："葱三薤四"。移葱者，三支为一本；种薤者，四支为一科。（《齐民要术·种薤》注，卷三）

④（殷）浩感其至性，遂令异来，为诊脉处方，始服一剂汤便愈。（《世说新语·术解》）

⑤三七日，以麻绳穿之，五十饼为一贯，悬着户内。（《齐民要术·造神曲并酒》，卷七）

⑥作羊蹄臛法：羊蹄七具，羊肉十五斤，……生姜十两，橘皮三叶也。（《齐民要术·羹臛法》，卷八）

⑦威仪有鼓角金钲，弓箭一具，戟二枝，槊五张，左右带刀不过百人。（《洛阳伽蓝记·凝玄寺》杨注，卷五）

⑧我有一帖药，其名曰阿魏。（唐·无名氏：《蜀童谣》）

⑨赐仆并随行人鞍马一副。（宋·徐梦莘：《三朝北盟会编·茅斋自叙》，

卷十二）

⑩咱这官人要打一副刀子，好生细详，这五件儿刀子你用心下功夫打。
（《朴通事》）

⑪钦蒙各赐金绣衣服一套，全辔鞍马一匹。（明·刘仲璟：《遇恩录》）

⑫去空野处除了花朵，溪水里洗了面，换一套男子衣裳着了。（明·冯
梦龙：《喻世明言·宋四公大闹禁魂张》，第三十六卷）

⑬因他一床乐器都会，一府里人都叫做李乐娘。（明·冯梦龙：《警世通
言·一窟鬼癞道人除怪》，第十四卷）

例①②，"二袭""一袭"，"二袭"就是两套，"一袭"就是一套。一套
是指单、夹衣各一件，合为一套，所以裴骃《集解》说："单复具为一袭。"
例③，"一本"，指移植大葱要三根一窝；"一科"，指移植薤头要四个鳞茎一
窝。"三支""四支"，这也是一套。例④⑧，"一剂""一帖"，古代中药论
"剂"，"剂"亦称"帖"。每剂药，都是由多种药材配成。例⑤，"一贯"就
是一串，五十个酒曲饼为一串。例⑥，"羊蹄七具"，当指二十八只羊蹄，四
只羊蹄算"一具"。例⑦，"一具"，弓、箭各一，配在一起算"一具"。一具
就是一套。例⑨⑩，"鞍马一副"，指马匹和鞍具都各自配套，两者合在一起
才算"一副"。"一副刀子"，由下文可知，至少要有五把才算"一副"。例⑪
⑫，"一套"，可能指衣裤合称为"一套"。例⑬，"一床"就是"一套"。每
套乐器或五件或七件不等。

5. 数量结构的位置及其历史变化

古代数词或数量词同名词的组合，我们统称为"数量结构"。其结构类
型有四种：A. 数＋名，B. 名＋数，C. 名＋数量，D. 数量＋名。下面就此
四种形式，分别论述之。

（1）"数＋名"结构（A）。

上古汉语里，A式结构早已存在。数词可以直接放在名词之前，中间并
不需要量词。如：

①甲戌卜，贞：翼乙亥，屮于且乙三牛。（《合集》，1520）

②贞：沉十羊十豕？（《合集》，16191）

③王凡三方。（《大丰簋》）

④隻馘百，执讯二夫。（《戈簋》）

到了上古汉语的中后期，这种结构也很容易找到。如：

①子曰："作者七人矣"。（《论语·宪问》）

②强而后可，一朝而获十禽。（《孟子·滕文公下》）

③今齐地方千里，百二十城，宫妇左右，莫不私王。（《战国策·齐策一》）

④鲁人曰："吾将以十太牢待子之君。"（《史记·鲁仲连邹阳列传》）

（2）"名+数"结构（B）。

B式结构在整个上古汉语里都是存在的，但使用频率不及A式结构高。如：

①庚子卜：业父乙羊九？（《合集》，21065）

②甲午卜：又于父丁，犬百，羊百，卯十牛。（《京》，4066）

③矩或取赤虎两麀鞷两，鞷鞈一，才二十朋，其舍田三田。（《裘卫盉》）

④易汝弓一，矢束，臣五家，田十田。（《不娶簋》）

⑤越三日丁巳，用牲于郊，牛二；越翼日戊午，乃社于新邑，牛一，羊一，豕一。（《尚书·召诰》）

⑥原思为之宰，与之粟九百，辞。（《论语·雍也》）

⑦王于是乎赐之彤弓一，彤矢百，旅弓矢千。（《左传·文公四年》）

在整个上古汉语里，A式结构和B式结构相比，A式是主要的。B式当视为A式的变体，不应看作是定语后置。否则，我们难以解释为什么同一种语言材料会生成AB两种形式。B式结构虽不及A式结构用得普遍，但它的存在却为C式结构的产生创造了极为有利的条件。B式和C式结构，都是一种过渡性的结构。

（3）"名+数量"结构（C）。

C式结构，上古汉语前期就已经产生，不过数量极少。如：

①马廿丙有……（《前》，19.1）

②更贝十朋，吉。（《合集》，29694）

③何易贝三十朋。（《何尊》）

④易女马十匹，牛十。（《卯簋》）

到了上古汉语中后期，C式结构也延续下来。如：

①元戎十乘，以先启行。（《诗经·小雅·六月》）

②见子皮如上卿，以马六匹。（《左传·昭公二十六年》）

③能斩捕大将者，赐金五千斤，封万户。（《史记·吴王濞列传》）

④建初三年，零陵泉陵女子傅宁宅，土中忽生芝草五本，长者尺四五寸，短者七八寸。（《论衡·验符》）

到了中古汉语和近古汉语，C 式结构也一直沿用下去。如：

①比到当阳，众十余万，辎重数千两，日行十余里。（《三国志·蜀书·先主传》）

②初，王莽末，天下旱蝗，黄金一斤易粟一斛。（《后汉书·光武帝上》）

③太妃家在建康县界，家贫，有草屋两三间。（《宋书·明帝陈贵妃传》）

④掘地得古承水铜龙六枚。（《水经注·谷水》，卷十六）

⑤重病得愈者，使种杏五株。（《齐民要术·种梅杏》，卷四）

⑥至耆贺滥寺，有佛袈裟十三条，以尺量之，或短或长。（《洛阳伽蓝记·凝玄寺》杨注，卷五）

⑦付前路书状两封，别有手札。（唐·〔日〕释圆仁：《入唐求法巡礼行记》，卷四）

⑧遂书符一道，抛向水中。（变文《叶净能诗》）

⑨河内有粮船百只。（宋·徐梦莘：《三朝北盟会编·绍兴甲寅通和录》，卷一六二）

⑩后（哈铭父子）又将自己穿的衣服换羊一只，又去朝见。（明·哈铭：《正统临戎录》）

C 式结构显然是由 B 式结构演变而来的。B 式结构有时是表达不清的。如"原思为之宰，与之粟九百，辞"（《论语·雍也》），其中的"粟九百"，因数词下缺少具体量词而表达不清。何晏《集解》引"孔曰：'九百，九百斗。辞，辞让不受'"，经过孔安国的注释，后人方知"粟九百"的具体量值。此例突出说明了 C 式结构产生的原因。

（4）"数量＋名"结构（D）。

上古汉语中期，D 式结构已经产生。如：

①一箪食，一瓢饮，在陋巷，人不堪其忧，回也不改其乐。（《论语·雍也》）

②冬，晋赵鞅、荀寅帅师城汝滨，遂赋晋国一鼓铁，以铸刑鼎。（《左

传·昭公二十九年》）

③有人于此，力不能胜一匹雏，则为无力人矣。（《孟子·告子下》）

④杀一牛，取一豆肉，余以食士。（《韩非子·外储说右上》）

到了上古汉语后期，《史记》《论衡》中也不乏 D 式用例。如：

①一尺布，尚可缝，一斗粟，尚可春，兄弟二人不能相容。（《史记·淮南衡山列传》）

②乌孙以千匹马聘汉女。（《史记·大宛列传》）

③悼公元年正月庚申，栾书中行偃弑厉公，葬之以一乘车。（《史记·晋世家》）

④高祖从亭长，提三尺剑取天下。（《论衡·恢国》）

汉语 D 式结构，大量使用是在中古汉语、近古汉语时期，并最终成为数量结构的最主要形式。如：

①布令门候于营门中举一只戟。（《三国志·魏书·张邈传》）

②（蛇）头大如囷，目如二尺镜。（《搜神记》，卷十九）

③墓前有数十亩田，不属原平。（《宋书·郭原平传》）

④水右有三层浮图，真容鹭架，悉结石也。（《水经注·漯水》，卷十三）

⑤斋前种一株松。（《世说新语·言语》）

⑥收讫，即急耕，依去年法，胜作十顷谷田。（《齐民要术·种葵》，卷三）

⑦须恒食一种雉肉，可得愈病。（《百喻经·病人食雉肉喻》）

⑧眼前一杯酒，谁论身后名？（北周·庾信：《拟咏怀》，其三）

⑨大师言："十弟子，已后传法，递相教授，一卷《坛经》，不失本宗。"（唐·法海：《六祖坛经》）

⑩于露处高叠八十张床。（唐·〔日〕释圆仁：《入唐求法巡礼行记》，卷四）

⑪对三百员战将，四十万群臣仰酺，大设列馔珍羞，祭其王陵忠臣之母，赠一国太夫人。（变文《汉将王陵变》）

⑫古佛殿里拾得一行字。（《祖堂集》，卷四）

⑬南山有一条螯鼻蛇，汝等诸人切须好看取。（宋·圜悟克勤：《碧岩录》，卷一）

⑭一片心只待求食巴谩，两只手偏会拏云握雾。（《宣和遗事》）

⑮你二升米，看承做两斛珠。（元·无名氏：《小张屠焚儿救母》，楔子）

⑯当时杨三官人受这一口气，便不奈烦。（明·洪楩：《清平山堂话本·杨温拦路虎传》）

汉语数量结构，由 C 式变成 D 式，这是一个重要的发展。如果承认 C 式结构是由 B 式结构发展而来的，那么也得承认 C 式结构的功能作用是陈述而非描写。现在的问题是，C 式结构为什么又变成 D 式结构呢？我们认为，总的原因，这是由汉语历史语法的易位律决定的。当量词从名词中分化出来之后，它和数词的关系就越来越紧密。前面我们讲过，量词产生的最原始的作用即在于是对事物的描写和分类标记而非记量。因此，C 式结构越来越不适合语言需要，而要变为 D 式结构。D 式结构的优点是，既能满足记量的需要，又具有对名词的分类和描写作用，因而才发展为汉语数量结构的主体形式。在上古汉语里，最初的 D 式结构，数量词和名词之间往往要加进一个助词“之”字。这种结构的特点，凸显了数量词的描写性质。如：

①百亩之田，勿夺其时，数口之家可以无饥矣。（《孟子·梁惠王上》）

②三里之城，七里之郭，环而攻之而不胜。（《孟子·公孙丑下》）

③请欲固置五升之饭足矣。（《庄子·天下》）

④今子有五石之瓠，何不虑以为大樽而浮乎江湖，而忧其瓠落无所容？（《庄子·逍遥游》）

⑤穰侯越韩魏而东攻齐，五年而秦不益一尺之地，乃成其陶邑之封。（《韩非子·定法》）

⑥富人之宅，以一丈之地为内。（《论衡·别通》）

⑦投一寸之针，布一丸之艾于血脉之蹊，笃病有瘳。（《论衡·顺鼓》）

例①—⑦，“百亩”“三里”“七里”等等，既是记量，也是描写。有时，语言中数量词加在名词之前，纯属描写，而非记量。这种情况，上古和中古汉语都是存在的。如：

①可以托六尺之孤，可以寄百里之命，临大节而不可夺也。（《论语·泰伯》）

②五亩之宅，树之以桑，五十者可以衣帛矣。（《孟子·梁惠王上》）

③斩一首者，爵一级，欲为官者，为五十石之官。（《韩非子·定法》）

④夫千仞之木，既摧于斧斤，一寸之草，亦瘁于践蹋。(《宋书·王景文传》)

⑤我不欲作下二重之屋，先可为我作最上屋。(《百喻经·三重楼喻》)

⑥手提三尺之剑，清（请）讬六尺之躯，万邦受命。(变文《伍子胥变文》)

⑦今三尺之童皆谓虏不可和。(宋·徐梦莘:《三朝北盟会编·绍兴甲寅通和录》，卷一六一)

有时数量词和名词之间还可以出现其他修饰语，这也可以证明数量词的描写作用。这种用法主要是从中古汉语开始的。如:

①上所得传国玺绶，更始七尺宝剑及玉璧各一。(《后汉书·刘盆子传》)

②今日有一顿饱食，便欲残害我儿子。(《宋书·徐湛之传》)

③先煮一釜粗粥，然后净洗用之。(《齐民要术·醴酪》，卷九)

④忆昔刘项起义争雄，三尺白刃，博乱中原。(变文《汉将王陵变》)

⑤头上梳钗，变作一团乱蛇。(变文《破魔变》)

⑥便只住此中，为我作个国主，也甚好一段风流事。(《大唐三藏取经诗话中》)

⑦在路平地尚可，那堪顿着一座高山，名做五矶山。(《张协状元》，第一出)

⑧无半点夫妻恩义，怀一片狠毒心肠。(元·无名氏:《小孙屠》，第二十一出)

⑨苗忠放下手里朴刀，右手换一把尖长靶短，背厚刃薄八字尖刀，左手揪住万秀娘胸前衣裳。(明·冯梦龙:《警世通言·万秀娘仇报山亭儿》，第三十七卷)

⑩只为一点悭吝未除，便弄出非常大事，变做一段有笑声的小说。(明·冯梦龙:《喻世明言·宋四公大闹禁魂张》，第三十六卷)

6. 关于名量词的叠用问题

汉语名量词在发展中还有一种值得注意的现象，即叠用问题。这种叠用，有的会带来语法意义的变化，有的只是量词意义的综合运用。叠用的量词，可以分为两类:一是同量叠用（AA 式），二是异量叠用（AB 式）。下面分别讨论之:

（1）同量叠用（AA）。

同量叠用，是指同一个量词的叠用，也就是把同一个量词再重叠一次。同量叠用，有逐指义，意在言多。这种形式主要是使用在中古汉语和近古汉语里。如：

①如此种种羊车、鹿车、牛车，今在门外，可以游戏。（《法华经·譬喻品》，卷二）

②其母缘岸哀号，行行百余里不去，遂跳上船，至便即绝。破视其腹中，肠皆寸寸断。（《世说新语·黜免》）

③五台周圆五百里外，便有高峰重重，隔谷高起，选其五台而成墙壁之势。（唐·［日］释圆仁：《入唐求法巡礼行记》，卷三）

④燕山雪花大如席，片片吹落轩辕台。（唐·李白：《北风行》）

⑤刀剜骨肉斤斤（尺尺）破，剑割肝肠寸寸断。（变文《大目乾连冥间救母变文》）

⑥双脚跟头皴又皴，发如驴尾一枝枝。（变文《丑女缘起》）

⑦耕夫一见，个个眉开。（《大唐三藏取经诗话中》）

⑧二祖种种说心说性，俱不契。（宋·大慧普觉禅师：《答刘宝学》）

⑨篇篇如此，不知是甚意思。（《朱子语类·总训门人》）

⑩天下事无高无下，无小无大，若切已下功夫，件件是自家底。（《朱子语类·总训门人》）

⑪攀出墙朵朵花，折临路枝枝柳。（元·关汉卿：《不伏老》）

⑫阁前水面上，自在快活的是对对儿鸳鸯；湖心中浮上浮下的是双双儿鸭子。（《朴通事》）

（2）异量叠用（AB）。

异量叠用，是指不同类的量词叠用。异量叠用，意在量词的综合运用，不在言多。异量叠用，如细分，又有两种情况：一类是计量对象多为同类事物或相关事物，一类是计量对象多为异类事物。前类的 AB 式产生于《史记》，至中古、近古汉语而广泛使用；后类的 AB 式，主要是使用在近古汉语里，应用不广。前类如：

①汉王所以具知天下厄塞，户口多少，强弱之处，民所疾苦者，以何具得秦图书也。（《史记·萧相国世家》）

②得伪辇及云母车，宝器山积，锦罽万端，牛马驴骡驼十万头匹。(《世说新语·雅量》刘注引《续晋阳秋》)

③每节宰相及常参官共赐钱五百贯文，翰林学士一百贯文。(《旧唐书·德宗纪下》)

④生口、细小等活捉三百余人，收夺得驼马牛羊二千头疋，然后唱《大阵乐》而归军幕。(变文《张议潮变文》)

⑤本路前后接战及劫寨共八十余次，斩获及擒贼兵共计五百九十九人，及夺到孳畜八千五百五十三头匹口。(宋·徐梦莘：《三朝北盟会编》，卷四十四)

例①，"户口"，是对人家和家人的计量。计家称"户"，计人称"口"，各有各的意义，但"户""口"相关。例②④⑤，"头匹"或称"头疋"，"头匹口"(景印文渊阁《四库全书》本，"孳畜"作"生畜"，"头匹口"作"头疋口")，都是对大牲畜的群体计量，不再细分。历史上，对马的计量，常用"匹(疋)"；对牛羊驼，常用"头"。"口"，不仅可以称人，也可用于牛、猪的计量，如"垅种千口牛，泉连百壶酒"(北齐·高昂：《征行诗》)，"顾大嫂分付火家，宰了一口猪，铺下数般果品按酒，排下桌子"(《水浒传》，第四十九回)。因此，"头匹口"是一群大牲畜计量的总称，而牛马驴骡羊驼等都属同类事物。例③，"贯""文"都是货币的计量单位。古代先有"贯"，后有"文"。古代千钱为"贯"，南北朝以来，钱一枚也称一文，如"子贷金钱千贯"(《史记·货殖列传》)，"都合收钱五十八万三千二百文"(《齐民要术·种槐柳楸梓梧柞》，卷五)等等。因此，"贯文"当是计量单位的合称。

后类的 AB 式，其计量的对象为异类事物，因此叠用的量词各有各的意义，很像是量词的临时组合。如：

①此来为江南欲守见存之地，每岁共银绢各二十五万匹两。(宋·徐梦莘：《三朝北盟会编·绍兴甲寅通和录》，卷一六二)

②孪董等先归，仆与益等留涿州十日，候宣抚司发到赏军银绢三十万匹两。(宋·徐梦莘：《三朝北盟会编·茅斋自叙》，卷十五)

例①，"二十五万匹两"，犹言"绢二十五万匹"，"银二十五万两"，"绢""银"不是同类事物，"匹""两"各有各的意义。句中用"各"字，其义自明。例②，"三十万匹两"，也是指绢三十万匹，银三十万两，各有所指。

（二）动量词的发展

有关汉语动量词的产生问题，前面已经讲过，这里不再重复。古代数词或数量词同动词的组合，我们统称为"动量结构"。同数量结构一样，汉语的动量结构也有四种类型：A. 数＋动，B. 动＋数，C. 动＋数＋动量，D. 数＋动量＋动。这四种结构形式，基本概括了汉语动量词的历史发展过程。下面分别论述之。

1. 汉语动量词的历史发展

（1）"数＋动"结构（A）。

A 式结构，是上古汉语里动量结构中最为常见的形式，甲骨文里已见其端。如：

①叀五鼓，上帝若王……又＝。（《甲》，1164）

②癸酉卜，㲉贞：旬亡祸？王二曰：勺。（《菁》，1）

例①，"五鼓"，即五次击鼓以祭。"若"，顺，用为动词。"帝若王"，甲骨文中习见，如"辛丑卜，㲉贞：帝若王"（《合》，323）。例②，"二曰"，即两次申说。"二"或释"再"，亦可。"勺"，同"丂"，当读如"害"（暂从《甲骨文字典》说解，见该书第 1388 页），而非"求"义。此条卜辞较长，依下文"有祟有瘳"一语推之，读"害"较妥。"祟"即"祟"，"瘳"同"梦"。《说文》："梦，寐而觉者也"，此盖即许慎所言"六梦"中的"噩梦"或"惧梦"。"梦"，甲骨文作㐁、㒵诸形，正象一人躺在床上，梦中手舞足蹈之形，此亦即状梦魇之意。

A 式结构在上古汉语里是处于绝对优势的，这应视为汉语动量词发展的第一阶段。殷国光、南北两先生曾就《论语》等传世文献十三种和《睡虎地秦墓竹简》等秦汉简帛文献十一种作过统计，数据显示前者"数＋V"计 877 次，后者"数＋V"计 379 次[①]，足以显示 A 式结构的语言优势。如：

①齐师败绩，逐之，三周华不注。（《左传·成公二年》）

---

① 殷国光、南北：《上古汉语动量范畴的表达》，见徐丹主编：《量与多数的研究——中国境内语言的跨时空考察》，商务印书馆 2010 年版，第 241—242 页。

②由汤至于武丁，贤圣之君六七作，天下归殷久矣。(《孟子·公孙丑上》)

③老聃死，秦失吊之，三号而出。(《庄子·养生主》)

④卫嗣君闻之，使人请以五十金买之，五反而魏王不予，乃以左氏易之。(《韩非子·内储说上》)

⑤蔽惑不能审，则微子十去，比干五剖，未足痛也。(《论衡·累害》)

到了中古汉语，A 式结构仍继续使用，但已不是动量结构的主要形式了。如：

①由是先主遂诣亮，凡三往，乃见。(《三国志·蜀书·诸葛亮传》)

②(严生)因间请蕲其术者，十反而十不告。(《列子·黄帝》，卷二)

③平悲号哽咽，三呼女名。(《搜神记》，卷十五)

④民有罪，使礼佛，动至数千拜。(《宋书·张畅传》)

⑤闻君善吹笛，试为我一奏。(《世说新语·任诞》)

⑥(韭)一岁之中，不过五剪。(《齐民要术·种韭》，卷三)

(2)"动+数"结构(B)。

B 式结构在上古汉语里不太常见。B 式结构是 A 式结构的发展，也是 C 式结构产生的条件。如：

①魏犨束胸见使者曰："以君之灵，不有宁也！"距跃三百，曲踊三百，乃舍之。(《左传·僖公二十八年》)

②寇傅攻前池外廉，城上当队鼓三，举一帜。(《墨子·旗帜》)

③田叔取其渠率二十人，各笞五十，余各搏二十。(《史记·田叔列传》)

④师曹又怒公之尝笞三百，乃歌之，欲以怒孙文子，报卫献公。(《史记·卫康世家》)

这种 B 式结构，有时动词后面还可带上宾语，动量词就要置于宾语之后。如：

①公怒，鞭师曹三百。(《左传·襄公十四年》)

②参怒，而笞窋二百。(《史记·曹相国世家》)

③既不得，乃掘楚平王墓，出其尸，鞭之三百，然后已。(《史记·伍子胥列传》)

上述用法，在中古、近古汉语都得到继承，但 B 式结构仍不占主流。如：

①督邮以公事到县，先主求谒，不通，直入缚督邮，杖二百。（《三国志·蜀书·先主传》）

②阜怒，杖吏一百。（《三国志·魏书·杨阜传》）

③典笔吏取笔不如意，鞭五十。（《宋书·赵伦之传》）

④以杖捶（王）华数十，众乃不疑，由此得免。（《宋书·王华传》）

⑤鞭梁大使一百。（宋·徐梦莘：《三朝北盟会编·采石战胜录》，卷二四二）

⑥这两个贼无礼，打九十。（元·无名氏：《杀狗劝夫》，第四折）

汉语动量结构之所以由 A 式转为 B 式，其原因即在于句法结构的异化作用。异化的本质是同中求异。大家知道，古代数词作状语所表达的语法意义是多种多样的，而表示动量只是其中的用法之一而已。如：

①齐高彊曰："三折肱知为良医。"（《左传·定公十三年》）

②故舜一徙成邑，二徙成都，三徙成国。（《管子·治国》）

③兵四布于天下，威行于冠带之国。（《韩非子·有度》）

④一奏之，有云从西北起；再奏之，风至，大雨随之。（《论衡·纪妖》）

例①—④，"三""一""二""三""四""一""再"等，这些数词所表示的语法意义是不同的。例①，"三"，多次，表次数，表动量。例②④，"一""二""三""一""再"，表次第。例③，"四"表方位。这说明数词作状语承载着太多的功能，易混乱，不利于表达。因此，把数词移位于动词之后专表动量，借助结构异化作用，使语法意义的表达更加清晰、明了。

（3）"动＋数＋动量"结构（C）。

C 式结构的产生，是汉语动量词发展中的一个重要内容。现在，一般都承认动量词产生于汉代。向熹先生说："汉语动量词开始产生于汉代，'遍、出、过、合、通、下'都已见于汉代文献。"① 这一结论基本上是正确的，因为《史记》《汉书》等汉代文献中所见到的动量词，已不是个别用例。如：

①汉有善骑射者楼烦，楚挑战三合，楼烦辄射杀之。（《史记·项羽本纪》）

---

① 向熹：《简明汉语史》（修订本），下册，商务印书馆 2010 年版，第 346 页。

②项王军壁垓下，兵少食尽，汉军及诸侯兵围之数重。（《史记·项羽本纪》）

③于是沛公乃夜引军从他道还，偃旗帜，迟明，围宛城三匝。（《汉书·高帝纪上》）

④九月甲申，莽立载行视，亲举筑三下。（《汉书·王莽传下》）

⑤孟尝君将西入秦，宾客谏之百通，则不听也。（汉·刘向：《说苑·正谏》）

汉语动量词和名量词相比，始终处于弱势地位。大约从中古汉语开始，动量词才处于真正的发展期。刘世儒先生在《魏晋南北朝量词研究》一书中提到的动量词也仅有 22 个。其中"专用的动量词"17 个：过、番、遍、回、通、阵、下、次、周、匝、返、合、壮、转、拜、出、度；"借用的动量词"5 个：声、拳、口、杵、槌。向熹先生在《简明汉语史》（修订本，下册）中提到的中古汉语动量词也是 22 个：遍（徧）、场、出、重、次、度、顿、发、番、返（反）、过、合、回（迴）、觉、通、下、巡、匝（币）、遭、阵、周、转。

汉语 C 式动量结构，中古时期的发展，主要表现为：

甲、及物动词＋数词＋动量词。如：

①其诸菩萨，即皆避座，稽首佛足，亦绕七匝，于一面立。（《维摩诘经·菩萨行》，卷下）

②（宜兴）少年时，为劫不须伴，郡讨逐围绕数十重，终莫能擒。（《宋书·黄回传》）

③于木槽中下水，脚踏十遍，净淘，水清乃止。（《齐民要术·种红蓝花》，卷五）

④治牛疥方：煮乌豆汁，热洗五度，即差耳。（《齐民要术·养牛马驴骡》，卷六）

⑤蜜两分，脂一分，和，内蒲萄中，煮四五沸，漉出，阴干便成矣。（《齐民要术·种桃奈》，卷四）

⑥妆将《法华经》来，对吾读一遍，吾闻即知。（唐·法海：《六祖坛经》）

⑦我缘帝释请我说法，今朝我将汝看天宫去，共看一场，即便归来。

（变文《难陁出家缘起》）

⑧同饮数巡，歌吹滨（缤）纷。（变文《叶净能诗》）

⑨树神奉敕，便于西坡之上，长叩三声。（变文《庐山远公话》）

⑩隐峰接得锹子，向师划一下。（《祖堂集》，卷四）

乙、及物动词＋宾语＋数词＋动量词。

乙式应视为甲式的发展。及物动词带上宾语是重要变化。这样，可使数词和动量词结合得更紧，变成一个语法单位，有利于D式结构的产生。如：

①（来丹）遇黑卯之子于门，击之三下，如投虚。（《列子·汤问》）

②农呼妻相出于庭，叩头三下。（《搜神记》，卷十一）

③初，玄谟始将见杀，梦人告曰："诵《观音经》千遍，则免。"（《宋书·王玄谟传》）

④大师起把，打神会三下。（唐·法海：《六祖坛经》）

⑤曾在此山修行，巡五台五十遍。（唐·〔日〕释圆仁：《入唐求法巡礼行记》，卷二）

⑥皇帝惊忙，递柱数匝看之。（变文《叶净能诗》）

⑦皇帝览表，展在玉案，赞之一遍。（变文《叶净能诗》）

⑧（目连）递仏（佛）三匝，却坐一面，瞻仰尊颜，目不暂舍（捨）。（变文《大目乾连冥间救母变文》）

⑨长庆便弹指一声。（《祖堂集》，卷十八）

⑩师接得棒子，则便抱倒大愚，乃就其背，殴之数拳。（《祖堂集》，卷十九）

丙、不及物动词＋数词＋动量词。

丙式在中古汉语里没有太大的发展，使用频率也不高。如：

①巴东三峡巫峡长，猿鸣三声泪沾裳。（《水经注·江水》，卷三十四）

②十娘输筹，则共下官卧一宿。（唐·张鷟：《游仙窟》）

③（目连）见无数罪人，脱衣挂在树上，大哭数声。（变文《大目乾连冥间救母变文》）

④师有一日法堂上坐，忽然喝一声，侍者惊讶。（《祖堂集》，卷十六）

⑤蚁子在水中，递转两三匝，困了浮在中心，死活不定。（《祖堂集》，卷三）

到了近古汉语，汉语 C 式动量结构有了极大的发展，可以说是动量词发展的成熟期。这一时期，C 式动量结构的发展，主要表现为：

甲、及物动词＋数词＋动量词。如：

①此誓书元在阙下，为使人陈乞，已换了两次。（宋·徐梦莘：《三朝北盟会编·燕云奉使录》，卷十五）

②猴行者即将金镮杖向盘石上敲三下。（《大唐三藏取经诗话中》）

③请我师入寺内巡赏一回。（《大唐三藏取经诗话上》）

④今见看《诗》，不从头看一过。（《朱子语类·总训门人》）

⑤将酒来，我与两个兄弟开怀饮一场。（元·无名氏：《杀狗劝夫》，楔子）

⑥都头道："是我欺负他了，被打了一棒。"（明·洪楩：《清平山堂话本·杨温拦路虎传》）

⑦（伯颜帖木儿）当时把乃公面上搠了两拳。（明·哈铭：《正统临戎录》）

⑧也打了三四柱杖。（明·冯梦龙：《警世通言·万秀娘仇报山亭儿》，第三十七卷）

⑨众人见婆娘不言不语，一齐掀箱倾笼，搜寻了一回。（明·冯梦龙：《喻世明言·宋四公大闹禁魂张》，第三十六卷）

⑩咱们下一局赌输赢如何？（《朴通事》）

乙、及物动词＋宾语＋数词＋动量词。如：

①如此三度，今分析更取问萧琳雅一次。（宋·李焘：《续资治通鉴长编》，卷二六五）

②行者大叫天王一声，溪水断流，洪浪干绝。（《大唐三藏取经诗话中》）

③主人噀水一口，驴子便成行者。（《大唐三藏取经诗话上》）

④才搣（撼）金铃一下，即时斋馔而来。（《大唐三藏取经诗话下》）

⑤它（他）打我一拳，被我闪过。（《张协状元》，第八出）

⑥是谁叫门了一声？（元·无名氏：《杀狗劝夫》，第三折）

⑦我与哥哥好意做生日去，打了我一顿。（元·无名氏：《杀狗劝夫》，第一折）

⑧咱便欲过潞州探我娘娘一番。（《新编五代史平话·周史平话上》）

⑨皇甫殿直搦得拳头没缝，去顶门上屑那厮一撮。（明·洪楩：《清平山堂话本·简贴和尚》）

丙、及物动词＋数词＋动量词＋宾语。

丙式当是乙式的变式。这种格式，中古汉语后期已开其端，盛行时当在近古汉语。如：

①皇帝专心求长生不死之术，忽闻大内打四下鼓，更漏分明。（变文《叶净能诗》）

②元来却是务中昨日要酒吃，（我曾）与了一顿死拳踢。（《刘知远诸宫调》，第一）

③郭威脱了衣服，令军人将他脊背上打了三十下背花。（《新编五代史平话·周史平话上》）

④我乃使棒部署，你敢和我使一合棒？（明·洪楩：《清平山堂话本·杨温拦路虎传》）

⑤郭排军吃他相问得无言可答，只道得一声得罪。（明·冯梦龙：《警世通言·崔待诏生死冤家》，第八卷）

⑥你道事有凑巧，物有故然，就那岭上，云生东北，雾长西南，下一阵大雨。（明·冯梦龙：《警世通言·一窟鬼癞道人除怪》，第十四卷）

丁、不及物动词＋数词＋动量词。

丁式主要发生在近古汉语里。如：

①酒六行，起谢恩毕，展状与益戒相别。（宋·李焘：《续资治通鉴长编》，卷二六五）

②汝诸人尽被声色所转，何不鼓声未动，来法堂前行一两遭。（宋·虚堂和尚：《虚堂和尚语录》）

③安卿更须出来行一遭。（《朱子语类·训门人》）

④是他常舅带郭威去坟头拜墓了，恸哭一顿。（《新编五代史平话·周史平话上》）

⑤我引你去门前闲要一回何如？（明·朱有燉：《团圆梦》，第一折）

⑥这夏店我曾走了一两遭，都忘了，那里记得？（《老乞大》）

前面说过，汉语动量词主要来自两个方面：一是来自动词，这是主要的；一是来自名词，这是次要的。名词用为动量词，实际上中古汉语时已经开始了，但用得不多。如：

①追（田）豫到马城，围之十重。（《三国志·魏书·田豫传》）

②取麻子三升，捣千余杵，煮为羹，以盐一升着中，和以糠三斛，饲豕即肥也。（《齐民要术·养猪》注，卷六）

③天子怒，打脊二十棒。（唐·［日］释圆仁：《入唐求法巡礼行记》，卷四）

④自从挥剑事高皇，大战曾经数十场。（变文《汉将王陵变》）

⑤夜而大笑一声。（《祖堂集》，卷四）

名词用为动量词，主要是在近古汉语，这是汉语动量词的一个重要发展。如：

①要与沩山掀出五脏心肝法战一场。（宋·圜悟克勤：《碧岩录》，卷一）

②妇人闻语，张口大叫一声。（《大唐三藏取经诗话上》）

③这个打一拳，这个也打一拳；这个踢一脚，这个也踢一脚。（《张协状元》，第四十八出）

④亲身与斟酽醋，却争敢离一步？（《刘知远诸宫调》，第一）

⑤忽然见兄弟持刀刃，连叫两三声。（元·无名氏：《小孙屠》，第九出）

⑥那裴约一直赶来，被郭威勒回马射了一箭。（《新编五代史平话·周史平话上》）

⑦捉这汉，等我取过军令状来，如今凯（剐）了一刀。（明·冯梦龙：《警世通言·崔待诏生死冤家》，第八卷）

⑧太监在爷爷毡帐内歇了一夜。（明·哈铭：《正统临戎录》）

⑨媳妇，我哭了这一场，不觉困倦了也。（明·朱有燉：《团圆梦》，第三折）

⑩你好房子里不教我宿时，则这门前车房里教我宿一夜如何？（《老乞大》）

（4）"数＋动量＋动"结构（D）。

D式动量结构主要是使用在中古汉语里。D式结构是C式结构的发展。到近古汉语里，D式结构虽然继承下来，但使用频率仍然不是很高。D式动量结构的发展，主要表现为：

甲、数词＋动量词＋及物动词＋宾语。如：

①（头）不得安，两三度堕地。（《搜神记》，卷十二）

②尝一过大输物，戏屈，无因得反。（《世说新语·任诞》）

③细擘饭破，勿令有块子，一顿下酿，更不再投。（《齐民要术·作酢法》，卷八）

④主人三遍读文，各再拜。（《齐民要术·造神曲并酒》，卷七）

⑤白骨万回登鈒（剑）树，红颜百过上刀林。（变文《大目乾连冥间救母变文》）

⑥我到他家中，尽见妻妾，数巡劝酒，对座同娱。（变文《丑女缘起》）

⑦不然彼己无益，只是一场闲说话尔，济得甚事？（《朱子语类·总训门人》）

乙、数词＋动量词＋及物动词＋○。

乙式应视为甲式的简化，宾语省而不用。如：

①蓝地欲得良，三遍细耕。（《齐民要术·种蓝》，卷五）

②（干酪）一团则得五遍煮，不破。（《齐民要术·养羊》，卷六）

③凡四五度翻，内外均暖。（《齐民要术·作豉法》，卷八）

④今既六遍造，六遍皆摧裂，的应不称大圣之心。（唐·［日］释圆仁：《入唐求法巡礼行记》，卷三）

丙、数词＋动量词＋不及物动词。如：

①能令公子百回生，巧使王孙千遍死。（唐·张鷟：《游仙窟》）

②各（搁）盏待君下次勾，见了抽身便却回。（变文《难陁出家缘起》）

③（杨妃）启言圣人："但臣妾一遍梳装，须饮此酒一盏，一要软发，二要贮（驻）颜。"（变文《韩擒虎话本》）

④不用一日三度五度上来。（《祖堂集》，卷十）

在近古汉语里，D式动量结构没有太大的发展。其格式也有三种：

甲、数词＋动量词＋及物动词＋宾语。如：

①又于四月二十七日及二十九日两次移牒雄州，催促国报。（宋·李焘：《续资治通鉴长编》，卷二六三）

②行者答曰："九度见黄河清。"（《大唐三藏取经诗话上》）

③三年一度选英贤，论学业非浅。（《张协状元》，第二十五出）

④几番回首，几度忘魂。（元·无名氏：《小孙屠》，第七出）

⑤我几遍在你茶坊里吃茶，都不见你。（明·冯梦龙：《警世通言·万秀娘仇报山亭儿》，第三十七卷）

乙、数词＋动量词＋及物动词＋○。

乙式当是甲式的简化形式，宾语是略而不用。如：

①和尚一二度不许，第三度方始得许，院主便欢喜，先报大众。（《祖堂集》，卷四）

②学问亦如此，若一番理会不了，又作一番理会，终不济事。（《朱子语类·总训门人》）

③（杨官人）道："都头一合使，是两合使？"（明·洪楩：《清平山堂话本·杨温拦路虎传》）

④这衕徊窄，牵着马多时过不去，咱们做两遭儿牵。（《老乞大》）

丙、数词＋动量词＋不及物动词。如：

①然贵朝每一番来，一事未了，又生一事。（宋·徐梦莘：《三朝北盟会编·燕云奉使录》，卷十五）

②一年有十二个月，每月一度团圆，其余尽是缺。（宋·虚堂和尚：《虚堂和尚语录》）

③一声大叫如雷作，把村黑丑欸（脸）变却。（《刘知远诸宫调》，第十二）

④净（静）鞭三下响，文武两班齐。（《宣和遗事》）

⑤一巡茶罢，徽宗遂问周秀道："这对门谁氏之家？帘儿下佳人姓甚名谁？"（《宣和遗事》）

⑥一个短剑下一身亡，一个静鞭三下响。（元·关汉卿：《单刀会》，第三折）

在诸家著作中，均较少触及 D 式动量结构问题。纵观汉语动量结构的 ABCD 四种形式，我们既然承认 B 式结构是对 A 式结构的发展，是 A 式结构异化作用（同中求异）的结果；那么，我们也得承认 D 式结构是对 C 式结构的发展，但 D 式结构的产生却可能是受数量结构 D 式同化作用（异中求同）的结果。

2. 关于动量词的叠用问题

同名量词一样，动量词也存在叠用问题。古代动量词叠用不如名量词叠用那样普遍。汉语动量词叠用大约始自唐代，而普遍应用是在近古汉语时期。动量词叠用后，功能上多作状语，表示动作行为次数的频繁发生。如：

①一飞直欲飞上天，回回不离旧栖处。(唐·王建:《乌夜啼》)

②此步步生莲花也。(《南史·齐纪下·废帝东昏侯传》)

③谁言琼树朝朝见，不及金莲步步来。(唐·李商隐:《南朝》)

④道士被劝校多，巡巡不阙。(变文《叶净能诗》)

⑤番番从高来，一一投涧坑。(宋·苏轼:《新滩》)

⑥悟空，你这猢狲，番番害我!(《西游记》，第九十四回)

例④，"校多"，极多，本《敦煌变文校注》。

汉语动量词的发展主要表现在近古汉语时期。有的学者将近古汉语的动量词分为四类，即所谓的"通用动量词""自主动量词""借助动量词"和"情态动量词"。[①] 这四类动量词，除"自主动量词"中的"同形动量词"外，理论上似乎都存在动量词叠用的可能，但《宋元明清动量词研究》一书中却没有提到。不能不说，这是这部佳作中的一个小小的缺憾。

---

① 金桂桃:《宋元明清动量词研究》，武汉大学出版社 2007 年版，第 122—134 页。

第六章

代词史

一、代词的产生

关于代词的产生问题，在回答这个问题之前，我想先谈一谈代词的性质问题。因为这两个问题，在我看来，彼此是密切相关的。

著名汉语史学者向熹先生说："代词是代替词、词组或句子的词，可分为人称代词、指示代词、疑问代词三类。"① 这是很传统的看法。其实，从汉语语法学史的角度来看，自《马氏文通》问世以来，代替说就一直在流行着，至今也仍然如此。我国早期的语法著作，常常把代词称为"代名字"或"代名词"，这其实就是 Pronouns 的译名。该词的词根 Pro-，就是代替的意思。代词之所以能成为独立的词类，就是因为它的"代替"作用，这就是代替说立论的最主要的根据。换言之，代替说认为"代替"就是代词的本质特征。对此，我深有疑虑。

首先，从意义上说，代替说在代词的三个组成部分（人称代词、指示代词和疑问代词）的理解上就遇到了很大的困难：

第一，代词在句中并非总有"先词"，如第一和第二人称代词就是这样。既然没有"先词"，那它又去"代替"什么呢？如：

---

① 向熹：《简明汉语史》（修订本），下册，商务印书馆 2010 年版，第 12 页。

①子曰："弗如也，吾与女弗如也。"（《论语·公冶长》）

②子谓颜渊曰："用之则行，舍之则藏，惟我与尔有是夫。"（《论语·述而》）

例①②，"吾与女""我与尔"，可以换成"丘与赐"和"丘与回"吗？如果真的作这样置换，那显然是不通的。对此，有的语言学家早就提出疑义。如丹麦语言学家叶斯柏森在评论斯威特（Sweet）在 *New English Grammar* 一书中的第 196 节给代词下的定义时就说过："如果说，'我看见您'是用来代替'奥托·叶斯柏森看见梅丽·柏兰'，这对缺乏成见的人来说，一定是感到很奇怪的。"①

第二，汉语人称代词和称谓名词在句中可以构成同位关系。在这种情况下，如果还认为它们之间存在替代关系，就显得于理难通。如：

①嗟尔君子，无恒安处。（《诗经·小雅·小明》）

②夫差，而忘越王之杀而父乎？（《左传·定公十四年》）

例①②，"尔""而"与其说是"代替"名词的，还不如说它们是指示名词的。对此，叶斯柏森也明确指出："如果把'我，奥托·叶斯柏森现在宣称……'一句中的'我'仅仅当成名词的代替者（Заменитель），也可以说，那是荒谬绝伦的。"②

第三，说到疑问代词，问题就更大了。我们说甲代替乙，那甲乙都必须是确定的和已知的，否则何以谈代替？如：

①长沮曰："夫执舆者为谁？"子路曰："为孔丘。"（《论语·微子》）

②子夏之门人问交于子张。子张曰："子夏云何？"（《论语·子张》）

例①②，"谁""何"都是疑问代词，一个指人，一个指事。作为发问者，长沮既不认识"孔丘"，子张也不知道子夏讲了什么，又怎么去"代替"呢？

其次，从用法上说，也并非像马建忠所讲的那样："夫凡代者必与所代者同其体用耳。"③ 如上古汉语里的"朕""余（予）""女（汝）""乃""吾""我"这些人称代词，同其相应的名词，在功能上能"同其体用"吗？不仅

---

① ［丹麦］O. 叶斯柏森：《语法哲学》（俄文版），莫斯科外国文学出版社 1958 年版，第 90 页。

② 同上。

③ 马建忠：《马氏文通》（校注本），上册，中华书局 1961 年版，第 4 页。

如此，就是这些人称代词的内部，其用法也是各不相同的，是不能互相代替的。

总之，把代词的性质或语法作用解释为"代替"是不正确的。本书认为，代词的性质或其最本质的属性，应是指示或指别而非代替。著名语言学家吕叔湘先生说过："因为指别是这类词不同于他类词的主要特征，至于称代，反而不是这类词独有的功能，数量词组合也可以代替名词，'的'字短语也可以代替名词。"① 吕先生的话是很值得我们认真思考的。指示和代替是两个完全不同的概念。指示的实质在于区别，代替的实质在于互换，两者的作用是不同的。因此，弄清代词的性质或其本质属性，对认清代词的特点、确定代词的范围、认清人称代词与指示代词的关系以及汉语代词产生的原因等等，都是有很大帮助的。

认清代词的性质是指别而非代替，这对我们要讨论的问题——代词产生的原因，是非常有帮助的。

大家知道，依据现有的甲骨文资料，一般都承认甲骨文中已经产生了人称代词、指示代词，但还没有发现疑问代词。据此，我们推测，这三类代词的产生次序应是先有人称代词，其次是指示代词，最后才是疑问代词。这样的推测应是合理的，因为先有人称代词，然后才能以说话人为基点，去区别或确定事物的远中近：离讲话人最近者为近指，离听话人最近者为中指，离说话人和听话人都远者为远指。至于疑问代词，那是个未知数，因此它的产生顺序应排在最后。对于这样的命题，本书论证如下：

第一，在三类代词产生的时间上，我们认定人称代词是最早产生的，其次是指示代词，最后才是疑问代词；在三类人称代词产生的时间上，我们也认定第一人称代词是最早产生的，其次是第二人称代词，最后才是第三人称代词，而第一、第二人称代词的最初产生，也可能同称谓有关。

远古汉语，乃至原始汉语到底是什么样的，我们都茫然不知。但是，从现有的甲骨文材料来看，也许能从中摸索出一些代词产生的线索。甲骨文中，第一人称代词较为丰富，其用法也较为完备；而第二人称代词就比

---

① 吕叔湘：《汉语语法分析问题》，商务印书馆 1979 年版，第 43 页。

较少见了，至于第三人称代词，我认为是没有的。特别值得注意的是，甲骨文中的第一、第二人称代词，除作代词使用外，还可用为名词。这是非常重要的发展线索。以下诸例，大部分均采自徐中舒先生主编的《甲骨文字典》。如：

①壬辰卜，夬贞：我伐羌。（《佚》，673）

②癸亥卜，王贞：余从侯专，八月。（《前》，5.9.2）

③甲辰卜，王羌弗戋朕事。（《前》，4.4.7）

例①—③，"我""余""朕"，均为第一人称代词。又如：

①贞在我。（《人》，706）

②乙未余卜：于九月有事。（《乙》，4949）

③贞：王令……朕方。（《库》，501）

例①—③，"我""余""朕方"，分别为方国名、贞人名和方国名。又如：

①汝克俘二人？（《合集》，35362）

②癸卯卜，贞：不女得？（《合集》，439）

③戊戌卜，㱿贞：王曰：侯虎㞢，余不尔其合，目乃史归。（《菁》，7）

例①—③，"汝""女""乃"，均为第二人称代词。又如：

①戊寅，妇汝示二屯。（《粹编》，1483）

②其祝在女。（《宁》，1.228）

③贞：乎㞢取乃。（《戬》，7.1）

例①—③，"汝""女""乃"，分别为人名、地名和物名。以上用例说明，在甲骨文里第一和第二人称代词有双重身份：它们既是代词，同时又可用为名词。名词和代词，这种词性差异，虽然不存在词源关系，但多多少少也可显露出代词产生的历史痕迹。我们的观点是，人称代词最初产生的时候，并不是为了"代替"什么，而是为了指别说话人和听话人的自身。也就是说，它们是作为人们之间的一种特殊的称谓来使用的。换言之，人称代词从产生的第一天起，其作用即在于指别而不是代替，就是为了把自己和别人区分开来而用于自我和他人之间的一种称谓而已。后来，随着语言的发展，人称代词就变得越来越抽象，变成对人、事物只有指别意义而没有称谓意义的一种很特殊的词类。对此，有的外国语言学家有过很好的论述。如苏联语

言学家 Э. Б. 阿卡扬说："代词'我''你','这个''那个'的概念是不会同私有制有什么联系的。对人们来说，'我'这个概念，一方面来说，是产生在人们把自己同自然界区分开来的时候；另一方面来说，它也是产生在开始把人们自身加以区别的时候。换句话说，代词是人类从动物界分化出来并能识别物体距离远近程度的时候开始产生的。可以设想，在人类社会存在的最原始时期，'我''你'等等，并不是作为个别词类，而只是作为人们本身（讲话者和听话者）用来命名的词而出现的。"① 我非常赞赏这段论述。这段话对我们理解代词的性质和作用，对解释代词产生的原因，都是有很大帮助的。

第二，在人称代词最初产生之后，随着语言发展，在想用文字符号固化人称代词这一词类的时候，由于代词十分抽象，无形可象，只好又采用了文字假借形式。也正是在这一进程中，又相继产生了指示代词和疑问代词。这种跨类的文字联系，彼此之间并不存在什么语源关系。如：

我

甲骨文作 ，、 诸形，本是一种兵器，名词。"我"作第一人称代词用，是由其兵器义假借而成。

余

甲骨文作 、 诸形，象以木柱支撑屋顶的原始房舍，名词。"余"作第一人称代词用，也是由其房舍义假借而成。

朕

甲骨文作 、 诸形，象双手持物整治船体之形。"朕"本训舟缝，引申指朕兆，名词，它用为第一人称代词，是由其朕兆义假借而成。

乃

甲骨文作 、 诸形，象妇乳侧视之形，为"奶"字之初文，名词。"乃"用为第二人称代词，是由其妇乳义假借而成。

汝

甲骨文作 、 诸形，为水名，名词。"汝"用为第二人称代词，是

---

① ［苏］Э. Б. 阿卡扬：《语言学概论》，俄文版，埃里温大学出版社 1960 年版，第 374 页。

由其水名义假借而成。

其

甲骨文作☒、⛾诸形，本为簸箕，名词。"其"用为指示代词或第三人称代词，是由其簸箕义假借而成。

之

甲骨文作⅄、⅄诸形，象人足于地上行走之形，动词。"之"用为指示代词或第三人称代词，是由其行走义假借而成。

兹

甲骨文作δδ、δδ诸形，象两束丝，名词。"兹"用为指示代词，也是由其束丝义假借而成。

何

甲骨文作⅄、⅄诸形，象人荷戈之形，当是"荷"字之初文，动词。"何"用为疑问代词，当是由其负荷义假借而成。

奚

甲骨文作⅄、⅄诸形，象以手牵引罪犯发辫之形，"奚"为商代一种奴隶，名词。"奚"用为疑问代词，是由其罪隶义假借而成。

由以上论述可知，代词在古代，从其产生的第一天算起，就与名词是息息相关的。由此可知，代词实为名词的衍生物，因此在汉语词类产生的序列中，也应属于二级词类。

二、代词的分类

上古汉语代词，最通常的做法是分为三类：人称代词、指示代词和疑问代词。这种分类方法，主要是运用了意义标准。如：

①贞：舌方出，隹我⅄乍囚？（《合集》，6086）

②余毕公之孙，邵白之子。（《邵黛钟》）

③夫子喟然叹曰："吾与点也。"（《论语·先进》）

④易女瓒章四。（《卯簋》）

⑤余嘉乃勋。(《左传·僖公十二年》)

⑥如可赎兮，人百其身。(《诗经·秦风·黄鸟》)

⑦虽有天下易生之物也，一日暴之，十日寒之，未有能生者也。(《孟子·告子上》)

以上为人称代词用例。例①—③，"我""余""吾"，第一人称代词。例④⑤，"女""乃"，第二人称代词。例⑥⑦，"其""之"，用为第三人称代词。又如：

①壬寅卜，㱿贞：不雨，佳兹，商有乍祸。(《乙》，5265)

②余其宅兹中或，自之辥民。(《何尊》)

③余姑翦灭此而后朝食。(《左传·成公二年》)

④是鸟也，海运则将徙于南冥。(《庄子·逍遥游》)

⑤之二虫又何知？(《庄子·逍遥游》)

⑥文王以民力为台为沼，而民欢乐之，谓其台曰灵台，谓其沼曰灵沼。(《孟子·梁惠王上》)

⑦彼黍离离，彼稷之苗。(《诗经·王风·黍离》)

以上为指示代词用例。例①—⑤，"兹"(兹)"兹"(兹)"之""此""是""之"，近指指示代词。例⑥，"其""其"，中指指示代词。例⑦，"彼""彼"，远指指示代词。又如：

①谁谓雀无角，何以穿我屋？(《诗经·召南·行露》)

②弟子孰为好学？(《论语·雍也》)

③公曰："何贵何贱？"(《左传·昭公三年》)

④曷至哉？鸡栖于埘。(《诗经·王风·君子于役》)

⑤虢射曰："皮之不存，毛将安傅？"(《左传·僖公十四年》)

⑥焉得谖草？言树之背。(《诗经·卫风·伯兮》)

⑦夫有大功而无贵仕，其人能靖者与有几？(《左传·僖公二十三年》)

⑧靖诸内而败诸外，所获几何？(《左传·僖公二十七年》)

⑨子来几日矣？(《孟子·离娄上》)

⑩虽有寿夭，相去几何？(《庄子·知北游》)

以上为疑问代词用例。例①②，"谁""孰"，用于问人物。例③，"何""何"，用于问事物。例④，"曷"，用于问时间。例⑤⑥，"安""焉"，用于问处所。例⑦—⑩，"几""几何""几""几何"，用于问数量。

三、代词的发展

（一）人称代词的发展

1. 人称代词的繁复性、历史性和趋同性

（1）人称代词的繁复性。

如果认为整个汉语语法史是一个整体，那么上古汉语也仅是这个整体中的一个"平面"而已。尽管如此，上古汉语里的人称代词却多种多样，十分复杂，繁复性是其存在的突出特点之一。如甲骨文、金文中第一人称代词就有"我""余""朕""吾"，第二人称代词就有"女（汝）""乃"等多种形式。如：

①壬辰卜，夬贞：我伐羌。（《佚》，673）

②余其比多田于多白征盂方白炎。（《合集》，36511）

③戊寅卜，朕出今夕。（《合集》，22478）

④我先且受天令，商宅受或。（《秦公钟》）

⑤余有散氏心贼，则爰千罚千，传弃之。（《散氏盘》）

⑥隹朕有庆，每扬王休于隣篹。（《大丰篹》）

⑦贞：王曰："侯豹，得女史啟？"（《合集》，3297）

⑧己卯卜，宾贞曰：以乃邑？（《合集》，8986）

⑨易女马十匹，牛十。（《卯篹》）

⑩王令吴白曰："以乃自左比毛父。（《班篹》）

在传世文献中，第一、第二人称代词，除上述形式外，还有"吾""予""台（yí）"及"卬""尔""若""而""戎"等诸多形式。如：

①虽曰未学，吾必谓之学矣。（《论语·学而》）

②予告汝于难。（《尚书·盘庚》）

③非台小子敢行称乱。（《尚书·汤誓》）

④人涉卬否，卬须我友。（《诗经·邶风·匏有苦叶》）

⑤尔有母遗，繄我独无。（《左传·隐公元年》）

⑥余，而所嫁妇人之父也。（《左传·宣公十五年》）

⑦戎虽小子，而式弘大。(《诗经·大雅·民劳》)

多样必然是多元的。上古汉语人称代词之所以如此繁复多样，必定有其内在的多种原因，而不可能都是无用的语言羡余。

(2) 人称代词的历史性。

所谓历史性，就是指一种民族语言在发展中，一方面必然要承袭历史上的某些特点，而另一方面又必然在发展中产生出某些新的特点。语言就是一棵大树，它有根有干，有枝有叶。我们研究语言史，自然要有历史眼光，要用发展变化的观点去观察、分析、对待一切疑点。语言发展都是有层次的，汉语也不例外。仅以上古汉语而论，其前期、中期和后期的许多语言规律显然是不同的。由于书面语言往往是滞后于口语的，因此前期的语言成分也可沉积下来而又浮现于后期的语言层面上。这样，就必然会造成新旧语言成分共存现象。如果我们用这样的观点去观察上古汉语人称代词的多样性，也许问题就不会像想象的那样复杂。如第一人称代词"我"，甲骨文中虽然有个别用例可以用于单数，但就绝大多数而言，用于复数的肯定是通例。甲骨文中，"我"以用于复数为常，"余""朕"以用于单数为常，这是通则。这些通则不会因功能变化而变化。如：

①丙辰卜，㲋贞：我弗其受黍年？四月。(《合集》，9950 正)

②戊申卜，夬贞：帝其降我熯，一月。(《丙》，63)

③甲申卜，夬贞：兹雨隹我祸。(《乙》，4742)

④丙辰卜，永贞：呼省我田。(《合集》，9611)

⑤癸亥卜，王贞：余从侯专，八月。(《前》，5.9.2)

⑥祖亥害余？(《合集》，1740)

⑦王占曰："吉，黾勿余害？"(《合集》，809)

⑧甲辰卜，王㲋弗戋朕事。(《前》，4.4.7)

陈梦家先生说："卜辞的人称代词第一人称有数的分别：主宾格少数用'余'，多数用'我'；领格少数用'朕'，多数用'我'。"[1] 陈先生的结论是正确的。张玉金先生在其近著《甲骨文语法学》中也承认"我"和"余""朕"有单复数的区别。[2]

---

[1]　陈梦家：《殷虚卜辞综述》，中华中局 1988 年版，第 97 页。

[2]　张玉金：《甲骨文语法学》，学林出版社 2002 年版，第 23—26 页。

上古汉语前期，人称代词的历史性还表现为其语法功能有着强烈的互补现象，这种功能互补现象在甲骨文、金文中表现得尤为突出。如第一人称代词"余"，主要是用作主语和宾语，极少作定语；而"朕"主要是作定语，极少作主语，作宾语者尚未发现。又如第二人称代词"女（汝）"，主要是作主语和宾语，极少作定语；而"乃"主要是作定语，极少作主语，作宾语者尚未发现。如：

①甲戌卜，王：余令角妇载朕事？（《粹编》，1244）

②寅□卜，王□：弜弗其载朕事，其晋余？（《合集》，5499）

③余隹即朕小学。（《大盂鼎》）

④王曰："父厝，今余唯肇经先王命，命女辥我邦我家内外，惷于小大政，嘌朕立。（《毛公鼎》）

⑤汝克俘二人？（《合集》，35362）

⑥癸卯卜，贞：不女得？（《合集》，439）

⑦女勿𣎵余，乃辟一人。（《大盂鼎》）

⑧易女乃且南公旂，用遇。（《大盂鼎》）

例①，"余""朕"同句，"余"作主语，"朕"作定语，"余""朕"功能互补。例②，"朕""余"同句，"朕"作定语，"余"作宾语，"朕""余"功能互补。"晋"，《说文》作"晋"，告也，动词。例③"余""朕"同句，"余"作主语，"朕"作定语，"余""朕"功能互补。例④，"余""朕"同句，"余"作主语，"朕"作定语，"余""朕"功能互补。"嘌"读为"屏"，有护卫之义，"立"即"位"。例⑤—⑧，"汝""女""女""女"，分别作主语、宾语、主语和宾语；"乃""乃"，分别作主语和定语，"汝（女）""乃"功能互补。例⑦，𣎵，读如"仳"，分别，引申指违背。"辟"，辅佐。"一人"即"余一人"。例⑧，"乃且"即"乃祖"。"遇"，通"狩"，巡狩。由以上引例可知，意义相同、读音不同的两个人称代词，同处一句或上下句中，而语法功能上又具有十分明显的互补作用，这种现象不是用"同源词"能完全解释清楚的。因为同源词只能解释一组词的语义、语音上的来源问题，而不能解释语法上的功能互补问题。语言发展也像一条河流，有流必有源。在商代甲骨文之前，有一个漫长的无文字时代，原始汉语或远古汉语到底是什么样子，我们毫无所知。因此，我们不能排除商代甲骨文和西周金文中某些人称代词所具有的功能互补现象也许就是原始或远古汉语语法特点的残留，也不能排除这种功能互补现象具有格变性质的可能性。根据王力先生的拟音，我们制成《甲骨文、西周金文第一、第二人称代词语法功能互补关系表》如下：

甲骨文、西周金文第一、第二人称代词语法功能互补关系表

分类　代词、拟音　功能	主语	定语	宾语
第一人称代词 余（予）	〔dia〕		〔dia〕
朕		〔diəm〕	
第二人称代词 女（汝）	〔nia〕		〔nia〕
乃		〔nə〕	

说明："朕"的声母拟音，王先生已改为不吐气的全浊音，《汉语语音史》的定母拟音亦如此。

这种功能互补关系，在《尚书》中也基本上维持下来。如：

①今予其敷心腹肾肠，历告尔百姓于朕志。（《尚书·盘庚》）

②予造天役，遗大投艰于朕身。（《尚书·大诰》）

③汝克黜乃心，施实德于民。（《尚书·盘庚》）

④今予将试以汝迁，永建乃家。（《尚书·盘庚》）

⑤父义和，汝克昭乃显祖，汝肇刑文武，用会绍乃辟，追孝于前文人。（《尚书·文侯之命》）

但我们必须注意到在《尚书》中，"余（予）"和"朕"，"女（汝）"和"乃"的功能互补关系已开始打破。据我统计，"予"也可以作定语，有 4 次；"朕"也可以作主语，有 19 次，用于宾语者有 3 次。又如"汝"也可作定语，有 5 次，"乃"也可作主语，也有 5 次。如：

①帝曰："畴咨若予采？"（《尚书·尧典》）

②朕在位七十载。（《尚书·尧典》）

③汝曷弗告朕，而胥动以浮言，恐沈于众？（《尚书·盘庚》）

④予若吁怀兹新邑，亦惟汝故。（《尚书·盘庚》）

⑤乃既先恶于民，乃奉其恫，汝悔身何及？（《尚书·盘庚》）

⑥朕心朕德，惟乃知。（《尚书·康诰》）

上古汉语人称代词的历史性，还应包含古代方言问题。我们可以认定，上古汉语的方言问题也是造成上古汉语人称代词形式繁复的一个重要原因。龙国富先生说:"我们认为,造成上古汉语人称代词繁复的原因是多方面的,时代的不同,商周语言的差异,以及地域方言的存在当是造成上古汉语人称代词繁复的主要原因。"① 其实时代问题、不同时代的语言问题以及方言问题,都是语言历史问题。方言问题,不论它是在民族共同语形成之前或形成之后,都始终存在着。方言是民族语言的历史分支。上古汉语人称代词"我",进入上古汉语中期之后,就已经逐渐失去了表复数的限制,进入了"雅言"或"通语"的使用范围。而与此同时,作为"我"的方言变体的人称代词"吾",又出现在文献史料之中。甲骨文和西周金文中都不存在"吾"字。有的学者认为,在传世文献中,有两部书最早使用"吾"字,一是《尚书》,二是《周易》。《尚书》中仅发现两个"吾"字,一个在《微子》,一个在《泰誓》。然而《泰誓》不在今文二十八篇之内,是伪书;而《微子》一般又认为不是西周时的作品。又《周易·中孚》说:"九二,鸣鹤在阴,其子和之。我有好爵,吾与尔靡之。"张玉金先生认为引例中的"吾"字"肯定是第一人称代词,表示单数,作主语。《周易》最终成书于西周末年,从春秋时'吾'已较常用这一点来看,在《周易》中出现'吾'应该是可能的"② "吾"是人称代词当然没问题。问题是,从文例上看,"吾"可能是衍字。高亨先生说:"'吾'字疑衍,盖经文我字一本作'吾',校者并记之,误入正文,后又移于'与'字上耳。我有好爵,与尔靡之,辞意已足,增一吾字,适为复赘,其证一也。鸣鹤其子和之,我有好爵,与尔靡之,乃四言得体,增一吾字,则失其句例,其证二也。"③ 高先生的话,值得认真思考。在传世文献中,最值得关注的有一部书,这就是《诗经》。《诗经》的成书年代虽已无法确考,但大体上还是可以确定的:从西周初年到春秋晚期,前后共五百多年。然而就是这样一部诗歌总集,其中竟连一个"吾"都没有。这就是从另一个角度证明了"吾"的方言性质。在先秦,使用"吾"频率最高的有三部书,这就是《论语》《左传》《孟子》。孔子、左丘明都是春秋鲁国人,孟子虽是战国邹国人,但他也是鲁国公族孟孙氏的后代,又是孔子之孙孔伋的再传弟子。由此也就不难看出

---

① 殷国光、龙国富、赵彤:《汉语史纲要》,中国人民大学出版社 2011 年版,第 180 页。

② 张玉金:《西周汉语语法研究》,商务印书馆 2004 年版,第 86 页。

③ 高亨:《周易古经今注》(重订本),中华书局 1987 年版,第 339 页。

《论语》《左传》《孟子》中"吾"字的方言特色。还有，"吾"的书写形式，与其他代词相比，也显得纷然杂乱，如东周金文，"吾"作"慮"或"歔"形，石鼓文作"邎"形，秦诅楚文作"俉"形，这都是足以证明"吾"不是一个通语成分。

自从上古汉语进入中期之后，"我"就是一个"通语"或"雅言"成分，功能完全自由，作主语、定语和宾语都可以，而"吾"的功能是不完备的，多作主语和定语，很少作宾语。即使作了宾语，也是有条件的：只能充当否定句的前置宾语。在这种情况下，当"我""吾"同处一句或上下同一语境之中，彼此间也存在着功能互补关系，即"吾"的宾语位置，常常由"我"去充填。如：

①如有复我者，则吾必在汶上矣。（《论语·雍也》）
②吾过，子姑告我，何疾我也？（《左传·襄公二十二年》）
③我张吾三军而被吾甲兵。（《左传·桓公六年》）
④辰曰："是我迋吾兄也。"（《左传·定公十年》）
⑤我善养吾浩然之气。（《孟子·公孙丑上》）
⑥彼以其富，我以吾仁。（《孟子·公孙丑下》）
⑦吾王之好田猎，夫何使我至于此极也？（《孟子·梁惠王下》）
⑧既已知吾知之而问我，我知之濠上也。（《庄子·秋水》）
⑨故非我而当者，吾师也；是我而当者，吾友也。（《荀子·修身》）

但必须注意，上述诸例中"我""吾"这种功能互补关系，绝不存在形态上的格变之可能。因为在春秋战国之前，史料尚未发现"吾"的存在，两者不是同一个历史平面上的产物，不能用格变说去解释。根据"吾""我"的语法关系，再根据王力先生拟音，可制成下表：

上古汉语中期第一人称代词"吾""我"语法功能互补关系表

分类＼代词、拟音＼功能		主语	定语	宾语
第一人称代词	吾	〔ŋa〕＋＋	〔ŋa〕＋＋	－
	我	〔ŋai〕＋＋	〔ŋai〕＋＋	〔ŋai〕＋＋

说明：＋＋，表示频率多；－，表示频率极少，且有条件。

此外，上古汉语中使用频率较低或极低的第一、第二人称代词，如"卬""台""若""而""戎"等，都该从方言角度来加以解释。它们或许都是常用形式的方言变体或通假形式。如：

①越予冲人，不卬自恤。(《尚书·大诰》)

②非台小子敢行称乱，有夏多罪，天命殛之。(《尚书·汤誓》)

③我胜若，若不吾胜，我果是也，而果非也邪？(《庄子·齐物论》)

④ 缵戎祖考，王躬是保。(《诗经·大雅· 烝民》)

例①，"卬"，仅出现在《尚书》《诗经》中，当是"我"的方言变体。例②，"台"，仅出现在《尚书》中，当是"余（予）"的方言变体。例③，"若"，仅于《墨子》《庄子》中常见，当是"女（汝）"的方言变体。"而"，仅于《论语》《左传》中常见，当是"乃"的方言变体。例④，"戎"，仅出现在《诗经》中，也可能是"乃"的方言变体。

（3）人称代词的趋同性。

所谓人称代词的趋同性，是指先秦时期，当"雅言"或"通语"初步形成之后，人称代词的发展，其纷繁的形式就受到了一定程度的遏制，有日益规范、趋同的趋势。这种趋势，两汉之后得到了明显的加强。

先说说"通语"或"雅言"问题。

我们的观点是，到了上古汉语中期，亦即春秋战国时期，汉语的"雅言"或"通语"已初步形成。《论语·述而》说："子所雅言，诗、书、执礼皆雅言也。""雅言"就是"通语"，就是当时的民族共同语。有人不太赞成"共同语"的提法。其实，古人所讲的"雅言"就是共同语。试想，如果当时没有大家认同的语言系统，没有大家认同的基本词汇和语法系统，彼此间又何以相互交流？其实，古人所说的"雅言"或"通语"，如果从方言角度来观察问题，这无非就是当时通行较广的东都洛邑方言或长安方言而已。向熹先生说："各诸侯国定期要去王廷朝觐，诸侯国之间交往频繁，商业发展，都市出现，这就要求有一种各地都能通行的共同语。这种共同语果然出现了，就是'雅言'。……我认为'雅言'的基础不是西周王都镐京，而是东都洛阳一带的语言。"[①] 本书同意向先生的论断。

---

① 向熹:《简明汉语史》(修订本)，上册，商务印书馆 2010 年版，第 25 页。

　　上古汉语中期，当"我"逐渐失去表复数的功能后，就与"尔"联合，组成新的表达系统，并在通语中广泛使用着。甲骨文中有无"尔"字，有争议，但在传世文献中，大量使用"尔"字是从《尚书》中的《周书》开始的。孔子非常重视学《诗》的作用，说："不学《诗》，无以言。"（《论语·季氏》）我们从《诗经》中"我""尔"的使用频率来看，也可证明"我—尔"表达系统是存在的。《诗经》中，出现"我"的有 98 篇，出现"尔"的有 19 篇，"我""尔"共用的有 24 篇，合计 141 篇，占《诗经》总篇目的73.3%（305 篇中，没有出现人称代词的有 108 篇，加上有题无诗的 6 篇，所以计算比例时当以 191 为一百。）正因为如此，文献中"我—尔"搭配的用法才频频出现。如：

　　①今我既羞告尔于朕志，若否，罔有弗钦。（《尚书·盘庚》）

　　②予念我先神后之劳尔先。（《尚书·盘庚》）

　　③自我徂尔，三岁食贫。（《诗经·卫风·氓》）

　　④尔不我畜，复我邦家。（《诗经·小雅·我行其野》）

　　⑤我图尔居，莫如南土。（《诗经·大雅·崧高》）

　　⑥尔爱其羊，我爱其礼。（《论语·八佾》）

　　⑦用之则行，舍之则藏，惟我与尔有是夫。（《论语·述而》）

　　⑧尔死，我必得志。（《左传·哀公十一年》）

　　⑨我，尔身也。（《左传·昭公二十七年》）

　　⑩尔为尔，我为我，虽袒裼裸裎于我侧，尔焉能浼我哉？（《孟子·公孙丑上》）

　　在春秋战国时代，还有一个使用频率较高的"吾—女（汝）"表达系统。这一系统主要是使用在《论语》《左传》《孟子》之中，这可能是鲁方言的语法标志。总之，用发展的眼光看问题，春秋战国时代，第一、第二人称代词的主流形式应是"我—尔"系统，而其他形式，均应视为方言形式或古语形式。

　　古代人称代词的趋同性，两汉以后得到明显加强。《尔雅·释诂》说："卬、吾、台、予、朕、身、甫、余、言，我也"，这里用"我"去解释其他人称代词（按："身""甫""言"，不应认为是人称代词），足以说明"我"的通语身份。《尔雅》虽未释"尔"，但《史记》在转述《尚书》句子的时候，也常常把"女（汝）"译为"尔"，可见"尔"当时也必然是个通语成分。

　　魏晋以后，到了中古汉语，"我—尔"或"我—你"逐渐变为主流形式。当第三人称代词"他"字产生之后，又进而形成了"我—你—他"新的表达系统。我们观察、研究汉语人称代词的发展，就应紧紧抓住这条汉民族共同语形成的主线。如：

　　①虽我之死，有子存焉。（《列子·汤问》）

　　②孔子曰："先言尔志。"（《列子·仲尼》）

　　③我是鬼。（《搜神记》，卷十六）

　　④尔有人形，岂神？（《搜神记》，卷四）

　　⑤今我告尔以老，归尔以事，将闲居以安性，覃思以终业。（《后汉书·郑玄传》）

　　⑥我有五百人食器。（《世说新语·任诞》）

　　⑦当今乏才，以尔为柱石之用。（《世说新语·规箴》）

　　⑧今我造作五百欢喜丸，用为资粮，以送与尔。（《百喻经·五百欢喜丸喻》）

　　中古汉语，就第二人称代词而言，"尔"演变为"你"是一件大事。其演变过程，大概是：爾（儿氏切）→ 尒/尔（儿氏切）→ 伱（乃里切）/儞（乃倚切）→你（乃里切）。"尒""尔"，最初当是"爾"的简化字，后由于语音变化，加立人旁以示区别，字作"伱"或"儞"，最后定形为"你"。关于"你"的产生，日本汉学家太田辰夫先生说："'你'大概隋以前就有了，但是不大有可靠的例子。在正史上，可在《北齐书》《周书》《隋书》《北史》中见到，去掉重复的共有8例。但因为这些正史全是唐代编纂的，所以想来原封不动地采自古代史料的文字较多，但也不能是无条件地采用。"[1]《北齐书》等史书，虽为唐人编纂，但史料采集未必没有古代的史料。如《隋书·五行志》引北齐武平时童谣说："狐截尾，你欲除我，我除你"，又如《北齐书·文宣四王传》说："你父打我时，竟不来救"，这些话都相当接近口语，必是古代史料，不像是唐人主观臆造的。以上所引资料，都是"我—你"共为一系，这是非常值得关注的。因此，将"你"产生的时间定为南北朝后期，应当问题不大。至于到了中古汉语后期，即隋唐五代，"你"已经是语

---

① ［日］太田辰夫：《中国语历史文法》，蒋绍愚、徐昌华译，北京大学出版社1987年版，第106页。

言中很正常的成分了。如：

①施主曰："你愚痴也。"（唐·[日]释圆仁：《入唐求法巡礼行记》，卷三）

②你父平王，至当无道，与子娶妇，自纳为妃。（变文《伍子胥变文》）

③姚家千万，阿谁识你亲情？（变文《舜子变》）

④你是王法罪人，凤凰命我责问。（变文《燕子赋》一）

⑤问云居："你爱色不？"（《祖堂集》，卷六）

到了近古汉语，"你"就用得更为广泛了。如：

①元帅问你，当时不是曾随皇帝来军前么？（宋·徐梦莘：《三朝北盟会编·绍兴甲寅通和录》，卷一六二）

②你是痴人。（《大唐三藏取经诗话下》）

③先生曰："固是本心元无不善，谁教你而今却不善了？"（《朱子语类·总训门人》）

④你有甚惭愧？（《张协状元》，第十一出）

⑤你省得么？（元·贯云石：《孝经直解》）

⑥浑家道："丈夫，你见甚么来？"（明·冯梦龙：《警世通言·一窟鬼癞道人除怪》，第十四卷）

值得注意的是，"你"产生后并不是孤立的，而是与"我""他"形成"我—你""我—他""你—他""我—你—他（它）"新的表达系统。这种表达系统，从中古汉语后期就已经开始了。如：

①白庄曰："我早晚许你念经？"（变文《庐山远公话》）

②我是你，如何不识？（变文《丑女缘起》）

③若是诸人即怕你道安，是他善庆，阿谁怕你？（变文《庐山远公话》）

④咄，这府君，因何取他生人妇为妻，太使极怒，令我取你头来。（变文《叶净能诗》）

⑤我在你脚底。（《祖堂集》，卷十八）

⑥张太尉道："更说与你，我相公处有人来，交（教）我救他。"（《王俊首岳侯状》）

⑦待我向前问他姓字。（《大唐三藏取经诗话上》）

⑧且道我是甚么人，它是如何人，全不看他所为是如何，我所为是如何，一向只要胡乱说人。（《朱子语类·总训门人》）

⑨孩儿你休要泪涟涟，我与你报仇冤，终不怕它一状元。（《张协状元》，第十二出）

⑩我惜你亲娘，贞列古今谁比？（《刘知远诸宫调》，第十二）

⑪你与我取几瓶酒去。（元·无名氏：《宣和遗事》）

⑫我是你姑姑。（明·洪楩：《清平山堂话本·简贴和尚》）

⑬马都头道："你看，我道你休使棒，他却酷爱。"（明·洪楩：《清平山堂话本·杨温拦路虎传》）

⑭吴教授新娶一个老婆在家不多时，你看我消遣他则个。（明·冯梦龙：《警世通言·一窟鬼癫道人除怪》，第十四卷）

总之，古代人称代词的趋同性，自两汉以后，随着汉民族共同语进一步确立而得到日益规范。到了中古汉语后期，"我—你—他"新的表达系统已经确立。为了说明这一变化趋势，我们对变文《庐山远公话》人称代词的使用情况作了考察，列出下表仅供参考。

变文《庐山远公话》人称代词用法比较表（抽样调查）

分类	用法 频率	主语	谓语	宾语	补语	定语	状语	总计
新兴形式	我	27		22		19		68
	你	6		14				20
	他	5		8		10		23
古老形式	朕	2				2		4
	吾	8				3		11
	汝	30		6		4		40
	尔							
	伊			1				1
	其	1				13		14
	之			10				10
	彼					2		2

说明：①统计据刘坚、蒋绍愚主编的《近代汉语语法资料汇编》唐五代卷（商务印书馆1995年版），同时也参考了黄征、张涌泉校注的《敦煌变文校注》（中华书局1997年版）。
②表中"宾语"数据，含介宾和兼宾。
③"伊"，上古时是个指示代词；中古时变为人称代词，或对指，或他指；近古时很少用。
④"他"的数据，其中包括主语同位复指1次，宾语同位复指5次，定语同位复指4次。
⑤"汝"的频率较高，是因与"吾"搭配有关，但"吾—汝"系统已失去历史活力。

这里应特别提到的是，当第一、第二、第三人称代词在发展中日益趋同的同时，各个时代仍会存在一些古老的人称代词形式。这些古老形式，都是历史语言成分的"沉积物"，我们应当用历史眼光去看待它，分析它，而不应把它们同新生形式放在一个平面上加以叙述。这些古老的人称代词形式，尽管历史悠久，但在发展中也不能不打上时代的烙印。如"朕"，上古汉语时与"余（予）"构成一系，主要作定语，很少作主语，更不能作宾语，但两汉以后，情况改变了：

①朕甚不取也。（《史记·孝文本纪》）

②淮南王，弟也，秉德以陪朕。（《史记·孝文本纪》）

③父子悲恨，朕甚伤之。（《汉书·刑法志》）

④通侯诸将毋敢隐朕，皆言其情。（《汉书·高帝记下》）

⑤君深虑国计，朕甚嘉之。（《三国志·魏书·华歆传》）

⑥及为朕执事，忠于王室，故授之以万里之任，任之以一方之事。（《三国志·魏书·温恢传》）

⑦朕岂能识之哉？（《列子·力命》）

⑧汝奚功于物而欲比朕？（《列子·力命》）

⑨天下未定，两虎安得私斗？今日朕分之。（《后汉书·邓寇列传》）

⑩帝悲泣曰："非君，孰为朕思之？"（《后汉书·梁统列传》）

⑪朕承天驭宇。（《魏书·房法寿传》）

⑫太祖曰："卿识朕不？"（《魏书·李先传》）

⑬朕闻往古，义不伐乱。（变文《张淮深变文》）

⑭天师兹（缁）流，为朕求一子，在其国计。（变文《叶净能诗》）

又如"吾"，上古汉语时，一般不作宾语，偶尔作宾语，也是有条件的：只能作否定句的前置宾语。而这一特点，中古汉语时也被打破。如：

①唯恃臧洪，当来救吾。（《三国志·魏书·臧洪传》）

②视人如豕，视吾如人。（《列子·仲尼》）

③定伯曰："新死，不习渡水故耳，勿怪吾也。"（《搜神记》，卷十六）

④昔人有与吾千里马者。（《后汉书·第五伦传》）

⑤孙、刘不过使吾不为三公耳。（《宋书·顾觊之传》）

⑥听君向言，多与吾同。（《世说新语·文学》）

⑦郭璞尝为吾筮，云寿年五百岁。(《洛阳伽蓝记·建阳里》杨注，卷二)

2. 第三人称代词的产生和发展

关于汉语第三人称代词的产生和发展问题，我认为应经历四个时期：一是借用期，二是转换期，三是产生期，四是成熟期。下面分别叙述之。

(1) 借用期。

所谓借用期，是指在上古汉语中后期，第三人称代词主要是借用指示代词的形式来表达第三人称的逻辑概念的。换言之，这一时期的第三人称代词是没有独立的语言形式的。在这方面，最主要表现在"之""其"两个词上。借用的实质，是表明上古汉语第三人称代词还没有从指示代词中分化出来。

汉语人称代词和指示代词的关系是十分密切的。著名语言学家王力先生说："在上古汉语里，指示代词和人称代词的关系非常密切。'其''之'两字是比较明显的例子。杨树达先生把'其''之'归入指示代词，是有相当理由的。'其''之'既然可以指物，就和第一、二人称专指人的不同。殷虚卜辞中不用'其''之'作人称代词，可见它们不是和'余''汝''朕'等人称代词同时产生的，可能是它们先用作指示代词，然后发展为人称代词。"① 王先生的观点是正确的。汉语第三人称代词，不论何种形式，都是来自指示代词。不仅汉语如此，在东亚汉语文化圈内，也几乎如此。如蒙古语、朝鲜语的第三人称代词和指示代词就是同一形式。② 又比如法国语言学家 L. 沙加尔也说过："与印欧语言不同，东亚大陆及其海岛语言，指示词与代词通常有相互对应的三级指代系统：在面前的'这'(近指，靠近说话者)，看得见的'那'(中指，接近听话者)以及看不见的'那'(远指，远离说话者和听话奢)，分别与第一、第二、第三人称代词相配。此外，在这些语言中存在着从指示代词到人称代词的转化：汉语尔＊njarʔ'这'＞'你'；马来语 ini'这'偶尔用做'你'。越南语 nó'他'明显地与 no'那'(远指)有关。"③ 又如土耳其语，第三人称代词和远指指示代词也是同一种

---

① 王力：《汉语语法史》，《王力文集》，第 11 卷，山东教育出版社 1990 年版，第 87 页。

② 郭锡良：《汉语第三人称代词的起源和发展》，见《汉语史论集》(增补本)，商务印书馆 2005 年版，第 9—10 页。

③ 〔美〕王士元主编：《汉语的祖先》，李葆嘉主译，中华书局 2005 年版，第 540 页。

形式：O（on）。^① 外国语言学家的话是很有启发的，使我们能跳出汉语圈子，从更加广阔的视野中认清人称代词和指示代词的关系。

在上古汉语，常被视为第三人称代词的共有四个词：之、其、厥、彼。其实，这四个词中，最主要的只有两个："之"和"其"。"厥"，常见于《尚书》中，王力先生拟音作［kiwat］；"厥"，在金文中作"氒"。"厥""氒"，其实都是"其"的方言变体。至于"彼"，或假借作"匪"，是个十足的指示代词。甲骨文和两周金文中均未发现"彼"字。上古汉语里，"之""其"用作第三人称代词，主要是从上古汉语中后期开始的。关于"之""其"的人称代词的用法，这里有两个问题必须说明：一是我们不承认上古汉语有第三人称代词，这是指这一时期还没有独立的，专一的第三人称代词形式的存在，而不是否定第三人称代词的逻辑概念表达的存在。因为这一时期，不论是"之"，还是"其"，都不能独立地把主语、宾语和定语三大功能统一起来，从而形成单一的语言形式。正因为如此，所以我们认定用为第三人称代词的"之""其"，是借用指示代词"之""其"而成。换言之，我们认定当时的第三人称代词"之""其"尚未从指示代词中分化出来。二是要认清"之"或"其"之所以都不能单独地把主语、宾语和定语三大功能统一起来，是因为"之""其"之间还存在语法功能互补关系："之"，主要用作宾语；"其"，主要用作定语及有条件的主语。由于"之""其"存在功能互补关系，加上两者语音相近，因而也不能排除这或许是原始或远古汉语人称代词形态关系的残留。根据"之""其"功能互补关系，再根据王力先生的拟音，作成下表，以供参考：

上古汉语中后期第三人称代词"之""其"语法功能互补关系表

分类　　　代词、拟音　　　功能	主语	定语	宾语
第三人称代词　之		［tiə］—	［tiə］++
第三人称代词　其	［giə］+	［giə］++	

说明：++，表示频率多；+，表示频率少，且有条件；—，表示频率极少；空格表示无。

---

① ［苏］Л. П. 雅库宾斯基：《古代俄语史》（俄文版），莫斯科 1953 年版，第 204 页。

我们有充分的文献资料可以证实上述的公式是成立的。

先说"之"。

"之"用为人称代词，主要是作宾语。"之"作宾语，指人、指事、指物均可。如：

①娈彼诸姬，聊与之谋。（《诗经·邶风·泉水》）

②坎坎伐檀兮，寘之河之干兮。（《诗经·魏风·伐檀》）

③富与贵，是人之所欲也，不以其道得之，不处也。（《论语·里仁》）

④史朝见成子，告之梦，梦协。（《左传·昭公七年》）

"之"不能作主语，上古汉语、中古汉语都是如此。"之"有时可以充当"兼语"，但"兼语"的宾语性质远远大于主语。如：

①将命者出户，取瑟而歌，使之闻之。（《论语·阳货》）

②邦君之妻，君称之曰夫人。（《论语·季氏》）

③二子见诸侯之师而劝之济。（《左传·襄公十四年》）

④使之主祭，而百神享之。（《孟子·万章上》）

上古汉语里，"之"作人称代词用，一般说来，不能作定语。但是，个别情况下，"之"也可作定语。这可能反映出"之""其"功能互补关系开始处于不稳定状态之中。如：

①天惟五年须暇之子孙，诞作民主，罔可念听。（《尚书·多方》）

②子曰："求也，千室之邑，百乘之家，可使为之宰也，不知其仁也。"（《论语·公冶长》）

③龟故生龟，龙固生龙，形象大小，不异于前者也。见之父，察其子孙，何为不可知？（《论衡·讲瑞》）

例①，"之子孙"即"其子孙"，指汤之子孙。孔传云："天以汤故，五年须暇汤之子孙，冀其改悔而纠大为民主，肆行无道，事无可念，言无可听。"例②，"为之宰"即"为其宰"，"之"指代"千室之邑，百乘之家"。同篇上文云："子曰：'由也，千乘之国，可使治其赋也，不知其仁也。'""使治其赋""使为之宰"，上下对言，"之"释"其"无误。例③，"之""其"对文，"之"释"其"，文义亦千通百通。

再说"其"。

"其"用为人称代词，上古汉语里，主要是作定语。如：

①如可赎兮，人百其身。(《诗经·秦风·黄鸟》)

②伯牛有疾，子问之，自牖执其手，曰："亡之，命矣夫。"(《论语·雍也》)

③颍考叔，纯孝也，爱其母，施及庄公。(《左传·隐公元年》)

④北冥有鱼，其名为鲲。(《庄子·逍遥游》)

"其"也可以有条件地用为主语。所谓条件，就是指"其"可以作主谓结构的小主语或分句主语。如：

①汝其敬识百辟享，亦识其有不享。(《尚书·洛诰》)

②彼美，余惧其生龙蛇以祸女。(《左传·襄公二十一年》)

③夫不知其与己无以异也。(《荀子·荣辱》)

④而黄、利兵又不来，疑其与汉有谋。(《史记·匈奴列传》)

⑤淮南子刘安坐反而死，天下并闻，当时并见，儒书尚有言其得道仙去，鸡犬升天者。(《论衡·道虚》)

例①—⑤，"其"作主谓结构的小主语。"其"也可作分句主语，但使用频率远不及前者。如：

①晋侯、秦伯围郑，以其无礼于晋，且贰于楚也。(《左传·僖公三十年》)

②及其至于王所，与王同筐床，食刍豢，而后悔其泣也。(《庄子·齐物论》)

③故其与之刑，非所以恶民，爱之本也。(《韩非子·心度》)

"其"借作第三人称代词用时，不能作宾语，整个上古汉语时都是如此，毫无例外。

(2) 转换期。

所谓转换，是指三类人称代词表达系统的转换，即"我—尔—之/其"系统→"我—尔—其（渠）"系统→"我—尔—他"系统的转换。第三人称代词"之""其"→"其"→"他"的发展，都是在上述系统转换过程中完成的。

前面说过，从上古汉语中期开始，"我—尔"系统就广泛使用，有取代"吾—女（汝）"系统的强烈趋势。到了中古汉语，这种趋势日益明显。值得注意的是，中古汉语里，上古时期"之""其"功能互补关系已被打破，不能继续维持下去了，因此语言中出现了"之""其"功能泛化现象，甚至有"其"取代"之"的趋势。著名汉语史学者郭锡良先生说："总的来看，到了南北朝时期，'其'除不能独立用作动词的宾语（即'时人见之''弃之河上'等句式仍然只能用'之'，不能用'其'）外，第三人称代词的其他句法功能已具备。这说明汉以后'其'继续向第三人称代词转化，南北朝时期在口语中可能已经成为真正的第三人称代词。至于'之'，反而逐渐丧失了它作为第三人称代词的作用。"① 但总的来看，"其"并未突破功能障碍而发展成真正的汉语第三人称代词。

中古时期，"之""其"之所以出现功能泛化现象，究其根本原因，即在于两词之间原来的功能互补关系已完全解体。

先说"之"。

中古汉语，"之"用为第三人称代词，除继续作宾语外，最大的变化就是它又可以作定语，偶尔也可作主语。如：

①备勇而志大，关羽、张飞为之羽翼。（《三国志·魏书·董昭传》）

②女悦之，私交信问，许为之妻。（《搜神记》，卷十六）

③军主郑俱儿望见，射之中心，兵刃乱至，肠胃缠萦水草。（《宋书·臧质传》）

④（朱）诞给使妻有鬼病，其夫疑之为奸。（《搜神记》，卷十七）

⑤我以欲得彼之钱财，认之为兄，实非是兄。（《百喻经·认人为兄喻》）

⑥入其后园，见沟渎塞产，石磴嶕峣，……虽梁王兔苑，想之不如也。（《洛阳伽蓝记·法云寺》，卷四）

例①—③，"之"与"其"同义，作定语，例④—⑥，"之""其"亦同义，"之"作主谓结构的小主语。其实，"之""其"这种混用，上古汉语时已开其端。如：

①颜渊死，颜路请子之车以为之椁。（《论语·先进》）

②吾不忍为之民也。（《战国策·赵策三》）

③覆杯水于坳堂之上，则芥为之舟。（《庄子·逍遥游》）

④景公出之舍，师旷送之。（《韩非子·外储说右上》）

---

① 郭锡良：《汉语第三人称代词的起源和发展》，见《汉语史论集》（增补本），商务印书馆 2005 年版，第 11 页。

例①—④，"之"与"其"同义，作定语。文献中，有时"之""其"对举，亦足证"之"可以作定语。如：

①抑人亦有言曰："牵牛以蹊人之田，而夺之牛。"（《左传·宣公十一年》）

②鄙语曰："牵牛径人田，田主取其牛。径者则不直矣，取之牛不亦甚乎?"（《史记·楚世家》）

③州吁果杀其君而夺之政。（《韩非子·内储说下》）

④戴驩为宋太宰，皇喜重于君，二人争事而相害也，皇喜遂杀宋君而夺其政。（《韩非子·内储说下》）

例①②，"夺之牛""取之牛"，又说"取其牛"；例③④，"夺之政"，又说"夺其政"，足证"之""其"义同，"之"是作定语的。有的学者将这类句型定为"双宾语"，恐怕难以令人信服。此外，"之""其"同义者，也可作主谓结构的小语。如：

①今闭阖脂塞，无所好欲，与三百倮虫何以异，而谓之为长而贵之乎?（《论衡·别通》）

②枯骨在野，时鸣呼有声，若夜闻哭声，谓之死人之音，非也。（《论衡·论死》）

再说"其"。

中古汉语，"其"用为第三人称代词，除了继续作定语和主谓结构小主语及分句主语外，最重要的变化是它可以有条件地充当句子宾语。这个条件就是指作介词的宾语、双宾动词的近宾语和使令动词的兼宾语。如：

①先主求和于吕布，布还其妻子。（《三国志·蜀书·先主传》）

②将至沛收散卒，给其军粮，益与兵使东击布。（《三国志·蜀书·先主传》）

③（道人）乃语其相见之术。（《搜神记》，卷二）

④其兄病，有乌衣人令杀之，向其请乞，终不下手。（《搜神记》，卷十五）

⑤然予其药，而不肯服。（《法华经·如来寿量品》，卷五）

⑥我即为其如法解说。（《维摩诘经·弟子品》，卷上）

⑦于是始敬异焉，悉还其豕。（《后汉书·逸民列传》）

⑧（白）曜命还其衣，为设酒食，锁送桑乾。（《宋书·沈文秀传》）

⑨（下劣者）至城卖之，诸贵长者多与其价。（《百喻经·劫盗分财喻》）

⑩后人捉之，欲为解释，不达其意，反为其困。（《百喻经·老母捉熊喻》）

例①②③⑤⑦⑧⑨，"其"作近宾语。例④⑥⑩，"其"作介词宾语。此外，中古汉语，"其"还可作兼宾语，这非常典型地"侵夺"了"之"字的功能。如：

①名实不亏，使其喜怒哉！（《列子·黄帝》）

②鼠本欲杀君而不能，当为使其反死。（《搜神记》，卷三）

③菩萨应如是慰喻有疾菩萨，令其欢喜。（《维摩诘经·文殊师利问疾品》，卷中）

④吾方以义相导，使其自迁善也。（《后汉书·列女传》）

⑤攸之遣天赐譬说之，令其解甲，一无所问。（《宋书·沈攸之传》）

⑥坑底必令平正，以足踏之，令其保泽。（《齐民要术·种瓜》，卷二）

⑦唯融与陈留侯李崇负绢过任，蹶倒伤踝，太后即不与之，令其空出，时人笑焉。（《洛阳伽蓝记·法云寺》杨注，卷四）

此外，这一时期的"其"，还可以充当主谓结构的小主语、分句主语及定语，这些都是继承了已有的用法，下仅举数例即可。如：

①及羽杀颜良，曹公知其必去，重加赏赐。（《三国志·蜀书·关羽传》）

②王恐其夺己国也，欲杀之。（《搜神记》，卷十四）

③刘恭见赤眉众乱，知其必败。（《后汉书·刘盆子传》）

④排门将前，时先人者谓其是鬼。（《百喻经·人谓故屋中有恶鬼喻》）

⑤若嗣子可辅，辅之；如其不才，君可自取。（《三国志·蜀书·诸葛亮传》）

⑥及其病也，无药石之储；及其死也，无瘞埋之资。（《列子·杨朱》）

⑦其续断，取绢布，与人各执一头，对剪，中断之。（《搜神记》，卷二）

⑧假其克捷，不知足南抗悬瓠，北捍长社与不？（《宋书·刘勔传》）

⑨若有生子不养，即斩其母。（《后汉书·酷吏列传》）

⑩其母夜作倦，就枕寝息。（《搜神记》，卷十八）

⑪五子哀恋，思念其母。（《世说新语·方正》）

⑫昔有愚人，其妇端正，情甚爱重。（《百喻经·妇诈称死喻》）

例①—④，"其"，主谓结构的小主语。例⑤—⑧，"其"，分句的主语。例⑨—⑫，"其"，定语。

中古汉语"之""其"功能互补关系的解体以及随之而来的"之""其"功能泛化问题，促使了"我—尔—之/其"表达系统向"我—尔—其（渠）"表达系统的演变。但是，由于"其"始终不能独立地把主语、宾语和定语三大功能承担起来，再加上第二人称代词"尔"向"你"的演变以及旁指代词"他"的进入语境，则又促成了中古汉语前中期"我—尔—其（渠）"表达系统向"我—你—他"表达系统的演变。这种演变有两个关键环节：一是第二人称代词"尔"向"你"的演变，二是旁指代词"他"向第三人称代词"他"的演变。

（3）产生期。

汉语第三人称代词"他"，是由旁指代词"他"演变而来的，这是毫无疑问的。旁指代词"他"发展为第三人称代词"他"，应具备三个条件：一是"他"，不仅可以指事指物，而且还必须指人；二是功能齐备，能把主语、宾语和定语三大功能统一起来，其中尤其要具备充当主语和宾语的能力；三是"他"应进入"我—你—他"新的表达系统。

"他"（或作"它""佗"），作为旁指代词，上古汉语里早已存在，其功能主要是作定语，指人指物均可。如：

①子不我思，岂无他人？（《诗经·郑风·褰裳》）

②至于他邦，则曰："犹吾大夫崔子也。"（《论语·公冶长》）

③他日，见于王曰："王尝语庄子以好乐，有诸?"（《孟子·梁惠王下》）

④故汤以亳，武王以鄗，皆百里之地也，天下为一，诸侯为臣，通达之属，莫不从服，无他故焉，四者齐也。（《荀子·王霸》）

⑤众人之为礼也，以尊他人也。（《韩非子·解老》）

"他"作宾语，指事指物均可，但很少用于指人，也很难发现用作主语的例证。如：

①之死矢靡它。（《诗经·鄘风·柏舟》）

②夫举无他，唯善所在，亲疏一也。（《左传·昭公二十八年》）

③王顾左右而言他。（《孟子·梁惠王下》）

④强力忍垢，吾不知其他也。(《庄子·让王》)

"他"用于指人，频率极少，如《左传》中用于谓语者仅一例。如：

①萧同叔子，非他，寡君之母也。(《左传·成公二年》)

旁指代词"他"向第三人称代词的演变，是一个长期的缓慢的过程。其中不仅包括"他"的词义变化，而且更为重要的是在功能变化中把变化了的词义固定下来。到了中古汉语，旁指代词"他"，不仅可以指人，而且还可充当定语、宾语和少数句子的主语，这就为第三人称代词"他"的产生创造了极为有利的条件。如：

①其大船尚存者，水中生人皆攀缘号呼，他吏士恐船倾没，皆以戈矛撞击不受。(《三国志·吴书·吾粲传》)

②诸善男子，如来所演经典，皆为度脱众生，或说己身，或说他身；或示己身，或示他身；或示己事，或示他事，诸所言说，皆实不虚。(《法华经·如来寿量品》，卷五)

③长房曾与人共行，见一书生黄巾被裘，无鞍骑马，下而叩头。长房曰："还它马，赦汝死罪。"(《后汉书·方术列传下》)

④儿悲思啼泣，不饮它乳，遂死。(《世说新语·惑溺》)

⑤如彼愚人代他捉熊，反自被害。(《百喻经·老母捉熊喻》)

⑥汝是愚人，云何须财名他为兄，及其债时，复言非兄？(《百喻经·认人为兄喻》)

⑦往有商人贷他半钱，久不得偿，即便往债。(《百喻经·债半钱喻》)

⑧如彼愚人推求摩尼，为他所害。(《百喻经·摩尼水窦喻》)

例①—④，"他(它)"，指人，作定语。例⑤—⑧，"他"，指人，作宾语(含兼宾、介宾)。值得注意的是，《百喻经》中已显露出第三人称代词"他"产生的苗头。如：

⑨雄鸽见已，方生悔恨："彼实不食，我妄杀他。"即悲鸣命唤雌鸽："汝何处去？"(《百喻经·二鸽喻》)

例⑨，"彼""他"共用，而且被指别的"雌鸽"又同处同一语境之中，这里的"他"，如释为"别人"，终嫌勉强。但到了中古汉语后期，第三人称代词"他"已正式产生，这是毫无疑问的。如张鹭的《游仙窟》和诗僧寒山子的作品里，就有大量的第三人称代词"他"字。据考证，《游仙窟》写成于唐武则天时代，而寒山子又主要生活在唐玄宗时期。如：

①强知人是客，方便恼他来。（《唐·张鹜：《游仙窟》）

②但令脚直上，他自眼双翻。（唐·张鹜：《游仙窟》）

③昔日曾经人弄他，今朝并复随他弄。（唐·张鹜：《游仙窟》）

④仲翁自身亡，能无一人哭。吃他杯裔者，何太冷心腹。（唐·寒山子：《寒山诗·城北》，第一四〇）

⑤有汉姓傲慢，名贪字不廉。一身无所解，百事被他嫌。（唐·寒山子：《寒山诗·有汉》，第七十六）

⑥我语他不会，他语我不言。（唐·寒山子：《寒山诗·时人》，第二二一）

到了晚唐五代，第三人称代词"他"已牢牢地扎根于口语之中，是个十足的新生语言成分，并已进入"我—你—他"新的表达系统。如：

①剑南使回，他早至彼。（变文《叶净能诗》）

②他若来时，如何祇对他？（《祖堂集》，卷六）

③汉将王陵来斫营，发使交（教）人捉他母。（变文《汉将王陵变》）

④颜云："官（观）察使姓什摩？"师曰："不得他姓。"（《祖堂集》，卷六）

⑤王陵斫营得胜却归汉朝，甚处捉他？（变文《汉将王陵变》）

⑥既因他得悟，何以却将拳打他？（《祖堂集》，卷十九）

⑦若是交（教）他化度众生，我等门徒，于投佛里，不如先集徒众，点检魔宫。（变文《破魔变》）

⑧师教他身边立地。（《祖堂集》，卷十四）

实则从盛唐时代开始，"他"已进入"我—你—他"表达系统，至晚唐五代，尤其如此。如：

①我笑你作诗，如盲徒咏日。（唐·寒山子：《寒山诗·有个》，第二八八）

②秋到任他林落叶，春来从你树开花。三界横眠闲无事，明月清风是我家。（唐·寒山子：《寒山诗·世间》，第一九八）

③我有冤仇，至当相灭，因他得活，岂得孤（辜）恩？（变文《伍子胥变文》）

④若是诸人即怕你道安,是他善庆,阿谁怕你?(变文《庐山远公话》)

⑤师云:"我不共他语话。"(《祖堂集》,卷十六)

⑥你去东边子细看,石头上坐底僧,若是昨来底后生,便唤他。(《祖堂集》,卷四)

(4)成熟期。

近古汉语里,第三人称代词"他",已完全成熟,彻底取代了"之""其""彼""渠""伊"等词的历史地位,变成一个具有强大生命力的新生代词。所谓"成熟",一个重要标志就是"他"可以全方位地、自由地进入功能框架之内,指人、指事、指物均可,不受限制。如:

①他是兵家,讲和人怎得知?(宋·徐梦莘:《三朝北盟会编·绍兴甲寅通和录》,卷一六二)

②不成说道,有那种子在此,只待他自然生根生苗去。(《朱子语类·训门人》)

③它是秀才,因过五矾山,被强人劫了。(《张协状元》,第十二卷)

④他是皇帝的人,他是谁的狗?(明·哈铭:《正统临戎录》)

例①—④,"他(它)",作主语。又如:

①李成煞是粗人,不成人物,元帅煞不喜他。(宋·徐梦莘:《三朝北盟会编·绍兴甲寅通和录》,卷一六二)

②爹娘见儿苦苦要去,不免与它数两金银,以作盘缠。(《张协状元》,第一出)

③(待你)久后身荣并奋发,把三斗咸盐须吃他。(《刘知远诸宫调》,第二)

④黑夜好生用心喂他。(《朴通事》)

例①—④,"他(它)",作宾语。又如:

①明日一依如此,令痴那入内坐,被佗盖定,三日三夜,猛火煮烧。(《大唐三藏取经诗话下》)

②而今不得已,更为他放些恶气息。(宋·大慧普觉禅师:《答吕郎中》)

③他人未做工夫底,亦不敢向他说。(《朱子语类·训门人》)

④只有小娘子见丈夫不要他,把他休了,哭出州衙门来。(明·洪楩:《清平山堂话本·简贴和尚》)

例①—④，"他（佗）"，作介词宾语。又如：

①闻曾作相，莫是闻得大军来后，怕这里军前去取，所以教他去？（宋·徐梦莘：《三朝北盟会编·绍兴甲寅通和录》，卷一六二）

②外有一库，可令他守库，锁闭库中饿杀。（《大唐三藏取经诗话下》）

③见说府衙前有个员（圆）梦先生，只是请它过来，问它仔细。（《张协状元》，第二出）

④交（教）他去桃园内，吃得勋勋醉。（《刘知远诸宫调》，第二）

例①—④，"他（它）"，作兼语。又如：

①他儿子蔡松年，见在三太子处作令史。（宋·徐梦莘：《三朝北盟会编·绍兴甲寅通知录》，卷一六三）

②只是不曾平心看他语意，所以如此。（《朱子语类·总训门人》）

③我底女孩儿，它爹爹是当朝宰相，妈妈是两国夫人。（《张协状元》，第十五出）

④大虫豹子不吃他孩儿，便自省得那父子的道理。（元·许衡：《鲁斋遗书·直说大学要略》，卷三）

例①—④，"他（它）"，作定语。近古汉语里，"他"的成熟还表现在它牢牢地进入了"我—你—他"的表达系统。如：

①元初说他九度见黄河清，我将谓他妄语；今见他说小年曾来此处偷桃，乃是真言。（《大唐三藏取经诗话中》）

②它是你妻儿怎抛弃？（《张协状元》，第五十三出）

③你作怪，见他年幼，看成痴矮。（《刘知远诸宫调》，第三）

④宇文缓问道："王吉，你早归了？"再四问他，不应。（明·洪楩：《清平山堂话本·简贴和尚》）

⑤我母亲是姐姐，他母亲是妹子。（《老乞大》）

3. 汉语人称代词"数"的表达及人称代词的敬体形式

（1）关于人称代词"数"的表达问题。

汉语人称代词"数"的表达，其发展主要有三个阶段：一是零加式阶段，二是加词式阶段，三是附缀式阶段。下面分别论述之。

甲、零加式阶段

所谓"零加式"，就是指原词形式，也就是最原始的形式。前面说过，在上古汉语前期，亦即商和西周时期，"我"主要用于复数表达，是指代表国家的"我们"，而非指个人，与表示单数的"余""朕"形成鲜明对比。但是，到了上古汉语中期，亦即春秋战国时代，随着"我"融合到"雅言"系统之后，"我"只表示复数的用法也就逐渐消失了，遂与第二人称"尔""女（汝）"等组成新的表达系统，或表单数或表复数，都全凭具体的语境来确定。如：

①子曰："我非生而知之者，好古，敏以求之者也。"（《论语·述而》）

②樊迟请学稼，子曰："吾不如老农。"（《论语·子路》）

③尔有母遗，繄我独无。（《左传·隐公元年》）

④沈犹行曰："是非汝所知也。"（《孟子·离娄下》）

例①—④，"我""吾""尔""汝"，均用于单数。又如：

①郑伯御之，患戎师，曰："彼徒我车，惧其侵轶我也。"（《左传·隐公九年》）

②昭襄王曰："吾秦法，使民有功而受赏，有罪而受诛。"（《韩非子·外储说右下》）

③子路、曾皙、冉有、公西华侍坐。子曰："以吾一日长乎尔，毋吾以也。"（《论语·先进》）

④吾语汝学者之嵬容。（《荀子·非十二子》）

例①—④，"我""吾""尔""汝"，均用于复数。例①，"我"指郑国，非郑伯自指。例②，"吾"指秦国，非昭襄王自指。例③，"尔"，指在场的"子路"等四人。例④，"汝"，泛指听荀子批判"十二子"的受众。

乙、加词式阶段

所谓"加词"，是指在第一、第二人称代词之后，加上"侪""曹""属""辈""等"词汇形式，借以来表达复数这一语法范畴。这一形式，主要是从上古汉语后期，即两汉时代开始的，而广泛应用是在中古汉语。其实，上古汉语中期，这种用法已露出了苗头。如：

①吾侪小人食而听事。（《左传·襄公三十年》）

②吾侪小人所谓"取诸其怀而与之"也。（《左传·宣公十一年》）

③为公者必利，不为公者必害，吾曹何爱不为公？（《韩非子·外储说右上》）

两汉以后，直到中古汉语，这种用法得到了广泛应用。如：

①群臣罢酒，皆喜曰："雍齿尚为侯，我属无患矣。"（《史记·留侯世家》）

②上以若曹无益于县官。（《汉书·东方朔传》）

③公明于利钝，宁肯捐吾等邪？（《三国志·魏书·臧霸传》）

④如令鄯善收吾属送匈奴，骸骨长为豺狼食矣。（《后汉书·班超传》）

⑤我曹何罪，而当尽见族灭？（《后汉书·窦武传》）

⑥吾等既为同舟，理无偏异。（《宋书·武帝纪上》）

⑦汝等当信佛之所说，言不虚妄。（《法华经·方便品》，卷一）

⑧大将军父子我所亲，腾、贾我所爱，必无是，但汝曹共妒之耳。（《后汉书·梁统列传》）

⑨汝辈忝预士流，何至还乐作贾客邪？（《宋书·孔觊传》）

⑩贫者士之常，焉得登枝而捐其本？尔曹其存之。（《世说新语·德行》）

⑪我等不须呈心用意作偈将呈和尚。（唐·法海：《六祖坛经》）

⑫嗟叹我辈凡夫，如何免得此事？（变文《八相变》）

丙、附缀式阶段

"缀"是指词缀，也叫词尾。所谓"附缀"，是指在第一、第二乃至第三人称代词的后面加上词尾"们"以表示复数概念。人称代词表示复数由零加式、加词式进而变为附缀式，这是一个重要的发展。王力先生说："在中古时期，人称代词的发展，有两件重要的事实。第一，人称代词有了新的形式，如'侬''俺''咱''你''伊''渠''他'；第二，人称代词有了复数，如'我们''你们''他们'。"①

关于"们"的来源，现在一般都认为是始见于唐代的文献记载，其实很可疑。唐刘知己《史通·外编·杂说中》记述王劭《齐志》中的用语时说："渠们底箇，江左彼此之辞；乃若君卿，中朝汝我之义。"王劭是隋代人。《汉语大词典》第五卷"渠们"条，将《史通》这段话断句为"渠们、底箇，江左彼此之辞；乃若、君卿，中朝汝我之义"，并引证浦起龙《通释》，释"渠们"为"他们"，"底箇"为"那箇"。② 应当说，这种解释令人疑虑重重。

---

① 王力：《王力文集》，第 11 卷，山东教育出版社 1990 年版，第 69 页。

② 罗竹风主编：《汉语大词典》，第 5 卷，汉语大词典出版社 1990 年版，第 1360 页。

所引之文，"乃若君卿"，本是并列的四个词，与之相对的"渠们底箇"，也该是并列的四个词才对。"底""箇"均可用为指示代词，"渠""们"也该用为指示代词，因为下文明明是说"江左彼此之辞"。"渠"在中古汉语虽然可以用为人称代词，但这种用法很早就产生了，而"们"作为表复数的词尾，是很晚的事，两者似乎有点儿不搭界。语言中有"我们""你们""他们"的说法，但很难找到"渠们"的用例。总之，"渠们"之"们"，很可能不是词尾，而是"没"或"么"借字。"没"或"么"，均可用为指示代词。如"更被夜来风雨恶，满阶狼藉没多红"（唐·陆龟蒙：《和袭美重题蔷薇》），"早知到没艰辛地，悔不生时作福田"（变文《大目乾连冥间救母变文》），"万水千山么么走，悠哉，酒面黄花欲醉谁?"（宋·黄庭坚：《南乡子》）等。

目前语言学界对"们"的起源问题尚无一致意见。就已有的说法而言，比较重要的有三种：一是"来源于'辈'"（吕叔湘），二是"来源于'物'"（江蓝生），三是"来源于'门'"（太田辰夫）。① 本书认为太田辰夫先生的观点值得重视。"门"本来是个名词，本义是门户，引申后有门类义。最初加在人称代词之后，也许是指某一类人，当与"侪""曹""辈""属""等"的意义差不多，而最后才虚化为纯粹的词尾。在虚化过程中，有"门""懑""满""瞒""瞒""每"多种写法，而这些词形都只不过是或因历史，或因方言而转写的方言变体而已。现在，大家比较一致的意见认为词尾"们"起源于宋代。著名语言学家吕叔湘先生认为"们字始见于宋代。唐代的文献里有弭和伟这两个字，都当们字用"。"弭"的引例如："我弭当家没处得卢皮遐来"（唐·赵璘：《因话录》4.10），此例《唐语林》引"弭"作"弥"；又"伟"的引例如："儿郎伟，重重祝愿，一一夸张。"（唐·司空图：《司空表圣文集》10.58）② 如果吕先生的推断成立的话，则"们"的起源时间可追溯到唐代。

自宋代起，"们"及其变体形式就广泛地出现于文献之中。大约从明代中叶之后，就多用"们"字，而其他形体（或作"门""每""满""懑"）就逐渐被淘汰了。如：

①如今厮杀后，若我们败时，物也做主不得。（宋·徐梦莘：《三朝北盟

---

①　蒋绍愚、曹广顺主编：《近代汉语语法史研究综述》，商务印书馆 2005 年版，第 82—84 页。

②　吕叔湘：《说们》，见《汉语语法论文集》，科学出版社 1956 年版，第 145 页。

会编·绍兴甲寅通和录》，卷一六三）

②我门不认得你。（《张协状元》，第八出）

③我每一年三月二十八，去大安神州做一遭买卖。（元·无名氏：《小张屠焚儿救母》，第二折）

④员外，你交他出来，我们打他，与师父报仇。（明·洪楩：《清平山堂话本·杨温拦路虎传》）

⑤真个是好手，我们看不仔细，却被他瞒过了。（明·冯梦龙：《喻世明言·宋四公大闹禁魂张》，第三十六卷）

例①—⑤，"我们"的用例。又如：

①你们说得却是，只是难信。（宋·徐梦莘：《三朝北盟会编·绍兴甲寅通和录》，卷一六二）

②殷勤来献，谢你们三献都不吃。（《张协状元》，第十六出）

③殿直道："你满不敢领他，这件事干人命。"（明·洪楩：《清平山堂话本·简贴和尚》）

④你每父亲都是志气的人。（明·刘仲璟：《遇恩录》）

⑤既如此，你们少等，待我梳洗了同去。（明·冯梦龙：《警世通言·崔待诏生死冤家》，第八卷）

例①—⑤，"你们"的用例。又如：

①他们读书，尽是如此草草。（《朱子语类·训门人》）

②侯门相府知有万千，读书人怕没为姻眷，料它每福缘浅。（《张协状元》，第三十二出）

③他懑虽勇跃，这三个福气邹搜。（《刘知远诸宫调》，第十二）

④他们众人要打你。（明·洪楩：《清平山堂话本·杨温拦路虎传》）

⑤他们做下见成的饭，与我吃了，又与你将来。（《老乞大》）

例①—⑤，"他们"的用例。

在近古汉语里，当我们讨论人称代词复数的时候，又不能不涉及另一个话题，即第一人称代词的排除式和包括式问题。

先说排除式。

所谓"排除式"，就是指讲话人在使用第一人称代词"我""我们"的时候，只指己方，而不含对方在内。如：

①我如今煞是大皇帝。（宋·徐梦莘：《三朝北盟会编·燕云奉使录》，卷四）

②我去投事，特来与妻相别。（《刘知远诸宫调》，第二）

③梅香，这官人是我的兄弟。（元·无名氏：《小孙屠》，第一出）

④我门约莫记得，客长到被它打。（《张协状元》，第八出）

⑤我每都要小心。（明·钱谦益：《牧斋初学集》，卷一〇四）

⑥我们听得有一个要共山东夜叉李贵使棒，交他出来则个。（明·洪楩：《清平山堂话本·杨温拦路虎传》）

产生于宋代，具有明显方言性质的"俺""俺们"也多用于排除式。今东北方言，第一人称代词复数形式仍多用"俺们"，少用"我们"，且为排除式。如：

①如今入舍，俺为亲舅。（《刘知远诸宫调》，第一）

②我坟上辞别俺爷娘去，还我那破瓦窑中去。（元·无名氏：《杀狗劝夫》，第一折）

③你看俺是谁？（明·朱有燉：《团圆梦》，第四折）

④俺们众将从城中杀出。（元·无名氏：《气英布》，第四折）

⑤不知是哪里来的大汉，常来打搅俺每。（元·李寿卿：《伍员吹箫》，第三折）

⑥俺每如今将士都在一处。（《水浒传》，第一〇八回）

再说包括式。

所谓包括式，就是指讲话人在使用第一人称代词"咱""咱们"的时候，不仅指己方，而且也把听话的对方包括在内。起源于宋代的"咱"，本可以用于排除式。如：

①咱祭过了祖宗也，两个兄弟把盏破盘。（元·无名氏：《杀狗劝夫》，头一折）

②郭威道："咱是刘招讨帐前亲兵郭威，因吃酒得罪，被主帅将小人打了三十背花。"（《新编五代史平话·周史平话上》）

但是，"咱"单用时也可常用为表复数的包括式。如：

①吃尽那盐，呷尽那醋，也不打不骂不诛戮。咱解割了冤仇做亲故。（《刘知远诸宫调》，第十二）

②哥哥，你全不想咱是共乳同胞兄弟。(元·无名氏:《杀狗劝夫》,第三折)

③大嫂，咱到家见母亲，问孩儿，说甚的好?(元·无名氏:《小张屠焚儿救母》,第四折)

④咱会同着一时行。(《朴通事》)

例①，"咱"，指刘知远和洪义。例②，"咱"指孙二和孙大郎。例③，"咱"，指孙屠及其妻子。例④，"咱"，指说话人及其生意同伙。又"咱们"用为包括式的用例如:

①但咱们，虽宦裔，总皆通。(《张协状元》,第一出)

②娘，你可急忙告报官司去，恐带累咱每。(《宣和遗事》)

③诸侯每来到见没事，知道幽王召咱们来只是要引得褒姒笑。(元·许衡:《鲁斋遗书·直说大学要略》,卷三)

④你是熟客人，咱们便是自家里一般，我怎么敢胡说?(《老乞大》)

不论是上古汉语，还是中古汉语，都不曾有第一人称代词排除式和包括式的区别。直到近古汉语时才产生排除式和包括式问题，原因何在?我想，这首先可能同语体表达有关。大家知道，近古汉语里，人称代词的复数表达，基本是朝着两个方向扩展:一是横向联合，二是纵向联合。横向联合，是指以"我""你""他"为基础，向同类人物扩展，其公式是:

$$我_1+我_2+我_3+\cdots\cdots+我_n=我们$$
$$你_1+你_2+你_3+\cdots\cdots+你_n=你们$$
$$他_1+他_2+他_3+\cdots\cdots+他_n=他们$$

纵向联合，是指以"我"为基础，向异类人物扩展。这种扩展，显然是把听话者"你""你们"作为同伙或利益相关方来看待的，因此说话时具有一种亲切感。这种情况，直到今天的北京话仍然如此。适用"咱"或"咱们"的对象或为夫妻，或为兄弟，或为生意同伙，或为其他关系亲密者。纵向联合的公式是:

$$我+你=咱们$$
$$我+你_1+你_2+你_3+\cdots\cdots+你_n=咱们$$

其次，包括式的产生，大概也同当时的语言背景有关。这种语言背景，大体上说就是近古汉语时期，当人称代词复数表达进入附缀式阶段之后，汉语人称代词复数的表达还存在两种活用趋势：一是复数的泛化，即单数可活用为复数；二是复数的简化，即复数亦可用为单数。这两种情况，当以"泛化"现象为主，"简化"现象次之。

先谈泛化现象：单数用为复数。

近古汉语里，第一、第二、第三人称代词都存在复数泛化问题。这种泛化现象，主要有两种方式：一是人称仅以单词形式出现，二是人称代词后常连带数量词或集合名词出现。前者如：

①浑家道："锦儿，你也说的是，我且归去了，却理会。"（明·冯梦龙：《警世通言：一窟鬼癞道人除怪》，第十四卷）

②我是高丽人，都不会炒肉。（《老乞大》）

③弟兄笑道："你发迹后，俺向鼻内呷三斗三升酽醋。"（《刘知远诸宫调》，第二）

④俺是赵喜儿、童儿，父亲使俺送些银子与妹子。（明·朱有燉：《团圆梦》，第二折）

⑤咱昨日将孙员外撇在街上。（元·无名氏：《杀狗劝夫》，第二折）

⑥咱赌甚么？（《朴通事》）

以上是第一人称代词的用例。又如：

①汉高祖初到关中，唤集老的每、诸头目每来，说："你受秦家苦虐多时也，……"（元·吴澄：《吴文正集·经筵讲义》，卷九十）

②女儿、女婿，你如今为了甚神仙了？（《明·朱有燉：《团圆梦》，第四折）

③客人们，你打火那不打火？（《老乞大》）

以上是第二人称代词的用例。又如：

①前日所举韩退之、苏明允二公论作文处，他都是下这般工夫，实见得那好处，方做出这般文章。（《朱子语类·训门人》）

②奴家爹爹王德用，身为宰执，名号黑王；妈妈两国夫人刘氏，知它享了多少荣华，受了多少富贵？（《张协状元》，第十三出）

③燕呢喃雕梁上对语，未知它诉着何意？（元·无名氏：《小孙屠》，第三出）

以上是第三人称代词的用例。

后者如：

①我每等来，它做得官时，我两口也得它拖带。(《张协状元》，第二十三出)

②我五个人，打着三斤面的饼着。(《老乞大》)

③老母遂将定俺两个弟兄，离了仙原。(《刘知远诸宫调》，第一)

④俺三口儿来到三门下，宿歇一宵，明日早晨还愿。(元·无名氏：《小张屠焚儿救母》，第二折)

⑤自己一身既是做得正，咱一家人大的小的，亲的不亲的，家法自然不乱了。(元·许衡：《鲁斋遗书·直说大学要略》，卷三)

⑥我把这银灯来指定，引了咱两个魂灵，都是这一点虚名。(元·关汉卿：《诈妮子调风月》，第三折)

以上是第一人称代词的用例。又如：

①南朝许大事，你几个使人商量了，功绩不小。(宋·徐梦莘：《三朝北盟会编·茅斋自叙》，卷十五)

②遂将财帛分作二分，一分与你母子，在家荣（营）谋生计；我将一分外国经商。(《大唐三藏取经诗话下》)

③老夫在家照管，你母子三人早去早回者。(明·朱有燉：《团圆梦》，第三折)

以上是第二人称代词的用例。又如：

①（来人）问邻舍："他老夫妻那里去了？"(明·冯梦龙：《警世通言·崔待诏生死冤家》，第八卷)

②刘伯温他父子两人都吃那歹臣每害了。(明·刘仲璟：《遇恩录》)

③取他爷儿五个回来，交付人与他领。(明·钱谦益：《牧斋初学集》，卷一〇四)

以上是第三人称代词的用例。

再谈简化现象：复数用为单数。

近古汉语里，人称代词复数用为单数，情况比较简单，似乎仅限于第一、第二人称代词，而且用例也不是很多。如：

①我们怎知你笑人，唱只曲教奴仔细听。(《张协状元》，第二十六出)

②郭威道："却不叵耐这厮欺负咱每！"(《新编五代史平话·周史平

话上》)

③俺们是过路的，要投宿哩。（元·无名氏：《盆儿鬼》，第一折）

④我扶你们归去。（《张协状元》，第四十一出）

⑤明日是岳帝生辰，你每是东京人，何不去做些杂手艺？（明·洪楩：《清平山堂话本·杨温拦路虎传》）

例①，"我们"，张叶（协）妻自指。例②，"咱们"，郭威自指。例③，"俺们"，投宿者自指。例④，"你们"，指张叶（协）妻。例⑤，"你每"，指杨三官人。

关于包括式的起源问题，著名语言学家梅祖麟先生认为这是近古汉语受到阿尔泰语影响的结果。具体说，是指 12 世纪汉语北方官话，因受同属阿尔泰语系女真语和契丹语的影响才引进了人称代词的排除式和包括式对立的语法范畴，后来又由于受到蒙语、满语的影响，促使这种对立在北方官话中一直存在着。① 我们认为，一种语言发展，首先应当从其自身去寻找原因，然后才是求其次。前面，我们罗列了大量的近古汉语人称代词复数的泛化现象。其中最值得我们注意的是"咱"和"咱们"的用例。由引例可知，被列为包括式的"咱""咱们"，事实上既可用为包括式，也可用为排除式。这就可以证明，如果第一人称代词的包括式是因外族语言的"入侵"而产生，那么"咱""咱们"就不该有排除式的存在。有了排除式的用法，这就证明了"咱""咱们"的包括式用法也都是汉语本身自生的，因此我们应当从汉语内部去寻找发展变化原因，而不是其他。事实上，汉语人称代词复数的泛化现象，早在中古汉语时就已开其端。如：

①（王）宏遣使谓（宋）翼曰："郭汜、李傕以我二人在外，故未危王公。"（《后汉书·王允传》）

②我诸年少，应为导首。（《百喻经·蛇头尾共争在前喻》）

③二人答言："与我何物？"（《百喻经·索无物喻》）

④传语江东项羽道："我是王陵及灌婴。"（变文《汉将王陵变》）

⑤阿你二个何用争功？（变文《茶酒论》）

例①—⑤，"我""你"，均与"我们""你们"义同。

---

① 蒋绍愚、曹广顺主编：《近代汉语语法史研究综述》，商务印书馆 2005 年版，第 36 页。

（2）关于人称代词的敬体形式问题。

汉语人称代词的敬体形式问题，传统的看法只是对第二或第三人称代词而言的。我们把问题再扩大一些，即第一人称代词也可包括在内。

上古汉语里，第一人称代词涉及敬体形式的只有一个"朕"字。前面讲过，在甲骨文、西周金文里，"朕"和"余（予）"的语法功能可以形成互补关系。这种互补关系，在《尚书》中已开始打破。到了上古汉语中期，"朕"在语言中很少用，已变成一个十足的古语词。尽管如此，在先秦，在秦王政统一中国之前，"朕"仍是一个极普通的词，上自君主，下至庶民，均可自称为"朕"。如：

①尔无不信，朕不食言。（《尚书·汤誓》）

②盘庚乃登进厥民，曰："明听朕言，无荒失朕命。"（《尚书·盘庚》）

③象曰："干戈朕，琴朕，弤朕，二嫂使治朕栖。"（《孟子·万章上》）

④帝高阳之苗裔兮，朕皇考曰伯庸。（《楚辞·离骚》）

例①，"朕"，商汤自指。例②，"朕"，盘庚自指。例③，"朕"，象自指。象是舜弟，普通人。例④，"朕"，诗人屈原自指。屈原亦非君主帝王。但是，自秦始皇于公元前221年统一中国后，"朕"就变成一个只准皇帝自指的专用词。这样，第一人称代词"朕"就获得一种十分庄重而又充满神秘色彩的语体资格。如：

①上曰："朕闻法正则民悫，罪当则民从。"（《史记·孝文本纪》）

②戊戌诏曰："朕以不德，奉郊庙，承大业，不能兴和降善，为人祈福。"（《后汉书·孝安帝纪》）

③帝问达摩："朕一生已来，造寺、布施、供养，有功德否？"（唐·法海：《六祖坛经》）

④玄宗闻净能所奏，性意悦然，谓净能曰："愿为弟子，尊师与朕为师。"（变文《叶净能诗》）

在先秦，和"朕"有点关系的还有一个"余（予）"字。至上古汉语中期，自"朕""余（予）"功能互补关系解体之后，"朕"就变成一个古语词，"余"也变成一个古语词。"余""予"，同音同义，是古今字。《尚书》用"予"不用"余"；《论语》《荀子》亦用"予"不用"余"；《孟子》中"余"仅出现1次，而"予"却多达45次。先秦文献，《左传》《国语》大量用

"余"，却极少用"予"，这可能同史书的语言风格有关。"余""予"的古语身份，使之稍加改造，也可变成第一人称代词的敬体形式。这种用法甚至还扩大到"我"字身上。如：

①邦之不臧，惟予一人有佚罚。(《尚书·盘庚》)

②余一人无日忘之，闵闵焉如农夫之望岁，惧以待时。(《左传·昭公三十二年》)

③其委诸伯父，使伯父实重图之，俾我一人无征怨于百姓，而伯父有荣施，先王庸之。(《左传·昭公三十二年》)

例①，"予一人"，庚盘自指。例②③，"余一人""我一人"，均是周敬王自指。但严格说来，这算不上人称代词的敬体形式，因为"予一人"、"余一人"或"我一人"是一种组合形式，"余""予""我"本身并不具备任何敬重意味，是普通的人称代词，任何人都可以使用。

说到第二人称代词的敬体形式，只有一个"您"字可以说一说。现代汉语里，"您"是"你"的敬体形式，原则上是下对上使用，但宋元时代"您"还没有这种用法。关于"您"的来源，王力先生说："'你每'压缩为一个单音词，就是〔nim〕，后来变为〔nin〕，汉语拼音写作 nín，汉字写作'您'。'您'既然等于'你每'，所以'您'字在最初的时候，是表示复数的，等于说'你们'。"[①] 王先生的引例是：

①咱是您的姐夫。(《五代史平话·唐史》)

②您孩儿们识个什么？(同上，《周史》)

③教您夫妻百年佳偶。(《董西厢·下卷》)

④若您兄弟送他，我却官中共您理会。(《刘知远》)

王先生的推论是成立的，否则我们就很难解释最初"你"和"您"到底有什么区别。不过，宋元时代，"您"虽可用于第二人称代词单数，但并无敬体可言。如：

①瘿鳖上离了兹亲，悢然地两脚到您庄院，深丞（承）丈丈便怎好见。(《刘知远诸宫调》，第一)

②母亲，三月二十八日将近，你儿三口儿，待往大安神州东岳庙上烧香

---

① 王力：《王力文集》，第 11 卷，山东教育出版社 1990 年版，第 75 页。

去。(元·无名氏:《小张屠焚儿救母》,第二折)

③郭科道:"您虽是杀了那人,却是州县隔远,那里有讨您处?"(《新编五代史平话·周史平话上》)

④成宝归家说与舅舅得知,常武安道:"您年纪虽小,却有胆智。"(《新编五代史平话·周史平话上》)

例①②,下对上,用"您"也用"你"。例③④,上对下,也可用"您"。这充分证明:当时"您"尚无敬体用法。第二人称代词"您"用为敬体形式,是很晚的事。据吕叔湘先生研究,"您(恁)"最早的用例始见于清代后期小说《老残游记》。引例如:

①今日总算"他乡遇故知",恁也该做首诗,我们拜读拜读。(《老残游记》,第十二回)

②墨得了,恁写罢。(同上)

例①,是书中人物"人瑞"和"老残"的对话。实际上,同一句话中仍"你""恁"并用,这说明"恁"的用法并不稳定。原文是:

③人瑞道:"老残,我多时不见你的诗了,今日总算'他乡遇故知',恁也该做首诗,我们拜读拜读。"(《老残游记》,第十二回)

关于古代第二人称代词的敬体形式问题,我国早期的语法著作,也有将一些称谓名词混为代词者。如杨树达先生就将"子""吾子""公""君""夫子""卿""先生"等七种形式均视为"对称代名词"的"敬称"①,现在多数人恐怕不会接受这一观点了。

至于第三人称代词"他"的敬体形式"怹",王力先生说:"'怹'字也应该是'他们'的合音,后来变为表示单数,但是不见于宋元词曲。"② 实际上,就是现在普通话里也很少听见"怹"这个词了,应当说,它早已被历史淘汰了。

(二) 指示代词的发展

古代指示代词的发展问题,内容很复杂。我们应当避免平面地罗列材料,作词典式的解析。根据我们掌握的资料,认为有三个问题是必须讨论

---

① 杨树达:《高等国文法》,商务印书馆1957年版,第65—67页。
② 王力:《王力文集》,第11卷,山东教育出版社1990年版,第76页。

的。这三个问题，一是指示代词从三分系统走向二分系统，二是指示代词三分系统和人称代词三分系统的关系问题，三是指示代词发展带来的功能互补关系的解体和复音化问题。下面分别叙述之。

1. 指示代词从三分系统走向二分系统

关于上古汉语指示代词的分类问题，学术界传统的观点是主张二分的，即主张分为近指指示代词和远指指示代词两大类。这种观点，从马建忠开始就一直如此。如马建忠说："'是''此''若'三字，先于公名，所指皆当前者；非当前者，间以'彼'字先之"，又说："所指而有远近先后之别者，别以'彼''此'二字，单用为常。"① 此后的语言学者，也多半沿袭此说。著名语言学家吕叔湘先生对此有不同看法。早在 1942 年，吕先生对古代指示代词是二分还是三分就颇为犹豫。如吕先生说："确定指称词分近指、远指两类。近指，白话用'这'，文言用'此'和'是'；远指，白话用'那'，文言用'彼'和'其'。"但在另处，吕先生又说："'其'字应归入远指，但因专用于承指而不用于特指，已仿佛是个中性指示词。"② 再后来，吕先生的意见更明确了，承认"'之'原来是近指代词，'其'原来是中指（较近的远指）代词，'彼'原来是远指代词"③。本书认为，吕先生的观点是正确的。为什么？

第一，从普通语言学角度来说，世界多种语言指示代词都是三分的。如古印欧语，像拉丁语、共同斯拉夫语及亚美尼亚语等等，指示代词都是三分的。如共同斯拉夫语 Cъ（这个），用于指示最近的事物；mъ（那个），用于指示较近的事物；而 oнъ（那个），用于指示较远的事物。④

第二，从现代汉语方言角度来看，某些方言，如西安方言和苏州方言，指示代词也是三分的。这可能反映出古代指示代词三分系统现象的残留。西安话说"这塔"，是指近距离；说"卧塔"，是指中距离；说"咻咻"，是指远距离。⑤ 又如苏州话说"该个"〔KE kəˀ〕，这个，用于近指；说"弶个"

---

① 马建忠：《马氏文通》（校注本），中华书局 1961 年版，第 93—95 页。
② 吕叔湘：《中国文法要略》，中卷，中华书局 1957 年版，第 55—58 页。
③ 吕叔湘：《汉语语法论集》，科学出版社 1956 年版，第 181 页。
④ ［苏］P. A. 布达哥夫：《语言学概论》（俄文版），莫斯科 1958 年版，第 270 页。
⑤ 许树声：《西安方言的一些特殊语法现象》，《中国语文》1958 年第 9 期，第 432 页。

〔gə˩ Kə˥〕，这个，用于中指；说"归个"〔KuE˥ kə˥〕，那个，用于远指。说"该搭"〔KE˥ ta˥〕，这里，用于近指；说"辪搭"〔gə˩ ta˥〕，这里，用于中指；说"归搭"〔KuE˥ ta˥〕，那里，用于远指。[①] 著名汉语史学者郭锡良先生也说："从汉藏语系的苗语和越南语的指示代词体系来看，上古汉语的指示代词体系很可能比现代汉语复杂，而苏州话、上海话、常州话、洞口话、龙南话指示代词的三分法可能就是上古汉语指示代词体系的某些残迹的反映。"[②] 我们同意郭先生的观点。

第三，最重要的是上古汉语文献材料本身也能证明这个问题。大家知道，上古汉语里，"彼""此"经常对立地使用在同一语言环境里，这就充分证明"彼""此"是分别代表所指事物的两极，也证明首先是可以将指示代词进行二分的。如：

①彼有遗秉，此有滞穗。(《诗经·小雅·大田》)

②此宜无罪，女反收之；彼宜有罪，女覆说之。(《诗经·大雅·瞻卬》)

③疆场之邑，一彼一此，何常之有？(《左传·昭公元年》)

④徒取诸彼以与此，然且仁者不为，况于杀人以求之乎？(《孟子·告子下》)

⑤彼一时，此一时也。(《孟子·公孙丑下》)

上古汉语里，近指指示代词"此"，或作"兹""是""斯"诸形；远指指示代词"彼"或作"夫"形，因此文献中亦可形成下列的搭配关系。如：

①泂酌彼行潦，挹彼注兹。(《诗经·大雅·泂酌》)

②诗云："刑于寡妻，至于兄弟，以御于家邦"，言举斯心加诸彼而已。(《孟子·梁惠王上》)

③微夫人之力不及此。(《左传·僖公三十年》)

④不以夫一害此一谓之壹。(《荀子·解蔽》)

⑤前则若彼，后则若此。(《论衡·率性》)

到了中古汉语的前期和中期，"彼""此"这种对立系统仍维持下来。如：

---

① 金有景：《苏州方言的方位指示词》，《中国语文》1962 年第 4 期，第 188 页。

② 郭锡良：《试论上古汉语指示词的体系》，见《汉语史论集》(增补本)，商务印书馆 2005 年版，第 86 页。

①今去彼而居此，是为避朝亡之期耳。(《三国志·魏书·司马朗传》)

②故物损于彼者盈于此，成于此者亏于彼。(《列子·天瑞》)

③于此世界，尽见彼土六趣众生。(《法华经·序品》，卷一)

④夫事固有弃彼取此，以权一时之势，愿将军虑焉。(《后汉书·荀彧传》)

⑤天地所不容，在彼不在此矣。(《宋书·武帝纪》)

⑥今日营此事，明日造彼业。(《百喻经·观作瓶喻》)

回过头来，我们再考察一下"其"字。"其"，作为指示代词时，它很少同"彼"或"此"搭配使用，而是自成一系，这是有目共睹的事实。这种独立性，对它可以兼作第三人称代词来用关系极大，对此我们后面另有分析。当我们认定"彼""此"是代表所指事物的两极时，"其"作为指示代词时，只能用于中指，别无选择。凡是空间上无法区分远近，或于概念上比较抽象的事物，均可用"其"加以指别，均属中指。如：

①王其德之用，祈天永命。(《尚书·召诰》)

②我行其野，言采其蓫。(《诗经·小雅·我行其野》)

③公闻其期，曰："可矣。"(《左传·隐公元年》)

④东国有鲁连先生，其人在此。(《战国策·赵策三》)

⑤公知其一，未知其二。(《史记·高祖本纪》)

⑥其歌谣至今犹存。(《搜神记》，卷十一)

⑦其年，丹阳尹孟昶以为建威司马。(《宋书·袁湛传》)

⑧岂有终日执之而不知其味者乎？(《世说新语·德行》)

⑨八月初，踏其苗令死。(《齐民要术·种襄荷芹蓫》)

⑩我故远来求法，不要其衣。(唐·法海：《六祖坛经》)

上古汉语里，近指指示代词主要有"此""是""斯"，早期材料里还有"之"和"兹"；远指指示代词主要有"彼""夫"；中指指示代词主要有"其"和"厥"(金文作"氒")。这些指示代词，根据王力先生的拟音，可以分作三类。一是同韵异声者：此，清母，支部，开口三等，拟音为〔ts'ie〕；是，禅母，支部，开口三等，拟音为〔zǐe〕；斯，心母，支部，开口三等，拟音为〔sǐe〕；之，照母，之部，开口三等，拟音为〔tǐə〕；其，群母，之部，开口三等，拟音为〔gǐə〕。二是同声异韵者：彼，帮母，歌部，开口三等，拟音为〔p̌iai〕；夫，帮母，鱼部，合口三等，拟音为〔p̌iua〕。三是独立为类者：兹，精母，之部，开口三等，拟音为〔tsǐə〕；厥，见母，月部，合口三等，拟音为〔kǐuat〕。综合上述，可制成下表：

上古汉语指示代词分类表

分类　　代词、拟音　　声韵	同韵异声	独立	同韵异声	同声异韵
近指	此〔ts'ǐe〕 是〔zǐe〕 斯〔sǐe〕	兹〔tsǐə〕	之〔tǐə〕	
中指		厥〔kǐuat〕	其〔gǐə〕	
远指				彼〔p̌iai〕 夫〔p̌iua〕

值得注意的是，这种三分局面，在中古汉语里，有明显迹象显示"此—其—彼"三分系统已开始向"此—其"二分系统转化。有数据为证：据我统计，《搜神记》中，"此"用为近指指示代词有283次，"彼"用为远指指示代词仅3次，而"其"用为中指指示代词却有161次。又如《世说新语》中，据张万起先生统计，"此"用为近指指示代词有297次，"彼"用为远指指示代词仅2次，而"其"用为中指指示代词的却有40次。① 到了中古汉语后期，当"这""那"产生之后，"此—其"二分系统又开始向"这—那"二分系统转化，直到近古汉语才彻底完成。

关于指示代词"这""那"的起源问题，现在学术界颇有争议。日本汉学家志村良治先生对此曾有过详细的介绍和评议。② 在诸说中，最重要的有两家，一是吕叔湘先生，二是王力先生。吕先生认为"这"来自古代的"者"字，"那"来自古代的"若"字③，而王先生认为"这"来自古代"之"

---

① 张万起：《世说新语词典》，商务印书馆1993年版，第127、166、324页。
② 〔日〕志村良治：《中国中世语法史研究》，江蓝生、白维国译，中华书局1995年版，第115—122、139—143页。
③ 吕叔湘：《汉语语法论文集》，科学出版社1956年版，第179—181页。

字，"那"来自古代疑问代词"那"。① 对此，本书另有解释。

先说"这"。

说"这"（或形作"遮""者"）、"那"产生于唐代是没有问题的。唐五代是汉语史上另一个重要的转型期，很重要。说"这"来源于古代"者"字，但古代"者"字能否用为指示代词，是有问题的。再说古代的"者"，唐代的"者"，是一个词还是两个词，也有待认定。说"这"来源于古代的"之"字，但古代"之"字用为指示代词的频率并不高，应用面很窄，并且从发展上看，"之""这"也缺乏历史连贯性。我认为正确解释"这"的产生，必须注意两个问题：一是找准演变上限的终端字形；二是注意指示代词和人称代词两大系统在发展中所带来的影响。

第一，应认定演变上限的终端字形是"此"，而不是"者"或"之"。

甲骨文里用为近指指示代词的只有两个字，一是"之"，二是"兹"。它们都是假借字。如：

①贞：今日壬申其雨？之日允雨。（《乙》，3414）

②壬寅卜，彀贞：不雨，隹兹商有作祸。（《乙》，5265）

甲骨文中有"此"字，形作𣥐，但没有发现用作指示代词的用例。从上古汉语中期开始，直到中古汉语，"此"作为近指指示代词，使用频率一直是最高的。"这"，作为一个新生的指示代词，它的演变，它的来源，我们首先应考虑到对接的是"此"而不是其他。但是，由"此"到"这"，其间并不存在直接的演变线索，这也是事实。所以我们绝不能忽略"此"和"这"之间的一个重要中间环节，这就是"遮""者"二字。"这"（繁体作"這"），当是"遮"或"者"的借字，所以张相说："遮，与这同。这本音彦，迎也，系借用之字，本字应从遮或者。"② 而"遮"或"者"，用为近指指示代词，又当视为"此"的借字。这两道假借环节发生于不同的时代，因此字形或作"遮""者"，或作"这"，前后不能统一。经过这样的疏理，也许我们就可以看清了"此"和"这"之间的演变关系了。另外，从语音上说，"此"，依《广韵》，其音为雌氏切，属清母，纸韵，开口三等字，而"这"，依《增韵》，其音有止也切，属章母，马韵，上声字。《增韵》为宋代作品，全名为

---

① 王力：《王力文集》，第 11 卷，山东教育出版社 1990 年版，第 87—95 页。

② 张相：《诗词曲语辞汇释》，上册，中华书局 1963 年版，第 148 页。

《增修互注礼部韵略》，是毛氏父子（毛晃、毛居正）对丁度的《礼部韵略》的修订。大家知道，"这"的早期形式，常常写作"者"或"遮"（这里的"者"与上古的"者"恐怕不是一个词）。中古"者"，章也切，属章母，马韵，开口三等字，与"这"同音，而"遮"，正奢切，亦章母，麻韵，开口三等字，属平声，与"者"也仅声调不同而已。再说中古后期，即晚唐五代时期，根据王力先生《汉语语音史》说法，"者""遮""这"当同属照母，"麻蛇"韵，开口三等字，拟音为〔tɕia〕，而"此"应属清母，"资思"韵，开口一等字，拟音为〔tsɿ〕。两组字相比，虽然韵母音值相差较远，但声母一为舌尖前音（精组字），一为舌面前音（照组字），两者读音仍然较近。因此，我们断定，"此"当以"者""遮"为借字，"者""遮"又以"这"为借字，这种连环假借绝不是偶然的。"破译"了这两个假借环节，我们便可将"此"和"这"连成一线了。如：

①者汉大痴，好不自知。（变文《燕子赋》一）

②卣耐遮贼，临阵交锋，识认亲情，坏却阿奴社稷。（变文《韩擒虎话本》）

③道这个老人，来也不曾通名，去也不曾道字。（变文《庐山远公话》）

④我是曲江临池柳，者人折了那人攀，恩爱一时间。（《敦煌曲子词·望江南》）

⑤者边走，那边走，只是寻花柳。（五代蜀·王衍：《醉妆词》）

⑥三十六峰犹不见，况伊如燕这身材。（五代蜀·韦縠：《才调集》）

⑦细想从来，断肠多处，不与者番同。（宋·晏几道：《少年游》）

⑧这回去也，千万遍阳关，也则难留。（宋·李清照：《凤凰台上忆吹箫》）

⑨江湖上，遮回疏放，作个闲人样。（宋·陆游：《点绛唇》）

⑩我这主人法度不轻。（《水浒传》，第四十六回）

第二，我们还应注意指示代词和人称代词两大系统在发展中所带来的影响。

前面说过，从上古汉语中期开始，"我—尔—之/其"就已进入雅言系统。到了中古汉语中期，随着"之""其"功能互补关系的解体和"之""其"语法功能的泛化，"其"大有取代"之"的趋势。但是"其"的功能始终是不完备的，不能独立地承担主语、宾语、定语三大语法功能，因而最终被淘汰，让位于"他"字。到了中古汉语后期，随着人称代词"你""他"的正式产生，新的人称代词"我—你—他"表达系统正式形成。这一系统的形成又反过来促使指示代词"此—其—彼"表达系统的解体和新的"这—那"二分系统的确立。

再说"那"。

关于指示代词"那"的起源问题，我们同意王力先生的说法，即认为它来源古代的疑问代词"那"。"那"，作为一个疑问代词，上古汉语里早已存在。如：

①牛则有皮，犀兕尚多，弃甲则那？（《左传·宣公二年》）

②处分适兄意，那得自任专？（汉·无名氏：《焦仲卿妻》）

例①，杜注云："那，犹何也。"但这里的"那"，实为一个合音字，并非是纯粹的疑问代词。顾炎武《日知录》卷三十二有云："直言之曰'那'，长言之曰'奈何'，一也。""那""奈"，上古同属泥母，拟音为〔n〕；"那""何"，上古同属歌部开口一等字，拟音为〔ai〕。但到了中古汉语，真正的疑问代词"那"已经产生。如：

①西门豹，古之神人，那可葬于其边乎？（《三国志·魏书·田豫传》注引《魏略》）

②汝头那忽戴鱼？（《搜神记》，卷二十）

③是我女袍，那得在市？（《搜神记》，卷十六）

④弟子都未解，阿弥那得已解？（《世说新语·文学》）

⑤（庾）亮不动容，徐曰："此手那可使著贼？"（《世说新语·雅量》）

⑥身上无尘垢，心中那更忧？（唐·寒山子：《寒山诗·今日》，第二八三）

⑦那堪数十年，亲旧凋落尽。（唐·寒山子：《寒山诗·何以》，第二五一）

汉语一些单音节词，借助声调变化来改变词义的做法由来已久，六朝以后更是如此。疑问代词"那"，《广韵》奴可切，泥母，哿韵，上声字，后分形作"哪"，今读 nǎ；指示代词"那"，奴箇切，泥母，箇韵，去声字，今读 nà。依王力先生的《汉语语音史》，到了晚唐五代时期，"那（哪）"（奴可切）、"那"（奴箇切），均属泥母，"歌戈"韵，拟音为〔na〕，不同的也仅是声调而已。由此可知，指示代词"那"，已由疑问代词"那（哪）"中分化出来了。如：

①余庆得而读之，曰："必是那狗！"（唐·张鷟：《朝野金载》，卷二）

②兽王问那大王："兽王当问大王言，汝往山中多少年？"（变文《妙法莲花经讲经文》一）

到了近古汉语里，"这一那"二分系统才彻底形成，并由此带来了"这""那"的词义对立。这种对立，不仅可以处于一句之内或上下句中，也可处于不同的句子之中；这种对立，也包括由"这""那"组成的复音词的对立。如：

①也似人身无两种，这邀（般）才死那边生。（变文《金刚般若波罗密经讲经文》）

②你道这个与那个别不别？（《祖堂集》，卷十一）

③师曰："此犹是这边事那边事作摩生？"（《祖堂集》，卷六）

④这事自有这个道理，那事自有那个道理。（《朱子语类·训门人》）

⑤今日撞着这事，便与他理会这事；明日撞着那事，便理会那事。（《朱子语类·训门人》）

⑥这赋题是本朝张炳文侍郎出。（宋·徐梦莘：《三朝北盟会编·绍兴甲寅通和录》，卷一六二）

⑦某尝喜那钝底人，他若是做得工夫透彻时，极好。（《朱子语类·训门人》）

⑧这人是师师的一个哥哥，在西京洛阳住。（元·无名氏：《宣和遗事》）

⑨那七国之君也不用，孔子却来鲁国教三千徒弟。（元·许衡：《鲁斋遗书·直说大学要略》，卷三）

⑩这里还有祖师么？（宋·圜悟克勤：《碧岩录》，卷一）

⑪僧儿道："认得，那里是皇甫殿直家里。"（明·洪楩：《清平山堂话本·简贴和尚》）

⑫直欲和这些秉彝都消杀得尽。（《河南程氏遗书》，卷二上）

⑬红光紫雾罩其身，那些福气说不尽。（《刘知远诸宫调》，第一）

⑭嫂嫂，你这搭儿莫不错行？（元·无名氏：《杀狗劝夫》，第三折）

⑮正打街头过，见吊个花碌碌纸榜，不似那答儿闹穰穰人多。（元·杜仁杰：《〔般涉调〕耍孩儿·庄家不识构阑》）

2. 指示代词三分系统和人称代词三分系统的关系问题

从普通语言学的角度来看，多种民族语言的指示代词的三分系统同人称代词的三分系统都是相对应的：近指指示代词—第一人称代词，中指指示代词—第二人称代词，远指指示代词—第三人称代词。① 那么上古汉语的指示代词和人称代词之间是否也存在这种对应关系呢？我国最早注意到这个问题的是著名语言学家吕叔湘先生。吕先生说："指示代词跟三身代词在来源上有密切的关系，多种语言里都有或显著或隐微的例证。法国人 W. Bang 就曾经注意到这个现象，他的结论是：初民先有指示的概念，后有三身的概念。第一身往往跟近指代词同源；远指代词又分较近较远两类，前者大多跟第二身相关，后者大多跟第三身相关。汉语里只有第一身代词跟指示代词没有发生过关系。古代多借指示代词为第三身代词，如'之'原来是近指代词，'其'原来是中指（较近的远指）代词，'彼'原来是远指代词。"② 我们基本上认同吕先生这段论述，但不同意 W. Bang 的观点。从汉语的材料来看，并不是先有指示代词，后有人称代词，而是恰恰相反。我们认定汉语是先有人称代词，其次是指示代词，最后才是疑问代词。甲骨文、金文资料都可以证实这一点。甲骨文里，第一人称代词比较发达，有"我""余""朕"，与之相应的近指指示代词有"之"和"兹"，但双方并不存在语源关系。甲骨文、金文中第二人称代词也比较发达，有"女（汝）""乃""尔"，但与之相应的中指指示代词，甲骨文中却没有"其"字，金文有"乎"字（《尚书》作"厥"形），但那也可能是"其"的方言变体。至于第三人称代词，甲骨文、金文中都是不存在的。金文中"之""乎"可以用为第三人称代词，但这都是借用指示代词的结果。

上古汉语里人称代词的三分系统和指示代词的三分系统的关系，最大的注意焦点只有两个：一是部分第二人称代词可以用为指示代词，二是指示代词"其""之"可以用为第三人称代词。前者如：

---

① ［苏］Л. П. 雅库宾斯基：《古代俄语史》，俄文版，莫斯科 1953 年版，第 191 页。按：雅氏将近指、中指、远指指示代词分别称为第一、第二、第三级指示代词。

② 吕叔湘：《汉语语法论文集》，科学出版社 1956 年版，第 181 页。

①古我先后既劳乃祖乃父，汝共作我畜民。(《尚书·盘庚》)

②当断不断，反受其乱，乃是也。(《史记·齐悼惠王世家》)

③谁谓尔无羊，三百维群。(《诗经·小雅·无羊》)

④帝命率育，无此疆尔界，陈常于时夏。(《诗经·周颂·思文》)

⑤夫差，而忘越王之杀而父乎？(《左传·定公十四年》)

⑥豫让拔剑三跃，呼天击之，曰："而可以报知伯矣。"(《战国策·赵策一》)

⑦失法离令，若死，我死。(《商君书·画策》)

⑧以若所为，求若所欲，犹缘木而求鱼也。(《孟子·梁惠王上》)

例①③⑤⑦，"乃""尔""而""若"，第二人称代词，义同"你"。例②④⑥⑧，"乃""尔""而""若"，指示代词，义同"此"或"那"。人称代词用为指示代词，这正可以证明人称代词的指别性质。后者如：

①度其夕阳，豳居允荒。(《诗经·大雅·公刘》)

②仲子生而有文在其手。(《左传·隐公元年》)

③之子于归，宜其家人。(《诗经·周南·桃夭》)

④庄公寤生，惊姜氏，故名曰寤生，遂恶之。(《左传·隐公元年》)

例①③，"其""之"，指示代词，义同"那"或"此"。例②④，"其""之"，人称代词，义同"他的""他"。上古汉语里，还有两个指示性质很强的指示代词"彼""夫"，它们偶尔也可用为第三人称代词，不过频率很低。如：

①彼黍离离，彼稷之苗。(《诗经·王风·黍离》)

②彼竭我盈，故克之。(《左传·庄公十年》)

③公曰："不可。微夫人之力，不及此。"(《左传·僖公三十年》)

④夫也不良，国人知之。(《诗经·陈风·墓门》)

例①③，"彼""夫"，指示代词，义同"那"。例②④，"彼""夫"，用为人称代词，义同"他们"(指齐军)、"他"(指陈佗)。

总之，上古汉语指示代词的三分系统正为第三人称代词的产生创造了条件。上古汉语第三人称代词，主要是借用"其"(来源于中指)和"之"(来源于近指)来表示的，极少部分是借用了"彼""夫"(均来源于远指)。这一点同日语有点相似，但又不完全相同。日语的指示代词也可以三分：此れ

（近指），其れ（中指），彼れ（远指）。但用为第三人称代词的，只有彼れ（指男性）：读あれ，作指示代词，人称代词均可；读かれ，只能是人称代词。但由于"其"和"之"（包括"彼"和"夫"在内），都存在功能互补关系，因此它们当中任何一个词都无法独立承担主语、宾语和定语三大功能。这种功能上的"缺陷"，就是阻碍它们发展为真正的第三人称代词的根本原因。到了中古汉语，随着语言发展，随着"其""之"或"彼""夫"功能互补关系的解体，由旁指代词演变而来的"他"，才登上了真正的第三人称代词的历史地位，这是一件大事。那么，我们不仅要问：为什么是由"他"而不是由什么别的形式来代替"其""之""彼""夫"呢？原因是：

第一，从词义上看，"他"由旁指而发展为"他指"，这是"他"由指示代词变为人称代词的词义条件。

"他"或作"它"，主要是应用于上古汉语中后期里。甲骨文里有"它示"（或作"柁示"）一语，"它"是否为旁指代词，尚有疑问。"旁指"或称"别指"，是一种泛称泛指，而"他指"，则是一种确称确指，两者有所不同。如：

①至于他邦，则曰："犹吾大夫崔子也。"（《论语·公冶长》）
②王顾左右而言他。（《孟子·梁惠王下》）
③长房曰："还它马，赦汝死罪。"（《后汉书·方术列传下》）
④如彼愚人代他捉熊，反自被害。（《百喻经·老母捉熊喻》）

例①②，"他"，旁指，指事物，是泛称泛指。例③④，"它""他"，他指，指人，是确称确指。正因为"他"可用于他指，是一种确称确指，所以它后面常常跟上有特定内容的指人名词。这种情况下，这种"他"，很容易误认为是第三人称代词。这种情况，在中古汉语，尤其是近古汉语里用得相当普遍。如：

①远公唱喏，便随他牙人，直至相公门首。（变文《庐山远公话》）
②师云："径山和尚还有妻不？"对曰："他径山和尚真素道人，纯一无杂。"（《祖堂集》，卷十五）
③又如弱人和强人相牵一般，强人在门外，弱人在门里，弱底不能胜，便被他强底拖去了。（《朱子语类·训门人》）
④偶遇它张叶（协），要为夫婿。（《张协状元》，第十六出）

⑤怕见他洪信与洪义。(《刘知远诸宫调》，第二)

⑥这庙门前有一孝义之家，昨夜有他媳妇为因夫死自缢。(明·朱有燉：《团圆梦》，第四折)

⑦那杨三官人是三代将门之子，那里怕他强人？(明·洪楩：《清平山堂话本·杨温拦路虎传》)

例①—⑦，"他"，指示代词，均用于他指，确称确指，义同"那"。

第二，从功能上看，"他"克服了"其""之"或"彼""夫"的功能障碍，能独立地把主语、宾语和定语三大功能统一起来，使汉语第三人称代词表达上更加明确、精准，这是"他"最终取代"其""之"或"彼""夫"而成为第三人称代词的功能条件。

应注意到，到了中古汉语，"其""之"或"彼""夫"的功能互补关系已经解体(关于"彼""夫"的功能互补关系，下面另谈)。尽管如此，这些词的功能泛化并未彻底改变它们的功能缺陷，如"其"仍很少独立地充当句子主语，仍不能充当一般动词宾语；"之"仍很少作句子的定语，更不用说是主语了。这些问题，当"他"成为第三人称代词之后，就都化解掉了。

第三，从系统上看，到了中古汉语后期，当"他"进入了"我—你—他"新的人称代词系统之后，"他"的第三人称代词的历史地位也就确定了，这是"他"完成第三人称代词演变的最终条件。

语言发展变化往往是成系统的，不论是语音、词汇变化，还是语法变化都是如此。某种语言成分，一旦进入某一系统，其变化也往往是机制性的，是"身不由已"。大家知道，中古汉语里，当第一人称代词"我"在汉民族共同语中的地位进一步得到确定、第二人称代词由"尔"变成"你"并与"我"形成新的表达系统之后，第三人称代词继续保留"其""之"这种古老形式，是不可能的。到了中古汉语后期，即唐五代，"他"已由旁指、他指代词已彻底地演变为第三人称代词，进入了"我—你—他"新的表达系统，从而完成了汉语人称代词发展的一次重大变化。这种变化是一种质的飞跃，也是汉民族共同语发展所带来的必然结果。

3. 指示代词发展带来的功能互补关系的解体和复音化问题

上古汉语的指示代词系统形式纷繁，关系复杂。上古汉语指示代词，从形式上看，近指指示代词有"之""兹""此""是""斯"，中指指示代词有"其""厥"，远指指示代词有"彼""夫"等诸多形式。这些纷繁形式，有的是属于新老词汇更替问题，有的是属于方言问题，还有的是纯属于文字假借问题。前两者是属于历史问题，亦即发展问题，而后者是属于文字使用问题，原则上与发展问题无关。

之／兹／此／是／斯

"之"，最早用在甲骨文里，主要是作定语，用于指别时间。如：

①乙卯卜，㱿贞：今日往于臺，之日大采雨，王不步？（《粹编》，1043）

②之夕允不雨。（《前》，7.14.3）

甲骨文中，有时"之""止"通用，借"止"为"之"。如：

③止夕允不雨。（《合集》，24684）

"兹"，甲骨文中用法比"之"略宽泛些，可作定语、宾语，主要用于指时间、处所，亦可指事物。如：

①及兹月出采，受年？（《屯南》，345）

②庚午卜，内贞：王勿作邑在兹，帝若？（《合集》，14201）

③用兹大吉。（《戬》，32.1）

甲骨文之后，在传世文献中，主要使用在《尚书》《诗经》中，仍以作定语、宾语居多，很少作主语。其用法，仍以指别时间、处所为主，间或亦可指别人或事物。如：

①夏德若兹，今朕必往。（《尚书·汤誓》）

②我王来，既爰宅于兹，重我民，无尽刘。（《尚书·盘庚》）

③保兹天子，生仲山甫。（《诗经·大雅·烝民》）

④兹予其明农哉！（《尚书·洛诰》）

⑤今兹之正，胡然厉矣？（《诗经·小雅·正月》）

例⑤，"今兹"，指时，不当以"今年"译之。

"此"，始见于金文，但用例极少。如：

①此易言而难施（也）。（《中山王𦈘鼎》）

在今文《尚书》里，"此"的用例仍然很少，仅见3例。"此"字大量使用始自《诗经》和《左传》。到了上古汉语中期，"此"是应用最广，使用频率最高的一个指示代词，当属"雅言"成分。用法上，"此"作主语、宾语、定语均可，指人、指事、指物亦均可，几乎没什么限制。如：

①此厥不听，人乃训之。（《尚书·无逸》）

②此邦之人，不我肯谷。（《诗经·小雅·黄鸟》）

③此十六族也。（《左传·文公十八年》）

"是"，亦始见于金文，但用例不多。如：

①无唯正酣（昏），弘其唯王智，迺唯是丧我或（国）。（《毛公鼎》）

《尚书》《诗经》中亦用例不多，大量使用始自《左传》。如：

②故一人有事于四方，若卜筮罔不是孚。（《尚书·无逸》）

③萋兮斐兮，成是贝锦。（《诗经·小雅·巷伯》）

④子于是日哭，则不歌。（《论语·述而》）

⑤武子疾，命颗曰："必嫁是。"（《左传·宣公十五年》）

到了春秋战国时代，除个别文献（如《论语》）外，"此""是"均应用较广，使用频率很高。从用法上看，"此""是"的主要区别如下：

第一，"此"作主语、宾语，可以直接指人，而"是"有这种用法的是个别用例。如：

①悠悠苍天，此何人哉？（《诗经·王风·黍离》）

②齐侯曰："余姑翦灭此而朝食。"（《左传·成公二年》）

③此亦妄人也已矣。（《孟子·离娄下》）

④公若泣而哀之，曰："杀是，是杀余也。"（《左传·昭公二十五年》）

第二，"此"作主语、宾语，可以直接指时间或处所，而"是"却很少有这种用法。如：

①彼有遗秉，此有滞穗。（《诗经·小雅·大田》）

②予美亡此，谁与独处？（《诗经·唐风·葛生》）

③此蔡侯般弑其君之岁也。（《左传·昭公十一年》）

第三，"是"字作主语，可以复指结构比较复杂的同位成分，而"此"很少有这种用法。如：

①德之不修，学之不讲，闻义不能徙，不善不能改，是吾忧也。（《论语·述而》）

②狗彘食人食而不知检，涂有饿莩而不知发，人死，则曰"非我也，岁也"，是何异于刺人而杀之？（《孟子·梁惠王上》）

　　第四，"此"作定语是主要用法，指人指物均可；"是"作定语是次要用法，且以指事物为主。如：

　　①今夕何夕，见此良人?（《诗经·唐风·绸缪》）

　　②昔者则我出此言也，不亦宜乎?（《孟子·离娄上》）

　　③淑人君子，正是国人。（《诗经·曹风·鸤鸠》）

　　④诚哉是言也。（《论语·子路》）

　　第五，"是"字作谓语，可以复指上文出现的情况，意为"如此""这样"，而"此"却少有这种用法。如：

　　①天下多美妇人，何必是。（《左传·成公二年》）

　　②取之而燕民悦，则取之，古之人有行之者，武王是也。（《孟子·梁惠王下》）

　　第六，"是"可以作状语，表示一种状况，意为"如此""这样"，"此"却很难发现这样的用例。如：

　　①祀事孔明，先祖是皇。（《诗经·小雅·信南山》）

　　②微生亩谓孔子曰："丘何为是栖栖者与?"（《论语·宪问》）

　　"此""是"用法的区别大致如上所述。但从整体上观察，"此""是"仍存在功能互补现象："此"多作定语和宾语，"是"多作主语。根据"此""是"的功能互补关系，作成下表：

上古汉语近指指示代词"此""是"语法功能互补关系表

分类　　代词、拟音　　功能	主语	定语	宾语
近指　此	＋	〔tsʻie〕＋＋	〔tsʻie〕＋＋
近指　是	〔ʑie〕＋＋	＋	＋

　　说明：＋＋，表示频率多；＋，表示频率少。

　　"斯"，始见于《诗经》。在春秋战国时期，"斯"主要使用在《论语》《孟子》中。《论语》中有"斯"无"此"，"斯"的方言性质是毋庸置疑的。"斯"字作定语，这是它最主要的用法。"斯"作定语，指人指物均可，但主要用于指物。如《诗经》中，"斯"作定语10次，指物者9次；《论语》中，"斯"作定语15次，指物者11次；《孟子》中，"斯"作定语18次，指物者

14 次。如：

①嗟嗟烈祖，有秩斯祜。（《诗经·商颂·烈祖》）

②天之未丧斯文也，匡人其如予何？（《论语·子罕》）

③凿斯池，筑斯城也，与民守之。（《孟子·梁惠王下》）

"斯"作定语，亦常用于特指。如：

①笃公刘，于胥斯原。（《诗经·大雅·公刘》）

②斯人也而有斯疾也。（《论语·雍也》）

"斯"作宾语，多用于指事物或处所，似乎不能用于指人。如：

①何斯违斯，莫敢遑息。（《诗经·召南·殷其雷》）

②子在川上曰："逝者如斯夫，不舍昼夜。"（《论语·子罕》）

③皆坐，子告之曰："某在斯，某在斯。"（《论语·卫灵公》）

"斯"很少作主语，作主语时也多半指物，很少指人。偶有指人者，当属个别用例。如：

①礼之用，和为贵，先王之道，斯为美。（《论语·学而》）

②鲁无君子者，斯焉取斯？（《论语·公冶长》）

其/厥

"其"，作为中指指示代词，使用频率很高，主要应用在上古汉语中期之后，是个共同语成分。"其"作指示代词，主要是作定语，指人指物均可；尚未发现作主语、宾语的用例。如：

①卢令令，其人美且仁。（《诗经·齐风·卢令》）

②出其东门，有女如云。（《诗经·郑风·出其东门》）

③匿怨而友其人，左丘明耻之，丘亦耻之。（《论语·公冶长》）

④不由其道而往者，与钻穴隙之类也。（《孟子·滕文公下》）

"厥"，始见于金文，形作"氒"。金文之后，多用于《尚书》，使用频率高。春秋战国时代已少用，为典型的古语词。"厥"，可能是个方言词，没有进入共同语。"厥"作为指示代词，主要是作定语，很难发现有作主语和宾语的用例。这一用法，与后来出现的"其"字十分相似。如：

①氒逆疆众厉田，氒东疆众散田。（《五祀卫鼎》）

②文王孙亡弗褱（怀）井（型），亡克竞氒剌。（《班簋》）

③厥民析，鸟兽孳尾。（《尚书·尧典》）

④皋陶曰："允迪厥德，谟明弼谐。"（《尚书·皋陶谟》）

⑤率时农夫，播厥百谷。（《诗经·周颂·噫嘻》）

彼/夫

"彼"，作为远指指示代词，始见于《诗经》。"彼"，主要作主语、宾语，用于指事物或处所。如：

①彼，国政也，非私难也。（《左传·昭公元年》）

②彼有不获稺，此有不敛穧。（《诗经·小雅·大田》）

③泂酌彼行潦，挹彼注兹。（《诗经·大雅·泂酌》）

④在彼无恶，在此无斁。（《诗经·周颂·振鹭》）

⑤故曰"去彼取此"（《韩非子·解老》）

"彼"，也可作定语，指人指物均可。如：

①嘒彼小星，三五在东。（《诗经·召南·小星》）

②危而不持，颠而不扶，则焉用彼相矣。（《论语·季氏》）

"夫"，作为远指指示代词，使用频率不高。先秦典籍，较多使用"夫"字者，有《论语》和《左传》。"夫"主要作定语，极少作主语。尚未发现用作宾语的例句。"彼""夫"之间，有强烈的功能互补关系。"夫"作定语，指人指物均可，且有明显的特指意味。如：

①夫执舆者为谁？（《论语·微子》）

②非夫人之为恸而谁为？（《论语·先进》）

③小子何莫学夫诗？（《论语·阳货》）

④公嗾夫獒焉，明搏而杀之。（《左传·宣公二年》）

⑤微夫人之力不及此。（《左传·僖公三十年》）

⑥夫貉，五谷不生，惟黍生之。（《孟子·告子下》）

马建忠说："凡确有所指而必为提明者，则用'夫'字。"[1] 马氏说法十分精当。至于"夫"作主语，那是极少数的个别用例。如：

①夫也不良，国人知之。（《诗经·陈风·墓门》）

②子曰："未之思也，夫何远之有？"（《论语·子罕》）

根据"彼""夫"间的功能互补关系，作成下表：

---

① 马建忠：《马氏文通》（校注本），上册，中华书局 1961 年版，第 92 页。

上古汉语远指指示代词"彼""夫"语法功能互补关系表

分类 \ 代词、拟音 \ 功能		主语	定语	宾语
远指	彼	〔pǐai〕＋＋	＋	〔pǐai〕＋＋
	夫	－	〔pǐua〕＋＋	

说明：＋＋，表示频率多；＋，表示频率少；－，表示频率极少；空格表示无。

到了中古汉语的前中期，汉语指示代词的发展已日益规范，这从《搜神记》和《世说新语》两书的数据中可以得到充分的证实。请看下表：

中古汉语《搜神记》《世说新语》指示代词使用频率比较表

分类 \ 代词、频率 \ 文献		《搜神记》	《世说新语》	总计
远指	之	6		6
	兹	3		3
	此	283	297	580
	是	66	7	73
	斯	7	9	16
中指	其	161	40	201
	厥			
远指	彼	3	2	5
	夫	4	2	6

说明：①《搜神记》数据，本拙著《〈搜神记〉语言研究》（中国人民大学出版社 2007 年版）；《世说新语》数据，本张万起《世说新语词典》（商务印书馆 1993 年版），下同。
②表中空格，表示频率无。

由上表数据可知，到了中古汉语前中期，古代指示代词由"此—其—彼"三分表达系统向"此—其"二分表达系统过渡已基本完成。到了中古汉语后期，随着"这""那"新词的产生，原来的"此—其"二分表达系统又被新的"这—那"二分表达系统所取代。在这种情况下，以"这""那"为基础，又产生了一大批复音词。这些新词体现了古代指示代词由词义分化而走向功能分化的结果。所谓"功能分化"，这里是指原先由同一个词去完成的不同句法功能，后来由因词义分化而产生的不同的词的形式去分别承担了。如"此"，上古汉语里，作主语、宾语可以直接指别人物、处所，这都是由同一个词去完成的；到后来，当"这"产生之后，就分化出不同的复音词并借此而承担了不同的句法功能。请比较：

①此亦妄人也已矣。（《孟子·离娄下》）

②齐侯曰："余姑翦灭此而朝食。"（《左传·成公二年》）

③彼有遗秉，此有滞穗。（《诗经·小雅·大田》）

④予美亡此，谁与独处？（《诗经·唐风·葛生》）

⑤这是刘伯温的儿子。（明·刘仲璟：《遇恩录》）

⑥这个是内常侍石显。（元·马致远：《汉宫秋》，第二折）

⑦这里是五路总头，是打那条路去好？（明·冯梦龙：《警世通言·崔待诏生死冤家》，第八卷）

⑧奴自小良人女，谢君家提携到这里。（元·无名氏：《小孙屠》，第八出）

近古汉语里，分承不同句法功能的复音指示代词，主要有以下几组：

（1）这个/那个；这的/那的；这的是/那的是；阿的/阿那；兀的/兀那。

这个/那个

"这个""那个"，可以作主语、宾语和定语，指人、指事、指物均可。如：

①隐峰问："只划得这个，还划得那个摩？"（《祖堂集》，卷四）

②师云："那个人还吃不？"（《祖堂集》，卷五）

③这个便是大病。（《朱子语类·训门人》）

④这个是核桃。（《朴通事》）

这的/那的

"这的""那的"犹言"这个""那个"，主要用于指事指物，很少用于指人。两词可作主语、宾语，很少作定语。如：

①这的不妨。（元·无名氏：《小孙屠》，第八出）

②除那的以外，不拣甚么差发休与者。（《元典章·礼部六》）

③这的是伞。（《朴通事》）

④那的你放心，都有。(《老乞大》)

⑤这的弓你还嫌甚么？(《老乞大》)

"这的""那的"还可以指处所，犹言"这里""那里"。如：

①这的不是窑，是一个展样的砖窑，七八下里都透风。(元·无名氏：《杀狗劝夫》，第三折)

②正天炎似火，地热如炉，过道里不索开窗，酒家道来，则这的便似天堂。(元·无名氏：《村乐堂》，第二折)

③那的是添茶添酒的枯干井；那的是填肉填食的没底坑。(元·无名氏：《杀狗劝夫》，第三折)

④到你那地面里，也有些利钱么？那的也中。(《老乞大》)

这的是/那的是

"这的""那的"的后面，还常常连接动词"是"，这时"这的""那的"只能作主语。"是"前也可加副词，"是"后也常常引用谚语或成句。如：

①这的是人命事，非通（同）小可。(元·无名氏：《小孙屠》，第十一出)

②哥也，那的是孙二的罪。(元·无名氏：《杀狗劝夫》，第二折)

③这的便是闭门屋里坐，祸从天上来。(《朴通事》)

有时这个"是"也可省略。如：

④这的（是）擎天白玉柱，架海紫金梁。(《朴通事》)

阿的/阿那；兀的/兀那

"这的""那的"也可说成"阿的""阿那"或"兀的""兀那"，义同"这个""那个"。这些词主要作主语、定语，作宾语是个别情况；它们可以指人、指物。如：

①阿的是庶民百姓每行孝道的勾当。(元·贯云石：《孝经直解》)

②今北方人凡指此物皆曰阿的。(元·杨瑀：《山居新话》)

③垂杨一径深深去，阿那人家住得奇。(宋·杨万里：《过南荡》)

④妹子，兀的不是母亲？(元·关汉卿：《鲁斋郎》，第四折)

⑤兀的吃面的是谁？(元·无名氏：《杀狗劝夫》，第二折)

⑥兀那高山便是。(元·无名氏：《小张屠焚儿救母》，第二折)

（2）这般/那般；这们/那们。

这般/那般

"这般""那般"犹言"这样""那样"。"这般""那般"主要是作定语和状语，指别事物的性质或动作行为的状态、方式。如：

①若更加以读书穷理底工夫，则去那般不正当底思虑，何难之有？（《朱子语类·训门人》）

②觑了他兀的模样，这般身分，若脱过这好郎君。（元·关汉卿：《诈妮子调风月》，第一折）

③这般害杀天下百姓，坏了国家，至今人都笑骂。（元·许衡：《鲁斋遗书·直说大学要略》，卷三）

④省官说道皇帝圣旨了也，那般的仿效做例儿了也。（《元典章·朝纲一》）

"这般"也常说成"这般样"，作定语、状语均可。如：

⑤孙二须不是这般样人。（元·无名氏：《小孙屠》，第九出）

⑥这般样思量呵，便是明德、新民，到那至善的意儿。（元·许衡：《鲁斋遗书·直说大学要略》，卷三）

"这般""那般"也可作谓语，表示假定某种情况成为事实，意为"如果这样的话"。如：

①他敬我五分刺（时），我也敬他十分；他敬我一分时，我敬他五分。这般时，是人伦弟兄之意。（《朴通事》）

②我昨日冷酒多吃了。那般时，消化不得，因此上脑痛头眩，不思饮食。（《老乞大》）

这们/那们

"这们""那们"也主要是作定语和状语。作定语时，"这们""那们"犹言"这样""那样"；作状语时，"这们""那们"犹言"这么""那么"。"这们"或作"这门""这每""这懑"；"那们"或作"那门""那每""那懑"。如：

①我去后，将来必共这懑一处。（《王俊首岳侯状》）

②这们的纻丝和纱罗都有么？（《老乞大》）

③你这们胡讨价钱，则一句儿话还你。（《老乞大》）

④你这门惯做买卖的人。(《老乞大》)

⑤大明皇帝来了，亲自见你每的这每苦楚，也不罪你每了。(明·哈铭：《正统临戎录》)

⑥被那懑，引得滴流地，一似蛾儿转。(宋·沈端节：《探春令》)

⑦犹记东华年少，那门相。(宋·陈允平：《南歌子·茉莉》)

⑧那每殷勤的请你，待对面商议。(金·董解元：《西厢记诸宫调》，卷三)

"这们""那们"也可作谓语，表示假设某种情况成为事实。如：

①今年交大运，丙戌已(以)后，财帛大聚，强如已(以)前数倍。这们时，我待近日回程，几日好？(《老乞大》)

②好生说与小厮们，十个人一宿家轮着喂。那们时，不渴睡。(《朴通事》)

(3) 这些/那些；这等/那等。

这些/那些

"这些""那些"多作定语，用于指别两个以上的人或事物，表示复数。如：

①颖云："这些公事瞇小。"(宋·李焘：《续资治通鉴长编》，卷二六五)

②今尚不废者，犹只是那些秉彝，卒殄灭不得。(《河南程氏遗书》，卷二上)

③这些恩德处，怎忘之？(元·无名氏：《小孙屠》，第六出)

④红光紫雾罩其身，那些福气说不尽。(《刘知远诸宫调》，第一)

"这些"也常说成"这些儿"、"这些子"或"遮些"。如：

①为这些儿疆界公事，瞇是烦恼。(宋·李焘：《续资治通鉴长编》，卷二六五)

②贤人所以异于圣人，众人所以异于贤人，亦只争这些子境界，存与不存而已。(《朱子语类·训门人》)

③去，只是去著这些子；存，只是存著这些子，学者所当深察也。(《朱子语类·训门人》)

④被遮些言语说得来七颠八倒。(宋·大慧觉禅师：《答吕郎中》)

这等/那等

"这等""那等"犹言"这样""那样"，主要是作定语和状语，表示事物的性质，动作行为的状态。如：

①这等好恶不偏的人，天下不可多得。（元·许衡：《鲁斋遗书·大学直解》，卷四）

②有那等守护贤良老秀才，他说的来狠利害。（元·武汉臣：《老生儿》，第一折）

③往常时紫罗襕白象简，那等尊贵；今葛巾野服，似觉快乐也呵。（元·费唐臣：《贬贵州》，第二折）

④他都不这等寻思，只是胡做，把自家坏了。（《皇明诏令·戒谕武臣敕》）

（4）这里/那里；这边、这畔/那边、那畔；这壁、这厢、这壁厢/那壁、那厢、那壁厢；这搭、这儿/那搭、那儿。

这里/那里

"这里""那里"表示处所，主要作状语、宾语，也可作主语、定语。如：

①这里则易，那里则难。（《祖堂集》，卷十一）

②长老才去那里便有来由。（《祖堂集》，卷五）

③贫道这里无这个闲家具。（《祖堂集》，卷四）

④也不问在这里不在这里。（《朱子语类·训门人》）

⑤这里粮尽数著船装载前去。（《王俊首岳侯状》）

⑥陛下明朝早早驾临，妾这里候驾。（元·马致远：《汉宫秋》，第一折）

⑦你那里谁人共美？（元·无名氏：《小孙屠》，第九出）

⑧便是这时候去赶钱塘门，走到那里也关了。（明·冯梦龙：《警世通言·一窟鬼癞道人除怪》，第十四卷）

这边、这畔/那边、那畔

"这边""这畔""那边""那畔"义同"这里""那里"，表示处所。"这畔"或作"这伴"。这些词主要作宾语、状语、定语，有时也可作主语。如：

①这畔似那畔，那畔似这畔。（唐·裴谞：《判误书纸背》）

②师曰："此犹是这边事，那边事作摩生？"（《祖堂集》，卷六）

③（岩顶）中心有一大孔，透见那畔之空，远如笠子许大。（唐·［日］释圆仁：《入唐求法巡礼行记》，卷三）

④到那熟处，顿放这边也是，顿放那边也是，七颠八倒无不是。(《朱子语类·训门人》)

⑤那边礼佛声辽(嘹)亮，这伴金经次第开。(变文《父母恩重经讲经文》二)

这壁、这厢、这壁厢/那壁、那厢、那壁厢

"这壁""这厢""这壁厢""那壁""那厢""那壁厢"犹言"这边""那边"，均可表示处所。如：

①偌远地，他在那壁，你在这壁，系着长裙儿，你便怎知他脚小？(元·王实甫：《西厢记》，第一本第一折)

②那壁厢锁树的怕弯着手，这壁厢攀栏的怕擸破了头。(元·马致远：《汉宫秋》，第二折)

③怎知我这厢独守兰房？(《宋元戏曲辑佚·琵琶亭》)

④忽见那厢来了一僧一道，且行且谈。(《红楼梦》，第一回)

这搭、这搭儿/那搭、那搭儿

"这搭""这搭儿""那搭""那搭儿"义同"这里""那里"，亦用于处所义。如：

①你是必兴心儿再认下，这搭沙和草。(元·马致远：《荐福碑》，第二折)

②道姑，敢问这搭儿是何处也？(元·李好古：《张生煮海》，第二折)

③兀的看山那搭，红日直下，有个桃源洞人家。(元·王子一：《误入桃源》，第一折)

④那搭儿别是一重天，尽都是翠柏林峦。(元·谷子敬：《城南柳》，第三折)

(三) 疑问代词的发展

古代疑问代词的发展，应注意以下两个问题：

1. 疑问代词从三分系统走向四分系统

著名语言学家王力先生在《汉语语法史》中将上古汉语的疑问代词分为三个系统。一是 ẓ 系 (指人)：(甲) 主语、宾语：谁 ẓiuəi；(乙) 主语 (常用于选择问)：孰 ẓiuk。二是 ɣ 系 (指物)：何 ɣai，曷 ɣat，胡 ɣa，奚 ɣie，侯

ɣo，遐 ɣea。三是 O 系（指处所）：恶（乌）a，安 an，焉 ian。依上古音而论，ȥ 系属禅母系统，ɣ 系属匣母系统，O 系属影母系统。到了中古汉语前中期，这个三分系统基本上还可以维持下去，但也发生了一些重要变化。这些变化，主要有以下几点：

第一，三系疑问代词的使用频率有了明显的变化。

如有的词使用频率明显上升，有的则明显下降乃至消亡。这种变化，无疑是受到汉民族共同语发展影响的结果。我们仍以《搜神记》《世说新语》为例，观察一下其中的数据，就完全清楚了。如：

中古汉语《搜神记》《世说新语》疑问代词使用频率比较表

文献 ＼ 分类 代词、频率	ȥ 系		ɣ 系						O 系			n 系	
	谁	孰	何	曷	胡	奚	侯	遐	恶（乌）	安	焉	那	那得
《搜神记》	20		110						1	3	1	1	3
《世说新语》	16	5	196	1						6	9	19	6
总计	36	5	306	1					1	9	10	20	9

说明：张万起先生的《世说新语词典》认为"那得"是"疑问副词"，本书未从。"那得"，当以词组视之。为观察方便，则单列一项。

第二，疑问代词"那"的产生，打破了疑问代词原有的三分系统。

前面说过，"那"作为一个疑问代词，上古时代已经存在。但是这个"那"，实为一个合音字，并且应用不广。到了中古汉语，"那"已不再是个合音字，而是一个纯粹的词义单一的疑问代词了。这在《搜神记》《世说新语》中都可以证实。如：

①汝头那忽戴鱼？（《搜神记》，卷二十）

②刘真长笑其语拙，问曰："君欲云那放？"（《世说新语·排调》）

③是我女袍，那得在市？（《搜神记》，卷十六）

④太宗曰："一日万机，那得速？"（《世说新语·政事》）

疑问代词"那"的产生，使疑问代词由原先的三系变为 ȥ 系、ɣ 系、O 系和 n 系四系。这个四分系统，是以原有的三系为基础，再加上 n 系，但它还不是真正的新的四分系统。

第三，上古汉语一些疑问代词，到了中古时期，其用法已经发生了变化。

如上古汉语里，"谁""孰"用法有着明显区别："谁"主要用于指人，作主语、谓语、宾语和定语均可；"孰"主要是作主语，指人指物均可，表选择，作宾语、定语和状语的是极个别情况。但两汉以后，"谁""孰"用法逐渐混淆，"谁"的用法有明显的泛化，即扩大化的趋势。如：

①帝问："卿兄弟谁可使者?"纯举从弟植。(《后汉书·耿纯传》)

②或见于市者，又捕之，而市人皆变形与慈同，莫知谁是。(《后汉书·方术列传下》)

③太祖问延之："卿诸子谁有卿风?"(《宋书·颜竣传》)

④且帝子未官，人谁谓贱?(《宋书·周朗传》)

⑤暂问茶之与酒，两个谁有功勋?(变文《茶酒论》)

例①—⑤，依上古汉语而论，句中的"谁"都可换成"孰"。其实，这种趋同的用法，上古汉语里已开其端。如：

①赵简子曰："群臣谁敢盟卫君者?"(《左传·定公八年》)

②秦伯问于士鞅曰："晋大夫其谁先亡?"(《左传·襄公十四年》)

③邯郸人谁来取者?(《战国策·秦策三》)

④文帝不乐，从容问通曰："天下谁最爱我者乎?"(《史记·佞幸列传》)

⑤韩太傅为诸生时，借相工五十钱，与之俱入璧雍之中，相璧雍弟子谁当贵者。(《论衡·骨相》)

但是，到了中古汉语后期，即唐五代，疑问代词原有的三分或四分系统已彻底打破，形成了新的四分系统。z^1 系统（禅母[1] 系统）：谁；z^2 系统（禅母[2] 系统）：甚、甚么；ts 系统（精母系统）：怎、怎么；n 系统（泥母系统）：那（哪）、那（哪）里。下面就分别叙述一下。

(1) z^1 系统：谁。

"谁"，从上古汉语开始，就是一个应用十分广泛的指人的疑问代词，作主语、谓语、宾语和定语均可。从中古汉语开始，"谁"有明显的取代"孰"的趋势。除此之外，其他用法，中古、近古汉语里都没有太大的变化。下仅举数例印证之。如：

①谁能出不由户？（《论语·雍也》）

②谁能代卿为我谋者？（《三国志·魏书·荀彧传》）

③谁叫我小名？（元·无名氏：《小孙屠》，第九出）

例①—③，"谁"，主语。又如：

①子之师谁也？（《庄子·田子方》）

②先来者谁？（《搜神记》，卷十九）

③池中者谁？（《百喻经·贫人能作鸳鸯鸣喻》）

例①—③，"谁"，谓语。又如：

①梁王即终，欲谁立？（《史记·梁孝王世家》）

②子为谁？（《搜神记》，卷十六）

③我怕谁？（《张协状元》，第八出）

例①—③，"谁"，宾语。又如：

①子为元帅，师不用命，谁之罪也？（《左传·宣公十二年》）

②尔谁家小儿？（《搜神记》，卷八）

③黄泉无旅店，今夜宿谁家？（元·无名氏：《小孙屠》，第十九出）

例①—③，"谁"，定语。"谁"在发展中，也有兼用于指别人或事物者，义同"何"，这也是"谁"的功能泛化表现之一。如：

①上曰："若所追者谁何？"（《史记·淮阴侯列传》）

②汝姓为谁？（《搜神记》，卷八）

③山巨源义理何如？是谁辈？（《世说新语·赏誉》）

④师云："谁人缚汝？"（《祖堂集》，卷三）

（2）z^2 系统：甚/甚么。

"甚""甚么"，中古汉语后期已经产生。两个词，多作定语和宾语，指人、指物均可。如：

①虽然占得笙歌地，将甚酬他雨露恩？（唐·唐谦彦：《牡丹》）

②不知甚么汉，一任辈流嗤。（唐·吕岩：《赠江州太平观道士》）

③来者甚人？（变文《汉将王陵变》）

近古汉语里，这种形式也一直沿用下去。如：

①皇帝在甚处？（宋·徐梦莘：《三朝北盟会编·绍兴甲寅通和录》，卷一六二）

②《易》是个甚？（《河南程氏遗书》，卷二上）

③如此读《诗》，是读个甚么？（《朱子语类·训门人》）

④因甚家中闹声沸？（元·无名氏：《小孙屠》，第十出）

⑤章三益有甚么人？（明·刘仲璟：《遇恩录》）

"甚""甚么"也可作主语，但是少数。如：

①甚是身，甚是业？（变文《庐山远公话》）

②甚么唤作过山钱？（《张协状元》，第四十出）

因时代不同或方言差异，复音词"甚么"，在定形过程中曾有多种转写形式。如：

①问曰："甚没人？"（唐·谷神子：《博异志·苏遏》）

②和尚对圣人说个甚摩事？（《祖堂集》，卷十三）

③师曰："如大德未出家时，相状向什摩处去？"（《祖堂集》，卷三）

④哎哥哥，你明日吃甚末？（元·石德玉：《紫云庭》，第三折）

⑤看别人日边牢落，天际驱驰，云外蹉跎，咱图个甚莫？（元·曾瑞：《端正好·自序》）

（3）ts 系统：怎/怎么。

"怎""怎么"的前期形式作"争""作么"，唐代已经产生。两词在近古汉语里，规范作"怎""怎么"。两词主要作状语，用于询问动作、行为的方式、性状或原因。如：

①我尚自不识，是伊争得知？（唐·寒山子：《寒山诗·忆得》，第二七五）

②生身便在乱离间，遇柳逢花作么看？（唐·李咸用：《依韵修睦上人山居》）

③金人国中初定，些少人马在边上怎敢便做许大事？（宋·徐梦莘：《三朝北盟会编·茅斋自叙》，卷二十三）

④羞懒不抬头，双眼怎开？（《刘知远诸宫调》，第一）

⑤家里怎么没大官人出来？（明·哈铭：《正统临戎录》）

⑥"满"字怎么写？（《朴通事》）

近古汉语里，"怎""怎么"常有多种转写形式："怎"或作"怎生""怎地""怎的"，"怎么"或作"作么""作么生""作摩""作摩生"。如：

①南朝怎生不依契丹一般与我银绢？（宋·徐梦莘：《三朝北盟会编·燕云奉使录》，卷十一）

②客长怎地不动？（《张协状元》，第八出）

③"刘"字怎的写？（《朴通事》）

④岁前问寻翟园梅，不知作么不肯开？（宋·杨万里：《岁之二日欲游翟园以寒风而止》）

⑤天要坏我家门，杀了这孩儿是逆天道，且养活，教长成，看又作么生？（《新编五代史平话·梁史平话上》）

⑥师云："作摩"？（《祖堂集》，卷十二）

⑦师云："径山向秀才作摩生说？"（《祖堂集》，卷十五）

（4）n系统：那/那里。

真正的疑问代词"那"（nǎ），虽然中古汉语前期就已经产生，但是"那"和由"那"组成的复音词或词组得到广泛应用却在近古汉语时期。疑问代词"那"主要是作状语，表示反问。"那"也可说成"阿那"，作主语、定语的是少数。如：

①身上无尘垢，心中那更忧？（唐·寒山子：《寒山诗·今日》，第二八三）

②少府头中有水，那不出莲花？（唐·张鷟：《游仙窟》）

③南北东西行七步，问阿那盘陀石最平？（变文《八相变》）

④阿那是维摩祖父？（《祖堂集》，卷十八）

⑤前日女使锁库，不知子在此中，子一月日间，那有饭食？（《大唐三藏取经诗话下》）

⑥一欢去后，那肯长来宠我？（《宣和遗事》）

由"那"组成的复音词或词组，中古汉语里已开其端，但大量应用还是在近古汉语时期。如：

①（刘）涣曰："那可尔？"（《三国志·魏书·刘晔传》）

②我衣恶，那得见少府？（《搜神记》，卷十六）

③病人间多鬼，可畏，那可往？（《宋书·前废帝记》）

④二郎至彼未几，那能便得此米邪？（《宋书·孔觊传》）

⑤那堪受此泥梨苦，变作千年饿鬼行。（变文《大目乾连冥间救母

变文》)

复音词"那里",主要作宾语、状语和定语,用于问处所或表示反问。"那里"也可说成"阿那里""阿那边"。如:

①亦(一)入城来人总喜,问太子如今在阿那边?(变文《八相变》)

②祖曰:"生缘在阿那里?"(《祖堂集》,卷三)

③若不见得自家身己道理分明,看圣贤言语,那里去捉摸?(《朱子语类·训门人》)

④尊兄行馆在那里?(《张协状元》,第二十四出)

⑤官人是那里人?(明·洪楩:《清平山堂话本·杨温拦路虎传》)

⑥那里有井?(《老乞大》)

复音词"那个"比"那"的用法要宽泛得多。"那个"主要是作主语、定语,指人、指事、指物均可。"那个"也可说成"阿那个"。如:

①相公问昨夜西院,阿那个家人念经之声?(变文《庐山远公话》)

②阿那个是佛?(《祖堂集》,卷三)

③座主从那个寺里居住?(《祖堂集》,卷五)

④沩山别云:"则今阿那个是鼻孔?"(《祖堂集》,卷十六)

⑤诸公看几个耘草,那个快?(《朱子语类·总训门人》)

⑥那个是原告,那个是被告?(元·无名氏:《杀狗劝夫》,第四折)

⑦咱那个山里去好?(《朴通事》)

2. 疑问代词从功能互补到功能泛化

语法功能互补是古代代词里一种很独特的语法现象。这种现象,在上古汉语的人称代词、指示代词和疑问代词里都是存在的。如我们已经谈过的"余(予)"和"朕","女(汝)"和"乃","吾"和"我","之"和"其","此"和"是","彼"和"夫"以及即将谈到的"谁"和"孰"等等,都是如此。所谓"功能互补",这只是从语法作用的角度来说的。实际上存在互补关系的两个词,它们在语音和语义上都有着十分密切的关系。由于我们缺乏足够的证据,还不能十分肯定这就是原始汉语或远古汉语代词格变的残留,因此我们只能从"功能互补"角度去加以解释。但是,必须说明,这种解释只是触及了问题的表象,而实质问题仍有待于我们深入地作历史比较研究。

（1）谁和孰。

"谁"和"孰"的关系，前面已谈了一些，这里再进一步申述。甲骨文和金文中都不见"谁""孰"两字。"谁"，今文《尚书》中仅一见，《诗经》中44见。而"孰"，《尚书》《诗经》中均未出现过。"谁""孰"两词，语法上有交叉用法始自《论语》。因此，我怀疑"孰"最初可能是个鲁方言词，后来才进入"雅言"系统的。"谁""孰"两词，语法功能上存在着强烈的互补现象。

先说"谁"。

疑问代词"谁"，作主语，谓语、宾语和定语均可，但不能作状语。如：

①谁从穆公？子车奄息。（《诗经·秦风·黄鸟》）

②诸侯盟，谁执牛耳？（《左传·哀公七年》）

③彼苟有人意焉，夫谁能忿之？（《荀子·富国》）

例①—③，"谁"，主语。又如：

①主晋祀者，非君而谁？（《左传·僖公二十四年》）

②追我者谁也？（《孟子·离娄下》）

③怒者其谁邪？（《庄子·齐物论》）

例①—③，"谁"，谓语。又如：

①云谁之思？美孟姜矣。（《诗经·鄘风·桑中》）

②吾谁欺？欺天乎？（《论语·子罕》）

③吾以国人出，君谁与处？（《左传·定公十年》）

④若子死，将谁使代子？（《韩非子·说林上》）

例①—④，"谁"，宾语。在上古汉语，"谁"作宾语，不论是一般动词宾语，还是介宾、兼宾，一般都要前置，如上诸例所示。又如：

①虎兕出于柙，龟玉毁于椟中，是谁之过与？（《论语·季氏》）

②墙之隙坏，谁之咎也？（《左传·昭公元年》）

③圣人并包天地，泽及天下，而不知其谁氏？（《庄子·徐无鬼》）

例①—③，"谁"，定语。上古汉语里，"谁"作定语，其后一般加"之"字。或有不加者，但意义有变，义同"何"，如例③所示。

再说"孰"。

马建忠说："'孰'字人物并询。"① 但实际上，"孰"仍以问人为主。如《论语》中"孰"字作主语者计 16 次，其中指人的有 13 次；《孟子》中"孰"字作主语者计 24 次，其中指人的有 16 次。上古汉语里，"孰"主要是作主语，不能作谓语，作宾语、定语和状语的均属个别用例。

"孰"作主语既可以表示疑问，也可表示反问。如：

①于是羊舌职死矣，晋侯曰："孰可以代之?"（《左传·襄公三年》）

②然则舜有天下，孰与之?（《孟子·万章上》）

③孰谓微生高直?（《论语·公冶长》）

④孰谓周公俭哉?（《荀子·儒效》）

与"谁"相比，"孰"作主语的最大特点是它可以表示对比选择，即众中择一，而"谁"却没有这种用法。这种句式只能用于疑问句，不能用于选择句。这种句式的典型公式是"A＋B＋孰＋形/动"。"A＋B"表示"孰"的抉择范围，"孰"才是句子的真正主语。如：

①师与商也孰贤?（《论语·先进》）

②女与回也孰愈?（《论语·公冶长》）

③父与夫孰亲?（《左传·桓公十五年》）

④脍炙与羊枣孰美?（《孟子·尽心下》）

表示抉择范围的"A＋B"，也可换成一个名词、动词、代词或非并列性的词组。如：

①弟子孰为好学?（《论语·雍也》）

②画孰最难者?（《韩非子·外储说左上》）

③夫二子之勇，未知其孰贤?（《孟子·公孙丑上》）

④二家之议，孰正于其情，孰偏于其理?（《庄子·则阳》）

至于"孰"作谓语、宾语、定语和状语，那都是个别用例。如：

①秦王身问之："子孰谁也?"（《战国策·楚策一》）

②圣人有百，吾孰法焉?（《荀子·非相》）

③百姓足，君孰与不足?（《论语·颜渊》）

④曾不知夏之为丘兮，孰两东门之可芜?（《楚辞·九章·哀郢》）

---

① 马建忠：《马氏文通》（校注本），上册，中华书局 1961 年版，第 79 页。

根据上述情况，可知上古汉语里"谁""孰"之间确实存在功能互补关系。依据这种关系，可制成下表：

上古汉语疑问代词"谁""孰"语法功能互补关系表

分类 代词、拟音 功能	主语	谓语	宾语	定语	状语
z系 谁	〔ziuəi〕++	+	〔ziuəi〕++	+	
孰	〔ziuk〕++	—	—	—	—

说明：++，表示频率多；+表示频率少；—，表示频率极少；空格表示频率无。

其实"谁""孰"之间语法上的这种互补关系并未维持多久，到了中古汉语，这种关系已彻底解体。从前面的《搜神记》《世说新语》的统计表中就可以看出，《搜神记》中已不见"孰"字，《世说新语》中也仅有5次，"谁"取代"孰"的趋势是十分明显的。"谁"的功能泛化，必然要挤压或取代"孰"的语法空间。这些变化是：

第一，"谁"作主语，增加了"众中择一"用法，这无疑是"谁""侵夺"了"孰"的语法空间的最好例证。如：

①我始举大义，方造艰难，须一军吏甚急，卿谓谁堪其选？（《宋书·刘穆之传》）

②长君诸王之中，不知谁应当璧？（《洛阳伽蓝记·永宁寺》杨注，卷一）

③看惠能见解与吾谁疾迟？（唐·法海：《六祖坛经》）

④管军头目谁肯把自家心比军心？（《皇明诏令·御制军人护身敕》）

第二，"谁"的功能泛化，也包括其自身原有用法的扩展。

在上古汉语，"谁"作宾语（含介宾），一般都要移置于动词或介词之前，但中古汉语之后，一般又都要移到动词或介词之后，这是一个重要的发展。请比较：

①吾之于人也，谁毁谁誉？（《论语·卫灵公》）

②乡人长于伯兄一岁，则谁敬？（《孟子·告子上》）

③滔滔者天下皆是也，而谁以易之？（《论语·微子》）

④寡人万岁千岁之后，谁与乐此矣。（《战国策·楚策一》）

例①—④，上古汉语例。又如：

①共定大业，整齐天下，当复有谁?(《三国志·吴书·吴主传》)

②（张）温当今与谁为比?(《三国志·吴书·张温传》)

③（范）泰名辈可以比谁?(《宋书·范泰传》)

④死尸弃如尘，此时向谁说?(唐·寒山子:《寒山诗·上人》,第二四三)

⑤我等只识一家，更诸姓姚，不知谁也?(变文《舜子变》)

⑥师云:"教我向阿谁道?"(《祖堂集》,卷十一)

例①—⑥，中古汉语例。

第三，由于词义变化，"谁"的功能泛化已由ʑ系扩展到ɤ系。

这种扩展过程，始自上古汉语。"谁"作谓语、直接作定语，是"谁"的次要用法。这些次要用法，也是"谁"词义变化的结果。如：

①吾与之虚而委蛇，不知其谁何?(《庄子·应帝王》)

②彼国错者，非封焉之谓也，何法之道，谁子之与也?(《荀子·王霸》)

③卫人迎新妇，妇上车，问:"骖马，谁马也?"(《战国策·宋卫策》)

④《九章》,谁人所作也?(《论衡·谢短》)

⑤是谁弟宅过佳?(《洛阳伽蓝记·凝玄寺》杨注，卷五)

⑥余问曰:"此谁家舍也?"(唐·张鷟:《游仙窟》)

例①，"谁""何"连用，义同"何"。"何"，何人。例④，"谁"，义同"何"。例②③⑤⑥，"谁"，谁人，何人。

（2）"何"和"曷"。

甲骨文和金文，都不见"何""曷"。"何""曷"均始见于《尚书》《诗经》，两词的功能互补关系亦始于此。

先说"何"。

"何"，最初的主要用法是作宾语和状语，到了《诗经》里才有作定语的例证。上古汉语里，"何"作动词或介词的宾语，一般都要置于动词或介词之前。如：

①禹拜曰:"都! 帝，予何言?"(《尚书·皋陶谟》)

②终南何有? 有条有梅。(《诗经·秦风·终南》)

③谁谓鼠无牙，何以穿我墉?(《诗经·召南·行露》)

④吾何执？（《论语·子罕》）

⑤尔何知？（《左传·僖公三十二年》）

⑥子曰："何为其然也？"（《论语·雍也》）

如果介词是"自""于"，介词宾语似乎以后置为常。如：

①握粟出卜，自何能谷？（《诗经·小雅·小宛》）

②哀我人斯，于何从禄？（《诗经·小雅·正月》）

"何"作定语，可以人物并指，这一用法始自《诗经》。如：

①何草不黄，何日不行？（《诗经·小雅·何草不黄》）

②伯夷，叔齐，何人也？（《论语·述而》）

③公文轩见右师而惊曰："是何人也？"（《庄子·养生主》）

④此所谓何声也？（《韩非子·十过》）

作状语，也是"何"的主要用法之一。"何"字作状语。可表疑问、反问或感叹。"何"作状语，大量使用始自《左传》。如：

①能哲而惠，何忧乎驩兜？（《尚书·皋陶谟》）

②夫子何哂由也？（《论语·先进》）

③命女三宿，女中宿至，虽有君命，何其速也？（《左传·僖公二十四年》）

④市门之外，何多牛屎？（《韩非子·内储说上》）

作谓语，是"何"的次要用法，《尚书》仅1例，《诗经》15例，比较广泛使用是始自《孟子》。如：

①禹曰："何？"（《尚书·皋陶谟》）

②其赠维何？乘马路车。（《诗经·大雅·韩奕》）

③宗庙会同，非诸侯而何？（《论语·先进》）

④舜之不告而娶，何也？（《孟子·万章上》）

⑤道者，何也？（《荀子·君道》）

有时为了强调所问的原因，谓语"何"也可前置。如：

①何哉，尔所谓达者？（《论语·颜渊》）

②何哉，君所谓偷者？（《孟子·梁惠王下》）

"何"字作主语，是它的次要用法。这一用法始自《左传》，比较广泛使用是始自《庄子》。如：

①公曰："何贵何贱"?（《左传·昭公三年》）

②封略之内，何非君土?（《左传·昭公七年》）

③何谓朝三?（《庄子·齐物论》）

④王召樗里疾曰："是何匈匈也，何道出?"（《韩非子·外储说右上》）

例④，"何道出"是问何人说出了攻韩的信息，所以下文才说"似犀首"。"何"作主语，很少指人。

再说"曷"。

"曷"始见于《尚书》。《尚书》《诗经》中，"曷"作状语是其强项，前者18见，后者21见。而"何"在《尚书》《诗经》中，作状语者分别是5见，21见。"何""曷"相比，功能互补关系也是十分明显的。如：

①时日曷丧，予及汝皆亡。（《尚书·汤誓》）

②君子于役，不知其期，曷至哉?（《诗经·王风·君子于役》）

③心之忧矣，曷维其已?（《诗经·邶风·绿衣》）

④赵孟曰："吾子曷归?"（《左传·昭公元年》）

例①，孔传云："曰'是日何时丧，我与汝俱亡'，欲杀身以丧祭。"例②，郑笺云："曷，何也。君子往行役，我不知其返期。何时当来至哉，思之甚。"例③，毛传云："忧虽欲自止，何时能止也。"《左传》中"曷"字仅有一例，而此一例又作状语又指时，足见"曷"作状语用于指时是它的最主要用法。例④，杜注云："问何时当归。"

当然，"曷"作状语，不仅仅是用于表时，也可用于问原因或其他反问语气。如：

①天曷不降威?（《尚书·西伯戡黎》）

②既曰归止，曷又怀止?（《诗经·齐风·南山》）

③阖四竟之内，所以立宗庙社稷，治邑屋州闾乡曲者，曷尝不法圣人哉?（《庄子·胠箧》）

此外，"何""曷"的功能互补关系，还体现在"曷"字很少作主语、宾语、定语上，也体现在"曷"不能作谓语上。在先秦《尚书》《诗经》《论语》《左传》《孟子》《庄子》《荀子》《韩非子》八部文献中，作主语者仅《荀子》中有8例；作宾语（含介语）者，《尚书》一例，《荀子》8例；作定语者，《诗经》中3例；作谓语者0例。如：

①王其效邦君越御事，厥命曷以引养引恬？（《尚书·梓材》）

②怀哉怀哉，曷月予还归哉？（《诗经·王风·扬之水》）

③曷谓中？（《荀子·儒效》）

"曷"的短板，正是"何"的强项，两词之间功能互补关系十分明显。根据上述情况，制成下表，供参考：

上古汉语疑问代词"何""曷"语法功能互补关系表

分类　代词、拟音	功能	主语	谓语	宾语	定语	状语
ɣ系	何	＋	〔ɣai〕＋＋	〔ɣai〕＋＋	〔ɣai〕＋＋	〔ɣai〕＋＋
	曷	－		－	－	〔ɣat〕＋＋

说明：＋＋，表示频率多；＋，表示频率少；－，表示频率极少；空格，表示频率无。

两汉以后，"何"完全取代了"曷"的功能。《搜神记》《世说新语》中均不见"曷"字。其他文献或有见之者，这多为仿古之笔，为古语残留。上古汉语 ɣ 系疑问代词，除"何""曷"外，还有"奚""胡"两词，均以作宾语、状语为主。"奚""胡"可能都是"何"的方言变体。"胡"，始见《诗经》，凡 51 见，《诗经》以下，较少使用。"奚"始见《论语》，使用频率也不高，较多用在《庄子》《韩非子》两书中。两汉以后，"奚""胡"，也都是十足的古语词，可以略而不论。

上古汉语 O 系疑问代词，常见者有"恶""安""焉"三个词。"恶"始见于《论语》，"安""焉"均始见于《诗经》。这三个词，有两大功用：一是作宾语，表示处所；二是作状语，表示情状或方式。总体上看，这些词使用频率并不高。"恶"，主要用在《孟子》《庄子》两书中，凡 98 见；"安"，主要用在《庄子》《韩非子》两书中，凡 74 见；"焉"，主要用在《左传》中，凡 112 见。"恶""安""焉"用于宾语的例证是：

①君子去仁，恶乎成名？（《论语·里仁》）

②居恶在？仁是也。（《孟子·尽心上》）

③学恶乎始，恶乎终？（《荀子·劝学》）

④天之生我，我辰安在？（《诗经·小雅·小弁》）

⑤皮之不存，毛将安傅？（《左传·僖公十四年》）

⑥行贤而去自贤之行，安往而不爱哉？（《庄子·山木》）

⑦视其所以，观其所由，察其所安，人焉廋哉？（《论语·为政》）

⑧天下之父归之，其子焉往？（《孟子·离娄上》）

⑨行贤而去自贤之心，焉往而不美？（《韩非子·说林上》）

用于状语的例证是：

①尔幼，恶识国？（《左传·昭公十六年》）

②彼又恶能无惊乎哉？（《庄子·达生》）

③人之性恶，则礼义恶生？（《荀子·性恶》）

④安见方六七十如五六十而非邦也者？（《论语·先进》）

⑤暴而不戢，安能保大？（《左传·宣公十二年》）

⑥子非鱼，安知鱼之乐？（《庄子·秋水》）

⑦后生可畏，焉知来者之不如今也？（《论语·子罕》）

⑧老夫罪戾是惧，焉能恤远？（《左传·昭公元年》）

⑨人焉能去安利之道而就危害之处哉？（《韩非子·奸劫弑臣》）

到了中古汉语，"恶""安""焉"也都成了古语词。上古汉语三类疑问代词，发展到中古汉语，只有两个词生命力最强，一个是"谁"，一个是"何"。"何"的功能无限泛化，除少作主语外，几乎无所不能。但由于语言发展，它最终也不得不又被新的四分系统中的 z^2 系统、ts 系统和 n 系统所取代。这已不是个别词的功能泛化问题，而是语言系统的转换。如：

①你又三更半夜来者里作什摩？（《祖堂集》，卷十）

②某甲为什摩不闻？（《祖堂集》，卷三）

③军马已起，更商量甚的？（宋·徐梦莘：《三朝北盟会编·茅斋自叙》，卷二十三）

④如此读《诗》，是读个甚么？（《朱子语类·训门人》）

⑤你这里做甚末来？（元·无名氏：《杀狗劝夫》，第一折）

⑥若不如然，因甚见他施拜礼？（《刘知远诸宫调》，第十二）

⑦都巡多时不相见，怎直恁消瘦如此，为甚？（《宣和遗事》）

以上"甚""甚么"等作宾语。又如：

①（和尚）缘没事谩语？（变文《大目乾连冥间救母变文》）

②狱主问言："寄是没物来开？"（变文《大目乾连冥间救母变文》）

③此是甚山？（变文《庐山远公话》）

④便将甚生法说与?(变文《庐山远公话》)

⑤佛是什摩义?(《祖堂集》,卷三)

⑥此意在什么处?(宋·圜悟克勤:《碧岩录》,卷一)

⑦我们甚么人?(《张协状元》,第八出)

⑧燕燕己身有甚末孝顺?(元·关汉卿:《诈妮子调风月》,第一折)

⑨甚时能结学韩珠?(元·无名氏:《小孙屠》,第六出)

以上"甚""甚么"等作定语。又如:

①争敢诳妄相公?(变文《庐山远公话》)

②若不到,争知无人?(《祖堂集》,卷六)

③师云:"作摩生讲?"(《祖堂集》,卷十四)

④作么生与诸人相见?(宋·虚堂和尚:《虚堂和尚语录》)

⑤若不行军法,后怎生使兵也?(宋·徐梦莘:《三朝北盟会编·茅斋自叙》,卷十二)

⑥坠落烟花怎由己?(元·无名氏:《小孙屠》,第八出)

⑦你怎么才来?(《朴通事》)

⑧"床"字怎的写?(《朴通事》)

以上"怎""怎么"等作状语。又如:

①古人石上栽花意作摩生?(《祖堂集》,卷四)

②达磨曰:"子作么生?"(宋·大慧普觉禅师:《答刘宝学》)

③潜龙性命怎生?(《刘知远诸宫调》,第一)

④你是高丽人,学他汉儿文书怎么?(《老乞大》)

以上"怎么"等作谓语。

第七章

副词史

一、副词的产生

前面，我们曾提出原始或远古汉语里名动可能同形同源的设想。到后来，由于语言发展，名词和动词才从音节语言中分化出来，形成了名动语法对立。由于名动最早是同形同源关系，所以名词、动词在汉语词类产生的次序中是同属一个历史层次的，即同属一级词类。再后来，形容词、数词、量词、代词实际上也都是由名词衍生而成，所以它们都应列为二级词类。再往后，副词主要是由动词、形容词或代词衍生而来的，所以它应属于三级词类。

副词虽属封闭性词类，但其用法却十分复杂。就其产生而言，总体上看，有两大源头：一是来自实词词义的引申，二是来自实词词义的假借。下面分别论述之。

（一）来自实词的词义引申

古代副词，多半是由动词或形容词的词义虚化而成，个别副词也有由代词虚化而成的。具体说，有以下诸多渠道：

（1）动词→副词。如：

①交韔二弓，竹闭绲縢。（《诗经·秦风·小戎》）（交：动词，交错。）

②我入自外，室人交遍摧我。(《诗经·邶风·北门》)(交：副词，交互。)

③风雨如晦，鸡鸣不已。(《诗经·郑风·风雨》)(已：动词，停止。)

④道之不行，已知之矣。(《论语·微子》)(已：副词，已经。)

⑤君子至止，锦衣狐裘。(《诗经·秦风·终南》)(至：动词，来到。)

⑥至高谓之天，至下谓之地，宇中六指谓之极。(《荀子·儒效》)(至：副词，极，最。)

⑦鸿飞遵陆，公归不复。(《诗经·豳风·九罭》)(复：动词，回来。)

⑧晋侯复假道于虞以伐虢。(《左传·僖公五年》)(复：副词，又，再。)

例①，"交"，《说文》："交，交胫也。"段注："交胫谓之交，引申之为凡交之称。"交，甲骨文作𡗉形，正象一个人双胫交叉之形，是动词。《小戎》"交韔二弓"，是说两支弓箭左右交叉地插入弓袋之中。例②，"交"，交替，副词，此义显然是由交错、交互义引申而来。例③，"已"，郑笺云："已，止也"，是个动词。例④，"已"，已经，副词。动作行为停止了，即表示动作行为已经完成，成为过去，由此而引申出已经义。例⑤，"至"，甲骨文形作𡊲，象矢落地之形，所以"至"有到义，是个动词。《说文》释"至"为"鸟飞从高下至地也"，误。例⑥，"至"，极，副词。"至"的到义，引申可指达到极点，再引申则有极义，变成副词。例⑦，"复(復)"，《说文》："复，往来也"，是动词。《说文》"复""復"是两个字，"往来"就是往返。甲骨文"复""復"是一个字，均作"复"，如"贞：侯值不其复"(《库》，1565)。诗《九罭》"公归不复"，"不复"就是一去不返，不再回来，用的都是本义。例⑧，"复"，又，再，副词。"复"由往返义，可引申指动作行为的重复，进而可引申指表示动作行为的重复义，就变成副词了。

(2) 形容词→副词。如：

①显允君子，莫不令德。(《诗经·小雅·湛露》)(允：形容词，诚信，诚实。)

②卜云其吉，终然允臧。(《诗经·鄘风·定之方中》)(允：副词，确实，实在。)

③觏闵既多，受侮不少。(《诗经·邶风·柏舟》)(少：形容词，数量不多。)

④吾知其所由来矣，姑少待我。（《左传·僖公七年》）（少：副词，稍稍。）

⑤江之永矣，不可方思。（《诗经·周南·汉广》）（永：形容词，长。）

⑥诗曰："孝子不匮，永锡尔类"，其是之谓乎？（《左传·隐公元年》）（永：副词，永远地。）

⑦无恒产而有恒心者，惟士为能。（《孟子·梁惠王上》）（恒：形容词，经常的，固定不变的。）

⑧人恒过，然后能改。（《孟子·告子下》）（恒：副词，经常。）

例①，"允"，《说文》："允，信也。"段注："《释诂》《毛传》皆曰：'允，信也。'"信即诚信，是个形容词。例②，"允"，确实，果然，副词。"允"由诚实义，引申指确实义，非常自然。定之方中，"终然允臧"，"允"表示对判断真实性的确认，义为"确实"，是副词。例③，"少"，《说文》："少，不多也"，是个形容词。段注："不多则小，故古少小互训。"甲骨文"小"作┆形，"少"作┆形，金文亦同。甲骨文"少""小"，盖同文异构，"少"未必是形声字。如"壬戌卜，甲子少雨"（《人》，2389），"少雨"即小雨。上古汉语，"少"属审母，宵部，开口三等字，拟音为〔ɕio〕；"小"属心母，宵部，亦开口三等字，拟音为〔sio〕，可知两字音近。例④，"少"，音 shāo，由不多义引申指稍微义，表示程度轻，是个副词。例⑤，"永"，本义是指水流长，是形容词。例⑥，"永"，永远地或永久地，指时间长，是副词。例⑦，"恒"，《说文》："恒，常也。""常"就是永久的，固定不变的，是形容词。例⑧，"恒"，经常，表示动作行为屡次发生，是个副词。

（3）名词→动词→副词。如：

①嗟我怀人，寘彼周行。（《诗经·周南·卷耳》）（行：名词，道路。）

②三人行，必有我师焉。（《论语·述而》）（行：动词，行走。）

③民胜其地务开，地胜其民者事徕，开则行倍。（《商君书·算地》）（行：副词，将。）

④御衽于奥，媵衽良席在东，皆有枕，北止。（《仪礼·士昏礼》）（止：名词，同"趾"，足。）

⑤譬如为山，未成一篑，止，吾止也。（《论语·子罕》）（止：动词，停止。）

⑥仁义，先王之蘧庐也，止可以一宿而不可久处。(《庄子·天运》)(止：副词，只，仅。)

例①，"行"，《说文》："行，人之步趋也。"段注："步，行也；趋，走也，二者一疾一徐，皆谓之行，统言之也。"这不是"行"的本义。"行"的本义当是道路，是个名词。甲骨文"行"作行形，正象四通八达的街衢。古代"行"作道路解，音 háng。诗《卷耳》"寘彼周行"，"行"即大路。例②，"行"，行走，动词。"行"(xíng)当由"行"(háng)引申而来：大路叫"行"(háng)，在路上行走的动作叫"行"(xíng)。上古时代，名词"行"，动词"行"，两音十分接近："行"(háng)，匣母，阳部，开口一等字，拟音为〔ɣaŋ〕；"行"(xíng)，匣母，阳部，开口二等字，拟音为〔ɣeaŋ〕。在远古汉语，这两个词也许就是名动同形同源。例③，"行"，将，副词。"开则行倍"，是说只要荒地被来民开垦，结果人力、物力将成倍增长。"行"的将义，由动词行走义引申而成。人之行走，必有起始，由此而引申指将要义是很容易的，所以后代"行""将"可以连用。例④，"止"，即"趾"，为名词。甲骨文"止"作止形，正象脚趾之形，如"贞：疒止，隹有蛊"(《林》，2.9.7)。"疒止"即"疾趾"，是说患上脚病。《士昏礼》"北止"，意思是"脚朝北"，"止"即"趾"义。例⑤，"止"，停止，动词。脚趾是用于走路的，走路则有行有止，所以"止"引申出停止义，也是很自然的。例⑥，"止"，只，仅，表限定，副词。"止"的限定义，显然是由"止"的停止义引申而成。

(4) 名词→形容词→副词。如：

①客至，诸门户皆令凿而慕孔。(《墨子·备城门》)(孔：名词，孔洞。)

②孔德之容，唯道是从。(《老子》第二十一章)(孔：形容词，大。)

③酒既和旨，饮酒孔偕。(《诗经·小雅·宾之初筵》)(孔：副词，甚，非常。)

④(文公)二十七年，伐南山大梓，丰大特。(《史记·秦本纪》)(特：名词，公牛。)

⑤维此奄息，百夫之特。(《诗经·秦风·黄鸟》)(特：形容词，杰出的。)

⑥而彭祖乃今以久特闻，众人匹之，不亦悲乎？（《庄子·逍遥游》）（特：副词，特别，独特。）

例①，"孔"，《说文》："孔，通也。"段注："通者，达也。"《说文》将"孔"释为一个动词，非本义。孔，金文作𠃌形。陈初生先生说："高鸿缙谓孔字象小儿食乳形。林义光谓'本义当为乳穴，引申为凡穴之称（象乳形，𠃌就之，以明乳者孔也。)'"[1] 林氏之说可从。《备城门》"幂孔"或作"幕孔"，意思是指把孔洞掩盖起来，"孔"当以本义视之。例②，"孔德"，大德，"孔"为形容词。孔洞多在实体上借外力而形成，"孔""空"当属同源，因而引申有大义。例③，"孔"，甚，很，表示程度深，副词，由"孔"的大义引申而来。例④，"特"，《说文》："特，朴特牛父也，从牛，寺声。"段注改为："特，特牛也，从牛，寺声。""特牛"就是公牛，名词。例⑤，"特"，杰出，优秀，是个形容词。公牛，有力好斗，充满活力，"特"用为形容词，显然是后起的。例⑥，"特"，特别，独特，副词，显然是由"特"的杰出义引申而成。

（5）动词→形容词→副词。如：

①昔周公吊二叔之不咸。（《左传·僖公二十四年》）（咸：动词，终，成。）

②（声）窕则不咸。（《左传·昭公二十一年》）（咸：形容词，遍。）

③四罪而天下咸服。（《孟子·万章上》）（咸：副词，皆，全。）

④女心伤悲，殆及公子同归。（《诗经·豳风·七月》）（殆：动词，怕。）

⑤民今方殆，视天梦梦。（《诗经·小雅·正月》）（殆：形容词，危险。）

⑥离外之患，而天不靖晋国，殆将启之。（《左传·僖公二十三年》）（殆：副词，恐怕，大概。）

例①，"咸"，甲骨文作𢦏形，象斧钺之形，该是个动词，同"杀"义有关。"杀"表示要终结生命，因而"咸"有终结、完成义。"二叔之不咸"，即指管蔡二叔不能善终。例②，"咸"，遍，形容词。"窕则不咸"，是说声音过于纤细，能听到的人就不会周遍。"咸"的周遍义，当是由"咸"的终结、完成义引申而成。例③，"咸"，皆，全，表范围限定，副词，显然是由

---

① 陈初生：《金文常用字典》，陕西人民出版社 2004 年版，第 989 页。

"咸"的周遍义引申而来。例④，"殆"，恐惧，动词。例⑤，"殆"，危险，形容词。"殆"由心理上的恐惧义，引申指事物的危殆义，很自然。例⑥，"殆"，恐怕，大概，副词。"恐怕""大概"都是猜度之词，显然是由疑惑义、危殆义引申而来。

（6）数词→动词→副词。如：

①一日不见，如三秋兮。（《诗经·王风·采葛》）（一：数词，一个。）

②诸侯不可一。（《战国策·秦策一》）（一：动词，统一，联合。）

③王事适我，政事一埤益我。（《诗经·邶风·北门》）（一：副词，全，都。）

④子闻之曰："再，斯可矣。"（《论语·公冶长》）（再：数词，两次。）

⑤过言不再，流言不极。（《礼记·儒行》）（再：动词，重复，再现。）

⑥龟至，君再欲杀之，再欲活之。（《庄子·外物》）（再：副词，又。）

例①，"一"，数词，一个，表示最小的正整数。例②，"一"，统一，动词。例③，"一"，全，都，副词。例④，"再"，两次，数词。例⑤，"再"，重复，动词。"过言不再"，是说讲错的话不能再讲。例⑥，"再"，又，副词，表示动作行为的重复，是由"再"的动词义引申而成。

（7）名词→代词→副词。如：

①贞：有疒自，佳有蛊。（《乙》，6385）（自：名词，鼻子。）

②多行不义必自毙。（《左传·隐公元年》）（自：代词，自己。）

③不自为政，卒劳百姓。（《诗经·小雅·节南山》）（自：副词，亲自。）

④秦王之时，或人葅子，利不足也。（《淮南子·齐俗训》）（或：名词，同"域"，邦国。）

⑤或谓孔子曰："子奚不为政？"（《论语·为政》）（或：代词，有的人。）

⑥古者民有三疾，今也或是之亡也。（《论语·阳货》）（或：副词，或许。）

例①，"自"，《说文》："自，鼻也，象鼻形。"《说文》的解释完全正确。"自"，名词，甲骨文作𦣹形，正象鼻形。"疒自"，意思是说患上鼻疾，"疒"即"疾"，用为动词。例②，"自"，指称自己，代词。人皆有鼻，所以"自"很容易引申为己称代词。例③，"自"，亲自，副词。"自"的亲自义，显然是由"自"的己称义引申而来。例④，"或"，同"域"，名词。"或"

"域"古今字。甲骨文亦"或""国"同字，均作"或"。"或人"即"域人"，亦即"国人"。例⑤，"或"，有的人，代词。"或"作为代词，有两个特点，一是不确指，二是表限定。古代的"或"，不论是指"域"（区域），还是指"国"（城郭邦国），都是有一定区限、范围的。有了范围就有了限定，因此名词"或"和代词"或"是词义引申关系而不是假借关系。例⑥，"或"，或许，副词，表示对判断不能肯定，因此副词"或"显然又是由无定代词"或"引申而来。

（二）来自实词的词义假借

借助实词词义的假借，这是古代副词产生的另一重要途径。这类副词不是很多，但确实存在。词义假借的根本条件在于音同或音近，而与词义引申无关。以词义假借方式而产生的副词主要有两类：

（1）名词→副词。如：

①学而不思则罔，思而不学则殆。（《论语·为政》）（不：副词，表未然否定。）

②虽速我讼，亦不女从。（《诗经·召南·行露》）（亦：副词，也。）

③亟其乘屋，其始播百谷。（《诗经·豳风·七月》）（亟：副词，快，赶快。）

④多行不义从自毙，子姑待之。（《左传·隐公元年》）（姑：副词，姑且。）

⑤故人苟生之为见，若者必死。（《荀子·礼论》）（苟：副词，苟且。）

⑥他日又求见孟子。（《孟子·滕文公上》）（又：副词，表示动作重复或继续。）

例①，"不"，甲骨文作![字形]、![字形]诸形，象花萼之形。《诗经·小雅·常棣》："常棣之华，鄂不韡韡。"笺云："承华者曰鄂，不当作柎。柎，鄂足也。鄂足得华之光明，则韡韡然。……古声不柎同。"（按："柎"，今本《十三经注疏》作"拊"，据阮氏《校勘记》改。）上古"不""柎"读音十分相近："不"，古属帮母，之部，合口三等字，拟音为〔piuə〕；"柎"，古属帮母，鱼部，合口三等字，拟音为〔piua〕。由此可知，"鄂不"即"萼柎"，亦即"鄂（萼）足"，就是花托。"不"后为否定副词，正是假借名词"不

（枘）"而为之。例②，"亦"，《说文》："亦，人之臂亦也，从大，象两亦之形。"许慎解释是对的。《说文》："胳，亦下也。"段注："亦腋，古今字。"甲骨文中"亦"早已借为副词，如"旬壬寅雨，甲辰亦雨"（《乙》，2691）。例③，"亟"，《说文》："亟，敏疾也，从人、口、又、二。二，天地也。"《说文》的解释已不是本义，而是假借义。亟，甲骨文作𠄢形，象一个人字，上下各有一横，表示上极至顶，下极至踵，乃极点之意，因此可知"亟"当为"极"之初文。"亟"用于急速义、频数义，均是假借而成。亟，古属见母，职部，开口三等字，拟音为〔kiək〕；极（極），古属群母，职部，开口三等字，拟音为〔giək〕，两字声母仅清浊有别。例④，"姑"，《说文》："姑，夫母也。"段注："《释亲》曰：'妇称夫之父曰舅，称夫之母曰姑。'""姑"作副词，有姑且义，也是假借为之。例⑤，"苟"，草名，名词。《说文》："苟，艸也。"段注："孔注《论语》云：'苟，诚也。'郑注《燕礼》云：'苟，且也，假也'，皆假借也。""苟"，用于苟且义，当然亦属假借用例。例⑥，"又"，右手，名词。《说文》："又，手也，象形。"段注："此即今之右字。""又"作为副词，非本义引申，而是词义假借的结果。

（2）动词→副词。如：

①事未可成，祗成恶名。（《左传·襄公二十七年》）（祗：副词，恰好。）

②叟不远千里而来，亦将有以利吾国乎？（《孟子·梁惠王上》）（将：副词，将要。）

③弗知而言为不智。（《战国策·秦策三》）（弗：副词，不。）

④虽有台池鸟兽，岂能独乐哉？（《孟子·梁惠王上》）（岂：副词，难道。）

⑤小人之学也，入乎耳，出乎口，口耳之间则四寸耳，曷足以美七尺之躯哉？（《荀子·劝学》）（则：副词，仅。）

⑥天下无诛伐，则诸侯之相暴也立见。（《吕氏春秋·荡兵》）（立：副词，立即，立刻。）

例①，"祗"，《说文》："祗，敬也，从示，氐声"，可知"祗"原为动词。"祗成恶名"，"祗"，正好，恰好，副词，是词义假借而成。例②，"将"，《说文》："将，帅也。"段注："帅当作'衛'。行部曰：'衛，将也'，二字互训。《仪礼》《周礼》古文'衛'多作'率'，今文多作'帅'。"可知

"将"之本义是率领，是个动词。"将"作副词，表将要，亦是假借为之。例
③，"弗"，《说文》："弗，矫也。"段注："矫，各本作挢，今正。"又云：
"矫者，揉箭箝也，引申为矫拂之用。""弗"，甲骨文作 、 诸形，正象箭
杆被绳缠绕矫正之形，可知"弗"原为动词。"弗"用为否定副词，是词义
假借而成。例④，"岂"，《说文》："岂，还师振乐也。"段注："《公羊传》
曰：'出曰祠兵，入曰振旅。'《周礼·大司乐》：'王师大献，则令奏恺乐。'
注曰：'大献，献捷于祖。恺乐，献功之乐。'"由此可知，"岂"当是"恺"
之初文，"岂""恺"古今字。恺，和乐，动词。"岂"，作为副词，是词义假
借的结果。例⑤，"则"，金文作 形，从鼎从刀，是个动词，象在钟鼎上
刻画铭文。如《𠨣羌钟》说："用明则之于铭，武文咸剌（烈），永葉（世）
母（毋）忘"，"则"正是刻画之意。副词"则"，是词义假借的结果。例⑥，
"立"，《说文》："立，住也。"段注改"住"为"侸"。"侸"，音义同"竖"。
又《说文》："侸，立也。"可知"立"的本义是竖立，动词。副词"立"的
立刻义，也是词义假借的结果。

二、副词的分类

同实词一样，虚词也需要分类研究。词的正确分类，是研究词类变化的
基础，也是观察词类历史演变的重要窗口。上古汉语的副词分类，大致如下：

(一) 时间副词

时间副词是表示谓语动词产生、进行、持续或完成的时间的词，常见的
时间副词有"既""已""尝""曾""方""正""将""且""其"等等。如：

①既见君子，不我遐弃。(《诗经·周南·汝坟》)
②今乘舆已驾矣，有司未知所之。(《孟子·梁惠王下》)
③孔子尝为委吏矣。(《孟子·万章下》)
④失民心而立功名者，未之曾有也。(《吕氏春秋·顺民》)
⑤于是陈蔡方睦于卫。(《左传·隐公四年》)
⑥我思舜，正郁陶。(《史记·五帝本纪》)
⑦国不堪贰，君将若之何？(《左传·隐公元年》)

⑧今吾尚病，病愈，我且往见。（《孟子·滕文公上》）

⑨徯我后，后来其无罚。（《孟子·滕文公下》）

例①—④，"既""已""尝""曾"，表示过去时。例⑤⑥，"方""正"，表示现在时或持续时。例⑦—⑨，"将""且""其"，表示将来时。

（二）范围副词

范围副词是表示对人、事物或动作、行动所涉及的范围、数量等内容来加以总括或限定的词。常见的范围副词有"咸""皆""悉""俱""唯""独""仅""但"等。如：

①徒御啴啴，周邦咸喜。（《诗经·大雅·崧高》）

②今儒墨皆称先王兼爱天下，则视民如父母。（《韩非子·五蠹》）

③晋师悉起，将至矣。（《左传·宣公十五年》）

④父母俱存，兄弟无故，一乐也。（《孟子·尽心上》）

⑤无非无仪，唯酒食是议。（《诗经·小雅·斯干》）

⑥民独知兕虎之有爪角也，而莫知万物之尽有爪角也。（《韩非子·解老》）

⑦市南门之外甚众牛车，仅可以行耳。（《韩非子·内储说上》）

⑧天子所以贵者，但以闻声，群臣莫得见其面，故号曰朕。（《史记·李斯列传》）

例①—④，"咸""皆""悉""俱"，表示总括。例⑤—⑧，"唯""独""仅""但"，表示限定。

（三）否定副词

否定副词是表示对谓语加以否定的词。上古汉语否定副词，可分为陈述否定、判断否定、描写否定、选择否定、正反否定和禁止否定六类。陈述否定常用的否定副词有"不""未""弗"等。如：

①汉有游女，不可求思。（《诗经·周南·汉广》）

②我未见力不足者。（《论语·里仁》）

③一箪食，一豆羹，得之则生，弗得则死。（《孟子·告子上》）

"非（匪）"经常用于判断否定。如：

①匪来贸丝，来即我谋。（《诗经·卫风·氓》）

②子曰："非吾徒也，小子鸣鼓而攻之可也。"（《论语·先进》）

"不""非"也经常用于描写否定。如：

①非所谓踰也，贫富不同也。（《孟子·梁惠王下》）

②轻辞天子，非高也，势薄也。（《韩非子·五蠹》）

"否（不）"经常用于选择否定。如：

①子皮欲使尹何为邑，子产曰："少，未知可否。"（《左传·襄公三十一年》）

②赵主父使李疵视中山可攻不也。（《韩非子·外储说左上》）

"否（不）"也经常用于正反否定。如：

①人涉卬否，卬须我友。（《诗经·邶风·匏有苦叶》）

②王曰："否，吾何快于是？"（《孟子·梁惠王上》）

③孔子对曰："不也，夔非一足也。"（《韩非子·外储说左下》）

表示禁止否定的否定副词，先秦经常用"毋""勿"两个词。如：

①大毋侵小。（《左传·襄公十九年》）

②王请勿疑。（《孟子·梁惠王上》）

（四）程度副词

程度副词是表示谓语动词、形容词所体现的动作、行为或性质、状态所达到的某种水平或状况的词。先秦程度副词常用的词有"少""稍""颇"、"甚""弥""颇"、"极""至""最"等。如：

①吾知其所由来矣，姑少待我。（《左传·僖公七年》）

②勃恐，不知置辞，吏稍侵辱之。（《史记·绛侯周勃世家》）

③仆虽怯懦，欲苟活，亦颇识去就之分矣。（汉·司马迁：《报任安书》）

④其室则迩，其人甚远。（《诗经·郑风·东门之墠》）

⑤仰之弥高，钻之弥深。（《论语·子罕》）

⑥绛侯得释，盎颇有力。（《史记·袁盎晁错列传》）

⑦高祖曰："丰吾所生长，极不忘耳。"（《史记·高祖本纪》）

⑧故至安之世，法如朝露。（《韩非子·大体》）

⑨然惠施之口谈，自以为最贤。（《庄子·天下》）

例①—③，"少""稍""颇"，稍微，多多少少，表示程度的约略级（初级）。例④—⑥，"甚""弥""颇"，很，更加，非常，表示程度的比较级（中级）。例⑦—⑨，"极""至""最"，表示程度的极至级（高级）。

（五）关系副词

关系副词是指主语发出的动作、行为能施及主客双方或其中一方，并体现出相互关系的词。关系副词所体现的关系有互动、偏指和协同三种。上古汉语，常见的关系副词有"相""相与""共""同""并"等等。如：

①道不同，不相为谋。（《论语·卫灵公》）

②布衣相与交，无富厚以相利，无威势以相惧也。（《韩非子·五蠹》）

③胡不相畏，先祖于摧。（《诗经·大雅·云汉》）

④乃如之人兮，逝不相好。（《诗经·邶风·日月》）

⑤（其妻）与其妾讪其良人而相泣于中庭。（《孟子·离娄下》）

⑥又有微子、微仲、王子比干、箕子、胶鬲，皆贤人也，相与辅相之，故久而后失之也。（《孟子·公孙丑上》）

⑦天下共苦秦久矣。（《史记·淮阴侯列传》）

⑧我心伤悲兮，聊与子同归兮。（《诗经·桧风·素冠》）

⑨尧时十日并出，尧上射九日。（《论衡·对作》）

例①②，"相""相与"，表示互动关系。例③④，"相"，表示偏指关系。例⑤—⑨，"相""相与""共""同""并"，表示协同关系。

（六）状态副词

状态副词是指用来表示动作、行为的重复、连续、频次或呈现某种状态、方式的词。上古汉语常见的状态副词有"复""又""亦""数（shuò）""屡"、"渐""稍""犹""固""徐""疾"等等。如：

①陟则在巘，复降在原。（《诗经·大雅·公刘》）

②（孟武伯）又问，子曰："由也，千乘之国，可使治其赋也，不知其仁也。"（《论语·公冶长》）

③河东凶亦然。（《孟子·梁惠王上》）

④秦数挑战，赵兵不出。（《史记·白起王翦列传》）

⑤屡顾尔仆，不输尔载。（《诗经·小雅·正月》）

例①—⑤，"复""又""亦""数""屡"，是表示重复、连续、频次的状态副词。又如：

①今田常之为乱，有渐见矣，而君不诛。（《韩非子·外储说右上》）

②项王乃疑范增与汉有私，稍夺其权。（《史记·项羽本纪》）

③往者不可谏，来者犹可追。（《论语·微子》）

④百姓皆以王为爱也，臣固知王之不忍也。（《孟子·梁惠王上》）

⑤徐行后长者谓之弟，疾行先长者谓之不弟。（《孟子·告子下》）

例①—⑤，"渐""稍""犹""固""徐""疾"，是表示程度、方式的状态副词。

（七）语气副词

语气副词是指常置于谓语之前，具有表达语气作用的词。上古汉语，常见的语气副词有"乃""即""实"、"其""岂""宁"、"其""盖""莫"、"乃""竟""果"等等。如：

①无伤也，是乃仁术也，见牛未见羊也。（《孟子·梁惠王上》）

②民死亡者，非其父兄，即其子弟。（《左传·襄公八年》）

③此二人者，实弑寡君。（《左传·隐公四年》）

例①—③，"乃""即""实"，是表示确认的语气副词。又如：

①其行千里，其谁不知？（《左传·僖公三十二年》）

②岂敢定居，一月三捷。（《诗经·小雅·采薇》）

③十人而从一人者，宁力不胜、智不若耶？（《战国策·赵策三》）

例①—③，"其""岂""宁"，是表示反问的语气副词。又如：

①修己以安百姓，尧舜其犹病诸？（《论语·宪问》）

②今诸侯之事，我寡君不如昔者，盖言语漏泄，则职女之由。（《左传·襄公十四年》）

③文，莫吾犹人也。（《论语·述而》）

例①—③，"其""盖""莫"，是表示推测的语气副词。又如：

①先生不羞，乃有意欲为收责于薛乎？（《战国策·齐策四》）

②及吕后时，事多故矣，然平竟自脱，定宗庙，以荣名终，称贤相。（《史记·陈丞相世家》）

③暮而果大亡其财。(《韩非子·说难》)

例①—③，"乃""竟""果"，是表示预料的语气副词。

（八）连接副词

连接副词是指常置于谓语之前，具有连接作用的词。上古汉语常见的连接副词有"既""又""且""乃""则""愈""且""况"等。如：

①既破我斧，又缺我斨。(《诗经·豳风·破斧》)

②丧乱既平，既安且宁。(《诗经·小雅·棠棣》)

③既来之，则安之。(《论语·季氏》)

④乃寝乃兴，乃占我梦。(《诗经·小雅·斯干》)

⑤故人主愈弊而大臣愈重。(《韩非子·孤愤》)

⑥臧获且羞与之同名矣，况世俗乎？(《史记·鲁仲连邹阳列传》)

例①②，"既""又""既""且"，表并列关系的连接副词。例③④，"既""则""乃""乃"，表顺接关系的连接副词。例⑤，"愈""愈"，表递进关系的连接副词。例⑥，"且""况"，表让步关系的连接副词。

三、副词的发展

（一）时间副词的发展

汉语时间概念或时的语法范畴的表达，主要是靠两类词来完成的：一是时间名词，二是时间副词。时间名词和时间副词是两类不同的词，不能混而不分。有的学术著作，把"今夕""今岁""翌""来月"等等都定为"时间副词"，这是欠妥的。汉语时间副词是经常放在谓语动词之前来表示动作行为发生、进行、持续或完成的时间概念。时间副词的发展，涉及以下三个内容：

1. 时间名词和动词时的表达

上古汉语前期，甲骨文和金文中时间副词并不发达，而有的著作把甲骨文中的时间副词定为十多个，这是十分可疑的。甲骨文里，把"之日""之夕"这类时间名词短语置于谓语动词之前，就可以表示动词的过去时。如：

①之日兽，允毕。(《丙编》，284)

②之夕允不雨。(《前》7.14.3)

例①，"兽"通"狩"。"允毕"即"允擒"，是验辞。"兽""毕"都是过去时。例②，"允不雨"，是验辞，"雨"，降雨，是过去时。甲骨文中，经过序辞和验辞中的干支对比，亦可判定动词的过去时。如：

③壬申卜、㱿贞：圃毕麋? 丙子陷，允毕二百又九。(《合集》，10344)

例③，"丙子"日是"壬申"占卜日后的第四天，所以"陷""毕"应该是过去时。

甲骨文中，如果动词前加上"今日""今夕"等时间名词短语，就可以表示动词的现在时。如：

①辛巳卜，今日㘥风? (《屯南》，2772)

②今夕启，不启? (《粹编》，649)

例①，"㘥风"读作"宁风"。宁，止。例②，"启"，天晴雨止。"㘥""启"，当是现在时。甲骨文中如果表示动词的将来时，就在时间名词或干支名前再加上"翼（翌）"或"来"、"生"等动词。如：

①丁亥卜，㱿贞：翼庚寅㞢于大庚? (《乙编》，6664)

②壬午卜，来乙酉，雨不雨? (《合集》，21065)

③辛未卜，夬贞：王于生七月入于商。(《前》，2.1.2)

例①，"庚寅"是占卜日"丁亥"后的第三天。"㞢（侑）"，侑祭，用于将来时。例②，"乙酉"是占卜日"壬午"后的第三天，"雨"，动词，用于将来时。例③，"生七月"即指未来的七月，动词"入"亦用于将来时。

2. 时间副词和动词时的表达

从上古汉语中期开始，大量传世文献都可以证明，时间副词已是汉语动词表达时的语法范畴的主要手段。这种时的语法范畴可以分为三种：过去时、现在时和将来时。

（1）过去时。

过去时又有长时制和短时制之分。长时制是指已发生的动作行为到说话时为止，已经历了较长时间。长时制常用的时间副词有"既""已""业""终""卒""竟""尝""常""曾"等等。如：

①殷既坠厥命，我有周既受。(《尚书·君奭》)

②（纪）信曰："汉王已出矣。"（《史记·项羽本纪》）

③良业为取履，因长跪履之。（《史记·留侯世家》）

④其后（成都王）终以败亡。（《搜神记》，卷七）

⑤数日，狗自暴死，卒无纤芥之异。（《搜神记》，卷十八）

⑥遂罢追，（郑）玄竟以得免。（《世说新语·文学》）

⑦两人尝有德于项梁，是以项王信任之。（《史记·项羽本纪》）

⑧项伯常杀人，从良匿。（《史记·留侯世家》）

⑨先世曾伐大树，得大蛇杀之。（《搜神记》，卷三）

过去时的短时制，是指已发生的动作行为到说话时为止，仅经历了短暂时间。短时制常用的时间副词有"立""即""寻""聊""方""才""向""暂""且""刚"等等。如：

①沛公至军，立诛杀曹无伤。（《史记·项羽本纪》）

②张良出，要项伯，项伯即入见沛公。（《史记·项羽本纪》）

③（栗）栽者虽生，寻死矣。（《齐民要术·种栗》，卷四）

④高祖笑曰："聊以戏卿尔。"（《宋书·臧质传》）

⑤光武初，方平诸夏，未遑外事。（《后汉书·南匈奴传》）

⑥波利才入，窟门自合，于今不开。（唐·［日］释圆仁：《入唐求法巡礼行记》，卷三）

⑦向从阁下过，见令史受杖。（《世说新语·政事》）

⑧广暂腾而上胡儿马，因推堕儿，取其弓，鞭马南驰数十里。（《史记·李将军列传》）

⑨妹夫，你且坐一坐，我去劝他。（元·关汉卿：《救风尘》，第一折）

⑩你刚出门，他也上马去了。（元·关汉卿：《救风尘》，第四折）

大约从中古汉语起，用于过去时短时制的时间副词，出现一大批复音词，这也是值得注意的。如：

①上时未有所拟，仓卒曰："我已用王鸿。"（《宋书·武二王传》）

②鬼闻其语，寻即远避。（《百喻经·毗舍阇喻》）

③瓛怪问之，乃曰："向来未着衣帽故也。"（《颜氏家训·兄弟》，卷一）

④五祖自送能于九江驿，登时便悟。（唐·法海：《六祖坛经》）

⑤遂即进步向前，合掌鞠躬。（变文《庐山远公话》）

⑥遂将钵盂一照，叫"天王"一声，当下火灭。(《大唐三藏取经诗话上》)

⑦适才赵盼儿使人来说，宋引章已有休书了。(元·关汉卿：《救风尘》，第四折)

⑧把适来我寄在这里包儿还公公。(明·冯梦龙：《喻世明言·宋四公大闹禁魂张》，第三十六卷)

⑨随即写回书，收留高俅在府内做个亲随。(《水浒传》，第二回)

⑩却才俺打的那汉是谁？(《水浒传》，第五回)

⑪所以方才你一说这宝玉，我就猜着了八九也是这一派人物。(《红楼梦》，第二回)

⑫便发签差公人立刻将凶犯家属拿来拷问。(《红楼梦》，第四回)

（2）现在时。

动词的现在时是指动作行为说话时正在发生或进行。古代动词的现在时没有长时制和短时制的区别。动词现在时常见的时间副词有"方""正""镇""适""见（现）""在"等等。如：

①赵方西忧秦，南忧楚，其力不能禁我。(《史记·陈涉世家》)

②（薛）安都从征关、陕、至臼口，梦仰头视天，正见天门开。(《宋书·薛安都传》)

③蓦忽心闲，小楼东栏杆镇倚。(《张协状元》，第十三出)

④此衣适可值一枚金钱。(《百喻经·为恶贼所劫失氍喻》)

⑤上客见任何官？(唐·张鷟：《游仙窟》)

⑥他父亲秦邦业现任营缮司郎中。(《红楼梦》，第八回)

⑦王教头弃家在逃，子母不知去向。(《水浒传》，第二回)

现在时也常使用一些复音时间副词。如：

①到溪，恰遇祖师正当说法时，便礼拜祖师。(《祖堂集》，卷三)

②恰好是二十四个月日。(《张协状元》，第四出)

③似此三日，山前行正在州衙门前立，倒断不下。(明·洪楩：《清平山堂话本·简贴和尚》)

④说有石总兵领人马巡边，见在大同住扎。(明·哈铭：《正统临戎录》)

（3）将来时。

动词的将来时是指说话时动作行为将要发生。动词的将来时也有长时制和短时制之分。长时制是指动作行为将要发生，但还有一段时间。长时制常见的时间副词有"其""且""行""将"等等。如：

①若之何其以病败君之大事也？（《左传·成公二年》）

②今吾且死，而侯生曾无一言半辞送我，我岂有所失哉？（《史记·魏公子列传》）

③目痛小疾，亦行自愈。（《搜神记》，卷五）

④何以将得位而梦棺器，将得财而梦矢秽？（《世说新语·文学》）

中古汉语以后，将来时的长时制也常常使用一些复音时间副词。如：

①丞相翘须厉色，上坐便言："方当乖别，必欲言其所见。"（《世说新语·规箴》）

②大司马方将外固封疆，内镇社稷，必无若此之虑。（《世说新语·言语》）

③本期善果，不知将来反获其殃。（《百喻经·灌甘蔗喻》）

④且教他看文字，撞来撞去，将来自有撞着处。（《朱子语类·训门人》）

将来时的短时制，是指动作行为瞬间即将发生，时间很短。短时制常用的时间副词有"立""即""方""且""寻"等等。如：

①王大怒，立欲诛偃师。（《列子·汤问》）

②若闻鼓声，即出勿留。（《搜神记》，卷二）

③袁绍围太祖于官渡，太祖粮方尽。（《三国志·魏书·贾诩传》）

④正热，不堪相见，君可且去。（《宋书·王敬弘传》）

⑤凡五谷种子，浥郁则不生，生者亦寻死。（《齐民要术·收种》，卷一）

这类短时制，也可使用一些复音时间副词。如：

①不如即就牛腹盛之，待临会时，当顿㩐取。（《百喻经·愚人集牛乳喻》）

②若是人问闺阁，立便道姓道名。（《大唐三藏取经诗话上》）

③他若肯时，老身即便依从。（明·朱有燉：《团圆梦》，第三折）

④要好趁这个遗漏人乱时，今夜就走开去，方才使得。（明·冯梦龙：《警世通言·崔待诏生死冤家》，第八卷）

⑤连日身上不好，见了姑娘彼此伤心，暂且不忍相见。（《红楼梦》，第三回）

汉语时间副词有时加在动词之上，表示动作行为的发生、发展的时间经常处于持续状态之中，这样的时间副词也可看成是表示现在时。表持续的常用的时间副词有"常""恒""终""素""辄""镇"等等。如：

①（羽）每至阴雨，骨常疼痛。（《三国志·蜀书·关羽传》）

②尚之在家，常着鹿皮帽。（《宋书·何尚之传》）

③头语尾言："我恒在前，何以卒尔？"（《百喻经·蛇头尾共争在前喻》）

④（园）客终不娶。（《搜神记》，卷一）

⑤王平子素不知眉子。（《世说新语·识鉴》）

⑥张负女孙五嫁而夫辄死，人莫敢娶。（《史记·陈丞相世家》）

⑦两个镇双飞，双双来，算何时似你？（元·无名氏：《小孙屠》，第三出）

中古以后，动词持续时使用的时间副词，似乎以用复音词为常。如：

①道庆凶险暴横，求欲无已，有失其意，辄加捶拉，往往有死者，朝廷畏之如虎狼。（《宋书·黄回传》）

②娘子向来频盼少府，若非情想有所交通，何因眼脉朝来顿引？（唐·张鷟：《游仙窟》）

③主人从来发心，长设斋饭，供养师僧，不限多少。（唐·〔日〕释圆仁：《入唐求法巡礼行记》，卷二）

④若一向恃强，务欲并吞，但恐天理不能如此。（宋·徐梦莘：《三朝北盟会编·靖康城下奉使录》，卷二十九）

⑤鸿和尔大山自来系北朝地土。（宋·李焘：《续资治通鉴长编》，卷二六五）

⑥寻常读《大学》未有所得，愿请教。（《朱子语类·总训门人》）

⑦谁想蔡婆婆常常着人来说，要小生女孩儿做他儿媳妇。（元·关汉卿：《窦娥冤》，楔子）

⑧他是个不爱财的名将，家道贫寒，时常到村店中吃酒。（明·冯梦龙：《警世通言·崔待诏生死冤家》，第八卷）

⑨灵公暴虐无道，赵宣子每每把正直的言说谏他。（《皇明诏令·戒谕管军官敕》）

3. 时间副词和动词体的表达

由上论述可知，汉语时间副词，从上古汉语中期开始，直到近古汉语的漫长时间里，对动词时的表达起到十分关键的作用。和西方语言相比，汉语动词本身虽无表时的形态标志，但不能因此而断定汉语动词就没有时的语法范畴。各个民族语言都有各自的特点，重视这些特点的发掘，就是尊重语言事实。值得注意的是，到了中古汉语后期和近古汉语前期，亦即五代和两宋时代，汉语体的语法范畴已正式形成。"体"讲的是动词所处的一种状态，"时"讲的是动词发生的时间，这两者虽属不同的语法范畴，但彼此仍互有关联。应肯定地说，自汉语动词后面可以加上"了""着""过"这些动态助词之后，动词前面的时间副词的使用频率就已大大减少了。但这并不能完全排除语言中仍能找到两者间相互照应的表达形式。如：

①孩儿，休要大惊小怪，毕竟事以（已）成了。（元·无名氏：《小孙屠》，第十出）

②小人是个好汉，官司既已吃了，一世也不走。（《水浒传》，第七回）

③贾瑞听了，身已木了半边。（《红楼梦》，第十一回）

④贾母因问黛玉念何书，黛玉道："刚念了'四书'。"（《红楼梦》，第三回）

⑤宝玉看罢，笑道："这个妹妹我曾见过的。"（《红楼梦》，第三回）

⑥正遇着春昼喧，丽日和。（元·无名氏：《小张屠焚儿救母》，第二折）

⑦王七殿直的老婆抱着三岁的孩子，正在窗前吃枣糕，引着耍子。（明·冯梦龙：《喻世明言·宋四公大闹禁魂张》，第三十六卷）

⑧你尝尝（常常）跟着我，等至十二年二月初一日下午。（明·钱谦益：《牧斋初学集》，卷一〇四）

⑨今年是上京给他儿子捐官，现在他家住着呢。（《红楼梦》，第十回）

当动词后面出现"了""着""过"这些动态助词之后，动词前再加上时间副词，有时会感到有些多余。因此语言中，这些时间副词也可省而不用。如：

①一人（　）死了，何时再生？（变文《庐山远公话》）

②缘有孙陁罗是妻，容颜殊胜，时为（　）恋着这妻。（变文《难陀出家缘起》）

③每月读书，只是（　）读过了，便不知将此心在体会，所以说得来如此疏。（《朱子语类·训门人》）

例①，"死了"前不必加"已"字。例②，"恋着"前不必加"正"字。例③，"读过"前也不必加"曾"字。

（二）范围副词的发展

范围副词起源很早，甲骨文中已经存在。向熹先生说："甲骨卜辞中没有范围副词"[①]，这个结论是值得商量的。我们认为，甲骨文中可确认为范围副词的有四个词："皆""同""唯""专"。这四个词，基本上反映出了上古汉语范围副词的语法类型，已初步形成了一个系统。

上古汉语的范围副词，可分为两类：

1. 表示总括的范围副词

表总括的范围副词是指对主语所表示的人、事物，或对主语发出的动作行为所涉及的范围有所总括。这类范围副词数量最多，占绝大多数，其常用的形式有"皆""咸""尽""具（俱）""悉""毕""胥""并（並）""全""都""总""了""浑"等等。表总括的范围副词，基本上分为两种情况：一是对主语所表示的人、事物的范围进行总括，二是对谓语所涉及的动作行为的范围进行总括。这种用法，从上古汉语开始，直到近古汉语，基本如此。如：

皆

①豚罘羊皆用。（《甲》，675）

②子贡问曰："乡人皆好之，何如？"（《论语·子路》）

③郑玄家奴婢皆读书。（《世说新语·文学》）

④尔时众人闻其此语，皆大嗤笑。（《百喻经·渴见水喻》）

⑤众人皆笑。（唐·张鷟：《游仙窟》）

⑥那太公年近六旬之上，须发皆白。（《水浒传》，第二回）

例①—⑥，"皆"，表示对主语涉及范围的总括。又如：

①若夫目好色，耳好声，口好味，心好利，骨体肤理好愉佚，是皆生于人之情性者也。（《荀子·性恶》）

②众乃皆伏。（《史记·项羽本纪》）

---

① 向熹：《简明汉语史》（修订本），下册，商务印书馆 2010 年版，第 120 页。

③凡事皆应慎密。(《宋书·武三王传》)

④东西两门，亦皆如之。(《洛阳伽蓝记·永宁寺》，卷一)

⑤鬓高花帖匝，人见皆睥睨。(唐·寒山子：《寒山诗·洛阳》，第六十)

⑥此皆是妄心，亦是法缚。(《神会语录》)

例①—⑥，"皆"，表示对谓语涉及范围的总括。

咸

①用明则之于铭，武文咸剌（烈），永枼（世）母（毋）忘。(《㝬羌钟》)

②徒御啴啴，周邦咸喜。(《诗经·大雅·崧高》)

③树之诈慝以取其国家，外内咸服。(《左传·襄公四年》)

④家人咸不知。(《搜神记》，卷十九)

⑤众咸掩口而笑。(《宋书·武二王传》)

⑥时人闻已，便生怪笑，咸作此言。(《百喻经·三重楼喻》)

例①—⑥，"咸"，表示对主语涉及范围的总括。又如：

①王咸算（诰），何易三十朋。(《何尊》)

②天地车轮，终则复始，极则复反，莫不咸当。(《吕氏春秋·大乐》)

③尽具识之，有问咸对。(《三国志·吴书·宗室传》)

④诸将意沮，咸莫能奋。(《宋书·袁粲传》)

⑤凡人之信，唯耳与目，耳目之外，咸致疑焉。(《颜氏家训·归心》，卷五)

⑥我见求法之人，咸不如此。(《神会语录》)

例①—⑥，"咸"，表示对谓语涉及范围的总括。

尽

①周礼尽在鲁矣。(《左传·昭公二年》)

②钱尽在此中。(《宋书·沈庆之传》)

③世人尽传南能北秀，未知根本事由。(唐·法海：《六祖坛经》)

④人人尽盘双足，个个擎拳合掌。(《朴通事》)

例①—④，"尽"，表示对主语涉及范围的总括。又如：

①尽信《书》，则不如无《书》。(《孟子·尽心下》)

②须臾之间，驴尽破之。(《百喻经·雇倩瓦师喻》)

③失信之事，尽是前朝奸臣误国。(宋·徐梦莘：《三朝北盟会编·绍兴

甲寅通和录》，卷一六二）

④门上一把锁锁着，锁上尽是蜘蛛网。（《水浒传》，第六回）

例①—④，"尽"，表示对谓语涉及范围的总括。

具（俱）

①事成功立，上下俱富。（《荀子·富国》）

②魏其、武安俱好儒术。（《史记·魏其武安侯列传》）

③诸比丘、比丘尼、优婆塞、优婆夷，俱来会坐。（《维摩诘经·佛国品》，卷上）

④子敬，子敬，人琴俱亡。（《世说新语·伤逝》）

例①—④，"俱"，表示对主语涉及范围的总括。又如：

①虽与之俱学，弗若之矣。（《孟子·告子上》）

②令项伯具言沛公不敢倍项羽。（《史记·留侯世家》）

③卿等忠勤在事，吾乃具悉。（《宋书·恩倖传》）

④一损俱损，一荣俱荣。（《红楼梦》，第四回）

例①—④，"具（俱）"，表示对谓语涉及范围的总括。

悉

①晋师悉起，将至矣。（《左传·宣公十五年》）

②从人悉追马，至暮不返。（《搜神记》，卷四）

③自余杂香菜不列者，种法悉与此同。（《齐民要术·种兰香》，卷三）

④不经信宿，长安两市百姓，悉知玄睹观内一客道士解医疗魅病，兼有符箓之能。（变文《叶净能诗》）

例①—④，"悉"，表示对主语涉及范围的总括。又如：

①虽然，臣愿悉言所闻，唯大王裁其罪。（《韩非子·初见秦》）

②今佛国土严净悉现。（《维摩诘经·佛国品》，卷上）

③及城陷，世祖使悉杀城内男丁。（《宋书·宗越传》）

④入海之法，我悉知之。（《百喻经·口诵乘船法而不解用喻》）

例①—④，"悉"，表示对谓语涉及范围的总括。

毕

①师毕入，众知之。（《左传·哀公二年》）

②下有桀跖，上有曾史，而儒墨毕起。（《庄子·在宥》）

③上尝于内殿宴饮，朝贵毕至，唯不召鲜之。(《宋书·郑鲜之传》)

例①—③，"毕"，表示对主语涉及范围的总括。又如：

①若有疾，惟民其毕弃咎。(《尚书·康诰》)

②麾之以肱，毕来既升。(《诗经·小雅·无羊》)

③石崇厕，常有十余婢侍列，皆丽服藻饰，置甲煎粉、沈香汁之属，无不毕备。(《世说新语·汰侈》)

例①—③，"毕"，表示对谓语涉及范围的总括。

胥

"胥"，作为范围副词，上古汉语里使用频率较低，且主要用于总括主语范围，两汉以后少见。如：

①尔之教矣，民胥效矣。(《诗经·小雅·角弓》)

②人胥知生之乐，未知生之苦。(《列子·天瑞》)

③多偶、自专、乘权、隻立四人相与游于世，胥如志也。(《列子·力命》)

"并(並)""全""都""总""了""浑"这些范围副词，主要是使用在中古汉语里，用法也各有不同。

并(並)

"并"，主要表示总括谓语所指范围。如：

①父善琴书，(戴)颙并传之。(《宋书·隐士传》)

②王石军与王敬仁、许玄度并善。(《世说新语·规箴》)

③东台、南台去中台，并五十来里。(唐·〔日〕释圆仁：《入唐求法巡礼行记》，卷三)

④此事并是出圣意。(宋·李焘：《续资治通鉴长编》，卷二六五)

"并"也有用于总括主语所及范围者，但用例不是很多。如：

①仁义使我身名并全。(《列子·说符》)

②家子女并丑陋。(《搜神记》，卷五)

③上尝冬月嗽甘，叹其形味并劣。(《宋书·武二王传》)

④知远入舍不及百日，丈夫、丈母并亡。(《刘知远诸宫调》，第一)

全

"全"，也是主要表示总括谓语的范围副词。如：

①种者，梨熟时全埋之。（《齐民要术·插梨》，卷四）

②或因家世余绪，得一阶半级，便自为足，全忘修学。（《颜氏家训·勉学》，卷三）

③契丹无道，我已杀败，应系契丹州城全是我家田地。（宋·徐梦莘：《三朝北盟会编·燕云奉使录》，卷四）

④每日读书，心全不在上，只是要自说一段文义便了。（《朱子语类·训门人》）

都

"都"虽产生于中古时期，但并不常用。"都"作为范围副词，主要用于近古汉语里。"都"用于总括主语范围的用例如：

①弟子都未解，阿弥那得已解？（《世说新语·文学》）

②其瓜都聚在十字巷中。（《齐民要术·种瓜》，卷二）

③师放下衣钵便问讯二人，二人都不顾视。（《祖堂集》，卷四）

④诸侯每都来，褒姒见了大笑。（元·许衡：《鲁斋遗书·直说大学要略》，卷三）

⑤杨官人谢了，众人都去。（明·洪楩：《清平山堂话本·杨温拦路虎传》）

⑥众小厮都在丹墀侍立。（《红楼梦》，第七回）

"都"用于总括谓语范围的用例如：

①而积年之疾，一朝都除。（《列子·周穆王》）

②袁宏始作《东征赋》，都不道陶公。（《世说新语·文学》）

③北土风俗，都不行此。（《颜氏家训·风操》，卷二）

④又无大人，都是三岁孩儿。（《大唐三藏取经诗话中》）

⑤德是人心都有。（元·许衡：《鲁斋遗书·直说大学要略》，卷三）

⑥从前都是误疑也。（明·洪楩：《清平山堂话本·简贴和尚》）

总

"总"，表示总括谓语范围是其主要用法。如：

①向前地狱之中，总是女人应得相见。（变文《大目乾连冥间救母变文》）

②见遍野总是大虫，张牙利口，来吞金陵。（变文《韩擒虎话本》）

③吃了多少药，花了多少钱，总不见一点效验儿。(《红楼梦》，第七回)

"总"用于表示总括主语范围的是次要用法。如：

①虽有五男儿，总不好纸笔。(晋·陶渊明：《责子》)

②十一月十五日，黄昏月蚀，入夜月体总没，浑不见。(唐·[日]释圆仁：《入唐求法巡礼行记》，卷四)

③狱卒数万余人，总是牛头马面。(变文《大目乾连冥间救母变文》)

了

"了"只能用于表示总括谓语范围，并常与"不""无"配合使用。如：

①遂开户，大小悉入，了不与人相承。(《搜神记》，卷十四)

②父虽怜悯，善言诱谕，而诸子等乐著嬉戏，不肯信受，不惊不畏，了无出心。(《法华经·譬喻品》，卷二)

③(王)戎湛然不动，了无恐色。(《世说新语·雅量》)

④元宝如其言，至灵台南，了无人家可问。(《洛阳伽蓝记·大统寺》杨注，卷三)

浑

"浑"也是主要用于表示谓语总括。如：

①因循过时光，浑是痴肉脔。(唐·寒山子：《寒山诗·世有》，第二四〇)

②将士夜深浑睡着，不知汉将入偷营。(变文《汉将王陵变》)

③弓鞋窄小，浑如衬水金莲。(明·洪楩：《清平山堂话本·杨温拦路虎传》)

2. 表示限定的范围副词

表示限定的范围副词是指对主语所代表的人、事物，或对主语发出的动作行为加以限定的词。表限定的范围副词起源很早，如"叀""隹(唯)"在甲骨文和金文中就已广泛应用。有的古文字学者将"叀""隹(唯)"定性为"语词"、"语气词"或"语气副词"，我认为都不够准确。"叀"音 hui，读如"唯"，即可认为是"唯"的通假字。甲骨文中，"叀""隹(唯)"可同时出现在对贞的卜辞之中。"叀""隹(唯)"古音十分接近。"叀"当属匣母，支部，合口四等字，拟音为〔ɣiue〕；"隹(唯)"为喻母，微部，合口三等字，拟音为〔ʎiuəi〕，可知两字读音相去不远。"叀""隹(唯)"在甲骨文、金文中主要有三种用法：一是对主语所代表的人、事物加以限定；二是对谓语所表示的动作行为加以限定；三是加在时间名词之前，对特定的时间概念加以限定。如：

①贞：叀王正𢀛方。（《铁》，118.2）

②壬寅卜，㱿贞：𢀛方出，隹我有祸。（《续》，3.10.2）

③隹朕有庆，每（敏）扬王休于隮簋。（《大丰簋》）

④叀王龏（恭）德谷（裕）天，顺我不敏。（《何尊》）

例①—④，为第一种用法。又如：

①衣王田至于帛，王隹田 。（《周原》，27）

②癸亥卜，[illegible]贞：叀南至，王受又。（《佚》，314）

③王乡酉，尹光逦，隹各。（《乙亥父丁鼎》）

④今我隹即井啚（禀）于文王德。（《大盂鼎》）

例①—④，为第二种用法。又如：

①癸丑上，贞：今岁受禾？弘吉。才八月，隹王八祀。（《粹编》，896）

②壬子卜，宁贞：叀今一月，用三白羌于丁？（《合集》，293）

③隹甲子朝，岁鼎克，昏夙又商。（《利簋》）

④隹八月初吉，（王）才宗周。（《班簋》）

例①—④，为第三种用法。

上古汉语中期以后，表限定的范围副词，其基本用法都是从甲骨文、金文时代传承下来的，但也有所发展。其发展，主要体现在两点上：

（1）范围副词既能限定主语，也能限定谓语。这类范围副词常见的形式有“唯（惟、维）”“独”“但”等。如：

唯（惟、维）

①唯仁者能好人，能恶人。（《论语·里仁》）

②君能有终，则社稷之固也，岂惟群臣赖之？（《左传·宣公二年》）

③无恒产而有恒心者，惟士为能。（《孟子·梁惠王上》）

④方今唯秦雄天下。（《战国策·赵策三》）

⑤唯羊子玄有一白牛，不肯借。（《搜神记》，卷三）

⑥唯此导师，中用祀天。（《百喻经·杀商主祀天喻》）

⑦唯高力士不信是仙药。（变文《叶净能诗》）

⑧天上天下，惟我独尊。（宋·圜悟克勤：《碧岩录》，卷一）

例①—⑧，"唯（惟）"，限定主语的用例。又如：

①齐人所惧，唯恐他将之来，即墨残矣。（《史记·田单列传》）

②桀纣唯重利而轻道，是以亡。（《列子·说符》）

③兄弟分财，昙首唯取图书而已。（《宋书·王昙首传》）

④昔有一人，其妇端正，唯有鼻丑。（《百喻经·为妇贸鼻喻》）

⑤唯知打大脔，除此百无能。（唐·寒山子：《寒山诗·简是》，第一三八）

⑥波上唯见一人，唱讴歌而拨棹。（变文《伍子胥变文》）

⑦唯愿和尚教某甲解脱法门。（《祖堂集》，卷二）

⑧惟有次子贾政，自幼酷爱读书，为人端方正直。（《红楼梦》，第二回）

例①—⑧，"唯（惟）"，限定谓语的用例。

独

"独"加在谓语前表限定，这是它的主要用法。如：

①入齐，独闻淖齿而不闻齐王。（《韩非子·外储说右下》）

②至是一章，独以子贡激之，何哉？（《论衡·问孔》）

③世尊于授记中，独不说我名。（《法华经·劝持品》，卷四）

④诸从事各奏二千石官长得失，至（颐）和独无言。（《世说新语·规箴》）

⑤良地非独宜晚，早亦无害。（《齐民要术·种谷》注，卷一）

⑥忽一日排筵，独请国舅王恺。（明·冯梦龙：《喻世明言·宋四公大闹禁魂张》，第三十六卷）

"独"也可加在主语前表限定，这是次要用法。如：

①申子曰："独视者谓明，独听者谓聪。"（《韩非子·外储说右上》）

②所患，独吕产，今已诛，天下定矣。（《史记·吕太后本纪》）

③汉王之将，独韩信可属大事。（《汉书·张良传》）

④天上人间，独我无胜。（变文《八相变》）

⑤都昏蔽了，独文王能明自家明德。（元·许衡：《鲁斋遗书·大学直解》，卷四）

⑥独那太君，还是命根子一般。（《红楼梦》，第二回）

但

"但"作为范围副词，主要是使用在两汉以后。"但"加在谓语前表限定，这是它的主要用法。如：

①时（王）观但有一子而又幼弱。（《三国志·魏书·王观传》）

②其腰已上，生肉如人；腰已下，但有枯骨。（《搜神记》，卷十六）

③桑榆之光，理无远照，但愿朝阳之晖，与时并明耳。（《世说新语·规箴》）

④世人读书者，但能言之，不能行之。（《颜氏家训·勉学》，卷三）

⑤所言除者，但除妄心。（《神会语录》）

⑥但见门安塑像，户列名花。（《宣和遗事》）

"但"用于主语前表限定，是次要用法。如：

①雌鸡欲化为雄，一身毛皆似雄，但头冠尚未变。（《搜神记》，卷六）

②此自是可节之物，但嗜者不能立志裁割耳。（《宋书·武三王传》）

③但擒虎三杖在身，拜跪不得，乞将军不怪。（变文《韩擒虎话本》）

④你不知道，但来告状的，就是我衣食父母。（元·关汉卿：《窦娥冤》，第二折）

（2）范围副词只能限定谓语。这类范围副词，常见的形式有"止""祇""衹""只""正""政""徒""特""直""仅"等等。

止/祇/衹/衹/只

"止""祇""衹""只"，这几个词古代音近，可以通用。"止"多用于上古、中古汉语，"只"多用于近古汉语。如：

①止可以一宿，而不可以久处。（《庄子·天运》）

②无损于鲁，而祇为名，不如归之。（《左传·哀公十三年》）

③虽杀之无益，祇益祸耳。（《史记·项羽本纪》）

④若作恶，祇自灭族耳。（《三国志·魏书·钟会传》）

⑤求索止得驳狗，无白者。（《搜神记》，卷三）

⑥韩康伯数岁，家酷贫，至大寒，止得襦。（《世说新语·夙惠》）

⑦今年只请道士，不请僧也。（唐·［日］释圆仁：《入唐求法巡礼行记》，卷四）

⑧诸方只有杀人之刀，且无活人之剑。（《祖堂集》，卷十一）

⑨别无儿男，只有一女，小字胜花。(《张协状元》，第二十一出)

⑩自古道："不怕官，只怕管。"(《水浒传》，第二回)

正/政

"正"或作"政"，作为范围副词，两个词使用不广。"正""政"，古均属照母，耕部，开口三等字，拟音为〔ȶieŋ〕。"只""祇（衹、袛）"，古亦同属照母，支部，开口三等字，拟音为〔ȶie〕。由此可推论："正""政"和"只""祇（衹、袛）"，或可因方音而实现的"阴阳对转"。"正""政"用于表限定谓语的用例如：

①吾处世无才能，政图作大老子耳。(《宋书·沈昙英传》)

②天下要物，正有《战国策》。(《世说新语·谗险》)

③殷觊病困，看人政见半面。(《世说新语·规箴》)

④若无芰而种瓜者，地虽美好，正得长苗直引，无多盘歧，故瓜少子。(《齐民要术·种瓜》，卷二)

⑤正见慈母独坐空堂，不知儿来。(变文《秋胡变文》)

徒

"徒"作范围副词多于上古、中古汉语。用例如：

①助之长者，揠苗者也，非徒无益，而又害之。(《孟子·公孙丑上》)

②王徒好其言，不能用其言。(《史记·孙子吴起列传》)

③汝徒知乐天知命之无忧，未知乐天知命有忧之大也。(《列子·仲尼》)

④不徒东南之美，实为海内之秀。(《世说新语·言语》)

⑤士君子之处世，贵能有益于物耳，不徒高谈虚论，左琴右书，以费人君禄位也。(《颜氏家训·涉务》，卷四)

⑥诸公来听说话，某所说亦不出圣贤之言，然徒听之亦不济事，须是便去下工夫始得。(《朱子语类·总训门人》)

特

"特"用于限定谓语的用例如：

①今楚国虽小，绝长续短，犹以数千里，岂特百里哉？(《战国策·楚策四》)

②曾子欲捕彘杀之，妻止之曰："特与婴儿戏耳。"(《韩非子·外储说左上》)

③此特群盗鼠窃狗盗耳，何足置之齿牙间？（《史记·刘敬叔孙通列传》）

④今反相食，阴阳相侵，岂特日月之眚哉？（《搜神记》，卷六）

直

"直"用于限定谓语的用例如：

①寡人非能好先王之乐也，直好世俗之乐耳。（《孟子·梁惠王下》）

②乌与燕斗者，直老铃下耳。（《搜神记》，卷三）

③上曰："直是我家衰耳。"（《宋书·王昙首传》）

④吾无所忧，直是清虚日来，滓秽日去耳。（《世说新语·言语》）

仅

"仅"表示限定谓语，常与数量短语搭配使用，表示数量少。如：

①四战之后，赵亡卒数十万，邯郸仅存。（《战国策·齐策一》）

②于是吾仅得三士焉，以正吾身，以定天下。（《荀子·尧问》）

③（徐）爰已过淮，仅得免。（《宋书·张畅传》）

④（裴子野）家素清贫，时逢水旱，二石米为薄粥，仅得遍焉。（《颜氏家训·治家》，卷一）

（三）否定副词的发展

否定副词是古代副词系统中的一个重要类别。否定副词起源很早，甲骨文中就已得到比较广泛的应用，这可能同卜辞要表达的内容有关。甲骨文中，应用最多的有两类否定副词：一是用于陈述否定的否定副词，如"不""弗"；二是用于禁止否定的否定副词，如"勿""弜"。上古汉语的否定副词，主要有六种用法：陈述否定、判断否定、描写否定、选择否定、正反否定和禁止否定。为节省篇幅，下面我们仅谈一谈陈述否定、判断否定、选择否定和禁止否定四种用法的历史发展问题。

1. 陈述否定

陈述否定是指在陈述句中，在谓语动词前加上否定副词并进行否定的句子。上古汉语中，用于陈述否定的否定副词，常见者有"不""未""弗""无""莫"五个词。下面分开叙述。

（1）"不"和"未"。

"不"和"未"是五个否定副词中最基本、最重要的两个词。"不""未"

之所以能形成语法对立，不在于同质的否定陈述而在于异质的时的表达。大家知道，"不"主要用于未然否定，而"未"主要是用于已然否定。这种语法对立，也正是这两个词赖以存在的最基本的理由。"不"用于未然否定，是指它所否定的动作行为尚未成为事实。这一用法，古今如此。如：

①孟武伯问子路仁乎？子曰："不知也。"（《论语·公冶长》）

②孔子不饮盗泉之水。（《论衡·问孔》）

③晋元帝人主，尚能感王导之谏，终身不复饮酒。（《宋书·武三王传》）

④修梵寺有金刚，鸠鸽不入，鸟雀不栖。（《洛阳伽蓝记·修梵寺》，卷一）

⑤大师不语，自净心神。（唐·法海：《六祖坛经》）

⑥牛不吃栏边草。（《祖堂集》，卷五）

"未"用于已然否定。已然否定是指"未"所否定的动作行为已经发生，成为既定事实。如：

①康子馈药，拜而受之，曰："丘未达，不敢尝。"（《论语·乡党》）

②宣子未出山而复。（《左传·宣公二年》）

③杨公未娶。（《搜神记》，卷十一）

④苏秦时，未有佛法。（《洛阳伽蓝记·大统寺》杨注，卷三）

⑤未读十卷书，强把雌黄笔。（唐·寒山子：《寒山诗·三五》，第二三〇）

⑥师未出家时，入京选官去。（《祖堂集》，卷十五）

正因为"未"是用于已然否定，所以对于已经发生，但说话者本人并未参与的动作行为就用"未尝"或"未曾"来否定。这一用法，从上古汉语到近古汉语都是如此。如：

①军旅之事，未尝学也。（《论语·卫灵公》）

②告子未尝知义，以其外之也。（《孟子·公孙丑上》）

③臣未尝闻身治而国乱者也。（《列子·说符》）

④我自昔来，未尝从佛闻如是说。（《法华经·方便品》，卷一）

⑤未尝得官职，不解秉耒耜。（唐·寒山子：《寒山诗·雍容》，第一二九）

⑥某甲未尝游天台，你自但去。（《祖堂集》，卷三）

值得注意的是，到了近古汉语，表示已然否定的"未"，又被更加口语化的"没""没有"所取代。与此相应的是，"未尝""未曾"也被"没曾""不曾"所取代。如：

①这几日没见添病，也没见大好。（《红楼梦》，第十一回）

②客犯了事，我家人没有犯事，为甚的不唱？（《儒林外史》，第五十回）

③两年脚不曾出门。（《张协状元》，第四出）

④天没曾着大明皇帝死，我们怎么害他死？（明·哈铭：《正统临戎录》）

⑤你今年怎么京城不曾去？（《朴通事》）

还有，更值得注意的是，一种语法格式的确立也要有一个过程。从上古汉语开始，"不""未"的语法对立并非一开始就是如此，我们处理问题一定要有历史眼光，从发展中去解析问题。如"不"用于已然否定，"未"用于未然否定，这不是语法本身的混乱，而是历史语法发展中必然要遇到的情况。如：

①子路曰："桓公杀公子纠，召忽死之，管仲不死。"（《论语·宪问》）

②齐有乱，不果城而还。（《左传·僖公十六年》）

③朕亦焉知天地之表不有大天地者乎？（《列子·汤问》）

④王（荆州）曰："不有此舅，焉有此甥？"（《世说新语·赏誉》）

⑤俗间儒士，不涉群书，经纬之外，义疏而已。（《颜氏家训·勉学》，卷三）

⑥（小师）对曰："某甲不将刀子来。"（《祖堂集》，卷五）

⑦走了这一晚，不遇着一处村坊，那里投宿是好？（《水浒传》，第二回）

例①—⑦，"不"与"未"字相当，用于已然否定。又如：

①子曰："可也，未若贫而乐，富而好礼者也。"（《论语·学而》）

②见兔而顾犬，未为晚也。（《战国策·楚策四》）

③皋陶造刑辟之制，不为不贤；孔丘居司寇之任，未为不仁。（《世说新语·政事》）

④时人未信，遂问寺之由绪。（《洛阳伽蓝记·建阳里》杨注，卷二）

⑤神仙之事，未可全诬。（《颜氏家训·养生》，卷五）

⑥人间八百岁，未抵半宵长。（唐·寒山子：《寒山诗·恶趣》，第九十）

⑦燕呢喃雕梁上对话，未知它诉着何意？（元·无名氏：《小孙屠》，第

三出）

例①—⑦，"未"与"不"字相当，用于未然否定。

（2）"不"和"弗"。

"不""弗"作为否定副词，出现较早，甲骨文时代均已产生，而且用法上并无本质不同。这种情况甚至在金文和《尚书》中也基本如此。如：

①贞：弗雨？（《合集》，12417）

②壬子卜，今日雨，不雨？（《粹编》，670）

③我不受年？（《粹编》，865）

④□□卜，我弗受年。（《粹编》，874）

⑤唯孚车不克以，衣焚。（《多友鼎》）

⑥三年静东或，亡不成眈（尤）。（《班簋》）

⑦敃天疾畏，司余小子弗及。（《毛公鼎》）

⑧王用弗諲（忘）圣人之后。（《师望鼎》）

⑨惟四月，哉生魄，王不怿。（《尚书·顾命》）

⑩我后不恤我众。（《尚书·汤誓》）

⑪予弗知乃所讼。（《尚书·盘庚》）

⑫王子弗出，我乃颠隮。（《尚书·微子》）

上古汉语前期，这种"不""弗"混用的例子，不能简单地归为文字通假问题，我们应从词源学、语法史角度作更深入的探讨。从词源上看，王力先生认为上古汉语的"否""弗"都是由"不"分化出来的滋生词①。这样，我们就可以说"不""弗"是同源字。可以设想，最初当"弗"由"不"分化出来不久，尚不能形成语法对立，因此"不""弗"使用上往往混而不分。但是到了上古汉语中期以后，由于语言发展，"不""弗"的语法关系已发生了巨大变化，即"不""弗"虽然均可用于陈述否定，但"不"否定的谓语动词带不带宾语是自由的，而"弗"所否定的谓语动词却以不带宾语为常。②"不""弗"的语法对立是相当明显的。如：

①百尔君子，不知德行。（《诗经·邶风·雄雉》）

---

① 王力：《王力文集》，第 11 卷，山东教育出版社 1990 年版，第 52 页。

② 周生亚：《论否定副词"不""弗"用法的分合问题》，见《语言论集》，第四辑，中央民族大学出版社 1999 年版，第 173—189 页。

②文子闻之，终身不听琴瑟。(《左传·襄公二十九年》)

③豺虎不食，投畀有北。(《诗经·小雅·巷伯》)

④不知而言，不智。(《韩非子·初见秦》)

⑤城小而固，胜之不武，弗胜为笑。(《左传·襄公十年》)

⑥欲与大叔，臣请事之；若弗与，则请除之。(《左传·隐公元年》)

⑦一箪食，一豆羹，得之则生，弗得则死。(《孟子·告子上》)

⑧然则国乱将弗治与？曰：国乱而治之者，非案乱而治之之谓也。(《荀子·不苟》)

据我统计，先秦传世文献，除《尚书》外，在《诗经》《论语》《左传》《孟子》《庄子》《荀子》《韩非子》等七部文献中，"弗"否定的动词共有474例，其中属于及物动词带宾语的仅11例，而属于及物动词不带宾语的竟多达428例。但是到了中古汉语，这种区别日益消亡，"弗"已变成一个古语词，"不""弗"合流的趋势十分明显。应认为，这种合流是汉民族共同语形成、发展的必然结果。魏晋南北朝时代，接近口语的文献中，已经很少用"弗"了。如以《搜神记》《世说新语》两书为例：两书"不"用于陈述否定的用例计1466次，而"弗"仅出现5次。这五例是：

①后治疮方差，而引镜自照，见吉在镜中，顾而弗见。(《搜神记》，卷一)

②尔夫妇相爱不已，若能使冢合，则吾弗阻也。(《搜神记》，卷十一)

③如弗信，请嗅之。(《搜神记》，卷二十)

④王弗悟，遂杂进之。(《世说新语·尤悔》)

⑤及桓迁荆州，将西之间，意气甚笃，奕弗之疑。(《世说新语·简傲》)

由以上引例可知，到了中古汉语，"弗"的使用率不仅很低，而且用法也发生了重大变化："弗"否定的动词，既可以是及物动词，也可以是不及物动词；"弗"所否定的及物动词，既可以带宾语，也可以不带宾语。潘允中先生说："中古以后，'弗''不'又回复到最初用法，完全可以交替，而且'不'渐渐取'弗'而代之，除了仿古主义的文学语言以外。"① "回复"一词，用得欠妥。不是"回复"，而是发展。上古汉语前期"不""弗"混用

① 潘允中：《汉语语法史概要》，中州书画社1982年版，第66页。

和中古汉语"不""弗"合流，是性质上完全不同的两回事情，不能混而不分。其实到了上古汉语后期（两汉时代），"不""弗"已经产生了合流的苗头。如：

①我方先君后臣，因谓王即弗用鞅，当杀之。（《史记·商君列传》）

②灵公召之，独弗予羹。（《史记·郑世家》）

③数月，坐法去，后家居长安，长安中诸公莫弗称之。（《史记·魏其武安侯列传》）

④及至关，宁成侧行送迎，然纵气盛，弗为礼。（《汉书·酷吏传》）

如果再往前追溯，这种变化从战国时代的中末期就已经开始了。如：

①始吾敬子，今子，鲁囚也，吾弗敬子矣。（《左传·庄公元年》）

②中程者赏，弗中程者诛。（《韩非子·难一》）

③故其好之也一，其弗好之也一。（《庄子·大宗师》）

④知之者同于义而异于俗，弗知之者异于义而同于俗。（《韩非子·奸劫弑臣》）

（3）"无"和"莫"。

上古汉语里，用于陈述否定的还有两个否定副词："无"和"莫"。这不是主流。如"无"可用于未然否定，相当于"不"：

①嗣守文武大训，无敢昏逾。（《尚书·顾命》）

②我不欲人之加诸我也，吾亦欲无加诸人。（《论语·公冶长》）

③公曰："无庸，将自及。"（《左传·隐公元年》）

④韩安得无听乎？（《史记·范睢蔡泽列传》）

又如"无"也可用于已然否定，相当于"未"：

①今尔无指告予，颠隮，若之何其？（《尚书·微子》）

②我无隐乎尔。（《论语·述而》）

③有叔如此，不如无有。（《史记·陈丞相世家》）

两汉以后，中古汉语也有袭用上述用法者。如：

①法无有我，离我垢故。（《维摩诘经·弟子品》，卷上）

②由此释然，无复疑虑。（《世说新语·言语》）

③执此杖者，怨敌归服，无敢与诤。（《百喻经·毗舍阇鬼喻》）

④见我头上无有发毛，谓为是石，以梨打我头破乃尔。（《百喻经·以梨

打破头喻》)

　　⑤哲宗皇帝晏驾，无有太子。(《水浒传》，第二回)

　　又如"莫"，用于未然否定，相当于"不"：

　　①求诸侯，莫如勤王。(《左传·僖公二十五年》)

　　②方今为将军计，莫如案甲休兵。(《史记·淮阴侯列传》)

　　③始皇知左右泄其言，莫知为谁，尽捕诸在旁者皆杀之。(《论衡·语增》)

　　"莫"用于已然否定的用例很少，上古汉语里尚未发现。但两汉以后，"莫"用于未然否定和已然否定的用例，则偶尔有之。如：

　　①同疾者多，固莫有觉者。(《列子·周穆王》)

　　②群臣为之请，莫能得。(《宋书·申恬传》)

　　③夫无者，诚万物之所资，圣人莫肯致言，而老子申之无已，何邪?(《世说新语·文学》)

　　④诸人莫有言者。(《世说新语·文学》)

　　⑤莫能造我家，谓言最幽野。(唐·寒山子:《寒山诗·快搒》，第二十四)

　　⑥莫若易服，装扮做个秀才儒生，臣等装为仆从，自后载门出市私行。(《宣和遗事》)

　　"无""莫"用于陈述否定，应将"无""莫"视为"不""未"的通假形式。"无""莫"，两字均属明母，一为鱼部合口三等字，拟音为 [miua]；一为铎部开口一等字，拟音为 [mak]。两字当属阴入对转。因此，"莫"亦可以"无"为中介，与"不""未"发生通假关系。

　　2. 判断否定

　　判断否定是指判断句中，在谓语前加上否定副词并进行否定的句子。用于判断否定的否定副词，最常见的是"非（匪）"和"不"。上古汉语里，"非（匪）"可以直接加在名词性谓语前构成判断否定。如：

　　①我心匪石，不可转也。(《诗经·邶风·柏舟》)

　　②虽在缧绁之中，非其罪也。(《论语·公冶长》)

　　③无恻隐之心，非人也。(《孟子·公孙丑上》)

　　④康子非圣人也，操行犹有所失。(《论衡·问孔》)

两汉以后，中古汉语里这一用法也得到继承。如：

①此非大法也。(《三国志·魏书·张辽传》)

②子非吾友也。(《世说新语·德行》)

③吾非汝父，汝非吾儿。(《洛阳伽蓝记·菩提寺》杨注，卷三)

④画栋非吾宅，青林是我家。(唐·寒山子：《寒山诗·画栋》，第三〇一)

⑤吾非圣人，经事多矣。(变文《伍子胥变文》)

"非"也可加在动词性谓语前构成否定判断。如：

①非不说子之道，力不足也。(《论语·雍也》)

②吾非偷晋而有二心。(《左传·昭公十六年》)

③臣非有畏而不敢言也。(《史记·范睢蔡泽列传》)

④相捐之道，非不相哀也。(《列子·杨朱》)

⑤河东有三万户，非皆欲为乱也。(《三国志·魏书·杜畿传》)

到了中古汉语前期和中期，当判断动词"是"大量产生之后，表示否定判断的"非"字就被"非是"代替了；与此同时，到了中古汉语后期和近古汉语，"非是"又被"不是"代替，这个变化线索是十分明显的。如：

①虏凶狡情状可见，自关中再败，皆是帅师违律，非是内有事故，致外有败伤。(《宋书·郑鲜之传》)

②如彼外道，偷取佛法，著己法中，妄称己有，非是佛法。(《百喻经·估客偷金喻》)

③如禅师是秀禅师同学，又非是传授付嘱人，不为人天师，天下不知闻，有何承禀，充为六代？(《神会语录》)

④臣恐此药非是真药。(变文《叶净能诗》)

⑤此非是讲和之语，意在强取物耳。(宋·徐梦莘：《三朝北盟会编·靖康城下奉使录》，卷二十九)

⑥来者非是二舅，乃李四叔沙三。(《刘知远诸宫调》，第三)

例①—⑥，以上为"非是"例。又如：

①下官笑曰："不是百兽率舞，乃是凤凰来仪。"(唐·张鷟：《游仙窟》)

②非心非佛，亦曰不是心，不是佛，不是物。(《祖堂集》，卷三)

③我又不是都统制，朝廷又不曾有文字交我管他懑。(《王俊首岳侯状》)

④哥哥，兄弟不是鬼，是人。（元·无名氏：《小孙屠》，第十九出）

⑤告观察，不是别人，是宋四。（明·冯梦龙：《喻世明言·宋四公大闹禁魂张》，第三十六卷）

⑥那汉道："你不是林冲？"（《水浒传》，第十一回）

例①—⑥，以上为"不是"例。

前面说过，依王力先生的意见，"否（不）""弗"都是由"不"分化出来的滋生词。实际上，"非（匪）"也应当是属于这一变化系统的。上古汉语的否定副词，从语音上看，可分为两大系统：属于帮母的有"不""否（不）""弗""非""匪""棐"等六个词；属于明母的有"无""未""微""毋""勿""莫""罔""亡""靡""末""蔑"等十一个词。两组合计，共十七个词。这十七个词，实际是把通假形式都计算在内了，显得很纷繁杂乱。如果能再从语源角度来考察一下，也许问题线索更清晰一些。在帮组，如果承认"不"是源词，那么"非"肯定就是滋生词了。大家知道，"不"上古属帮母、之部、合口三等字，拟音为［piuə］，而"非"属帮母，微部，合口三等字，拟音为［piuəi］。由此可知，"非""不"读音十分相近，当属之微旁转。"非"既然是"不"的滋生词，依发展程序，自然是"不"字在前，"非"字在后。但是否定判断句，为什么"不是"在后，"非是"在前呢？我们认为，其中一个重要原因就是因为否定副词"不"的主要语法功能是用于陈述否定和描写否定，而把判断否定的功能留给了"非"字去承担了。但随着语言发展，当"不""非"合流之后，"非是"自然又为"不是"所代替。

在否定判断句的发展中，还有一个问题是值得关注的，这就是否定判断句的疑问式问题。表判断否定的"非"字，如果遇上疑问句，这个"非"字就不仅是表示判断否定，而且还带有猜测疑问语气，意同"莫非"。如：

①汝非豫让邪？（《史记·刺客列传》）

②若非吾故人乎？（《史记·项羽本纪》）

③君非段中兵邪？（《宋书·武三王传》）

④（瞽叟）语后妻曰："非吾舜子乎？"（变文《舜子变》）

单用一个"莫"字，也可表示"莫非"之意。这个"莫"，是个语气副词，有大约、大概之义，用于猜测语气。如：

①子曰："文，莫吾犹人也。躬行君子，则吾未之有得。"（《论语·述而》）

②王陵心口思惟："莫遭项羽毒手？"（变文《汉将王陵变》）

③和尚此间莫有真金与人不？（《祖堂集》，卷三）

④师与保福游山次，保福问："古人道妙峰顶，莫只这个便是不？"（《祖堂集》，卷十）

这类句子，到了近古汉语里，更常用的形式是"莫非""莫非是"或"莫不""莫不是"。如：

①莫非不第了羞归乡里？（《张协状元》，第三十出）

②可早来到也，左右接了马者，莫非是伊尹贤士么？（元·郑光祖：《伊尹耕莘》，第二折）

③（滕大尹）便问王保道："你莫非挟仇陷害么？"（明·冯梦龙：《喻世明言·宋四公大闹禁魂张》，第三十六卷）

④你手里拿着刀，莫非来刺杀下官？（《水浒传》，第七回）

例①—④，为"莫非""莫非是"例。又如：

①和尚今往何处？莫不是再往西天取经否？（《大唐三藏取经诗话上》）

②你莫不枉相思，枉受苦，枉烦恼？（金·董解元：《西厢记诸宫调》，卷四）

③茶博士道："官人莫不病起来？"（明·洪楩：《清平山堂话本·杨温拦路虎传》）

④阿哥，你莫不是史家村甚么九纹龙史大郎？（《水浒传》，第三回）

例①—④，为"莫不""莫不是"例。"莫非是""莫不是"也可省略为"莫是"。如：

①我昨夜梦中见一神人，入我宅内，今日见此生口，莫是应我梦也？（变文《庐山远公话》）

②僧云："莫是西边去摩？"（《祖堂集》，卷十八）

③莫是学士不曾见彼处地形？（宋·李焘：《续资治通鉴长编》，卷二六五）

④法师曰："此莫是蟠桃树？"（《大唐三藏取经诗话中》）

⑤你胡说，（状元）莫是成都府人，姓张名叶？（《张协状元》，第二十

八出）

3. 选择否定

选择否定是指句子结尾缀以否定副词"否（不）"或"不（否）"表示选择的句子。关于选择否定句的发展问题，应注意以下五个问题：

（1）选择否定句的产生，应追溯到甲骨卜辞的正反对贞。

前面说过，"不（否）"的产生，从词源上说，应视为"不"（bù）的滋生词，但选择否定句的产生又涉及句子结构问题。选择否定句的产生，追本溯源，不能不提到最初的甲骨卜辞的正反对贞句。如：

①壬午卜，来乙酉雨不雨？（《合集》，21065）

②戊辰卜，争贞：其雨？贞：不雨？（《丙》，93）

③己未卜，争贞：王亥帚我？贞：王亥不我帚？（《丙》，3）

④丙辰卜，㱿贞：我受黍年？丙辰卜，㱿贞：我弗其受黍年？四月。（《合集》，9950 正）

⑤贞：王乍邑帝若？贞：勿作帝若？（《丙》，93）

例①②，对比可知，"雨不雨"这类句子不是反复问，而是一种选择问。有的著作把这类句子归为"是非问句"，可能有些不妥。又如"贞：其遘[雨]？贞：不遘雨？"（《合集》，12571），这里正反对贞所寻求的答案不是是非对错问题，而是要求对心存疑问作出一种选择。

（2）汉语的反复问句产生于汉代。

如果把上述的这种选择复句紧缩在一个句子里，这就是所谓的反复问句了。汉语的反复问句产生在上古汉语后期，亦即两汉时代。如：

①卜往击盗，当见不见？（《史记·龟策列传》）

②卜追亡人当得不得？（《史记·龟策列传》）

③贤不贤，才也；遇不遇，时也。（《论衡·逢遇》）

④扬子云曰："遇不遇，命也。"（《论衡·命禄》）

这种反复问句，两汉以后，文献中也继承下来。如：

①吾打汝，痛不痛？（唐·法海：《六祖坛经》）

②未审生之与灭可灭不可灭？（《神会语录》）

③未审心与性为别不别？（《祖堂集》，卷三）

④特地来问小姐亲事，许不许？（元·关汉卿：《诈妮子调风月》，第

三折)

说是反复问句，实际上仍是一种选择句，因为"动不动"中仍可插入选择连词"与"字。如：

⑤臣等到北外，或有事节可以对彼当面理会，未审许与不许？（宋·李焘：《续资治通鉴长编》，卷二六三）

⑥聿兴云："不知皇帝知与不知？"（宋·徐梦莘：《三朝北盟会编·绍兴甲寅通和录》，卷一六二）

如果这种反复问句失去疑问语气，那就是纯粹的选择问句了。这种选择问句，加不加选择连词"与"字，并无本质区别。如：

①由此言之，人受气命于天，卒与不卒，同也。（《论衡·气寿》）

②国相曰："梦与不梦，臣所不能辨也。"（《列子·周穆王》）

③诸比丘，是人所经国土，若点不点，尽抹为尘，一尘一劫。（《法华经·化城喻品》，卷三）

④赵良嗣回，许定燕京，更不论夹攻不夹攻，如自取得，亦与本朝，甚荷厚意，可依例赴王黼处计议。（宋·徐梦莘：《三朝北盟会编·燕云奉使录》，卷十一）

⑤只合驱之以义，管它从与不从。（《河南程氏遗书》，卷二上）

在近古汉语里，反复问句的这种选择连词或可不用，而用上语气词"也""耶""那""么"等等，但选择意义不变。如：

①聿兴云："沈元用今在耶不在？"（宋·徐梦莘：《三朝北盟会编·绍兴甲寅通和录》，卷一六二）

②未知是也不是？（《张协状元》，第三十出）

③可是中也不中？（元·关汉卿：《救风尘》，第二折）

④吃得饱那不饱？（《老乞大》）

⑤咱们点看这果子、菜蔬整齐么不整齐？（《老乞大》）

（3）表示选择否定的"否（不）"，先秦两汉时代已经产生。

所谓选择否定，是指在两个具有并列关系的词、词组或句子中作出抉择，肯定一个，否定另一个，这被否定的一方就可用一个"否"字来表示。如：

①子皮欲使尹何为邑，子产曰："少，未知可否。"（《左传·襄公三十

一年》)

②宦三年矣，未知母之存否。（《左传·宣公二年》）

③未知中否，请尝荐之。（《庄子·天地》）

④赵主父使李疵视中山可攻不也。（《韩非子·外储说左上》）

⑤赵王使使者视廉颇尚可用否。（《史记·廉颇蔺相如列传》）

例①—⑤，由引例可知，上古汉语的中后期，"否（不）"主要是用于陈述句中的词或词组之后。但是到了中古汉语、近古汉语以后，"否（不）"就逐渐演变为附缀于疑问句的末尾，这是"否（不）"用法上的重大发展。这一用法的变化是从中古汉语开始的。如：

①卿知吾来意否？（《搜神记》，卷十）

②世尊，少病少恼，安乐行否？（《法华经·从地涌出品》，卷五）

③或问："渔师得鱼卖不？"（《宋书·隐逸传》）

④尊君在不？（《世说新语·方正》）

⑤卿有儿死否？（《洛阳伽蓝记·菩提寺》杨注，卷三）

⑥远法师问："禅师解否？"（《神会语录》）

⑦臣愿将陛下往月宫游看，可否？（变文《叶净能诗》）

这种变化，实际上《史记》已开其端。如：

①秦王以十五城请易寡人之璧，可予不？（《史记·廉颇蔺相如列传》）

②子去寡人之楚，亦思寡人不？（《史记·张仪列传》）

这种变化是连贯的，从中古一直延续到近古。如：

①卿知吾来意否？（《搜神记》，卷十）

②汝等见是富楼那弥多罗尼子否？（《法华经·五百弟子授记品》，卷四）

③义康曰："弟子有还理不？"（《宋书·武三王传》）

④君能屈志百里不？（《世说新语·言语》）

⑤池傍有树不？（《百喻经·偷犛牛喻》）

⑥江南有露葵不？（《颜氏家训·勉学》，卷三）

⑦（五祖）问："是汝作偈否？"（唐·法海：《六祖坛经》）

⑧妻云道："识我否？"（变文《丑女缘起》）

⑨汝信色是空不？（《祖堂集》，卷三）

⑩陛下还识此人否？（宋·圜悟克勤：《碧岩录》，卷一）

⑪你知法度否？（《水浒传》，第七回）

处于词、词组或句末的"不（否）"或"否（不）"，仍是表示选择问的，因为在这种词、词组、句子与"不（否）""否（不）"之间仍可插入选择连词"与"或其变写形式"以""已"。如：

①太祖问群下，可伐与不？（《三国志·魏书·刘晔传》）

②假其剋捷，不知足南抗悬瓠，北捍长社与不？（《宋书·刘勔传》）

③此人向我道"家中取食"，不多唤人来捉我以否？（变文《伍子胥变文》）

④放卿入楚救其慈母，救得已否？（变文《汉将王陵变》）

⑤夫人曾读《法华经》已否？（变文《庐山远公话》）

⑥目连良久而言："识一青提夫人已否？"（变文《大目乾连冥间救母变文》）

（4）"否（不）"用于选择否定，它所否定的动词属于未然否定；如果句末用"未"，则表示已然否定。如：

①君除吏已尽未？（《史记·魏其武安侯列传》）

②肃将入阁拜，权起礼之，因谓曰："子敬，孤持鞍下马相迎，足以显卿未？"（《三国志·吴书·鲁肃传》）

③至市，（晔）问综曰："时欲至未？"（《宋书·范晔传》）

④卿家痴叔死未？（《世说新语·赏誉》）

⑤（梵志）问曰："佛泥洹未？"（《百喻经·引言》）

⑥灵树果子熟也未？（宋·圜悟克勤：《碧岩录》，卷一）

⑦王婆道："干娘，宅里小娘子说亲也未？"（明·冯梦龙：《警世通言·一窟鬼癞道人除怪》，第十四卷）

中古汉语后期和近古汉语时期，处于句末的"未"也可换作"无""没""没有"。"未""无""没"，古代均属明母字。如：

①既是巡营，有号也无？（变文《汉将王陵变》）

②师问尼众曰："汝姆爷还在也无？"（《祖堂集》，卷五）

③宋四公道："二哥，几时有道路也没？"（明·冯梦龙：《喻世明言·宋四公大闹禁魂张》，第三十六卷）

④你这店里草料都有阿没？（《老乞大》）

⑤近日都可有新闻没有?(《红楼梦》,第二回)

(5)唐宋时代,处于反诘疑问句和猜度疑问句末尾的"否(不)"或"不(否)",具有强烈的语气化趋向。如:

①佛问须菩提:"宁为多不?"(变文《金刚般若波罗蜜经讲经文》)

②师与保福游山次,保福问:"古人道妙峰顶,莫只这个便是不?"(《祖堂集》,卷十)

例①②,一个是反诘疑问句,一个是猜度疑问句。在这两种疑问句中,我们再把"否(不)"或"不(否)"解释成否定副词,意义上有些困难,因为这类句子中的"否(不)"或"不(否)",显然具有十分强烈的语气化趋向。"否(不)"处于反诘疑问句末,这种用法早在中古汉语里就已经存在。如:

①是长者等予诸子珍宝大车,宁有虚妄否?(《法华经·譬喻品》,卷二)

②伊讵可以形色加人不?(《世说新语·方正》)

不过,更值得关注的是用在猜度疑问句中的"否(不)"或"不(否)"字。因为这种猜度疑问句,往往就是一个否定结构。"否(不)"或"不(否)"续接在这样否定结构之后,久而久之,就丧失了否定意义而具有强烈的语气词味道。请对比以下的《五灯会元》中的句子:

①我在江西时,曾见一僧,自后不知消息,莫是此僧否?(宋·普济:《五灯会元·马祖一禅师法嗣》,卷三)

②乃逆而问曰:"莫是投子山主么?"(宋·普济:《五灯会元·翠微学禅师法嗣》,卷五)

③深山无人,因何有菜随流,莫有道人居否?(宋·普济:《五灯会元·马祖一禅师法嗣》,卷三)

④和尚此间莫有真金与人么?(宋·普济:《五灯会元·六祖大鉴禅师法嗣》,卷五)

前面说过,单用"莫"或"非",均有"莫非"义,表猜度。单用"不",也有这种用法。如:

①此人向我道"家中取食",不多唤人来捉我以否?(变文《伍子胥变文》)

②吴王曰:"万兵不少以不?"(变文《伍子胥变文》)

例①，《敦煌变文校注》云："'以否'，犹言'与否'，表示疑问语气。……又'不多'云云，谓'莫非再多叫人来'，'不'表示'岂不''莫非'之意。下文'万兵不少以不'，亦其例。"① 注中释"不"为"莫非"是对的，但释为"岂不"欠妥，因为"莫非""岂不"所表语气不同，语义乖舛，不当并列。

总之，处于句末，用于选择否定的"否（不）"或"不（否）"，由否定副词演变为句末语气助词是有条件的。这个条件有两条：一是句式条件；二是语音条件。句式条件是指反诘疑问句或猜度疑问句；语音条件是指"否（不）"、"不（否）"和"不"（bù）的语音对立。大家知道，先秦时期，"不"（bù）和"否（不）"同属帮母，之部，合口三等字，所差的仅是平上声调有别。这种情况，可以说一直维持到中唐以前。但到了晚唐、五代时期，"不"（bù）和"否（不）"的读音发生了重大变化："不"（bù）虽然仍属帮母字，但是"否（不）"已变为非母字了，并且可以说，"不"（bù）和"否（不）"的语音分化过程和"否（不）"的语气化过程几乎是同步的。

4. 禁止否定

禁止否定是指要求不要进行或中断某种正在进行的动作行为的一种否定句式。上古汉语常用于禁止否定的否定副词有"毋""勿""无"；中古汉语常用于禁止否定的否定副词有"莫""勿""休"；近古汉语常用于禁止否定的否定副词有"休""莫""别"等等。下面分别叙述之。

（1）"毋""勿""无"。

上古汉语里，"毋""勿""无"是最常用的表示禁止否定的否定副词。"无"本是个动词，后演变为否定副词，而"毋""勿"当是以"无"为源词的滋生词。否定副词"毋""勿"产生很早，甲骨文中已经存在。甲骨文中"毋""勿"同形，同以"母"字出之，金文亦如此。不过"毋""勿"两词的使用频率并不平衡，"勿"的频率远远高于"毋"字，这种情况几乎延续整个先秦时期。甲骨文，乃至后来的西周金文中，其用法并无本质区别，两词否定的动词带不带宾语都是自由的。如：

①贞：呼吴曰："毋以豕。"（《合集》，8981）

---

① 黄征、张涌泉：《敦煌变文校注》，中华书局1997年版，第43页注三〇〇。

②贞：毋又，六月。(《粹编》，329)

③癸酉卜，争贞：王勿逆舌方，上下弗若，不我其受□? (《合集》，6201)

④王入，勿入? (《合集》，914 正)

⑤女毋弗帅用先王乍明井。(《毛公鼎》)

⑥用明则之于铭，武文威刺（烈），永枼（世）毋忘。(《屬羌钟》)

⑦王曰："盂，若敬乃正，勿法朕令。"(《大盂鼎》)

⑧疾氏从告之曰："枼万至于辥孙子，勿或介改。"(《秦命镈》)

例①⑤，"毋"否定的及物动词带宾语。例②⑥，"毋"否定的及物动词不带宾语。例③⑦，"勿"否定的及物动词带宾语。例④⑧，"勿"否定的及物动词不带宾语。在传世文献中，"毋"的使用以《诗经》为最早；"勿"的使用以《尚书》为最早。《尚书》（包括今古文《尚书》），以及后来的《孟子》《庄子》，均有"勿"无"毋"。相反，否定副词"无"的使用频率却是相当的高。据我统计，就（今文）《尚书》《诗经》《论语》《左传》《孟子》《庄子》《荀子》《韩非子》八部文献而言，"无"的使用频次是 418 次，而"毋"是 55 次，"勿"是 142 次。① 如何解释这一现象? 我认为这是因为"毋""勿"均以"无"为源词，是它们刚从"无"中分化出不久所致。唯其分化不久，不仅"毋""勿"尚不能形成语法对立，而且致使"无"必然仍要承受"毋""勿"的语法功能，因此《尚书》中常用"无"来兼代"毋""勿"两词就不足为奇了。从语音上看，"无""毋""勿"古音相近，这也为它们通用提供了依据。"无"，古属明母，鱼部，合口三等字，拟音为 [miua]；"毋"，古亦明母，鱼部，合口三等字，拟音亦 [miua]；"勿"，古属明母，物部，合口三等字，拟音为 [miuət]。郭锡良先生说："书面语脱离口语的内在原因是由于书面语具有相对的保守性，而书面语的保守性又往往是由于仿古造成的。"② 这一分析是正确的。上古汉语，"无"与"毋""勿"通用，这种用例俯拾即是。如：

---

① 周生亚：《论否定副词"毋""勿"用法的分合问题》，见罗端主编：《古汉语语法论文集》，巴黎 2001 年版，第 108 页《表一》。

② 郭锡良：《汉语历代书面语言和口语的关系》，见《汉语史论集》（增补本），商务印书馆 2005 年版，第 612 页。

①明听朕言，无荒失朕命。(《尚书·盘庚》)

②公曰："嗟，人无哗，听命。"(《尚书·费誓》)

③硕鼠硕鼠，无食我黍。(《诗经·魏风·硕鼠》)

④将子无怒，秋以为期。(《诗经·卫风·氓》)

⑤子谓子夏曰："女为君子儒，无为小人儒。"(《论语·雍也》)

⑥孟懿子问孝，子曰："无违。"(《论语·为政》)

⑦往践乃职，无逆朕命。(《左传·僖公十二年》)

⑧二三子无淹久。(《左传·宣公二年》)

⑨女慎，无撄人心。(《庄子·在宥》)

⑩默，汝无言。(《庄子·田子方》)

例①③⑤⑦⑨，"无"用同"毋"。例②④⑥⑧⑩，"无"用同"勿"。两汉以后，文献中"无"与"毋""勿"仍有通用者，这不妨认为是古代用法的残留或是有意仿古之笔。如：

①愿将军无疑。(《三国志·魏书·贾诩传》)

②杨朱曰："子无扑矣，子亦犹是也。"(《列子·说符》)

③今当复活，慎无葬也。(《搜神记》，卷十五)

④密泥塞屋牖，无令风及虫鼠入也。(《齐民要术·作豉法》，卷八)

⑤汝曹必无轻议也。(《颜氏家训·文章》，卷四)

⑥寄语食肉汉，食时无逗遛。(唐·寒山子:《寒山诗·寄语》，第二六九)

⑦您小年有这胆气，他日可无负"威"之名也。(《新编五代史平话·周史平话上》)

"毋""勿"形成语法对立是从《诗经》开始的。这是因为在传世文献中，"毋"始见于《诗经》，并与"勿"在用法上有着明显区别。这种区别，主要有两点：

第一，"毋"否定的动词以带宾语为主，"勿"否定的动词以不带宾语为主，两词在多数情况下不能相互取代。如：

①毋教猱升木，如涂涂附。(《诗经·小雅·角弓》)

②以吾一日长乎尔，毋吾以也。(《论语·先进》)

③大毋侵小。(《左传·襄公十九年》)

④绝其望，破其意，毋使人欲之。(《韩非子·王道》)

"毋"否定的动词，不带宾语的多为不及物动词，属于及物动词的是极少数。如：

①城濮之役，王思之，故使止子玉曰："毋死!"不及。(《左传·文公十六年》)

②王言曰："先生毋言矣。"(《韩非子·内储说上》)

③毋或匄夺。(《左传·昭公十六年》)

④杨朱曰："子毋击也，子亦犹是。"(《韩非子·说林下》)

与"毋"不同的是，"勿"否定的动词以不带宾语为常。根据我的统计，"勿"否定的动词带宾语的是 30 例(其中及物动词 30 例，不及物动词 0 例)，而不带宾语的却多达 112 例(其中及物动词 81 例，不及物动词 31 例)。这说明春秋战国时期，"毋""勿"的用法确实存在重要区别。① 如：

①蔽芾甘棠，勿翦勿伐。(《诗经·召南·甘棠》)

②己所不欲，勿施于人。(《论语·颜渊》)

③如得其情，则哀矜而勿喜。(《论语·子张》)

④王曰："勿杀，吾退。"(《左传·宣公十二年》)

⑤众曰："勿出!"(《左传·哀公二十六年》)

⑥王请勿疑。(《孟子·梁惠王上》)

⑦效死勿去。(《孟子·梁惠王下》)

第二，"毋""勿"语法对立的另一个重要内容就是"毋"可以单独结句而"勿"不行。如：

①贞：毋，惠小宰。(《合集》，24566)

②辛亥卜，□贞：其又于……贞，毋。(《合集》，25053)

③子曰："毋，以与尔邻里乡党乎!"(《论语·雍也》)

说到"毋""勿"的语法对立，以前有种合音说需要在这里提一提。合音说认为"勿"否定的动词之所以不带宾语，是因为"勿"是"毋"加"之"的合音字。这种说法是不能成立的：一是"毋""勿"虽同属明母，但是"勿"却是一个入声字，属物部，而"之"属之部，两字韵母不合；二是

---

① 统计数据，请看拙著《论否定副词"毋""勿"用法的分合问题》，108 页《表一》。

不符合语法事实。事实是商和西周时期，"毋""勿"用法无别或基本无别，两词不能构成语法对立。再说即使到了春秋战国时代，"勿"所否定的动词并非绝对不能带宾语（其中包括"之"字宾语）。这就从根本上动摇了"勿＝毋＋之"这一公式的合理性。如：

①王欲行仁政，则勿毁之矣。（《孟子·梁惠王下》）

②已矣，勿言之矣。（《庄子·人间世》）

③思物而物之，孰与理物而勿失之。（《荀子·天论》）

到了上古汉语后期，即两汉时代，"毋""勿"用法又再度趋同。到了中古汉语，"毋""勿"合流就更加明显，这已成不可逆转之势。如：

①昭雎曰："王毋行，而发兵自守耳。"（《史记·楚世家》）

②梁掩其口，曰："毋妄言，族矣！"（《史记·项羽本纪》）

③勿行苛政。（《汉书·宣帝纪》）

④足支一岁以上，可时赦，勿收农民租。（《汉书·食货志上》）

例①②，"毋"，依先秦用法，当以"勿"代之。例③④，"勿"，依先秦用法，当以"毋"代之。又如：

①逢天晦芒，毋恐毋惊，后且大昌。（《搜神记》，卷十四）

②勿道见吾书。（《搜神记》，卷五）

③定伯曰："新死，不习渡水故耳，勿怪吾也。"（《搜神记》，卷十六）

④勿学汝兄，汝兄自不如伊。（《世说新语·品藻》）

例①，"毋"，依先秦用法，"毋"当作"勿"。例②—④，"勿"，依先秦用法，"勿"当作"毋"。

（2）"莫""勿""休"。

随着语言发展，到了中古汉语，表禁止的否定副词最常用的有三个词，即"莫""勿""休"。"莫"，作为表禁止的否定副词，上古汉语中期已开其端，但使用频率很低。"莫"，上古属明母，铎部，开口一等字，拟音为[mak]。王力先生认为"莫"也是"无"的滋生词。"莫"作为一个否定副词，最初当是由动词"莫"分化出来的，而动词"莫"又可能是动词"无"的方言变体。因为"无"属明母，鱼部，合口三等字，拟音为［miua］，"无""莫"当是鱼铎阴入对转。"莫"用为动词，《诗经》已有其例。如：

①莫赤匪狐，莫黑匪乌。（《诗经·邶风·谷风》）

②戚戚兄弟，莫远具尔。(《诗经·大雅·行苇》)

例①，陈氏《传疏》云："莫，无也。"例②，郑笺云："莫，无也。""莫"，作为表禁止的否定副词，在（今文）《尚书》《诗经》《论语》《左传》《孟子》《庄子》《荀子》《韩非子》八部文献中，仅有 10 例，即《诗经》1例，《庄子》4 例，《荀子》5 例。由此断定，"莫"的禁止否定用法产生于战国时代。如：

①德音莫违，及尔同死。(《诗经·邶风·谷风》)

②莫为盗，莫为杀人。(《庄子·则阳》)

③臣下职，莫游食。(《荀子·成相》)

潘允中先生认为表禁止的"莫""开始于汉代"①，日本汉学家太田辰夫先生认为表禁止的"莫""是从六朝开始使用的"②，这些断代时间都太晚了。两汉时代，"莫"的表禁止用法虽有继承，但用例仍然很少。如：

①秦惠王车裂商君以徇，曰："莫如商君反者！"(《史记·商君列传》)

②其去刚卯莫以为佩，除刀钱勿以为利。(《汉书·王莽传》)

到了中古汉语，"莫"有取代"毋""勿"的趋势，它所否定的动词带不带宾语都是自由的，这实际上就是对"毋""勿"用法的继承。如：

①君有急病见于面，莫多饮酒。(《三国志·魏书·方技传》)

②教住莫住，教洗莫洗。(《搜神记》，卷三)

③维摩诘言："止止，阿难，莫作是语。"(《维摩诘经·弟子品》，卷上)

④妻云："罪人，阿家莫念。"(《宋书·范晔传》)

⑤卿莫作强口马，我当穿卿鼻。(《世纪新语·文学》)

⑥汝莫愁也，我教汝出。(《百喻经·驼瓮俱失喻》)

⑦十娘曰："少府莫看儿！"(唐·张鷟：《游仙窟》)

⑧和尚成佛时，莫忘弟子。(唐·[日]释圆仁：《入唐求法巡礼行记》，卷四)

中古汉语里，"毋""勿"合流之后，先是"勿"取代"毋"，使"毋"变成一个古语词。如《搜神记》《世说新语》两书中，《搜神记》中的"毋"仅 2 次，而"勿"却是 18 次；《世说新语》中"毋"是 0 次，而"勿"却是

---

① 潘允中：《汉语语法史概要》，中州书画社 1982 年版，第 68 页。

② [日]太田辰夫：《中国语历史文法》，蒋绍愚、徐昌华译，北京大学出版社 1987 年版，第 283 页。

15 次。这些数据足以说明问题了。在"勿"取代"毋"之后，它又有被新生的"莫"所取代的趋势，因此文献中才常常出现"毋""勿"、"毋""莫"或"勿""莫"搭配使用的例子。如：

①谨守成皋，则汉欲挑战，慎勿与战，毋令得东而已。(《史记·项羽本纪》)

②汝等勿怖，莫得退还。(《法华经·化城喻品》，卷三)

③默往，阿难，勿谤如来，莫使异人闻此粗言。(《维摩诘经·弟子品》，卷上)

值得注意的是，到了唐代又产生一个新的表禁止的否定副词"休"字。如：

①洛阳宫殿化为烽，休道秦关百二重。(唐·杜甫：《诸将》，其三)

②休问梁园旧宾客，茂陵秋雨病相如。(唐·李商隐：《寄令狐郎中》)

③劝你休去来，莫恼他阎老。(唐·寒山子：《寒山诗·劝你》，第二八五)

(3)"休""莫""别"。

到了近古汉语，作为表禁止的否定副词，主要有三个词："休""莫""别"。"休"虽产生于唐代，但应用并不广泛。"休"比较广泛使用是宋代以后的事。"休"的产生，脱离帮明两系范围，它很可能是以方言词的资格进入到共同语的。如：

①此事且休论。(宋·徐梦莘：《三朝北盟会编·燕云奉使录》，卷十一)

②劝的省时，你休欢喜；劝不省时，休烦恼。(元·关汉卿：《救风尘》，第一折)

③你去烧香，休带喜孙去。(元·无名氏：《小张屠焚儿救母》，第二折)

④休取笑，若嫁得这个官人，可知好哩。(明·冯梦龙：《警世通言·一窟鬼癞道人除怪》，第十四卷)

⑤客人休拜，且请起来。(《水浒传》，第二回)

⑥老先生，休这样说。(《红楼梦》，第二回)

近古汉语里表禁止的"莫"字，是从中古汉语里继承下来的。如：

①郎君们亦莫轻信。(宋·徐梦莘：《三朝北盟会编·燕云奉使录》，卷四)

②我师莫讶西路寂寞，此中别是一天。(《大唐三藏取经诗话上》)

③逢桥须下马，有渡莫争先。(《张协状元》，第一出)

④莫瞒天地莫瞒心，心不瞒人祸不侵。(元·无名氏：《小孙屠》，第十九出)

⑤你莫问，不教把与你。(明·洪楩：《清平山堂话本·简贴和尚》)

⑥那汉笑道："你莫胡说。"(《水浒传》，第十一回)

正因为"莫""休"都是近古汉语里表禁止的常用词，所以语言中两词也经常搭配使用。如：

①莫想青凉伞儿打，休指望坐骑着鞍马。(《刘知远诸宫调》，第二)

②妹子，休慌莫怕。(元·关汉卿：《救风尘》，第四折)

③兄弟，休惊莫怕，则他是第十三个头领，山儿李逵。(元·高文秀：《黑旋风》，第一折)

关于"别"字，向熹先生说："这是近代北方话中新产生的一个否定副词"，又说："现代汉语里，'别'是一个非常活跃的否定副词。宋元话本、元曲、《水浒传》等作品里还没有，清代小说《儒林外史》以及现代南方许多方言也不用'别'字，可见这个词主要是明以后在北方方言的基础上发展起来的。"① 把"别"字产生时间推到明代以后，恐怕太晚了。我们认为，宋元时代已经产生"别"字，而普遍应用当在明清时代。如：

①今学者亦多来求病根，某向他说："头痛灸头，脚痛灸脚，病在这上，只治这上便了，更别讨甚病根也。"(《朱子语类·训门人》)

②别引逗出半点儿风声。(元·郑光祖：《㑇梅香》，第一折)

③在这里别想家，要什么吃的，什么玩的，只管告诉我。(《红楼梦》，第三回)

④好姐姐，千万别告诉人。(《红楼梦》，第六回)

"别"也是以北方方言词的资格进入共同语的。至于"别"的来源，诸家认识并不一致，尚无统一意见。江蓝生先生说："从古代文献和现代方言的情况来看，'别'是主要通行于北京(包括河北省)、山东一带的禁止词，跟《红楼梦》时代大体相同的《儒林外史》，以及晚于《红楼梦》的《镜花

---

① 向熹：《简明汉语史》(修订本)，下册，商务印书馆 2010 年版，第 676 页。

缘》等用江淮官话写作的小说里都不用'别'字。"①"别"的使用地域，可不仅仅是北京、河北和山东，东北方言也用"别"字。

还有从中古汉语开始，直到近古汉语，否定副词"不""未""毋""勿""休""莫""别"也可和助动词"得""要"结合来表达禁止否定，这也是值得关注的语言事实。如：

①拘之军下，禁其故人莫得与通。（《三国志·魏书·田畴传》）

②汝等莫得乐住三界火宅。（《法华经·譬喻品》，卷二）

③（刘尹）正色曰："莫得淫祀！"（《世说新语·德行》）

④初酘之时，十日一酘，不得使狗鼠近之。（《齐民要术·法酒》，卷七）

⑤我当为汝作好方便，使汝得之，勿得愁也。（《百喻经·田夫思王女喻》）

⑥不要求佛果，识取心王主。（唐·寒山子：《寒山诗·男儿》，第一六三）

⑦假饶卿虽自权军，不得与随（隋）家交战。（变文《韩擒虎话本》）

⑧不要塞耳藏睛，灵光迥妖。（《祖堂集》，卷五）

⑨不要放箭，是来讲和。（宋·徐梦莘：《三朝北盟会编·绍兴甲寅通和录》，卷一六二）

⑩不要讨甚病根。（《朱子语类·训门人》）

⑪此亦无他，只是觉得不当思虑底便莫要思。（《朱子语类·训门人》）

⑫孩儿你休要泪涟涟，我与你报仇冤。（《张协状元》，第三十二出）

⑬你莫要应。（《张协状元》，第四十二出）

⑭火速解审，毋得违误片刻者。（元·关汉卿：《窦娥冤》，第四折）

⑮婆婆也，你莫要背地里许了他亲事。（元·关汉卿：《窦娥冤》，第二折）

⑯孩儿，我与你说，若见哥哥，不要大惊小怪。（元·无名氏：《小孙屠》，第十四出）

⑰未要去，还有人里。（明·洪楩：《清平山堂话本·简贴和尚》）

⑱（赵正）教宋四公："未要说我姓名，只道我是你亲戚。"（明·冯梦龙：《喻世明言·宋四公大闹禁魂张》，第三十六卷）

---

① 蒋绍愚、曹广顺：《近代汉语语法史研究综述》，商务印书馆 2005 年版，第 133 页。

⑲那和尚摇手道："不要高声。"(《水浒传》,第六回)

⑳既然如此,客人休要烦恼。(《水浒传》,第二回)

㉑不得做声,我都听得你说底话。(明·冯梦龙:《警世通言·万秀娘仇报山亭儿》,第三十七卷)

㉒休得连累了英雄。(《水浒传》,第二回)

㉓你每大小休要出去唱言。(明·钱谦益:《牧斋初学集》,卷一〇四)

㉔别要盖什么房子,不要盖,尽勾也。(《朴通事》)

这里最值得关注的是,"别"也可与"要"结合,说成"别要"。"别要"就是"不要"。太田辰夫先生说:"有人认为它是'不要'的简缩形式,但这是不正确的。它也可以说成'别要',恐怕是从本来意义的'别(另外)'引申而来,成为委婉的禁止意义。"① 太田先生的说法是有道理的。

(四) 程度副词的发展

汉语程度副词,可以分为三级:约略级(初级)、比较级(中级)和极至级(高级)。上古汉语前期,甲骨文、金文中程度副词都不发达,这很可能同汉语形容词能否充当谓语的历史发展有极大关系。纵观程度副词的历史发展,古今变化不是很大,不同的多是词汇的历史更迭而已。

1. 约略级程度副词

古代表约略级的程度副词,常见的词有"稍""稍稍"、"略""略略""约略"、"微""微微""些微""些须"、"小""小小""少"、"差""仅""才"等等。

稍/稍稍

"稍""稍稍",表示程度轻微。如:

①(周)勃恐,不知置辞,吏稍侵辱之。(《汉书·周勃传》)

②视其面有色,扪心下稍温。(《搜神记》,卷十五)

③稍稍出着一砂盆中熟研,以水沃,搅之。(《齐民要术·种红蓝花、栀子》,卷五)

④西台、北台去中台稍近。(唐·[日]释圆仁:《入唐求法巡礼行记》,

---

① [日]太田辰夫:《中国语历史文法》,蒋绍愚、徐昌华译,北京大学出版社1987年版,第282页。

卷三)

⑤若见识稍高，读书稍多，议论高人，岂不更做得好文字出。(《朱子语类·总训门人》)

略/略略/约略

"略""略略""约略"，都有略微的意思，表示程度轻。如：

①（夫人）本有风气之疾，频年增动，略多枕卧。(北周·庾信:《周骠骑大将军李夫人墓志铭》)

②草率具盘餐，约略施粉黛。(宋·梅尧臣:《元日》)

③略有些小银子，权当酒钱。(元·无名氏:《小孙屠》，第十一出)

④三藏回头看时，果是他的物件，并不曾失落，心才略放下些。(《西游记》，第十三回)

⑤（贾母）说着携了黛玉的手又哭起来，众人都忙相劝慰，方略略止住。(《红楼梦》，第三回)

表示略微义的"略"，如和否定副词"不""无"合用，则表示彻底否定，意为"丝毫不""一点也不""毫无""全无"。如：

①赵云身自断后，军资什物，略无所弃。(《三国志·蜀书·赵云传》裴注)

②兄子济每来拜墓，略不过叔，叔亦不候。(《世说新语·赏誉》)

微/微微/些微/些须

"微""微微""些微""些须"，均为稍微之意，表示程度轻微。如：

①欲内相存之言，则必以美名明之，而微见其合于私利也。(《韩非子·说难》)

②桓玄既篡位后，御床微陷，群臣失色。(《世说新语·言语》)

③（袭人）把手去他头上一摸，觉得微微有些发烧。(《红楼梦》，第八十二回)

④（黛玉）想起往日之事，不免流下泪来，些微谈了谈，便催宝玉去歇息调养。(《红楼梦》，第五十八回)

⑤黛玉道:"不曾读书，只上了一年学，些须认得几个字。"(《红楼梦》，第三回)

小/小小/少

"小""小小""少"，亦稍微之意，均由形容词引申而来。如：

①其为人也小有才，未闻君子之大道也。(《孟子·尽心下》)

②居士，世尊身小有疾，当用牛乳，故来至此。(《维摩诘经·弟子品》，卷上)

③小有忤意，辄追夺之。(《宋书·武三王传》)

④微解药理，小小和合，居家得以救急，亦为胜事。(《颜氏家训·杂艺》，卷七)

⑤太后之色少解。(《战国策·赵策四》)

⑥妇人少住，但笑不言。(《搜神记》，卷十八)

⑦王在溢城时，为三千人将，年逾四十，少不如意，犹捶挞之，故能成其勋业。(《颜氏家训·教子》，卷一)

差/仅/才

"差 (chā)""仅""才"，有略微、仅仅之意，表示程度轻微或嫌数量小。如：

①今耳目闻见，与人无别；遭事睹物，与人无异，差贤一等尔，何以谓神而卓绝？(《论衡·知实》)

②欲言而请毕事者千有余人，于是吾仅得三士焉，以正吾身，以定天下。(《荀子·尧问》)

③拔高陵树二千株，石碑差动。(《搜神记》，卷六)

④常以二十口家，奴婢盛多，不可出二十人，良田十顷，堂室才蔽风雨，车马仅代杖策。(《颜氏家训·止足》，卷五)

⑤人迹罕及，鸟路才通。(唐·张鷟：《游仙窟》)

2. 比较级程度副词

古代表示比较级的程度副词数量最多。这里说的"比较"，也只是相对于约略级和极至级而言的一个大概值。除了两极，凡处于中间状态者均为比较级，即所谓比上不足而比下有余也。古代比较级程度副词常见的形式有"甚""孔""殊""太（大）""颇""弥""尤""滋""愈（俞）""更""雅""特""偏""较""煞""忒""很"等等。

甚

"甚"，上古汉语里已经产生，使用频率很高。两汉后，中古汉语、近古汉语均沿用之。"甚"限制的谓语，动词或形容词均可充当。如：

①齐人将筑薛，吾甚恐。(《孟子·梁惠王下》)

②公子甚贫，马甚瘦，王何不益之马食？(《韩非子·内储说下》)

③里中社，平为宰，分肉食甚均。(《史记·陈丞相世家》)

④夜有一女子，容色甚美。(《搜神记》，卷十九)

⑤(荏子麻)雀甚嗜之，必须近人家种矣。(《齐民要术·荏蓼》注，卷三)

⑥公主容色美丽，综甚敬之。(《洛阳伽蓝记·龙华寺》杨注，卷二)

⑦良久思惟，甚难甚难。(唐·法海：《六祖坛经》)

⑧其计甚善。(变文《叶净能诗》)

⑨雷声甚大，雨点全无。(《祖堂集》，卷十二)

⑩圣人语言甚实。(《朱子语类·训门人》)

和其他程度副词相比，"甚"在使用上有两点值得注意：一是"甚"限制的动词，可以是心理动词；二是"甚"也可置于谓语动词之后，作补语。如：

①王曰："吾甚惭于孟子。"(《孟子·公孙丑下》)

②或言与吕布同谋，众甚惧。(《三国志·魏书·荀彧传》)

③高祖甚不说，良久乃答之。(《宋书·郑鲜之传》)

④远和尚及大众甚欢喜。(唐·[日]释圆仁：《入唐求法巡礼行记》，卷三)

⑤宝玉看了，不甚明白。(《红楼梦》，第五回)

例①—⑤，"甚"修饰的是心理动词。又如：

①窥镜而自视，又弗如远甚。(《战国策·齐策一》)

②齐中大夫有夷射者，御饮于王，醉甚而出，倚于郎门。(《韩非子·内储说下》)

③公叔病甚。(《史记·商君列传》)

④而言"靡有孑遗"，增益其文，欲言旱甚也。(《论衡·艺增》)

⑤高祖怒甚。(《宋书·武三王传》)

例①—⑤，"甚"置于动词后作补语。

孔

"孔"作为程度副词，主要用在《尚书》《诗经》里，使用频率不高，

（今文）《尚书》也仅有三例。金文中已出现"孔"字，用例也不多。如：

①元鸣孔皇。（《沇儿钟》）

②四海会同，六府孔修。（《尚书·禹贡》）

③昊天孔昭，我生靡乐。（《诗经·大雅·抑》）

殊

"殊"，甚，很，表示程度较高。如：

①老臣今者殊不欲食。（《战国策·赵策四》）

②良殊大惊，随目之。（《史记·留侯世家》）

③梦殊明察。（《搜神记》，卷十）

④家有一李树，结子殊好，母恒使守之。（《世说新语·德行》）

⑤精神殊爽爽，形貌极堂堂。（唐·寒山子：《寒山诗·精神》，第一八四）

太（大）

甲骨文"太""大"同形。"太"当是"大"的分化字。《诗经·大雅·云汉》"太""大"混用：二章"旱既大甚"，下三、四、五、六、七章均作"旱既太甚"。这种分化，大约到了战国时代已经定型。"大"，依甲骨文字形，当指大人（与幼儿相对），是个名词，后引申为形容词和副词。副词"太"，当由副词"大"引申而成。如：

①昊天大帆，予慎无辜。（《诗经·小雅·巧言》）

②居简而行简，无乃大简乎？（《论语·雍也》）

例①，"大"，唐石经作"泰"，是为通假。例②，"大"，同"太"。两汉以后，"太"沿用下去，应用较广。如：

①卿太重，将非鬼也。（《搜神记》，卷十六）

②君饮太过，非摄生之道，必宜断之。（《世说新语·任诞》）

③汝作头太大，作项极小。（《百喻经·梵天弟子造物因喻》）

④十娘曰："少府亦应太饥。"（唐·张鷟：《游仙窟》）

⑤或嫌裤太窄，或说衫太长。（唐·寒山子：《寒山诗·我在》，第二二三）

⑥金莲三寸太轻盈，言谈举止多风韵。（元·无名氏：《小孙屠》，第九出）

颇

上古汉语前期和中期，"颇"是个形容词，指偏颇，很难发现作副词的用例。副词"颇"当由形容词"颇"引申而来。程度副词"颇"，大约产生在两汉时代，而最初当以约略级用法为主，意为稍微，略微。如：

①仆虽怯懦，欲苟活，亦颇识去就之分矣。（汉·司马迁：《报任安书》）

②涉浅水者见虾，其颇深者察鱼鳖，其尤甚者观蛟龙。（《论衡·别通》）

两汉以后，"颇"多用于比较级，义为甚，很。如：

①望子芳香，流闻数里，颇有神验。（《搜神记》，卷五）

②高祖少事戎旅，不经涉学，及为宰相，颇慕风流。（《宋书·郑鲜之传》）

③我有一儿，年已十七，颇晓书疏。（《颜氏家训·教子》，卷一）

④是时大师至彼寺门说法，集众颇多。（《祖堂集》，卷三）

⑤家中颇有些钱财。（元·关汉卿：《窦娥冤》，楔子）

弥/尤/滋/愈（俞）/更

"弥""尤""滋""愈（俞）""更"，这几个程度副词均源自上古汉语，中古汉语沿用之，表示程度加深加重。如：

①仰之弥高，钻之弥坚。（《论语·子罕》）

②若是，则弟子之惑滋甚。（《孟子·公孙丑上》）

③是故得地而权弥轻，兼人而兵俞弱。（《荀子·议兵》）

④不与，则弃前功，而后更受其祸。（《战国策·韩策一》）

⑤（张）苍本好书，无所不观，无所不通，而尤善律历。（《史记·张丞相列传》）

⑥武安由此滋骄。（《史记·魏其武安侯列传》）

⑦涉猎书籍，善左氏《春秋》，尤精于仓雅训诂，好是正文字。（《三国志·蜀书·来敏传》）

⑧截梁声愈急。（《搜神记》，卷十七）

⑨后更衰劣，卒复还死焉。（《搜神记》，卷十五）

⑩湛愈忿怒。（《宋书·侯景仁传》）

⑪熟耕如麻地，不厌熟，纵横七遍尤善。（《齐民要术·种姜》，卷三）

⑫季布闻言心更大，仆跟多时受苦辛。（变文《捉季布传文》）

⑬然大者尤紧要。（《朱子语类·总训门人》）

雅/特/偏/较

"雅""特""偏""较"，都是中古汉语新产生的常见的程度副词。如：

①此诸葛恪雅好骑乘。（《三国志·吴书·诸葛恪传》）

②尚之雅好文义，从容赏会，甚为太祖所知。（《宋书·何尚之传》）

③嵇康身长七尺八寸，风姿特秀。（《世说新语·容止》）

④县有龙泉水，可以砥砺刀剑，特坚利。（《水经注·沅水》，卷三十七）

⑤武烈太子偏能写真，坐上宾客，随宜点染，即成数人。（《颜氏家训·杂艺》，卷七）

⑥冰雪莺难至，春寒花较迟。（唐·杜甫：《人日》之一）

煞/忒/很

"煞""忒""很"，都是近古汉语里最常用的程度副词。"煞"或作"㬠"，虽起源于唐五代，但主要应用却在近古汉语里。如：

①桂老犹全在，蟾深未煞忙。（唐·卢延让：《八月十六夜月》）

②初出尘，绝离染，习种性根㬠浮浅。（变文《维摩诘经讲经文》四）

③前后北朝州县交验贼跡，送还逃走军人文牒㬠多，便是界至去处。（宋·李焘：《续资治通鉴长编》，卷二六五）

④某煞有话要与诸公说。（《朱子语类·总训门人》）

⑤（老儿）衣服㬠齐整，手把定筇竹柱杖。（《刘知远诸宫调》，第一）

⑥僧儿见了，可煞喜欢。（明·洪楩：《清平山堂话本·简贴和尚》）

值得注意的是，"煞"也可用在谓语动词或形容词之后作补语，表示程度深。如：

①人家父母恩偏煞，于女男边倍怜爱。（变文《父母恩重经讲经文》一）

②春未到，雪里先开，风流㬠。（宋·辛弃疾：《洞仙歌·红梅》）

③近来憔悴人惊怪，为别后，相思煞。（宋·柳永：《迎春乐》）

"忒"，是近古汉语新产生的程度副词，意为太，过于，表示已超过所期望的程度。如：

①你忒急性，且听我言。（《张协状元》，第二十出）

②佳人赶着到房中，壁灯昏，着金钗再挑，光焰忒分明。（《刘知远诸宫调》，第一）

③一个个忒恢新，一个个不是人。（元·关汉卿：《诈妮子调风月》，第一折）

④秋胡戏妻，他那老婆忒狠毒些。（明·朱有燉：《团圆梦》，第一折）

⑤吴学究道："你却也忒狡猾！"（《水浒传》，第五十四回）

⑥宝玉，你忒婆婆妈妈的了。（《红楼梦》，第十一回）

"很"或作"狠"，作为程度副词起源很晚，在元代之前，我们找不到确切的用例。如：

①唐太宗是唐家很好底皇帝。（元·吴澄：《吴文正集·经筵讲义》，卷九十）

②有那等守护贤良老秀才，他说的来狠利害。（元·武汉臣：《老生儿》，第一折）

③果要千金，也不打紧，只是我大孺人很专会作贱人。（明·凌蒙初：《初刻拍案惊奇》，卷二）

④王夫人道："很是"。（《红楼梦》，第十一回）

"很"或"狠"也可置于动词后作补语。如：

①我大胆的狠了。（《儒林外史》，第二十五回）

②嫂子天天也闷的很。（《红楼梦》，第十二回）

3. 极至级程度副词

古代表示极至级的程度副词数量最少，比较典型的词只有三个："极""至""最"。

极/至

"极""至"，作为程度副词，均见于战国末期。如：

①行极贤而不用于君，此非明主之所臣也。（《韩非子·外储说右上》）

②其质至美，物不足以饰之。（《韩非子·解老》）

③先王之索贤人，无不以也，极卑极贱，极远极劳。（《吕氏春秋·求人》）

④执一者，至贵也。（《吕氏春秋·为欲》）

两汉以后，中古汉语和近古汉语，"极"的使用频率较高，而"至"次之。两词修饰谓语动词和谓语形容词均可，但似乎以修饰谓语形容词者居多。如：

①沛父兄诸母故人日乐饮极驩，道旧故为笑乐。（《史记·高祖本纪》）

②吞舟之鱼，不游枝流；鸿鹄高飞，不集污池。何则？其（志）极远也。（《列子·杨朱》）

③山高谷深，至为艰险。（《三国志·魏书·邓艾传》）

④汉武帝凿昆明池极深，悉是灰墨。（《搜神记》，卷十三）

⑤王延，性至孝。（《搜神记》，卷十一）

⑥若令月中无物，当极明邪！（《世说新语·言语》）

⑦何平叔美姿仪，面至白。（《世说新语·容止》）

⑧甘蔗极甜。（《百喻经·灌甘蔗喻》）

⑨医方之事，取妙极难。（《颜氏家训·杂艺》，卷七）

⑩卫氏儿可怜，钟家女极丑。（唐·寒山子：《寒山诗·天下》，第九十三）

⑪大花岩寺十二院，僧众至多。（唐·〔日〕释圆仁：《入唐求法巡礼记》，卷三）

⑫某尝喜那钝底人，他若做得工夫透彻时，极好。（《朱子语类·训门人》）

⑬今欲理会这个道理，是天下第一至大至难之事。（《朱子语类·总训门人》）

⑭我这里离梁山至近。（元·高文秀：《黑旋风》，第一折）

⑮模样又极标致，言谈又爽利，心机又极深细。（《红楼梦》，第二回）

值得注意的是，"极"还可以充当谓语动词或谓语形容词的补语，而"至"却无此用法。如：

①如自知未足，倦极昼寝，是精神索也。（《论衡·问孔》）

②又以盐投之，水咸极，则盐不复消融。（《齐民要术·常满盐、花盐》，卷八）

③昔有一乳母抱儿涉路，行道疲极，睡眠不觉。（《百喻经·小儿得欢喜丸喻》）

④金字法花，小字法花，精妙极也。（唐·〔日〕释圆仁：《入唐求法巡礼行记》，卷三）

⑤雨村拍手笑道："是极！"（《红楼梦》，第二回）

最

在极至级程度副词中，与"极""至"相比，"最"的用法变化较大。上古汉语中期，"最"已产生。如：

①故农之用力最苦而赢利少，不如商贾、技巧之人。(《商君书·外内》)

②然惠施之口谈，自以为最贤。(《庄子·天下》)

③老臣贱息，舒祺最少，不肖。(《战国策·赵策四》)

④齐王问曰："画孰最难者?"(《韩非子·外储说左上》)

两汉以后，中古汉语、近古汉语里"最"一直延续下去，使用频率很高，且以修饰谓语形容词为主。如：

①诸子中，(赵)胜最贤。(《史记·平原君虞卿列传》)

②当此之时，髡心最欢，能饮一石。(《史记·滑稽列传》)

③鲁卫，天下最贤之国也。(《论衡·知实》)

④君臣之义，义之最重。(《三国志·吴书·张温传》)

⑤郧山蛮最强盛。(《宋书·沈庆之传》)

⑥《毛诗》何句最佳?(《世说新语·文学》)

⑦何以故? 为从最尊、最贵处来。(《神会语录》)

⑧中间有一诗最好，如《白驹》是也。(《朱子语类·训门人》)

⑨四时春光最美。(元·无名氏:《小孙屠》，第二出)

⑩若如此，最好。(《水浒传》，第四回)

当然，"最"也可以加在动词或动词性谓语之前。如：

①赵襄子最怨智伯，漆其头以为饮器。(《史记·刺客列传》)

②论其班列，韩最居上。(《三国志·蜀书·费诗传》)

③班氏最有高名。(《宋书·范晔传》)

④此中最是难测地。(《世说新语·雅量》)

⑤世间何事最堪嗟，尽是三途造罪楂。(唐·寒山子:《寒山诗·世间》，第一九八)

⑥和尚曰："你最无知。"(《大唐三藏取经诗话中》)

⑦屯种养蚕，最是好勾当。(《皇明诏令·谕天下武臣敕》)

⑧我最怕熏香。(《红楼梦》，第八回)

"最"也可引申为名词，表示同类事物中居于首位者。如：

①畿在河东十六年，常为天下最。(《三国志·魏书·杜畿传》)

②王孝伯在京，行散至其弟王睹户前，问古诗中何句为最?(《世说新语·文学》)

（五）关系副词的发展

古代关系副词可分为三类：一是表互动的关系副词，二是表偏指的关系副词，三是表协同的关系副词。下面就分别谈一谈它们的发展问题。

1. 表互动的关系副词

表互动的关系副词，是指这种副词表示动作、行为能施及或关涉到主客双方，其中常见的形式有"相""交""互""厮""交相""交互""共相""更互""递互""相与"等等。如：

①兄及弟矣，式相好矣。（《诗经·小雅·斯干》）

②君处北海，寡人处南海，唯是风马牛不相及也。（《左传·僖公四年》）

③两家交怒相攻。（《史记·楚世家》）

④管夷吾、鲍叔牙二人相友甚戚。（《列子·力命》）

⑤两院之众互往来听。（唐·［日］释圆仁：《入唐求法巡礼行记》，卷三）

⑥如今辞别了，休说后头再不厮见，山也有相逢的日头。（《老乞大》）

⑦素日咱们都是厮抬厮敬，今日忽然提起这些事来。（《红楼梦》，第七十九回）

表互动的关系副词，发展中也产生了不少复音词，这一过程贯穿了上古、中古、近古之始终。如：

①不令兄弟，交相为瘉。（《诗经·小雅·角弓》）

②晋楚之从，交相见也。（《左传·昭公四年》）

③郑人有相与争年者。（《韩非子·外储说左上》）

④卒相与骦，为刎颈之交。（《史记·廉颇蔺相如列传》）

⑤心各勇锐，互相推排，竟共驰走，争出火宅。（《法华经·譬喻品》，卷二）

⑥信都令家，妇女惊恐，更互疾病，使辂筮之。（《搜神记》，卷三）

⑦虔不觉惊应，遂相与友善。（《世说新语·文学》）

⑧夏天将作衫，冬天将作被。冬夏递互用，长年只这时。（唐·寒山子：《寒山诗·我今》，第八十二）

⑨夫妇和谐，互相心托，方才无事。（《皇明诏令·御制军人护身敕》）

2. 表偏指的关系副词

表偏指的关系副词，是指主语所发出的动作行为只涉及主方或客方一方的副词。因此，这类词虽为副词，却带有一定的指代性。古代表偏指的关系副词，最主要的形式就是"相"字。"相"可用于己称、对称和他称。上古汉语里，"相"是从表示他称开始的。后来这一用法也一直沿用下去。如：

①野马也，尘埃也，生物之以息相吹也。(《庄子·逍遥游》)

②春秋时祸败之始，战国愈复增其荼毒。秦汉无以相逾越，乃更加其怨酷。(汉·赵壹：《刺世疾邪赋》)

③若有行人经过其者，皆以长绳相引，犹故不免。(《搜神记》，卷十二)

④庾公临去，顾语钟后事，深以相委。(《世说新语·方正》)

⑤孔君平疾笃，庾司空为会稽省之，相问讯甚至，为之流涕。(《世说新语·方正》)

例①，"相"，指代"野马""尘埃"。例②，"相"，指代"战国"。例③，"相"，指代"行人"。例④，"相"，指代"钟（雅）"。例⑤，"相"，指代孔君平"疾笃"之事。以上诸例"相"，均用于他指。到了中古后期及近古汉语，也有沿用这一用法者。如：

①六代相承，连绵不绝。(《神会语录》)

②（贾母）说着携了黛玉的手又哭起来，众人都相劝慰，方略略止住。(《红楼梦》，第三回)

例①，"相"，指代达摩等六代高僧相传的"一领袈裟"。例②，"相"，指代"贾母"。从中古汉语起，这种偏指用法，又增加了新的用法，即"相"亦可用于自指和对指，这是一个重要的变化。如这一用法，在《搜神记》中得到明显的反应。据我统计，《搜神记》中用于偏指的"相"字共计53次，而其中用于他指的有13次，而用于自指和对指的就有40次。"相"，用于自指的用例如：

①（妇人）曰："公有相杀意。"(《搜神记》，卷十六)

②王大将军既反，至石头，周伯仁往见之，谓周曰："卿何以相负？"(《世说新语·方正》)

③渠未相撩拨，娇从何处来？(唐·张鷟：《游仙窟》)

④虑恐平王相捕逐，为此星夜涉穷途。(变文《伍子胥变文》)

⑤是我夫，不相识，见着我忙闭了门。(《张协状元》，第三十五出)

例①，"相"，妇人自指。例②，"相"，王大将军自指。例③，"相"，十娘自指。例④，"相"，伍子胥自指。例⑤，"相"，奴家自指。

"相"用于对指的用例如：

①尔时使者疾走往捉，穷子惊愕，称怨大唤："我不相犯，何为见捉?"（《法华经·信解品》，卷二）

②尝因论事不合旨，义康变色曰："自今以后，我不复相信!"（《宋书·沈演之传》）

③王把其手曰："事克，当相用为荆州。"（《世说新识·识鉴》）

④秀携曰："为人所发，今日复活，在华林园中，主上故遣我来相问。"（《洛阳伽蓝记·菩提寺》杨注，卷三）

⑤高俅道："相烦引进。"（《水浒传》，第二回）

例①，"相"，用于对指，指"使者"。例②，"相"，指"沈演之。"例③，"相"，指"杨朗"。例④，"相"，指死者之父"崔畅"。例⑤，"相"，指"院公"。值得注意的是，在近古汉语里，"相"的这种用法，有时谓语动词之后又出现所指别的对象宾语。如：

①大嫂，可怜见，相伴奴家去走一遭。（明·朱有燉：《团圆梦》，第三折）

②官人道："我相烦你则个。"（明·洪楩：《清平山堂话本·简贴和尚》）

③这三件物事，相烦你送去适间问的小娘子。（明·洪楩：《清平山堂话本·简贴和尚》）

④那老儿道："老汉到晓得三分，特来相报员外。"（明·冯梦龙：《喻世明言·宋四公大闹禁魂张》，第三十六卷）

例①，"相""奴家"所指同，用于自指。例②—④，"相""你""员外"所指同，均用于对指。

3. 表协同的关系副词

表协同的关系副词，是指一种表示主客双方的动作行为一起进行的副词。古代表协同的关系副词，常见的形式有"共""同""俱""并"等等。发展中，从近古汉语起，同时也出现一批表协同的复音关系副词。表协同的单音节关系副词的用例如：

①惠而好我，携手同行。（《诗经·邶风·北风》）

②既见君子，并坐鼓瑟。（《诗经·秦风·车邻》）

③君命寡人同恤社稷之难。（《左传·隐公五年》）

④虽与之俱学，弗若之矣。（《孟子·告子上》）

⑤昔者十日并出，万物皆照。（《庄子·齐物论》）

⑥魏、韩、赵共灭晋，分其地。（《史记·赵世家》）

⑦夫人情性，同生于阴阳。（《论衡·本性》）

⑧鲁公扈、赵齐婴二人有疾，同请扁鹊求治。（《列子·汤问》）

⑨两男子笑，共调弄之。（《搜神记》，卷五）

⑩今文殊师利与大众俱来。（《维摩诘经·文殊师利问疾品》，卷中）

⑪刘尹与桓宣武共听《礼记》。（《世说新语·言语》）

⑫华歆、王朗俱乘船避难。（《世说新语·德行》）

⑬群胡同笑，四座并欢。（《世说新语·政事》）

⑭一根上必十数条俱生，止留一根强者，余悉掐去之。（《齐民要术·种榆、白杨》注，卷五）

⑮妻妾遂共货刺客，伺醉而杀之。（《颜氏家训·治家》，卷一）

⑯讲第四卷欲终，有卅余僧同听。（唐·〔日〕释圆仁：《入唐求法巡礼行记》，卷三）

⑰日日同欢共饮，尤强似嫦娥不嫁人。（元·无名氏：《小孙屠》，第三出）

⑱两个人同入酒店里来。（明·冯梦龙：《警世通言·一窟鬼癞道人除怪》，第十四卷）

表协同的复音关系副词，常见的形式有"一齐""一发""一同""厮共""同共""一道""共同"等等。如：

①阖院一齐上来，于和尚前收过。（《祖堂集》，卷四）

②十三日，行数里，午前见胡骑十人，望见绘等，一发叫呼，奔马前来，矢下如雨。（宋·徐梦莘：《三朝北盟会编·绍兴甲寅通和录》，卷一六二）

③我如今见说，它家里婆婆和孙大、孙二一同出去烧香。（元·无名氏：《小孙屠》，第十出）

④自嫁事郭和后，丈夫日勤耕稼，妇女夜事绩织，厮共生活，应当官司繇役。（《新编五代史平话·周史平话上》）

⑤（母子）投奔着常武安家里，收留同共作活。（《新编五代史平话·周史平话上》）

⑥赵正入那浴堂里洗面，一道烘衣裳。（明·冯梦龙：《喻世明言·宋四公大闹禁魂张》，第三十六卷）

⑦先来拜见晁头领，共同商议。(《水浒传》，第五十八回)

(六) 状态副词的发展

状态副词，有的著作称之为"情态副词"。古代状态副词可分为两个小类：一是表示动作行为重复、频率的状态副词，二是表示动作行为状态、方式的状态副词。下面分别叙述之。

1. 表示重复、频率的状态副词

表示重复、频率的状态副词，上古汉语里已经产生，常见的形式有"仍""又""屡""亦""复""重""更""数 (shuò)"等等，如：

①铺敦淮濆，仍执丑虏。(《诗经·大雅·常武》)

②乱之又生，君子信谗。(《诗经·小雅·巧言》)

③御人以口给，屡憎于人。(《论语·公冶长》)

④先君何罪？其嗣亦何罪？(《左传·文公七年》)

⑤晋侯复假道于虞以伐虢。(《左传·僖公五年》)

⑥君子不重伤，不禽二毛。(《左传·僖公二十二年》)

⑦虞不腊矣，晋不更举矣。(《左传·僖公五年》)

⑧太后曰："丈夫亦爱怜其少子乎？"(《战国策·赵策四》)

⑨ (天根) 又复问。(《庄子·应帝王》)

⑩鱼失于渊而不可复得也。(《韩非子·内储说下》)

⑪外侵欺，则兵数起。(《韩非子·解老》)

⑫廉颇坚壁以待秦，秦数挑战，赵兵不出。(《史记·白起王翦列传》)

两汉以后，除"数"外，这些词也多半继承下来。如：

①然则天地亦物也。(《列子·汤问》)

②明日，(季咸) 又与之见壶子。(《列子·黄帝》)

③止，舍利弗，不须复说。(《法华经·方便品》，卷一)

④舍利弗重白佛言："世尊，惟愿说之，惟愿说之。"(《法华经·方便品》，卷一)

⑤我亦欲至宛市。(《搜神记》，卷十六)

⑥隆安初，兵革屡起。(《宋书·臧质传》)

⑦ (郭世道) 生而失母，父更娶。(《宋书·孝义传》)

⑧复命工匠更铸新瓶。(《洛阳伽蓝记·永宁寺》，卷一)

⑨永安二年三月，此像复汗，士庶复往观之。(《洛阳伽蓝记·平等寺》杨注，卷二)

⑩父怒，又逐之。(《颜氏家训·后娶》，卷一)

⑪我住在村乡，无爷亦无娘。(唐·寒山子:《寒山诗·快哉》，第七十一)

⑫游戏不觉暮，屡见狂风起。(唐·寒山子:《寒山诗·相唤》，第五十)

⑬皇帝又夜梦见一神人送龙肝来。(变文《叶净能诗》)

⑭太子遣车匿，却往重问再三。(变文《八相变》)

⑮(先生)复正色曰:"只教读《诗》《书》便好。"(《朱子语类·训门人》)

⑯如人身上有尘垢，今日洗了，明日又洗。(元·许衡:《鲁斋遗书·直说大学要略》，卷三)

⑰赵正道:"嫂嫂，更添五个。"(明·冯梦龙:《喻世明言·宋四公大闹禁魂张》，第三十六卷)

中古汉语以后，表示动作重复、频率的状态副词，有些是新生词，常见的有"还""再""也""却"。如:

①寻而王敦谋逆，再攻京师。(《搜神记》，卷七)

②妾身未损，可以再生，还为夫妇。(《搜神记》，卷十五)

③刘下邳频再来，必当有意。(《宋书·刘康祖传》)

④日曝之，热盛，还即成盐，永不穷尽。(《齐民要术·常满盐、花盐》，卷八)

⑤不能片时藏匣里，暂出园中也自随。(北周·庾信:《镜赋》)

⑥我在西国久住香山，今到此间再见香山。(唐·〔日〕释圆仁:《入唐求法巡礼行记》，卷三)

⑦何当共剪西窗烛，却话巴山夜雨时。(唐·李商隐:《夜雨寄北》)

⑧今夜且去，明夜还来。(变文《汉将王陵变》)

⑨舜子上树挰(摘)桃，阿娘也到树底。(变文《舜子变》)

⑩太子却问:"何名叫僧?"(变文《八相变》)

⑪今年却是春选之年，妈妈与你选个有才有貌底官人，共成姻契。(《张协状元》，第十七出)

⑫引章，你再要嫁人时，全凭这张纸是个照证。(元·关汉卿:《救风

尘》，第四折）

⑬那七国之君也不用，孔子却来鲁国教三千徒弟。（元·许衡：《鲁斋遗书·直说大学要略》，卷三）

⑭太公问智深："再要饭吃么？"（《水浒传》，第五回）

⑮你外头还有火伴么？（《老乞大》）

⑯赵正道："我吃了药，却吃馒头。"（明·冯梦龙：《喻世明言·宋四公大闹禁魂张》，第三十六卷）

⑰小二哥，你如何也在这里？（《水浒传》，第十回）

关于新生词"也"字，这里想多说几句。

"也"，作为状态副词，与之相当的，在上古汉语里是"亦"字。但是，作为状态副词，"也"和"亦"在词源上却没有任何关系。关于副词"也"的来源，目前有两种意见：一是认为来源于"亦"字，二是认为是由语气词"也"字变来的。① 这两种说法均无太多的根据。在上古汉语里，"也"字是个语气助词，是个虚词，不能充当句子成分，缺乏功能身份，而"亦"主要是用作副词，两个词在意义上、功能上都不搭界。在这种情况下，说副词"也"来源于副词"亦"或语气词"也"，是毫无道理的。我们认为，副词"也"的产生和应用，是假借副词"亦"的结果。具体说，这种变化要具备以下三个条件：

第一，语音上，"亦""也"两词必须相同或相近，这是古代词义假借的首要条件。

根据王力先生的《汉语语音史》，构拟出"亦""也"两词的上古、中古和近古的音值，并作成下表：

古代"亦""也"音值构拟表

音值　时间 词类	上古时期	魏晋南北朝 时期	宋代时期	元代时期
亦	喻铎开四 [ʎiak]	喻四铎开三 [jiak]	喻质职开三 [jit]	喻齐微齐齿 [ji]
也	喻鱼开三 [ʎia]	喻四歌开三 [jia]	喻麻蛇开三 [jia]	喻车遮齐三 [jiæ]

① 蒋绍愚、曹广顺：《近代汉语语法史研究综述》，商务印书馆 2005 年版，第 128—130 页。

由上表可以看出，由于受到介音［i］的影响，"亦""也"的声母，在魏晋南北朝时期，已由舌面前的边音［ʎ］（喻母）变为发音部位相同的半元音［j］（喻四）。这样，"亦""也"的发音就更接一些，所差的仅是韵尾不同，一为阴声，一为入声。由此可以断定，中古汉语时期，"也"由语气助词借为副词，义同"亦"，这是有其语音根据的。

第二，词义上，从发展上说，"亦"到了中古，乃至近古汉语，已逐渐变为一个古语词，而具有相同词义、语法功能的"也"字却得到了强势发展，两者正好形成续接或互补关系。这也正好解释了副词"也"字产生于中古而却于近古才广泛应用的原因。由上面的音值构拟表中也可以看出，到了元代，由于入声的消失，"亦"已变为阴声字，"亦""也"读音更加接近，致使"亦""也"语义彻底融合，并最终"也"完全取代"亦"字。有的学者，通过对中古、近古"亦""也"使用频率的考察，也可看出两词的消长变化情况。下面是根据李宗江、杨荣祥两先生的考察成果，制成下表：

中古、近古副词"亦""也"使用频率比较表

作者	词类、词频	《敦煌变文集》	《宣和遗事》（节录）	《元曲选》（一百本）	《金瓶梅》（前五十回）	《刘知远诸宫调》《张协状元》	《新校元刊杂剧三十种》	《近代汉语语法资料汇编》（元明卷）
李宗江	亦						2	25
	也					占两词总量的90%以上	146	506
杨荣祥	亦	325	5	66	不足50			
	也	131	10	131（1～3本）	1592			

说明：数据及文献根据，请参阅蒋绍愚、曹广顺《近代汉语语法史研究综述》第128～129页（商务印书馆2005年版）。

第三，功能上，"亦""也"必须具备同类的语法功能。

"也"要具备"亦"字的语法功能，就必须改变词性，由语气助词变为副词。而要改变词性，首先必须改变词义。前面说过，上古汉语里，"亦""也"在词源上没有任何关系。但是到了中古汉语，由于两词读音较近而产生了词义通假关系，并且随着语言发展，作为语气助词，"也"字的使用频率也逐渐走低而最终被淘汰。在这种情况下，"也"的假借义就变成了常用义，其词性也由语气助词变为副词。

2. 表示状态、方式的状态副词

表示状态、方式的状态副词，上古汉语里使用频率较高的有两个词："犹"和"尚"。两汉以后，又多出一个"仍"字。这三个词，在中古、近古汉语里也多半延续下去。如：

①蔓草犹不可除，况君之宠弟乎？（《左传·隐公元年》）

②今吾尚病，病愈，我且往见。（《孟子·滕文公上》）

③女仍大发。（《搜神记》，卷三）

④长文尚小，载著车中。（《世说新语·德行》）

⑤九月末收叶，仍留根取子。（《齐民要术·蔓菁》，卷三）

⑥道北二柱，至今犹存。（《洛阳伽蓝记·明悬尼寺》杨注，卷二）

⑦庾肩吾常服槐实，年七十余，目看细字，须发犹黑（《颜氏家训·养生》，卷五）

⑧日上岩犹暗，烟消谷尚昏。（唐·寒山子：《寒山诗·六极》，第二十九）

⑨煞人处目验见在，仍敢拒张？（变文《叶净能诗》）

⑩说由（犹）末了，便到狮子林。（《大唐三藏取经诗话上》）

⑪如今代善早已去世，太夫人尚在。（《红楼梦》，第二回）

中古汉语以后，产生了一大批新生的状态副词。其中常见的单音节状态副词有"卒""乍""故""唐""忽""顿""固""素""自""猛"等等。如：

①伯牙游于泰山之阴，卒逢暴雨，止于岩下。（《列子·汤问》）

②从郡至倭，循海岸水行，历韩国，乍南乍东，到其北岸狗邪韩国，七千余里。（《三国志·魏书·乌丸鲜卑东夷传》）

③然其所止，故在本处，下劣之心，亦未能舍。（《法华经·信解品》，卷二）

④如彼愚臣，唐毁他目也。（《百喻经·破五通仙眼喻》）

⑤永安年中，胡煞猪，猪忽唱乞命，声及四邻。（《洛阳伽蓝记·景宁寺》，卷二）

⑥此疑顿释。（《颜氏家训·勉学》，卷三）

⑦君臣固无常分矣。（《颜氏家训·文章》，卷四）

⑧（裴子野）家素清贫。（《颜氏家训·治家》，卷一）

⑨男女之礼，自有尊卑。（唐·张鷟：《游仙窟》）

⑩智深正问间，猛闻得一阵香来。（《水浒传》，第六回）

其中复音状态副词常见者有"忽忽""啾然""自然""忽然""安然""忽地""忽尔""坦然""默然""乍然""依然""猛可""依旧""一向""奋然"等等。如：

①房使复问："何为忽忽杜门绝桥？"（《宋书·张畅传》）

②唯王丞相啾然变色曰："当共戮力王室，克复神州，何至作楚囚相对？"（《世说新语·言语》）

③潜移暗化，自然似之。（《颜氏家训·慕贤》，卷二）

④忽然心里爱，不觉眼中怜。（唐·张鷟：《游仙窟》）

⑤行至寺东门外，见一僧人于禅庵之内，安然而坐。（变文《庐山远公话》）

⑥忽地一朝，别闻恶事。（变文《欢喜国王缘》）

⑦忽尔一朝夫至，遣妾将何申吐？（变文《秋胡变文》）

⑧坦然寂静，即是大道。（唐·法海：《六祖坛经》）

⑨远法师，默然不言。（《神会语录》）

⑩乍然抵此，未及请礼。（《张协状元》，第二十四出）

⑪见子灾危扶取君，依然足下起祥云。（《张协状元》，第九出）

⑫（那大汉）猛可里抬头觑。（元·睢景臣：《高祖还乡》）

⑬若不随顺他，依旧要勒死我。（元·关汉卿：《窦娥冤》，第一折）

⑭（合哥）担起担子便走，一向不歇脚，直入城来。（明·冯梦龙：《警世通言·万秀娘仇报山亭儿》，第三十七卷）

⑮霸王见樊哙奋然威怒，用心看着樊哙。（《皇明诏令·戒谕管军官敕》）

那些表示动作行为速度、方式的词也该属于状态副词。如：

①诸将曰："亟发兵阬竖子耳。"（《史记·陈丞相世家》）

②作是念已，疾走而去。（《法华经·信解品》，卷二）

③何慧文始谋同逆，其母禁之不从，母乃携女归江陵遽嫁之。（《宋书·邓琬传》）

④人情转离，将士渐逃散。（《宋书·邓琬传》）

⑤卞（范之）便开帐拂褥，羊（孚）径上大床，入被须枕。（《世说新

语•宠礼》)

⑥王亦不与语,直前哭,甚恸。(《世说新语•伤逝》)

⑦祖光禄少孤贫,性至孝,常自为母炊爨作食。(《世说新语•德行》)

⑧至春桃始动时,徐徐拨去粪土,皆应生芽。(《齐民要术•种桃奈》,卷四)

⑨歌声绕梁,舞袖徐转。(《洛阳伽蓝记•景乐寺》,卷一)

⑩(平等寺)堂宇宏美,林木萧森,平台复道,独显为世。(《洛阳伽蓝记•平等寺》,卷二)

⑪武皇简文,躬自讲论。(《颜氏家训•勉学》,卷三)

⑫擒虎得兵,进军便起,迅速不停。(变文《韩擒虎话本》)

⑬蕃王闻语,连忙下马。(变文《韩擒虎话本》)

⑭两三番后,此心磨刮出来,便渐渐坚定。(《朱子语类•训门人》)

⑮他说今日好日辰,亲送女儿到我家来。(元•关汉卿:《窦娥冤》,楔子)

⑯哥哥,你上紧趁热吃,休等得冷了无滋味。(明•朱有燉:《团圆梦》,第三折)

⑰两家妻小都到府前,滕大尹兀自坐在厅上,专等回话。(明•冯梦龙:《喻世明言•宋四公大闹禁魂张》,第三十六卷)

(七)语气副词的发展

语气是一种语法范畴。汉语语气的表达,不仅要借助语调,还可借助语气助词和语气副词。借助语调的句子,可以分为陈述句、疑问句、祈使句和感叹句。由于语气的表达,还可借助语气助词和语气副词,因此语气的表达也同情态有关。情态或叫情志,是指说话人对所陈述内容的一种态度,因此语气副词的分类与根据语调所作的句子分类并不相当。依据情态,汉语语气副词可以分为四类:一是表确认的,二是表疑问的,三是表推测的,四是表预料的。下面,就对这四类语气副词分别叙述一下。

1. 表确认的语气副词

表确认就是一种肯定判断。上古汉语表确认的语气副词,常见的形式有"必""诚""固""本""乃""即""其"等等。如:

①人无远虑，必有近忧。(《论语·卫灵公》)

②挟太山以超北海，语人曰："我不能"，是诚不能也。(《孟子·梁惠王上》)

③擐甲执兵，固即死也。(《左传·成公二年》)

④察其始而本无生。(《庄子·至乐》)

⑤左右曰："乃歌夫'长铗归来'者也。"(《战国策·齐策四》)

⑥梁父即楚将项燕。(《史记·项羽本纪》)

⑦子其勉之，吾不复见子矣。(《左传·成公十六年》)

例①—④，"必""诚""固""本"，强调或确认事情发展的必然结果或本来面貌。例⑤⑥，"乃""即"，加强肯定判断。例⑦，"其"，表示对意志的确认。

四类语气副词中，表确认类的最多。中古和近古汉语中，表确认的语气副词不仅词汇量大增，而且表达上也更加细致。如：

①孙氏与孤本为唇齿。(《三国志·蜀书·先主传》)

②人自量，固为难。(《世说新语·方正》)

③死生元有命，富贵本由天。(唐·寒山子:《寒山诗·死生》，第二二四)

④其观本来破落，令修造严丽，天子频驾幸。(唐·［日］释圆仁:《入唐求法巡礼行记》，卷四)

⑤不知圣贤之心，本不如此。(《朱子语类·训门人》)

⑥我道是谁，原来是妹夫。(元·关汉卿:《救风尘》，第一折)

⑦那女学生，原不忍离亲而去。(《红楼梦》，第三回)

例①—⑦，"本""固""元（原）""本来""原来""原"，表示对事物本来情况的确认。又如：

①吾昼为仆虏，苦则苦矣；夜为人君，其乐无比。(《列子·周穆王》)

②此三公者，乃一代之伟人也。(《三国志·魏书·钟繇传》)

③色即是空。(《维摩诘经·不二法门品》，卷中)

④汝等怨王泽不浃，请命无所，今并为虏尽力，便是本无善心。(《宋书·柳元景传》)

⑤念经即是闲事。(变文《庐山远公话》)

⑥这里便是行馆。（《张协状元》，第二十四出）

⑦史进道："正是那人。"（《水浒传》，第三回）

⑧这就是我才回的那个老老了。（《红楼梦》，第六回）

例①—⑧，"则""乃""即""便""正""就"，表示对判断的确认，具有明显的加强语气的作用。又如：

①治国譬如治家，耕当问奴，织当访婢。（《宋书·沈庆之传》）

②郑鲜必当自来。（《宋书·郑鲜之传》）

③我灭度后，欲供我全身者，应起一大塔。（《法华经·见宝塔》，卷四）

④阿平故当最劣。（《世说新语·品藻》）

⑤以贤父御孝子，合得终于天性。（《颜氏家训·后娶》，卷一）

⑥和上答："总合说禅教化众生。"（《神会语录》）

⑦这处便是悟做文章，合当如此。（《朱子语类·训门人》）

⑧洒家是个该死的人。（《水浒传》，第四回）

⑨这畜生合该作死，看他来了怎么样。（《红楼梦》，第十一回）

第①—⑨，"当""必当""应""故当""合""总合""合当""该""合该"，表示根据以往经验，客观情况理应如此。还有，"必""必须""必应""当须""定""必定""定必""必当""一定"等等，也应归为此类副词。如：

①曹公虽来，无能为也，我必有汉川矣。（《三国志·蜀书·先主传》）

②（栗）埋必须深，勿令冻彻。（《齐民要术·种栗》贾注，卷四）

③与我无物，必应有"无物"。（《百喻经·索无物喻》）

④我能使尔求子可得，当须祀天。（《百喻经·妇女欲更求子喻》）

⑤明公定是陶朱公大儿耳。（《颜氏家训·风操》，卷二）

⑥供养佛僧消灭障，来生必定礼龙花。（变文《丑女缘起》）

⑦它恁地英俊，定必占魁名。（《张协状元》，第二十六出）

⑧是以君子在上，必当用其所同。（元·许衡：《鲁斋遗书·大学直解》，卷四）

⑨今日晚或未必来，明日想一定来的。（《红楼梦》，第十回）

此外，还有"实""的""的应""着实""的实""委""断然""端的""委的"等等，都是表示客观情况真实可信，都应归为此类副词。如：

①此实我子，我实其父。(《法华经·信解品》，卷二)

②无为无事人，逍遥实快乐。(唐·寒山子：《寒山诗·我见》，第二四七)

③但将此书通入，的有补益者。(唐·〔日〕释圆仁：《入唐求法巡礼行记》，卷四)

④今既六遍造，六遍皆摧裂，的应不称大圣之心。(唐·〔日〕释圆仁：《入唐求法巡礼行记》，卷三)

⑤今若据先生之说，便如此着实下工夫去。(《朱子语类·训门人》)

⑥其被发人又问云："的实有文字照验无?"(宋·李焘：《续资治通鉴长编》，卷二六五)

⑦赵盼儿，我问你，这保亲的委是你么?(元·关汉卿：《救风尘》，第四折)

⑧料得苍天如有意，断然不负读书人。(元·关汉卿：《救风尘》，第一折)

⑨这师父端的非凡。(《水浒传》，第七回)

⑩高贼委的手高。(明·冯梦龙：《喻世明言·宋四公大闹禁魂张》，第三十六卷)

2. 表疑问的语气副词

这里说的"表疑问"，是包括反诘语气在内的。语气副词，上古汉语里早已存在。上古汉语表疑问的语气副词，最常见的形式有"岂""其""几(qi)""独""宁""乃(迺)"等几种形式。"其""几"，当是"岂"一音之转，都是原词的变写形式。如：

①岂不夙夜，谓行多露。(《诗经·召南·行露》)

②欲加之罪，其无辞乎?(《左传·僖公十年》)

③或主疆直，难乃不生?(《左传·襄公三十年》)

④王独不见夫蜻蛉乎?(《战国策·楚策四》)

⑤十人而从一人者，宁力不胜，智不若耶?(《战国策·赵策三》)

⑥人相我当刑而王，几是乎?(《史记·黥布列传》)

⑦且帝宁能为石人邪?(《史记·魏其武安侯列传》)

这些词基本可以分为两组：一是"见"组字，二是"泥"母字。前者如

"几"(见)、"岂"(溪)、"其"(群);后者如"宁"(泥)、"乃(迺)"(泥)。其中使用频率最高的则是"岂""宁"两个词,尤其是"岂"字,它在中古、近古汉语里都沿用下去。如:

①文王笑曰:"我宁当复不知此耶?"(《三国志·魏书·钟会传》)

②天下岂有此年少?(《搜神记》,卷十八)

③大丈夫岂可不知转祸为福邪?(《宋书·臧质传》)

④人宁可使妇无裈邪?(《世说新语·德行》)

⑤石在气中,岂能独运?(《颜氏家训·归心》,卷五)

⑥白发会应生,红颜岂长保? (唐·寒山子:《寒山诗·骊马》,第四十七)

⑦皆称鸿和尔大山脚下为界,岂不分白? (宋·李焘:《续资治通鉴长编》,卷二六五)

⑧我丈夫不在家,岂可私出闺门?(明·朱有燉:《团圆梦》,第一折)

关于表疑问的语气副词的范围问题,这里顺便说一说。有的学者把这一范围划得很宽,即把作状语的疑问代词都划在"疑问副词"之列。其理由是"因为它们不是询问人、事、物或处所,不用作句中主语或宾语,而是用作状语,表示'为什么''怎么'或反诘"①。这是个老问题。这个理由是不能成立的,因为这样就把词类和其功能关系绝对化了,能作状语的并非都是副词。

3. 表推测的语气副词

上古汉语表推测的语气副词,常见的形式有"盖""或""殆"等等。如:

①盖有之矣,我未之见也。(《论语·里仁》)

②得其门者,或寡矣。(《论语·子张》)

③离外之患,而天不靖晋国,殆将启之。(《左传·僖公二十三年》)

④列御寇,盖有道之士也。(《庄子·让王》)

⑤吾闻圣人之相,殆先生乎?(《史记·范睢蔡泽列传》)

⑥世俗闻之,皆以为然,如实论之,殆虚言也。(《论衡·书虚》)

---

① 杨伯峻、何乐士:《古汉语语法及其发展》,语文出版社1992年版,第333页。

两汉以后，这些词都传承下去，同时又增加了"略""几（jī）""敢""庶几""无乃""将无""或可""大抵""万一""可是""多敢""约莫"等复音语气副词。如：

①先日所用，今或弃之；今之所弃，后或用之。（《列子·说符》）

②吾试化其心，变其虑，庶几其瘳乎！（《列子·周穆王》）

③今贼围甚密，众人皆言不可，卿意虽壮，无乃实难乎。（《三国志·吴书·太史慈传》）

④今操芟夷大难，略已平矣。（《三国志·蜀书·诸葛亮传》）

⑤（此）殆赵王伦篡乱之应也。（《搜神记》，卷六）

⑥民虽吴人，几为伧鬼。（《世说新语·排调》）

⑦公徐曰："如此，将无归？"（《世说新语·雅量》）

⑧此或可万一冀耳。（《世说新语·规箴》）

⑨春耕者十不收五，盖误人耳。（《齐民要术·旱稻》注，卷二）

⑩眼若在者，或痛（或）不痛。（《百喻经·妇女患眼痛喻》）

⑪空守章句，但诵师言，施之世务，殆无一可。（《颜氏家训·勉学》，卷三）

⑫大抵古人读书与今人异。（《朱子语类·训门人》）

⑬万一迟留大段日久，至时须有处置。（宋·李焘：《续资治通鉴长编》，卷二六三）

⑭山儿，这椿事我还不曾点差，你可是要去？（元·高文秀：《黑旋风》，第一折）

⑮我想起来了，你敢是赵盼儿么？（元·关汉卿：《救风尘》，第三折）

⑯多敢是不得生还了。（明·朱有燉：《团圆梦》，第三折）

⑰约莫初更时分，只听得山边锣鸣鼓响。（《水浒传》，第五回）

4. 表预料的语气副词

预料与推测不同。推测是指根据已有的经验去测度未知的结果，而这种判断又多有主观色彩，没有完全把握；而预料或叫预测，是指重在强调事先推测客观事物出现的结果，而这个结果可能是希望看到的，也可能是不希望看到的。如果结果与预料的一致，就用"果""果然""恰好"来表示；如果不一致，就用"曾""乃""竟""直""却""倒""偏""竟乃""竟自""却到（倒）"等词来表示。前者如：

①晋侯在外十九年矣，而果得晋国。（《左传·僖公二十八年》）

②俄而王果与犀首计，曰："吾欲攻韩，奚如？"（《韩非子·外储说右上》）

③使人问之，果豫让也。（《史记·刺客列传》）

两汉以后，除"果"继续使用外，还常用"果然""恰好"等复音词来表示。如：

①其后果有东关之败。（《三国志·魏书·王肃传》）

②贼追兵果至，骑数万匹。（《宋书·武三王传》）

③王时即遣亲信往看，果如其言。（《百喻经·五百欢喜丸喻》）

④果然血飞上白练，六月下雪，三年不雨。（元·关汉卿：《窦娥冤》，第四折）

⑤摆起来恰好一卓（桌）子。（明·钱谦益：《牧斋初学集》，卷一〇四）

⑥过往人看了，果然是个莽和尚。（《水浒传》，第五回）

后者如：

①尔何曾比予于管仲？（《孟子·公孙丑上》）

②先生不羞，乃有意欲为收责于薛乎？（《战国策·齐策四》）

③何昔日之芳草兮，今直为此萧艾也？（《楚辞·离骚》）

④白起为秦将，南征鄢郢，北阬马服，攻城略地，不可胜计，而竟赐死。（《史记·项羽本纪》）

两汉以后，除了这些词可继续使用外，又增加了"却""倒""偏""竟乃""竟自""却到（倒）"等词。如：

①以君之力，曾不能损魁父之丘，如太形、王屋何？（《列子·汤问》）

②如是小屋乃容受此高广之座。（《维摩诘经·不思议品》，卷中）

③禁庭尊秘之处，今贱人竟入。（《搜神记》，卷七）

④如此人，曾不得四十。（《世说新语·伤逝》）

⑤喻如彼人，畏其二足，倒加其八。（《百喻经·比种田喻》）

⑥恭张口以手指舌，竟乃不言。（《洛阳伽蓝记·平等寺》杨注，卷二）

⑦星有坠落，乃为石矣。（《颜氏家训·归心》，卷五）

⑧林幽偏聚鸟，溪阔本藏鱼。（唐·寒山子：《寒山诗·茅栋》，第二

十七)

⑨你个窦天章直恁的威风大，且受我窦娥孩儿这一拜。(元·关汉卿：《窦娥冤》，第四折)

⑩他见我这日出门时节，竟自悻悻然去了。(元·关汉卿：《金线池》，第二折)

⑪这婆娘要对副(付)我，却到(倒)喫我摆番(翻)。(明·冯梦龙：《喻世明言·宋四公大闹禁魂张》，第三十六卷)

⑫京师人口顺，不叫高二，却都叫他做高毬。(《水浒传》，第二回)

⑬熙凤道："我倒先料着了。"(《红楼梦》，第三回)

⑭长子贾赦袭了官，为人却也中平。(《红楼梦》，第二回)

(八) 连接副词的发展

正像表达语气不一定都要借助语气助词一样，汉语句子中能起到连接作用的也不一定都得靠连词。从功能上说，由于连接副词只能作状语，因此它所连接的语法单位多半是句子而不是词语。上古汉语，连接副词不是很多，而且有的又和连词纠缠不清，但也不能因此而否定连接副词的存在。古代连接副词的发展，有以下两个问题要注意：

(1) 从用词上看，上古汉语的连接副词，以单用式居多，而且是一词多用。如：

①不见子充，乃见狡童。(《诗经·郑风·山有扶苏》)

②于是项梁乃教籍兵法，籍大喜。(《史记·项羽本纪》)

③晏子解之，孔子乃晓。(《论衡·知实》)

④人至乃知之，圣人不能先知。(《论衡·知实》)

例①，"乃"犹"却"，表转折。例②，"乃"犹"则"，表顺接。例③，"乃"犹"才"，表因果。例④，"乃"犹"才"，表条件。类似的例子还有：

①庄公寤生，惊姜氏，故名曰"寤生"，遂恶之。(《左传·隐公元年》)

②今日不雨，明日不雨，即有死蚌。(《战国策·燕策三》)

③王必欲拜之，择良日，斋戒，设坛场具礼，乃可耳。(《史记·淮阴侯列传》)

上古汉语里，如果两个连接副词搭配使用，即合用式，则主要是使用在并列句中。如：

①丧乱既平，既安且宁。(《诗经·小雅·常棣》)

②既欲其生，又欲其死，是惑也。(《论语·颜渊》)

③（北宫）奢闻之，既雕既琢，复归于朴。(《庄子·山木》)

④水则载舟，水则覆舟。(《荀子·哀公》)

⑤襄子迎孟琰而拜之，且恐且喜。(《韩非子·十过》)

两汉以后，合用式连接副词也多半用于并列句中。如：

①今人既非智勇，加其士卒甚怯，又千里步涉，人马罢困。(《三国志·吴书·朱桓传》)

②论迹既殊，原心亦异也。(《宋书·隐逸传》)

③（陈）宪且守且战，矢石无时不交。(《宋书·文九王传》)

④护即弊成好，毁即是成非。(唐·寒山子:《寒山诗·推寻》，第九十八)

（2）中古汉语和近古汉语里，连接副词的合用式得到进一步发展。它们不仅是连接副词和连接副词搭配使用，而且连接副词也可和连词搭配使用，这就促使了连接副词的连词化。催生这种情况的根本原因是汉语复句在发展中由意合法到形合法的演变。

连接副词的合用式用于并列句的如：

①既右烈考，亦右文母。(《诗经·周颂·雝》)

②既生既育，比予于毒。(《诗经·邶风·谷风》)

③既东封郑，又欲肆其西封。(《左传·僖公三十年》)

④既知且仁，是人主之宝也。(《荀子·君道》)

⑤士死者过半，而所杀伤匈奴亦万余人，且引且战。(《史记·李将军列传》)

⑥口则务在明言，笔则务在露文。(《论衡·自纪》)

⑦（甘）宁已观刘表，虑既不远，儿子又劣，非能继业传基者也。(《三国志·吴书·甘宁传》)

⑧昔有一人，头上无毛，冬则大寒，夏则患热。(《百喻经·治秃喻》)

例①—⑧，合用式用于并列句。又如：

①既顺廼宣，而无永叹。(《诗经·大雅·公刘》)

②既来之，则安之。(《论语·季氏》)

③驼既死已，即剥其皮。(《百喻经·估客驼死喻》)

例①—③，合用式用于顺接句。又如：

①寺北有濛汜池，夏则有水，冬则竭矣。(《洛阳伽蓝记·长秋寺》杨注，卷一)

②虽然小，三千大千世界，总在里许。(《祖堂集》，卷十六)

③虽昏愚，然亦自觉得与前日不同，方始有个进修底田地。(《朱子语类·训门人》)

④虽然出去便回程，房儿里好凄清。(元·无名氏：《小孙屠》，第十出)

例①—④，合用式用于转折句。又如：

①庾风姿神貌，陶一见便改观。(《世说新语·容止》)

②汝但勿言其使，无他，当厚相报。(《世说新语·假谲》)

③下官是客，触事卑微，但避风尘，则为幸甚。(唐·张鷟：《游仙窟》)

④萧禧既承认黄嵬大山北面为界，则明知元不以雪山、黄嵬山、牛头山照望为界之意。(宋·李焘：《续资治通鉴长编》，卷二六一)

⑤只要教百姓快活，便是自己快活一般。(元·许衡：《鲁斋遗书·直说大学要略》，卷三)

⑥朕欲要抬举你，但有边功，方可升迁。(《水浒传》，第二回)

例①—⑥，合用式用于条件句。又如：

①使遂蚤得处囊中，乃颖脱而出，非特其末见而已。(《史记·平原君虞卿列传》)

②设百岁后，是属宁有可信者乎？(《史记·魏其武安侯列传》)

③若闻索酒，便出。(《宋书·邓琬传》)

④骨法如此，若有不验，便是相书误耳。(《宋书·沈攸之传》)

例①—④，合用式用于假设句。又如：

①既庶矣，又何加焉？(《论语·子路》)

②既有麋麑，又且多鹿。(《管子·地员》)

③非徒危身，又且危父。(《韩非子·外储说左下》)

④此非特无术，又乃无行。(《韩非子·六反》)

⑤小锄者，非直省功，谷亦倍胜。(《齐民要术·种谷》注，卷一)

⑥夏至后者，匪唯浅短，皮亦轻薄。(《齐民要术·种麻》注，卷一)

⑦才愈高明，则陷溺愈深。(《河南程氏遗书》，卷二上)

例①—⑦，合用式用于递进句。又如：

①且庸人尚羞之，况于将相乎？(《史记·廉颇蔺相如列传》)

②生纵不得与郗郎同室，死宁不同穴？(《世说新语·贤媛》)

③纵使黄金积到天半，乱采(綵)堆似丘山，新妇宁有恋心？(变文《秋胡变文》)

④既是顺义军有公文认下是南朝地方，便住坐五百年，亦是北人不合来侵入南界地分住坐。(宋·李焘：《续资治通鉴长编》，卷二六五)

例①—④，合用式用于让步句。又如：

①与其不孙也，宁固。(《论语·述而》)

②我宁受剑而死，不为逆胡所污。(《洛阳伽蓝记·龙华寺》杨注，卷二)

例①②，合用式用于选择句。

综合以上副词史的论述，我们认为汉语副词的历史发展，有以下三个问题应引起注意：

第一，汉语副词，在各个历史时期，尤其是在中古、近古汉语阶段都产生了一批新词。这些新词，有的是从历史上继承下来的，在新时期获得了新的用法；有的则是纯粹的新生词。如：

①演之尝作让表，未奏，失本，(吴)喜经一见，即便写赴，无所漏脱，演之甚知之。(《宋书·吴喜传》)(经：曾，曾经。)

②若市买者，先宜涂治，勿便盛水。(《齐民要术·涂瓮》，卷七)(便：立即。)

③法师当把金镮杖遥指天宫，大叫"天王救难"！(《大唐三藏取经诗话上》)(当：当即。)

④小子忍饥得法，才肚饥时，紧缚了腰，一番腰紧，便嗳一嗳。(《张协状元》，第二十四出)(才：刚，刚刚。)

⑤我从来除死无大灾。(元·无名氏：《小张屠焚儿救母》，第二折)(从来：一向。)

⑥婶娘，你姪儿虽说年轻，却是他敬我，我敬他，从没有红过脸儿。

（《红楼梦》，第十一回）（从：从来，一向。）

例①—⑥，为时间副词例。又如：

①王夷甫雅尚玄远，常嫉其妇贪浊。（《世说新语·规箴》）（雅：很，非常。）

②（谢公）谓此句偏有雅人深致。（《世说新语·文学》）（偏：很，特别。）

③吴公差强人意，隐若一敌国矣。（《后汉书·吴汉传》）（差：略微，大体上。）

④好大雪也。（元·无名氏：《杀狗劝夫》，第二折）（好：很，非常。）

⑤大官人如何忒认真？（《水浒传》，第九回）（忒：非常，特别。）

⑥今春新骟了的，十分壮的马。（《老乞大》）（十分：很，非常。）

⑦生恐姨父管束，不得自在。（《红楼梦》，第四回）（生：非常，特别。）

例①—⑦，为程度副词例。又如：

①吾乃与而君言，汝何为者也？（《史记·平原君虞卿列传》）（乃：仅，只。）

②我年老大，而汝少壮，汝常作时，无有欺怠，瞋恨怨言，都不见汝有此诸恶。（《法华经·信解品》，卷二）（都不：全不。）

③了不异人意。（《世说新语·文学》）（了不：毫不，全无，一点也不。）

④（裴）遐正戏，不时为饮，司马恚，因曳遐坠地。（《世说新语·雅量》）（正：只。）

⑤既失人身，空无所获。（《百喻经·贫人烧粗褐喻》）（空无：毫无。）

⑥人生衣趣以覆寒露，食趣以塞饥乏耳。（《颜氏家训·止足》，卷五）（趣：通"取"，仅。）

⑦军国经纶，略无施用。（《颜氏家训·勉学》，卷三）（略无：毫无，全无。）

⑧王留政教，佛演真宗，皆是十二部尊经，总是释迦梁津。（变文《庐山远公话》）（总：都。）

⑨天下学道者，皆往决疑，问真宗旨，并被普寂禅师倚势唱使门徒拖出。（《神会语录》）（并：全。）

⑩我一月只关一石五斗米，尚不肯背了主人。（《皇明诏令·戒谕管军官

救》）（只：仅。）

例①—⑩，为范围副词例。又如：

①我向庄中噢打骂无休，怎生交俺子母穷厮守？（《刘知远诸宫调》，第十一）（厮：相，互相。）

②唤酒保买杯酒和肉来，四个一就吃了。（《新编五代使平话·梁史平话上》）（一就：一起。）

③你去安排些食物，一就与我关了外门。（元·无名氏：《小孙屠》，第十出）（一就：一起，顺便，顺手。）

④看见师父输了焦懆，一发都上来要打那承局。（明·洪楩：《清平山堂话本：杨温拦路虎传》）（一发：一起，一块儿。）

⑤这契写时，一总写么，分开着写？（《老乞大》）（一总：一起。）

例①—⑤，为关系副词例。又如：

①刘家你休怕。（《刘知远诸宫调》，第十一）（休：不要。）

②别怕，别怕，我的儿。（《红楼梦》，第八回）（别：不要。）

③别是不来了，又冻我一夜不成？（《红楼梦》，第十二回）（别是：怕是，可不要。）

例①—③，为否定副词例。又如：

①王亟封我矣，吾不受也。（《列子·说符》）（亟：屡次。）

②善哉，善哉，释迦牟尼佛，快说是《法华经》，我为听是经故，而来至此。（《法华经·见宝塔品》，卷四）（快：赶快。）

③既知不能逾己，稍共诸生叙其短长。（《世说新语·文学》）（稍：渐渐地。）

④甘蔗极甜，若压取汁，还灌甘蔗树，甘美必甚。（《百喻经·灌甘蔗喻》）（还：又，再。）

⑤既不相著，复失其鼻，唐使其妇受大苦痛。（《百喻经·为妇贸鼻喻》）（唐：徒劳地，白白地。）

⑥相公前世作一个商人，他家白庄也是一个商人。（变文《庐山远公话》）（也：表示两事相同。）

⑦国主（王）乍闻心痛切，朝臣知了泪摧摧。（变文《欢喜国王缘》）（乍：突然。）

⑧颜容瘦恶，恰似肚里有事，有事但说。(《祖堂集》，卷四)(但：尽管。)

⑨次过大蛇岭，且见大蛇如龙，亦无伤人之性。(《大唐三藏取经诗话上》)(且：又。)

⑩有不是我口里说的说话，他每胡添上时，尔便来说。(明·刘仲璟：《遇恩录》)(胡：胡乱地。)

⑪史大郎，自渭州别后，你一向在何处？(《水浒传》，第六回)(一向：一直。)

⑫正发呆时，陡听得"当"的一声，又若金钟铜磬一般，倒吓得不住的展眼儿。(《红楼梦》，第六回)(陡：突然地。)

例①—⑫，为状态副词例。又如：

①人言汝胜我，定不如我。(《世说新语·方正》)(定：肯定，表确认。)

②刘曰："卿且去，正当取卿共诣抚军。"(《世说新语·文学》)(正：必，一定，表确认。)

③义季素嗜酒，自彭城王义康废后，遂为长夜之饮，略少醒日。(《宋书·武三王传》)(略：大约，表估计。)

④世隆怒曰："卿亦合死！"(《洛阳伽蓝记·平等寺》杨注，卷二)(合：该，一定，表确认。)

⑤凡此诸人，皆其翘秀者，不能悉记，大较如此。(《颜氏家训·文章》，卷四)(大较：大体上，表估量。)

⑥但请阿郎勿怀忧虑，的无此事。(变文《庐山远公话》)(的：的确，表肯定。)

⑦莫朕无天分？(变文《汉将王陵变》)(莫：莫非是，表推测。)

⑧且如一百件事，理会得五六十件了，这三四十件虽未理会，也大概可晓了。(《朱子语类·训门人》)(大概：大体上，表估量。)

⑨唤多时悄无人应，我心内早猜管有别人取乐。(《宣和遗事》)(管：管保，表确认。)

⑩万秀娘听得道："好！"巴得到家中。(明·冯梦龙：《警世通言·万秀娘仇报山亭儿》，第三十七卷)(巴得：巴不得，表希望。)

⑪林冲看了，寻思道："敢是柴大官人么？"(《水浒传》，第九回)(敢：

恐怕，可能，表猜测。)

⑫又行过去，只听得人喝么么六六，约摸也有五六人在那里掷骰。(明·冯梦龙：《喻世喻言·宋四公大闹禁魂张》，第三十六卷)(约摸：大约，表估计。)

⑬贾母说："可是呢!"(《红楼梦》，第十一回)(可：可不是，表认可。)

例①—⑬，为语气副词例。

第二，汉语副词，在发展中也产生了一大批复音副词。这些复音副词，有的结合得比较紧密，有的结合得还比较松散。结合紧密的，当然是词；结合松散的，也不妨看成是词与词的临时组合。如：

①臣既已受命为将，将在军，君命有所不受。(《史记·孙子吴起列传》)

②有悬水三十仞，圜流九十里，鱼鳖弗能游，鼋鼍弗能居，有一丈夫方将厉之。(《列子·说符》)

③舍利弗，菩萨于一切众生悉皆平等。(《维摩诘经·佛国品》，卷上)

④迦叶，当知如来亦复如是。(《法华经·药草喻品》，卷三)

⑤余更又赠诗一首。(唐·张鷟：《游仙窟》)

⑥因此袈裟，南北道俗极甚纷纭，常有刀棒相向。(《神会语录》)

⑦可笑五阴窟，四蛇同共居。(唐·寒山子：《寒山诗·可笑》，第二七三)

⑧满村都喜，唯只有洪信、洪义夫妇气冲冲。(《刘知远诸宫调》，第一)

⑨在人间曾结下死生缘，今日鬼窟中又还相见。(明·朱有燉：《团圆梦》，第四折)

例①—⑨，为并列式例(两词素或词同义组合)。又如：

①其中又复生白犊，其父又复令其子问孔子。(《列子·说符》)

②诸佛国土，亦复皆空。(《维摩诘经·文殊师利问疾品》，卷中)

③既得出家，还复念其妻子眷属世间之事，五欲之乐。(《百喻经·水火喻》)

①(李广)因复更射之，终不能复入石矣。(《史记·李将军列传》)

②有一日，亲母下世，著麻，未抛姊，又更被人谤，其僧不能观得。(《祖堂集》，卷三)

①今者四众，咸皆有疑。(《法华经·方便品》，卷一)

②（江）秉之少孤，弟妹七人，并皆幼稚。(《宋书·良吏传》)

③亲友来馈酹者，一皆拒之。(《颜氏家训·终制》，卷七)

①遂便破戒，多作不善，尔乃顿出。(《百喻经·子死欲停置家中喻》)

②虎狼满道，遂即张弦。(变文《伍子胥变文》)

①尔时毗耶离大城中有长者，名维摩诘，已曾供养无量诸佛。(《维摩诘经·方便品》，卷上)

②朔州地分往前已经定夺。(宋·李焘:《续资治通鉴长编》，卷二六一)

①天下难得之货，咸悉在焉。(《洛阳伽蓝记·宣阳门》，卷三)

②时诸世人，却后七日，闻其子死，咸皆叹言:"真是智者，所言不错。"(《百喻经·婆罗门杀子喻》)

①二月，冰解地干，烧而耕之，仍即下水。(《齐民要术·水稻》，卷二)

②而彼仙人，寻即取米及胡麻子，口中含嚼，吐著掌中。(《百喻经·小儿争分别毛喻》)

③江南文制，欲人弹射，知有病累，随即改之。(《颜氏家训·文章》，卷四)

①推寻世间事，仔细总皆知。(唐·寒山子:《寒山诗·推寻》，第九十八)

②满营军健，都皆喜悦笑无休。(《刘知远诸宫调》，第三)

①瓦师欢喜，即便卖与。(《百喻经·雇倩瓦师喻》)

②若是人问闺阁，立便道姓道名。(《大唐三藏取经诗话上》)

①恰好是二十四个月日。(《张协状元》，第四出)

②自己也有个伴读的朋友，正好发愤。(《红楼梦》，第八回)

①娘子向来频盼少府。(唐·张鹭:《游仙窟》)

②鸿和尔大山自来系北朝地土。(宋·李焘:《续资治通鉴长编》，卷二六五)

①林冲答道:"恰才与拙荆一同来间壁岳庙里还香愿。"(《水浒传》，第七回)

②却才只道老汉引甚么郎君子弟，在酒楼上吃酒，因此引庄客来厮打。(《水浒传》，第四回)

③方才冯紫英来看我。(《红楼梦》，第十回)

①其祖转轮圣王与一百大臣及余百千万亿人民，皆共围绕，随至道场。（《法华经·化城喻品》，卷三）

②诸人咸共叹之。（《世说新语·言语》）

③贵胜年少如（峤）和、裴（楷）、王（济）之徒，并共言咏。（《世说新语·政事》）

④左太冲绝丑，亦复效潘岳游，于是群妪齐共乱唾之。（《世说新语·容止》）

以上各组亦为并列式例（两词素或词一同一异）。又如：

①晋鄙嚄唶宿将，往恐不听，必当杀之，是以泣耳，岂畏死哉？（《史记·魏公子列传》）

②此儿胸中当必无膏肓之疾。（《世说新语·文学》）

①广乃遂从百骑往驰三人。（《史记·李将军列传》）

②远公既蒙再三邀请，遂乃进步而行。（变文《庐山远公话》）

①复更思惟："是舍唯有一门，而复狭小，……"（《法华经·譬喻品》，卷二）

②剑歌已了，更复前行。（变文《伍子胥变文》）

①小苟闻抚之死，即便奔散。（《宋书·臧质传》）

②军官食了，便即渡江。（变文《伍子胥变文》）

①昔有大富长者，左右之人，欲取其意，皆尽恭敬。（《百喻经·蹋长者口喻》）

②晋朝四十二寺，尽皆湮灭，唯此寺独存。（《洛阳伽蓝记·宝光寺》杨注，卷四）

①且又闻之，生而知之者上，学而知之者次。（《颜氏家训·勉学》，卷三）

②你的媳妇后生年少，又且坐得十分娇媚。（明·朱有燉：《团圆梦》，第三折）

①才始似出头，又却遭沉溺。（唐·寒山子：《寒山诗·可畏》，第二一五）

②今天子宠幸你，却又密地与贾奕打暖。（《宣和遗事》）

以上各组亦为并列式例（两词素或词排序相反）。又如：

①居岁余，宾客门下舍人稍稍引去者过半。（《史记·平原虞卿列传》）

②道庆凶险暴横，求欲无已，有失其意，辄加捶拉，往往有死者，朝廷畏之如虎狼。（《宋书·黄回传》）

③支徐徐谓曰："身与君别多年，君义言了不长进。"（《世说新语·文学》）

④近看瞑然不见，以手摩之，唯有石壁，渐渐却行，始见其相。（《洛阳伽蓝记·凝玄寺》杨注，卷五）

⑤小府初到此间，五嫂会些频频相弄。（唐·张鷟：《游仙窟》）

⑥能禅师是的的相传付嘱人。（《神会语录》）

⑦昔时可可贫，今朝最贫冻。（唐·寒山子：《寒山诗·昔时》，第一五八）

⑧（白衣妇人）微微含笑，问师一行，往之何处？（《大唐三藏取经诗话上》）

⑨学者常常令道理在胸中流转。（《朱子语类·总训门人》）

⑩亚娘，定定与小二讨做老婆。（《张协状元》，第十一出）

⑪周舍，那宋引章明明有丈夫的，你怎生还赖是你的妻子？（元·关汉卿：《救风尘》，第四折）

⑫刚刚讨药的这人，就是救那婆子的。（元·关汉卿：《窦娥冤》，第二折）

⑬以后事发，越越要连累我。（元·关汉卿：《窦娥冤》，第二折）

⑭我家颇颇有些钱钞。（明·朱有燉：《团圆梦》，楔子）

⑮况这些年来，你舅舅、姨娘两处每每带信捎书接咱们来。（《红楼梦》，第四回）

例①—⑮，为重叠式例。又如：

①天下已定，我固当亨。（《史记·淮阴侯列传》）

②人有信者未必智，智者未必仁。（《论衡·问孔》）

③此必定死，转更惶怖，闷绝躄地。（《法华经·信解品》，卷二）

④阿平若在，当复绝倒。（《世说新语·赏誉》）

⑤谷田必须岁易。（《齐民要术·种谷》，卷一）

⑥人生小幼，精神专利，长成以后，思虑散逸，固须早教，勿失机也。（《颜氏家训·勉学》，卷三）

⑦今晨太子散闷，愁忧更加转极。（变文《八相变》）

⑧才生三日，进与大王，大王才见之时，非常惊讶。（变文《丑女缘起》）

⑨臣与陛下邀得一个饮流，此席的毕（必）欢矣。（变文《叶净能诗》）

⑩浑家好容貌，生得十分俏。（元·高文秀：《黑旋风》，楔子）

例①—⑩，为偏正式例。又如：

①使臣卒然填沟壑，是事之不可知者三也。（《史记·范睢蔡泽列传》）

②且臣位任过重，一阶两级，自然必至。（《宋书·范晔传》）

③江山辽落，居然有万里之势。（《世说新语·言语》）

④船师遇病，忽然便死。（《百喻经·口诵乘船法而不解用喻》）

⑤财主突然死，争共当头哭。（唐·寒山子：《寒山诗·我见》，第二三三）

⑥师豁然大悟。（《祖堂集》，卷十五）

⑦其僧惘然而退。（宋·圜悟克勤：《碧岩录》，卷一）

⑧既然不是你，与我打那婆子。（元·关汉卿：《窦娥冤》，第二折）

⑨东观西望，猛然听得远远地铃铎之声。（《水浒传》，第五回）

⑩那小厮俱肃然退出。（《红楼梦》，第三回）

例①—⑩，为附缀式例（～＋然）。又如：

①人有枯梧树者，其邻父言枯梧之树不祥，其邻人遽而伐之。（《列子·说符》）

②既而呼左右曰："移我远客。"（《宋书·张敷传》）

③袁虎率而对曰："运自有废兴，岂必诸人之过?"（《世说新语·轻诋》）

④尝因行散，率尔去下舍，便不复还。（《世说新语·德行》）

⑤三更三点，忽尔卒亡。（变文《叶净能诗》）

例①—⑤，亦为附缀式例（～＋而/尔）。又如：

①好自安意，我如汝父，勿复忧虑。（《法华经·信解品》，卷二）

②玄谟犹自可，宗越更杀我。（《宋书·王玄谟传》）

③若遇七贤，必自把臂入林。（《世说新语·赏誉》）

④既无所获，徒自劳苦。（《百喻经·斫树取果喻》）

⑤然前六饼，唐自捐弃，设知半饼能充足者，应先食之。（《百喻经·欲

食半饼喻》）

⑥二十日，洛中草草，犹自不安，死生相怨，人怀异虑。（《洛阳伽蓝记·永宁寺》杨注，卷一）

⑦闲自访高僧，烟山万万重。（唐·寒山子：《寒山诗·闲自》，第一六六）

⑧终归不免死，浪自觅长生。（唐·寒山子：《寒山诗·纵你》，第七十七）

⑨杨坚闻语，犹自疑或（惑）。（变文《韩擒虎话本》）

⑩我枉自经了许多师家，原来不值半分。（《水浒传》，第二回）

例①—⑩，亦为附缀式例（～＋自）。

第三，汉语复句形合法的发展，促进了连接副词的连词化的进程。

这个问题，上面已粗略地谈过，这里再稍作补充。我们说过，复句中，有的连接副词可以单独使用，我们称之为单用式；有的连接副词和连接副词，或连接副词和连词搭配使用，我们称之为合用式。可以认定，中古汉语以后，这种合用式得到了长足的发展。在这一进程中，汉语连接副词的连接作用越来越凸显出来，具有强烈的连词化倾向。如：

①子又生孙，孙又生子。（《列子·汤问》）

②晔既利其财宝，又受其文艺。（《宋书·范晔传》）

③王看竟，既不笑，亦不言好恶。（《世说新语·雅量》）

④既复杀驼，而复破瓮。（《百喻经·驼瓮俱失喻》）

⑤郢州也有粮，襄阳府也有粮，可吃一年。（《王俊首岳侯状》）

⑥口即是心，心即是口。（《朱子语类·训门人》）

⑦洪义且惊且笑，洪信且疼且忍。（《刘知远诸宫调》，第二）

⑧俺哥哥则（见）俺便打便骂。（元·无名氏：《杀狗劝夫》，楔子）

例①—⑧，为并列句例。又如：

①华子既悟，迺大怒。（《列子·周穆王》）

②汉元帝宫人既多，乃令画工图之。（《世说新语·贤媛》）

③既怀贪心，便是三毒不除。（《洛阳伽蓝记·崇真寺》杨注，卷二）

④既相睹已，方知非鬼。（《百喻经·人谓故屋中有恶鬼喻》）

⑤（他老子）才吃的几口，便死了。（元·关汉卿：《窦娥冤》，第二折）

⑥殿下既用此人，就留在宫中伏（服）侍殿下。（《水浒传》，第二回）

例①—⑥，为顺接句例。又如：

①吾爵益高，吾志益下；吾官益大，吾心益小。（《列子·说符》）

②又枣膏昏钝，甲煎浅俗，非唯无助于馨烈，乃当弥增于尤疾也。（《宋书·范晔传》）

③时谓此卒非唯有智，且亦达生。（《世说新语·任诞》）

④非直奸人惭笑而返，狐狼亦自息望而归。（《齐民要术·园篱》，卷四）

⑤不但自失其利，复使余人失其道业。（《百喻经·为恶贼所劫失氍喻》）

⑥我则异于是，越明眼底，越当面谩他。（《朱子语类·训门人》）

例①—⑥，为递进句例。又如：

①虽然，吾必请其下者。（《列子·汤问》）

②（李）老虽枝枯，子亦不细。（《齐民要术·种李》，卷四）

③寺东有灵台一所，基趾虽颓，犹高五丈余。（《洛阳伽蓝记·大统寺》，卷三）

④虽云改嫁，仍居英宅。（《洛阳伽蓝记·法云寺》杨注，卷四）

⑤既属北界，因何却是南朝修葺？（宋·李焘：《续资治通鉴长编》，卷二六五）

⑥既然出家，如何先破了酒戒，又乱了清规？（《水浒传》，第四回）

例①—⑥，为转折句例。又如：

①百年犹厌其多，况久生之苦也乎？（《列子·杨朱》）

②色物、牝牡尚弗能知，又何马之能知也？（《列子·说符》）

③以我此物，周济一国犹尚不匮，何况诸子？（《法华经·譬喻品》，卷二）

④好尚不可为，其况恶乎？（《世说新语·贤媛》）

⑤自古天子尚且避醉汉，何况老僧乎？（《水浒传》，第四回）

⑥一死尚然不惧，何况酒肉乎？（《水浒传》，第二回）

例①—⑥，为让步句例。又如：

①唯有诸佛，乃能知之。（《法华经·方便品》，卷一）

②但依此法，则不必别种早、晚及中三辈之瓜。（《齐民要术·种瓜》注，卷二）

③燥耕虽块，一经得雨，地则粉解。(《齐民要术·耕田》注，卷一)

④但贫道若得一寺舍伽蓝住持，以免风霜，便是贫道所愿也。(变文《庐山远公话》)

⑤众人一见，便知杨坚合有天分。(变文《韩擒虎话本》)

⑥今一旦不肯顾已前契义誓好，便先举兵，不道南朝许大世界军民事力。(宋·徐梦莘：《三朝北盟会编·茅斋自叙》，卷二十三)

例①—⑥，为条件句例。又如：

①若人心净，便见此土功德庄严。(《维摩诘经·佛国品》，卷上)

②明日若不更改，则有示之以弱。(《宋书·沈攸之传》)

③春既多风，若不寻劳，地必虚燥。(《齐民要术·耕田》注，卷一)

④若无主一工夫，则所讲底义理无安著处，都不是自家物事。(《朱子语类·训门人》)

⑤若去打华阳县时，须从史家村过。(《水浒传》，第二回)

例①—⑤，为假设句例。

第八章

介词史

一、介词的产生

　　介词是具有引介作用的词。它通过把其宾语引介给谓语，借以表达谓语动词所涉及的时间、处所、方式、目的及对象等各种语法关系。从词类产生的顺序而言，介词主要是由动词引申而成，所以仍应划为二级词类。

　　关于介词的产生，我们可以从两个角度来进行观察：

　　第一，从词源学角度来说，介词几乎全部是由动词引申、虚化而成。引申，讲的是词义变化的脉络；虚化，讲的是在一定的语言环境中的语法化过程。介词来源于动词，这条变化线索是十分清楚的。如：

　　　　自

　　"自"这个词，前面引用过。"自"最早见于甲骨文，是指人的鼻子，是个名词，如"贞：有疒自，隹有蛊"（《乙》，6385）。前面说过，"自"由名词进而引申为代词，再进一步引申为副词。但是，我们可以肯定地说，介词"自"绝对不是直接由代词或副词引申而成，必当另有来源。这个来源就是动词。《方言》有云："鼻，始也。兽之初生谓之鼻，人之初生谓之首。梁益之间，谓鼻为初或谓之祖。"晋郭璞注云："鼻、祖皆始之别名也。"清戴震《疏证》云："案：《广雅》'鼻，始也'，义本此。""自""鼻"古今字。由此可知，"自"古代当另有一引申义为始义，是个动词。如：

①法者，王之本也；刑者，爱之自也。(《韩非子·心度》)

例①，"爱之自"即"爱之始"。日本汉学家太田方说："'自'古'鼻'字。《方言》：'鼻，始也。兽之初生谓之鼻，梁益之间谓鼻为初或谓之祖。'上文'治之首也'，此云'爱之自也'，变文耳。"[1] 动词"自"，再进一步引申，经过一个语法化过程，就可变为一个介词。介词"自"，强调的是时间或处所的起始之点，义为"从"或"自"，如：

②吾自卫反鲁，然后乐正，雅颂各得其所。(《论语·子罕》)

③自孔子之死也，有子张之儒，有子思之儒。(《韩非子·显学》)

例①②，"自"，介词，义为"从"或"自"，一表处所之始，一表时间之始。

由

《说文》有"繇"字，无"由"字。《说文》："繇，随从也。"段注云："古繇、由通用，一字也。"又《尔雅·释诂》云："由，自也。"郭璞注云："自犹从也。"又郝氏《义疏》云："《说文》云：'自，始也'，又云：'鼻也'，鼻亦始也。人生自鼻始，百体由之，故借为自此至彼之义。"介词"由"，当是从动词"由"的经由义引申而来。如：

①子曰："谁能出不由户？"(《论语·雍也》)

②有澹台灭明者，行不由径，非公事，未尝至于偃之室也。(《论语·雍也》)

③他日，(孟子)由邹之任，见季氏；由平陆之齐，不见储子。(《孟子·告子下》)

④由尧舜至于汤，五百有余岁。(《孟子·尽心下》)

例①②，"由"，动词，义为经由、经过。例③④，"由"，介词，义为"从""自"，一表处所之始，一表时间之始。

从

《说文》同时收有"從""从"两字。今"从"字是由"從"简化而来。《说文》："從，随行也。"又云："从，相听也。""從(从)"，甲骨文作𠕋、𠤫诸形，指两人同向而行，一前一后，义为相从，相随。"从"，当是"從"

---

① 梁启雄：《韩子浅释》，下册，中华书局 1982 年版，第 516 页。

的本字。介词"从",当由动词"从(從)"的随从义引申而来。如:

①从孙子仲,平陈与宋。(《诗经·邶风·击鼓》)

②禹避舜之子于阳城,天下之民从之。(《孟子·万章上》)

③晋灵公不君,厚敛以雕墙,从台上弹人而观其避丸也。(《左传·宣公二年》)

④我从十二年来,求女人相了不可得,当何所转?(《维摩诘经·观众生品》,卷中)

例①②,"从",动词,跟从,跟随。例③④,"从",介词,义为"自",一表处所之始,一表时间之始。在先秦,介词"从"表时间义,用例很难找到。此种用法,盖始于中古汉语。

于

"于",甲骨文作亏、邘诸形。从字形分析上看,尚不能清晰地识别"于"的本义所指。《甲骨文字典》说:"于象大圆规,上一横画象定点,下一横画可以移动,从弓表示移动之意。"[①]"表示移动之意",这句话很重要。"于"在甲骨文中,常见的动词义就是去往义,表示到……地方去或去到……地方。"于"的此项动词义,也许正是从"大圆规""表示移动"的意义引申而来。《说文》:"于,於也,象气之舒于,从丂从一。一者,其气平之也。"这种解释,显然不符合"于"的本义。"于"在甲骨文中作为动词,表示去往义,确切无疑。后来,介词"于"的各种语法意义,均是由此引申虚化而成。郭锡良先生说:"在甲骨文中,'于'字用作介词类型也有多种,它是由'去到'义动词虚化而成的。它应该是先用来介绍行为的处所,再扩展到介绍行动的时间和动作涉及的对象。"[②] 文献中,"于""於"往往通用,以下不作区分。如:

①贞:王于莽自?(《丙》,3)

②君子于役,不知其期。(《诗经·王风·君子于役》)

③予惟以尔庶邦于伐殷逋播臣。(《尚书·大诰》)

---

① 徐中舒主编:《甲骨文字典》,四川辞书出版社 1990 年版,第 510 页。

② 郭锡良:《介词的起源与发展》,见《汉语史论集》(增补本),商务印书馆 2005 年版,第 220 页。

④蘧伯玉使人于孔子，孔子曰："夫子何为乎?"（《论衡·问孔》）

例①—④，"于"，动词，均为去往义。如果强调的是动作行为的起始点，这种"于"则引申为"自"，是个介词，表示处所。如：

①宜民宜人，受禄于天。（《诗经·大雅·假乐》）

②初，郑武公娶于申，曰武姜。（《左传·隐公元年》）

如果强调的是动作行为的归结点，则这种"于"就用在动词后，引申指"到"，仍是个介词，表示处所。如：

①盘庚迁于殷，民不适有居。（《尚书·盘庚》）

②葛之覃兮，施于中谷。（《诗经·周南·葛覃》）

③元咺归于卫，立公子瑕。（《左传·僖公二十八年》）

④吾闻出于幽谷迁于乔木者，未闻下乔木而入于幽谷者。（《孟子·滕文公上》）

例①—④，"于"，介词，均用在动词后，表示动作行为的归结点，义为"到"。以上诸例，正确的翻译应是"迁到""延伸到""回到""迁到"。从语法上说，"于"虽为介词，但其动词的味道仍然很浓。"于"的这一用法，如果用来表示时间，则强调的仍然是时间运行的归结点，仍含有"到"义。如：

①自我不见，于今三年。（《诗经·豳风·东山》）

②朕即位十三年于今。（《史记·封禅书》）

正因为"到""于"同义，所以两词也可以连用。如：

①伯夷，叔齐饿于首阳之下，民到于今称之。（《论语·季氏》）

"于"表示处所义，进一步引申，则可表示对象义。如：

①癸巳贞：既尞于河于岳。（《佚》，146）

②有怀于卫，靡日不思。（《诗经·邶风·泉水》）

以

"以"，《说文》形作"㠯"，释为"用"，是个动词。甲骨文"㠯"，作 𝟤、𝟨 诸形，本是农具"耜"的象形，为"耜"的初文。金文"㠯"作 𝟨、𝟨 诸形，与甲骨文相似。又甲骨文有 𝟨、𝟨 诸字，正象人用耜劳作之形，金文讹作 𝟨𝟩，此为后世篆文所本，形作"以"（参阅《甲骨文字典》，第1592~1593页）。因"㠯（耜）"与"以"古音相近："㠯"，古为邪母，之部，开口三等字，拟音为〔ziə〕；"以"，古为喻母，之部，开口三等字，拟音为〔ʎiə〕。两字韵母相同，因此假"㠯"为"以"。《说文》释"㠯"为"用"，可知说的是假借义。"以"，本是人用"㠯（耜）"劳作之形，因此生有"用"义，是个动词。甲骨文中，"以"已用为动词。如：

①丁未卜，争贞：勿令皋ᶴ众伐吕……（《粹编》，1082）

例①，"ᶴ"即"以"，动词，义为率领。此条，《甲骨文字典》引"争贞"作"央贞"，释"ᶴ"为"㠯"，似不妥。"以"用为动词，文献中也不乏其例。如：

①我辞礼矣，彼则以之。（《左传·襄公十年》）

②宫之奇以其族行，曰："虞不腊矣，在此行也，晋不更举矣。"（《左传·僖公五年》）

介词"以"的诸多用法都是由"以"的动词义引申而来。如：

①以杙抉其伤而死。（《左传·襄公十七年》）

②是月也，天子乃以之日祈谷于上帝。（《吕氏春秋·孟春》）

例①②，"以"，介词，一表工具义，一表时间义。

为

"为"，繁体作"爲"，《说文》释为"母猴"，这是误解。"为"，甲骨文作ᶴ形，金文作ᶴ形，均象以手牵象而助役之形，因此"为"有"做""作"诸义，是个动词。如：

①为酒为醴，烝畀祖妣。（《诗经·周颂·丰年》）

②臣闻七十里为政于天下者，汤是也。（《孟子·梁惠王下》）

介词"为"（wèi）的诸多用法也都是由"为"（wéi）的动词义引申而来。如：

①为长者折枝，语人曰："我不能"，是不为也，非不能也。（《孟子·梁惠王上》）

②嬴闻如姬父为人所杀。（《史记·魏公子列传》）

例①②，"为"，介词，一引出对象，释为"替"；一引出施事者，释为"被"。

与

"与"繁体作"與",今简作"与"。今本《说文》同时收有"與""与"两字。"與""与"不同义。《说文》:"與,党与也,从舁与。"段注云:"会意,共举而与之也,舁与皆亦声。"又《说文》:"与,赐予也,一勺为与,此与予同意。""與(与)",金文作 𦥑 形,象两手共持一物,有受授之意。此或如段注所言"共举而与之"之意。由此可知,给予当是"與(与)"的本义。如:

①将欲夺之,必固与之。(《老子》第三十六章)

②(重耳)出于五鹿,乞食于野人,野人与之块。(《左传·僖公二十三年》)

介词"与",显然是由动词"与"引申而成。如:

①执子之手,与子偕老。(《诗经·邶风·击鼓》)

②得其心有道,所欲与之聚之;所恶勿施,尔也。(《孟子·离娄上》)

例①②,"与",介词,一引出对象,表偕同,释为"和"或"同";一引出对象,表承受,释为"为"(wèi)或"替"。

向

《说文》:"向,北出牖也,从宀从口。"段注:"《豳风》:'塞向瑾户',毛曰:'向,北出牖也。'……引申为向背字,经传皆假乡为之。"甲骨文"向"作 𡄹 形,正象于壁上凿开的户牖之形,可知《说文》的解释是对的。"向"由名词到动词,再到介词,发展线索十分清楚:"向",向北之窗,名词;向背之向,趋向,归向,动词;再引出对象义,表示所向,介词。如:

①穹室熏鼠,塞向瑾户。(《诗经·豳风·七月》)

②今西伯昌,人臣也,修义而人向之。(《韩非子·外储说左下》)

③于是焉,河伯始旋其面目,望洋向若而叹曰:"野语有之曰:'闻道百以为莫己若'者,我之谓也。"(《庄子·秋水》)

④于是元王向日而谢,再拜而受。(《史记·龟策列传》)

例①,"向",名词,向北之窗。例②,"向",动词,归向,归服。例③④,"向",介词,表所向,对着。

在

甲骨文和金文里都没有"在"字。动词"在",在甲骨文和金文中均借"才"为之,用的是假借义。《说文》:"才,艸木之初也,从丨上贯一,将生枝叶也。一,地也。"段注:"引申为凡始之称。"才,甲骨文作↓、↓,金文作↓、↓诸形,正象草木初生,冒出地表之形,所以《说文》的释义是对的。甲骨文、金文"才"用为动词、介词的用例如:

①其奉才父甲,王受又。(《粹编》,335)

②癸丑卜,贞:今岁受禾?弘吉,才八月。(《粹编》,896)

③辛未,王才𪔂,易又事利金。(《利簋》)

④佳九月,王才宗周令盂。(《大盂鼎》)

又《说文》:"在,存也,从土,才声。"段注:"存,恤问也。……'在'之义,古训为存问,今义但训为存亡之存。"其实,"在"的本义当是存在,存问义、审察义都是存在义的引申义。"在"表存在或处在的用例如:

①朕在位七十载。(《尚书·尧典》)

②关关雎鸠,在何之洲。(《诗经·周南·关雎》)

③父在,观其志;父没,观其行,三年无改于父之道,可谓孝矣。(《论语·学而》)

④祭神如神在。(《论语·八佾》)

例①—④,"在",均为动词。介词"在",都是由动词"在"引申而成。如:

①王命周公后,作册逸诰,在十有二月。(《尚书·洛诰》)

②子在川上曰:"逝者如斯夫,不舍昼夜。"(《论语·子罕》)

例①,"在",介词,表时间。例②,"在",介词,表处所。

第二,从语言环境来说,介词的产生也是语言结构扩张的必然结果。

大家知道,汉语动词,在组词造句中,其作用始终处于中心位置。随着语言的发展,由于表达的需要,是必然要带来句子结构的扩张。句子有了谓语动词,就必然要产生说明谓语动词的时间、处所、目的、方式、原因等种种语法关系的词语。所以从这个意义上讲,介词的产生也正是为了满足这种语法关系表达上的需要。马建忠说:"凡虚字用以连实字相关之义者，曰'介字'。"又说："介字云者，犹为实字之介绍耳。……泰西文字，若希腊、辣丁，于主宾两次之外，更立四次，以尽实字相关之情变，故名代诸字各变六次。中国文字无变也，乃以介字济其穷。"① 由此可知，马氏在《马氏文通》中建立介字的根据是参考了西方语法"格"的理论。马氏发现"汉语没有格语法范畴，要表达上述种种语法关系，主要靠介字。正如马氏所言：'中国文字无变也，乃以介字济其穷。'"② 应当承认，马氏的论述，准确地抓住了汉语的本质特点，是精辟的。但是，我们应该知道，任何一种语法体系都是对固有的语言结构规律的理解或解释。因此，我们讨论汉语介词的产生，除了要关注词义演变的脉络外，还应注意到表达需要这条线索。介词结构的产生是有其历史过程的，从无到有，这就是发展。请比较：

①丙辰卜，㱿贞：我弗其受黍年？四月。（《合集》，9950 正）

②丙辰卜，旅贞：翼丁巳，叀于中丁衣亡㞢？才八月。（《粹编》，224）

③于乙亥用？（《合集》，22214）

④甲戌卜，贞：翌乙亥㞢于且乙，三牛？（《合集》，1520）

⑤庚午卜，内贞：王勿乍邑㡀兹，帝若？（《丙》，93）

⑥□丑卜，争贞：我宅兹邑，大甲宁帝若？（《丙》，147）

⑦壬子卜，宁贞：叀今一月，用三白羌于丁？（《合集》，293）

⑧庚子卜，㞢父乙羊九？（《合集》，21065）

⑨贞：㞢于且乙，告？（《合集》，6610 正）

⑩丙申卜，㱿贞：来乙巳酚下乙？（《乙》，6664）

例①②，时间名词"四月""八月"，一用介词，一不用介词。例③④，干支纪日词"乙亥"，一用介词，一不用介词。例⑤⑥，代词"兹"，名词性词组"兹邑"，一用介词，一不用介词。例⑦⑧，数名词组"三白羌""羊九"，一用介词，一不用介词。例⑨⑩，名词性词组"且乙""下乙"，一用介词，一不用介词。以上这些甲骨文资料足以说明，表时间或处所的"才（㞢）"，表时间或对象的"于"，表工具或凭借的"用"，并非一开始就必须加上去。这充分说明介词结构的产生是有其发展过程的。

---

① 马建忠：《马氏文通》（校注本），下册，中华书局 1961 年版，第 313 页。

② 宋绍年：《〈马氏文通〉研究》，北京大学出版社 2004 年版，第 203 页。

二、介词的分类

上古汉语介词，依其用法，可以分为以下七类：

（一）时间介词

把宾语引介给谓语以表示时间意义的词叫时间介词。上古汉语时间介词主要有"于""自""逮""当""由""及""比""在""方""以""至""到"等等。如：

①自我不见，于今三年。（《诗经·周南·葛覃》）

②凡雨，自三日以往为霖。（《左传·隐公九年》）

③逮夜，至于齐，国人知之。（《左传·哀公六年》）

④当武王邑姜方震大叔，梦帝谓己："余命而子曰虞，将与之唐……"（《左传·昭公元年》）

⑤由周而来，七百有余岁矣。（《孟子·公孙丑下》）

⑥及其长也，无不知敬其兄也。（《孟子·尽心上》）

⑦比其反也，则冻馁其妻子，则如之何？（《孟子·梁惠王下》）

⑧韩秦强弱，在今年耳。（《韩非子·存韩》）

⑨方此时也，尧安在？（《韩非子·难一》）

⑩公将以某日毙。（《吕氏春秋·知接》）

⑪至春，果病。（《史记·扁鹊仓公列传》）

⑫汉家常以正月上辛祠太一甘泉，以昏时夜祠，到明而终。（《史记·乐书》）

（二）处所介词

把宾语引介给谓语以表示处所意义的词叫处所介词。上古汉语常用的处所介词主要有"在""自""及""于（於）""乎""由""缘""从""至""循"等等。表范围，实际是表处所意义的引申，引例不另列。如：

①鱼在在藻，有颁其首。（《诗经·小雅·鱼藻》）

②有朋自远方来，不亦乐乎？（《论语·学而》）

③师冕见，及阶，子曰："阶也。"(《论语·卫灵公》)

④齐郑盟于石门。(《左传·隐公三年》)

⑤王坐于堂上，有牵牛而过堂下者。(《孟子·梁惠王上》)

⑥是故知命者不立乎岩墙之下。(《孟子·尽心上》)

⑦他日由邹之任见季子。(《孟子·告子下》)

⑧以若所为求若所欲，犹缘木而求鱼也。(《孟子·梁惠王上》)

⑨故从山上望牛者若羊，而求羊者不下牵也。(《荀子·解蔽》)

⑩候吏者，追臣至境上，不及而止。(《韩非子·外储说左下》)

⑪荆人弗知，循表而夜涉，溺死者千有余人。(《吕氏春秋·察今》)

(三) 对象介词

把宾语引介给谓语以表示谓语动词所涉及的人或事物等对象意义的词叫对象介词。上古汉语常用的对象介词主要有"于（於）""及""与""为""以""比""由"等等。如：

①言私其豵，献豜于公。(《诗经·豳风·七月》)

②德音莫违，及尔同死。(《诗经·邶风·谷风》)

③与朋友交而不信乎？(《论语·学而》)

④为人谋而不忠乎？(《论语·学而》)

⑤王以巩伯宴，而私贿之。(《左传·成公二年》)

⑥古之人，得志，泽加于民。(《孟子·尽心下》)

⑦寡人耻之，愿比死者一洒之。(《孟子·梁惠王上》)

⑧由君子观之，则人之所以求富贵利达者，其妻妾不羞也，而不相泣者，几希矣。(《孟子·离娄下》)

(四) 工具介词

把宾语引介给谓语以表示工具意义的词叫工具介词。表凭借，实际是表工具意义的引申，引例不另列。上古汉语，常用的工具介词主要有"因""以""将""用""按（案）""循"等等。如：

①天子建德，因生以赐姓，胙之土而命之氏。(《左传·隐公八年》)

②许子以釜甑爨，以铁耕乎？(《孟子·滕文公上》)

③苏秦始将连横说秦惠王曰："大王之国，西有巴蜀、汉中之利，北有胡貉、代马之用……"（《战国策·秦策一》）

④为人臣者，重赋敛，尽府库，虚其国以事大国，而用其威求诱其君。（《韩非子·八奸》）

⑤执后以应前，按法以治众。（《韩非子·备内》）

⑥人臣循令而从事，案法而治官，非谓重人也。（《韩非子·孤愤》）

（五）原因介词

把宾语引介给谓语以表示原因意义的词叫原因介词。上古汉语常用的原因介词主要有"以""为""用""由"等等。如：

①叔豫曰："国多宠而王弱，国不可为也"，遂以疾辞。（《左传·襄公二十一年》）

②天行有常，不为尧存，不为桀亡。（《荀子·天论》）

③用此观之，然则人之性恶明矣。（《荀子·性恶》）

④项羽由此始为诸侯上将军。（《史记·项羽本纪》）

（六）比较介词

把宾语引介给谓语以表示比较意义的词叫比较介词。上古汉语常见的比较介词主要有两个：一个是"于"，另个是"於"。古代"于""於"是两个字，发音也不同，现一律简化为"于"。作为比较介词，上古汉语前期可以用"于"；到了中期以后，多用"於"，不用或少用"于"。如：

①古我先王将多于前功，适于山。（《尚书·盘庚》）

②季氏富於周公。（《论语·先进》）

③楚弱於晋，晋不吾疾也。（《左传·襄公十一年》）

④天下莫强於秦楚，今闻大王欲伐楚，此犹两虎相与斗。（《史记·春申君列传》）

（七）被动介词

把宾语引介给谓语以表示被动意义的词叫被动介词。上古汉语被动介词，常见的也主要有两个：一个是"於"字，另个是"为"字。"为"表示被动意义是后起的，最初是个助动词，后变为介词，是个新生词。如：

①郤克伤於矢。(《左传·成公二年》)

②劳心者治人，劳力者治於人。(《孟子·滕文公上》)

③威王勃然怒曰："叱嗟，而母婢也"，卒为天下笑。(《战国策·赵策三》)

④愿君留意臣之计，否，必为二子所禽。(《史记·淮阴侯列传》)

三、介词的发展

(一) 时间介词的发展

(1) 前面说过，甲骨文时代，时间名词的前面并不一定需要介词的引介才能同谓语动词发生联系。但是到了上古汉语中后期，产生了时间介词之后，情况已有所不同。这些时间介词，依据其词义特点和具体用法，可以分为三类，并且这些类别，就是到了中古、近古时代也都得到了延续。如：

A类：时间介词（表起始）＋宾语。如：

①自古皆有死，民无信不立。(《论语·颜渊》)

②项羽由是始为诸侯上将军，诸侯皆属焉。(《史记·项羽本纪》)

③天地之性，自古有之。(《论衡·书虚》)

④自此，冀之南，汉之阴无垄断焉。(《列子·汤问》)

⑤由此大富，宅遂清宁。(《搜神记》，卷十八)

⑥去后皆见白云起，从旦至暮。(《搜神记》，卷一)

⑦自古执笔为文者，何可胜言？(《颜氏家训·文章》，卷四)

⑧自小上花台，做子弟。(元·关汉卿：《救风尘》，第一折)

⑨从几时来到？(《老乞大》)

⑩因他从小儿跟着太爷出过三四回兵，从死人堆里把太爷背出来了，才得了命。(《红楼梦》，第七回)

B类：时间介词（表终止）＋宾语。如：

①伯夷、叔齐饿于首阳之下，民到于今称之。(《论语·季氏》)

②比及宋，手足皆见。(《左传·庄公十二年》)

③及其更也，民皆仰之。(《孟子·公孙丑下》)

④及项梁渡淮，信杖剑从之，居戏下，无所知名。(《史记·淮阴侯列传》)

⑤及受尧之禅，年已长，智已衰。(《列子·杨朱》)

⑥于时日已向暮，行人断绝，不敢复进。(《搜神记》，卷十六)

⑦到延熹二年，冀举宗合诛。(《搜神记》，卷六)

⑧比晓，虏骑夹发，赖秀纵兵力战，虏乃退还虎牢。(《宋书·鲁爽传》)

⑨太保居在正始中，不在能言之流。(《世说新语·德行》)

⑩凡作鱼酱肉酱，皆以十二月作之。(《齐民要术·作酱等法》，卷八)

⑪上书陈事，起自战国，逮于两汉，风流弥广。(《颜氏家训·省事》，卷五)

⑫第二胎生了一位小姐，生在大年初一。(《红楼梦》，第二回)

C类：时间介词(表当时)＋宾语。如：

①方此时也，尧安在?(《韩非子·难一》)

②会其怒，不敢献，公为我献之。(《史记·项羽本纪》)

③当此时，诸郡县苦秦吏者，皆刑其长吏，杀之以应陈涉。(《史记·陈涉世家》)

④少顷，当东郭牙至，管仲曰："此必是已。"(《论衡·知实》)

⑤方其荒于酒也，不知世道之安危，人理之悔吝。(《列子·杨朱》)

⑥会王弘、华、昙首相系亡，景仁引湛还朝，共参政事。(《宋书·侯景仁传》)

⑦值祥私起，空斫得被。(《世说新语·德行》)

⑧值天大雨，屋舍淋漏，水土俱下，堕其眼中。(《百喻经·为二妇故丧其两目喻》)

⑨方其幼也，父母左提右挈，前襟后裾，食则同案，衣则传服。(《颜氏家训·兄弟》，卷一)

⑩下宫当见此诗，心胆俱碎。(唐·张鷟：《游仙窟》)

值得注意的是，这C类，上古汉语里并不常见，是中古汉语以后才逐渐发展起来的。

(2) 和上面相关联的，就是中古汉语以后，上述 A、B、C 三类介词，其宾语后面又常常缀以表示时限的名词，扩充了时间状语结构，使表达更加细致而精密。如：

A类：时间介词（表起始）＋宾语＋后/之后/已（以）后/来/已（以）来/上。如：

①自此之后，范氏门徒路遇乞儿马医，弗敢辱也，必下车而揖之。（《列子·黄帝》）

②我从十二年来，求女人相了不可得，当何所转？（《维摩诘经·观众生品》，卷中）

③自建义已后，京师频有大兵，此戏遂隐也。（《洛阳伽蓝记·景乐寺》，卷一）

④自从出家后，渐得养生趣。（唐·寒山子：《寒山诗·自从》，第七二〇）

⑤一从会昌元年已来，经功德使通状请归本国，计有百余度。（唐·〔日〕释圆仁：《入唐求法巡礼行记》，卷四）

⑥一自鹅山成道后，迄至于今。（《祖堂集》，卷七）

⑦自兹已后，门人更不取闭。（《祖堂集》，卷二）

⑧不知自孔孟以后，千数百年间，读书底更不子细把圣人言语略思量。（《朱子语类·训门人》）

⑨如伏羲、神农、黄帝，从有天地以来，为头儿立这个教人的法度。（元·许衡：《鲁斋遗书·直说大学要略》，卷三）

⑩母亲自二十上守寡，经今六十二岁。（元·无名氏：《小张屠焚儿救母》，楔子）

⑪自女儿嫁去之后，并不与他往来。（明·朱有燉：《团圆梦》，第二折）

⑫从此后，薛家母女就在梨香院住了。（《红楼梦》，第四回）

B类：时间介词（表终止）＋宾语＋顷/时/后/之后/已（以）来/时候。如：

①比得药顷，王要莫看。（《百喻经·医与王女药令卒长大喻》）

②及其死后，诸子争财，兄遂杀弟。（《颜氏家训·治家》，卷一）

③及至登极已来，全无子息。（变文《叶净能诗》）

④比及闻秦以来，将李松召保疏放。（《元典章·前集刑部》）

⑤但世人一见了功名，便舍着性命去求他，及至到手之后，味同嚼蜡。（《儒林外史》，第一回）

⑥到了早饭时候，为头的申祥甫带了七八个人走了进来，左殿上拜了佛。（《儒林外史》，第二回）

⑦至掌灯时，凤姐卸了妆，来见王夫人。（《红楼梦》，第七回）

C类：时间介词（表当时）＋宾语＋时/之时。如：

①当佛现此国土严净之时，宝积所将五百长者子，皆得无生法忍。（《维摩诘经·佛国品》，卷上）

②此杖轻重不定，值有重时，百人不举；值有轻时，一人胜之。（《洛阳伽蓝记·凝玄寺》杨注，卷五）

③唯当鬓发时，行住须努力。（唐·寒山子：《寒山诗·浩浩》，第六十四）

（3）到了中古汉语，随着大量复音词的产生，汉语介词也产生了一定数量的复音介词。其中就包含了复音时间介词。复音时间介词，上述的A、B、C三类词中，盖以A、B两类居多。如：

A类：

①自从到此天台境，经今早度几冬春。（唐·寒山子：《寒山诗·自从》，第二一二）

②一自遁寒山，养命餐山果。（唐·寒山子：《寒山诗·一自》，第一七一）

③自从一别音书绝，忆君愁肠气欲绝。（变文《伍子胥变文》）

④一自夫人受戒饭，命终身谢见无期。（变文《欢喜国王缘》）

⑤自从一见曹溪后，了知生死不相干。（《祖堂集》，卷三）

⑥自从你前辰去了，直等到日色昏暮。（《刘知远诸宫调》，第二）

B类：

①比及剪遍，初者还复，周而复始，日日无穷。（《齐氏要术·种葵》，卷三）

②若以理慎护，及至霜下叶干，子乃尽矣。（《齐民要术·种瓜》，卷二）

③比至七月，耕数遍。（《齐民要术·种葱》，卷三）

④比及数岁，可省答罚。（《颜氏家训·教子》，卷一）

⑤及至冠婚，体性稍定，因此天机，倍须训诱。(《颜氏家训·勉学》，卷三)

⑥及至问著他那里是好处，元不曾识。(《朱子语类·训门人》)

⑦及至见人，口里则说道俺做好公事。(元·许衡：《鲁斋遗书·直说大学要略》，卷三)

⑧比及你卖布的其间，我买些羊，到涿州地面卖去。(《老乞大》)

C类：

①会当被缚，手不能堪芒也。(《世说新语·规箴》)

②会值其夫聘使邻国，妇密为计，造毒药丸，欲用害夫。(《百喻经·五百欢喜丸喻》)

③适会此日岳神在庙中阙第三夫人，放到店中，夜至三更，使人娶之。(变文《叶净能诗》)

④适值我婆婆患病，着小妇人安排羊肚汤儿吃。(元·关汉卿：《窦娥冤》，第二折)

⑤适值江西宁王反乱，各路戒严。(《儒林外史》，第八回)

(二) 处所介词的发展

古代处所介词的发展，应注意五个问题：

(1) 上古汉语处所介词，根据其词义特点和具体用法，可以分为五类。这五类词，其用法在中古和近古汉语里都得到了延续。如：

A类：处所介词（表起始）＋宾语。如：

①有命自天，命此文王，于周于京。(《诗经·大雅·大明》)

②至湖，望见车骑从西来。(《史记·范睢蔡泽列传》)

③夫人生于人，非生于土也。(《论衡·书虚》)

④后稷生乎巨迹，伊尹生乎空桑。(《列子·天瑞》)

⑤吾从道场来。(《维摩诘经·菩萨品》，卷上)

⑥王恭从会稽还，王大看之。(《世说新语·德行》)

⑦仆从汧陇，奉使河源。(唐·张鷟：《游仙窟》)

⑧功德自心作，福与功德别。(唐·法海：《六祖坛经》)

⑨老人从何而来？(变文《舜子变》)

⑩大哥，你从那里来？（《老乞大》）

B类：处所介词（表所向）＋宾语。如：

①秦伯素服郊次，乡师而哭。（《左传·僖公三十三年》）

②于是焉，河伯始旋其面目，望洋向若而叹曰："野语有之曰：'闻道百，以为莫己若'者，我之谓也。"（《庄子·秋水》）

③汝等语人如有不能自决了者，向彼决疑，必是不可思议，即知佛法宗旨。（《神会语录》）

④（新妇）含笑即归向家，与夫相见。（变文《秋胡变文》）

⑤良臣等亲见人马出杨州东门，望（往）瓜州去。（宋·徐梦莘：《三朝北盟会编·绍兴甲寅通和录》，卷一六二）

⑥我向前打那抬轿的小厮道："你这等欺我。"（元·关汉卿：《救风尘》，第二折）

⑦上马往那里去？（《朴通事》）

C类：处所介词（表经由）＋宾语。如：

①太保承介圭，上宗奉同瑁，由阼阶隮。（《尚书·顾命》）

②若出于东方，观兵于东夷，循海而归，其可也。（《左传·僖公四年》）

③夫义，路也；礼，门也，惟君子能由是路出入是门也。（《孟子·万章下》）

④是岁，长沙有人死，经月复活。（《后汉书·献帝纪》）

⑤承之缘路收合士众，得精兵千人。（《宋书·萧思话传》）

⑥廿二日，粥后傍北台东腹，向东北逦迤下坂，寻岭东行廿里许，到上米普通院。（唐·〔日〕释圆仁：《入唐求法巡礼行记》，卷三）

D类：处所介词（表终止）＋宾语。如：

①鸡鸣狗吠相闻，而达乎四境，而齐有其民矣。（《孟子·公孙丑上》）

②尧禅天下，虞舜受之，作为食器，斩山木而财之，削锯修其迹，流漆墨其上，输之于宫以为食器。（《韩非子·十过》）

③引锥其股，血流至足。（《战国策·秦策一》）

④故放鱼于川，纵兽于山，从其性命之欲也。（《论衡·自然》）

⑤杨朱南之沛，老聃西游于秦。（《列子·黄帝》）

⑥将来之世，入于地狱。（《百喻经·医治脊偻喻》）

⑦昔有野人，来至田里。(《百喻经·比种田喻》)

⑧忽有一客买柴，遂领惠能至于官店。(唐·法海:《六祖坛经》)

⑨恐驴踏着，移于碾东北房门东放下。(《元典章·前集刑部》)

⑩那邢夫人答应了，遂带着黛玉和王夫人作辞，大家送至穿堂。(《红楼梦》，第三回)

E类:处所介词(表存在)＋宾语。如:

①王在在镐，岂乐饮酒?(《诗经·小雅·鱼藻》)

②昔者海鸟止于鲁郊，鲁侯御而觞之于庙。(《庄子·至乐》)

③舜南治水，死于苍梧。(《论衡·书虚》)

④杨朱游于鲁，舍于孟氏。(《列子·杨朱》)

⑤孔子自卫反鲁，息驾乎河梁而观焉。(《列子·说符》)

⑥义康在安成读书。(《宋书·武二王传》)

⑦卿一宗在朝有几人?(《世说新语·规箴》)

⑧昔有一猕猴持一把豆，误落一豆在地，便舍手豆，欲觅其一。(《百喻经·猕猴把豆喻》)

⑨不自见己过，如猪在圈卧。(唐·寒山子:《寒山诗·三界》，第三三五)

⑩岩头和尚嗣德山，在鄂州唐宁住。(《祖堂集》，卷七)

⑪使了自己好金银，将你撇在这搭里。(元·无名氏:《杀狗劝夫》，第二折)

⑫我怎么坐在这里?(《儒林外史》，第三回)

(2) 从上古汉语起，A、B、C、D、E五类介词之后的宾语，其后还可缀以方位名词。这样，就使得表处所的介词结构更具独立性，动介更加分明，句子的表达也更加细致而缜密。如:

A类:处所介词(表起始)＋宾语＋上/下/中/间/顶/上头/底下/里/内/外。如:

①从山下望木者，十仞之木若箸，而求箸者不上折也。(《荀子·解蔽》)

②吴王从台上观，见且斩爱姬，大骇。(《史记·孙子吴起列传》)

③有一人从石壁中出，随烟烬上下，众谓鬼物。(《列子·黄帝》)

④于时微雪，(孟)昶于篱间窥之，叹曰:"此真神仙中人!"(《世说新

语·企羡》)

⑤弹棋始自魏宫内。(《世说新语·巧艺》)

⑥尔时此人过在门外,闻作是语,更生瞋恚。(《百喻经·说人喜瞋喻》)

⑦从台顶向东直下半里地,于峻崖上有窟,名为那罗延窟。(唐·〔日〕释圆仁:《入唐求法巡礼行记》,卷三)

⑧陵母从楚营内乘一朵黑云,空中惭谢皇帝。(变文《汉将王陵变》)

⑨教人的勾当,先从这孝道里生出来。(元·贯云石:《孝经直解·开宗明义》,第一)

⑩那诚意、格物、致知都从这上头做根脚来。(元·许衡:《鲁斋遗书·直说大学要略》,卷三)

⑪郑屠大怒,两条忿气从脚底下直冲到顶门。(《水浒传》,第三回)

B类:处所介词(表所向)+宾语+中/内/里/外/上/下/边。如:

①你发迹后,俺向鼻内呷三斗三升酽醋。(《刘知远诸宫调》,第二)

②你向粉阴中权且歇波!(元·无名氏:《小张屠焚儿救母》,第二折)

③见一个耍蛾儿来往,向烈焰上飞腾。(元·关汉卿:《诈妮子调风月》,第三折)

④那厮鼻中残涕望着我这耳根边喷。(元·高文秀:《黑旋风》,第一折)

⑤一棒望小腿上打着,李贵叫一声,辟然倒地。(明·洪楩:《清平山堂话本:杨温拦路虎传》)

⑥李吉解那搭膊,望地下只一抖,那封回书和银子都抖出来。(《水浒传》,第二回)

⑦自此,聚的钱不买书了,托人向城里买些胭脂铅粉之类,学画荷花。(《儒林外史》,第一回)

⑧雨村向窗外看道:"天也晚了,仔细关了城,我们慢慢进城再谈,未为不可。"(《红楼梦》,第二回)

C类:处所介词(表经由)+宾语+中/上。如:

①今日到来,经由我村中过,却不拿你,到放你过去。(《水浒传》,第二回)

②那日清早,才坐在那里,只见许多男女,啼啼哭哭,在街上过。(《儒林外史》,第一回)

D类：处所介词（表终止）＋宾语＋前/中/上/下/里/里面/面前。如：

①尔时，五百阿罗汉于佛前得授记已，欢喜踊跃，即从座起，到于佛前，头面礼足，悔过自责。（《法华经·五百弟子授记品》，卷四）

②昔有人乘船渡海，失一银钗，堕于水中。（《百喻经·乘船失钗喻》）

③譬如野干，在于树上，风吹枝折，堕其脊上，即便闭目，不欲看树。（《百喻经·野干为折树枝所打喻》）

④上界帝释密降银钱伍百文，入于井中。（变文《舜子变》）

⑤寻来寻去，寻到灶前，只见浑家倒在地下。（明·冯梦龙：《喻世明言·宋四公大闹禁魂张》，第三十六卷）

⑥赵正是平江府人，会弄水，打一跳，跳在溪水里。（明·冯梦龙：《喻世明言·宋四公大闹禁魂张》，第三十六卷）

⑦那人入到茶坊里面坐下。（《水浒传》，第三回）

⑧茶博士点个泡茶，放在史进面前。（《水浒传》，第三回）

E类：处所介词（表存在）＋宾语＋上/下/中/边/前/后/前后/里/内/外/中间。如：

①在家每夜常于床上行脚，家人窃异之，而莫晓其意。（《宋书·顾觊之传》）

②初在青州，常所用铜斗，覆在药厨下，忽于斗下得二死雀。（《宋书·萧思话传》）

③母王夫人在壁后听之。（《世说新语·文学》）

④树在道边而多子，此必苦李。（《世说新语·雅量》）

⑤宣武与简文、太宰共载，密令人在舆前后鸣鼓大叫。（《世说新语·雅量》）

⑥慎勿于大豆地中杂种麻子。（《齐民要术·种麻子》，卷二）

⑦不能裁断，便在二妇中间，正身仰卧。（《百喻经·为二妇故丧其两目喻》）

⑧世宗在海内作蓬莱山。（《洛阳伽蓝记·建春门》，卷一）

⑨不得已，庐于舍外，旦入而洒扫。（《颜氏家训·后娶》，卷一）

⑩惠可在堂前立，其夜雪下至惠可要，惠可立不移处。（《神会语录》）

⑪这人姓王名冕，在诸暨县乡村里住。（《儒林外史》，第一回）

（3）随着语言发展，中古汉语以后，处所介词的用法有所扩展，即介词由表处所义向表范围义迅速扩展。应指出，这个过程从上古汉语末期已经开始。如：

①项氏世世将家，有名于楚。（《史记·项羽本纪》）

②民勇于公战，怯于私斗，乡邑大治。（《史记·商君列传》）

③孔子称命，孟子言天，吉凶安危，不在于人。（《论衡·自纪》）

④发白齿落，用精于学。（《论衡·书虚》）

⑤子贡倦于学，告仲尼曰："愿有所息。"（《列子·天瑞》）

⑥准之兼明孔传，赡于文辞。（《宋书·王准之传》）

⑦时人目庾中郎："善于托大，长于自藏。"（《世说新语·赏誉》）

⑧（李）彪、（常）景出自儒生，居室俭素。（《洛阳伽蓝记·正始寺》杨注，卷二）

⑨如来减度之后，众圣潜形于像法中。（变文《庐山远公话》）

⑩果然英雄出于少年，到省试，高高中了。（《儒林外史》，第七回）

（4）随着语言发展，大约从中古汉语后期开始，直到近古汉语，又产生许多新的处所介词。这些新生的处所介词，在 A、B、C、D、E 各类中都有反映。如：

A类：

①道安答曰："向远公上足弟子云庆和尚处得来。"（变文《庐山远公话》）（向：从。）

②当时孔子为鲁君不用，就鲁国便去周流齐、蔡、赵、宋、陈、楚、卫七国。（元·许衡：《鲁斋遗书·直说大学要略》，卷三）（就：从。）

③赵正道："少待则个"，就脊背上取将包裹下来。（明·冯梦龙：《喻世明言·宋四公大闹禁魂张》，第三十六卷）（就：从。）

④王千户打背后来，扯了我一把刀儿。（《朴通事》）（打：从。）

⑤因年至五旬时尚无儿女，便向着养生堂抱了一个儿子和一个女儿。（《红楼梦》，第八回）（向：从。）

⑥你打这边绕到后衙门上找就是了。（《红楼梦》，第六回）（打：从。）

⑦周瑞家的在内忙迎出来，问："是那位?"（《红楼梦》，第六回）（在：从。）

B类：

①斐方向壁卧，闻王使至，强回视之。（《世说新语·容止》）（向：朝着。）

②夫人闻说，遂向山中，礼拜此僧，乞延寿命。（变文《欢喜国王缘》）（向：朝着。）

③绘等答："在杨州，来时却往镇江去，不见得有多少军马。"（宋·徐梦莘：《三朝北盟会编·绍兴甲寅通和录》，卷一六二）（往：向。）

④徽宗闻言甚喜，即时同高俅、杨戬望李氏宅来。（《宣和遗事》）（望：通"往"，向。）

⑤一个一个的大团子往天井里滚。（《儒林外史》，第十六回）（往：向。）

⑥这里是五路总头，是打那条路去好？（明·冯梦龙：《警世通言·崔待诏生死冤家》，第八卷）（打：朝，向。）

⑦鲁智深跳将起来，寻了包裹，跨了戒刀，拿了禅杖，拽开脚手，投东京往走。（《水浒传》，第五回）（投：朝，向。）

⑧一日，日中时分，王冕从母亲坟上拜扫回来，只见十几骑马竟投他村来。（《儒林外史》，第一回）（投：朝，向。）

⑨一个太医看我小肚皮上使一针。（《朴通事》）（看：朝，向。）

⑩我每问天上求讨大元皇帝一统天下来。（明·哈铭：《正统临戎录》）（问：向。）

⑪因感伤怀抱，问酒保借笔砚来，乘着一时酒兴，向那白粉壁上写下八句五言诗。（《水浒传》，第十一回）（问：向。）

⑫皇甫殿直拿箭簳子竹，去妮子腿上便摔，摔得妮子杀猪也似叫。（明·洪楩：《清平山堂话本·简贴和尚》）（去：朝，向。）

⑬鲁达大怒，又开五指，去那小二脸上只一掌，打的那店小二口中吐血。（《水浒传》，第三回）（去：朝，向。）

C类：

①有常州无锡悬（县）令张令将妻及男女于华岳神前过。（变文《叶净能诗》）（于：从，经，由。）

②虫儿打街上过来，众人言道："孙大郎与孙二似一个印合脱下来的。"（元·无名氏：《杀狗劝夫》，楔子）（打：从，经，由。）

③因打此梁山经过，有我八拜交的哥哥晁盖，知某有难，领偻罗下山将解人打死，救某上山。（元·高文秀：《黑旋风》，第一折）（打：从，经，由。）

④那日清早，才坐在那里，只见许多男女，啼啼哭哭，在街上过。（《儒林外史》，第一回）（在：从，经，由。）

⑤府县老爷们，大凡往那里过，都要进来磕头。（《儒林外史》）（往：从，经，由。）

D类：

①吴王即令急使，向市中迎召贤臣。（变文《伍子胥变文》）（向：到。）

②使人闻唤，下马离鞍，向前礼拜。（变文《叶净能诗》）（向：到。）

③杀父杀母，佛前忏悔；杀佛杀祖，向什么处忏悔？（宋·圜悟克勤：《碧岩录》，卷一）（向：到。）

④宋四公夜至三更前后，向金梁桥上四文钱买两只焦酸馅，揣在怀里。（明·冯梦龙：《喻世明言·宋四公大闹禁魂张》，第三十六卷）（向：到。）

⑤杨三官人到这岳庙烧香，参拜了献台上社司、部署。（明·洪楩《清平山堂话本·杨温拦路虎传》，第一回）（到：往。）

⑥这是你凤姐姐的屋子，回来你好往这里找他去。（《红楼梦》，第三回）（往：到。）

E类：

①至八日，（诸像）以次入宣阳门，向阊阖宫前受皇帝散花。（《洛阳伽蓝记·景明寺》，卷三）（向：在。）

②每夜见赤光行于堂前，如此者非一。向光明所掘地丈余，得黄金百斤。（《洛阳伽蓝记·大统寺》杨注，卷三）（向：在。）

③见一女子，向水侧浣衣。（唐·张鷟：《游仙窟》）（向：在。）

④夜至三更，不令人见，遂向南廊下中间壁上题作呈心偈，欲求于法。（唐·法海：《六祖坛经》）（向：在。）

⑤隐士遁人间，多向山中眠。（唐·寒山子：《寒山诗·隐士》，第二六八）（向：在。）

⑥忽因一日，在于山间，白庄于东岭之上安居，这公向两坡上止宿。（变文《庐山远公话》）（向：在。）

⑦兄弟之子已孤，与他人言，对孤者前，呼为兄子弟子，颇为不忍。（《颜氏家训·风操》，卷二）（对：在。）

⑧净能见苦推辞，对皇帝前乃作色怒："思此道士，终须议斩首。"（变文《叶净能诗》）（对：在。）

⑨箭既离弦，不东不西，况雕前翅过。（变文《韩擒虎话本》）（况：通"向"，在。）

⑩梁普通八年到此土来，向少林寺里冷坐地，时人唤作壁观婆罗门。（《祖堂集》，卷十三）（向：在。）

⑪此处便是分水岭，不向此中为界，更向何处为界？（宋·李焘：《续资治通鉴长编》，卷二六五）（向：在。）

⑫只是说谎不着实的人向圣人面前不敢尽意说他那妄诞的虚辞。（元·许衡：《鲁斋遗书·大学直解》，卷四）（向：在。）

（5）同时间介词一样，处所介词在发展中也出现一些复音处所介词，但是数量不是很多，还不足以形成一种趋势或倾向。如：

①惟愿世尊，在于他方，遥见守护。（《法华经·劝持品》，卷四）

②阿姊见成亲，心里喜欢非常，到于宫中，拜贺父母。（变文《丑女缘起》）

③也先太师在于地名九十九个海子放鹰。（明·哈铭：《正统临戎录》）

④次日，到于宣府，住歇一日。（明·哈铭：《正统临戎录》）

⑤那牛车走行了，来的力猛，足有四五千斤，车毂恰好打从膀子上过。（《儒林外史》，第十二回）

⑥贾母有了年纪的人，打从宝玉病起，日夜不宁，今又大痛一阵，已觉头晕身热。（《红楼梦》，第九十八回）

（三）对象介词的发展

汉语对象介词最为丰富。关于对象介词的发展问题，以下两点值得注意：

1. 从一词多用、一用多词到专词专用

古代汉语虚词，从使用上说，有两个最显著的特点：一是一词多用；二是一用多词。前者，在上古汉语里是个非常普遍的现象；后者，多半是属于

发展中的问题，即老词老用法同新词新用法有着历史性的重叠。大家知道，虚词是汉语非常重要的语法手段。从理论上说，专词专用或一词一用应是最为合理的。但事实是，很难做到这一点。任何一种语言规律都很难是模式化地复制出来。不过，从大量的语言事实中，我们也不难发现，随着语言的历史发展，随着语言表达精密度的日益提高，汉语规范的趋势总是存在的。

汉语对象介词，古代最常用的形式有"于（於）""与""共""同""和""跟""为（wèi）""替""向""从""问""对"诸词。而这些词，最常见的用法有表直指、表对待、表协同、表承受和表所向等等。

（1）一词多用。如：

于（於）：表直指、表对待、表所向

①古之人，得志，泽加于民。（《孟子·尽心上》）

②沛公居山东时，贪于财货，好美姬。（《史记·项羽本纪》）

③采玉者心羡于玉。（《论衡·超奇》）

④住在一面，欣乐瞻仰于二世尊。（《法华经·从地涌出品》，卷五）

⑤菩萨云何观于众生？（《维摩诘经·观众生品》，卷中）

⑥才情过于所闻。（《世说新语·赏誉》）

⑦牧羊之人，未见于妇，闻其已生，心大欢喜，重与彼物。（《百喻经·牧羊人喻》）

⑧我与前人同买于汝，云何独尔？（《百喻经·五人买婢共使作喻》）

⑨今谁念于汝，苦痛哭苍天？（唐·寒山子：《寒山诗·妇女》，第七十三）

⑩楚王捕逐于子，捉获赏赐千金。（变文《伍子胥变文》）

例①—⑩，介词"于"表直指，即"于"前动词所体现的动作、行为直接触及宾语所体现的人或事物上。古代汉语的及物动词，如果带宾语，在正常情况下，宾语前是不加"于"字的。如果加了"于"字，这说明是及物动词在向不及物动词（状态动词）转化的过程中展现出了一种自我"弱化"现象。加了"于"字，就弱化了动词和宾语之间的语义联系，使动词逐渐变为一种状态动词。对此，我们在动词史部分，已经作了交代。又如：

①且矫魏王令，夺晋鄙兵以救赵，于赵则有功矣，于魏则未为忠臣也。（《史记·魏公子列传》）

②荆轲之间，何罪于秦而尽诛之？（《论衡·语增》）

③凡夫于佛法有返覆，而声闻无也。（《神会语录》）

④于汝则好，于我则嫌。（《祖堂集》，卷十四）

例①—④，介词"于"表对待。又如：

①（吴起）尝学于曾子，事鲁君。（《史记·孙子吴起列传》）

②王公子问于桓君山以扬子云。（《论衡·超奇》）

③晏平仲问养生于管夷吾。（《列子·杨朱》）

④老成子学幻于尹文先生，三年不告。（《列子·周穆王》）

⑤陈元方子长文，有英才，与季方子孝先各论其父功德，争之不决，咨于太丘。（《世说新语·德行》）

⑥（王）绘艴然，私于良臣曰："如此则使人并无责任，吾辈何辜？"（宋·徐梦莘：《三朝北盟会编·绍兴甲寅通和录》，卷一六一）

例①—⑥，介词"于"表所向。以上是对象介词"于（於）"的三种用法。在发展中，至少第一种用法已遭彻底淘汰，至于第二、第三种用法，后来也多为"对""对于""向"所代替，趋于专词专用。

与：表协同、表承受、表所向

①秦皇帝东游，良与客狙击秦皇帝博浪沙中，误中副车。（《史记·留侯世家》）

②年五十击壤于路，与竖子未成人者为伍，何等贤者？（《论衡·艺增》）

③黄帝与炎帝战于阪泉之野。（《列子·黄帝》）

④大事可与沈庆之参决。（《宋书·武三王传》）

⑤元宝与子渊同戍三年，不知是洛水之神也。（《洛阳伽蓝记·大统寺》杨注，卷三）

⑥昔有父子与伴共行。（《百喻经·为熊所啮喻》）

⑦吾在益州，与数人同坐，初晴日冕，见地上小光。（《颜氏家训·勉学》，卷三）

⑧（北台东北脚）向东四十余里，便与东台西脚相连。（唐·［日］释圆仁：《入唐求法巡礼行记》，卷三）

⑨从前可惜与伊供炭米，今朝却与别人欢。（《宣和遗事》）

⑩若是死时，与你们同死，活时同活。（《水浒传》，第三回）

例①—⑩，介词"与"表协同。又如：

①譬如五人共买一婢，其中一人语此婢言："与我浣衣。"（《百喻经·五人买婢共使作喻》）

②其寺诸尼，帝城名德，善于开导，工谈义理，常入宫与太后说法。（《洛阳伽蓝记·胡统寺》，卷一）

③卿有何计，与朕煞之？（变文《叶净能诗》）

④唤来与老僧洗脚。（《祖堂集》，卷十八）

⑤我爹和娘要教你与我做老婆。（《张协状元》，第十二出）

⑥张千，你与我掌上灯。（元·关汉卿：《窦娥冤》，第四折）

⑦我见你家艰难，好心来与你保这头亲事。（明·朱有燉：《团圆梦》，第一折）

⑧我们吃了时，与他将些去。（《老乞大》）

⑨哥哥与我做主报仇。（《水浒传》，第五回）

⑩另取出一件中衣，与宝玉换上。（《红楼梦》，第六回）

例①—⑩，介词"与"表承受。又如：

①姚观察道："与他弹压，不可交乱，恐坏了这军人马。"（《王俊首岳侯状》）

②孩儿，我与你说："若见哥哥，不要大惊小怪。"（元·无名氏：《小孙屠》，第十四出）

③万秀娘移步下来，款款地摇觉尹宗道："哥哥，有三二句话与哥哥说。"（明·冯梦龙：《警世通言·万秀娘仇报山亭儿》，第三十七卷）

④二人惊惧，与我磕头。（明·哈铭：《正统临戎录》）

例①—④，介词"与"表所向。以上是对象介词"与"的三种用法。发展中，第一种用法后为更口语化的"和"字代替；第二种用法被"为"（wèi）字代替；第三种用法后为更口语化的"对"或"向"字代替。事实证明，总的发展趋势也是专词专用。

（2）一用多词。如：

表协同：与/共/同/和/跟

①臣与将军戮力而攻秦。（《史记·项羽本纪》）

②明日，列子与之见壶子。（《列子·黄帝》）

③安帝之崩也，高祖使韶之与帝左右密加酖毒。(《宋书·王韶之传》)

④顾悦与简文同年，而发蚤白。(《世说新语·言语》)

⑤（惠可）遂与菩提达摩相随至嵩山少林寺。(《神会语录》)

⑥此山与诸山亦不同。(变文《秋胡变文》)

⑦好个阇梨，为什摩却与畜生作伴子？(《祖堂集》，卷十八)

⑧五月二十九日，北朝皇帝与皇子各变服来帐前。(宋·李焘：《续资治通鉴长编》，卷二六五)

例①—⑧，"与"字例。又如：

①雇汝除粪，我等二人，亦共汝作。(《法华经·信解品》，卷二)

②榆生，共草俱长，未须料理。(《齐民要术·种榆、白杨》，卷五)

③我今共汝极成亲爱，便为一体，更无有异。(《百喻经·牧羊人喻》)

④昔吾尝共人谈书，言及王莽形状。(《颜氏家训·勉学》，卷三)

⑤下官不能赌酒，共十娘赌宿。(唐·张鷟：《游仙窟》)

⑥子胥领兵共越兵交战，杀越兵夫，横尸遍野。(变文《伍子胥变文》)

⑦所谓共君一夜话，胜读十年书。(《朱子语类·训门人》)

⑧杨官人道："我敢共都头使棒。"(明·洪楩：《清平山堂话本·杨温拦路虎传》)

例①—⑧，"共"字例。又如：

①四顾晴空里，白云同鹤飞。(唐·寒山子：《寒山诗·闲游》，第一六七)

②日同舜弼游屏山归，因说山园甚佳。(《朱子语类·训门人》)

③阿骨打云："敢去时煞好，来早同我家使臣前去。"(宋·徐梦莘：《三朝北盟会编·茅斋自叙》，卷十三)

④去时同着母亲去，归时只有独自（归）。(元·无名氏：《小孙屠》，第十四出)

⑤次日，也先差伯颜帖木儿等，自领人马同圣驾到大同。(明·哈铭：《正统临戎录》)

⑥朱贵同林冲上了岸。(《水浒传》，第十一回)

⑦我今便同你一齐到娄府去。(《儒林外史》，第十二回)

⑧你先同你宝叔叔过去罢。(《红楼梦》，第十一回)

例①—⑧，"同"字例。又如：

①风雷若顺，此人发迹，定和您也做官寮。(《刘知远诸宫调》，第一)

②我和媳妇儿说知，我往城外赛卢医家索钱去也。(元·关汉卿：《窦娥冤》，第一折)

③我向这破窑中和月待黄昏。(元·无名氏：《杀狗劝夫》，第一折)

④我和你说的话，如今怎的？(明·钱谦益：《牧斋初学集》，卷一〇四)

⑤我和你从小夫妇，你去后，何曾有人和我吃酒？(明·洪楩：《清平山堂话本·简帖和尚》)

⑥殿下在庭心里和小黄门踢气毬，你自过去。(《水浒传》，第二回)

⑦你和方才这梅玖是同门么？(《儒林外史》，第七回)

⑧少什么东西只管和他说就是了。(《红楼梦》，第三回)

例①—⑧，"和"字例。又如：

①因何认得他？我比先曾跟一个闲汉去投奔他，因此我认得。(《水浒传》，第十八回)

②我明儿也要剃了头，跟他作姑子去呢。(《红楼梦》，第七回)

③婆子笑道："我们只在太太屋里看屋子，不大跟太太姑娘出门，所以姑娘们都不大认得。"(《红楼梦》，第八十二回)

④什么王八旦的客，有胆子的出来跟三爷碰碰，没胆子的替我四个爪子一齐望外扒！(《老残游记》，第十九回)

例①—④，"跟"字例。

以上表协同的对象介词，"与"，产生于上古汉语，中古汉语也一直沿用；"共""同"，主要产生和应用于中古汉语；"和""跟"，主要产生和应用于近古汉语里。其中的"跟"，作为介词，产生得最晚。"跟"，原为动词，有跟从义。《水浒传》《红楼梦》中的介词"跟"，仍带有点儿"跟从"味道，如上例①—③所示。孙锡信先生说："'跟'虚化为纯粹的介词，即不带'跟从'义，如'跟他说话'的'跟'，是现代汉语中完成的。"① 这话是很有道理的。

表承受：与/为（wèi）/替/给/馈

①昔有一人，贫穷困乏，与他客作，得粗褐衣而被著之。(《百喻经·贫

---

① 孙锡信：《汉语历史语法要略》，复旦大学出版社 1992 年版，第 196 页。

人烧粗褐衣喻》)

②子胥得闻此语，即与鱼人看船。(变文《伍子胥变文》)

③皇帝闻奏，拍按(案)大惊："与寡人诏张良。"(变文《汉将王陵变》)

④与老僧造个无缝塔。(《祖堂集》，卷三)

⑤与我请夫人出来。(《张协状元》，第四十二出)

⑥你与我取几瓶酒去。(《宣和遗事》)

⑦望大人与小人做主咱。(元·关汉卿:《窦娥冤》，第二折)

⑧我肚里饿，崔大夫与我买点点心来吃。(明·冯梦龙:《警世通言·崔待诏生死冤家》，第八卷)

⑨我与你寻一个门当户对的好女婿罢。(明·朱有燉:《团圆梦》，楔子)

⑩你去房中将息，我与你去拿那贼秃来。(《水浒传》，第六回)

例①—⑩，"与"字例。又如:

①为人谋而不忠乎?(《论语·学而》)

②夫乘不肖人于势，是为虎傅翼也。(《韩非子·难势》)

③广陵人召平，于是为陈王徇广陵，未能下。(《史记·项羽本纪》)

④泗水无知，为孔子却流，天神使之。(《论衡·书虚》)

⑤纪渻子为周宣王养斗鸡。(《列子·黄帝》)

⑥吾当为汝分别解说。(《法华经·方便品》，卷一)

⑦魏明帝为外祖母筑馆于甄氏。(《世说新语·言语》)

⑧吾为太原王报仇，终不归降。(《洛阳伽蓝记·永宁寺》杨注，卷一)

⑨昨来何以至，为吾暂时出。(唐·寒山子:《寒山诗·有鸟》，第二十六)

⑩弟子身患风疾，诸和尚为弟子忏悔。(《祖堂集》，卷二)

⑪早辰(晨)临鸾此情伤，我不为爹来不为娘。(《张协状元》，第二十出)

⑫我为你改了名，唤做郭威。(《新编五代史平话·周史平话上》)

例①—⑫，"为"字例。又如:

①为他作保见，替他说道理。(唐·拾得:《拾得诗·世上》，第十三)

②秀秀道:"当日众人都替你喝采:'好对夫妻!'你怎地到忘了?"

（明·冯梦龙：《警世通言·崔待诏生死冤家》，第八卷）

③为是小二哥不识字，央我替他抄了半个月。（《水浒传》，第十八回）

④陆书吏，你馈我写一个状子。（《朴通事》）

⑤母亲替他理理衣服。（《儒林外史》，第一回）

⑥行李铺盖也叫他们给你送出来。（《二十年目睹之怪现状》，第十七回）

例①—⑥，"替""给""馈"例。

以上表承受的对象介词，"与"当是从动词的施与义虚化而成。介词"与"，主要产生、应用于中古汉语。"为"，作为介词，上古汉语时已经产生，此后中古、近古汉语里，"为"的表承受用法也都继承下来。"替"的表承受用法产生于唐代，是从动词替代义虚化而成。"馈"的表承受用法，可能是"给"的变体，而"给"用为表承受的对象介词，恐怕是明清以后的事了。

表所向：于（於）/为（wèi）/向/从/对/问/与/同/和

①祷尔于上下神祇。（《论语·述而》）

②逢蒙学射于羿。（《孟子·离娄下》）

③衅社，告纣之罪于天及殷民。（《史记·鲁周公世家》）

④（汤）祈福于上帝。（《搜神记》，卷八）

⑤是时太子语于车匿，付嘱再三，将头冠以献父王。（变文《八相变》）

例①—⑤，"于（於）"字例。又如：

①良为他人言，皆不省。（《史记·留侯世家》）

②维摩诘言："唯，舍利佛，为须弥灯王如来作礼，乃可得坐。"（《维摩诘经·不思议品》，卷中）

③此中人语云："不足为外人道也。"（晋·陶渊明：《桃花源记》）

④梁元帝尝为吾说："昔在会稽，年始十二，便已好学。"（《颜氏家训·勉学》，卷三）

⑤何得默然而不言，并不为妾说一句半句之偈？（变文《庐山远公话》）

例①—⑤，"为"字例。又如：

①父每念子，与子离别五十余年，而未曾向人说如此事。（《法华经·信解品》，卷二）

②竣在彭城，尝向亲人叙之。（《宋书·颜竣传》）

③有人向张华说此事。(《世说新语·德行》)

④五嫂回头笑向十娘曰:"朝闻鸟鹊语,真成好客来。"(唐·张鹭:《游仙窟》)

⑤吾向汝说,世人生死事大。(唐·法海:《六祖坛经》)

⑥我有一个句子,来尝向人说。(《祖堂集》,卷四)

⑦其群胡遂向前,举斧以刃向某等,意欲加害。(宋·徐梦莘:《三朝北盟会编·绍兴甲寅通和录》,卷一六二)

⑧今学者亦多来求病根,某向他说:"头痛灸头,脚病灸脚,病在这上,只治这上便了,更别讨甚病根也。"(《朱子语类·训门人》)

⑨母亲又向他说秦老许多好处。(《儒林外史》,第一回)

⑩看了,因向仙姑道:"敢烦仙姑引我到那各司中游玩游玩,不知可使得么?"(《红楼梦》,第五回)

例①—⑩,"向"字例。又如:

①(韩信)常从人寄食饮,人多厌之者。(《史记·淮阴侯列传》)

②又迦叶,十方无量菩萨,或有人从乞手足耳鼻、头目髓脑、血肉皮骨、金银琉璃……(《维摩诘经·不思议品》,卷中)

③(徐光)从人乞瓜,其主勿与。(《搜神记》,卷一)

④我昔逃逝至此,遂从女子求餐。(变文《伍子胥变文》)

⑤今只从一面去,又不曾著力,如何可得?(《朱子语类·总训门人》)

例①—⑤,"从"字例。又如:

①对子骂父,则是无礼。(《世说新语·方正》)

②净能便对皇帝书符,吹向空中,当时化为神,便乃升天。(变文《叶净能诗》)

③(女)便对老宿坐,又教弟坐。(《祖堂集》,卷三)

④臣等到北外,或有事节可以对彼当面理会,未审许与不许?(宋·李焘:《续资治通鉴长编》,卷二六三)

⑤然我七人,只是对鬼说话。(《大唐三藏取经诗话中》)

⑥洪义对父不言昨日务中相打之事。(《刘知远诸宫调》,第一)

⑦孩儿你对窦娥说,做些羊肚儿汤与婆婆吃。(元·关汉卿:《窦娥冤》,第二折)

⑧（王进）对娘说知此事，母子二人抱头而哭。（《水浒传》，第二回）

例①—⑧，"对"字例。又如：

①有宰相璟宗奏曰："陛下何不问叶净能求雨？"（变文《叶净能诗》）

②这里有一个窦秀才，从去年问我借了二十两银子，如今本利该四十两。（元·关汉卿：《窦娥冤》，楔子）

③宋江哥哥是我旧交的朋友，我问他讨一个护臂去。（元·高文秀：《黑旋风》，第一折）

④郭威道："好，只值得五百钱，咱讨五百钱还你，问你买得。"（《新编五代史平话·周史平话上》）

⑤可怜他那媳妇十分孝顺，家中艰难，问我赊了一壶酒，要到坟上去祭他公公。（明·朱有燉：《团圆梦》，第二折）

⑥洒家也不杀你，只要问你买酒吃。（《水浒传》，第四回）

⑦等我问他要扇子去。（《西游记》，第五十九回）

⑧范进一面自绾了头发，一面问郎中借了一盆水洗洗脸。（《儒林外史》，第三回）

例①—⑧，"问"字例。又如：

①我今日特来与娘子贺喜则个。（元·无名氏：《小孙屠》，第九出）

②杨三官人与杨员外唱个喏，员外回头。（明·洪楩：《清平山堂话本·杨温拦路虎传》）

③铭啼哭了，进毡帐与爷爷磕头。（明·哈铭：《正统临戎录》）

④王进放下担儿，与他施礼。（《水浒传》，第二回）

⑤两位乡绅出来，同和尚拱一拱手，魏相公送了出去。（《儒林外史》，第四回）

⑥两人拜了佛，同和尚施礼。（《儒林外史》，第七回）

⑦你既大远的来了，又是头一遭儿和我张口，怎么叫你空回去呢？（《红楼梦》，第六回）

⑧你祖宗九死一生挣下这个家业，到如今不报我的恩，反和我充起主子来了。（《红楼梦》，第七回）

例①—⑧，"与""同""和"例。

以上表所向的对象介词，"于（於）""为"虽然产生较早，但由于容易与"于(於)""为"其他用法相混,后来就被淘汰了。"向""对",作为介词,都是新生词。这两个词,都是由动词的朝向义、面对义虚化而成。"向"的产生时间比"对"要早,大约中古汉语前期已经产生,而"对"到了中古汉语后期,面对义才彻底消失。介词"问",主要产生、应用于近古汉语,方言性很强,后来也被淘汰了。"从"表所向,虽然起源较早,但应用不广,后被淘汰。至于"与""同""和",由于易与它们的表协同用法相混,所以它们的表所向用法也没有得到发展。

2. 对象介词发展中的用法扩展

同处所介词一样,对象介词发展中也存在一个用法扩展问题。如:

与

对象介词"与",最通常的用法就是表协同。这种用法上古汉语时代早已存在,并且在中古、近古汉语里也得到继承。"与"作为一个动词,在上古汉语里,最重要的意义有两项:一是表参与,二是表施予。对象介词"与"的协同义,显然是由动词的参与义虚化而成。请比较:

①将恐将惧,维予与女。(《诗经·小雅·谷风》)(与:动词,和……在一起。)

②国受其福,祝、史与焉。(《左传·昭公二十年》)(与:动词,参与。)

③我心伤悲兮,聊与子同归兮。(《诗经·桧风·素冠》)(与:介词,和,跟,表协同。)

到了近古汉语里,对象介词"与"又产生了一种新的用法,表所向。这一用法,显然是由表协同用法扩展而成。如:

①(王)俊到时,何泽更不与俊相揖,便起向灯影里处潜去。(《王俊首岳侯状》)(与:介词,朝,向,表所向。)

②二人惊惧,与我磕头。(明·哈铭:《正统临戎录》)(与:介词,朝,向,表所向。)

③璩公归去,与婆婆说了。(明·冯梦龙:《警世通言·崔待诏生死冤家》,第八卷)(与:介词,对,向,表所向。)

上古汉语里,动词"与"的另一重要意义即表施与,而对象介词"与"的表承受用法显然是由此虚化而成。请比较:

①将欲夺之,必固与之。(《老子》第三十六章)(与:动词,给予。)

②欲与大叔，臣请事之。(《左传·隐公元年》)（与：动词，给予。）

③得其心有道，所欲与之聚之，所恶勿施尔也。(《孟子·离娄上》)（与：介词，为，替，表承受。）

④今子与我取之，而不与我治之。(《韩非子·外储说左上》)（与：介词，为，替，表承受。）

两汉以后，这一用法也一直继承下去。如：

①譬如五人共买一婢，其中一人语此婢言："与我浣衣。"(《百喻经·五人买婢共使作喻》)（与：介词，为，替，表承受。）

②与子娶妇，自纳为妃，共子争妻，可不惭于天地？（变文《伍子胥变文》)（与：介词，为，替，表承受。）

③颖审听之，便向座旁与高思裕番语数句，如有共记之意。(宋·李焘：《续资治通鉴长编》，卷二六五)（与：介词，为，替，表承受。）

④俺师父是智真长老，与俺取了个讳字，因洒家姓鲁，唤作鲁智深。(《水浒传》，第五回)（与：介词，为，替，表承受。）

到了近古汉语里，介词"与"的表承受用法，又进一步虚化为表被动、表命令用法，这显然也是一种语法意义的扩展。如：

①和尚是高人，莫与他所使。(《祖堂集》，卷二)（与：介词，为，被，表被动。）

②此人即系推病在家，快与我拿来！(《水浒传》，第二回)（与：介词，为，给，表命令。）

为

对象介词"为"（wèi）是由动词"为"（wéi）引申而成。上古时代，"为"是个动词，有"做""作"诸义，后引申为介词，表承受。请比较：

①为絺为绤，服之无斁。(《诗经·周南·葛覃》)（为：动词，制作，织成。）

②王之为都者，臣知五人焉。(《孟子·公孙丑下》)（为：动词，治理。）

③子华使于鲁，冉子为其母请粟。(《论语·雍也》)（为：介词，为，替，表承受。）

④庖丁为文惠君解牛。(《庄子·养生主》)（为：介词，为，替，表承受。）

介词"为"的这一用法，中古、近古汉语也一直传承下去。如：

①有异人过之，为其掌火。（《搜神记》，卷一）（为：介词，为，替，表承受。）

②嘉母辞自求质钱，为子还责。（《宋书·何承天传》）（为：介词，为，替，表承受。）

③众生若有大疑，来彼山间，为汝破疑，同见佛世。（唐·法海：《六祖坛经》）（为：介词，为，替，表承受。）

④你我为朝廷办事，就是不顾私亲，也还觉得于心无愧。（《儒林外史》，第六回）（为：介词，为，替，表承受。）

大约从中古汉语起，介词"为"又引申出表所向、表目的一些新的用法，这些都是表承受用法的扩展。如：

①（张）汉直乃前为父拜。（《搜神记》，卷十七）（为：介词，向，对，表所向。）

②我为法来，非为床坐。（《维摩诘经·不思议品》，卷中）（为：介词，为了，表目的。）

③公曰："今年破贼，正为奴。"（《世说新语·惑溺》）（为：介词，为了，表目的。）

④为名利故，至七日头，自杀其子，以证己说。（《百喻经·婆罗门杀子喻》）（为：介词，为了，表目的。）

⑤韩既有学，忍笑为吾说之。（《颜氏家训·名实》，卷四）（为：介词，向，对，表所向。）

⑥远公便为众宣扬《大涅槃经》义。（变文《庐山远公话》）（为：介词，向，对，表所向。）

⑦法师答言："奉唐帝敕命，为东土众生往西天取经作大福田。"（《大唐三藏取经诗话中》）（为：介词，为了，表目的。）

⑧使人弃父母，弃性命前来，只为讲和，为国家。（宋·徐梦莘：《三朝北盟会编·绍兴甲寅通和录》，卷一六二）（为：介词，为了，表目的。）

　　和

上古汉语里，"和"最早应是个形容词，义为平和、和谐，后引申为动词，有汇合、连带诸义。如：

①神之听之，终和且平。(《诗经·小雅·伐木》)(和：形容词，和谐。)

②师克在和，不在众。(《左传·桓公十一年》)(和：形容词，协调，一致。)

③阴阳和而万物得。(《礼记·郊特性》)(和：动词，汇合，结合。)

④紫芽嫩茗和枝采，朱橘香苞数瓣分。(唐·元稹：《贬江陵途中寄乐天》)(和：动词，加上，连带。)

动词"和"的加上义，进一步引申，则为介词的协同义、连同义和所向义。如：

①母亲和哥哥说一声，就教送出路上去便回。(元·无名氏：《小孙屠》，第十出)(和：介词，和，跟，表协同。)

②侯兴把一把劈柴大斧头，推开赵正房门，见被盖着个人在那里睡，和被和人，两下斧头，砍做三段。(明·冯梦龙：《喻世明言·宋四公大闹禁魂张》，第三十六卷)(和：介词，连，表连同。)

③两边过路的人都立住了脚，和那店小二也惊的呆了。(《水浒传》，第三回)(和：介词，连，表连同。)

④两公子和他施礼。(《儒林外史》，第十一回)(和：介词，向，对，表所向。)

例②—④，介词"和"的表连同、表所向，都是它的表协同用法的扩张。介词"和"的表连同用法，也许是受新生介词"连"影响的结果。近古汉语新生介词"连"，最基本的用法有两种：

一是加在句子开头，引出主语，表强调，但这种"连"字，动词的味道仍然很强。如：

①他自是转，连那上面磨子、筛箩一齐都转，自不费力。(《朱子语类·总训门人》)(连：介词，连同，表强调。)

②莫说自己许了他，连你也许了他。(元·关汉卿：《窦娥冤》，第一折)(连：介词，连同，表强调。)

③大尹教监中放出两家的老婆来，都面面相觑，没处分辩，连大尹也委决不下。(明·冯梦龙：《喻世明言·宋四公大闹禁魂张》，第三十六卷)(连：介词，连，表强调。)

④众人一顿骂道："田主人，连你婆子都有主儿了！"(《儒林外史》，第

四回）（连：介词，连，表强调。）

二是加在前置宾语的前头，也表强调。如：

①若能读书，就中却有商量，只他连这个也无，所以无进处。（《朱子语类·训门人》）（连：介词，连，表强调。）

②朝廷着高崇文去剿捕，……连他家小房族及他的党干净都杀了。（《皇明诏令·戒谕管军官敕》）（连：介词，连，表强调。）

③你怎的连帽子都弄不见了？（《儒林外史》，第十二回）（连：介词，连，表强调。）

④一时触犯了这样的人家，不但官爵，只怕连性命也难保呢！（《红楼梦》，第四回）（连：介词，连，表强调。）

（四）工具介词的发展

关于古代工具介词的发展，我们应当关注两个问题：

1. 从表工具到表凭借

上古汉语里，用于工具义、凭借义的介词主要有"以（已）""将""用""因""循""按（案）"等几个词，其中最常用的是"以"字。古代工具介词都来源于动词。如：

①之子归，不我以。（《诗经·召南·江有汜》）（以：动词，用，顾及。）

②无将大车，维尘冥冥。（《诗经·小雅·无将大车》）（将：动词，赶车。）

③割鸡焉用牛刀？（《论语·阳货》）（用：动词，使用。）

④为高必因丘陵，为下必因川泽。（《孟子·离娄上》）（因：动词，借助。）

⑤临君周邦，率循大卞，燮和天下，用答扬文武之光训。（《尚书·顾命》）（循：动词，遵循。）

⑥故籍之虚辞则能胜一国，考实按形不能谩于一人。（《韩非子·外储说左上》）（按：动词，考核。）

工具介词的最基本的用法，就是通过引介工具宾语，指明谓语动词实施时所赖以存在的工具或手段。工具介词的这一基本用法，从先秦起，直到中古和近古汉语都一直存在着，只是因时代不同，词汇形式有所更替而已。如：

①投我以木瓜，报之以琼琚。(《诗经·卫风·木瓜》)

②执豕于牢，酌之用匏。(《诗经·大雅·公刘》)

③许子以釜甑爨，以铁耕乎？(《孟子·滕文公上》)

④夫天安得以笔墨而为图书乎？(《论衡·自然》)

⑤（丈夫）乃以杖叩王左足。(《搜神记》，卷十五)

⑥石季伦用蜡烛作炊。(《世说新语·汰侈》)

⑦三岁后，根枯茎朽，以火烧之。(《齐民要术·耕田》，卷一)

⑧法华和尚闻语，遂袖内取出合子，巳（以）龙仙膏往顶门便塗。（变文《韩擒虎话本》)

⑨遂将钵盂一照，叫"天王"一声，当下火灭，七人便过此坳。(《大唐三藏取经诗话上》)

⑩林冲把手床上摸时，只拽得一条絮被。(《水浒传》，第十回)

⑪严贡生将钥匙开了箱子，取出一方云片糕来。(《儒林外史》，第六回)

⑫又自拿手在桌上画着。(《儒林外史》，第四回)

表凭借，实际是表工具用法的扩展。这一用法，上古时代已经开始，中古、近古汉语也一直延续下去。如：

①以贤，则去疾不足；以顺，则公子坚长。(《左传·宣公四年》)

②吾闻用夏变夷者，未闻变于夷者也。(《孟子·滕文公上》)

③何由知吾可也？(《孟子·梁惠王上》)

④缘法而治，按功而赏。(《商君书·君臣》)

⑤春夏之月有蠓蚋者，因雨而生，见阳而死。(《列子·汤问》)

⑥此非常事，不得以常礼断之。(《搜神记》，卷十五)

⑦（薛）安都少以勇闻，身长七尺八寸，便弓马。(《宋书·薛安都传》)

⑧汝师以何法为禅定？(《祖堂集》，卷三)

⑨曾子指出这五件来示人，要人把文王做个样子去学他。(元·许衡：《鲁斋遗书·大学直解》，卷四)

⑩你如今只把送饭为由，见得它。(元·无名氏：《小孙屠》，第十四出)

⑪多感何太公看觑，几次要将女儿招我为婿。(明·朱有燉：《团圆梦》，第三折)

⑫雨村低了头，半日说道："依你怎么着?"(《红楼梦》，第四回)

值得注意的是，工具介词连同它的宾语，不仅可以放在谓语前作状语，也可以后置作补语，这种情况当以"以"字最为突出。如：

①投我以木瓜，报之以琼琚。(《诗经·卫风·木瓜》)

②为政以德，譬如北辰，居其所而众星共之。(《论语·为政》)

③而况君子结二国之信，行之以礼，又焉用质?(《左传·隐公三年》)

④不能言语，饮食所须，托之以梦。(《搜神记》，卷十五)

⑤老父在太丘，强者绥之以德，弱者抚之以仁。(《世说新语·政事》)

⑥选著好人做司徒，复示以教人的缘由。(元·许衡：《鲁斋遗书·直说大学要略》，卷三)

2. 从表工具到表处置

从上叙述中可以看到，古代的处置介词实际是由工具介词进一步虚化而成。正因为如此，所以向熹先生把唐代的处置介词"把""捉"等仍列为"表工具的介词"，是有其用心的。[①]为节省篇幅，我们这里也不单列。汉语处置介词，主要产生、应用于中古、近古汉语，其主要形式有三个："以""将""把"。汉语处置介词的产生与工具介词有极大关系：首先，不论是工具介词，还是处置介词，其意义变化的起始点都是由动词的持拿义开始的；其次，不论是工具介词，还是处置介词，连同它们的宾语，都是谓语动词得以实施的条件；最后，工具介词和处置介词的宾语和它们的谓语动词后的宾语可以同时存在，即异宾异位，到后来处置介词的宾语同谓语动词后的宾语也可以变为同宾同位。

汉语的处置句主要有三种形式："以"字句、"将"字句和"把"字句。

"以"字句

"以"字句产生于上古汉语。最初的处置介词的宾语和谓语动词的宾语可以是异宾异位。如：

①陈子以时子之言告孟子。(《孟子·公孙丑下》)

②伯楚以吕郄之谋告公。(《国语·晋语四》)

③吾欲以女孙予陈平。(《史记·陈丞相世家》)

---

① 向熹：《简明汉语史》(修订本)，下册，商务印书馆 2010 年版，第 453—454 页。

④于是项伯复夜去，至军中，具以沛公言报项王。(《史记·项羽本纪》)

例①—④，"以"译为"把"或"将"最为通顺，如再讲成工具介词，是十分勉强的。这类句子，"以"后的宾语和句中谓语动词的宾语，各自代表不同事物，这就是所谓的"异宾"；而这样的"异宾"又分别处于介词和谓语动词之后，这就是所谓的"异位"。而到了中古汉语以后，除了部分"以……为……"句式外，"以"字句逐渐演变为同宾同位，与"将"字句和"把"字句用法逐渐趋同。如：

①无以秽食置于宝器，当知是比丘心之所念。(《维摩诘经·弟子品》，卷上)

②顾彦先生平好琴，及丧，家人常以琴置灵床上。(《世说新语·伤逝》)

③以前厅为佛殿，后堂为讲室。(《洛阳伽蓝记·建中寺》，卷一)

④胡以水窦名为"摩尼"。(《百喻经·摩尼水窦喻》)

⑤文章当以理致为心肾，气调为筋骨，事义为皮肤，华丽为冠冕。(《颜氏家训·文章》，卷四)

例①②，"秽食""琴"既是"以"的宾语，也是动词"置"的事实上的宾语，这就是我们讲的"同宾同位"。

"将"字句

"将"字句产生在唐代，而广泛应用是在近古汉语。随着语言发展，"将"字句涉及许多复杂句式，其中主要有四种情况：

(1)"将+宾+及物动词+○"。如：

①料理中堂，将小府安置。(唐·张鷟：《游仙窟》)

②若能将圣贤言语来玩味，见得义理分晓，则渐渐觉得此重彼轻。(《朱子语类·训门人》)

③比见浙间朋友，或自谓能通《左传》，或自谓能通《史记》，将孔子置在一壁，却将左氏、司马迁驳杂之文钻研推尊。(《朱子语类·训门人》)

④剪头门子将奴打，后来却把奴家骂。(《张协状元》，第三十五出)

⑤爱的不该将那歹处也爱；嫌的不合将那好处也嫌。(元·许衡：《鲁斋遗书·直说大学要略》，卷三)

⑥你将这话对伯颜帖木儿说。(明·哈铭：《正统临戎录》)

⑦知县差班头将和尚解放。(《儒林外史》，第四回)

（2）"将＋宾＋及物动词＋处所补语"。如：

①自从远公于大内见诸宫常将字纸秽用于茅厕之中，悉嗔诸人。（变文《庐山远公话》）

②读书者当将此身葬在此书中，行住坐卧，念念在此。（《朱子语类·总训门人》）

③比见浙间朋友，或自谓能通《左传》，或自谓能通《史记》，将孔子置在一壁，却将左氏、司马迁驳杂之文钻研推尊。（《朱子语类·训门人》）

④来日午时，你可将船泊于蒋山脚下南岸第七株杨柳下相侯。（明·冯梦龙：《喻世明言·宋四公大闹禁魂张》，第三十六卷）

（3）"将＋宾语＋动补结构＋○"。如：

①千圣小王怒发，将鸳鸯湖一脚踢翻。（宋·虚堂和尚：《虚堂和尚语录》）

②因甚着这个人将你勒死？（元·关汉卿：《窦娥冤》，第一折）

③（端哥）用左手将丑哥舌头扯出，用鞋锥烙讫三下。（《元典章·前集刑部》）

④霸王将纪信烧死了。（《皇明诏令·戒谕管军官敕》）

⑤（薛蟠）因恃强喝令豪奴将冯渊打死。（《红楼梦》，第四回）

⑥我将缘故回明，那太爷感伤叹息了一回。（《红楼梦》，第二回）

（4）"将＋宾语＋及物动词＋宾语"。如：

①唐朝忍禅师在山东将袈裟付嘱与能禅师。（《神会语录》）

②造寺、布施、供养，只是修福，不可将福以为功能。（唐·法海：《六祖坛经》）

③欲往蓬莱山，将此充粮食。（唐·寒山子：《寒山诗·白鹤》，第三十九）

④小生出于无奈，只得将女孩儿端云送与蔡婆婆做儿媳妇去。（元·关汉卿：《窦娥冤》，楔子）

⑤（皇上）又将这政老爷赐了个额外主事职衔，叫他入部习学。（《红楼梦》，第二回）

⑥次日天未明时，刘老老便起来梳洗了，又将板儿教了几句话。（《红楼梦》，第六回）

"把"字句

和"将"字句一样，"把"字句也是产生于唐代而广泛应用于近古汉语时期。"把"字句涉及的句式主要有以下五种情况：

（1）"把＋宾语＋及物动词＋○"。如：

①悠然散吾兴，欲把青天摸。（唐·皮日休：《初夏楞伽精舍》）

②昨来再过上京，把契丹墓坟、宫室、庙像一齐烧了。（宋·徐梦莘：《三朝北盟会编·燕云奉使录》，卷四）

③一谜地杀呼高叫，把贵人围逑。（《刘知远诸宫调》，第十一）

④只得挤却千金买，把花名籍字除。（元·元名氏：《小孙屠》，第五出）

⑤清平世界，是何道理，把良人调戏？（《水浒传》，第七回）

⑥一个邻居早把那一只鞋寻了来，替他穿上。（《儒林外史》，第三回）

⑦老爷怎么把出身之地竟忘了？（《红楼梦》，第四回）

（2）"把＋宾语＋及物动词＋处所补语"。如：

①知远把瓦忏内羹饭都泼着洪信面上。（《刘知远诸宫调》，第十一）

②把神灵丢在九霄云外。（元·无名氏：《小张屠焚儿救母》，第三折）

③那僧儿接了三件物事，把盘子寄在王二茶坊柜上。（明·洪楩：《清平山堂话本·简贴和尚》）

④智深把那两桶酒都提在亭子上。（《水浒传》，第四回）

⑤捕盗官袭将去，到个村里，差了一百个壮汉，将着弓箭器械，把那贼围在一个峪里，才拿着回来。（《老乞大》）

（3）"把＋宾语＋动补结构＋○"。如：

①应是天仙狂醉，乱把白云揉碎。（唐·李白：《清平乐》）

②只道刘三，谁肯把你揪摔住？（元·睢景臣：《高祖还乡》）

③（僧儿）到皇甫殿直门前，把青竹帘掀起，探一探。（明·洪楩：《清平山堂话本·简贴和尚》）

④当时到家里，殿直焦噪，把门来关上。（明·洪楩：《清平山堂话本·简贴和尚》）

⑤咳，今日蒸气蒸人里，把席子都卷起来。（《朴通事》）

⑥说着，不由两人再问，把门关上，就进去了。（《儒林外史》，第九回）

（4）"把＋宾语＋动词/形容词＋补语"。如：

①只借圣人言语做起头，便把己意接说将去。（《朱子语类·训门人》）

②（万秀娘）把那前面话对着婆婆说了一遍。（明·冯梦龙：《警世通

言·万秀娘仇报山亭儿》，第三十七卷）

③府尹把高俅断了四十脊杖，迭配出界发放。（《水浒传》，第二回）

④把个赵氏在屏风后急得像热锅上蚂蚁一般。（《儒林外史》，第六回）

⑤严资生把脸红了一阵，又彼此劝了几杯酒。（《儒林外史》，第六回）

⑥若问这方儿，真把人琐碎死了。（《红楼梦》，第七回）

（5）"把＋宾语＋及物动词＋宾语"。如：

①有人把椿树，唤作白栴檀。（唐·寒山子：《寒山诗·有人》，第九十六）

②皇帝把你当眼目心腹一般。（明·哈铭：《正统临戎录》）

③杨三官人把那"未卜先知"先生占卦的事说与妻子。（明·洪楩：《清平山堂话本·杨温拦路虎传》）

④鲁达把这二两银子丢还了李忠。（《水浒传》，第三回）

（五）原因介词的发展

和其他介词发展相比，古代原因介词的发展，相对而言，倒显得简单一些。原因介词应独立存在，有的著作把原因介词包括在工具介词之中，是欠妥的。关于古代原因介词的发展问题，我们应当注意三个问题：

1. 应注意原因介词使用的历史层次

古代原因介词，最常见的形式有以下几个："以""因""为""由""坐""缘"。这几个词使用的历史背景是不同的。

以

"以"字主要产生、应用于先秦时代。两汉以后，中古汉语里用得也还算广泛。如：

①君子不以言举人，不以人废言。（《论语·卫灵公》）

②晋人以难故，欲立长君。（《左传·文公六年》）

③左右以君贱之也，食以草具。（《战国策·齐策四》）

④千丈之堤，以蝼蚁之穴溃；百尺之室，以突隙之烟（熛）焚。（《韩非子·喻老》）

⑤大道以多歧亡羊，学者以多方丧生。（《列子·说符》）

⑥此儿当以兵死。（《搜神记》，卷十九）

⑦居士此室，何以空无侍者？（《维摩诘经·文殊师利问疾品》，卷中）

⑧庆之以年满七十，固请辞事，上嘉其意，许之。（《宋书·沈庆之传》）

⑨刘公干以失敬罹罪。（《世说新语·言语》）

⑩勿以无草则不锄，不锄则科小。（《齐民要术·种蒜》贾注，卷三）

⑪太后以钟声远闻，遂移在宫内。（《洛阳伽蓝记·龙华寺》，卷二）

⑫如被愚人，以盐美故，而空食之。（《百喻经·愚人食盐喻》）

因/为

"因""为"这两个原因介词，主要使用在中古、近古汉语里。但在上古汉语后期，"因""为"已出现在文献之中。如：

①始皇二十六年，蒙恬因家世得为秦将。（《史记·蒙恬列传》）

②汉卒十余万人皆入睢水，睢水为之不流。（《史记·项羽本纪》）

③谲，汝非盗邪？胡为而食我？（《列子·说符》）

④次嫂樊氏，因疾失明。（《搜神记》，卷十一）

⑤潘（安仁）因此遂作《家风诗》。（《世说新语·文学》）

⑥（王处仲）尝荒恣于色，体为之敝。（《世说新语·夙惠》）

⑦达摩语惠可曰："汝为何此间立？"（《神会语录》）

⑧每日八人齐来，君子因何后到？（变文《韩擒虎话本》）

⑨你因什摩认奴作郎？（《祖堂集》，卷五）

⑩爷爷因怪怒，将铭打了几下。（明·哈铭：《正统临戎录》）

⑪休为我等连累了大郎。（《水浒传》，第三回）

⑫只为宁王反叛，弟便挂印而逃。（《儒林外史》，第八回）

由/坐/缘

"由""坐""缘"这几个原因介词，用得都不是很广，它们主要使用在中古汉语里。其中的"坐"字，虽然是新生词，但由于使用面很窄，寿命很短，终被淘汰。如：

①项羽由是始为诸侯上将军，诸侯皆属焉。（《史记·项羽本纪》）

②建元六年，窦太后崩，丞相昌、御史大夫青翟坐丧事不办，免。（《史记·魏其武安侯列传》）

③由此知短命夭死之人，必有邪行也。（《论衡·问孔》）

④缘君至孝，天帝令我助君偿债耳。（《搜神记》，卷一）

⑤天下兵乱，由男女气乱而妖形作也。(《搜神记》，卷七)

⑥欣由此益知名。(《宋书·羊欣传》)

⑦(尹嘉)坐不孝当死。(《宋书·何承天传》)

⑧周侯由我而死，幽冥中负此人。(《世说新语·尤悔》)

⑨(郭)淮妻，太尉王凌之妹，坐凌事，当并诛。(《世说新语·方正》)

⑩(王子侯)坐此被责。(《颜氏家训·风操》，卷二)

⑪虽地水湿而无卤泥，缘莓苔、软草布稠密故，遂不会游人汙其脚印。(唐·〔日〕释圆仁:《入唐求法巡礼行记》，卷三)

⑫烦恼从何生? 愁哉缘苦起。(唐·寒山子:《寒山诗·乘兹》，第六十五)

⑬花径不曾缘客扫，蓬门今始为君开。(唐·杜甫:《客至》)

⑭停车坐爱枫林晚，霜叶红于二月花。(唐·杜牧:《山行》)

⑮我缘今日斋去，是汝与我看院。(变文《难陁出家缘起》)

2. 应注意原因介词的连词化倾向

关于连词的产生问题，下一章会详细论述。这里只是提请注意:原因介词的连词化也是导致连词产生的一个重要因素。语言发展中，原因介词常常与连词搭配使用，这样的语言背景会使部分原因介词具有连词化倾向。如:

"由/缘……，故……"

①(顾敷)曰:"不然，当由忘情故不泣，不能忘情故泣。"(《世说新语·言语》)

②缘功德使无道心，故咨归国事不蒙纵许。(唐·〔日〕释圆仁:《入唐求法巡礼行记》，卷四)

"所以……，以/由……""由……，所以……"

①故齐所以大破者，以其伐楚而肥韩魏也。(《史记·范睢蔡泽列传》)

②凡瓜所以早烂者，皆由脚蹑及摘时不慎，翻动其蔓故也。(《齐民要术·种瓜》，卷二)

③所以然者，以其当公而执私情，处重责而怀薄义也。(《颜氏家训·兄弟》，卷一)

④当由圣德渊重，厚地所以不能载。(《世说新语·言语》)

还有某些原因介词常常处于分句开头，它们既像介词，又像连词。如:

"为／由／以／缘＋分句，……"

①为平贫，乃假贷币以聘。（《史记·陈丞相世家》）

②由臣才弱任重，以及倾挠。（《宋书·武二王传》）

③以先有要，不敢起避，遂令二目俱失其明。（《百喻经·为二妇故丧其两目喻》）

④缘天使在此，并无歌乐，蕃家弓箭为上，射雕落雁，供养天使。（变文《韩擒虎话本》）

⑤因他一床乐器都会，一府里人都叫做李乐娘。（明·冯梦龙：《警世通言·一窟鬼癞道人除怪》，第十四卷）

"……，以／为＋分句"

①且孔子言"天丧予"者，以颜渊贤也。（《论衡·问孔》）

②夫食虎者，不敢以生物与之，为其杀之之怒也。（《列子·黄帝》）

③喙长则牙多，一厢三牙以上则不烦畜，为难肥故。（《齐民要术·养猪》注，卷六）

④（某乙）为随州杨坚，限百日之内合有天分，为戴平天冠不稳，与搋（换）脑盖骨去来。（变文《韩擒虎话本》）

3. 应注意原因介词的复音化趋势

原因介词的复音化，对原因介词的连词化显然有助推作用。如：

①凡天地之间有鬼，非人死精神为之也，皆人思念存想之所致也。致之何由？由于疾病。（《论衡·订鬼》）

②然朽草之为萤，由乎腐也；麦之为蝴蝶，由乎湿也。（《搜神记》，卷十二）

③今虽罪人即戮，王猷载静，养衅贻垢，实由于臣。（《宋书·武二王传》）

④熙光因以此激之曰："……人作犬豕相遇，而丈人欲为之死，不亦惑乎？"（《宋书·范晔传》）

⑤日日不得闻，为此心悽怆。（唐·寒山子：《寒山诗·出身》，第一四五）

⑥良由为骨少，狗多分不平。（唐·寒山子：《寒山诗·我见》，第五十八）

（六）比较介词的发展

古代比较介词的发展，其脉络也比较单纯。这个脉络，我认为应抓住两条线索：一是"於"字句，二是"比"字句。

1."於"字句

前面说过，古代"于""於"是两个字，读音也不同，现在简化为一个"于"字。在上古汉语里，"于""於"用法绝不相同。大体说来，表示比较或被动意义，一般是用"於"不用"于"。如：

①季氏富於周公。（《论语·先进》）

②仲尼岂贤於子乎？（《论语·子张》）

③孔子曰："德之流行，速於置邮而传命。"（《孟子·公孙丑上》）

④孟子曰："养心莫善於寡欲"（《孟子·尽心下》）

⑤今君富於季孙，而齐大於鲁，阳虎所以尽诈也。（《韩非子·难四》）

⑥毛先生以三寸之舌，彊於百万之师。（《史记·平原君虞卿列传》）

⑦桓公妻姑姊（妹）七人，恶浮於桀纣，而过重於秦莽也。（《论衡·书虚》）

⑧夫子曰："小子识之，苛政猛於虎也。"（《礼记·檀弓下》）

例①—⑧，由引例可知，这种句子的谓语多半是由形容词充当。

两汉以后，到了中古汉语，总体上看，仍维持"于""於"用法的区别，但有的文献已打破这种限制，"于""於"用法有明显的混同趋势。如《搜神记》一书，据我统计，比较介词"于""於"共出现5次，其中用"于"者3次，用"於"者2次。如：

①犬之报恩甚于人，人不知恩，岂如犬乎？（《搜神记》，卷二十）

②其蚕纶理厚大，异於常蚕。（《搜神记》，卷十四）

但总体而言，中古汉语里，表比较仍以用"於"者居多。如：

①谢公清於无奕，润於林道。（《世说新语·品藻》）

②晋时民少於今日，王侯第宅，与今日相似。（《洛阳伽蓝记·建阳里》杨注，卷二）

③蜀道之难，难於上青天。（唐·李白：《蜀道难》）

④桂布白似雪，吴锦软於云。（唐·白居易：《新制布裘》）

2.“比”字句

大约在中古汉语后期，即隋唐时代，汉语又产生一个新的比较介词，这就是“比”字。介词“比”的产生，自然同“比”字句的产生有关，但是并非所有“比”字句的“比”字都可定义为比较介词。上古汉语里很难找到“比”用为比较介词的实例。有些用于比喻句的“比”，并非介词，而是实实在在的动词，义为比拟、比作。如：

①既生既育，比予于毒。（《诗经·邶风·谷风》）

②尔何曾比予於管仲？（《孟子·公孙丑上》）

③若将比予於文木邪？（《庄子·人间世》）

例①—③，“比”都是动词，义为比拟或比作；句中的“于”或“於”也不是介词，是动词，义同“如”。例①，郑笺云：“于，於也。既有财业矣，又既长老矣，其视我如毒螫，言恶已甚也。”这里正是释“于”为“如”。清人王引之亦云：“于，犹‘如’也。《易·系辞传》曰：‘《易》曰：“介于石，不终日，贞吉。”介如石焉，宁用终日？断可识矣。’是介于石，即介如石也，故《汉书·汲黯传》：‘愚民安知市买长安中，而文吏绳以为阑出财物如边关乎？’《史记》‘如’作‘于’。‘于’与‘於’古字通，故两字皆可训为‘为’，亦皆可训为‘如’。”① 又“於”字条，王氏又云：“於，犹‘如’也。”② 反过来说，文献中也有“如”字训为“於”字者，如《吕氏春秋·爱士》：“人之困穷，甚如饥寒”。“甚如饥寒”即“甚於饥寒”③。甚至到了中古汉语，这种用例也不难找到。如：

④是方父于虫，匹妇于考也。（《颜氏家训·文章》，卷四）

向熹先生在谈到中古汉语“比较句”发展时，曾将“比较句”分为“平比句”和“差比句”两种。其中“差比句”又分为三种句式：“比”字句、“如”字句和“似”字句。向先生这里所谈的“比较句”，除“比”字句外，大部分都是动词问题，而与比较介词无关。向先生说：“六朝以后，‘比’虚化为介词，表示差比，于是一种新的比较句产生了，唐宋时代得到了广泛的

---

① 王引之：《经传释词》，岳麓书社 1984 年版，第 25 页。

② 同上，第 21 页。

③ 同上，第 149 页。

应用"①，同时又提出了公式是"甲＋比＋乙＋说明语"，而"说明语"又"通常由形容词担任"。这种分析当然是对的，但所提供的资料仅是《世说新语》的两条，显然证据不足。并且其中一条大有疑问："于是支公正讲小品，开戒弟子：'道林讲，比汝至，当在某品中。'"（《世说新语·文学》）"比汝至"，这个"比"同比较介词实在无关。我们认为，"比"作为一个比较介词，应产生于隋唐时代，而广泛应用是在宋元时期。如：

①蛮夷童丱，犹能以学成忠，齐之将相比敬宣之奴不若也。（《颜氏家训·勉学》，卷三）

②缙云讵比长沙远，出牧犹承明主恩。（唐·刘长卿：《饯王相公出牧括州》）

③莫道不消魂，帘卷西风，人比黄花瘦。（宋·李清照：《醉花阴》）

④此庙虽无敕额，且是威灵，比着官房，到有些广阔。（《张协状元》，第四十四出）

⑤他必然比别人先到家。（明·朱有燉：《团圆梦》，第三折）

⑥鲁达看那女子时，另是一般丰韵，比前不同。（《水浒传》，第四回）

⑦新买了住宅，比京里钟楼街的房子还大些。（《儒林外史》，第一回）

⑧只要他发点好心，拔根寒毛比咱们的腰还壮呢！（《红楼梦》，第六回）

值得注意的是，这种"比"字句，其谓语可以由形容词充当，也可以是由动词或动词性词组充当，如例①④⑤所示。

（七）被动介词的发展

关于汉语被动介词的发展，应注意以下四个问题：

1. 被动意念句当是汉语被动句的原生态形式

王力先生在谈到汉语"被动式的产生及其发展"时，是将"动词用于被动意义"的句子排除在外的，"因为从结构形式上看，这些句子和主动句的形式毫无区别。'孙子膑脚'与'左丘失明'的结构是一样的"②。王先生的意见的重点是看重句子的结构形式。但是，汉语被动句的产生，从无到有，总得有个起点，有个过程。被动意念句，在我们看来，它就是汉语被动句的原生态，

---

① 向熹：《简明汉语史》（修订本），下册，商务印书馆 2010 年版，第 556 页。

② 王力：《王力文集》，第 11 卷，山东教育出版社 1990 年版，第 381—382 页。

是汉语被动句的最原始形式。金文里已出现这样的句子，管燮初先生把它列为"受事主语"的第四种，并称之为"习惯性的被动语气"。如：

①麦易赤金，用乍鼎。（《麦齍》）

②蔑曆于保，易宾。（《保卣》）

例①②，"易"均读如"赐"，为"被赐"之意。[①] 在传世文献里，这种被动意念句也不乏其例。如：

①长幼之节，不可废也。（《论语·微子》）

②朽木不可雕也。（《论语·公冶长》）

③孙叔敖举于海，百里奚举于市。（《孟子·告子下》）

④昔者龙逢斩，比干剖，苌弘胣，子胥靡，故四子之贤，而身不免乎戮。（《庄子·胠箧》）

⑤彼窃钩者诛，窃国者为诸侯。（《庄子·胠箧》）

例①—⑤，"废""雕""举""斩""剖""胣""诛"等动词均用于被动意义。

2. 汉语被动介词的多样化

汉语被动介词的多样化，是汉语被动句的多样化所带来的必然结果。上古汉语里，最常见的被动句有五种："于"字句、"於"字句、"为"字句、"见"字句和"见……於"句。

（1）"于"字句。

上古汉语前期，后扩展到中期，"于"字用于表示被动稍微多一些，但总的来看，表被动还是多用"於"字，少用或不用"于"字。如：

①率襄（怀）不廷方，亡不闬于文武耿光。（《毛公鼎》）

②侯乍册麦易金于辟侯。（《麦尊》）

③予小子新命于三王，惟永终是图。（《尚书·金縢》）

④忧心悄悄，愠于群小。（《诗经·邶风·柏舟》）

⑤初，王姚嬖于庄王，生子颓。（《左传·庄公十九年》）

（2）"於"字句。

大约从上古汉语中期开始，"於"字多用于表示被动意义，并且是一种

---

① 管燮初：《西周金文语法研究》，商务印书馆1981年版，第62—63页。

语言的新常态。如：

①郤克伤於矢，流血及屦，未绝鼓音。(《左传·成公二年》)

②劳心者治人，劳力者治於人。(《孟子·滕文公上》)

③夫破人之与破於人，臣人之与臣於人，岂可同日而言之哉？(《战国策·赵策二》)

④静郭君曰："受薛于先王，虽恶於后王，吾独谓先王何乎?"(《吕氏春秋·知士》)

"於"的这种用法，两汉以后也不乏其例。如：

①燕小弱，数困於兵，今计举国不足以当秦。(《史记·刺客列传》)

②蚊虻之力不如牛马，牛马困於蚊虻，蚊虻乃有势也。(《论衡·物势》)

③及帝晏驾，王室毒於兵祸。(《搜神记》，卷七)

④君性亮直，必不容於寇雠。(《世说新语·方正》)

(3)"为"字句。

"为"字用于表示被动意义，始于上古汉语中期。如：

①不为酒困。(《论语·子罕》)

②自今无有代其君任患者，有一于此，将为戮乎？(《左传·成公二年》)

③威王勃然怒曰："叱嗟，而母婢也"，卒为天下笑。(《赵国策·赵策三》)

④然则今有美尧、舜、汤、武、禹之道于当今之世者，必为新圣笑矣。(《韩非子·五蠹》)

"为"字句，被动介词"为"可以引出施动者，如例①③④所示；也可以省略施动者，如例②所示。这一用法，也可能反映出"为"由助动词到介词的演变线索。中古时期，这种句式又稍有扩展，动词后也可以带上宾语或补语。如：

①诚令成安君听足下计，若信者亦已为禽矣。(《史记·淮阴侯列传》)

②为世用者，百篇无害；不为用者，一章无补。(《论衡·自纪》)

③因条桑为斧伤而死。(《搜神记》，卷九)

④其妇上岸，便为虎将去。(《搜神记》，卷五)

⑤此人深思，宁为毒蛇螫杀，要当怀去。(《百喻经·得金鼠狼喻》)

⑥颢与数十骑欲奔萧衍，至长社，为社民斩其首，传送京师。(《洛阳伽蓝记·永宁寺》杨注，卷一)

⑦年登婚宦，暴慢日滋，竟以言语不择，为周逖抽肠衅鼓云。(《颜氏家训·教子》，卷一)

(4)"见"字句。

上古汉语中期，又产生了一种新的被动句，即"见"字句。"见"不是被动介词，应视为助动词。有的著作将"见"定性为介词，是欠妥的。"见"既与被动介词无关，本应不出列，但因被动介词与被动句有关，所以"见"字句又不能不提出来。助动词"见"的后面不能出现施动者，这一点同"于""於""为"完全不同。如：

①子曰："年四十而见恶焉，其终也已。"(《论语·阳货》)

②百姓之不见保，为不用恩焉。(《孟子·梁惠王上》)

③厚者为戮，薄者见疑。(《韩非子·说难》)

④见敬爱者，人也。(《吕氏春秋·必己》)

⑤须贾大惊，自知见卖。(《史记·范雎蔡泽列传》)

⑥坑儒士，起自诸生为妖言，见坑者四百六十七人。(《论衡·语增》)

(5)"见……於"句。

这种句式，应视为上(2)(4)的综合式。作为被动标记，"见"字后既然不能出现施动者，所以它就常和"於"字句结合起来，以引出施动者。此式大约产生在战国中期或末期。如：

①吾长见笑於大方之家。(《庄子·秋水》)

②有间，晏子见疑於齐君，出奔。(《吕氏春秋·士节》)

③(被瞻)行义于郑，而见说於文公也。(《吕氏春秋·上德》)

④吾尝三仕，三见逐於君。(《史记·管晏列传》)

3. 汉语被动介词的规范化

到了中古汉语，随着汉民族共同语形成趋势的逐渐加强，语言中句式的表达也逐渐走向规范。就汉语被动句表达而言，到了中古汉语，有两种被动句式非常强势地登上了历史舞台，这就是"为……所"句和"被"字句，而其他被动句式则逐渐式微而走向消亡。

(1)"为……所"句。

"为……所"句，先秦时已经产生，但到了《史记》里，已变成了常见句式。"为……所"句中的"为"，应视为被动介词。"为"的作用在于引出施动者，"所＋动"应视为句中的谓语成分。如：

①申徒狄谏而不听，负石自投于河，为鱼鳖所食。(《庄子·盗跖》)

②德若尧禹，世少知之，方术不用，为人所疑。(《荀子·尧问》)

③夫直议者不为人所容，无所容则危身。(《韩非子·外储说左下》)

④楚遂削弱，为秦所轻，于是白起又将兵来伐。(《战国策·秦策四》)

⑤嬴闻如姬父为人所杀。(《史记·魏公子列传》)

⑥虽为武王所擒，时亦宜杀伤十百人。(《论衡·语增》)

马建忠在《马氏文通》中将古代的"受动字"分为六式，其中第一种就是"为……所"句。不过，马氏认为这种句式是个判断句，而非被动句。如"卫太子为江充所败"(《汉书·霍光传》)，马氏说："'败'，外动也，'江充'其起词。'所'字指'卫太子'，而为'败'之止词。故'江充所败'实为一读，今蒙'为'字以为断，犹云'卫太子为江充所败之人'，意与'卫太子败於江充'无异。如此，'江充所败'乃'为'之表词耳。"① 著名语言学家高名凯先生很是认可马氏观点，认为"为"是"系词"，并以法文为例，说明判断句和被动句的转换关系。② "为……所"句，是判断句还是被动句，这是结构分析上的大问题。我们认为，"为"是表被动的介词，不是判断动词，"所"是加在动词前的一个助词，也是表被动的一个标记，而非代词。"所＋动"是充当全句的谓语，而非"表词"。如果将"为……所"句模式化，一定认为是表判断而非表被动，那么对以下多种变式句将无法解释。如：

①凡国有三制，有制人者；有为人之所制者；有不能制人，人亦不能制者。(《管子·枢言》)

②员不忍称疾避易，以见王之亲为越之擒也，员请先死。(《国语·吴语》)

③不者，若属皆且为所虏。(《史记·项羽本纪》)

④伯文，我一日误为所召，今得遣归。(《搜神记》，卷十五)

⑤如是分物，人所嗤笑。(《百喻经·二子分财喻》)

其实马氏的内心，对这种结构的分析也不是很托底的。这正像宋绍年先

① 马建忠：《马氏文通》(校注本)，上册，中华书局1961年版，第203页。

② 高名凯：《汉语语法论》，科学出版社1957年版，第206—207页。

生所分析的那样："但是主系表结构不是受事主语句，同被动式毕竟是很不相同的结构。马氏也看到了这一点；他说：'以"为""所"二字间于句读，虽施受如常（即为主系表），已若转为受动之意。'一个'若'字反映了马氏首鼠两端的矛盾心理。"[①]

"为……所"句产生之后，具有极强的生命力，它主要使用在中古汉语里。如：

①死后之名非所取也，故不为刑所及。（《列子·杨朱》）

②父仪，为文帝所杀。（《搜神记》，卷十一）

③是身如邱井，为老所逼。（《维摩诘经·方便品》，卷上）

④（范晔）母如厕产之，额为砖所伤，故以砖为小字。（《宋书·范晔传》）

⑤裴郎作《语林》，始出，大为远近所传。（《世说新语·文学》）

⑥凡五谷地畔近道者，多为六畜所犯，宜种胡麻、麻子以遮之。（《齐民要术·种麻子》，卷二）

⑦后延伯为流矢所中，卒于军中。（《洛阳伽蓝记·法云寺》杨注，卷四）

⑧周弘正为宣城王所爱，给一果下马，常服御之，举朝以为放达。（《颜氏家训·涉务》，卷四）

（2）"被"字句。

"被"字最早是个名词，指被子。《说文》："被，寝衣，长一身有半，从衣，皮声。"段注云："《论语·乡党篇》曰：'必有寝衣，长一身有半。'孔安国曰：'今被也。'郑注曰：'小卧被是也。'引申为'横被四表'之'被'。"名词"被"，引申为动词，有覆盖、施加、蒙受诸义。表被动的"被"，当是由动词的蒙受义或遭受义引申而成。其演变过程，当是四步：其一，"被"加在名词或代词之前，作谓语动词，有蒙受或遭受之义。如：

①为奸利以弊人主，行财货以事贵重之臣者，身尊家富，父子被其泽。（《韩非子·奸劫弑臣》）

②其明年，山东被水菑。（《史记·平准书》）

① 宋绍年：《〈马氏文通〉研究》，北京大学出版社 2004 年版，第 154 页。

其二，"被"加在名词化的动词之前，"被"仍是谓语动词，有遭受义。这种"被"很容易误解为表被动的介词。如：

①国一日被攻，虽欲事秦，不可得也。（《战国策·齐策一》）

②今兄弟被侵，必攻者，廉也；知友被辱，随仇者，贞也。（《韩非子·五蠹》）

其三，"被"加在谓语动词之前，表被动义，但其后尚不能出现施动者，这种"被"是助动词，不是介词。如：

①信而见疑，忠而被谤，能无怨乎？（《史记·屈原贾生列传》）

②曾子见疑而吟，伯奇被逐而歌。（《论衡·感虚》）

这种句子，正因为"被"后尚不能出现施动者，所以才常同"於"字配合使用。如：

①栗腹以十万之众五折于外，以万乘之国被围於赵，壤削主困，为天下僇笑。（《史记·鲁仲连邹阳列传》）

②义熙中，弟徽被遇於高祖。（《宋书·羊欣传》）

其四，"被"后出现施动者，加在谓语动词之前，表被动义。这时，"被"已彻底虚化为介词。完成这个过程，当在东汉末到魏晋时代。如：

①今月十三日，臣被尚书召问。（汉·蔡邕：《被收时表》）

②玚、桢各被太祖辟为丞相椽属。（《三国志·魏书·王粲传》）

③此女意在于君，被父母凌逼，嫁与刘祥。（《搜神记》，卷五）

④昨忽被县召，夜避雨，遂误入此中。（《搜神记》，卷十二）

例①，此例引自郭锡良先生的《古代汉语语法讲稿》。"被"后出现施动者，就目前而言，当以例①为最早。介词"被"产生之后，中古汉语里也一直使用下去，与"为……所"句并行不悖。如：

①亮子被苏峻害，改适江彪。（《世说新语·方正》）

②如彼愚人，被他打头，不知避去，乃至伤破，反谓他痴。（《百喻经·以梨打破头喻》）

③今者庄园钱物、奴婢，尽被官家收检。（唐·［日］释圆仁：《入唐求法巡礼行记》，卷四）

④理短被他欺，理长不奈你。（唐·寒山子：《寒山诗·劝你》，第二三四）

⑤子胥被妇认识，更亦不言。(变文《伍子胥变文》)

⑥某甲一生功夫，将谓无人过得，今日之下，被马大师呵责，直得情尽。(《祖堂集》，卷十四)

介词"被"产生之后，其后宾语并非一定得出现，有时也可以省略不用。如：

①小白既立，胁鲁杀子纠，召忽死之，管仲吾被囚。(《列子·力命》)

②(王旻)遂被囚系、拷讯。(《搜神记》，卷三)

③羡之被诛，王弘入为相，领扬州刺史。(《宋书·王韶之传》)

④孔融被收，中外惶怖。(《世说新语·言语》)

⑤既被鞭已，以马屎傅之，欲令速差。(《百喻经·治鞭疮喻》)

⑥世隆见桥被焚，遂大剽生民，北上太行。(《洛阳伽蓝记·永宁寺》杨注，卷一)

⑦父兄被杀，不可不雠。(变文《伍子胥变文》)

4. 汉语被动介词的定型化

到了近古汉语，最常见、最规范的被动句式就是"被"字句，已被定型化了。如：

①彦冲被此辈教坏了。(宋·大慧普觉禅师：《答刘宝学》)

②存心多被物欲夺了。(《朱子语类·训门人》)

③你与我同出路，也被人欺负。(《张协状元》，第八出)

④大哥欲打，被三传扯住。(《刘知远诸宫调》，第一)

⑤好一釜羹，被两颗鼠粪污却。(宋·虚堂和尚：《虚堂和尚语录》)

⑥幽王被西番杀了，褒姒被西番虏了。(元·许衡：《鲁斋遗书·直说大家要略》，卷三)

⑦雁飞不到处，人被利名牵。(元·无名氏：《小孙屠》，第四出)

⑧那妇女被宋四公杀了。(明·冯梦龙：《喻世明言·宋四公大闹禁魂张》，第三十六卷)

⑨(王四)被山风一吹，酒却涌上来，踉踉跄跄，一步一撷。(《水浒传》，第二回)

⑩(黛玉)正欲下拜，早被外祖母抱住，搂入怀中。(《红楼梦》，第三回)

"被"字句，从中古到近古，最重要的发展有三点：

第一，谓语动词后可续接宾语。如：

①祢衡被魏武谪为鼓吏。(《世说新语·言语》)

②如彼愚人，被他打头，不知避去，乃至伤破，反谓他痴。(《百喻经·以梨打破头喻》)

③晚际见其归来，被雹打破笠子，浑身湿而来。(唐·〔日〕释圆仁：《入唐求法巡礼行记》，卷三)

④臣父兄事君不谨，遂被楚帝诛身。(变文《伍子胥变文》)

⑤九龙咸伏，被抽背脊筋了。(《大唐三藏取经诗话中》)

⑥苗忠认得尹宗了，欲待行，被他拦住路。(明·冯梦龙：《警世通言·万秀娘仇报山亭儿》，第三十七卷)

第二，谓语动词后可续接多种补语。如：

①文秀被围三载。(《宋书·沈文秀传》)

②殷中军被废东阳，始看佛经。(《世说新语·文学》)

③武帝凡情不了，达摩此言，遂被遣出。(《神会语录》)

④(大王)行至神庙五里以来，泥神被北方大王唱一声。(变文《八相变》)

⑤从东扫向西，又被西风吹向东。(变文《难陀出家缘起》)

⑥我因八百岁时，偷吃十颗，被王母捉下。(《大唐三藏取经诗话中》)

⑦殊不知临际父子，被德山埋在荒草堆头，至今抬身不起。(宋·虚堂和尚：《虚堂和尚语录》)

⑧来这里被他骂得我百节酸痛。(元·关汉卿：《诈妮子调风月》，第三折)

第三，主动句式的被动化。

主动句式被动化，是指在主动句前加"被"字，表示一种遭遇或不幸。这种句式，实际是反映了被动介词"被"字用法的扩大化。从今天的角度来看，这种"被"字用法似乎是多余的，像是一种"病句"，因此我们认为这种句式是一种"假被动句"。这种假被动句起源于变文，而到了近古汉语里又似乎变成了一种语言"时髦"。如：

①远公当即不语，被左右道："将军实是许他念经？"(变文《庐山远

公话》)

②二将奏曰："被汉将诈宣我王有敕，赚臣落马受口敕之次，决鞭走过。"（变文《汉将王陵变》）

③被猴行者骑定馗龙，要抽背脊筋一条，与我法师结鞭子。（《大唐三藏取经诗话中》）

④恰才撞到牛栏圈，待朵闪应难朵闪，被一人抱住刘知远。（《刘知远诸宫调》，第二）

⑤被宋四公向前一捽捽住，腰里取出刀来道："悄悄地，高则声便杀了你。"（明·冯梦龙：《喻世明言·宋四公大闹禁魂张》，第三十六卷）

⑥问其所以，都是黄河沿上的州县，被河水决了，田庐房舍，尽行漂没。（《儒林外史》，第一回）

这种假被动句有时也和处置句结合使用，但"被"字仍是假性的，显得有些多余。如：

①郭威待至二更后，被郭威将阿里罕杀了。（《新编五代史平话·周史平话上》）

②店家不肯当与，被郭威抽所执佩刀将酒保及店主两人杀死了。（《新编五代史平话·周史平话上》）

我们说在近古汉语里被动介词已定型化，这不是说语言中只能用"被"字，不能用其他被动介词。事实是，近古汉语里仍在产生新的被动介词，如"吃（喫）"字。"吃（喫）"用于表被动，方言性质很强，但终究因为不规范而被共同语所淘汰。如：

①郭威喫董璋争了这功。（《新编五代史平话·周史平话上》）

②刘伯温他父子两人都吃那歹臣每害了。（明·刘仲璟：《遇恩录》）

③杨温吃那小娄罗缚将去。（明·洪楩：《清平山堂话本·杨温拦路虎传》）

④郭排军喫他相问得无言可答。（明·冯梦龙：《警世通言·崔待诏生死冤家》，第八卷）

⑤那几个老和尚吃智深寻出粥来，只叫得苦。（《水浒传》，第六回）

⑥若无免帖，定然喫打三下。（《老乞大》）

第九章

连词史

一、连词的产生

连词是用于连接词、词组或句子的词。关于古代连词的产生，应注意以下三个问题：

第一，从词义上看，古代连词的产生大部分都是源于实词的假借。

如果说汉语介词从词源上看，几乎是百分之百地源于动词的话，那么我们可以说，汉语连词同实词的语义联系，绝大部分是绝缘的，但也确有部分连词，是由实词引申而成的。如：

虽

虽，繁体作"雖"。《说文》："虽，似蜥易而大，从虫，唯声。"段注云："易，各本作'蝎'，误，今正。此字之本义也，自借以为语词，尟有知其本义矣。《常棣》云：'每有良朋'，又云：'虽有兄弟'，传云：'每，虽也。'"由此可知，连词"虽"，是由名词"虽"（爬虫名）假借而成。如：

①呜呼，王虽小，元子哉！（《尚书·召诰》）

②周虽旧邦，其命维新。（《诗经·大雅·文王》）

例①②，"虽"，连词，表转折。但是，在先秦，"虽"用为转折义，并非很常见，而表让步却常见于典籍之中。"虽"表让步，依段玉裁说法，这种"虽"又是"难"的假借。《说文》："难，姿难，姿也。"段注："恣，各本作'姿'，今正。恣者，纵也。……《集韵》《玉篇》皆云'姿娷'，自纵兒，此许义也。今用'虽'为语词，有纵恣之义，盖本当作'娷'，假'虽'为之耳，'虽'行而'娷'废矣。"依段氏之说，表让步的"虽"，又是假"娷"为之。同一个"虽"字，因用法不同而认为来源不同，解说未免有些杂乱。"虽"用为让步连词的例证如：

③家有常业，虽饥不饿；国有常法，虽危不亡。(《韩非子·饰邪》)

④为人臣，不忠当死，言不审亦当死。虽然，臣愿悉言所闻，大王裁其罪。(《战国策·秦策一》)

而

"而"，甲骨文作𣎳、𣎳诸形，象颔下之须。《说文》："而，须也，象形"。段注云："各本作颊毛，象毛之形，今正。"又云："引申之为语词，或在发端，或在句中，或在句末"。由此可知，"而"的本义，是指人的胡须，其用为代词、连词者，均是词义假借为之，而非词义引申。如：

①相鼠有皮，人而无仪。(《诗经·鄘风·相鼠》)

②君子务本，本立而道生。(《论语·学而》)

③公子鲍美而艳，襄夫人欲通之。(《左传·文公十六年》)

④人莫不欲富贵长寿，而未有能免于贫贱死夭之祸也。(《韩非子·解老》)

例①—④，"而"，连词，分别表转折、顺接、并列、转折诸义。

使

"使"，从甲骨文起，就用为动词，如说"使人于岳"(《粹编》，31)。《说文》："使，令也。"段注云："令者，发号也。《释诂》：'使，从也'，其引申之义也。"如：

①无感我帨兮，无使尨也吠。(《诗经·召南·野有死麇》)

②不如早为之所，无使滋蔓。(《左传·隐公元年》)

例①②，"使"，动词，均表使令义。"使"用为连词，表假设，是实词假借，而非词义引申。如：

③如有周公之才之美，使骄且吝，其余不足观也已。(《论语·泰伯》)

④使弈秋诲二人弈，其一人专心致志，惟弈秋之为听。(《孟子·告子上》)

第二，从词类上看，连词的产生，也是词类功能引申的结果。

所谓功能引申，就是指相关词类的语法功能的影响所及。应当承认，这也是古代连词产生的重要原因之一。如古代连词的产生，有的来自动词、形容词；有的来自数词、代词；有的甚至来自同类连词。属于这些情况的，都不能简单地归结为词义假借问题，而应当承认，古代确有部分连词的产生，是因词义引申而导致了功能引申的结果。如：

并/併/並

"并""併""並"，古代是三个字，现在都简作一个"并"字。这三个词，最早都是动词。"并"，甲骨文作 𠦒、𠦒 诸形，象二人前后并立，并用绳索之物捆在一起，故有兼合之义。《说文》："并，相从也。"由甲骨文字形来看，"并"本无相从之义。"并"，甲骨文中已用为动词，如"叀并駁"（《甲》，298），意指祭祀时要并用杂色之马。"並"，甲骨文作 𠓃、𠓃 诸形，正象二人并立之形。《说文》："竝，併也，从二立。"段注："人部'併'下曰：'竝也。'郑注《礼经》，古文'竝'，今文多作'併'，是二字音义皆同之故也。"由此可知，"併"当是"並"的或体。"並"，甲骨文也用为动词，如"丙午卜，中丁岁竝饮"（《掇》，1.416）。"竝饮"，盖指并用荐酒之祭。传世文献中，"并""並"均可用为动词。如：

①常庄谈谓赵襄子曰："魏并中山，必无赵矣。"（《战国策·中山策》）
②礼之可以为国也久矣，与天地並。（《左传·昭公二十六年》）

例①，"并"，兼并。例②，"並"，并列。"并""並"由动词可引申为副词。如：

①（鹬蚌）两者不肯相舍，渔者得而并禽之。（《战国策·燕策二》）
②天生五材，民並用之，废一不可，谁能去兵？（《左传·襄公二十七年》）

例①，"并"，一起，一并。例②，"並"，一起，一并。"并""並"，再引申之，就可由副词变为连词，由词义引申再到功能引申。如：

①酒髡钳季布，衣褐衣，置广柳车中，并与家僮数十人，之鲁朱家所卖之。（《史记·季布栾布列传》）
②昔下宫之难，屠岸贾为之，矫以君命並命群臣。（《史记·赵世家》）

例①，"并"，连词，并，并且。例②，"並"，连词，并，并且。

与/與

前面介词史部分，我们已经谈到了"与"和"與"的关系。《说文》同时收有"与""與"两字，今均简作"与"字。《说文》："与，赐予也。一勺为与，此与'予'同意。"又《说文》："與，党與也，从舁与。"段注云："'與'当作'与'。'与'，赐予也。"又云："会意，共举而与之也。"（见"與"字注。）又云："與，授與也，从舁，义取共举，不同'与'也。今伪以'與'代'与'，'与'行而'與'废矣。"（见"与"字注。）依金文字形，"共举"当是"與"的造字本义。后"与（與）"引申有参与、交往诸义。如：

①蹇叔之子与师，哭而送之。（《左传·僖公三十二年》）

②始而相与，久而相信，卒而相亲。（《吕氏春秋·慎行》）

例①，"与"（yù），动词，参与。例②，"与"（yǔ），动词，交往。词义进一步引申，变为介词，表示与对象在动作行为上协调一致。这就是由词义引申扩大到功能引申。如：

①我心伤悲兮，聊与子同归兮。（《诗经·桧风·素冠》）

②治世之民，不与鬼神相害也（《韩非子·解老》）

例①②，"与"的介词用法，再度引申，则变为连词，表示人或事物之间的并列关系，这又是从词义引申再扩展到功能引申的例证。如：

①维桑与梓，必恭敬止。（《诗经·小雅·小弁》）

②用之则行，舍之则藏，唯我与尔有是夫。（《论语·述而》）

例①②，"与"，连词，和，表并列。

若

"若"，甲骨文作 🌿、🌿 诸形，象一人长跪并理顺长发之形。因此"若"有顺义，并引申为动词，表佑助。如"辛丑卜，㱿贞：帝若王"（《合》，323）。又如"癸酉卜，争贞：王勿逆舌方，下上弗若，不我其受□?"（《合集》，6201）两辞中的"若"，均指佑助。《说文》："若，择菜也。"段注云："《晋语》：'秦穆公曰："夫晋国之乱，吾谁使先若二夫公子而立之，以为朝夕之急'，此谓使谁先择二公子以立之，'若'正训'择'。择菜，引申之义也。""若"由"择"义，进而引申为副词，表示不确定，再进而引申为连词，表示选择，这些都是由词义引申扩展到词类的功能引申的铁证。如：

①若以大夫之灵，获保首领以殁于地，唯是春秋窀穸之事，所以从先君于祢庙者，请为"灵"若"厉"。（《左传·襄公十三年》）

②诸将以万人若以一郡降者，封万户。（《史记·高祖本纪》）

例①②，"若"，均为连词，义为"或"，表选择。

纵

"纵"，《说文》："纵，缓也，一曰捨也，从系，从声。"段注云："各本作'舍也'，由俗以'舍''捨'通用也，今正。捨者，释也。"又《说文》："释，解也。"段注云："《广韵》曰：'捨也，解也，散也，消也，废也，服也'，按：其实一解字足以包之。"由此可知，"纵"的本义就是指人的行为或情感上的尽情放松、放纵，是个动词。如：

①诞惟厥纵淫泆于非彝。（《尚书·酒诰》）

②启《九辩》与《九歌》兮，夏康娱以自纵。（《楚辞·离骚》）

例①②，"纵"，动词，放纵。连词"纵"，表让步，当是从动词"纵"的放纵义引申而来。如：

①纵我不往，子宁不来？（《诗经·郑风·子衿》）

②纵未熟，且与一杯，得否？（《搜神记》，卷十九）

例①②，"纵"，连词，纵使，即使，表让步。

抑

"抑"，《说文》作"𢮲"形，"𢮲"即反写的"印"字。《说文》："𢮲，按也。"段注云："按，当作按印也，浅人删去印字耳。"又云："按者，下也，用印必向下按之，故字从反印。"由此可知，"抑"是个动词，本义是指向下压，引申有压抑、抑制诸义。如：

①天之道其犹张弓与，高者抑之，下者举之。（《老子》第七十七章）。

②屈心而抑志兮，忍尤而攘诟。（《楚辞·离骚》）

按压、压抑会使事物、情感发生变化，因此"抑"用为连词后，可以表示句意转折，转折就是变化。这种变化，显然也是功能引申的结果。如：

①子曰："若圣与仁，则吾岂敢？抑为之不厌，诲人不倦，则可谓云尔已矣。"（《论语·述而》）

②（臧纥）对曰："多则多矣，抑君似鼠。"（《左传·襄公二十三年》）

例①②，"抑"，连词，只不过，表转折。语法上的转折就是上下句意相反；相反就是不肯定；不肯定就会生成选择用法。如：

①夫子至于是邦也，必闻其政，求之与，抑与之与？（《论语·学而》）。

②（孟子）曰："为肥甘不足于口与，轻暖不足于体与，抑为采色不足视于目与，声音不足听于耳与？（《孟子·梁惠王上》）

例①②，"抑"，连词，或，或者，表选择。

将

"将"，《说文》："将，帅也。"段注云："'帅'当作'衞'。行部曰：'衞'，将也，二字互训。《仪礼》《周礼》古文'衞'多作'率'，今文多作'帅'。""将"（jiāng），是个形声字，从寸，酱省声。依汉注，"将"的本义，当以扶助、扶持义为是。"将"由动词扶持义而引申出工具、凭借义，这都是词义引申。如：

①无将大车，维尘冥冥。（《诗经·小雅·无将大车》）

②苏秦始将连横说秦惠王曰："大王之国，西有巴蜀、汉中之利，北有胡貉、代马之用……"（《战国策·秦策一》）

例①，"将"，动词，扶持，扶进。例②，"将"，介词，用，借助，表凭借。汉语的虚词之间，也并非都是无所关涉，如连词"将"表选择，也许就是由副词"将"表并列这一关系引申而成。如：

①将恐将惧，维予与女。（《诗经·小雅·谷风》）

②孟子曰："子能顺杞柳之性而以为桮棬乎，将戕贼杞柳而后以为桮棬也？"（《孟子·告子上》）

例①，"将"，副词，且，又，表并列。例②，"将"，连词，或，或者，表选择。表选择，就是或甲或乙，均有可能，其前提条件必然是甲乙对等的。

况

"况"，《说文》："况，寒水也。"段注云："未得其证。毛诗《常棣》《桑柔》《召旻》皆曰'兄，滋也。'"况，古作"兄"，《说文》作"况"，今作"况"。依《说文》解，"况（况）"是个形容词。水寒，就常温而言，就是一种变化，因而引申有滋义。"滋"，增加，是动词。"滋"由增加义，再引申为副词，有更加义；再由副词进而引申成连词，则有何况、况且义，表递进。如：

①每有良朋，况也永叹。(《诗经·小雅·常棣》)

②以众故，不敢爱亲，众况厚之。(《国语·晋语一》)

③蔓草犹不可除，况君之宠弟乎？(《左传·隐公元年》)

例①，"况"，动词，增加。例②，"况"，副词，更加。例③，"况"，连词，何况，表递进。

或

"或"，最初是个无定代词，或指人或指物，不确指。如：

①自时厥后，亦罔或克寿，或十年，或七八年，或五六年，或四三年。(《尚书·无逸》)

②夫物之不齐，物之情也，或相倍蓰，或相什百，或相千万。(《孟子·滕文公上》)

例①②，"或"，无定代词，指有的人或有的物。"或"，也可用为副词，表示不确定，实际是由无定代词用法引申而来。如：

①子曰："古者民有三疾，今也或是之亡也。"(《论语·阳货》)

②夫岂不义而曾子言之？是或一道也。(《孟子·公孙丑下》)

例①②，"或"，副词，或许，大概，表不确指。"或"也可用为选择连词，这一用法自然又是上述副词用法的引申。不过，在先秦，"或"很少用为选择连词。"或"用为选择连词者，多在两汉以后。如：

①夫金馈，或受或不受，皆有故。(《论衡·刺孟》)

②常取桑虫或阜螽子育之，则皆化成己子。(《搜神记》，卷十三)

苟

"苟"，《说文》："苟，艸也。"段注云："孔注《论语》云：'苟，诚也'；郑注《燕礼》云：'苟，且也，假也'，皆假借也。"由此可知，"苟"原是一种草名，其用为副词，当是假借为之。如：

①君子于役，苟无饥渴。(《诗经·王风·君子于役》)

②苟捷有功，毋作神羞，官臣偃无敢复济。(《左传·襄公十八年》)

例①②，"苟"，副词，或许，可能，表推测。但是，"苟"作为连词，表假设，当是"苟"的副词用法的词义引申，而不是假借关系。如：

①孔子对曰："苟子之不欲，虽赏之不窃。"(《论语·颜渊》)

②且臣闻之曰："战战栗栗，日慎一日；苟慎其道，天下可有。"（《韩非子·初见秦》）

故

"故"，《说文》："故，使之为也。"段注云："今俗云原故是也。凡为之必有使之者，使之而为之则成故事矣。"由此可知，"故"原是一个名词，指事之起因、缘故。如：

①微君之故，胡为乎中露？（《诗经·邶风·式微》）

②维子之故，使我不能餐兮。（《诗经·郑风·狡童》）

但是，"故"由名词到表结果的连词，大概是以连词的表顺接的用法为中介的。如：

①有成与亏，故昭氏之鼓琴也；无成与亏，故昭氏之不鼓琴也。（《庄子·齐物论》）

②君必施于今之穷士，不必且为大人者，故能得欲矣。（《战国策·东周策》）

例①②，"故"均用为顺接连词。这也正如《经传释词》所言："故犹则也。""故"用为结果连词，当是"故"的表顺接用法的进一步引申而成。如：

①求也退，故进之；由也兼人，故退之。（《论语·先进》）

②即不忍其觳觫，若无罪而就死地，故以羊易之。（《孟子·梁惠王上》）

例①②，"故"，连词，所以，因此，表结果。

第三，从结构上看，连词的产生也是语言词语句扩展的需要。

大家知道，在汉语早期的材料里，如甲骨文、金文乃至后来的《尚书》，是很少用连词的。后来，由于语言的发展，词语句的无限扩展或组合，就需要各种连词，把词语句之间的种种逻辑关系固化下来，于是语言中就产生了表示各种语法关系的连词。早期不用或少用连词的材料如：

①令𡩜伐东土，告于且乙于丁，八月。（《合集》，7084）

②丙辰卜，㱿贞：我受黍年？丙辰卜，㱿贞：我弗其受黍年？四月。（《合集》，9950 正）

③癸丑卜，争贞：勿作邑，帝若？（《丙编》，147）

④乙丑卜，出贞：大史必彭，先彭其出匚于丁三十牛？七月。（《通纂》，

778）

例①，"告于且乙于丁"即"告于祖乙及祖丁"。"告"指告祭；"于且乙于丁"，是并列结构，"且乙"和"（且）丁"之间不用连词。例②，两辞属对贞例，上下句属选择关系，而"我受黍年"和"我弗其受黍年"两句间不用选择连词。例③，"勿作邑"和"帝若"属假设关系，但两句却不用假设连词。例④，"大史必酻"，"酻"指酻祭。"先酻其屮亡于丁三十牛"，"屮"读如"侑"，指侑祭；"亡"读为"祊"，亦是祭名。上下两句，当属转折关系，但句中却无转折连词。后来，金文中也很少用连词。如：

①珷征商。佳甲子朝，岁鼎克，昏夙又商。辛未，王在阑自，易又事利金，用乍旜公宝隩彝。（《利簋》）

例①，上下三句，全文三十二字（武王专用名以一字计），八个分句，而仅有一个连词"用"字。此器是目前所见到的西周时期最早的一件铜器。文辞记载的是武王克商事迹，作器时间是克商后的辛未日（第七日）。就是到了《尚书》里，语言中也是少用连词的。如：

①（梁州）厥贡璆、铁、银、镂、砮、磬、熊、罴、狐、狸、织皮。（《尚书·禹贡》）

②曰若稽古，帝尧曰放勋，钦明文思安安，允恭克让，光被四表，格于上下。（《尚书·尧典》）

③有夏多罪，天命殛之。（《尚书·汤誓》）

④盘庚迁于殷，民不适有居，率吁众慼出矢言。（《尚书·盘庚》）

例①，"璆""铁"以下，计十一个词，都是并列关系，不用连词。例②，"钦""明"以下，计九个词语，也都是并列关系，不用连词。例③，上下句为因果关系，不用连词。例④，上下三个分句，是转折加顺接关系，只用一个顺接连词"率"字。率，用，因而，表顺接。王引之说："《盘庚》曰：'率吁众慼，出矢言。'率，用也。吁，呼也。慼，贵戚也。矢，誓也。言民不肯迁，盘庚用呼众贵戚之臣，出誓言以晓喻之也。"①

到了上古汉语中期以后，汉语连词就逐渐多起来，这是不争的事实，这里不再引用例证。综合上述，可知汉语连词的产生，不外是上述三个原因。

---

① 王引之：《经传释词》，岳麓书社 1984 年版，第 215 页。

连词是汉语结构的"黏合剂",是汉语结构由简单走向复杂的最明显的标志。从汉语词类产生的顺序上看,连词,连同下一章的助词,都当排在副词、介词之后,属于四级词类。

二、连词的分类

上古汉语到了中期和后期,传世文献中已涌现出大批连词,并且都各自形成系统。上古汉语常见的连词类型有九类,下面分别叙述。

(一)并列连词

所连接的单位具有并列、对等关系的词叫并列连词。上古汉语常见的并列连词有"及""与""且""而"等形式。如:

①兄及弟矣,式相好矣。(《诗经·小雅·斯干》)

②师与商也孰贤?(《论语·先进》)

③百工之事固不可耕且为也。(《孟子·滕文公上》)

④夏首之南有人焉,曰涓蜀梁,其为人也,愚而善畏。(《荀子·解蔽》)

(二)顺接连词

所连接的单位,时间有先后,事理又相因的词叫顺接连词。顺接连词,有的著作也叫"顺承连词"。上古汉语顺接连词常见的形式有"则""斯""以""而""且""若""故""然则""且夫""若夫"等等。如:

①我欲仁,则仁至矣。(《论语·述而》)

②得天下有道,得其民,斯得天下矣。(《孟子·离娄上》)

③人洁己以进。(《论语·述而》)

④日凿一窍,七日而浑沌死。(《庄子·应帝王》)

如果上下文,另提一个话题,则常用"且""若""故""然则""且夫""若夫"等形式。如:

①且许子何不为陶冶,舍皆取诸其宫中而用之?(《孟子·滕文公上》)

②若民,则无恒产,因无恒心。(《孟子·梁惠王上》)

③今人之性,生而好利焉,顺是,故争夺生而辞让亡焉。(《荀子·

性恶》)

④当是时也，赵氏上下不相亲也，贵贱不相信也，然则邯郸不守。(《韩非子·初见秦》)

⑤且夫水之积也不厚，则其负大舟也无力。(《庄子·逍遥游》)

⑥若夫志意修，德行厚，知虑明，生于今而志于古，则是其在我者也。(《荀子·天论》)

（三）选择连词

所连接的单位具有选择关系的词叫选择连词。所谓选择，就是指非甲即乙，是众中择一的意思。上古汉语常见的选择连词有"如""若""抑""将"等形式。如：

①方六七十如五六十，求也为之，比及三年，可使足民。(《论语·先进》)

②若成若不成而后无患者，唯有德者能之。(《庄子·人间世》)

③仲子所居之室，伯夷之所筑与，抑亦盗跖之所筑与？(《孟子·滕文公下》)

④(田)文曰："人生受命于天乎，将受命于户邪？"(《史记·孟尝君列传》)

（四）递进连词

所连接的单位具有递进关系的词叫递进连词。所谓递进关系，就是指前后两个单位，后面的意思要比前面的更进一层。上古汉语常见的递进连词有"而""以""况"等等。其中也包含了一部分具有连接作用的副词。如：

①温故而知新，可以为师矣。(《论语·为政》)

②苟不志于仁，终身忧辱，以陷于死亡。(《孟子·离娄上》)

③徒取诸彼以与此，然且仁者不为，况于杀人以求之乎？(《孟子·告子下》)

④助之长者，揠苗者也，非徒无益，而又害之。(《孟子·公孙丑上》)

⑤今君子，岂徒顺之，又从为之辞。(《孟子·公孙丑下》)

（五）转折连词

所连接的单位前后意思相反的词叫转折连词。上古汉语常见的转折连词有"而""抑""然而""则""虽"等诸多形式。如：

①非其鬼而祭之，谄也。(《论语·为政》)

②子曰："若圣与仁，则吾岂敢？抑为之不厌，诲人不倦，则可谓云尔已矣。"(《论语·述而》)

③心未尝不两也，然而有所谓一；心未尝不动也，然而有所谓静。(《荀子·解蔽》)

④言赏则不与，言罚则不行，赏罚不信，故士民不死也。(《韩非子·初见秦》)

⑤义理虽全，未必用也。(《韩非子·难言》)

（六）让步连词

所连接的单位具有让步关系的词叫让步连词。所谓让步，是指陈述时，前句先提出一个虚拟的语境，退让一步，然后后句再转入正题，语意表达的重点在后而不在前。上古汉语常见的让步连词有"纵""虽""且""即""与其"等等。其中也包括部分与副词搭配使用的让步连词。如：

①纵我不往，子宁不嗣音？(《诗经·郑风·子衿》)

②与其媚于奥，宁媚于灶，何谓也？(《论语·八佾》)

③与其戍周，不如城之。(《左传·昭公三十二年》)

④民欲与之偕亡，虽有台池鸟兽，岂能独乐哉？(《孟子·梁惠王上》)

⑤兽相食，且人恶之，为民父母，行政不免乎率兽而食人，恶在其为民父母也？(《孟子·梁惠王上》)

⑥桀纣即厚于天下之势，索为匹夫而不可得也。(《荀子·王霸》)

（七）假设连词

所连接的单位具有假设关系的词叫假设连词。所谓假设关系，是指前句先提出一个假设条件，后句再表示依据这一条件而产生的必然结果。上古汉语常见的假设连词有"如""若""苟""使"等等。如：

①如不可求，从吾所好。(《论语·述而》)

②若药不瞑眩，厥疾不瘳。(《孟子·滕文公上》)

③夫苟不当，安能无过乎？(《荀子·解蔽》)

④使虎释其爪牙而使狗用之，则虎反服于狗矣。(《韩非子·二柄》)

假设连词一般都用在上一分句，而下句开头常用"则"字与之相呼应。如：

⑤王如善之，则何为不行？(《孟子·梁惠王下》)

⑥大王若以此不信，则小者以为毁訾诽谤，大者患祸、灾害、死亡及其身。(《韩非子·难言》)

当然，不配套的情况也是存在的。如：

⑦君子不重，则不威。(《论语·学而》)

⑧前日之不受是，则今日之受非也。(《孟子·公孙丑下》)

(八) 因果连词

所连接的单位具有因果关系的词叫因果连词。因果句的结构特点一般是，表原因的分句在前，表结果的分句在后；前句一般不用连词，后句用连词并处于句首。上古汉语常见的因果连词有"故""是故""是以"等等。如：

①桂可食，故伐之；漆可用，故割之。(《庄子·人间世》)

②其言不让，是故哂之。(《论语·先进》)

③仲尼之徒无道桓文之事者，是以后世无传焉。(《孟子·梁惠王上》)

有的因果连词处于两个词语之间，其最常见者就是"而"字。如：

④丑父寝于辇中，蛇出于其下，以肱击之，伤而匿之，故不能推车而及。(《左传·成公二年》)

⑤（涓蜀梁）背而走，比至其家，失气而死。(《荀子·解蔽》)

(九) 条件连词

所连接的单位具有条件和结果的词叫条件连词。条件连词在上古汉语里不太发达，到了中古以后，才逐渐发展起来。古代常见的条件连词有"则""辄""便""即"等等。如：

①有生死，则有病。(《维摩诘经·文殊师利问疾品》，卷中)

②每当至讲时，（服虔）辄窃听户壁间。(《世说新语·文学》)

③锄得十遍，便得八米也。(《齐民要术·种谷》注，卷一)

④逢庐山即住，便是汝修行之处。（变文《庐山远公话》）

三、连词的发展

（一）并列连词的发展

古代并列连词的发展，应注意以下三个问题：

1. 新的并列连词的产生

大家知道，上古汉语里，最常见的并列连词是"与""及""而""且"。如：

①见冕者与瞽者，虽亵，必以貌。（《论语·乡党》）

②用之则行，舍之则藏，惟我与尔有是夫。（《论语·述而》）

③（武姜）生庄公及共叔段。（《左传·隐公元年》）

④今著《论死》及《死伪》之篇，明死无知，不能为鬼。（《论衡·对作》）

⑤与朋友交，言而有信。（《论语·学而》）

⑥本荒而用侈，则天不能使之富。（《荀子·天论》）

⑦不义而富且贵，于我如浮云。（《论语·述而》）

⑧（赵盾）斗且出。（《左传·宣公二年》）

但是，值得注意的是，在中古、近古汉语里，又产生了一批新的并列连词，如"将""和""共""并""同"等等。这些新的并列连词，最早出现在中古汉语后期的文献里。如：

①离人将落叶，俱在一船中。（唐·卢纶：《与畅当夜泛秋潭》）

②烟和魂共远，春与人同老。（唐·韩偓：《幽独》）

③丘坟与城阙，草树共尘埃。（唐·马戴：《白鹿原晚望》）

到了近古汉语里，"和""共"继续使用，而"将"却退出了历史舞台。如：

①眉儿和那眼儿，与我儿无二。（《张协状元》，第四十五出）

②龙共虎，应声裂。（宋·陈亮：《贺新郎·寄辛幼安和见怀韵》）

③金冠共霞帔，让了十余起。（《刘知远诸宫调》，第十二）

④我写一封书稍（捎）将去，着俺母亲和赵家姐姐来救我。（元·关汉卿：《救风尘》，第二折）

⑤那官人吃了酒和肉，交茶博士也吃些。（明·洪楩：《清平山堂话本·杨温拦路虎传》）

⑥哥哥，我和你同死同生，休恁地计较。（《水浒传》，第五回）

⑦我问你则个，壁落共门都不曾动，你却是从那里来，讨了我的包儿？（明·冯梦龙：《喻世明言·宋四公大闹禁魂张》，第三十六卷）

"并""同"，也是近古汉语新生的并列连词。如：

①不是洪信并洪义，认是沙三李四叔。（《刘知远诸宫调》，第三）

②亏了一个张老并他儿子张驴儿救得我性命。（元·关汉卿：《窦娥冤》，第一折）

③说罢，杨玉同娘都去了。（明·洪楩：《清平山堂话本·杨温拦路虎传》）

④王观察又捉了两家邻居并房主人。（《水浒传》，第三回）

⑤不一时，只见三个奶妈并五六个丫鬟拥着三位姑娘来了。（《红楼梦》，第三回）

⑥王冕同秦老吓的将衣袖蒙了脸。（《儒林外史》，第一回）

2. 并列连词连接功能的变化

上古汉语里，并列连词主要用于连接词和词组，但到了中古、近古汉语里，它不仅可连接词和词组，也可连接句子。这种连接功能的变化，根本原因是汉语句子结构的日趋复杂化。如：

①是时释迦牟尼佛默然而坐，及诸四众亦皆默然。（《法华经·从地诵出品》，卷五）

②后大府以（武）念有健名，且家富有马，召出为将。（《宋书·宗越传》）

③欣之乃回还，取琬儿并杀之。（《宋书·邓琬传》）

④（吴道助、附子兄弟）遭母童夫人艰，朝夕哭临，及思至，宾客吊省，号踊哀绝，路人为之落泪。（《世说新语·德行》）

⑤王（恭）且笑且言："那得独饮？"（《世说新语·方正》）

⑥江南风俗，儿生一期，……男用弓矢纸笔，女则刀尺针缕，并加饮食

之物及珍宝服玩，置之儿前，观其发意所取。(《颜氏家训·风操》，卷二)

⑦一则朝廷之臣，取其鉴达治体，经纶博雅，二则文史之臣，取其著述宪章，不忘前古。(《颜氏家训·涉务》，卷四)

⑧大王明日广排天仗，远出城南，将百万之精兵，并太子亦随驾幸。(变文《八相变》)

⑨傍有四人坐，……右边有纻丝战袍，或着毛衫军官五十余人，并有全装甲士十余人。(宋·徐梦莘:《三朝北盟会编·绍兴甲寅通和录》，卷一六二)

⑩乘夫在外，暗发狠心，将十三岁女丑哥踏住脖项，扯出舌头，并沿身用火烧铁鞋锥烙讫七十二下。(《元典章·前集刑部》)

⑪史进引着一行人，且杀且走，众官兵不敢赶来，各自散了。(《水浒传》，第三回)

⑫一面叠成文案，一壁差人杖限缉捕凶身。(《水浒传》，第三回)

⑬范进一面自绾了头发，一面问郎中借了一盆水洗洗脸。(《儒林外史》，第三回)

⑭日则同行同坐，夜则同止同息。(《红楼梦》，第五回)

3. 并列连词的内部分工日趋明显

随着语言发展，中古汉语以后，并列连词的内部分工日趋明显。如：

与/及

大家知道，并列连词"与""及"，虽然都是以连接名词性成分为主，但彼此用法还是有一定区别的：一般说来，"与"所连接的并列项多为两项，并且彼此地位平等；"及"所连接的并列项，可以是两项，也可以是多项，并且是前重后轻。设并列项为 A、B、C，则 A 与 B 式如：

①唯佛与佛乃能究尽诸法实相。(《法华经·方便品》，卷一)

②吾今遣斗兵，尽非我国人，城东北是丁零与胡，南是三秦、氐、羌。(《宋书·臧质传》)

③闻子名知人，吾与足下孰愈？(《世说新语·品藻》)

④元乂与举坐之客皆笑焉。(《洛阳伽蓝记·报德寺》杨注，卷三)

⑤以是之故，世人当知时与非时。(《百喻经·蹋长者口喻》)

⑥李侍御与外甥阮十三郎同来相问。(唐·[日]释圆仁:《入唐求法巡

礼行记》，卷四）

⑦皇帝与高力士见一条紫气升空而去。（变文《叶净能诗》）

⑧元帅与郎君皆言甚好。（宋·徐梦莘：《三朝北盟会编·燕云奉使录》，卷十三）

⑨且如人看生文字与熟文字，自是两般。（《朱子语类·训门人》）

⑩被与葫芦都丢了不要。（《水浒传》，第十回）

A及B式，如：

①尔时，世尊告摩诃迦叶及诸大弟子："善哉，善哉，迦叶善说如来真实功德。"（《法华经·药草喻品》，卷三）

②（徐）湛之事祖母及母，并以孝谨闻。（《宋书·徐湛之传》）

③州府文武及百姓劝（郭）淮举兵，淮不许。（《世说新语·方正》）

④牧羊之人，闻之欢喜，便大与羊及诸财物。（《百喻经·牧羊人喻》）

⑤今南北风俗，言其祖及二亲，无云家者，田里猥人，方有此言耳。（《颜氏家训·风操》，卷二）

⑥铁塔北边，有四间堂，置文殊师利及佛像。（唐·［日］释圆仁：《入唐求法巡礼行记》，卷三）

⑦玄宗皇帝及朝庭大臣欢净能绝古超今，化穷无极。（变文《叶净能诗》）

⑧阿骨打及其下诸酋长大喜。（宋·徐梦莘：《三朝北盟会编·燕云奉使录》，卷十三）

中古汉语以后，并列连词"及"多用于连接多个并列项，同"与"的用法明显不同。"及"连接的多个并列项，有：

A、B及C式，如：

①诸葛瑾、弟亮及从弟诞，并有盛名，各在一国。（《世说新语·品藻》）

②奴便答言："大家先付门、驴及索，自是以外，非奴所知。"（《百喻经·奴守门喻》）

③又出玉束带、玉篦刀子及马一匹，付三宝奴献上。（宋·徐梦莘：《三朝北盟会编·靖康城下奉使录》，卷三十三）

A及B、C……式，如：

①叔子弟叔宝及仲容、叔子并为前废帝所杀。（《宋书·武三王传》）

②又诛斌及大将军录事参军刘敬文、贼曹参军孔邵秀、中兵参军邢怀

明、主簿孔胤秀、丹阳丞孔文秀、司空从事中郎司马亮、乌程令盛昙泰等。（《宋书·武二王传》）

③若僧尼有钱物及谷斗、田地、庄园，收纳官。（唐·［日］释圆仁：《入唐求法巡礼行记》，卷三）

A及B及C式，如：

①太原城及诸村贵贱男女及府官上下尽来顶礼供养。（唐·［日］释圆仁：《入唐求法巡礼行记》，卷三）

②楚州刘总管每事勾当，前总管薛诠及登州张大使舍弟张从彦及娘皆送路。（唐·［日］释圆仁：《入唐求法巡礼行记》，卷四）

值得注意的是，当"与"用为介词时，与之搭配使用的并列连词常常是"及"而不是"与"。这种用法，从《史记》开始，一直沿用到近古汉语。如：

①田忌信然之，与王及诸公子逐射千金。（《史记·孙子吴起列传》）

②荆轲嗜酒，日与狗屠及高渐离饮于燕市。（《史记·刺客列传》）

③于是文殊师利，与诸菩萨大弟子及诸夫人恭敬围绕，入毗耶离大城。（《维摩诘经·文殊师利问疾品》，卷中）

④尔时，药王菩萨摩诃萨及大乐说菩萨摩诃萨，与二万菩萨眷属俱，皆于佛前作是誓言。（《法华经·劝持品》，卷四）

⑤（鲁）爽与义宣及质相结已久。（《宋书·鲁爽传》）

⑥王与夫人及诸王子，悉在上烧香散花。（《洛阳伽蓝记·凝玄寺》杨注，卷五）

⑦凡与人言，称彼祖父母、世父母、父母及长姑，皆加尊字。（《颜氏家训·风操》，卷二）

⑧八月十五日夜，皇帝与净能及随驾侍从于高处既（瓲）月。（变文《叶净能诗》）

⑨一日，（哈）铭与袁彬及达子也先、贴木儿等同在爷爷前奏说："吃金一心愿忠朝廷……"（明·哈铭：《正统临戎录》）

而/以

从上古汉语开始，并列连词"而""以"虽然都可以连接动词或形容词，但总的来看，"而"的使用频率却大大超过"以"字。如：

①秋，大熟，未获，天大雷电以风，禾尽偃。(《尚书·金縢》)

②俾尔炽而昌，俾尔寿而臧。(《诗经·鲁颂·閟宫》)

③夫达也者，质直而好义，察言而观色，虑以下人。(《论语·颜渊》)

④吾闻之，哀乐而乐哀，皆丧心也。(《左传·昭公二十五年》)

⑤王坐于堂上，有牵牛而过堂下者。(《孟子·梁惠王上》)

⑥故王之不王，非挟太山以超北海之类也。(《孟子·梁惠王上》)

⑦狐偃其舅也，而惠以有谋。(《国语·晋语四》)

⑧惟夫党人之偷乐兮，路幽昧以险隘。(《楚辞·离骚》)

两汉以后，到了中古汉语，并列连词"而""以"的用法虽然都得以继承，但"而"却大有取代"以"字之势。据张万起先生统计，《世说新语》中，连词"而"总计 340 次，其中表并列者 20 次；连词"以"总计 61 次，其中表并列者仅 1 次。① 又据本人统计，《搜神记》中，连词"而"，表并列者 102 次，而"以"表并列者仅 7 次。② 具体用例如：

①郑人有薪于野者，遇骇鹿，御而击之，毙之。(《列子·周穆王》)

②周馥取而观之。(《搜神记》，卷七)

③翁遂弃苇，载鱼以归。(《搜神记》，卷五)

④太祖幼而宽仁。(《宋书·良吏传》)

⑤其地坦而平，其水淡而清，其人廉而贞。(《世说新语·言语》)

⑥其山崒巍以嵯峨，其水浀渫而扬波。(《世说新语·言语》)

⑦大风发屋拔树，刹上宝瓶，随风而落，入地丈余。(《洛阳伽蓝记·永宁寺》，卷一)

后来语言发展也证明，连词"以"表并列用法逐渐消亡，而其表顺接、转折、因果等用法却得到了发展。这样一来，"而""以"的用法，就都有了各自的明确的分工。

并/共/和

前面说过，古代"并""併""並"原本是三个字，今一律简化为"并"字。这三个词，最初都是动词，后引申为副词，再引申为连词。"并"或

---

① 张万起：《世说新语词典》，商务印书馆 1993 年版，第 61—62、203—204 页。

② 周生亚：《〈搜神记〉语言研究》，《〈搜神记〉连词分类数据表》，中国人民大学出版社 2007 年版，第 343 页。

"並"，最早用为连词，盖始于《史记》。如：

①洒髡钳季布，衣褐衣，置广柳车中，并与其家僮数十人，之鲁朱家卖之。（《史记·季布栾布列传》）

②昔下宫之难，屠岸贾为之，矫以君命，並命群臣。（《史记·赵世家》）

两汉以后，《法华经》中，也能找到"并"连接词与词或句与句的用例。如：

③又见彼土，现在诸佛，及闻诸佛所说经法，并见彼诸比丘、比丘尼、优婆塞、优婆夷诸修行得道者。（《法华经·序品》，卷一）

④尔时，摩诃波阇波提比丘尼及耶输陀罗比丘尼并其眷属，皆大欢喜。（《法华经·劝持品》，卷四）

"并"用为并列连词，主要还是使用在近古汉语里，而且其用法与"及"十分相近。如：

①来，来，我去讨米和酒并豆腐，断送你去。（《张协状元》，第十一出）

②知远既许亲事，立节级妻李嫂并王嫂二人为媒。（《刘知远诸宫调》，第二）

③休想得五男并二女，死得交灭门绝户。（元·关汉卿：《诈妮子调风月》，第四折）

④休说三省并六部，莫言御史与西台。（《宣和遗事》）

⑤见秀秀养娘并崔待诏两个，请郭立吃了酒食，教休来府中说知。（明·冯梦龙：《警世通言·崔待诏生死冤家》，第八卷）

⑥又买了这些马并毛施布来了。（《老乞大》）

⑦银子并书都拿去了，望华阴县里来出首。（《水浒传》，第二回）

⑧每人一个奶娘并一个丫头照管。（《红楼梦》，第三回）

"共"，在六朝时期，主要是用为介词。"并"，作为并列连词，应认定产生于唐代，但用例不多。并列连词"共"的成熟用例，都是在近古汉语里。如：

①落霞与孤鹜齐飞，秋水共长天一色。（唐·王勃：《滕王阁序》）

②丘坟与城阙，草树共尘埃。（唐·马戴：《白鹿原晚望》）

③大王共夫人发愿已讫，回鸾驾却入宫中。（变文《太子成道经》）

例①③，"共"，介词的味道仍然很浓，但下面的例句，"共"为并列连词，是毫无问题的。如：

①鸳侣分，连理劈，无端洪信和洪义，阻隔得鸾孤共凤只。(《刘知远诸宫调》，第二)

②抬脚不知深共浅。(《刘知远诸宫调》，第二)

③人寂寂，奴恓惶，相随只有儿共娘。(元·无名氏：《小孙屠》，第十二出)

④紫金山三百个好汉且未消出来，恐怕误了小员外共小娘子。(明·冯梦龙：《警世通言·万秀娘仇报山亭儿》，第三十七卷)

⑤(赵正)探手打一摸，一颗人头；又打一摸，一只手共人脚。(明·冯梦龙：《喻世明言·宋四公大闹禁魂张》，第三十六卷)

从发展上看，"并""共"都没多少生命力，后来都被并列连词"和"取代了。

"和"，最早是个形容词，后虚化介词和连词。向熹先生认为并列连词"和"产生于唐代，此说可从。但应知道，连词"和"的流行，恐怕还是宋代以后的事了。如：

①你须曾见，眉、眼、耳、腮、口和鼻。(《刘知远诸宫调》，第十一)

②(小娘子)觅纸和笔，只得与他供招。(明·洪楩：《清平山堂话本·简贴和尚》)

③你且吃些酒和肉。(明·洪楩：《清平山堂话本·杨温拦路虎传》)

④当下崔宁和秀秀出府门，沿着河，走到石灰桥。(明·冯梦龙：《警世通言·崔待诏生死冤家》，第八卷)

⑤家后坑里都搜出三四十个血沥沥的尸首和那珠子、布绢。(《朴通事》)

⑥次日，小王都太尉取出玉龙笔架和两个镇纸玉狮子，着一个小金盒子盛了。(《水浒传》，第二回)

⑦家人、媳妇和丫环、娘子都慌了。(《儒林外史》，第四回)

⑧你舅母和嫂子们是不在这里吃饭的。(《红楼梦》，第三回)

(二) 顺接连词的发展

考察古代顺接连词的发展，应注意以下两个问题：

1. 表承上的顺接连词，由盛到衰，中古以后逐渐消亡

古代顺接连词，按其语法作用，可大致分为两类：一类是承上连词，另

类是启下连词。承上类多处于上句之首，有引领话题作用；启下类多处于下句之首或句中，有引介下文的作用。承上连词的最主要作用是另立话题，引出下文。但要注意，另立话题也并非空穴来风，实际也就是对其上文的承接，所以它仍应归为顺接连词。如：

①且予纵不得大葬，予死于道路乎？（《论语·子罕》）

②若于齐，则未有处也。（《孟子·公孙丑下》）

③且也若与予也，皆物也。（《庄子·人间世》）

④若夫乘天地之正，而御六气之辩，以游无穷者，彼且恶乎待哉？（《庄子·逍遥游》）

⑤若乃梁，则吾乃梁人也。（《战国策·赵策三》）

⑥至入人栏厩，取人马牛者，其不仁又甚攘人犬豕鸡豚。（《墨子·非攻》）

⑦至夫临难必死，尽智竭力，为法为之。（《韩非子·饰邪》）

⑧且夫韩入贡职，与郡县无异也。（《韩非子·存韩》）

两汉以后，这类承上连词虽然文献中可以继续使用，但总的趋势是逐渐走向消亡。如：

①且焉置土石？（《列子·汤问》）

②若至博奕戏处，辄以度人。（《维摩诘经·方便品》，卷上）

③且夫战守之法，当恃人之不敢攻。（《宋书·周朗传》）

④且不爱其亲而爱他人者，不为悖德乎？（《世说新语·言语》）

⑤至有谚云："落索阿姑餐"，此其相报也。（《颜氏家训·治家》，卷一）

⑥爰及栋宇器械，樵苏脂烛，莫非种植之物也。（《颜氏家训·治家》，卷一）

⑦至如近世谢朓、沈约之诗，任昉、陆倕之笔，斯实文章之冠冕，述作之楷模。（《梁书·肩夷吾传》）

⑧若夫积石山者，在乎金城西南，河所经也。（唐·张鷟：《游仙窟》）

⑨若夫《涅槃经》之义，本无恐怖。（变文《庐山远公话》）

⑩且契丹微弱，但当藐之，彼自不能窥测。（宋·李焘：《续资治通鉴长编》，卷二六一）

⑪且说周太祖姓郭名威，乃山东路邢州唐山县地名尧山人氏。（《新编五

代史平话·周史平话上》）

⑫且说这王进却无妻子，止有一个老母，年已六旬之上。（《水浒传》，第二回）

2. 表启下的顺接连词，其用法由连接词或词组而逐渐走向连接句子，并在汉语词汇复音化的影响下，又产生出一批新的复音连词

"而""以""乃""则"，这些表启下的顺接连词，在上古和中古汉语中是屡见不鲜的。如：

①吾十有五而志于学，三十而立，四十而不惑。（《论语·为政》）

②弟子，入则孝，出则弟，谨而信，泛爱众而亲仁。（《论语·学而》）

③填然鼓之，兵刃既接，弃甲曳兵而走。（《孟子·梁惠王上》）

④仁则荣，不仁则辱。（《孟子·公孙丑上》）

⑤应之以治则吉，应之以乱则凶。（《荀子·天论》）

⑥语曰："日中则移，月满则亏，物盛则衰"，天地之常数也。（《史记·范雎蔡泽列传》）

⑦秦王发图，图穷而匕首见。（《史记·刺客列传》）

⑧夜间汉军四面皆楚歌，项王乃大惊曰："汉皆已得楚乎？是何楚人之多也？"（《史记·项羽本纪》）

⑨母怀子气，十月而生。（《论衡·自然》）

⑩观《春秋》以见王意；读诸子以睹相指。（《论衡·超奇》）

⑪俄而抇其谷而得其铁。（《列子·说符》）

⑫子产相郑，专国之政，三年，善者服其化，恶者畏其禁，郑国以治。（《列子·杨朱》）

⑬南郡王义宣，生而舌短，涩于言论。（《宋书·武二王传》）

⑭（何）晏乃画地令方，自处其中。（《世说新语·夙惠》）

⑮臣闻天得一以清，地得一以宁，侯王得一以为天下贞。（《世说新语·言语》）

⑯客惭而退。（《世说新语·言语》）

⑰哀至则哭，何常之有？（《世说新语·言语》）

⑱有辊歌孙岩，娶妻三年，不脱衣而卧，岩因怪之。（《洛阳伽蓝记·法云寺》杨注，卷四）

⑲须臾之间，五嫂则至。（唐·张鷟：《游仙窟》）

从中古汉语始，启下类顺接连词，又产生一批复音连词，常处于下句之首或句中，使顺接连词由连接词或词组而走向连接句子。如：

①裔出阁，深悔不能阳愚，即便就船倍道兼行。（《三国志·蜀书·张裔传》）

②视小如大，视微如著而后告我。（《列子·汤问》）

③佛摄神足，于是世界还复如故。（《维摩诘经·佛国品》，卷上）

④胡于是弃众而奔，颎亦叛走。（《宋书·沈攸之传》）

⑤欣尝诣领军将军谢混，混拂席改服，然后见之。（《宋书·羊欣传》）

⑥（宗炳）好山水，爱远游，西陟荆巫，南登衡岳，因而结宇衡山，欲怀尚平之志。（《宋书·隐逸传》）

⑦我欲先痛骂王武子，然后爵之。（《世说新语·方正》）

⑧后阳眠，所幸一人窃以被覆之，因便斫杀。（《世说新语·假谲》）

⑨帝连索酒饮之，然后行事。（《洛阳伽蓝记·宣忠寺》杨注，卷四）

⑩（萧忻）爱尚文籍，少有名誉，见阉寺宠盛，遂发此言，因即知名，为治书御史。（《洛阳伽蓝记·昭仪尼寺》杨注，卷一）

⑪入大海之法，要须导师，然后可去。（《百喻经·杀商主祀天喻》）

⑫鱼得水已，即便走去。（《百喻经·小儿得大龟喻》）

⑬学为文章，先谋亲友，得其评裁，知可施行，然后出手。（《颜氏家训·文章》，卷四）

⑭先说王陵斫营事，然后始称霸王言。（变文《汉将王陵变》）

⑮走到门前略看，即便却来同饮。（变文《难陁出家缘起》）

⑯须是先得燕京，然后交割西京，固自有次第。（宋·徐梦莘：《三朝北盟会编·燕云奉使录》，卷十一）

⑰读书如炼丹，初时烈火锻煞，然后渐渐慢火养。（《朱子语类·训门人》）

⑱汉高祖因而净手，起身逃去了。（《皇明诏令·戒谕管军官敕》）

⑲两公子再三辞过，然后宽衣坐下。（《儒林外史》，第十回）

⑳万人都这样说，因而他祖母爱如珠宝。（《红楼梦》，第二回）

（三）选择连词的发展

关于古代选择连词的发展，应注意以下三个问题：

1. 从叙述选择到疑问选择，是汉语选择连词发展的最基本趋势

向熹先生从句型角度把古代选择连词分为两大类型：一是用于"叙述的选择"的，如"若""如""及"等；二是表示"疑问的选择"的，如"将""其""且""乃"等。① 此说可从。不过应当指明，用于"叙述的选择"的选择连词，在上古汉语一开始就是以连接词与词或词组与词组用法为主的。如：

①方六七十如五六十，求也为之，比及三年，可使足民。（《论语·先进》）

②请君若大子来，以免志父。（《左传·哀公十七年》）

例①②，"如""若"为一音之转，均用为连接词或词组的选择连词。上古汉语里，"或"很难发现用为选择连词的例证。但是，两汉以后，"或"可用为选择连词，并且句型上已扩展为连接句与句。这种"或"或作"和"，文献中常见之。如：

①此或是王，或是王等，非我佣力得物之处。（《法华经·信解品》，卷二）

②蛟或浮或没，行数十里，处与之俱。（《世说新语·自新》）

③但皇帝知赵皇诚心，不忍绝好，燕京候平定了日，与或不与，临时商量。（宋·徐梦莘：《三朝北盟会编·茅斋自叙》，卷十一）

④或读书讲明道义，或论古今人物而别其是非，或应接事物而处其当否。（《朱子语类·训门人》）

⑤吃和不吃，也即由伊。（《刘知远诸宫调》，第十一）

⑥咱们到时，或早或晚，只那里宿去。（《老乞大》）

⑦央媒拜允，一是二位老爷拣择，或娶过去，或招在这里，也是二位老爷斟酌。（《儒林外史》，第十回）

⑧宝钗日与黛玉、迎春姊妹等一处，或看书下棋，或作针黹，倒也十分相安。（《红楼梦》，第四回）

"若"在中古汉语里也有用为选择连词的例证，但使用频率却很低。如：

①世尊，我常独处山林树下，若坐若行。（《法华经·譬喻品》，卷二）

---

① 向熹：《简明汉语史》（修订本），下册，商务印书馆 2010 年版，第 182 页。

②若善男子，善女人，受持是《法华经》，若读若诵，若解说，若书写，是人当得八百眼功德……（《法华经·法师功德品》，卷六）

在表示"疑问的选择"句中，上古汉语里常用的选择连词有"抑"（或作"意"）、"将"、"且"等等。这些词均以连接句与句为其主要用法。如：

①求牧与刍而不得，则反诸其人乎，抑亦立而视其死与？（《孟子·公孙丑下》）

②楚王甚爱之，病，故使人问之曰："诚病乎，意亦思乎？"（《战国策·秦策二》）

③今子独无意焉，知不足邪，意知而力不能行邪，故推正不忘邪？（《庄子·盗跖》）

④夫子贪生失理而为此乎，将子有亡国之事，斧钺之诛而为此乎？（《庄子·至乐》）

⑤齐秦立为两帝，王以天下为尊秦乎，且尊齐乎？（《战国策·齐策四》）

两汉以后，到了中古、近古汉语里，表示"疑问的选择"的却是一批新生的复音选择连词。如：

①王敬仁闻一年少怀问鼎，不知桓公德衰，为复后生可畏？（《世说新语·排调》）

②汝何以都不复进？为是尘务经心，天分有限？（《世说新语·贤媛》）

③殷仲堪《常用字训》亦引服虔《俗说》，今复无此书，未知是《通俗文》，为当有异？（《颜氏家训·书证》，卷六）

④此是庄家厮儿，为复别处买来？（变文《庐山远公话》）

⑤比似你做阴司下鬼囚，争似得他这天堂上阳寿？（元·王晔：《桃花女》，第一折）

⑥比似只管等待，何不今夜我和你先做夫妻？（明·冯梦龙：《警世通言·崔待诏生死冤家》，第八卷）

⑦小娘子如今要嫁人，却是趋奉官员？（明·冯梦龙：《警世通言·崔待诏生死冤家》，第八卷）

⑧（酒保）请问道："官人还是要待客，只是自消遣？"（《水浒传》，第三十九回）

⑨前日承老父台所惠册页花卉，还是古人的呢，还是现在人画的？（《儒

林外史》，第一回）

⑩今日还是路过，还是特来的？（《红楼梦》，第六回）

2. 选择手段的多样化，是汉语选择连词发展中的必经途径

汉语选择连词的产生和发展，同选择句式的发展是紧密相连的。汉语选择句式的形成和发展，大体说来，是凭借两大手段：一是句式手段，二是词汇手段。

句式手段：

大家知道，逻辑学讲的选言判断，最基本的也要具备两个条件：一是必须具备两个以上的选项（选言肢），并且都是合理的；二是选项（选言肢）之间必须具备选择性的逻辑关系。根据这两条，我们可以确定，汉语选择句最初在形成过程中不一定都需要选择连词作为标志。上古汉语前期，甲骨文时代，卜辞中的对贞例，实际上就是选择句的最古老的形式。它们根本不需要选择连词，仅凭上下句式，就可确定逻辑上的选择关系。如：

①丙辰卜，㱿贞：我受黍年？（《合集》，9950 正）

②丙辰卜，㱿贞：我弗其受黍年？四月。（《合集》，9950 正）

③贞：王从沚㦰？（《合集》，6484 正）

④贞：王勿从沚㦰？（《合集》，6484 正）

例①②，为对贞例。"我受黍年"和"我弗其受黍年"，是两个选项，其中任何一项都有可能成为结果，这就是选择关系。这种选择关系，仅凭句式上下对比就可确定，无须选择连词。例③④，亦为对贞例，分析同。"沚㦰"，武丁将名。"从沚㦰"，意谓商王跟从沚㦰出征，以示督战之意。

到了上古汉语中期，具有选择关系的两个选项，已可以组合在一个句子里了，借助上下句的对比，就可以确定选择关系。不过，这类句子也常常在句中有副词或语气词的相互呼应。如：

①民死亡者非其父兄，即其子弟。（《左传·襄公八年》）

②凡人之攻伐也，非为利，则固为名也。（《吕氏春秋·召类》）

③滕，小国也，间于齐楚，事齐乎，事楚乎？（《孟子·梁惠王下》）

④昔者齐桓公九合诸侯，一匡天下，不识臣之力也，君之力也？（《韩非子·难二》）

例①②，"非"与"即"，"非"与"则"，彼此相呼应，以示上下句的选择关系。例③④，"乎"与"乎"，"也"与"也"，亦彼此呼应，借此而彰显了上下句的选择关系。

词汇手段：

到了上古汉语中期，当选择连词产生之后，这些选择连词就成为判断选择句的重要语法标志了。不过，应当说明，这些选择连词常常与其他动词、副词或词组搭配使用，成为构筑选择关系的词汇手段。这种情况，从上古汉语开始，一直延续到中古和近古汉语。如：

①与其不孙也，宁固。（《论语·述而》）

②且尔与其从辟人之士也，岂若从辟世之士哉？（《论语·微子》）

③与其害于民，宁我独死。（《左传·定公十三年》）

④与吾得革车千乘，不如闻行人烛过之一言也。（《韩非子·难二》）

⑤臣宁伏受重诛而死，不忍为辱军之将。（《战国策·中山策》）

⑥朕宁作高贵乡公死，不作汉献帝生。（《洛阳伽蓝记·永宁寺》杨注，卷一）

⑦为当身化黄泉，命从风化，为当逐乐不归？（《变文·秋胡变文》）

⑧且容问天池神堂到了是北朝地土，是南朝地土？（宋·李焘：《续资治通鉴长编》，卷二六五）

⑨先生本待观景致，把似这里闲行随喜？（金·董解元：《西厢记诸宫调》，卷一）

3. 有的选择连词的产生和发展已影响到汉语新句式的生成

这里有个典型的例子就是选择连词"与"字。选择连词"与"，一般著作很少提到，但它却是真实地存在着。"与"的选择用法，可能是由并列连词"与"进一步虚化而成。选择连词"与"，最大的语法特点是它所连接的两个选择项在意义上是一正一反，并且正者在前，反者居后。如：

①左右曰："臣不知其思与不思，诚思则将吴吟。"（《战国策·秦策二》）

②仆闻之，百里奚居虞而虞亡，在秦而秦霸，非愚于虞而智于秦也，用与不用，听与不听也。（《史记·淮阴侯列传》）

③由此言之，问与不问，无能抑扬。（《论衡·问孔》）

④别与不别，亦何所存？（《宋书·范晔传》）

⑤不知这件小事，消与不消，如此计较。（宋·李焘：《续资治通鉴长

编》，卷二六五）

⑥在行期日，已闻警报，亦尝禀白参政，若未出疆有警，合与不合前去？（宋·徐梦莘：《三朝北盟会编·绍兴甲寅通和录》，卷一六一）

⑦不问道理合与不合，只拣他爱的便做。（元·许衡：《鲁斋遗书·直说大学要略》，卷三）

例①—⑦，"与"，均为选择连词，义同"或"。由引例可知，"与"所连接的选择项，后项为一个否定结构。当这个否定结构被一个否定副词"否（不）"或"无"取代之后，选择连词"与"的语法作用也就逐渐弱化了，直至最终消失。在这种情况下，一种新的句式也就产生了。如：

①三十年春，晋人侵郑，以观其可攻与否。（《左传·僖公三十年》）

②陛下检校为称职与不？若不称职，臣受其罪。（《世说新语·贤媛》）

③当斯之时，桂树焉知泰山之高、渊泉之深？不知有功德与无也。（《世说新语·德行》）

例①—③，由引例可知，这种选择否定句，如果选择连词"与"的后面用否定结构，就可以用一个否定副词"否（不）"或"无"来取代之。这种新的句式，先秦时代已经产生，中古和近古汉语里也一直沿用下来。如：

①子皮欲使尹何为邑，子产曰："少，未知可否。"（《左传·襄公三十一年》）

②工有成败，仕有遇否。（《列子·力命》）

③纵未熟，其与一杯，得否？（《搜神记》，卷十九）

④魏武谓（杨）修曰："解不？"（《世说新语·捷悟》）

⑤所置须有伽蓝，汝能办否？（变文《祇园因由记》）

⑥师识我否？（宋·普济：《五灯会元》）

（四）递进连词的发展

关于古代递进连词的发展，应注意以下两个问题：

1. 从句内递进到句外递进，副词的连词化促使了递进句的扩张

上古汉语里，单句内最常见的表示递进的连词是"而"字。如：

①过而不改，是谓过矣。（《论语·卫灵公》）

②然则王之所大欲可知已，欲辟土地，朝秦楚，莅中国而抚四夷也。

《孟子·梁惠王上》）

③彼可取而代之。（《史记·项羽本纪》）

④世儒学者，好信师而是古，以为贤圣所言皆无非。（《论衡·问孔》）

例①—④，"而"，递进连词，均用于单句之内，有"进而"义。正因为"而"表递进，所以又常与"又"字结合使用。如：

⑤依乎法而又深其类，然后温温然。（《荀子·修身》）

⑥故夫鸿儒，所谓超而又超者也。（《论衡·超奇》）

"而"的这一用法，很容易扩展为置于下一分句之首，并由此而衍生出许多同类的递进连词。递进连词由句内走向句外，又必然要带动句子的扩张。如：

①晋侯、秦伯围郑，以其礼于晋，且贰于楚也。（《左传·僖公三十年》）

②臣不及也，且又不顺。（《左传·僖公八年》）

③民无内忧，且又无外惧，国焉用城？（《左传·昭公二十三年》）

④人有气、有生、有知，亦又有义，故最为天下贵也。（《荀子·王制》）

⑤夫不仁不义，又且已辱，不可以生。（《吕氏春秋·忠廉》）

⑥马陵道狭，而旁多阻隘，可伏兵。（《史记·孙子吴起列传》）

两汉以后，中古、近古汉语里，递进连词的这一用法，仍继承下去。如：

①以君之力，曾不能损魁父之丘，如太行、王屋何？且焉置土石？（《列子·汤问》）

②昔有二人，共种甘蔗，而作誓言："种好者赏，其不好者当重罚之。"（《百喻经·灌甘蔗喻》）

③今人避讳，更急于古。（《颜氏家训·风操》，卷二）

④有个王秀才，笑我诗多失：云不识蜂腰，仍不会鹤膝。（唐·寒山子：《寒山诗·有个》，第二八八）

⑤他却是个帮闲的破落户，没信行的人，亦且当初有过犯来，被开封府断配出境的人。（《水浒传》，第二回）

⑥二人你言我语，十来句话，越觉亲密起来了。（《红楼梦》，第十回）

用于下句句首的递进连词，其语法作用除在于表示上句已说出的情况外，还在于表示对已有情况的进一步申述或理由的追加。因此，与之相应的是，上句句首或句中就常有"不唯""非徒""非特""非独""非但""非唯""非值""不但"等词语与之相配。这种情况主要是应用在两汉以后的中古、近古汉语里。但是，上古汉语里已启其端。如：

①寡人之使吾子处此，不唯许国之为，亦聊以固吾圉也。(《左传·隐公十一年》)

②助之长者，揠苗者也，非徒无益，而又害之。(《孟子·公孙丑上》)

③然则人之所以为人者，非特以二足而无毛也，以其有辨也。(《荀子·非相》)

④非独政能也，乃其姊亦烈女也。(《史记·刺客列传》)

⑤非但君当知臣，臣亦当知君。(《三国志·魏书·刘廙传》)

⑥非唯科律所不容，主上亦无辞以相宥。(《宋书·薛安都传》)

⑦汝为吏，以官物见饷，非唯不益，乃增吾忧也。(《世说新语·贤媛》)

⑧王莽非直鸢髆虎视，而复紫色蛙声。(《颜氏家训·书证》，卷六)

⑨少府公非但词句断绝，亦自能书。(唐·张鷟：《游仙窟》)

⑩不但今夜斫营去，前头风火亦须汤。(变文《汉将王陵变》)

⑪此言非特系国家利害，亦系大王一身利害，乞大王深思之。(宋·徐梦莘：《三朝北盟会编·茅斋自叙》，卷三十二)

⑫依老爷这话，不但不能报效朝廷，亦且自身不保。(《红楼梦》，第四回)

这种表达格式，有时不一定全得配套，有的递进连词只见于上句者。如：

①微独赵，诸侯有在者乎？(《战国策·赵策四》)

②非特是丑言声，拙视瞻。(《世说新语·轻诋》)

③蓄财数万，以拟吉凶急速，不啻此者，以义散之。(《颜氏家训·止足》，卷五)

④十娘非直才情，实能吟咏。(唐·张鷟：《游仙窟》)

⑤非但今日，此袈裟在忍大师处三度被偷。(《神会语录》)

2. 疑问递进句的产生和运用，扩大了递进连词的使用范围

同选择连词一样，古代递进连词也分为表叙述和表疑问两类。从上古汉语开始，表疑问的递进句，经常于下句之首加上"况""而况""何况"等递进连词，表示对已有情况的进一步申诉或理由的追加。如：

①蔓草犹不可除，况君之宠弟乎？（《左传·隐公元年》）

②昔者十日并出，万物皆照，而况德之进乎日者？（《庄子·齐物论》）

③且吾之此言未必非迷，而况鲁之君子迷之邮者，焉能解人之迷哉？（《列子·周穆王》）

④唯，舍利佛，夫求法者不贪躯命，何况床座？（《维摩诘经·不思议品》，卷中）

⑤诚之至也，而金石为之开，况于人乎？（《搜神记》，卷十一）

⑥慎不可与为邻，何况交结乎？（《颜氏家训·归心》）

"况""何况"等递进连词，也可和副词"犹""尚"或连词"而"等搭配使用。"犹""尚""而"等词用于上一分句，表示论述上先退让一步，以引出话题，而后句用上"况""何况"等递进连词，则表示对理由的进一步申说。这种情况也始于上古，至中古、近古则续用之。如：

①千乘之君求与之友而不可得也，而况可召与？（《孟子·万章下》）

②故父母之于子也，犹用计算之心以相待也，而况无父子之泽乎？（《韩非子·六反》）

③夫鸟兽之于不义也，尚知辟之，而况乎丘哉？（《史记·孔子世家》）

④夫贤圣下笔造文，用意详审，尚未可谓尽得实，况仓卒吐言，安能皆是？（《论衡·问孔》）

⑤夫一麑而不忍，又何况于人乎？（《淮南子·人间世》）

⑥臣赖君之赐，疏食恶肉可得而食，驽马棱车可得而乘也，且犹不欲死，而况吾君乎？（《列子·力命》）

⑦天地四时犹有消息，而况人乎？（《世说新语·政事》）

⑧好尚不可为，其况恶乎？（《世说新语·贤媛》）

⑨周穆王、秦始皇、汉武帝，富有四海，贵为天子，不知纪极，犹自败累，况士庶乎？（《颜氏家训·止足》，卷五）

⑩今秀禅师实非的的相传，尚不许充为第六代，何况普寂禅师是秀禅师门徒？（《神会语录》）

⑪黄鸟是微小之物，于欲止之时，尚且晓得拣个好止的去处，况人为万物之灵，岂可反不如那禽鸟知所当止乎？（元·许衡：《鲁斋遗书·大学直

解》,卷四)

"况""况且""况乃"等递进连词也有单独用于上句者,表示另立论题,追加陈述理由。而这类句子,主要是用在中古、近古汉语里。如:

①况仓卒吐言,安能皆是?(《论衡·问孔》)

②况夫妇之义,晓夕移之,婢仆求容,助相说引,积年累月,安有孝子乎?(《颜氏家训·后娶》,卷一)

③况乃就佛上剥金,打碎铜铁佛,称其斤两,痛当奈何?(唐·[日]释圆仁:《入唐求法巡礼行记》,卷四)

④况且崔宁一路美酒美食,奉承得他好,回去时就隐恶扬善了。(明·冯梦龙:《警世通言·崔待诏生死冤家》,第八卷)

⑤况这件事,原是我照顾你的,不然老爷如何得知你会画花?(《儒林外史》,第一回)

(五)转折连词的发展

古代转折连词的发展,应注意以下两个问题:

1. 转折连词由句内转折走向句外转折,促使了转折句的扩张

上古汉语里,用于句内表示转折的连词,最常见者有两个词,一个是"而",一个是"则"。如:

①贫而无谄,富而无骄,何如?(《论语·学而》)

②欲速则不达。(《论语·子路》)

③狗彘食人食而不知检,涂有饿莩而不知发。(《孟子·梁惠王上》)

④不为而成,不求而得,夫是之谓天职。(《荀子·天论》)

⑤不知而言,不智;知而不言,不忠。(《韩非子·初见秦》)

⑥今有人于此,求牛则名马,求马则名牛,所求必不得矣。(《吕氏春秋·审分》)

⑦兵未战而先见败征,此可谓知兵矣。(《史记·项羽本纪》)

⑧实欲言十则言百,百则言千矣。(《论衡·儒增》)

两汉以后,"而""则"这种用法仍然得到继承。如:

①魏人有东门吴者,其子死而不忧。(《列子·力命》)

②吾穿井而获狗,何邪?(《搜神记》,卷十二)

③如是好药而不肯服。(《法华经·如来寿量品》,卷五)

④潘文浅而净;陆文深而芜。(《世说新语·文学》)

⑤喻如彼父,熊伤其子而枉加神仙。(《百喻经·为熊所啮喻》)

⑥我今至善家而无慧子,深自叹羡,何圣加卫!(《祖堂集》,卷二)

同时我们也应当注意到,转折连词由句内转折走向句外转折,这种用法在先秦时代已经开始。两汉以后,这种句外转折又形成了"虽""虽然"与"然""而""则(即)""辄""却""但"等词的搭配形式,使转折句更加连锁化、模式化。如:

①(子)使子路反见之,至,则行矣。(《论语·微子》)

②今至大为攻国,则弗知非。(《墨子·非攻》)

③吾生也有涯,而知也无涯。(《庄子·养生主》)

④受世与治世同,而殃祸与治世异。(《荀子·天论》)

⑤夫鸿儒希有,而文人比然。(《论衡·超奇》)

⑥虽复饮食,而以禅悦为味。(《维摩诘经·方便品》,卷上)

⑦我虽能于此所烧之门安隐得出,而诸子等于火宅内,乐著嬉戏,不觉不知,不惊不怖。(《法华经·譬喻品》,卷二)

⑧质于义宣,虽为兄弟,而年大近十岁。(《宋书·臧质传》)

⑨虽居闇室,辄闻人声。(《搜神记》,卷一)

⑩殷中军虽思虑通长,然于才性偏精。(《世说新语·文学》)

⑪国家幅员虽广,然出产金银不过五七处。(宋·徐梦莘:《三朝北盟会编·靖康城下奉使录》,卷二十九)

⑫其鸿和尔、天池北朝言未了公事,使人虽闻,即不敢归奏。(宋·李焘:《续资治通鉴长编》,卷二六五)

⑬您年纪虽小,却有胆智。(《新编五代史平话·周史平话上》)

⑭虽然时下凶顽,命中驳杂,久后却得清静,正果非凡。(《水浒传》,第四回)

⑮虽然点着几盏灯,天井里却是不亮。(《儒林外史》,第六回)

⑯我虽比他尊贵,但绫锦纱罗也不过裹了我这枯株朽木。(《红楼梦》,第七回)

2. 中古汉语以后产生了一批新的复音转折连词

随着语言发展,中古汉语以后,又产生一批新的复音转折连词。如:

①然而野鸟一雏，武丁为高宗。(《搜神记》，卷三)

②然则卿国士也，如何可令死？(《搜神记》，卷五)

③凡无世不有言事，无时不有令下，然而升平不至，昏危是继，何哉？(《宋书·周朗传》)

④然而自古文人，多陷轻薄。(《颜氏家训·文章》，卷四)

⑤胜负虽则已知，众请固将难免。(《神会语录》)

⑥虽然不识和尚，早个知其名字。(变文《大目乾连冥间救母变文》)

⑦罗汉虽然是小圣，力敌天魔万万重。(变文《破魔变》)

⑧虽然如此，出家自有本分事。(《祖堂集》，卷三)

⑨虽则德山同根生，不与雪峰同枝死。(《祖堂集》，卷七)

⑩虽然一夜无事，终觉失精落魂。(元·关汉卿：《窦娥冤》，第二折)

⑪他家虽然官员多，气魄大，但是我老头子说话，他也还信我一两句。(《儒林外史》，第四十七回)

⑫(薛蟠)虽也上过学，不过略识几个字，终日惟有斗鸡走马，游山玩景而已。(《红楼梦》，第四回)

值得注意的是，这些复音转折连词，从发展上说，都是由原来的词组凝固而成。因此，使用这些语料，它们究竟是词组还是词，就必须仔细辨别。如：

①夫环而攻之，必有得天时者矣，然而不胜者，是天时不如地利也。(《孟子·公孙丑下》)

②鹿之角足以触犬；猕猴之手足以搏鼠。然而鹿制于犬，猕猴服于鼠，角爪不利也。(《论衡·物势》)

例①②，"然而"是词组，都不是转折连词。"然"，代词，指别上文的既定事实；"而"，连词，表转折。又如：

①诸侯之礼，吾未之学也，虽然，吾尝闻之矣。(《孟子·滕文公上》)

②得为君之妾，甚幸。虽然，适夫人非所以事君也，适君非所以事夫人也。(《韩非子·奸劫弑臣》)

例①②，"虽然"，也是词组，不是连词。"虽"，连词，表转折；"然"，代词，指别上文已知事实。又如：

①有薄饼缘诸面饼，但是烧煿者，皆得投之。(《齐民要术·作酢法》，

卷八)

②但是有情皆满愿，更从何处著思量，篆烟残烛并回肠。（清·纳兰性德：《浣溪纱》）

例①②，"但是"，也是词组，不是连词。"但"，副词，"是"，动词，"但是"义同"只要是"。综合上述，可知汉语复音转折连词，由词组演变为一个连词，是有个过程的。大体来说，"然而"成词是在魏晋时代；"虽然"成词是在唐代；"但是"成词的时间最晚，是在清代。

（六）让步连词的发展

古代让步连词的发展，也应注意两个问题：

1. 应注意让步连词和转折连词的区分与联系

让步连词，《马氏文通》称之为"推拓连字"，并于"推拓连字"的"推开跌入"一类中只列出"虽""纵"两个词，同时又强调"'虽'字尤习用"。由此可知，"虽"在上古汉语里，是一个很典型的让步连词。其实，在上古汉语里，"虽"既可用为让步连词，也可用为转折连词，应当注意区别。有的著作把"虽"的这两种用法都归在让步句里，是不可取的。让步和转折，是两种不同用法，不能混同。设 A、B 分别代表两个不同的分句，让步句中的"虽"（＝即使），是表示先退让一步，提出一个假定性的事实（A），然后再根据这个假定性的事实（A），提出正面论述（B）。而转折句中的"虽"（＝虽然），是先确认一个非假定性的事实（A），然后提出一个句意相反的论述（B），B 不是以 A 为先决条件的。请比较：

①不仁不义，虽得十越，吾不为也。（《吕氏春秋·长攻》）

②呜呼，有王虽小，元子哉！（《尚书·召诰》）

例①，"虽"，让步连词。例②，"虽"，转折连词。上古汉语里，连词"虽"，其让步用法和转折用法确实是同时存在的。如：

①虽速我讼，亦不汝从。（《诗经·召南·行露》）

②周虽旧邦，其命维新。（《诗经·大雅·文王》）

③苟子之不欲，虽赏之不窃。（《论语·颜渊》）

④虽曰未学，吾必谓之学矣（《论语·学而》）

⑤贫贱之致物也难，虽欲过之，奚由？（《吕氏春秋·本生》）

⑥是鸟虽无飞，飞将冲天。(《吕氏春秋·重言》)

例①③⑤，"虽"，让步连词；例②④⑥，"虽"，转折连词。不过，我们应当知道上古汉语里，虽然"虽"的这两种用法是同时存在，但发展并不平衡："虽"的让步用法，其使用频率远大于它的转折用法。以《论语》和《吕氏春秋》两书为例："虽"在《论语》中，表让步者23次，表转折者仅8次；在《吕氏春秋》中，表让步者116次，表转折者99次。但到了中古汉语，这种关系已发生逆转。以《搜神记》和《世说新语》两书为例："虽"在《搜神记》中，表让步者仅6次，表转折者却为12次；在《世说新语》中，表让步者7次，表转折者却为61次。具体用例如：

①其探颐索隐，穷神知化，虽眭孟、京房无以过也。(《搜神记》，卷三)
②华歆遇子弟甚整，虽闲室之内，严若朝典。(《世说新语·德行》)
③虽有众鸟，不为匹双。(《搜神记》，卷十六)
④褚公虽素有重名，于时造次不相识别。(《世说新语·轻诋》)

例①②，"虽"，让步连词。例③④，"虽"，转折连词。综合上述，可制成下表，以供参考。

连词"虽"用法比较表

用法、频率／时间、文献／例词		上古		中古	
		《论语》	《吕氏春秋》	《搜神记》	《世说新语》
虽	表让步	23	116	6	7
	表转折	8	99	12	61

说明：①《吕氏春秋》数据，本张双棣等《吕氏春秋词典》，见该书第265—266页，山东教育出版社1993年版。《世说新语》数据，本张万起《世说新语词典》，见该书第388页，商务印书馆1993年版。②《论语》《搜神记》数据，为作者统计所得。

2. 应注意到中古、近古汉语又产生了一批新的复音让步连词

上古汉语，不论是单音让步连词，还是复音让步连词，使用频率都不是很高。单音让步连词常见的有"虽""纵（从）"等；复音让步连词常见的有"虽则""虽使"等。如：

①潜虽伏矣，亦孔之炤。(《诗经·小雅·正月》)
②纵我不往，子宁不来？(《诗经·郑风·子衿》)
③虽则如云，匪我思存。(《诗经·郑风·出其东门》)
④富而可求也，虽执鞭之士，吾亦为之。(《论语·述而》)

⑤役人曰："从有其皮，丹漆若何？"（《左传·宣公二年》）

⑥齐国虽偏小，吾何爱一牛？（《孟子·梁惠王上》）

⑦厚葬久丧，虽使不可以富贫众寡，定危治乱，然此圣王之道也。（《墨子·节葬下》）

⑧且已在其位，纵爱身，奈辱朝廷何？（《史记·汲郑列传》）

⑨虽舜禹复生，弗能改已。（《史记·范雎蔡泽列传》）

⑩夫子孙虽众，不能千亿，诗人颂美，增益其实。（《论衡·艺增》）

但是到了中古、近古汉语，汉语中又产生了一批新的让步连词，这无疑是一种发展。这些新生的让步连词，有的口语性很强，甚至也不排除其方言资格。如：

①考之内教，纵使得仙，终当有死，不能出世。（《颜氏家训·养生》，卷五）

②纵令东海变桑田，受罪之人仍未出。（变文《大目乾连冥间救母变文》）

③纵然传得直到驴年，有什么用处？（《祖堂集》，卷七）

④便做春江都是泪，流不尽，许多愁。（宋·秦观：《江城子》）

⑤是则湖山长不老，前辈风流去尽。（宋·葛长庚：《江月晃·西湖》）

⑥更则道你庄稼每葫芦提没见识，我既为了张郎妇，又着我做李郎妻，那里取这般道理？（元·石君宝：《秋胡戏妻》，第二折）

⑦假饶人心似铁，怎逃官法如炉？（元·无名氏：《小孙屠》，第十五出）

⑧就是在下，也非惯于为媒。（明·冯梦龙：《醒世恒言·钱秀才错占凤凰楼》）

⑨便是不会，也没难处。（《红楼梦》，第四十九回）

当然，两汉以后，单音让步连词也产生不少新词，这也是不能忽略的。如：

①纵彼不言，籍独不愧于心乎？（《史记·项羽本纪》）

②公子即合符，而晋鄙不授公子兵而复请之，事必危矣。（《史记·魏公子列传》）

③使颜渊处昌门之外，望太山之形，终不能见，况从太山之上，察白马之色，色不能见，明矣。（《论衡·书虚》）

④上智不教而成，下愚虽教无益。(《颜氏家训·教子》，卷一)

⑤一似人家盖房子，使椽柱瓦木盖得是好，却须是住房子底人做主，防水火盗贼，若不会照管，便倒塌了。(宋·徐梦莘:《三朝北盟会编·绍兴甲寅通和录》，卷一六二)

⑥即今受富贵底，异日却向何处去? (宋·大慧普觉禅师:《答吕郎中》)

⑦敢说公们无一日心在上面，莫说一日，便十日，心也不在。(《朱子语类·训门人》)

⑧便是官程，不放它下去；若是车杖，岂容它空过? (《张协状元》，第九出)

⑨我便有那该死的罪，我也不来央告你。(元·关汉卿:《救风尘》，第一折)

⑩你学得高了，人皆师问于你，便不做官，也高尚了。(明·刘仲璟:《遇恩录》)

⑪说着别人家的闲话，正好下酒，即多吃几杯何妨? (《红楼梦》，第二回)

⑫就有，也只怕他们未必来理我们呢! (《红楼梦》，第六回)

(七) 假设连词的发展

假设连词的发展，应注意以下三个问题:

1. 关于假设连词的范围问题

有的著作把古代假设连词的范围划得过宽，欠妥。如:

①必不得已而去，于斯三者何先? (《论语·颜渊》)

②必求之，吾助子请。(《左传·昭公十五年》)

③不杀二子，忧必及君。(《左传·成公十七年》)

④便日出是扶桑木上之日，禹益见之，不能知其为日也。(《论衡·说日》)

⑤微夫子之发吾覆也，吾不知天地之大全也。(《庄子·田子方》)

例①②③⑤，"必""不""微"，显然是副词或动词，而不是假设连词。例④，"便"，当是"使"字之误。《论衡·说日》同篇上文又有"假令日出是扶桑木上之日，扶桑木宜覆万里，乃能受之"句，可知"使"作假使解，是假设连词，作"便"，实误。古代假设句，不是句句都有假设连词，最初只是靠上下语境来推断假设关系的，此即所谓的意合法。如：

①譬如为山，未成一篑，止，吾止也。(《论语·子罕》)

②宋败，齐必还。(《左传·庄公十年》)

例①②，"止"和"吾止也"，"宋败"和"齐必还"，上下句都是假设—结果关系，而句子却没有假设连词。

2.　关于假设句和让步句的关系问题

假设句之所以和让步句有些牵连，是因为这两种句型的前半句都是表示一种虚拟性的假设，很容易混淆不清。但事实上，这两种句型的上下句关系还是不同的。设 A、B 分别代表上下两个分句，假设句 B 的存在是以 A 的存在为前提的，即没有 A 就没有 B，A 是假设条件，B 是依据这个条件直接推导出的结果。如：

①王若隐其无罪而就死地，则牛羊何择焉？(《孟子·梁惠王上》)

②即有所取者，是商贾之人也。(《战国策·赵策三》)

③如孔子知津，不当更问。(《论衡·知实》)

例①—③，"若""即""如"，都是假设连词，其所连接的上半句（A），都是假设性的事实，是条件；而各句的后半句（B），都是依据这些条件推导出的结果。又如：

④纵我不往，子宁不来？(《诗经·郑风·子衿》)

⑤虽杀臣，不能绝也。(《墨子·公输》)

⑥案鲁去吴，千有余里，使离朱望之，终不能见，况使颜渊何能审之？(《论衡·书虚》)

例④—⑥，"纵""虽""使"，都是让步连词，其所连接的上半句（A），也都是先提出个假设性的事实（论述上先退让一步），而各句的后半句（B），却不是依据前半句推导出的结果，而是既定事实。"子不来""不能绝（守）""终不能见"，这些都是早已存在的事实，不会因前半句的虚拟条件而有所改变。

3.　关于假设连词的复音化问题

从构词角度而言，古代假设连词的复音化问题，也是很值得关注的。这个复音化过程，也是古代连词发展的过程。这个发展过程，大体说来有三步：一是单音词阶段，二是单音假借构词阶段，三是复音同义组合阶段。下面分别叙述之。

（1）单音词阶段。

上古汉语里，最常见的几个单音假设连词有"如""若""使""令""苟"等等。到了中古、近古汉语里，这些词也得到了继承。如：

①如不可求，从吾所好。（《论语·述而》）

②大王若以此不信，则小者以为毁訾诽谤，大者患祸、灾害、死亡及其身。（《韩非子·难言》）

③使秦破赵，君安得有此？（《史记·平原君虞卿列传》）

④今我在也，而人皆藉吾弟，令我百岁后，皆鱼肉之矣。（《史记·魏其武安侯列传》）

⑤苟各有主，而君所主者何事也？（《史记·陈丞相世家》）

两汉以后，中古、近古汉语里，这些词也得到相应的继承。如：

①如日有十，其气必异。（《论衡·说日》）

②使古无死者，寡人将去斯而之何？（《列子·力命》）

③苟禀此气，必有此形。（《搜神记》，卷十二）

④骨法如此，若有不验，便是相书误耳。（《宋书·沈攸之传》）

⑤使太阳与万物同晖，臣下何以瞻仰？（《世说新语·宠礼》）

⑥若服一粒，永无疟患。（《洛阳伽蓝记·凝玄寺》杨注，卷五）

⑦苟须忏者，更就犯之，然后当出。（《百喻经·子死欲停置家中喻》）

⑧如有送一钱者，脊杖贰拾。（唐·［日］释圆仁：《入唐求法巡礼行记》，卷四）

⑨若还放他出世，必恼下方生灵。（《水浒传》，第二回）

⑩你若不依，我们就不上门了。（《儒林外史》，第五回）

在近古汉语里，又产生一个新词"要"（或作"要是"）。如：

①婆婆，你要招你自招，我并然不要女婿。（元·关汉卿：《窦娥冤》，第一折）

②我要使你和太师老官人说些话，你敢说么？（明·钱谦益：《牧斋初学集》，卷一〇四）

③牛要渴了，就在湖边上饮水。（《儒林外史》，第一回）

④要是吃丸药，是不中用的。(《红楼梦》，第七回)

(2) 单音假借构词阶段。

前面说过，古代虚词的使用有两大特点：一是一词多用，二是一用多词。这第二点，其中就包括单音虚词的通假问题。古代文字通假问题，虽然会给阅读带来许多障碍，但它也有积极的一面：通过假借构词手段，扩大了词量，延申了词的应用范围。上古汉语的假设连词，属于通假系列的，主要有以下几组：

如/若/而/乃/所/与

"如"，日母，鱼部，开口三等字，拟音为〔n̠ia〕；"若"，日母，铎部，开口三等字，拟音为〔n̠iak〕；"而"，日母，之部，开口三等字，拟音为〔n̠iə〕；"乃"，泥母，之部，开口一等字，拟音为〔nə〕。由此可知，"如""若""而"，同属日母字，"乃"虽属泥母，但日泥两母读音十分接近。从韵部角度来说，鱼铎两部，主要元音相同，属阴入旁转。至于"而""乃"，同属之部，主要元音也相同。说到"所""与"，"所"，生母，鱼部，开口三等字，拟音为〔ʃia〕；"与"，喻母，鱼部，开口三等字，拟音为〔ʎia〕，"所""与"两字韵部相同，可能都是"如"的假借字。具体用例如：

①如有不嗜杀人者，则天下之民，皆引领而望之矣。(《孟子·梁惠王上》)

②若圣与仁，则吾岂敢？(《论语·述而》)

③子产而死，谁其嗣之？(《左传·襄公三十年》)

④乃生男子，载寝之床。(《诗经·小雅·斯干》)

⑤夫子矢之曰："予所否者，天厌之，天厌之。"(《论语·雍也》)

⑥与不得已，则鲁最为近之。(《汉书·艺文志》)

即/则/借/藉/自

"即"，精母，质部，开口四等字，拟音为〔tsiet〕；"则"，精母，职部，开口一等字，拟音为〔tsək〕；"借"，精母，铎部，开口四等字，拟音为〔tsiak〕；"藉"，从母，铎部，开口四等字，拟音为〔dziak〕；"自"，从母，质部，开口三等字，拟音为〔dziet〕。由此可知，"即""则""借"，同属精母字，"藉""自"同属从母字。精从两母，读音十分相近，但有清浊之分。从韵部来说，"即""自"，同属质部字；"借""藉"，同属铎部字。至于"则"字，也是入声字，韵尾与"借""藉"相同。"借""藉""自"，可能都是"即"或"则"的假借字。具体用例如：

①即有所取者，是商贾之人也。(《战国策·赵策三》)

②彼则肆然而为帝，过而遂正于天下，则连有赴东海而死耳。(《战国策·赵策三》)

③借曰未知，亦既抱子。(《诗经·大雅·抑》)

④藉弟令毋斩，而戍死者固十六七。(《史记·陈涉世家》)

⑤自非圣人，外宁必有内忧。(《左传·成公十六年》)

尚/当/倘/傥/脱

"尚"，禅母，阳部，开口三等字，拟音为〔ʑiaŋ〕；"当"，端母，阳部，开口一等字，拟音为〔taŋ〕；"倘"，透母，阳部，开口一等字，拟音为〔t'aŋ〕；"傥"，透母，阳部，开口一等字，拟音为〔t'aŋ〕；"脱"，透母，月部，合口一等字，拟音为〔t'uat〕。"当""倘""傥"，声母同为端组字，同为清音，只是有送气、不送气之别。"脱"为月部字，属入声，与"尚""当""倘""傥"，当属阴阳对转。"脱"，当是"倘""傥"的假借字，《助字辨略》已指明之。刘淇云："脱，或辞，犹傥也。"[1]"尚"字虽属禅母，但韵部为阳部，彼此亦相通。具体用例如：

①尚欲祖述尧舜禹汤之道，将不可以不尚贤。(《墨子·尚贤》)

②先祖当贤，后子孙必显。(《荀子·君子》)

③故人倘思我，及此平生时。(北周·庾信:《寄徐陵》)

④百家杂说，或有不同，书傥湮来，后人不见，故未敢轻议之。(《颜氏家训·文章》，卷四)

⑤脱有伤挫，为损不少。(《宋书·沈庆之传》)

苟/假　向/乡

"苟"，见母，侯部，开口一等字，拟音为〔kɔ〕；"假"，见母，鱼部，开口二等字，拟音为〔kea〕。"向"，晓母，阳部，开口三等字，拟音为〔xiaŋ〕；"乡"，晓母，阳部，开口三等字，拟音为〔xiaŋ〕。"苟""假"，均属见母字，同声；"向""乡"，均属晓母、阳部字，同声兼同韵。具体用例如：

---

① 刘淇：《助字辨略》，中华书局 1983 年版，第 258 页。

①荀子之不欲，虽赏之不窃。(《论语·颜渊》)

②禽子曰："假济，为之乎?"(《列子·杨朱》)

③向不遭（公孙）度，则郡早为丘墟，而民系于虏廷矣。(《三国志·魏书·公孙度传》注引《魏书》)

④乡亡桓公，星遂至地，中国其良绝矣。(《汉书·五行志下》)

两汉以后，这些由假借而成的单音假设连词，文献中仍继续使用，只是频率不是很高。如：

①口之所欲道者是非，而不得言，谓之阏智。(《列子·杨朱》)

②若贪著生爱，则为所烧。(《法华经·譬喻品》，卷三)

③辄当奉书，不知缘何能达?(《搜神记》，卷四)

④我立此园种菜以供家中啖尔，乃复卖菜以取钱，夺百姓之利邪。(《宋书·柳元景传》)

⑤脱误有缚录一人，喜辄大怒。(《宋书·吴喜传》)

⑥自非禄赐所及，一毫不受于人。(《宋书·王昙首传》)

⑦若死而可作，当与之同归。(《世说新语·赏誉》)

⑧若水旱不调，宁燥不湿。(《齐民要术·耕田》，卷一)

⑨脱将朕去，复何侍从，几人同行?(变文《叶净能诗》)

⑩若识得个头，上有源头，下有归著，看圣贤书便句句著实。(《朱子语类·训门人》)

⑪若得一力维持，感恩即非浅。(元·无名氏：《小孙屠》，第五出)

（3）复音同义组合阶段。

复音假设连词，上古汉语里已经产生，但应用不广。到中古、近古汉语里，复音假设连词已有很大发展。从构词角度来看，这些词往往是采用同义组合形式来实现词汇扩张的。如：

"如"字系列

①如使予欲富，辞十万而受万，是为欲富乎?(《孟子·公孙丑下》)

②如令子当高帝时，万户侯岂足道哉?(《史记·李将军列传》)

③如脱否也，非直后举难图，亦或安居生疾。(《魏书·南安王桢传》)

④如若强人自来，都是我来理会。(《水浒传》，第二回)

"若"字系列

①若苟有以藉口而复于寡君，君之惠也，敢不唯命是听?(《左传·成公

二年》)

②若脱敢送死，兄弟父子，自共当之耳。(《宋书·张茂度传》)

③若使介葛卢来朝，故当不昧此语。(《世说新语·言语》)

④若令我治能得差者，应先自治以除其患。(《百喻经·治秃喻》)

⑤若使其在，不知今又说到甚处？(《朱子语类·总训门人》)

⑥若要来此，先看熹所解书也。(《朱子语类·总训门人》)

"假"字系列

①假而得问而嗛之，则不能离也。(《荀子·正名》)

②假使臣得同行于箕子，可以有补于所贤之主，是臣之大荣也。(《史记·范睢蔡泽列传》)

③假设陛下居齐桓之处，将不合诸侯而匡天下乎？(《汉书·贾谊传》)

④假令刮削，其文转明。(《洛阳伽蓝记·凝玄寺》杨注，卷五)

⑤假如要一两个小县，何不将文字来评会？(宋·徐梦莘：《三朝北盟会编·燕云奉使录》，卷十一)

⑥嫂嫂，假若哥哥觉来怎生好？(元·无名氏：《杀狗劝夫》，第二折)

"设"字系列

①设如家人有五子十孙，父母不察精懦，则勤力者懈弛，而惰慢者遂非也。(汉·王符：《潜夫论·考绩》)

②设使丁零死者，正可减常山、赵郡贼。(《宋书·臧质传》)

③设令今时赐以性命，人臣图主，何颜可以生存？(《宋书·范晔传》)

④设若本朝委曲从之，莫须折当？(宋·徐梦莘：《三朝北盟会编·燕云奉使录》，卷十三)

"倘""傥"字系列

①傥如一朝拜金阙，莫忘娘娘乳哺恩。(变文《汉将王陵变》)

②傥若吴中逢明主，兴兵先斩魏陵头。(变文《伍子胥变文》)

③倘使陈留逸调，下探柯亭之篠，……(唐·骆宾王：《上郭赞府启》)

④倘若弄出祸来，反为不美。(《儒林外史》，第一回)

当然，复音假设连词也有不用同义组合者，如：

①如或不从，不敢强谏争，以此久而安。(《汉书·孔光传》)

②如其不尔，无不生虫。(《齐民要术·养羊》，卷六)

③如果文章会做，我提拔他。(《儒林外史》，第十六回)

例①—③，为"如"字系列。又如：

①若或成变，为难不测。(《三国志·魏书·赵俨传》)

②若其不克，成仇弃好，不如因而厚之。(《三国志·吴书·张纮传》)

③若也心中疑或(惑)，于天不祐。(变文《韩擒虎话本》)

④若然如此，皆赖小师威力。(《大唐三藏取经诗话上》)

⑤若是将就老夫家寒，不计财礼，老夫便敢来说。(明·朱有燉：《团圆梦》，楔子)

例①—⑤，为"若"字系列。又如：

①这厮，你怎么这等骂他，假似他听得呢？(元·高文秀：《黑旋风》，第三折)

②设或闹了起来，看见张世兄，就有些开交不得了。(《儒林外史》，第五回)

例①②，为"假""设"字系列。又如：

①今年老疾侵，傥然奄忽，岂求备礼乎？(《颜氏家训·终制》，卷七)

②倘或有些疏失，如之奈何？(《水浒传》，第四回)

例①②，为"傥""倘"字系列。

(八) 因果连词的发展

因果连词的发展，应注意以下两个问题：

1. 从因果句的类型，可以看出因果连词的发展历程

古代因果句，就其类型而言，大致有以下三种：

(1) 零标志的因果句。

零标志的因果句，就是无任何因果连词的因果句，即其上下句的因果关系，完全靠句意去判断。这也就是平时所说的"意合法"问题。如：

①周因于殷礼，所损益，可知也。(《论语·为政》)

②周监于二代，郁郁乎文哉，吾从周。(《论语·八佾》)

③肉食者鄙，未能远谋。(《左传·庄公十年》)

④(范雎)游说诸侯，欲事魏王，家贫无以自资，乃先事魏中大夫须贾。(《史记·范雎蔡泽列传》)

两汉以后，中古、近古汉语里，这类句子虽得到继承，但往往于下句之首或句中，常常加上表顺接的副词或连词。如：

①佛知其念，即告之言。(《维摩诘经·佛国品》，卷上)

②(范晔)不得志，乃删众家《后汉书》为一家之作。(《宋书·范晔传》)

③愚人无智，便空食盐。(《百喻经·愚人食盐喻》)

④九月，路府大败，仍捉得彼处押衙大将等，送到京城，斩煞六七度也。(唐·〔日〕释圆仁：《入唐求法巡礼记》，卷四)

⑤隔墙见角，便知是牛。(宋·圜悟克勤：《碧岩录》，卷一)

⑥狗认得主人，便自省得那恩义的道理。(元·许衡：《鲁斋遗书·直说大学要略》，卷三)

⑦我高丽人不惯吃湿面，咱们则吃干的如何？(《老乞大》)

⑧皇上怜念先臣，即叫长子袭了官。(《红楼梦》，第二回)

(2) 单标志的因果句。

所谓单标志的因果句，是指表因分句或表果分句中只出现一个因果连词的因果句。但是，事实上在上古汉语里，表因分句中只用一个因果连词的用例是很难找到的。这种用例，主要是使用在中古、近古汉语里。如：

①由其逃突，尽皆饥渴，于其树下见欢喜丸，诸贼取已，各食一丸。(《百喻经·五百欢喜丸喻》)

②为被烦恼覆故，不能得见。(《神会语录》)

③为缘远公是菩萨相，身有白银相光，身长七尺，发如涂漆，唇若点朱。(变文《庐山远公话》)

④奉唐帝诏敕，为东土众生未有佛教，特奔是国，求请大乘。(《大唐三藏取经诗话下》)

⑤只因父母丧亡，水火盗贼，害了家计。(《张协状元》，第十一出)

⑥小生因无盘缠，曾借了他二十两银子。(元·关汉卿：《窦娥冤》，楔子)

⑦女儿因为夫主自缢身亡，天上号做贞姬。(明·朱有燉：《团圆梦》，第四折)

⑧因偶然一看，便弄出这段奇缘。(《红楼梦》，第二回)

在单标志的因果句中，表果分句只用一个因果连词的是它的主要类型。这种句子，从上古汉语开始，直到中古、近古汉语，用例极多，可谓俯拾即是。如：

①吾少也贱，故多能鄙事。(《论语·子罕》)

②为国以礼，其言不让，是故哂之。(《论语·先进》)

③大伯不从，是以不嗣。(《左传·僖公五年》)

④是不材之木也，无所可用，故能若是之寿。(《庄子·人间世》)

⑤今事有急，故来告良。(《史记·项羽本纪》)

⑥今复脱然，是以又来。(《列子·黄帝》)

⑦自念老朽，多有财物，金银珍宝，仓库盈溢，无所委付，是以殷勤每忆其子。(《法华经·信解品》，卷二)

⑧(戴)颙年十六，遭父忧，几于毁灭，因此长抱羸患。(《宋书·隐逸传》)

⑨偷本非礼，所以不拜。(《世说新语·言语》)

⑩恐后世无传，故撰斯记。(《洛阳伽蓝记·序》)

⑪(正始寺)正始中立，因以为名。(《洛阳伽蓝记·正始寺》杨注，卷二)

⑫我见众生死时，苦痛难忍，故知死苦。(《百喻经·引言》)

⑬我祖父已来，法常速食，我今效之，是故疾耳。(《百喻经·效其祖先急速食喻》)

⑭皇帝受其言，因此憎嫌僧尼。(唐·[日]释圆仁:《入唐求法巡礼行记》，卷四)

⑮又旧有条流，不许僧尼午后出寺，又不许犯斋钟及向别寺宿，所以僧人不得看南郊也。(唐·[日]释圆仁:《入唐求法巡礼行记》，卷四)

⑯无明烦恼是众生，一切断处为佛性，所以众生不离于佛，色不离于众生。(变文《庐山远公话》)

⑰正月一日，夜现光明，遍于一宅，因兹有孕产子，名曰光光。(《祖堂集》，卷二)

⑱汝将妄心，以口乱说，所以必受罪报。(《祖堂集》，卷十四)

⑲今年大旱，田禾不收，因此上贼广。(《朴通事》)

⑳众人都不喜欢，以此周进安身不牢。(《儒林外史》，第二回)

(3) 双标志的因果句。

所谓双标志的因果句，是指表因分句和表果分句都使用因果连词的因果句。这种句子有两个小类：一是前因后果类，此为多数；二是前果后因类，此为少数。双标志的因果句，主要是使用在中古汉语后期以后，由此我们也可以看出因果连词的发展脉络。如：

①以一切众生病，是故我病。(《维摩诘经·文殊师利问疾品》，卷中)

②为忍禅师无遥授记处，所以不许。(《神会语录》)

③本名曰光光，因见神现，故号为神光。(《祖堂集》，卷三)

④师云："只为无过，所以不喜见。"(《祖堂集》)，卷十一)

⑤只为汉儒一向寻训诂，更不看圣贤意思，所以二程先生不得不发明道理，开示学者。(《朱子语类·训门人》)

⑥因后来风俗变化，多有昏昧之处，孔子所以说这在明明德，正是教后人改了。(元·许衡：《鲁斋遗书·直说大学要略》，卷三)

⑦为因打死了人，落发为僧，二次在彼闹了僧堂，因此难着他。(《水浒传》，第六回)

⑧因老爷这里不知他这些事，所以留他。(《儒林外史》，第十三回)

⑨因他有玉，所以才问我的。(《红楼梦》，第三回)

例①—⑨，为前因后果类。前果后因类句子较少，下仅举数例说明一下。其中或有混合型者。如：

①江南所以再三遣使恳请上国，正为生灵不得休息，所以再遣某等前来，欲得早定议和。(宋·徐梦莘：《三朝北盟会编·绍兴甲寅通和录》，卷一六二)

②昨日闻先生教诲做工夫底道理，自看得来，所以无长进者，政缘不曾如此做工夫，故看文字时，不失之肤浅，则入于穿凿。(《朱子语类·训门人》)

③近觉得学者所以不成头项者，只缘圣贤说得多了，既欲为此，又欲为彼。(《朱子语类·总训门人》)

2. 复音因果连词的产生途径

上面，我们通过因果句类型的分析，可以观察到汉语因果连词是如何从无到有而锁定句型的过程。这里，我们还可以通过对复音因果连词产生途径的考察，从另一个侧面，又可以看到因果连词的发展内容。古代复音因果连词的产生途径，主要有三条：

（1）来自固定词组的凝结。如：

①古之人所以大过人者，无他焉，善推其所为而已矣。（《孟子·梁惠王上》）

②此心之所以合于王者，何也？（《孟子·梁惠王上》）

③夫虎之所以能服狗者，爪牙也。（《韩非子·二柄》）

④臣窃矫君命，以责赐诸民，因烧其券，民称万岁，乃臣所以为君市义也。（《战国策·齐策四》）

⑤名也者，相轧也；知也者，争之器也，二者凶器，非所以尽行也。（《庄子·人间世》）

例①—⑤，"所以"不是连词，而是一个固定词组，是代词"所"和介词"以"的组合。"所"，义同"此"。"所以"词组加在谓语动词之前，一是表示动作、行为赖以存在或发生的原因（如例①—③所示），二是表示动作、行为赖以存在或发生的方式、凭借（如例④⑤所示）。词组"所以"经过长期使用，就凝结为一个连词了。连词"所以"，大约起源于魏晋时代，中古以后，得到广泛应用。如：

①（邻人）曰："歧路之中又有歧焉，吾不知所之，所以反也。"（《列子·说符》）

②（颜回）曰："吾昔闻之夫子曰：'乐天知命，故不忧'，回所以乐也。"（《列子·仲尼》）

③官本是臭腐，所以将得而梦棺尸；财本是粪土，所以将得而梦秽污。（《世说新语·文学》）

④亦不见者，不见天地人过罪，所以亦见亦不见也。（唐·法海：《六祖坛经》）

⑤家中新妇有难，拾月将充，苦痛逼身，所以匆速。（变文《八相变》）

⑥只是公等不曾通得这个门路，每日只是在门外走，所以都无入头处，都不济事。（《朱子语类·总训门人》）

⑦此犯系十恶大罪，元不曾有祠，所以不曾祭的。（元·关汉卿：《窦娥

冤》，第四折)

⑧他与人只是诚义，所以人都信服他。(明·刘仲璟：《遇恩录》)

⑨我是个穷官，怕他们争行财下礼，所以就迟着。(《儒林外史》，第八回)

例①，王叔岷《鹖冠子·天权篇》注引"所以"作"是以"[1]，足证"所以"就是"是以"，是个连词。此亦足证"所以"在《列子》里是个连词。今本《列子》八篇，已非《汉书·艺文志》所著录的原书，今学术界已公认其为魏晋时代的作品。

到了中古、近古汉语里，这种"所以"，由于和表因连词"因""为"经常搭配使用，从而更进一步强化了它的连词功能，使我们对其词性的认识已没有任何回旋余地。如：

①和上答："皆为顿渐不同，所以不许。"(《神会语录》)

②只为无过，所以不喜见。(《祖堂集》，卷十一)

③有饭吃的皆因是看觑粪壅，耕种得到，所以有饭吃。(《皇明诏令·谕武臣恤军敕》)

④因没有人认识他，所以受屈到此田地。(《儒林外史》，第二回)

⑤只因我那宗病又发了，所以且静养两天。(《红楼梦》，第七回)

(2) 来自同义词素的组合。如：

①(张骞)因前使绝国功，封骞博望侯。(《史记·卫将军骠骑列传》)

②缘陛下以至孝理天下，得万国之欢心。(《后汉书·班超传》)

③为耳珰故，便斩儿头。(《百喻经·父取儿耳珰喻》)

④(淳于芬)曾以武艺补淮南军裨将，因使酒忤帅，斥逐落魄，纵诞饮酒为事。(唐·李公佐：《南柯太守传》)

⑤为当别有他情，何为耻脣不受？(变文《伍子胥变文》)

例①—⑤，"因""为""缘"同义，这些表因连词，可以组成"因为""缘为""为因""为缘"等复音形式。如：

①缘为善庆，初伏事相公，不得入寺听经，只在寺门外边与他看马。(变文《庐山远公话》)

---

[1]　杨伯峻：《列子集释》，中华书局 1979 年版，第 265—266 页。

②为缘远公是菩萨相，身有白银相光，身长七尺，发如涂漆，唇若点朱。（变文《庐山远公话》）

③弟子后住古灵山，因为古灵和尚焉。（《祖堂集》，卷十六）

④因为赶着哥哥，不曾去得。（元·高文秀：《黑旋风》，第二折）

⑤女儿因为夫主自缢身亡，天上号做贞姬。（明·朱有燉：《团圆梦》，第四折）

⑥俺是延安府老种经略相公帐前提辖官，为因打死了人，出家做和尚。（《水浒传》，第五回）

（3）来自同义词素的替代。如：

①伯夷、叔齐不念旧恶，怨是用希。（《论语·公冶长》）

②夙兴夜寐，朝夕临政，此以知其恤民也。（《左传·襄公二十六年》）

③君子敬其在己者，而不慕其在天者，是以日进。（《荀子·天论》）

④积善修德，美名流之，是以君子恶居下流。（《论衡·艺增》）

⑤高祖迁京之始，以地给民，憩者多见妖怪，是以人皆去之，遂立寺焉。（《洛阳伽蓝记·崇虚寺》杨注，卷三）

例①—⑤，"用""以"义同，以"以"代"用"，遂"是用""是以"同存。又"是""此"义同，遂"此以""是以"同存。又如：

①因是白义真曰："镇恶欲反，故田子杀之。"（《宋书·武三王传》）

②皇帝受其言，因此憎嫌僧尼。（唐·〔日〕释圆仁：《入唐求法巡礼行记》，卷四）

③大王夫人喜欢晒，因兹特地送资财。（变文《丑女缘起》）

④一向没有野味，以此不敢来。（《水浒传》，第二回）

⑤小人一身犯了死罪，因此来投入伙，何故相疑？（《水浒传》，第十一回）

⑥那政老爷便不喜欢，说将来不过酒色之徒，因此不甚爱惜。（《红楼梦》，第二回）

例①—⑥，"因""以"同义，以"以"代"因"，遂"以此""因此"并存。又"此""兹"同义，以"兹"代"此"，遂"因兹""因此"并存。又"此""是"同义，以"是"代"此"，遂"因是""因此"并存。在近古汉语里，当"因此"作为共同语形式流行之后，又取代了"因此上""为这上"

"因这等上"等诸多形式,使汉民族共同语日益走上规范之路。如:

①因此上,贤的君王在事前处置得不教生乱。(元·许衡:《鲁斋遗书·直说大学要略》,卷三)

②为这上,贤的人比干谏他,又将比干杀了。(元·许衡:《鲁斋遗书·直说大学要略》,卷三)

③每日和汉儿学生们一处学文书来,因此上些小理会的。(《老乞大》)

④为这上买的人少。(《老乞大》)

⑤因这等上,我告天会同脱脱不花王众头目每,将你每使臣存留,分散各爱马养活着。(明·哈铭:《正统临戎录》)

(九) 条件连词的发展

古代条件连词的发展,应注意以下两个问题:

1. 要注意条件句和假设句的关系问题

从逻辑学角度来讲,汉语的条件句和假设句、因果句都是有关系的。因为逻辑学里讲的假言判断,其前件和后件,可包含三种关系:一是原因和结果的关系,二是理由和推断的关系,三是条件和结果的关系。但是,从汉语语法角度来看,条件句和假设句的关系最为密切。这两种句式,下句对上句而言,都有依存关系,即没有上句就都没有下句,这是最大的共同点。但是,这两种句式的上下句的关系并不完全相同。设 A、B 分别代表上下两个分句,假设句的 A 和 B,是理由和推导关系:先提出一个虚拟的理由 (A),然后根据这个理由 (A) 就可以推导出一个结论 (B)。假设句的 A 可能是真实的,也可能是虚假的,而 B 永远是以 A 的存在为前提的,所以它也永远不是一个既定的事实。如:

①如日有十,其气必异。(《论衡·说日》)

②如孔子知津,不当更问。(《论衡·知实》)

③若服一粒,永无疟患。(《洛阳伽蓝记·凝玄寺》杨注,卷五)

至于条件句的 A 和 B,那是条件和结果关系:只要满足一定的条件 (A),就会产生相应的结果 (B)。条件句的 B,虽然也是以 A 为存在条件的,但 A、B 两项都可以是真实的,也都可以是既定的事实。如:

①每至感思,辄开筒流涕。(《宋书·张敷传》)

②（檀）道济就寝便熟，（谢）晦以此服之。(《宋书·檀道济传》)

③苗生垅平，即宜杷劳。(《齐民要术·黍穄》，卷二)

分清条件句和假设句的关系，有助于我们理清条件句和假设句的发展脉络，更有助于我们把握条件连词和假设连词的发展线索。

2. 要注意从条件句的类型去把握条件连词的发展线索

从使用条件连词的用法来看，古代条件句可分为两种句型：一是有条件的条件句，二是无条件的条件句。

（1）有条件的条件句。

有条件的条件句，是指上下两个分句，上句是下句的立论条件，下句是上句的推导结果。这种句子，经常采用两种形式：一是单标志形式，二是双标志形式，它们主要使用在中古汉语里。如：

①有生死，则有病。(《维摩诘经·文殊师利问疾品》，卷中)

②每至感思，辄开箧流涕。(《宋书·张敷传》)

③每当至讲时，（服虔）辄窃听户壁间。(《世说新语·文学》)

④锄得十遍，便得八米也。(《齐民要术·种谷》注，卷一)

⑤苗生垅平，即宜杷劳。(《齐民要术·黍穄》，卷二)

⑥三中月，候枣叶始生，乃种兰香。(《齐民要术·种兰香》，卷三)

⑦依佛语，当净三业，方能入得大乘。(《神会语录》)

⑧水浸泥弹丸，方知无意智。(唐·寒山子：《寒山诗·多少》，第八十五)

例①—⑧，"则""辄""便""即""乃""方"，这些都是单标志形式，它们或为连词，或为副词，用于条件句下句之首，表示推导的结果。这种句式，有时也可采用紧缩句的形式，其语法作用不变。如：

①（王）忱嗜酒，醉辄累旬。(《宋书·范秦传》)

②（檀）道济就寝便熟，（谢）晦以此服之。(《宋书·檀道济传》)

③丞相见长豫辄喜，见敬豫辄嗔。(《世说新语·德行》)

④简文欲听，闻此便还。(《世说新语·文学》)

⑤韭高三寸便剪之。(《齐民要术·种韭》，卷三)

⑥凡开荒山泽田，皆七月芟艾之，草干即放火，至春而开垦。(《齐民要术·种田》，卷一)

⑦（仙人枣）核细如鍼，霜降乃熟，食之甚美。（《洛阳伽蓝记·建春门》杨注，卷一）

⑧又有仙人桃，其色赤，表里照彻，得霜即熟。（《洛阳伽蓝记·建春门》杨注，卷一）

⑨逢庐山即住，便是汝修行之处。（变文《庐山远公话》）

这类句子，到了近古汉语，也得到了继承。如：

①多少人道，静心便是镜。（宋·圜悟克勤：《碧岩录》，卷一）

②郭威是个浪荡的心性，有钱便要使，有酒便要吃。（《新编五代史平话·周史平话上》）

③要甚么合口，眼下交手便见输赢。（《朴通事》）

④我见了女儿便清爽，见了男子便觉浊臭逼人。（《红楼梦》，第二回）

以上是有单标志形式的条件句，上句说的是条件，下句说的是结果。有的单标志形式的条件句，也有把提出条件的分句放在后头，把说出结果的分句放在前头的。其常用的连词有"除非""除是""只除"等形式。如：

①要觅长生路，除非认本元。（唐·吕岩：《五言》，其五）

②若要见他全机，除非是一棒打不回头底汉。（宋·圜悟克勤：《碧岩录》，卷一）

③寄书除是雁来时，又只恐，书成雁去。（宋·杨炎正：《鹊桥仙》）

④衙内且宽心，只在小人两个身上，好歹要共那妇人完聚，只除他自缢死了便罢。（《水浒传》，第七回）

"除非""除是""只除"等这些连词，所强调的是立论的唯一条件，义同"只有"。换言之，这些连词的语法意义即在于强调，只有具备这唯一的条件，才能产生出相应的结果。此外，还有双标志形式的条件句，也主要是使用在中古汉语里，其常见的形式有"一……便……""但……便……""只有……一……""亦（一）……方便……""但……便……"等等。这其中也包含部分紧缩句。如：

①庾风姿神貌，陶一见便改观。（《世说新语·容止》）

②但使不失体裁，辞意可观，便称才士。（《颜氏家训·文章》，卷四）

③忽见一客读《金刚经》，惠能一闻，心便明悟。（唐·法海：《六祖坛经》）

④只有朝陵日，粧奁一暂开。（唐·韩愈：《皇太后挽歌》，其三）

⑤天使亦（一）见，方便来救。（变文《韩擒虎话本》）

⑥但有事时，便来唤洒家与你去。（《水浒传》，第七回）

⑦富安道："小子一猜便着。"（《水浒传》，第七回）

⑧板儿一见就吵着要肉吃。（《红楼梦》，第六回）

（2）无条件的条件句。

所谓无条件的条件句，是指上下两个分句，上句排除任何条件，下句都能产生预期的结果。无条件，实际上就是条件。这类句子起源较早，上古时代已经产生，到了中古汉语，较为流行。其常见的形式有"无""无论""不论""不管"等等。如：

①君子无众寡，无小大，无敢慢，斯不亦泰而不骄乎？（《论语·尧曰》）

②公子为人仁而下士，士无贤不肖，皆谦而礼交之。（《史记·魏公子列传》）

③政事无巨细，咸决于亮。（《三国志·蜀书·诸葛亮传》）

④无论去与住，俱是一飘蓬。（隋·尹式：《别宋常侍》）

⑤（黄毛狗）见僧人不论主客，振尾猥驯。（唐·［日］释圆仁：《入唐求法巡礼行记》，卷二）

⑥财物器藏，任意般将，不管与谁，进（尽）任破用。（变文《八相变》）

到了近古汉语里，常见的形式有"不论""不拣""遮莫"等等。如：

①今来又将银绢折当税赋，一定之后，不论凶荒水旱，每年依例送来。（宋·徐梦莘：《三朝北盟会编·燕云奉使录》，卷十三）

②老无半点看花意，遮莫明朝雨及晴。（宋·杨万里：《梅》）

③洒家不忌荤酒，遮莫甚么浑清白酒，都不拣选。（《水浒传》，第五回）

④老汉家中也颇有些过活，明日便取了我女家去，并锦儿，不拣怎的，三年五载，养赡得他。（《水浒传》，第八回）

第十章

助词史

一、助词的产生

古代汉语里，助词是一个很难把握的系统。到现在为止，对其中许多问题的研究都还不甚了了。古代汉语的助词，一般都认为分为三个区块：一是语气助词，二是结构助词，三是动态助词。上古汉语里，只有语气助词和结构助词这两个区块，动态助词系统是中古汉语以后才逐步建立起来的。

汉语助词的产生，这是一个总题目。具体论述时，又必然涉及助词的分类内容。因此，我们认为，讨论汉语助词的产生时，应考虑到以下三个问题：

第一，从词义上说，除去一小部分助词是源于实词的词义虚化外，其余大部分助词也都是源于实词的假借。

一小部分助词来源于实词的词义虚化，这指的是动态助词"了""着""过"的语法化过程。这部分内容，我们在《动词史》里已交代过，这里不必重复。至于语气助词和结构助词的来源，从词义上看，几乎无一不是实词假借的结果，下面以语气助词为例，简要论述之。

也

《说文》云："也，女阴也。"段注云："此篆女阴是本义，假借为语词，本无可疑者，而浅人妄疑之。许在当时必有所受之，不容以少见多怪之心测之也。"由此可知，文献中"也"字用为语气助词，都是假借名词而为之。如：

①雍也可使南面。（《论语·雍也》）

②公子州吁，嬖人之子也。（《孟子·告子下》）

矣

《说文》云："矣，语已词也，从矢，目声。"段注云："'已''矣'叠韵，已，止也。其意止，其言曰矣。""矣"的本义不清。《说文》已将"矣"字定性为"语已词"，这不应是本义。从段注来看，"矣""已"相通，古代文献中的用例也确实如此。由此可断定，语气助词"矣"当是由动词"已"假借而成。金文无"矣"字，但"已"却可以用为语气助词。"矣"用于句末，表示一种陈述语气，或强调某种情况已经发生或即将发生。如：

①有颜回者好学，不迁怒，不贰过，不幸短命死矣。（《论语·雍也》）

②宫之奇以其族行，曰："虞不腊矣。"（《左传·僖公五年》）

乎

《说文》云："乎，语之馀也。从兮，象声上越扬之形也。"段注云："'乎''馀'叠韵，意不尽，故言'乎'以永之，班史多假'虖'为'乎'。"甲骨文、金文中已有"乎"字，作丷、乎诸形。古代"乎""呼"同形，"乎"当是"呼"的古字。甲骨文、金文中，"乎"都是个纯粹的动词，多用于呼召、命令之义。如：

①甲子卜，决雀弗其乎王族来。（《合》，302）

②王乎尹氏册令善（膳）夫克。（《克鼎》）

由此可知，语气助词"乎"当是由动词"乎"假借而成。"乎"用于句末，常表示疑问、反问语气，如：

①冯公有亲乎？（《战国策·齐策四》）

②学而时习之，不亦说乎？（《论语·学而》）

焉

《说文》云："焉，焉鸟，黄色，出于江淮。"（按：断句本《说文解字注》）段注云："今未审何鸟也，自借为助词而本义废矣。"由此可知，"焉"本是一种鸟名，其用为代词、语气助词者均为假借名词而成。语气助词"焉"字用于句末，主要表示一种陈述语气或兼有指代性质的一种语气词。如：

①击之，必大捷焉。(《左传·僖公三十二年》)

②积土成山，风雨兴焉。(《荀子·劝学》)

哉

《说文》云："哉，言之间也，从口，哉声。"段注云："《释诂》：'孔、魄、哉、延、虚、无之言间也。'许分别释之，曰'哉'为言之间。锴云：'若《左传》"远哉遥遥"，《论语》"君子哉若人"是，"哉"为间隔之词。'按：如锴说，则必句中乃为言之间，岂句末者？非耶。句中'哉'字皆可断句。凡两者之际曰'间'，一者之竟亦曰'间'，一之竟即两之际也。言之间歇多用'哉'字。"《说文》的本意是想从"哉"在句中的位置去说明"哉"的用法和意义。其实，这都不是本质问题。甲骨文中"哉"作"戋"，本是动词，有伤害义。如：

①贞：毌弗戋周？十二月。(《通纂》，540)

②余受又又，不甾戋？(《合集》，36511)

甲骨文中，"戋"与"才(在)"亦相通，所以"亡才"即"无戋"。如：

①辛丑贞：王其狩，亡才。(《屯南》，1128)

"哉"与"才"通，"才"甲骨文作 ⤵、⤸ 诸形，象草木从地表冒出，初生初始之形，所以"哉"字亦有始义。《诗经·大雅·文王》："亹亹文王，令闻不已。陈锡哉周，侯文王孙子"，郑笺云："哉，始。"始即创始之义。总之，语气助词"哉"，最初也是个动词，其义为创伤或创始。它作为一个语气助词，也是假借动词而成。语气助词"哉"，并非一定处于句中起间隔作用，而是常常用于句末，表示感叹或疑问语气。如：

①子玉无礼哉！(《左传·僖公二十八年》)

②听其言也，观其眸子，人焉廋哉？(《孟子·离娄上》)

有时为了表达强烈的感情，处于句子末尾的"哉"字也可反置于主语之前，此即徐锴所说的"间隔之词"。如：

①南宫适出，子曰："君子哉若人，尚德哉若人。"(《论语·宪问》)

②大哉言矣，寡人有疾，寡人好勇。(《孟子·梁惠王下》)

第二，从结构上说，助词的产生也是扩展句子的需要。

在这方面，比较典型的例子就是结构助词"之""者""所"的语法作用问题。如：

①不虞君之涉吾地也，何故？（《左传·僖公四年》）

②宋殇公之即位也，公子冯出奔郑。（《左传·隐公四年》）

③故夫知效一官，行比一乡，德合一君，而征一国者，其自视也亦若此矣。（《庄子·逍遥游》）

④仲子所居之室，伯夷之所筑与，抑亦盗拓之所筑与？（《孟子·滕文公下》）

例①—④，"之""者""所"，都是结构助词。从用例上看，这些"之""者""所"，在句子结构扩展上发挥了巨大作用。例①，"君涉吾地"，原本是一个小句子，或称"主谓结构"。现在在小主小谓之间加进一个"之"字，就可使原来的结构充当另一个句子的宾语。这样一来，不仅丰富了汉语宾语的类型，而且也使整个句子得到扩展。例②，"宋殇公即位"，原本也是个句子，现在却在主谓之间插进一个"之"字，使原句的句意变得不太确定，语意也变得不够完整。在这种情况下，就必须引出下半句话才能圆满收场，所以这类"之"字的作用，也是在扩展句子结构：使一个单句变成了复句。例③，"者"的作用，非常之大。"知效一官""行比一乡""德合一君""而征一国"，本是四个小句子，现在借助一个"者"字把它们联合起来，变成一个并列结构，然后又去作另一个句子的主语。这样一来，汉语主语的结构类型就更丰富了，句子结构也变得更加复杂了。例④"所居""所筑""所筑"，三个"所"字都是加在动词之前，使原来的动词改变了词性，变成了一个名词性成分，然后再去充当句子的定语和谓语，可见"所"字的语法作用也是很大的。

第三，从表达上说，助词的产生也是语言日益精密化的需要。

著名语言学家高名凯先生说过："一般语言学家只注意到语言之表达思想，所以就说语言是表达思想的工具，其实，语言的作用，不但是在于通过表达思想造成交际工具，同时也在于表达感情，表达意志。"[1] 这"表达感情，表达意志"的一个重要手段，在我们看来，就是要借助语气的表达去完成。语气也是一种语法范畴，它表示说话人对陈述内容的一种态度。汉语有

---

[1] 高名凯：《汉语语法论》，科学出版社1957年版，第514页。

各种各样的语气助词,它们是人们表达思想感情的重要载体,也是汉语日益走向精密化的一个重要标志。

汉语语气助词,从产生到发展,经历一个不小的演变过程。众所周知,在早期的汉语材料里,如甲骨文和金文,是很少使用语气助词的。汉语语气助词的大量使用是从上古汉语中期,亦即春秋战国时代才开始的。如:

①东土受年?南土受年?西土受年?北土受年?(《合集》,36975)

②甲午卜,宁贞:西土受年?贞:西土不其受年?(《乙》,3409)

③乌呼,趕余小子,圂湛于艰,永巩(恐)先王。(《毛公鼎》)

④王曰:"父厝,已,曰彶兹卿事寮,大史寮于父即尹。"(《毛公鼎》)

例①②,甲骨文例,问句一律不用疑问语气词。例③④,金文例,两句也不见语气助词。《毛公鼎》,西周宣王时器,全文499字,也仅见两个叹词而已,一个是"乌呼",一个是"已"。但是,到了战国时代,情况已有所不同。如:

⑤三十三年,单父上官家子喜所受坪安君者也。(《平安君鼎》)

例⑤,《平安君鼎》,战国时卫国器,全文计79字,却出现了句末语气助词"也"字两次。这个例子是颇有启发性的,足见语气助词的发展是一个缓慢过程。到了春秋战国时代,句末语气助词系统已完全建立起来,这在传世文献中已经反映出来。如:

①子曰:"回也视予犹父也,予不得视犹子也。"(《论语·先进》)

②不动心有道乎?(《孟子·公孙丑上》)

③卫人有恶人焉,曰哀骀它。(《庄子·德充符》)

④君子博学而日参省乎己,则知明而行无过矣。(《荀子·劝学》)

⑤当是时也,危哉,天下岌岌。(《韩非子·忠孝》)

至于说到中古汉语动态助词"了""着""过"的产生,那自然也是为了适应汉语动词时体语法范畴表达的需要。有关这方面的内容,《动词史》中已论述过,此处从略。

二、助词的分类

古代汉语的助词,可以分为三类:一是语气助词,二是结构助词,三是动态助词。上古汉语没有动态助词，这里只谈语气助词和结构助词。

（一）语气助词

语气助词是指处于句首、句中或句末，具有调整句子语气或表明说话态度、感情的虚词。古代汉语语气助词可以分为三个小类：

1. 句首语气助词

有的著作将句首语气助词、句中语气助词看作是"语助词"，而将句末语气助词看作是"语气词"。这样分类的前提条件，自然是认为"语助词"不是表达语气的。"语助词"如果不表示语气，那它"助"的又是什么呢？这是一个非常令人困惑不解的问题。语气助词是一个历史概念，句首语气助词、句中语气助词和句末语气助词，它们不是处于同一个历史平面上的。"语助词"和"语气词"的划分，很可能是割断了两者之间的历史联系。

上古汉语常见的句首语气助词有"越""曰""粤""越若""曰若""粤若""夫"等。句首语气助词处于句首，多有提示话题的作用或表达强调、引人关注的语气。如：

①越予小子考翼，不可征，王害不违卜？（《尚书·大诰》）

②越若来三月，惟丙午朏。（《尚书·召诰》）

③曰若稽古，帝尧曰放勋。（《尚书·尧典》）

④曰为改岁，入此室处。（《诗经·豳风·七月》）

⑤夫国君好仁，天下无敌。（《孟子·离娄上》）

⑥粤詹雒尹，毋远天室。（《史记·周本纪》）

⑦粤若来三月，既死霸，粤五日甲子，咸刘商王纣。（《汉书·律历志下》）

2. 句中语气助词

上古汉语常见的句中语气助词，有"曰""聿""于""薄""言"等等，它们主要用于《诗经》之中。句中语气助词多处句中动词之前，具有明显的协调句式、舒缓语气的作用。如：

①我东曰归，我心西悲。（《诗经·豳风·东山》）

②洒扫穹室，我征聿至。（《诗经·豳风·东山》）

③之子于归，宜其室家。（《诗经·周南·桃夭》）

④薄污我私，薄浣我衣。(《诗经·周南·葛覃》)

⑤静言思之，不能奋飞。(《诗经·邶风·柏舟》)

3. 句末语气助词

句末语气助词，亦即一般语法著作所说的"语气词"。句末语气助词是表达整个句子的语气的。其所表达的语气，如陈述、疑问、祈使、感叹等等，都是由全句的语意决定的。上古汉语常见的句末语气助词，有"也""矣""焉""耳"(表示陈述语气)，"乎""与""邪"(表示疑问语气)，"也""矣""乎"(表示祈使语气)，"哉""乎"(表示感叹语气)，等等。如：

①非敢后也，马不进也。(《论语·述而》)

②不可，吾既已言之王矣。(《墨子·公输》)

③击之，必大捷焉。(《左传·僖公三十二年》)

④口耳之间，则四寸耳。(《荀子·劝学》)

例①—④，表示陈述语气的用例。又如：

①贤者亦有此乐乎？(《孟子·梁惠王上》)

②滕，小国也，间于齐楚，事齐乎，事楚乎？(《孟子·梁惠王下》)

③子非三闾大夫与？(《楚辞·渔父》)

④子之师谁邪？(《庄子·田子方》)

例①—④，表示疑问语气的用例。又如：

①攻之不克，围之不继，吾其还也。(《左传·僖公三十三年》)

②王曰："吾欲以国累子，子必勿泄也！"(《韩非子·外储说右上》)

③回虽不敏，请事斯语矣。(《论语·颜渊》)

④愿君顾先王之宗庙，姑反国统万人乎！(《战国策·齐策四》)

例①—④，表示祈使语气的用例。又如：

①周监于二代，郁郁乎文哉！(《论语·八佾》)

②旷安宅而弗居，舍正路而不由，哀哉！(《孟子·离娄上》)

③善哉，技盍至此乎！(《庄子·养生主》)

④天乎，天乎，赵氏孤儿何罪？(《史记·赵世家》)

例①—④，表示感叹语气的用例。

(二) 结构助词

所谓结构助词，是指那些可以标明结构关系或可改变结构性质的虚词。

上古汉语最常见的结构助词是"之""者""所"三个词。如：

①四海之内，皆兄弟也。(《论语·颜渊》)

②天下之无道也久矣。(《论语·八佾》)

③皮之不存，毛将安傅？(《左传·僖公十四年》)

④往者不可谏，来者犹可追。(《论语·微子》)

⑤贤者识其大者，不贤者识其小者。(《论语·子张》)

⑥师之所为，郑必知之。(《左传·僖公三十二年》)

⑦其北陵，文王之所避风雨也。《左传·僖公三十二年》)

三、助词的发展

（一）语气助词的发展

关于古代语气助词的发展问题，应注意以下三点：

1. 汉语语气助词系统的形成是一个历史过程

前面说过，在上古汉语前期的史料里，如甲骨文，是很难找到语气助词的。就是到了金文里，也基本如此。造成这种状况的根本原因，或许是因为当时语言中就没有或不用语气助词。上古汉语语气助词系统真正确立起来，是在上古汉语中期，亦即春秋战国时代。春秋战国时代的文献里，汉语的句末语气助词已形成了四大系统：陈述语气、疑问语气、祈使语气和感叹语气。如：

①南冥者，天池也。(《庄子·逍遥游》)

②晨往，寝门辟矣。(《左传·宣公二年》)

③公嗾夫獒焉。(《左传·宣公二年》)

④冯谖曰："狡兔有三窟，仅得免其死耳。"(《战国策·齐策四》)

例①—④，"也""矣""焉""耳"，表示陈述语气。又如：

①子将怨我乎？(《左传·成公三年》)

②从我者，其由与？(《论语·公冶长》)

③今子欲以子之梁国而吓我邪？(《庄子·秋水》)

④十人而从一人者，宁力不胜，智不若耶？(《战国策·赵策三》)

例①—④，"乎""与""邪""耶"，表示疑问语气。又如：

①子曰："由，诲女知之乎！"（《论语·为政》）

②子犯曰："战也！战而捷，必得诸侯。"（《左传·僖公二十八年》）

③孟尝君不说，曰："诺，先生休矣！（《战国策·齐策四》）

例①—③，"乎""也""矣"，表示祈使语气。又如：

①惜乎，吾见其进也，未见其止也。（《论语·子罕》）

②善哉，回之意。（《庄子·让王》）

③幸矣，子之先生遇我也。（《庄子·应帝王》）

例①—③，"乎""哉""矣"，表示感叹语气。

到了中古汉语，上古汉语形成的四大语气系统都传承下来，所用的语气助词也基本照旧。这种状况，基本上维持到唐五代。如：

①鬼，归也，归其真宅。（《列子·天瑞》）

②王元太，一流人也。（《宋书·范泰传》）

③朕知之矣，朕得之矣。（《列子·黄帝》）

④医诊脉云："肠断矣。"（《颜氏家训·风操》，卷二）

⑤改葬之，棺空无尸，独丝履存焉。（《搜神记》，卷一）

⑥鲜之为人通率，在高祖坐，言无所隐，时人甚惮焉。（《宋书·郑鲜之传》）

⑦大蛇衔笔者，直老书佐耳。（《搜神记》，卷三）

⑧恰似春日花，朝开夜落尔。（唐·寒山子：《寒山诗·我见》，第二六五）

例①—⑧，"也""矣""焉""耳""尔"，表示陈述语气。又如：

①请问蹈水有道乎？（《列子·黄帝》）

②兄弟安可弃乎？（《宋书·武三王传》）

③卖之，必有买者，即复害其主，宁可不安己而移于它人哉？（《世说新语·德行》）

④当以疾病为谕，安得不用汤药、针艾救之哉？（《颜氏家训·教子》，卷一）

⑤贪荣求利，反招羞耻，可不慎欤？（《颜氏家训·治家》，卷一）

⑥恐李家运尽，便有黑衣夺位欤？（唐·〔日〕释圆仁：《入唐求法巡礼

行记》，卷四）

⑦太后问："何时来邪？"（《世说新语·贤媛》）

⑧当尔偷牛，非日中时耶？（《百喻经·偷犛牛喻》）

例①—⑧，"乎""哉""欤""邪""耶"，表示疑问语气。又如：

①此中人语曰："不足为外人道也！"（晋·陶渊明：《桃花源记》）

②元以手拊曰："行矣，不能相救，无为两没也。"（《后汉书·邓晨传》）

③慎之哉，慎之哉！（《颜氏家训·止足》，卷五）

④子其寝矣。（唐·李公佐：《南柯太守传》）

例①—④，"也""矣""哉"，表示祈使语气。又如：

①善哉，王之问也。（《列子·仲尼》）

②佛言："善哉！"（《百喻经·引言》）

③孔子曰："善乎，能自宽者也。"（《列子·天瑞》）

④子贡曰："大哉死乎，君子息焉，小人伏焉。"（《列子·天瑞》）

⑤如是增上慢人，退亦佳矣。（《法华经·方便品》，卷一）

⑥中伏断手为下时，中伏以后则晚矣。（《齐民要术·小豆》，卷二）

⑦悲夫，自古奸臣佞妾，以一言陷人者众矣。（《颜氏家训·后娶》，卷一）

⑧何贤智操行若此之难，婢妾引决若此之易，悲夫！（《颜氏家训·养生》，卷五）

例①—⑧，"哉""乎""矣""夫"，表示感叹语气。

到了近古汉语，汉语句末语气助词系统虽然没有变化，但却产生了许多新的句末语气助词，语言面貌为之一新，彻底摆脱了上古汉语、中古汉语的影响。近古汉语，表陈述语气的句末语气助词，常见的有：

呵/阿

"呵""阿"，常用于句中或上句末尾，表示中顿语气。如：

①谢得尊师呵周全我，今宵免得心肠挂。（《张协状元》，第九出）

②一般志量要宽大，宽大呵，便容得人。（元·吴澄：《吴文正集·经筵讲义》，卷九十）

③若夏天呵，惟恐热着官人；冬天呵，怕冻着官人。（《皇明诏令·谕武臣恤军敕》）

④老子伯伯阿，你敢那？(《朴通事》)

呢

"呢"，常用于句中或上句末尾，表示中顿语气；用于句末，表示强调或事情正在发生。如：

①来呢一齐来，不来一个也不来。(《红楼梦》，第八回)

②我们这里周大娘有几个呢，不知那一个行当儿上的？(《红楼梦》，第六回)

③小娘子祗揖，有胭脂粉，我买几两呢！(元·曾瑞卿：《留鞋记》，第一折)

④子兴叹道："正说的是这两门呢！"(《红楼梦》，第二回)

里/哩

"里""哩"，处于句末常表示一种肯定、确认语气，有时也带有明显的提示听者的作用。如：

①学士元来也知去不得里。(宋·李焘：《续资治通鉴长编》，卷二六五)

②常言道好事，不在忙哩！(《张协状元》，第十二出)

③这孙二无礼也，你那里是骂俺哩。(元·无名氏：《杀狗劝夫》，头一折)

④蘧小少爷来了，在太太房里坐着哩。(《儒林外史》，第十回)

例①—④，"里""哩"，表示肯定、确认语气。又如：

①四邻八舍听着，窦娥药杀我家老子哩！(元·关汉卿：《窦娥冤》，第二折)

②哥哥靴靿有五锭钞哩。(元·无名氏：《杀狗劝夫》，头一折)

③只见那汉道："未有汤哩。"(明·冯梦龙：《警世通言：一窟鬼癞道人除怪》，第十四卷)

④他少我五两银子里。(《朴通事》)

例①—④，"里""哩"，表示提示语气。

来/俫

"来"，作为一个句末语气助词，起源很早。早在上古汉语里就已经产生，中古汉语沿用之，只不过它多用于表示祈使或感叹语气。如：

①盍归乎来，吾闻西伯善养老者。(《孟子·离娄上》)

②为人臣者不足以任之，子其有以语我来。(《庄子·人间世》)

③归去来兮，田园将芜胡不归？(晋·陶渊明：《归去来兮辞》)

到了近古汉语，"来"或作"俫"，也可用于陈述句，这是一个重要变化。"来"用于陈述句，有多种用法。首先，它常用于句中，或主语后，或状语后，或谓语后，表示中顿语气，但同时也有一种强调作用。如：

①常言道，好人俫不长寿。(元·无名氏：《冤家债主》，第二折)

②这两日不见，你来怎么这般黄瘦？(《朴事通》)

③到底来是不肯商量便是也。(宋·李焘：《续资治通鉴长编》，卷二六五)

④他帮扶着你，吃的来醉如泥，却撇他在这里。(元·无名氏：《杀狗劝夫》，头一折)

其次，元明时代，这种"来"也可直接插进成语或熟语之中，起到调整语气的作用。如：

①与他那结义的人儿，这几日离多来会少。(元·无名氏：《隔江斗志》，第三折)

②哥哥，你有金有银，闪的我无投来无奔。(元·无名氏：《杀狗劝夫》，头一折)

③只高来不成，低来不就。(明·冯梦龙：《警世通言·一窟鬼癞道人除怪》，第十四卷)

其三，这种"来"有时也可缀于序数之后，具有明显的提示作用，使人思路更加清晰明白。如：

①我今做买卖回来，今日特到他家去，一来去望妈儿，二来就题(提)这门亲事。(元·关汉卿：《救风尘》，第一折)

②一来是那神明鉴戒，二来是天公眷爱。(元·无名氏：《小张屠焚儿救母》，第三折)

③钱妈妈，老媳妇今日一来吊丧，二来有句话劝，你肯听吗？(明·朱有燉：《团圆梦》，第三折)

其四，这种"来"也可插进"被"字句、"把"字句中间，对介词后的宾语也具有明显的提示或强调作用。如：

①张叶运蹇，被贼来惊吓。(《张协状元》，第十出)

②不是把哥哥来恨。（元·无名氏：《杀狗劝夫》，头一折）

③苗忠道："你也说得是"，把那刀来入了鞘。（明·冯梦龙：《警世通言·万秀娘仇报山亭儿》，第三十七卷）

其五，"来"处于陈述句尾，尤其是否定句尾，表示确认的作用十分明显。如：

①（三宝奴）又微笑云："旧日三关也属北朝来。"（宋·徐梦莘：《三朝北盟会编·靖康城下奉使录》，卷二十九）

②只有汉高祖省得这道理来。（元·吴澄：《吴文正集·通鉴》，卷九十）

③委的不是小妇人下毒药来。（元·关汉卿：《窦娥冤》，第二折）

④咳，我不曾知道来。（《朴通事》）

其六，"来"处于陈述句尾，也可表示某一情况曾发生过或出现过，它很像"来着"或"了"。如：

①在先圣人有个周公的名字，曾这般行来。（元·贯云石：《孝经直解·圣治章》，第九）

②元来是你这贼人和朱令史谋坏我兄弟来。（元·无名氏：《小孙屠》，第十九出）

③父母在生时，家法名声好来，田产家计有来，孳畜头口有来，人口奴婢有来。（《老乞大》）

④一落胞胎，嘴里便衔下一块五彩晶莹的玉来。（《红楼梦》，第二回）

这种"来"，如果处于动态助词之后，其语气助词的性质还是十分明鲜的。如：

①这张千户起去了，着刀子把那吴县令抹死了来。（《元典章·前集刑部》）

②我有一个火伴落后了来。（《老乞大》）

③我先番北京来时，你这店西北约十二里来地，有一座桥塌了来，如今修起了不曾？（《老乞大》）

④日前也曾与丈夫说过来，丈夫不肯，所以只得私房做事。（明·冯梦龙：《警世通言·吕大郎还金完骨肉》，第五卷）

价/家

"价"，作为语气助词，处于句首或句中，显然是为了调整音节，调整语气的。如：

①襟度天为侣，价平生放浪江湖，浮云行住。（宋·张榘：《贺新凉·次拙逸刘直孺〈贺新凉〉韵》）

②追悔当年孤身愿，经年价两成幽怨。（宋·柳永：《凤衔杯》之二）

"家"却经常用于句尾，表示一种肯定语气。如：

③这二十颗珊瑚怎的卖？老实价钱，一两一颗家。（《朴通事》）

④多少学课钱？一个月五钱家。（《朴通事》）

也/也儿

"也""也儿"，常处于句子或词组之间，表示中顿语气。如：

①哎呦天那，兀的不送了我也这条老命！（元·无名氏：《陈州粜米》，第一折）

②可不道一部笙歌出入随，抵多少水尽也鹅飞。（元·无名氏：《杀狗劝夫》，第二折）

③那个好男子保着孙孔目上泰安神州烧香去，可是有也是无？（元·高文秀：《黑旋风》，第一折）

④你准备着乱撺东西，望风也儿走。（明·无名氏：《石榴园》，第三折）

的

"的"，经常用于句尾，表示肯定语气。如：

①我嫁了，做一个张郎家妇，李郎家妻，立个妇名，我做鬼也风流的。（元·关汉卿：《救风尘》，第一折）

②孝的勾当都无大似父亲的。（元·贯云石：《孝经直解·圣治》，第九）

③此中各司有的是普天下所有的女子过去、未来的簿册，尔乃凡眼尘躯，未便先知的。（《红楼梦》，第五回）

了

"了"，用于句尾，表示情况已经发生或对事实的确认。如：

①我胜花娘子不济事了。（《张协状元》，第三十二出）

②（嫂嫂）着人拐的去了。（元·高文秀：《黑旋风》，第二折）

③这店里都闭了门了。（《老乞大》）

④赵正道："这个便是王秀了。"（明·冯梦龙：《喻世明言·宋四公大闹禁魂张》，第三十六卷）

⑤杨温道："今年二十四岁了。"（明·洪楩：《清平山堂话本·杨温拦路虎传》）

⑥奶奶断了气了。（《儒林外史》，第五回）

咱

"咱"（zá），作为一个语气助词，也是近古汉语才产生的，但用法较为特殊。"咱"处于句尾，多带有一种肯定或祈使语气。如：

①两情各自肯，甚忙咱。（宋·黄庭坚：《归田乐令》）

②我且开开这门看咱。（元·高文秀：《黑旋风》，第三折）

③你要我饶你咱，再对星月赌一个誓。（元·关汉卿：《诈妮子调风月》，第三折）

④当此夜深孤闷之时，我试理一曲消遣咱。（元·马致远：《汉宫秋》，第一折）

"咱"，有时也可处于句中，表示中顿语气，具有提示、强调作用。如：

①我咱谙分，随有亦随无。（宋·赵长卿：《蓦山溪·早春》）

②你咱实话没些个，且得相逢知细锁（琐），发迹高官非小官。（《刘知远诸宫调》，第十一）

③瑶琴是你咱抚，夜间曾挑斗（逗）奴。（金·董解元：《西厢记诸宫调》，卷七）

④问卿咱为甚么不说半句儿知心话？（元·白朴：《梧桐雨》，第三折）

例①—④，"咱"处于人称代词或称谓名词之后，有的著作称为"人称语尾助词"，我对此颇有疑惑。实际上，这种"咱"与上面提到的"咱"应统一处理，不会是两种"咱"。在宋元时期，"咱"作为语气助词，我怀疑它是语气词"者"或"则""只"的音形变体。

近古汉语里，表示疑问语气的句末语气助词，常见的有：

么（麽）/磨/摩/末/无/吗

"么"，繁体作"麽"，起源于唐代，到近古汉语里得到广泛应用。如：

①众中遗却金钗子，拾得从他要赎么？（唐·王建：《宫词》）

②南斋宿雨后，仍许重来么？（唐·贾岛：《王待御南原庄》）

③不知陶靖节，还动此心么？（唐·李中：《听蝉寄胸山孙明府》）

近古代汉语里，"么"是最常见的形式，常用于是非问句或反诘问句之中。如：

①这里还有祖师么？（宋·圜悟克勤：《碧岩录》，卷一）

②要见此人么？（宋·虚堂和尚：《虚堂和尚语录》）

③此一来莫非为讨护臂么？（元·高文秀：《黑旋风》，第一折）

④我有一句话劝你，你肯听我么？（明·朱有燉：《团圆梦》，第一折）

⑤兄弟，你认得这和尚么？（《水浒传》，第五回）

⑥你看，这不是疯了么？（《儒林外史》，第二回）

至于"磨""摩""末""无""吗"，都应当认为是"么"的语音变体。"吗"，用得很晚，直到清代才出现。如：

①好是问他来得磨？（南唐·张泌：《江城子》之二）

②的实有文字照验无？（宋·李焘：《续资治通鉴长编》，卷二六五）

③娘在无？（《祖堂集》，卷四）

④师云："皇帝还见目眼虚空摩？"（《祖堂集》，卷三）

⑤嫂嫂，哥哥在家末？（元·无名氏：《杀狗劝夫》，第二折）

⑥你能像他这苦心就好了，学什么有个不成的吗？（《红楼梦》，第四十八回）

那/也那/么

"那""也那"，在近古汉语里主要于选择问。"那"或"也那"用于选择句，常处于两句之间。如：

①父母有不是处不谏呵，中那不中？（元·贯云石：《孝经直解·谏净》，第十五）

②卿呵，则你道波，寡人是怕也那不怕？（元·白朴：《梧桐雨》，第三折）

③虚灸那实灸？（《朴通事》）

④客人们，热吃那凉吃？（《老乞大》）

"那"同时处于两句或多句之尾者是少数。如：

①知他如今是死那，活那？（元·关汉卿：《拜月亭》，第三折）

②客人，你要南京的那，杭州的那，苏州的那？（《老乞大》）

"那"也可用于反诘句，义同"呢"。如：

①况你年纪高大，六十以外的人，怎生又招丈夫那？（元·关汉卿：《窦

娥冤》，第一折）

②你还有甚的说话，此时不对监斩大人说，几时说那？（元·关汉卿：《窦娥冤》，第三折）

③常言道："有情何怕隔年期"，这有甚等不得那？（元·李好古：《张生煮海》，第一折）

"那"也可用于是非问，义同"么"，这种用法较特殊，是少数。如：

①那杂货铺儿是你的那？（《老乞大》）

②（珊瑚）黄豆来大的，血点也似好颜色圆净的，价钱大，你要那？（《朴通事》）

至于"么"，用于选择问或反诘问，都是少数。如：

①你这月尽头，到的北京么到不得？（《老乞大》）

②哥也，可怎生不见俺嫂嫂么？（元·高文秀：《黑旋风》，第二折）

呢

"呢"，产生于元代。元代以后，"呢"得到广泛应用。向熹先生说："'呢'字不见于宋元话本，元曲里开始用于疑问句，数量不多。《水浒全传》《金瓶梅》里没有出现'呢'字。《西游记》《儒林外史》绝大多数用'哩'，'呢'仅用于极少数疑问句。清代代表北方话系统的《红楼梦》和《儿女英雄传》肯定句和疑问句都用'呢'。"[①] "呢"的用法，有许多和"那"相重合。"呢"，可用于询问句，如：

①来到这店肆中，我那大嫂呢？（元·高文秀：《黑旋风》，楔子）

②（爷）问道："担子呢？"（明·冯梦龙：《警世通言·万秀娘仇报山亭儿》，第三十七卷）

③做孙子的又不曾得罪叔公，为什么要打我呢？（《儒林外史》，第二十三回）

④谁叫你去打劫呢？（《红楼梦》，第六回）

"呢"也可用于选择问，或处于上句末，或处于下句末，均可。如：

①危素道："前日承老父台所惠册页花卉，还是古人的呢，还是现在人画的？"（《儒林外史》，第一回）

---

① 向熹：《简明汉语史》（修订本），下册，商务印书馆 2010 年版，第 747 页。

②袭人听说道："姑娘到底是和我拌嘴，是和二爷拌嘴呢?"(《红楼梦》,第三十一回)

来/哩/咧

"来",处于句末,主要是用于询问句。如:

①休整日价去,脸儿又红,那里去吃酒来?(《张协状元》,第二十出)

②既然是这般呵,谁着你嫁他来?(元·关汉卿:《救风尘》,第二折)

③兄弟,你端的是人来?(元·无名氏:《小孙屠》,第十九出)

④浑家道:"丈夫,你见甚么来?"(明·冯梦龙:《警世通言·一窟鬼癞道人除怪》,第十四卷)

"哩""咧"也可用于询问句或反诘句。"哩",中古汉语作"里"。"咧"或是"哩"的变体,用于清代。如:

①你背着甚么哩?(元·康进之:《李逵负荆》,第四折)

②谁叫门哩?(元·无名氏:《杀狗劝夫》,第二折)

③秦小二叔,你看见隔壁的王老大牵了牛在那里饮水哩?(《儒林外史》,第一回)

④一早就往这里赶咧,那里还有吃饭的工夫咧?(《红楼梦》,第六回)

"来""哩"也可用于反诘句或选择句。如:

①都不是,敢是我下的毒药来?(元·关汉卿:《窦娥冤》,第二折)

②那怪道:"不知是我分离,是你分离哩?"(《西游记》,第三十回)

③你这般学汉儿文书时,是你自心里学来,你的爷娘教你学来?(《老乞大》)

④那里有二里地来?(《朴通事》)

近古汉语表示祈使语气的句末语气助词,常见的有:

罢/波

"罢",最常见的用法是置于句末,表示一种祈求语气,蕴含一种强烈的愿望或意志。"波",当是"罢"的音形变体形式。如:

①我这两个银子长远了,你还了我罢!(元·关汉卿:《窦娥冤》,第一折)

②哈铭,你进来罢!(明·哈铭:《正统临戎录》)

③你女儿不如依我说别嫁了罢!(明·朱有燉:《团圆梦》,楔子)

④如今只求严老爷开恩，高抬贵手，恕过他罢！（《儒林外史》，第六回）

⑤太太说，请林姑娘到那边坐罢！（《红楼梦》，第三回）

"波"当是"罢"的音形变体，多用在元曲里，用法与"罢"基本相同。如：

①你又不吃饭，睡波！（元·关汉卿：《诈妮子调风月》，第二折）

②婆婆，羊肚儿汤做成了，你吃些儿波！（元·关汉卿：《窦娥冤》，第二折）

③孔目，你寻了护臂，早些儿来波！（元·高文秀：《黑旋风》，第一折）

④伯娘，甚么话你说波！（元·杨文奎：《儿女团圆》，第一折）

者/则/只/咱（zá）/着

近古汉语里，"者""则""只""咱""着"这几个词都可以表示祈使语气，它们之间好像都是一音之转。前面说过，"咱"可能就是"者""则""只"的音形变体。至于处于句末，表示祈使语气的"着"，它肯定也是个语气助词，不是动态助词。如：

①你更了名改了姓者！（元·高文秀：《黑旋风》，第一折）

②不知你哥哥后角门是谁杀下一个人，你哥哥央你背出去埋了者！（元·无名氏：《杀狗劝夫》，第二折）

③早来到也，咱见相公去则（元·无名氏：《云窗梦》，第四折）

④这幞头呵，除下来与你戴只！（元·杨显之：《潇湘雨》，第二折）

⑤你改了着！（元·高文秀：《黑旋风》，第一折）

⑥左右，门着觑着！（元·关汉卿：《谢天香》，第二折）

⑦你离路儿着，休在路边儿净手，明日着人骂。（《老乞大》）

⑧只望大人高抬明镜，替小妇人做主咱！（元·关汉卿：《窦娥冤》，第二折）

⑨也不索娘点汤，也不索爷奠洒，试听你女儿诉一遍咱！（明·朱有燉：《团圆梦》，第四折）

休

"休"，本是动词，与"罢"同义，均有休止义。中古汉语，"休"演变为表禁止的否定副词，进而虚化，置于句末，变成表祈使语气的句末语气助词。语气助词"休"，主要使用在近古汉语里，用法与"罢"基本相同。如：

①要来小酌便来休，未必明朝风不起。（宋·李清照：《玉楼春》）

②解元，你去西廊，胡乱吃些子饭了，睡休！（《张协状元》，第十二出）

③这两个婆子也是鬼了，我们走休！（明·冯梦龙：《警世通言·一窟鬼癞道人除怪》，第十四卷）

④我不要他的，送还他老婆休！（明·冯梦龙：《喻世明言·宋四公大闹禁魂张》，第三十六卷）

来/哩

"来""哩"也可用于祈使句，表示祈求、命令、愿望或意志等多种语气。如：

①这陈宝童拖着我道："咱两个睡些个去来！"（《元典章·前集刑部》）

②咱撇下，还家去来！（元·无名氏：《杀狗劝夫》，头一折）

③店里有个好女子请你哩！（元·关汉卿：《救风尘》，第三折）

④构栏里看杂技去来！（《朴通事》）

⑤赵正道："嫂嫂，买五个馒头来！"（明·冯梦龙：《喻世明言·宋四公大闹禁魂张》，第三十六卷）

⑥你中了举了，叫你家去打发报子哩！（《儒林外史》，第三回）

近古汉语，表示感叹语气的句末语气助词，常见的有：

呵/阿/啊

"呵""阿""啊"，是同一个句末语气助词的不同变体，均可表示感叹、意愿等语气。如：

①劳得谢送道呵。（《张协状元》，第二折）

②我嫁了安秀才呵。（元·关汉卿：《救风尘》，第一折）

③大功爵让与哥的儿子，好呵。（明·刘仲璟：《遇恩录》）

④该随手拿出两个来给你这妹妹裁衣裳啊。（《红楼梦》，第三回）

唻/哟

"唻"（yòu），常用于呼语后或句末，表示惊叹等强烈语气。"哟"，当是"唻"的变体形式，且出现很晚。如：

①天唻，这雪住一住可也好，越下的恶躁了。（元·马致远：《黄粱梦》，第三折）

②儿唻，我也是出于无奈。（元·关汉卿：《窦娥冤》，楔子）

③我那屈死的儿哞！（元·关汉卿：《窦娥冤》，第四折）

④我们不行哟，还得你老人家操心哪！（清·文康：《儿女英雄传》，第十五回）

哑/呀

"哑""呀"，也常用在呼语后或句末，表示一种强烈的惊叹之情。如：

①惭愧哑，僧院已闻一鸦。（金·董解元：《西厢记诸宫调》，卷四）

②我爷哑，好大蚊子！（《西游记》，第二十一回）

③（大圣）忽然叫道："天呀，孤拐都化了！"（《西游记》，第三十四回）

④才走了一半呀，这叫二十铺。（清·文康：《儿女英雄传》，第十四回）

"呀"，作为一个新生的句末语气助词，可能是"也""呵"的合音形式，它主要使用在明清时代。请比较：

①学成满腹文章，尚在湖海飘零，何日得遂大志也呵。（元·王实甫：《西厢记》，第一本第一折）

②你也等我一等波，今日正是寒食，好个节令也呵！（元·张国宾：《薛仁贵》，第三折）

我们之所以认为"呀"可能是"也""呵"的合音形式，是因为："呀"，从牙得声。"牙"，隋唐时代，虽属疑母，拟音为〔ŋ〕，但到了元代，疑母已消失，归为喻母，与"也"的声母相同，拟音为〔j〕。因此，"也""呵"的合音过程当是〔j＋a〕→〔ja〕→〔ia〕。

那/呢

"那"，用于呼语后或句末，常表示一种强烈的感情。如：

①天那，只被你打杀我也。（元·关汉卿：《救风尘》，第二折）

②若母亲命亡，天那，谁人觑当？（元·无名氏：《小张屠焚儿救母》，第一折）

③哎哟天那，兀的不送了我也这条老命？（元·无名氏：《陈州粜米》，第一折）

④那孩子手扶着船窗，口里说道："买菱那，买菱那！"（《儒林外史》，第九回）

"呢"，用于句末，主要表示一种遗憾、不满等诸多感情。如：

①何苦来呢！（《红楼梦》，第三十一回）

②正经明公正道的，连个姑娘还没挣上去呢！(《红楼梦》，第三十一回)

③我们不会伏侍的，明日还不知犯什么罪呢！(《红楼梦》，第三十一回)

④喊爹叫妈的，哭丈夫的，疼儿子的，一条哭声，五百多里路长，你老看惨不惨呢！(清·刘鹗：《老残游记》，第十四回)

来/哩

"来""哩"，用于句末，也可表示一种惊恐、赞赏、感慨等诸多感情。如：

①两个根底监着呵，为那般呵，杀了人来！(《元典章·前集刑部》)

②(教授)道："若还真个有这人时，可知好哩！"(明·冯梦龙：《警世通言·一窟鬼癞道人除怪》，第十四卷)

③还有些日子不来家哩！(《儒林外史》，第九回)

④你老拔一根寒毛，比我们的腰还壮哩！(《红楼梦》，第六回)

2. 语气助词位置的转移，反映出汉语语气助词功能的历史变化

众所周知，古代汉语的语气助词可以分为句首语气助词、句中语气助词和句末语气助词三类。句首、句中语气助词，主要是使用在上古汉语前期的史料里。两汉以后，文献中也偶有使用的，但那无疑是一种仿古现象，或可视为上古汉语语法现象的残留。从语气助词在句中的位置而言，从句首、句中再到句末，这种位置的转移，无疑是历史发展的结果，其中也反映出语气助词功能的历史变化。

(1)句首语气助词。

汉语的句首或句中语气助词，尤其是句首语气助词，无论是理论上，还是用法上，都是比较难以解释清楚的。有的学术著作，有意避开，避而不谈句首语气助词，这是没必要的。我们认为，汉语句首、句中和句末语气助词，不是处于同一个历史平面上的语气现象，是有时间层次的，是历史发展的结果。这是可以证明的：

第一，甲骨文里没有句首和句中语气助词，甚至连句末语气助词也极少使用。

现在可以证实的，甲骨文中只有一个句末语气助词"乎"字。如：

①丁未卜，引：侑咸戊，学戊乎？(《粹编》，425)

②丁未卜，宾贞：雨乎？(《合集》，13713)

例①，“引”，贞人名，甲文作形，陈梦家先生释为“扶”，于省吾先生释为“引”，甚是。《甲骨文字典》从于说。当然，有的学者对“乎”字是否存在也表示怀疑，认为释为“戊”“乎”的合文证据不足。如果是这样，那么甲骨文中，句末语气助词是否存在也真的成了问题[①]，郭锡良先生也持这种意见。他说：“我们认为在甲骨文时代语气词没有产生，句子的语气只能是由别的语言手段来担任。语气词是西周时期才产生的，最初是‘哉’字，然后逐渐产生了其他语气词。”[②] 郭先生的意见是值得重视的。

第二，金文里，句首语气助词最多，句中语气助词次之，句末语气助词最少。

根据管燮初先生的研究，金文中用于句首语气助词的有“隹”“征”“𢦏”“逵”“毕”“雩”“在雩”“曰”“叡”“有”“亦”等 11 个词，词频计 23 次；用于句中的有“征”“帅”“于”“遹”“猷”“其”“有”“亦”等 8 个词，词频计 18 次；而用于句末语气助词的只有“𢦏”“才”两个词，词频也仅为 4 次。[③] 尽管论述中有些词的词义解释或归类上尚有可商榷之处，但就总体而言，我们也可以看出汉语句首、句中和句末语气助词确实不是同一个历史层面上的产物。我们认为金文中最常见的句首语气助词有“曰”“雩”“雩若”“殹”等词；最常见的句中语气助词有“于”“遹”等词；最常见的句末语气助词有“哉”“才”两个词。“才（在）”，实为“哉”的通假字，所以句末语气词助词实际只有一个“哉”字。如：

①曰古文王，初戭龢于政。(《史墙盘》)

②雩八月初吉庚寅。(《宗周钟》)

③雩武王既𢦏殷，散史刺且，迺来见武王。(《史墙盘》)

④雩曰二月，侯见玙宗周。(《麦尊》)

⑤殹民之所亟。(《王子午鼎》)

⑥隹周公于征伐东尸、丰白、专古，咸𢦏。(《塱鼎》)

---

① 张振林：《先秦古文字材料中的语气词》，见《古文字研究》，第七辑，中华书局 1982 年版，第 291 页。

② 郭锡良：《汉语史论集》（增补本），商务印书馆 2005 年版，第 59 页。

③ 管燮初：《西周金文语法研究》，商务印书馆 1981 年版，第 191 页。

⑦鼏圉武王，遹征四方。（《史墙盘》）

⑧乌虖哀弋。（《禹鼎》）

第三，传世文献中，大量使用句首和句中语气助词的始于《尚书》和《诗经》。

据我统计，《尚书》中句首语气助词共有 18 个，其中单音节的 8 个，双音节的 10 个，词频总计 66 次。如单音节的有"迪""若""惟""亦""徂""肆""曰""若"；双音节的有"迪惟""诞惟""亦越""爽惟""率惟""肆惟""洪惟""越惟""曰若""越若"。下仅举数例说明之。如：

①迪高后丕乃崇降弗祥。（《尚书·盘庚》）

②若翼日乙卯，周公朝至于洛。（《尚书·召诰》）

③曰天子作民父母，以为天下王。（《尚书·洪范》）

④迪惟前人光，施于我冲子。（《尚书·君奭》）

⑤越若来三月，惟丙午朏（《尚书·召诰》）

到了《诗经》，句首语气助词只有 5 个，而且又都是单音节词，其使用频率明显下降，词频总计 73 次。这五个词是"诞""维""肆""侯""伊"。如：

①诞我祀如何？或舂或揄。（《诗经·大雅·生民》）

②维叶莫莫，是刈是濩。（《诗经·周南·葛覃》）

③肆皇天弗尚，如彼流泉，无沦胥以亡。（《诗经·大雅·抑》）

④侯谁在矣？张仲孝友。（《诗经·小雅·六月》）

⑤伊谁云从？维暴之云。（《诗经·小雅·何小斯》）

到了春秋战国时代，那些古老的句首语气助词，在语言中已基本绝迹了。此时文献中，有一个"夫"字常居于句首，用为句首语气助字。这个"夫"字，当是从指示代词"夫"虚化而来的，所以它多多少少仍带有一些指别味道。如：

①夫仁者，己欲立而立人，己欲达而达人。（《论语·雍也》）

②夫三年之丧，天下之通丧也。（《论语·阳货》）

③夫国君好仁，天下无敌。（《孟子·离娄上》）

④夫千里之远，不足以举其大；千仞之高，不足以极其深。（《庄子·秋水》）

（2）句中语气助词。

同句首语气助词一样，句中语气助词的大量使用也是始于《尚书》和《诗经》的。《尚书》中句中语气助词有 27 个，其中单音节的有 22 个，双音节的有 5 个，词频总计为 172 次。其中属于单音节的有"丕""肇""诞""迪""惟""亦""所""式""哉""率""咨""思""肆""厥""言""有""于""云""爰""曰""越""於"；其中属于双音节的有"丕惟""矧曰""率惟""率肆""越其"。下仅举数例说明之。如：

①天乃大命文王，殪戎殷，诞受厥命越厥邦厥民。（《尚书·康诰》）

②司寇苏公式敬尔由狱，以长我王国。（《尚书·立政》）

③我心之忧，日月逾迈，若弗曰来。（《尚书·秦誓》）

④惟厥罪无在大，亦无在多，矧曰其尚显闻于天。（《尚书·康诰》）

⑤（乃）不昏作劳，不服田亩，越其罔有黍稷。（《尚书·盘庚》）

到了《诗经》，句中语气助词有 33 个，其中单音节的有 26 个，双音节的有 7 个，词频总计为 664 次。其中属于单音节的有"薄""诞""维""也""亦""聿""遹""式""载""思""斯""肆""其""言""有""于""乎""侯""兮""或""曰""越""云""爰""伊""焉"；其中属于双音节的有"薄言""维伊""亦维""亦聿""亦云""聿云""伊其"。下亦仅举数例说明之。如：

①薄伐严狁，至于太原。（《诗经·小雅·六月》）

②遹求厥宁，遹观厥成。（《诗经·大雅·文王有声》）

③式微式微，胡不归？（《诗经·邶风·式微》）

④予发曲局，薄言归沐。（《诗经·小雅·采绿》）

⑤岁聿云莫，采萧获菽。（《诗经·小雅·小明》）

到了春秋战国时代，加在谓语动词前面的这类句中语气助词，已基本消失了，剩下的只有处于主语或状语后面的那类句中语气助词了，但总的趋势也是走向衰亡。具体用例见后。

（3）句末语气助词。

和句首、句中语气助词的发展趋势相反，句末语气助词的发展可以说是从无到有，从弱到强，两者正好形成互补关系。正因为如此，所以我们认定，句首、句中和句末语气助词绝不是同一个层次的语法现象，而是语言历史发展的结果。《尚书》《诗经》中已经产生了一定数量的句末语气助词。

《尚书》中句末语气助词有 12 个，即"已""止""哉""兹""其""忌"
"矣""猗""所""乎""若""焉"，词频总计为 103 次。《诗经》中句末语气
助词有 24 个，其中属于单音节的有 19 个，双音节的有 5 个，即"之""止"
"哉""思""其""忌""矣""只""斯""诸""且""胥""居""乎""兮"
"也""嗟""员""焉""乎而""也哉""焉哉""也且""只且"，词频总计为
762 次。如：

①王曰："公定，予往已。"（《尚书·洛诰》）
②帝曰："我其试哉！"（《尚书·尧典》）
③呜呼，孺子王矣！（《尚书·立政》）
④今日之事，不愆于六步、七步，乃止齐焉。（《尚书·牧誓》）
⑤采薇采薇，薇亦作止。（《诗经·小雅·采薇》）
⑥夜如何其？夜未央。（《诗经·小雅·庭燎》）
⑦母也天只，不谅人只。（《诗经·鄘风·柏舟》）
⑧不见子都，乃见狂且。（《诗经·郑风·山有扶苏》）

汉语句末语气助词取得重要发展的时间是上古汉语中期，亦即春秋战国
时代。关于这一点，也是可以证实的：

第一，文献中句末语气助词的使用频率极高。

以《论语》为例。《论语》全文 13 700 字左右，但使用的句末语气助词
却多达 29 个（组），其中单音节的有 12 个，多音节的有 17 个，词频总计为
832 次。同时，出土的春秋战国时代的古文字材料中的句末语气助词的词频
也可证实。[①]

第二，句末语气助词连用形式的产生和应用。

句末语气助词的连用式始自《诗经》。《诗经》中句末语气助词的连用式
有五种形式，即"乎而""也哉""焉哉""也且""只且"，词频总计仅为 21
次。但是到了春秋战国时代，文献中，句末语气助词的连用式却得到了广泛
应用。

第三，句末语气助词连用式的产生和应用，实际上反映的是汉语语气助
词"移位"过程中的语气强化现象，同时也反映了汉语语气助词功能的历史

---

① 张振林：《先秦古文字材料中的语气词》，见《古文字研究》，第七辑，中华书局 1982 年版，第
302 页。

变化。

大家知道，语气的表达可以有多种手段，使用语气助词只是其中的手段之一。汉语语气助词既然都是表达语气的，为什么又有三类之分？又为什么说句首、句中和句末语气助词不是处于同一个历史平面的语法现象？我们的回答是，这三类语气助词是具有不同的语气功能的；三类语气助词的位置变化，也正是它们的功能历史变化的结果，也是古人对句子语气的认识不断深化和把握的结果。根据我们的考察，句首语气助词的功能，主要是用于凸显特定的话题，因此语气表达上具有加重、强调的意味，以便引人关注。句中语气助词的功能，主要是用于调整音节的，因而在表达上会带来舒缓、平和的语气。至于句末语气助词，由于是处于句末，其作用主要是用来表达全句语气的，因而更容易体现出说话人的态度或思想感情，使陈述、疑问、祈使和感叹四大语气系统才得以建立起来。

句首语气助词的功用，主要在于凸显话题，常处于陈述句之首。《尚书》中18个句首语气助词，毫无例外地，全部处于陈述句之首。《诗经》中的5个句首语气助词，词频计73次，而用于陈述句句首者有2个，词频却占69次。《尚书》中使用频率最高的句首语气助词有3个："惟""越""肆"；《诗经》中使用频率最高的句首语气助词有2个："维"和"肆"。如：

①惟朕小子其新逆，我国家礼亦宜之。（《尚书·金縢》）
②越厥邦厥民，惟时叙。（《尚书·康诰》）
③肆上帝将复我高祖之德，乱越我家。（《尚书·盘庚》）
④维叶莫莫，是刈是濩。（《诗经·周南·葛覃》）
⑤肆皇天弗尚，如彼流泉，无沦胥以亡。（《诗经·大雅·抑》）

到了春秋战国时代，句首语气助词"夫"字，加在主语之前，仍多具有特指作用，使特定的话题更加突出、醒目，以引起人们的关注。如：

①夫民，神之主也。（《左传·桓公六年》）
②夫志，气之帅也。（《孟子·公孙丑上》）
③夫大道不称，大辩不言，大仁不仁。（《庄子·齐物论》）

句中语气助词，主要是使用在《诗经》里，其功用主要在于调整句子音节，使语气表达更加和缓、舒畅。如：

①蟋蟀在堂，岁聿其莫。（《诗经·唐风·蟋蟀》）

②匪棘其欲，遹追来孝。(《诗经·大雅·文王有声》)

③北风其凉，雨雪其雱。(《诗经·邶风·北风》)

④薄污我私，薄浣我衣。(《诗经·周南·葛覃》)

⑤夫也不良，国人知之。(《诗经·陈风·墓门》)

例①—⑤，诗句加"聿""遹""其""薄""也"以成四言，这样就使上下诗句韵味和谐，语气流畅。这种情况，即使在散文著作中，如《尚书》，也会遇到的。如：

①复王率遏众力，率割夏邑，有众率怠弗协。(《尚书·汤誓》)

②尔所弗勖，其于尔躬有戮。(《尚书·牧誓》)

③我心之忧，日月逾迈，若弗云来。(《尚书·秦誓》)

④邦之杌陧，曰由一人。(《尚书·秦誓》)

例①—④，"率""有""云""曰"字以下，加之而成两言或四言，为偶数，读之自然语气和谐、畅达。

到了春秋战国时代，句首、句中语气助词均处于消亡之中，代之而起的则是句末语气助词四大系统的确立。这是汉语语气助词发展中的一个重要转折点。如：

①都城过百雉，国之害也。(《左传·隐公元年》)

②日月逝矣，岁不我与。(《论语·阳货》)

③南方有鸟焉，名曰蒙鸠。(《荀子·劝学》)

④今之从政者殆而！(《论语·微子》)

⑤寡人非能好先王之乐也，直好世俗之乐耳。(《孟子·梁惠王下》)

例①—⑤"也""矣""焉""而""耳"，均为表示陈述语气者。又如：

①人不知而不愠，不亦君子乎？(《论语·学而》)

②晋，吾宗也，岂害我哉？(《左传·僖公五年》)

③夫子圣者与？(《论语·子罕》)

④子之师谁邪？(《庄子·田子方》)

⑤齐有处士曰钟离子，无恙耶？(《战国策·齐策四》)

例①—⑤，"乎""哉""与""邪""耶"，均为表示疑问语气者。又如：

①吾其还也！(《左传·僖公三十年》)

②已矣，勿言之矣！(《庄子·人间世》)

③孟尝君不说，曰："诺，先生休矣！"（《战国策·齐策四》）

④愿君顾先王之宗庙，姑反国统万人乎！（《战国策·齐策四》）

例①—④，"也""矣""乎"，均为表示祈使语气者。又如：

①惜乎，吾见其进也，未见其止也。（《论语·子罕》）

②南人有言曰："人而无恒，不可以作巫医"，善夫！（《论语·子路》）

③旷安宅而弗居，舍正路而不由，哀哉！（《孟子·离娄上》）

④楚王曰："善哉，吾请无攻宋矣。"（《墨子·公输》）

例①—④，"乎""夫""哉"，均为表示感叹语气者。

3. 从语气助词的连用到语气助词的复音化

上古汉语到了中期，不仅产生出一大批句末语气助词，而且又涌现出数量不少的句末语气助词的连用形式。这种连用形式，有的学者，如姚振武先生，称之为"语气套叠现象"。① 本书这里仍沿用一般的说法，因为我们觉得"连用"这种提法，在解释上可能会更灵活一点。对上古汉语句末语气助词的连用形式，马建忠称之为"合助助字"。他说："合助助字者，或两字叠助一句，则谓之'双合字'，或叠三字，则谓之'叁合字'。"②

句末语气助词量于句末，其功用自然是表达全句语气的。从理论上讲，既然是表达全句语气的，照理说有一个句末语气助词就足够了，为什么还要叠床架屋地连用两个或三个句末语气助词呢？对此，马建忠又说："古人谨而话言，往往意在言外，记者追忆其言而笔之，笔之或不足拟其辞，故助以声，一之不足而再焉，而叁焉，至辞气毕达而止。"③ 马氏的意思是说古人语言言简意赅，少用语气词，后人追忆其言，故加之以声，或一或二或三，直"至辞气毕达而止"。马氏的解释，给人的印象是，这些好像都是后人追加上去的，人为性质很强。对此，姚振武先生从更大的语言背景角度作了解释。他说："语气词套叠现象具有较明显的口语和抒情色彩，春秋战国时期百家争鸣，论辩于外；'国风'各异，情动于衷，这就是语气词套叠现象盛行的重要原因。以《论语》为例，所有语气词的套叠形式均只在对话中出现，而像《论语·乡党》这种没有对话的篇目，虽然篇幅较大，却没有出现

---

① 姚振武：《上古汉语语法史》，上海古籍出版社 2015 年版，第 374 页。

② 马建忠：《马氏文通》（校注本），下册，中华书局 1961 年版，第 480 页。

③ 同上，第 480—481 页。

一次。"① 这段论述的一个重要观点在于指明了句末语气助词连用和口语的关系问题。值得我们特别注意的是，马氏论述"合助助词"时所引用的十种文献中，引用最多的就是《论语》。大家知道，《论语》一书是语录体散文，当由孔子门人及其再传弟子结集而成。因此，可以断定这种连用现象的口语性质是很强的，这或许也是古人对语气变化的深度描写。不过对连用的句末语气助词的语法作用，马氏的解释是"各以本意相加，非以二三字合助而更幻一新意者也"，或言"合助之字，各抱本意，藉以毕达句中所孕之辞气耳"②。后人基本同意马氏的观点。不过应指出，现在通常的看法是，这种"叠床架屋"式的语气表达，仍是以最后一个语气助词作为全句语气的归类标准。《马氏文通》将"合助之式"归为三类：一是传信助字＋传信助字，二是传信助字＋传疑助字，三是传疑助字＋传疑助字。并列出合助助字有二十一种："已矣""也已""耳矣""焉尔""焉耳""也已矣""焉耳矣"（以上为第一类）；"矣哉""耳哉""也哉""矣乎""也乎""也与""矣夫""已夫""也未"（以上为第二类）；"乎哉""也乎哉""也与哉""焉耳乎""焉尔乎"（以上为第三类）。马氏的分类基本可信，但实际的连用形式却远不是如此简单。根据我们的考察，上古汉语连用的句末语气助词，却以用于陈述句和疑问句为主，感叹句次之，祈使句最少。下仅举例说明之。如：

①君子食无求饱，居无求安，敏于事而慎于言，就有道而正焉，可谓好学也已。（《论语·述而》）

②起予者商也，始可与言诗已矣。（《论语·八佾》）

③子曰："泰伯其可谓至德也已矣。"（《论语·泰伯》）

④仁义礼智，非由外铄我也，我固有之也，弗思耳矣。（《孟子·告子上》）

⑤梁惠王曰："寡人之于国也，尽心焉耳矣。"（《孟子·梁惠王上》）

⑥其畏人也而袭诸人间，社稷存焉尔。（《庄子·山木》）

例①—⑥，为用于陈述句者。又如：

①子曰："无为而治者，其舜也与？"（《论语·卫灵公》）

②吾岂匏瓜也哉？（《论语·阳货》）

---

① 姚振武：《上古汉语语法史》，上海古籍出版社 2015 年版，第 381 页。

② 马建忠：《马氏文通》（校注本），下册，中华书局 1961 年版，第 481、485 页。

③子曰："鄙夫可与事君也与哉?"(《论语·阳货》)

④晋为盟主,其或者未之祀也乎?(《左传·昭公七年》)

⑤昔者子贡问孔子曰："夫子圣矣乎?"(《孟子·公孙丑上》)

⑥若果是也,我果非也邪?(《庄子·齐物论》)

⑦故先王明之,岂特玄之耳哉?(《荀子·正论》)

⑧然则父有贤子,君有贤臣,适足以为害耳,焉得利焉哉?(《韩非子·忠孝》)

例①—⑧,为用于疑问句者。又如:

①莫余毒也已!(《左传·僖公二十八年》)

②孟子曰："伯夷辟纣,居北海之滨,闻文王作,兴曰:'盍归乎来!'"(《孟子·离娄上》)

③长铗归来乎,食无鱼。(《战国策·齐策四》)

④蘧伯玉曰："善哉问乎!戒之慎之,正女身也哉!"(《庄子·人间世》)

例①—④,为用于祈使句者。又如:

①子曰："莫知我也夫!"(《论语·宪问》)

②伯牛有疾,子问之,自牖执其手曰："亡之,命矣夫!"(《论语·雍也》)

③子曰："庶矣哉!"(《论语·子路》)

④子曰："中庸之为德也,其至矣乎!"(《论语·雍也》)

⑤九世之卿族,一举而灭之,可哀也哉!(《左传·襄公二十五年》)

⑥由孔子而来至于今,百有余岁,去圣人之世若此其未远也,近圣人之居若此其甚也,然无有乎尔,则亦无有乎尔!(《孟子·尽心下》)

⑦然则君之所读者,古人之糟魄已夫!(《庄子·天道》)

⑧曾子泣涕曰："有异心乎哉!"(《荀子·大略》)

例①—⑧,为用于感叹句者。

句末语气助词连用现象,到了战国末期,已明显减少。如《韩非子》中也仅有"也哉""乎哉""焉哉""而已矣""也而已矣"五种形式而已。到了《史记》时代,司马迁采用先秦史料时,甚至将连用的语气助词资料进行了改写。请比较:

①子曰："泰伯,其可谓至德也已矣。三以天下让,民无得而称焉。"

（《论语·泰伯》）

②太史公曰："孔子言'太伯可谓至德矣，三以天下让，民无得而称焉。'"（《史记·吴太伯世家》）

例①②对比可知，句末语气助词连用现象在汉代已经消失。同时也可证实，连用的句末语气助词，表达语气时的确是以最后一个语气助词为主的。到了中古汉语，甚至是近古汉语里，这种连用现象于文献中也偶有使用者。我们认为这是一种古语形式的残留，或是刻意仿古之笔，而并非当时口语中真实地存在着。如：

①盗曰："嘻，贤矣夫！"（《列子·说符》）

②（周宣王）十日而问："鸡可斗已乎？"（《列子·黄帝》）

③然池阳之景者，或庆忌也乎？（《搜神记》，卷十二）

④若老子之俦，可谓能无身矣，岂不远哉也？（《搜神记》，卷一）

⑤已矣乎，寓形宇内，能复几时？（晋·陶渊明：《归去来分辞》）

⑥蓝田出玉，岂虚也哉？（《宋书·谢庄传》）

⑦（袁）阆笑曰："士但可因亲旧而已乎？"（《世说新语·言语》）

⑧一家之亲，此三而已矣。（《颜氏家训·兄弟》，卷一）

⑨人见邻里亲戚有佳快者，使子弟慕而学之，不知使学古人，何其蔽也哉！（《颜氏家训·勉学》，卷三）

⑩为仁由己，而由人乎哉？（《朱子语类·训门人》）

需要特别强调的是，到了近古汉语，语言中又产生出一批复音句末语气助词，这是汉语语气助词的一个重要发展。应特别指出的是，这些复音句末语气助词，应不是句末语气助词连用，而是表示单一语气的句末语气助词的复音形式。其中大部分是双音节词，也偶有三音节者。我认为，这些复音句末语气助词，实际上是近乎语气发音的文字描写。如：

①既要我改，我改做山儿者波。（元·高文秀：《黑旋风》，第一折）

②这般者波，怕不问时权作兄弟，问着后道做夫妻。（元·关汉卿：《拜月亭》，第一折）

③好也啰，你把我老子药死了。（元·关汉卿：《窦娥冤》，第二折）

④皇帝依着世祖皇帝行呵，万万年太平也者。（元·吴澄：《吴文正集·经筵讲义》，卷九十）

⑤窦娥也，你这命好苦也呵。（元·关汉卿：《窦娥冤》，第一折）

⑥我想这门衣饭，几时是了也呵。（元·关汉卿：《救风尘》，第二折）

⑦我可是敢来么那？（元·无名氏：《村乐堂》，第四折）

⑧怎地害风么那？（元·高明：《琵琶记·伯喈弹琴诉怨》）

⑨我不曾知道来，出殡也么？（《朴通事》）

⑩夫人，小娘子，假若有这玉带呵呢？（元·关汉卿：《裴度还带》，第三折）

⑪兀的不冻杀人也么哥！（元·无名氏：《杀狗劝夫》，第二折）

⑫兀的般我放心也么哥！（明·朱有燉：《团圆梦》，第三折）

⑬委实勒不住也末哥！（元·王伯成：《贬夜郎》，第二折）

⑭其实我便觑不上也波哥！（元·石宝君：《秋胡戏妻》，第二折）

⑮兀的不快活杀人也么歌！（元·曾瑞卿：《端正好·一枕梦魂惊》套曲）

⑯待夫人出来，与它商议则个！（《张协状元》，第二十一出）

⑰我今日特来与娘子贺喜则个！（元·无名氏：《小孙屠》，第九出）

⑱先去雇下一只好船，专等老爷到时，一同开船只个。（元·无名氏：《冯玉兰》，第一折）

⑲忽一日，至三更，有人扣船言曰："季伦救吾则个。"（明·冯梦龙：《喻世明言·宋四公大闹禁魂张》，第三十六卷）

⑳周瑞家的悄悄儿问道："二奶奶睡中觉呢吗？"（《红楼梦》，第七回）

㉑我不过奴才罢咧。（《红楼梦》，第三十一回）

㉒贾母道："读什么书，不过认几个字罢了。"（《红楼梦》，第三回）

有的复音句末语气助词，也有插入句中的，但数量不多。如：

①是人也那是鬼？（元·高文秀：《黑旋风》，第一折）

②俺如今掌管着眼前的祸福俚，你西番每怕也那不怕？（《高皇帝御制文集·谕西番罕东毕里等诏》）

但有的是属于句中衬字，常置于词或词组中间，只起缓冲语气的作用，应与上述问题分开。句中衬字实际上也是语气助词，只不过是置于句中罢了。如：

①伤也么情，枉把这幽魂陷虏城。（元·朱凯：《昊天塔》，第四折）

②老将军你便休也不嗔。（元·杨梓：《敬德不服老》，第一折）

③宝殿中玉榻冷清清，寒也波更，萧萧落叶声。（元·马致远：《汉宫秋》，第四折）

（二）结构助词的发展

古代结构助词的发展，应注意以下三个内容：

1."之""者""所"的发展

上古汉语的结构助词有三个："之""者""所"。

之

前面说过，"之"本是动词，表行走、去往诸义，后假借为代词。结构助词"之"，当是代词"之"的进一步虚化的结果。上古汉语里，结构助词"之"，主要有三种用法：

第一，加在定语和中心词之间，表示修饰关系。如：

①林放问礼之本。（《论语·八佾》）

②子为元帅，师不用命，谁之罪也？（《左传·宣公十二年》）

③王曰："此则寡人之罪也。"（《孟子·公孙丑下》）

④尧之女，舜之妻也。（《论衡·书虚》）

在《尚书》或其他文献中，这种"之"也可换成"厥"或"其"。"厥""其""之"，都是一音之转。如：

①自时厥后，立王生则逸。（《尚书·无逸》）

②王若曰："孟侯，朕其弟，小子封。"（《尚书·康诰》）

③王曰："若是其甚与？"（《孟子·梁惠王上》）

④然犹两足斩而宝乃论，论宝若此其难也。（《韩非子·和氏》）

例①—④，"厥""其"用法与"之"同。

第二，"之"用于分句或主谓结构之间，使原来的主谓结构变为形式上的偏正结构，以便引出下文或使变化后的结构充当句子成分。如：

①中庸之为德也，其至矣乎。（《论语·雍也》）

②昭王之不复，君其问诸水滨。（《左传·僖公四年》）

③宦三年矣，未知母之存否。（《左传·宣公二年》）

④吾闻北方之畏昭奚恤也，果诚何如？（《战国策·楚策一》）

④秦之攻我，不遗余力矣。(《史记·平原君虞卿列传》)

⑤贤圣之知，事宜验矣。(《论衡·知实》)

"之"的这种用法，在《尚书》或其他文献中，亦可换为"厥"或"其"。如：

①王厥有成命，治民今休。(《尚书·召诰》)

②今殷其沦丧，若涉大水，其无津涯。(《尚书·牧誓》)

③彼其于世，未数数然也。(《庄子·逍遥游》)

④是其为人也，有粮者亦食，无粮者亦食。(《战国策·齐策四》)

例①，断句从《十三经注疏》本。例③，"其于"，相当于"之于(於)"。例①—④，"厥""其"用法与"之"同。

第三，"之"也可用在前置宾语之后，作为宾语前置的形式标志。如：

①我思肥泉，兹之永叹。(《诗经·邶风·泉水》)

②父母唯其疾之忧。(《论语·为政》)

③贡之不入，寡人之罪也。(《左传·僖公四年》)

④周公方且膺之，子是之学，亦为不善变矣。(《孟子·滕文公上》)

"之"的这种用法，在《尚书》或其他文献中，也可换为"厥"或"是"，其用法与"之"同。如：

①此厥不听，人乃训之。(《尚书·无逸》)

②将虢是灭，何爱于虞？(《左传·僖公五年》)

③齐侯曰："岂不谷是为？先君之好是继！"(《左传·僖公四年》)

结构助词"之"的第一、第二种用法，在中古汉语里基本上得以继承。如：

①兼一朝狂悖，自求菹醢，为不忠不义之鬼乎？(《三国志·蜀书·彭羕传》)

②损有余，补不足，天之道也。(《世说新语·德行》)

③菅茅之地，宜纵牛羊践之。(《齐民要术·耕田》，卷一)

④中庸之人，不教不知也。(《颜氏家训·教子》，卷一)

⑤灯是光之体，光是灯之用。(唐·法海：《六祖坛经》)

⑥和尚是谁之弟子？(变文《八相变》)

例①—⑥，为"之"字的第一种用法。又如：

①管仲之相齐也，君淫亦淫，君奢亦奢。(《列子·杨朱》)

②贼之将至也，方平遣驿骑告元景。(《宋书·柳元景传》)

③凡为国，不患威之不立，患恩之不下；不患土之不广，患民之不育。(《宋书·周朗传》)

④班彪识刘氏之复兴，马援知汉光之可辅。(《世说新语·言语》)

⑤学之兴废，随世轻重。(《颜氏家训·勉学》，卷三)

⑥陈亢喜闻君子之远其子，何谓也？(《颜氏家训·教子》，卷一)

例①—⑥，为"之"字的第二种用法。

中古汉语，结构助词"之"用法的变化，最值得注意的有两点：一是由于前置宾语多半消失，所以作为前置宾语语法标志的"之"也跟着趋于消失；二是加在分句或主谓结构之间的"之"字也较少使用了。这第二点变化从《论衡》时就已经开始了。如：

①夫人君之失政，犹二子（　）失道也。(《论衡·谴告》)

②然则人（　）生于天地也，犹鱼之于渊，虮虱之于人也。(《论衡·物势》)

③夫水（　）无分于东西，犹人（　）无分于善恶也。(《论衡·本性》)

④天神（　）谴告人君，犹人君（　）责怒臣下也。(《论衡·谴告》)

例①—④，依上古汉语语法用例，（　）处均可加"之"字。到了中古汉语，这种被弱化掉的"之"字，在其他文献中也可得到证实。如：

①子列子（　）学也，三年之后，心不敢念是非，口不敢言利害，始得老商一眄而已。(《列子·仲尼》)

②（郑人）恐人（　）见之也，遽而藏诸隍中，覆之以蕉。(《列子·周穆王》)

③民（　）去崔杼，如明府之去陈恒。(《世说新语·言语》)

④王长豫（　）为人谨顺，事亲尽色养之孝。(《世说新语·德行》)

例①—④，（　）处亦均可加"之"字。例①，杨伯峻先生说："伯峻案：'学'上疑挩'之'字。"[1] 例①，"学"上少"之"字，这也许是语言发展带来的问题，未必一定是版本或校勘问题。语言总是要发展的，古代的

---

① 杨伯峻：《列子集释》，中华书局 1979 年版，第 126 页。

"之""乎""者""也"，在后人看来，不一定都是正经八百的语言模式。如据宋代释文莹《湘山野录》记载："太祖皇帝将展外城，幸朱雀门，亲自规画，独赵韩王普时从幸。上指门额问普曰：'何不只书朱雀门，须著"之"字安用?'普对曰：'语助。'太祖笑曰：'之乎者也，助得甚事!'"① 由此可知，在宋人看来，"之""乎""者""也"这些古代虚词，都已彻底变成了语言中的"古董"。

者

甲骨文无"者"字；金文中有"者"字，并已用为"特殊的代词"。② 《说文》："者，别词也。"段注云："言主于别事，则言'者'以别之。《丧服经》：'斩衰裳，苴绖，杖，绞带，冠绳缨，菅履者'，注曰：'"者"者，明为下出'，此别事之例。凡俗云'者个''者般''者回'，皆取别事之意，不知何时以迎这之'这'代之。"根据段氏的解释及所引《仪礼·丧服》的例句，可知所谓的"别事"，显然是指具有提示话题的语法作用。"别"即为指别。《仪礼·丧服》于"斩衰裳"句下，另出"《传》曰：'斩者何'"云云，可知此即郑玄所说的"明为下出"。王力先生在《汉语语法史》中，将"者"字定为"被饰代词"，将"所"字定为"特殊代词"；向熹先生在《简明汉语史》中，将"者""所"均定为"特殊代词"，本书均未相从。《说文》已将"者"字视为不具有词汇意义的"词"，这应是我们认识"者"字语法作用的出发点。在上古语法汉语里，"者"字经常处于动词、形容词、数词或多种词组之后，使之成为名词性结构，然后再去充当句子成分。"者"已经符号化了，是个结构助词。如：

①往者不可谏，来者犹可追。(《论语·微子》)

②何曰："臣不敢亡也，臣追亡者。"(《史记·淮阴侯列传》)

③知者不惑，仁者不忧，勇者不惧。(《论语·子罕》)

④吾闻君子务知大者、远者；小人务知小者、近者。(《左传·襄公三十一年》)

⑤鱼，我所欲也；熊掌，亦我所欲也，二者不可得兼，舍鱼而取熊掌也。(《孟子·告子上》)

---

① 刘洁修：《汉语成语考释词典》，商务印书馆 2003 年版，第 1469 页。
② 陈初生：《金文常用字典》，陕西人民出版社 2004 年版，第 417 页。

⑥春耕，夏耘，秋收，冬藏，四者不失时，故五谷不绝，而百姓有余食也。（《荀子·王制》）

例①②，"往者""来者""亡者"，为动词加"者"例，各作主语和宾语。例③④，"知者""仁者""勇者""大者""远者""小者""近者"，为形容词加"者"例，亦各作主语和宾语。例⑤⑥，"二者""四者"，为数词加"者"例，各作主语。上古汉语里，有时"者"字还可以加在名词之后。这种"者"字不应视为结构助词，因为它们既不是结构的标志，也没有改变结构性质的作用。如：

①政者，正也。（《论语·颜渊》）

②廉颇者，赵之良将也。（《史记·廉颇蔺相如列传》）

③古者言之不出，耻躬之不逮也。（《论语·里仁》）

④昔者鬼侯、鄂侯、文王，纣之三公也。（《战国策·赵策三》）

⑤若寡人者，可以保民乎哉？（《孟子·梁惠王上》）

⑥齐人有冯谖者，贫乏不能自存。（《战国策·齐策四》）

例①—⑥，这种"者"都不是结构助词，而是表示提顿或强调语气的语气助词。

上古汉语的"者"，还可以加在各种词组之后，组成一个"者"字结构。然后充当句子成分。如：

①故夫知效一官，行比一乡，德合一君，而征一国者，其自视也亦若此矣。（《庄子·逍遥游》）

②矜寡孤独废疾者，皆有所养。（《礼记·礼运》）

③知我者，谓我心忧；不知我者，谓我何求。（《诗经·王风·黍离》）

④不告奸者腰斩。（《史记·商君列传》）

⑤不仁者，不可以久处约，不可以长处乐。（《论语·里仁》）

⑥谚所谓"辅车相依，唇亡齿寒"者，其虞虢之谓也。（《左传·僖公五年》）

⑦孟尝君为相数十年，无纤介之祸者，冯谖之计也。（《战国策·齐策四》）

⑧我未见力不足者。（《论语·里仁》）

例①②，为并列词组加"者"例，各作主语。例③④，为动宾词组加

"者"例，各作主语。例⑤⑥，为偏正词组加"者"例，各作主语。例⑦⑧，为主谓词组加"者"例，各作主语和宾语。

到了中古汉语，"者"字的上述语法均得以继承。如：

①子列子，居郑圃，四十年人无识者。(《列子·天瑞》)

②坐者莫不惊悚。(《搜神记》，卷十八)

③卫玠从豫章至下都，人久闻其名，观者如堵墙。(《世说新语·容止》)

④以其贵故，卒无买者。(《百喻经·入海取沉水喻》)

⑤巴歌唱者多，白雪无人和。(唐·寒山子：《寒山诗·大有》，第一二七)

例①—⑤，为动词加"者"例，各作主语和宾语。又如：

①小者居内，壮者居外。(《列子·黄帝》)

②求索只得驳狗，无白者。(《搜神记》，卷三)

③燃柳柴，杀鸡雏，小者死，大者盲。(《齐民要术·养鸡》，卷六)

④智者君抛我，愚者我抛君。(《唐·寒山子：《寒山诗·智者》，第二十五)

⑤软草长者一寸余，茸茸稠密，覆地而生。(唐·〔日〕释圆仁：《入唐求法巡礼行记》，卷三)

例①—⑤，为形容词加"者"例，各作主语和宾语。又如：

①四者，四方之象。(《搜神记》，卷七)

②时二人中，一者念言："甘蔗极甜，若压取汁，还灌甘蔗树，甘美必甚，得胜于彼。"(《百喻经·灌甘蔗喻》)

③王大将军下，庾公问："闻卿有四友，何者是?"(《世说新语·品藻》)

④此者是何人也？(变文《八相变》)

⑤未审世间何者是佛？(《祖堂集》，卷二)

例①—⑤，为数词、代词加"者"例，各作主语。又如：

①中朝时有怀道之流，有诣王夷甫咨疑者，值王昨已语多，小极，不复相酬答。(《世说新语·文学》)

②学备古今，才兼文武，身无禄位，妻子饥寒者，不可胜数。(《颜氏家训·勉学》，卷三)

③见有闭门读书，师心自是，稠人广坐，谬误差失者多矣。(《颜氏家

训·勉学》，卷三)

例①—③，为并列词语组加"者"例，各作主语和宾语。又如：

①生我者父母，知我者鲍叔也。(《列子·力命》)

②乱天下者，必此子也。(《世说新语·识鉴》)

③其有捉头者，有捉耳者，有捉尾者，有捉脚者，复有捉器者，各欲先得，于前饮之。(《百喻经·搆驴乳喻》)

④夫为七月十五者，天堂启户，地狱门开。(变文《大目乾连冥间救母变文》)

例①—④，为动宾词组加"者"例，各作主语和宾语。又如：

①万物所异者生也，(万物) 所同者死也。(《列子·杨朱》)

②(顾) 和与俱至寺中，见佛般泥洹像，弟子有泣者，有不泣者。(《世说新语·言语》)

③冻树者，凝霜封着木条也。(《齐民要术·黍穄》注，卷二)

④频有敕问：已还俗者有多少？未还俗者有多少？催进其数。(唐·[日] 释圆仁：《入唐求法巡礼行记》，卷四)

例①—④，为偏正词组加"者"例，各作主语和宾语。又如：

①吏民老弱相携乞留和者数千人。(《三国志·蜀书·董和传》)

②景仁卧疾者五年。(《宋书·殷景仁传》)

③至期遣妻，百姓号泣追呼者数万人。(《世说新语·方正》)

④阮宣子论鬼神有无者。(《世说新语·方正》)

例①—④，为主谓词组加"者"例，各作主语和宾语。

所

《说文》："所，伐木声也，从斤，户声。《诗》曰：'伐木所所。'"段注云："伐木声，乃此字本义。用为处所者，假借为处字也，若'王所''行在所'之类是也。用为分别之词者，又从处所之义引申之，若'予所否者''所不与舅氏同心者'之类是也，皆于本义无涉，是真假借矣。""伐木所所"，今本《诗经·小雅·伐木》作"伐木许许"，《颜氏家训·书证》卷六引作"伐木浒浒"。值得注意的是，同"者"字一样，段氏亦将"所"字定为"分别之词"。甲骨文无"所"字。金文有"所"字，并已用于名词的处所义。象声词"所所"，结构助词"所"，皆当由名词"所"假借为之。

　　上古汉语结构助词"所"字，具有极强的结合能力。就一般情况而言，"所"多加在及物动词前，构成名词性词组，然后再去充当句子成分。"所"加在不及物动词前的是少数。如：

　　①异乎吾所闻。(《论语·子张》)

　　②朋友死，无所归，曰："于我殡。"(《论语·乡党》)

　　③师之所为，郑必知之。(《左传·僖公三十二年》)

　　④赐我南鄙之田，狐狸所居，豺狼所嗥。(《左传·襄公十四年》)

　　⑤晋国，天下莫强焉，叟之所知也。(《孟子·梁惠王上》)

　　⑥仲子所居之室，伯夷之所筑与，抑亦盗跖之所筑与？(《孟子·滕文公下》)

　　⑦广土众民，君子欲之，所乐不存焉。(《孟子·尽心上》)

　　⑧君之所问，圣君之问也。(《荀子·哀公》)

　　⑨籍所击杀数十百人。(《史记·项羽本纪》)

　　⑩十目所视，十手所指，其严乎？(《礼记·大学》)

　　例①—⑩，"所闻""所归"等等，为"所"加在及物动词或不及物动词前的用例。这些"所"字结构，在句中，可以作主语(如例⑦—⑩所示)，作谓语(如例④—⑥所示)，作宾语(如例①—③所示)和作定语(如例⑥所示)。

　　有时"所"后面的及物动词还可以带宾语，这也许是对认定"所"是代词，是指代"提取"动词宾语这一说法的最好回答。如：

　　①君若以力，楚国方城以为城，汉水以为池，虽众，无所用之。(《左传·僖公四年》)

　　②其北陵，文王之所辟风雨也。(《左传·僖公三十二年》)

　　③他日，子夏、子张、子游以有若似圣人，欲以所事孔子事之，强曾子。(《孟子·滕文公上》)

　　④太后曰："诺，恣君之所使之！"(《战国策·赵策四》)

　　例①—④，"所"字结构的语法分析，应当是"所＋'用之'"，"所＋'辟风雨'"，"所＋'事孔子'"，"所＋'使之'"。有时，正因为"所"加动词构成的是名词性结构，所以其后还可以殿以"者"字。如：

　　①予所否者，天厌之，天厌之。(《论语·雍也》)

　　②何哉尔所谓达者？(《论语·颜渊》)

③其所善者，吾则行之；其所恶者，吾则改之。（《左传·襄公三十一年》）

④狄之所欲者，吾土地也。（《孟子·梁惠王下》）

⑤孟尝君曰："视吾家所寡有者。"（《战国策·齐策四》）

⑥臣之所好者道也。（《庄子·养生主》）

⑦所举者必有贤，所用者必有能。（《韩非子·人主》）

⑧所当者破，所击者服，未尝败北，遂霸有天下。（《史记·项羽本纪》）

例①—⑧，这是"者""所"结构的综合形式，但语法分析上，应视为"者"字结构。其结构分析应是"'所否'＋者"，"'所谓达'＋者"，"'所善'＋者"，"'所恶'＋者"，"'所欲'＋者"，"'所寡有'＋者"，"'所好'＋者"，"'所举'＋者"，"'所用'＋者"，"'所当'＋者"和"'所击'＋者"。

"之""者""所"三个结构助词，"所"字是最有生命力的。到了中古、近古汉语，"所"的上古汉语时的用法，都得到继承。如：

①中洲者，部曲妻子所在也。（《三国志·吴书·朱桓传》）

②汝等当信佛之所说，言不虚妄。（《法华经·方便品》，卷一）

③镇西谢尚所乘马忽死。（《搜神记》，卷二）

④（郑鲜之）性好游行，命驾或不知所适，随御者所之。（《宋书·郑鲜之传》）

⑤后贼追至，王欲舍所携人。（《世说新语·德行》）

⑥用功甚多，所得甚少。（《百喻经·就楼磨刀喻》）

⑦古之所行，今之所笑也。（《颜氏家训·风操》，卷二）

⑧（此）目所不见，耳所不闻。（唐·张鷟：《游仙窟》）

⑨如来所持器杖，与彼全殊。（变文《破魔变》）

⑩臣等今有所见，虽不知是否，或恐有助对答折难之意。（宋·李焘：《续资治通鉴长编》，卷二六一）

⑪万户愤怒，掷去所带貂帽。（宋·徐梦莘：《三朝北盟会编·绍兴甲寅通和录》，卷一六二）

⑫那老僧既聋又昏，又齿落舌钝，所答非所问。（《红楼梦》，第二回）

2. "地""底""个""得"的发展

中古汉语的前期和中期，结构助词的发展，基本上是维持在双轨制的层面上：一是"之""者""所"的继续使用；二是又产生了新的结构助词系统，即"地""底""个""得"的产生与应用。

地

"地"，原本是个名词，即大地之地。《说文》："地，元气初分，轻清阳为天，重浊阴为地，万物所陈列也，从土，也声。"结构助词"地"，与本义无涉，当是由名词"地"几经辗转，虚化而成。冯春田先生认为，助词"地"是由"地"的境地义，逐渐转为形容词、副词后而发展为表情状或样态的助词的。[①] 冯先生的意见，可备一说。"地"，用于结构助词，盖始于《搜神记》，而不是《世说新语》。虽然中古汉语前期，这样的用例极少，但下面的用例似乎舍此而又找不出更为合理的解释。请比较：

①吾今见领兵三千，须卿，得度簿相付。如此地难得，不宜辞之。(《搜神记》，卷五)

②刘作色曰："使君如馨地，宁可斗战求胜？"(《世说新语·方正》)

例①②，"如此地""如馨地"，语义相同，只是功能有异。例①，"如此地"，作状语；例②，"如馨地"，作谓语，是指桓大司马用弹弓弹射刘尹这一动作。有人将此句断为"使君，如馨地宁可斗战求胜"，并释"地"为名词"地方"，恐怕于上下句意，扞格难通。但应指出，结构助词"地"比较广泛见诸文献，还是唐五代时的事了。如：

①相看月未堕，白地断肝肠。(唐·李白：《越女词》五首，其四)

②杨柳宫前忽地春，在先惊动探春人。(唐·王建：《华清宫前柳》)

③心忧到被君王问，暗地思量奏对言。(变文《八相变》)

④如来本自大慈悲，闻语惨地敛双眉。(变文《大目乾连冥间救母变文》)

⑤早知到没艰辛地，悔不生时作福田。(变文《大目乾连冥间救母变文》)

⑥诸兄弟莫只是走上为言为句，漭漭荡荡地，大难得相应。(《祖堂集》，卷十二)

⑦曹山云："朦朦朣朣地。"(《祖堂集》，卷十六)

---

① 蒋绍愚、曹广顺：《近代汉语语法史研究综述》，商务印书馆 2005 年版，第 272 页。

到了近古汉语，宋代以后，结构助词"地"使用上也更加成熟、稳定，主要体现在：

第一，"地"加在形容词、副词或词组之后，作状语或谓语。如：

①若不寻得一个通路，只蓦地行去，则必有碍。（《朱子语类》，卷六十七）

②忽地心京（惊）诳，见槐影之间，紫雾红光。（《刘知远诸宫调》，第一）

③两人时下好心焦，不住地观知远，发愿将酬（仇）报。（《刘知远诸宫调》，第一）

④那三翁厅（听）说讫，叱喝道："畜生憽悄地。"（《刘知远诸宫调》，第二）

⑤（赵正）特骨地在那里解腰捉虱子。（明·冯梦龙：《喻世明言·宋四公大闹禁魂张》，第三十六卷）

⑥每年正月初一，夫妻两人双双地上本州大相国寺里烧香。（明·洪楩：《清平山堂话本·简贴和尚》）

⑦酒保听得，慌忙上来看时，见鲁提辖气愤愤地。（《水浒传》，第三回）

第二，"地"也经常加在叠音的形容词、副词或象声词之后，作状语或补语。如：

①这老汉也不忙，缓缓地向他道："老僧被汝一喝。"（宋·圜悟克勤：《碧岩录》，卷一）

②今学者，不见有奋发底意思，只是如此悠悠地过。（《朱子语类·总训门人》）

③强寇旗前遥观了，嘻嘻地遂冷笑。（《刘知远诸宫调》，第十二）

④寻常口巴巴地说，我能纵能夺，能杀能活，及问他远法师因甚不过虎溪，便道不得。（宋·虚堂和尚：《虚堂和尚语录》）

⑤哥哥，待我慢慢地寻思咱。（元·关汉卿：《窦娥冤》，第一折）

⑥兄弟款款地起来，扶着杖子行。（元·无名氏：《小孙屠》，第十九出）

⑦（宋四公）刮刮地把那点茶老子打了几下。（明·冯梦龙：《宋四公大闹禁魂张》，第三十六卷）

⑧大姐，只今日便悄悄地依随这小子去了罢，却也没人知道。（明·朱

有燉：《团圆梦》，第二折）

⑨寨里头领也频频地使人送金银来与史进。（《水浒传》，第二回）

⑩现今明明地张挂榜文，出一个贯赏钱捉你。（《水浒传》，第四回）

例①—⑩，为"AA＋地"式，作状语。又如：

①黑漆漆地紧闭却眼，唤作默而常照。（宋·大慧普觉禅师：《答刘宝学》）

②女孩儿言着婚聘，则合低了胭颈，羞答答地嗫声。（元·关汉卿：《诈妮子调风月》，第三折）

③万员外慢腾腾地掀开布帘出来。（明·冯梦龙：《警世通言·万秀娘仇报山亭儿》，第三十七卷）

④（智深）把销金帐子下了，脱得赤条条地，跳上床去坐了。（《水浒传》，第五回）

例①—④，为"ABB＋地"式，作状语或补语。又如：

①写得如此分晓了，又却更来切切怛怛地问。（宋·大慧普觉禅师：《答吕郎中》）

②只听得屋梁上知知兹兹地叫，宋四公道："作怪，未曾起更，老鼠便出来打闹人。"（明·冯梦龙：《喻世明言·宋四公大闹禁魂张》，第三十六卷）

③一日三遍家，每日洗刷刨的干干净净地，等一会馈些草吃。（《朴通事》）

例①—③，为"AABB＋地"式，作状语或补语。当然，就象声词加"地"而言，并不限于上述的"AA＋地"和"AABB＋地"两式，同时还有"A＋地"和"AB＋地"两式。如：

①合惧（拒）马门阖地开来，放出大军。（变文《汉将王陵变》）

②把头发披开砧子上，斧举处谎杀刘郎，救不迭，挖插地一声响。（《刘知远诸宫调》，第二）

③两个面面斯觑，走出门，看着清湖河里，扑通地都跳下水去了。（明·冯梦龙：《警世通言·崔待诏生死冤家》，第八卷）

④那个气毬，腾地起来，端王接个不着。（《水浒传》，第二回）

第三，"地"加在代词后，作状语、谓语或宾语。如：

①盖此义理尽广大无穷尽，今日恁地说亦未必是。(《朱子语类·训门人》)

②博学、审问、慎思、明辨、笃行，这个工夫恁地。(《朱子语类·训门人》)

③你这酒怎地卖？(明·冯梦龙：《警世通言·一窟鬼癞道人除怪》，第十四卷)

④这汉不知怎地，人都叫他做大字焦吉。(明·冯梦龙：《警世通言·万秀娘仇报山亭儿》，第三十七卷)

⑤一个村坊过去不得，怎地敢抵敌官军？(《水浒传》，第二回)

⑥老人家，如何恁地下礼？(《水浒传》，第四回)

底

《说文》："底，山居也。"段注改"居"为"凥"。段注云："凥，各本讹作'居'，今正。山，当作'止'，字之误也。字从广，故曰'止凥'。《玉篇》：'底，止也，下也。'《广韵》曰：'底，下也，止也'，皆本《说文》。"由此可知，"底"的本义，当是指物体最下面的部位，是个名词。结构助词"底"，亦与本义无涉，也应是假借而成。至于结构助词"地""底""的"的关系，下面还会专门谈到。结构助词"底"，出现较晚，当在"地"字之后。向熹先生说："结构助词'底'产生于晚唐五代，最早见于禅家语录，到宋代应用相当普遍。"① 我们同意向先生的意见。和"地"相比，结构助词"底"，功能上已全面扩展，这在近古汉语里已得到充分展现。如：

第一，"底"可以加在名词、动词、形容词、代词或其他词组之后，作主语。如：

①师带刀行次，道吾问："背后底是什摩？"(《祖堂集》，卷四)

②译者云："这底只是我怕你们不知，又怕皇帝位高职大后不记得也。"(宋·徐梦莘：《三朝北盟会编·绍兴甲寅通和录》，卷一六二)

③取得富贵底又能有几人？(宋·大慧普觉禅师：《答吕郎中》)

④这翁翁闻说道，姓刘人，那底久后必荣显。(《刘知远诸宫调》，第一)

⑤活捉了底是谁？(《刘知远诸宫调》，第十二)

---

① 向熹：《简明汉语史》(修订本)，下册，商务印书馆 2010 年版，第 487 页。

⑥下面说底便是错下书。(明·洪楩:《清平山堂话本·简贴和尚》)

⑦自从老底死后,罪过员外收留,养得大,却也有十四五年。(明·冯梦龙:《警世通言·万秀娘仇报山亭儿》,第三十七卷)

第二,"底"也可以加在名词、动词、形容词、代词或其他词组之后,作宾语。如:

①银和酒是家里底,休闲争休得呕气。(《张协状元》,第二十出)

②我底行货,都是川里买来底。(《张协状元》,第八出)

③说大底,说得太大;说小底,又说得都无巴鼻。(《朱子语类·训门人》)

④(丑)它是你妻儿怎抛弃? (合)娶别底。(《张协状元》,第五十三出)

⑤妈妈说甚底?(元·无名氏:《小孙屠》,第十出)

⑥许多道理尽是自家固有底。(《朱子语类·训门人》)

⑦时有学人问:"如何是败坏底?"(《祖堂集》,卷十)

第三,"底"也可以加在名词、动词、形容词、代词或其他词组之后,作定语。如:

①你去东边子细看,石头上坐底僧,若是昨来底后生,便唤他。(《祖堂集》,卷四)

②昨来到和尚处问佛法,轻忽底后生来东石头上坐。(《祖堂集》,卷四)

③若论夜间底梦,皆从自己心生。(《张协状元》,第四出)

④府金是快活底人。(《张协状元》,第五十出)

⑤某记少年应举时,尝下视那试官,说他如何晓得我底意思。(《朱子语类·总训门人》)

⑥国土是皇帝底根本。(元·吴澄:《吴文正集·经筵讲义》,卷九十)

⑦此是两朝正行定夺底文字。(宋·李焘:《续资治通鉴长编》,卷二六五)

⑧只因这封简贴儿,变出一本跷蹊作怪底小说来。(明·洪楩:《清平山堂话本·简贴和尚》)

第四,"底"加在形容词、代词、副词或象声词之后,作状语。如:

①树下坐,忽底睡着。(《祖堂集》,卷十)

②（洞山）临水睹形，大省前事，颜色变异，呵呵底笑。（《祖堂集》，卷五）

③从来见说，见说君员（圆）梦，果不知似怎底奇。（《张协状元》，第四出）

④争奈相辜负，裹足全无，怎生底回归乡里？（《张协状元》，第三十七出）

⑤那厮身上两件衣裳，生绢底衣服，渐渐底都曹破了。（明·冯梦龙：《警世通言·万秀娘仇报山亭儿》，第三十七卷）

个

古代"个""個""箇"，今一律简作"个"。为行文方便起见，以下引例一律作"个"。"个"，原本是个量词，大约从六朝起，可以借作指示代词，后唐宋人亦袭用之。如：

①真成个镜特相宜，不能片时藏匣里。（北周·庾信：《镜赋》）

②若得个中意，纵横处处通。（唐·寒山子：《寒山诗·余劝》，第二二五）

③白发三千丈，缘愁似个长。（唐·李白：《秋浦歌》，其十五）

④个中妙趣谁堪语，最是初醺未醉时。（宋·陆游：《对酒》）

但是，结构助词"个"的产生却与指示代词无关，而是由"个"的量词义虚化而来。曹广顺先生说："唐五代以后用法纷纭的'个'都是从量词'个'发展而来的。"① 我们同意这个结论。作为结构助词，"个"虽然产生于唐代，但文献中并不多见，直到晚唐时文献中才逐渐多起来。据曹广顺先生统计，《敦煌变文集》助词"个"的用例仅 6 见，《祖堂集》中也仅 24 见，直到北宋的《景德传灯录》中才多一些，共有 37 例。② 总之，和结构助词"地""底""的"相比，"个"的发展始终处于劣势，直到宋代以后，使用上才稍有扩展之势。

"个"的用法，有以下五点值得注意：

第一，"个"可以加在动词后，引出宾语，但这种"个"仍带有点量词味道。如：

① 曹广顺：《近代汉语助词》，语文出版社 1995 年版，第 146 页。
② 同上，第 140—143 页。

①如人入个门，方知门里房舍间架。(《朱子语类·总训门人》)

②世人多虑我无忧，一片身心得自由。散诞清闲无个事，卧吹凤管月明秋。(元·史樟:《庄周梦》，第一折)

③直到个天昏地黑，不肯更换衣袂。(元·关汉卿:《诈妮子调风月》，第二折)

④那店子便是瓦店，寻个好干净店下去来，歇头口着。(《老乞大》)

第二，"个"加在动词后，也可以引出补语，但这种"个"，却是实实在在的结构助词。如:

①三人你一句，我一句，说个不了。(《儒林外史》，第一回)

②两边听的人笑个不住。(《儒林外史》，第六回)

③当下侍立之人，无不下泪，黛玉也哭个不休。(《红楼梦》，第三回)

④宝玉听了，将手中茶杯顺手往地下一摔，豁琅一声，打了个粉碎。(《红楼梦》，第八回)

第三，"个"加在形容词、代词之后，合起来作宾语。如:

①神道不吃肥个。(《张协状元》，第十六出)

②范氏说:"可是真个，你吓杀我。"(明·钱谦益:《牧斋初学集》，卷一〇四)

③黑豆五个钱一斗，草一十个钱一束，是真个么?(《老乞大》)

④那里有二十里地来? 不去时，叫别个。(《朴通事》)

"个"也可加在形容词、代词之后，合起来作前置宾语。如:

⑤肥个我不嫌，精个我最饮。(《张协状元》，第十六出)

⑥别个不要，只要深青织金胸背段(缎)子。(《老乞大》)

第四，"个"也可以加在名词、形容词、代词之后，合起来作定语，这种用法盖始自晚唐五代。如:

①好个聪明人相全，忍交(教)鬼使牛头领。(变文《维摩诘经讲经文》)

②寺主曰:"师兄若这个善心，某甲身自不能去得，某相共造善因。"(《祖堂集》，卷三)

③你个爹和娘数千年浑没孩儿，千方百计觅得你归来养。(《张协状元》，第四出)

④须拿老爷个帖儿，下到县里才好。(明·兰陵笑笑生：《金瓶梅词话》，第八十八回)

⑤别个菜都没，只有盐瓜儿与客人吃。(《老乞大》)

⑥我因为今年是你师母个正寿，所以又弄了俩人。(清·文康：《儿女英雄传》，第四十四回)

第五，"个"也可以加在形容词或副词之后，作状语。如：

①虽然不识和尚，早个知其名字。(变文《大目乾连冥间救母变文》)

②天理真个难明，己私真个难克，望有以教之。(《朱子语类·训门人》)

③那礼中自然个从容不迫，不是有礼后，更添个从容不迫。(《朱子语类》，卷二十二)

④你真个不知道？(元·关汉卿：《救风尘》，第三折)

⑤赵氏在家掌管家务，真个是钱过北斗，米烂成仓。(《儒林外史》，第六回)

值得注意的是，近古汉语里，大约从宋代起，汉语结构助词又增加了一个"价"字(或作"家""假""加""介"诸形)。"价""家"等等，当是"个"的转写形式或方言变体，因为尽管"个""价"韵母有异，但它们都是见母字。"价""家"，最常见的用法是加在状语和谓语中心词之间，表示限制关系。如：

①气长长价吁，泪泠泠价落。(《张协状元》，第三十二出)

②这骨匣一回价又轻，一回价又觉还沉。(元·无名氏：《小孙屠》，第十四出)

③不特似十分家沉醉，吃得来如汤似汁。(元·无名氏：《杀狗劝夫》，第二折)

④休交我逐宵价握雨携云，过今春。(元·关汉卿：《诈妮子调风月》，第一折)

⑤无奈那雀儿成群结队价来偷吃谷粟。(《新编五代史平话·周史平话上》)

⑥说此枪棒武艺，如糖似蜜价爱。(《水浒传》，第四十九回)

⑦六个狖皮，每一个三钱家算时，通该一两八钱。(《朴通事》)

⑧你们成日家跟他上学，他到底念了些什么书？(《红楼梦》，第九回)

"价""家"等也可加在定语和中心词语之间，表示修饰关系。如：

①状元娘子去许多价时，应是到京里，两口儿一对美。(《张协状元》，第三十七出)

②哥哥比兄弟多一片家狠心肠。(元·无名氏：《杀狗劝夫》，楔子)

③口头边拔了七八根家狗毛，脸上拿了三四个家狗蝇。(元·无名氏：《杀狗劝夫》，第三折)

④虽然我六旬过，气血衰，我犹敢把三五石家硬弓开。(元·无名氏：《小尉迟》，第二折)

"价"或"家"，也可加数量词之后，作谓语。不过，这种用法，次数不多。如：

①千峰云起，骤雨一霎儿价，更远树斜阳，风景怎生图画？(宋·辛弃疾：《丑奴儿近·博山道中效李易安体》)

②绫子每疋二两家，染做鸦青和小红。(《老乞大》)

③多少一板？二钱半一板家。(《朴通事》)

④一日三遍家，每日洗刷刨的干干净净地。(《朴通事》)

得

"得"，最早是个动词。《说文》："得，行有所得也。"段注云："'㝵'，各本作'得'，误，今正。见部曰：'㝵，取也。'行而有所取，是曰得也。《左传》曰：'凡获器用曰得。'""得"，甲骨文作〔字形〕、〔字形〕诸形，金文作〔字形〕、〔字形〕诸形，均象以手持贝，表所得之义。"得"的获得义，文献中的用例，屡见不鲜。如：

①求之不得，寤寐思服。(《诗经·周南·关雎》)

②子封曰："可矣，厚将得众。"(《左传·隐公元年》)

③得道者多助，失道者寡助。(《孟子·梁惠王下》)

④行一不义，杀一无罪而得天下，不为也。(《荀子·儒效》)

"得"如果处于谓语动词之前，则表示动作或行为的可能，是个助动词。助动词"得"的可能义，显然是由动词的获得义虚化而成。如：

①(石子)曰："何以得觐？"(《左传·隐公四年》)

②令荆人得收亡国，聚散民，立社稷主，置宗庙，……此固以失霸王之道一矣。(《韩非子·初见秦》)

③夫宓子之得行此术也，鲁君后得之也。（《吕氏春秋·具备》）

"得"的可能义，其否定式就是"不得"或"未得"。如：

④孔子下，欲与之言，趋而辟之，不得与之言。（《论语·微子》）

⑤彼夺民时，使不得耕耨以养其父母。（《孟子·梁惠王上》）

⑥李斯往诏韩王，未得见。（《韩非子·存韩》）

两汉以后，"得"的上述用法均得以继承。如：

①秉曰："今得见公，万死亦何恨？"（《宋书·宗室传》）

②人非尧舜，何得每事尽善？（《晋书·王述传》）

③（梁）宽、（赵）衢闭冀城门，（马）超不得入。（《三国志·蜀书·马超传》）

④男不得耕，女不得织。（《宋书·沈攸之传》）

"得"进一步发展，也可以置于谓语动词之后。谓语动词后的"得"字，可以扩展成两种最基本的语法格式：一是"动词＋得₁＋宾语"，二是"动词＋得₂＋补语"。结构助词"得"的产生，同这两种句式都有关系。因为结构助词"得"有不同的来源，所以才有"得₁""得₂"之分。"得₁"表示动作或行为的可能，它的演变程序首先是"谓动＋得₁＋○"，"谓动"和"得₁"的结构关系是动补关系，"得₁"仍是个助动词，而不是结构助词。如：

①恰似春风相欺得，夜来吹折数枝花。（唐·杜甫：《绝句漫兴九首》，其二）

②更怀父子东归得，手种江头柳十寻。（宋·黄庭坚：《寄上叔父仲夷》）

其次是"谓动＋得₁＋宾/补"或"谓动＋得₁＋宾＋补"，其中的"得₁"已由助动词虚化成结构助词。这种格式，在唐五代已经产生。如：

①秦吴只恐篝来近，刘项真能酿得平。（唐·皮日休：《奉和鲁望看压新醅》诗）

②气象四时清，无人画得成。（唐·方干：《处州洞溪》诗）

③我儿若修得仓全，岂不是于家了事？（《舜子变文》）

④有钱便爱使，有酒便爱吃，怎生留得钱住？（《五代史平话·汉史上》）

以上四例均引自王力先生的《汉语语法史》①。谓语动词和"得₁"之间也可插进宾语。如：

① 《王力文集》，第11卷，山东教育出版社1990年版，第342—343页。

⑤蜀江禁愁得，无钱何处赊？（唐·杜甫：《草堂即事》）

⑥谁能忍寒得，苦死去看书。（宋·杨万里：《霜寒》）

例⑤⑥，张相云："此云禁得愁也"，又云："此云忍得寒也。"[1]

向熹先生说："六朝以后，'得'虚化为结构助词，既可以表示结果，又可以表示可能。到了唐末尤其到了宋代，'得'字结构形式上也多样化了。"[2] 其实，在唐代以前，我们很难找到"得"用为结构助词的例证。向先生在书中所列的八种形式，属于唐代以前的例句仅有三例：

①无问耕得多少，皆须旋盖磨如法。（《齐民要术·杂说》）

②（陈）遗已聚敛得数斗焦饭，未展归家，遂带以从军。（《世说新语·德行》）

③平子饶力，争（挣）得脱，踰窗而走。（《世说新语·规箴》）

例①，所引《杂说》有点问题。《齐民要术》有两篇《杂说》，一在卷前，一在卷三。向先生所引，当为卷前《杂说》。缪启愉先生说："《要术》卷三已另有《杂说》一篇。这一插在《序》和卷前之间的《杂说》，并非贾思勰原作，已为研究《要术》者所公认。据文内名物和用词，疑是唐代人所伪托。"[3] 例②，"聚敛得"之"得"，仍是动词，有获得义。例③，"争（挣）得脱"，释义有纷歧，或以为是"争（挣）而得脱"之意。我们同意现在学术界公认的一种观点，即认为"结构助词'得'始见于唐代，晚唐五代比较常见"[4]。

"得₂"表示动作或行为的结果、程度或状态，其演变程序首先是"谓动＋得₂＋宾语"。"谓动"和"得₂"的结构关系是并列关系，"得₂"仍是动词，义指获得、得到。如：

①孟孙猎得麑，使秦西巴持之归。（《韩非子·说林上》）

②臣之客有能探得赵王阴事者。（《史记·信陵君列传》）

③今臣为王却齐之兵，而攻得十城。（《史记·苏秦列传》）

④（刘）锺自行觇贼，天雾，贼钩得其舸。（《宋书·刘钟传》）

---

① 张相：《诗词曲语辞汇释》，上册，中华书局 1963 年版，第 109 页。

② 向熹：《简明汉语史》（修订本），下册，商务印书馆 2010 年版，第 542 页。

③ 缪启愉、缪桂龙：《齐民要术译注》，上海古籍出版社 2006 年版，第 19 页脚注。

④ 蒋冀骋、吴福祥：《近代汉语纲要》，湖南教育出版社 1997 年版，第 560 页。

⑤却后少日，（温）公报姑云："已觅得婚处，门地粗，可婿身名宦，尽不减峤。"（《世说新语·假谲》）

⑥我若嫡（摘）得桃来，岂不是于家了事？（变文《舜子变》）

⑦子胥控马笼鞭，就水抱得小儿。（变文《伍子胥变文》）

⑧每日直钩钓鱼，今日钓得一个。（《祖堂集》，卷五）

其次是"谓动＋得₂＋补语"。"得₂"表示动作或行为的结果、程度或状态，是个结构助词。这种格式在唐五代已经产生，而真正成熟，是在宋代以后。如：

①十三学得琵琶成，名属教坊第一部。（唐·白居易：《琵琶行》）

②二将当时夜半越时，谑得皇帝洽背汗流。（变文《汉将王陵变》）

③枢密、侍郎瞒各自尽忠尽节为国家，说得甚是。（宋·徐梦莘：《三朝北盟会编·靖康城下奉使录》，卷二十九）

④如昔人赋梅："疏影横斜水清浅，暗香浮动月黄昏"，这十四个字，谁人不晓得？而前辈直恁地称叹，说他形容得好，是如何？（《朱子语类·训门人》）

⑤唬得张叶三魂不付（附）体，七魄渐离身。（《张协状元》，第一出）

⑥陌厅高呼如雷响，见一人走得荒忙。（《刘知远诸宫调》，第十一）

⑦知远曰："您说得是也。"（《新编五代史平话·周史平话上》）

⑧他有一个女儿，今年七岁，生得可喜，长得可爱。（元·关汉卿：《窦娥冤》，楔子）

⑨那官人生得浓眉毛、大眼睛、蹶鼻子、略绰口。（明·洪楩：《清平山堂话本·简贴和尚》）

⑩县尉惊得马走回去了。（《水浒传》，第三回）

⑪每日骑着这驴，上县下乡，跑得昏头晕脑。（《儒林外史》，第二回）

⑫封肃喜得眉开眼笑。（《红楼梦》，第二回）

这里应特别指出的是，"得₂"作为结构助词，其直接演化线索应当是处于谓语动词后的"得₂"（获得义）而不是"得"的动态义（"了""着"义）。要知道，"谓动＋得（动态义）"和其后的成分，永远是动宾关系。结构助词"得₂"，表示的是动词的结果、程度或状态，是补充关系。动宾关系不会转化为动补关系，所以动态助词"得"不会再"虚化"为结构助词"得"

字。如：

①祥尝在别床卧，母自往暗斫之，值祥私起，空斫得被。（《世说新语·德行》）

②平生意气今何在，把得家书泪似珠。（唐·令狐楚：《塞下曲》，其一）

③医得眼前疮，剜却心头肉。（唐·聂夷中：《咏田家》）

④入得蒲州，见景物繁盛，君瑞甚喜，寻旅舍安止。（金·董解元：《西厢记诸宫调》，卷一）

例①—④，"得"均用于"了""着"义，这样的"得"是不会演变为结构助词"得"的。

3. "的"的发展

（1）"的"的产生。

"的"，形本作"旳"，是个形容词，本义为明亮，后引申作名词，指箭靶的中心。《说文》："旳，明也，从日，勺声。"结构助词"的"，与本义无关。其实，"的"的产生，只是在新的语言历史背景下，转写了"底"或"地"的书写形式而已。现在学术界，一般认为"的"产生于北宋时代，而真正的广泛应用，是在元代以后。考察"的"的产生，必须抓住两个环节：一是语音条件，二是语法作用。著名语言学家吕叔湘先生说："底和地何以后来都写成的？虽说语助之间大率依声为字，本可以随便写，但底、地、的有上、去、入之别，何以成混用？的字现在说轻声（并且说 tə 不说 ti），想来底和地写成的，都是已变轻声之后的事。"[①] 吕先生这段论述是很精彩的。后来，蒋冀骋、吴福祥两位先生也说："'的'比'地''底'晚出，它是'地''底'语音发生变化以后所采用的新的标写形式。始见于北宋，最初它只作为'底'的代替者，用于体词性结构。"[②] 结构助词"的"的产生，是近古汉语助词发展中的一件大事，是结构助词"的""地""得"确立三分系统的重要条件。

（2）"的"的语法特点。

"的"的产生，最初是大有取代"地""底""得"之势的。结构助字

---

① 吕叔湘：《论底地之辩及底字的由来》，见《汉语语法论文集》，科学出版社1956年版，第58页。

② 蒋冀骋、吴福祥：《近代汉语纲要》，湖南教育出版社1997年版，第559页。

"的"，主要语法特点是：

第一，"的"可以加在名词、动词、形容词、代词或其他词组之后，作定语，表修饰。这是"的"最主要的用法。如：

①《大学》之书是孔夫子的言语。（元·许衡：《鲁斋遗书·直说大学要略》，卷三）

②老身是张屠的母亲。（元·无名氏：《小张屠焚儿救母》，楔子）

③舍人是刘伯温的儿子。（明·刘仲璟：《遇恩录》）

④老爷不记得当年葫芦庙里的事么？（《红楼梦》，第四回）

例①—④，为"的"加在名词后的用例。又如：

①哥哥撇下的手帕是阿谁的？（元·关汉卿：《诈妮子调风月》，第二折）

②吴教授看那入来的人，不是别人，却是半年前搬去的邻家王婆。（明·冯梦龙：《警世通言·一窟鬼癞道人除怪》，第十四卷）

③（那官人）领着的妇女，却便是他浑家。（明·洪楩：《清平山堂话本·简贴和尚》）

④请的那张先生来了。（《红楼梦》，第十回）

例①—④，为"的"加在动词后的用例。又如：

①南朝瞰是应副本国也，如有些些小的公事，也且休恐恶模样。（宋·李焘：《续资治通鉴长编》，卷二六五）

②看那妇女时，生得黑丝丝的发儿，白莹莹的额儿。（明·冯梦龙：《喻世明言·宋四公大闹禁魂张》，第三十六卷）

③河里有些朦朦的月色。（《儒林外史》，第九回）

④好好的衣裳，为什么熏他？（《红楼梦》，第八回）

例①—④，为"的"加在形容词后的用例。又如：

①我的伴当吴县令，你的二十一件罪过，要告有。（《元典章·前集刑部》）

②快备我的马来！（《水浒传》，第二回）

③同行主人一左一右架着他的膀子。（《儒林外史》，第二回）

④你的意思，我早知道了。（《红楼梦》，第四回）

例①—④，为"的"加在代词后的用例。又如：

①这个是忠义英烈的好汉男子。（《皇明诏令·戒谕管军官敕》）

②开茶坊的王二拿着茶盏，进前唱喏奉茶。（明·洪楩：《清平山堂话本·简贴和尚》）

③小人母亲骑的头口，相烦寄养。（《水浒传》，第二回）

④周客人，这是相公们进的门了。（《儒林外史》，第二回）

例①—④，为"的"加在词组后的用例。

第二，"的"加在名词、动词、形容词、代词或其他词组之后作主语、宾语，这也是"的"的重要用法。作主语的用例如：

①死的医不活，活的医死了。（元·关汉卿：《窦娥冤》，第一折）

②这的不妨。（元·无名氏：《小孙屠》，第八出）

③我卖的是草香水酒。（元·无名氏：《小张屠焚儿救母》，楔子）

④儿的五十个钱，女的一百个钱卖与你。（《朴通事》）

⑤呵，这几个小的也来了，各与他两锭钞。（明·刘仲璟：《遇恩录》）

⑥你每大的教小的，学着父亲每行去。（明·刘仲璟：《遇恩录》）

⑦你来，你来，怕的不算好汉。（《水浒传》，第二回）

⑧弦有，你自拣着买。这的忒细，这的却又麤侉。（《老乞大》）

⑨你的就是我的，我的就是你的。（《儒林外史》，第十二回）

⑩穿白衣服的是谁？（《皇明诏令·戒谕管军官敕》）

"的"字结构作宾语的用例如：

①小生孙虫儿的便是。（元·无名氏：《杀狗劝夫》，楔子）

②周舍，你争甚么那，你的便是我的，我的就是你的。（元·关汉卿：《救风尘》，第三折）

③我听的说这里，你原来为这的。（元·关汉卿：《救风尘》，第一折）

④多少分两？（是）五两金子厢（镶）的。（《朴通事》）

⑤十个指头也有长的、短的。（《朴通事》）

⑥你每大的教着小的，学着父亲每行去。（明·刘仲璟：《遇恩录》）

⑦这座宅是甚人的？（《宣和遗事》）

⑧小人是姑姑生的，他是舅舅生的。（《老乞大》）

⑨他说猪是他的。（《儒林外史》，第四回）

⑩你爷是街市上使花棒卖药的，你省的甚么武艺？（《水浒传》，第二回）

第三，"的"字结构也可作谓语。如：

①（肚）胀起来紧紧的，后来泻得鳖鳖的，却死了。（明·刘仲璟：《遇恩录》）

②林姑娘在这里伤心，自己淌眼抹泪的。（《红楼梦》，第三回）

第四，"的"加在动词、形容词（含象声词）、数词、代词或副词之后，作状语，表限制。如：

①呼的关上椴门，铺的吹灭残灯。（元·关汉卿：《诈妮子调风月》，第三折）

②赵正肚里只是暗暗的笑。（明·冯梦龙：《喻世明言：宋四公大闹禁魂张》，第三十六卷）

③又选了十斤实膘的肥肉，也细细的切做臊子，一把荷叶来包了。（《水浒传》，第三回）

④正在那里喧哄，只听得门外老鸦哇哇的叫。（《水浒传》，第七回）

⑤众人和邻居见这模样，忍不住的笑。（《儒林外史》，第三回）

⑥（周进）喉咙里咯咯的响了一声，吐出一口稠涎来。（《儒林外史》，第三回）

⑦黛玉一一的都答应着。（《红楼梦》，第三回）

⑧话犹未了，黛玉已摇摇摆摆的进来。（《红楼梦》，第八回）

例①—⑧，为"的"加在动词、形容词（含象声词）和数词后的用例。又如：

①母亲，我一径的来问这事哩。（元·关汉卿：《救风尘》，第一折）

②这教人的法度渐渐的完备了。（元·许衡：《鲁斋遗书·直说大学要略》，卷三）

③我从早起吃了些饭，到这早晚不曾吃饭里，好生的饥了。（《老乞大》）

④你的饥饱冷热，他不说，我们怎么的知道？（明·哈铭：《正统临戎录》）

⑤此间取（去）县有百三十里路来，路中多少事，却恁的空手，去不得。（明·洪楩：《清平山堂话本·杨温拦路虎传》）

⑥那人问从者道："和尚怎的不见?"（《儒林外史》，第二回）

例①—⑥，为"的"加在代词、副词后的用例。

第五，"的"也可以加在动词后，引出可能、结果、程度或状态补语。如：

①你在南京时，人说你周舍名字，说的我耳满鼻满的，则是不曾见你。（元·关汉卿：《救风尘》，第三折）

②拷的我魂飞魄散，打的我肉烂皮穿。（元·无名氏：《小孙屠》，第十一出）

③休说一两日，就是一两年，您儿也坐的将去。（元·关汉卿：《救风尘》，第三折）

④你怎么来的迟了？（元·无名氏：《杀狗劝夫》，头一折）

⑤崔宁叫出浑家来看时，不是别人，认得是璩公璩婆，都相见了，喜欢的做一处。（明·冯梦龙：《警世通言·崔待诏生死冤家》，第八卷）

⑥你是高丽人，却怎么汉儿言语说的好？（《老乞大》）

⑦今日天气冷杀人，腮颊冻的刺刺的疼。（《朴通事》）

⑧此时周进哭的住了。（《儒林外史》，第二回）

⑨乡里人走的快又听不见。（《儒林外史》，第十二回）

⑩贴的好烧饼，你们都不买一个吃去？（《红楼梦》，第九回）

（3）"的"和"地""底""得"的关系：从彼此混用到"的""地""得"三分系统的确立。

上（2），我们论述了"的"五种用法。这五种用法，也可用分别设定的"的$_1$""的$_2$""的$_3$""的$_4$"和"的$_5$"来代替。由上（2）论述可知，宋元以后，结构助词"的"确有取代"地""底""得"的趋势。这个趋势，大体而言，就是"的$_1$""的$_2$"＝"底"，"的$_3$""的$_4$"＝"地"，"的$_5$"＝得。我们应当看到，"底""地""得"的三分趋势就是后来的"的""地""得"三分系统确立的语法基础。

结构助词"的"产生于北宋。"的"字产生之后，与"地""底""得"用法有交叉。这种情况，我们可以从两个层面来进行观察：一是"的"和"底""地"的混用；二是"的"和"得"的混用。这两种情况有所不同。先说"的"和"底""地"。"的"和"底""地"的混用，用例如：

①宁术割系是北朝皇帝最亲任听干的近上的大臣，权最重，见知军国重事。（宋·徐梦莘：《三朝北盟会编·燕云奉使录》，卷十四）

②来时本国皇帝令奏知大宋皇帝，计议底公事已了也，不要别做则好。

（宋·徐梦莘：《三朝北盟会编·燕云奉使录》，卷十五）

③我的状元分付它：官员相见便没奈何。（《张协状元》，第三十五出）

④我底女孩儿，它爹爹是当朝宰执，妈妈是两国夫人，终不成不求得一个好因缘。（《张协状元》，第十五出）

⑤唐太宗是唐家很好底皇帝。（元·吴澄：《吴文正集·经筵讲义》，卷九十）

⑥我世祖皇帝不爱杀人的心与天地一般广大。（元·吴澄：《吴文正集·经筵讲义》，卷九十）

⑦一阵价起底是秋风，一阵价下的是秋雨。（明·冯梦龙：《警世通言·万秀娘仇报山亭儿》，第三十七卷）

例①—⑦，为"的""底"混用例。又如：

①西窗幽梦等闲成。逡巡觉后，特地恨难平。（五代·尹鹗：《临江仙》）

②我特的认父亲来。（元·无名氏：《小尉迟》，第三折）

③又选了十斤实膘的肥肉，也细细的切做臊子，把荷叶来包了。（《水浒传》，第三回）

④再要十斤寸金软骨，也要细细地剁做臊子，不要见些肉在上面。（《水浒传》，第三回）

⑤只见王保低着头向床下钻去，在贴壁床脚下解下一个包儿，笑嘻嘻的捧将出来。（明·冯梦龙：《喻世明言·宋四公大闹禁魂张》，第三十六卷）

⑥强寇旗前遥观了，嘻嘻地遂冷笑。（《刘知远诸宫调》，第十二）

例①—⑥，为"的""地"混用例。

再说"的"和"得"的混用例。如：

①我若行的正做得正呵，我又怕什么？（元·许衡：《鲁斋遗书·直说大学要略》，卷三）

②官街官道你走的，我也走的。（元·无名氏：《来生债》，第一折）

③老身是钱婆儿，自从我儿锁儿去了，哭的我眼睛花，望得我肝肠断。（明·朱有燉：《团圆梦》，第二折）

④父亲懦弱，和他争执不的，他又有钱有势。（《水浒传》，第三回）

⑤师父，你不知，这里衙门又远，便是官军也禁不的他。（《水浒传》，第六回）

⑥去那小二脸上只一掌，打的那店小二口中吐血。(《水浒传》，第三回)

⑦一日三遍家，每日洗刷刨的干干净净地，等一会馈些草吃。(《朴通事》)

例①—⑦，为"的""得"混用例。

由以上引例可知，近古汉语里，尤其是元明时代，结构助词"的"和"地""底""得"混用是不争的事实。这种混用，是结构助词发展的生动体现，也是"的""地""得"三分系统确立以前必然要经过的一个过程。

"的"和"地""底""得"之所以在宋元时代产生混用现象，那是有条件的。这个条件，最重要的就是因为宋元时代，"的""地""底""得"的读音发生了变化。"的""地""底""得"的混用，尽管这些词字形不同，但本质上它们仍属通假问题，而字的通假，最根本的条件就是以语音相同或相近为中介。"的"和"地""底""得"的读音变化，我们仍以两组去进行观察：一是"的"和"地""底"的语音变化。依照王力先生的《汉语语音史》，中古晚唐、五代时期，"地"属定母，脂部，开口三等字，拟音为〔di〕；"底"属端母，齐稽韵，开口四等字，拟音为〔tiɐi〕；"的"属端母，职陌韵，开口四等字，拟音为〔tiək〕。但是到了宋代，"地""底""的"的读音都发生了较大的变化。由于全浊声母消失，端定合流，致使"地""底"声母相同，都变成了端母字，同时两字的韵母也合二为一，都是支齐韵字，也就是说，它们已成了同音字，其拟音均为〔ti〕。所差的，"的"这时仍为入声字，属端母，质职韵（王力先生认为，至宋职陌韵发生了分化，一二等字独立，为麦德韵，三四等字入质职韵），拟音当为〔tit〕。到了元代，由于入声消失，"地""底""的"的读音又发生了重大变化。"地""底""的"三字，均属端母、齐微韵齐齿呼字，拟音均为〔ti〕，也就是说，它们又都成了同音字。至此，我们就可以解释为什么元代"的""地""底"混用得那么普遍了。再说"的""得"的语音变化。同样，依照王力先生所拟音系，晚唐、五代时，"得"属端母，职陌韵，开口一等字，拟音为〔tək〕；"的"为端母，职陌韵，开口四等字，拟音为〔tiək〕。至宋，"得"因为是职陌开口一等字，所以独立为麦德韵，拟音为〔tək〕；"的"因为是职陌开口四等字，所以入质职韵，拟音为〔tit〕。总之，从晚唐至宋代，"的""得"韵母读音虽有差异，但很接近，又都是入声字，所以彼此混用也就不足为奇了。特别值得注意的是，到了元代，当入声消失之后，虽然"的""地""底""得"同为端母，齐微韵，但由于介音不同，所以它们实际读音并不完全相同："的""地""底"，端母，齐微韵，齐齿，拟音为〔ti〕；"得"，端母，齐微韵，开口，拟音为〔təi〕。①"得"的这点"独立性"十分重要。在结构助词发展中，"得"始终是个"另类"。这一特点，也就确保了后来"的""地""得"三分系统确立时，它仍能占有一席之地。

总之，"地""底""得""的"演变关系是十分复杂的。宋元以后，这些结构助词，语法上之所以广泛混用，是因为它们语音上发生了重要变化。这种变化的重要条件就是浊音清化和入声消失，结果使之音近或音同。依现代语音去观察，结构助词"的""地""得"都该读轻声才是。据推测，历史上如果存在轻声的话，那应在入声消失之后，但我们却无法证实。结构助词"的""地""底""得"的发展，虽然有过混用或合流之势，但从整体上看，仍以对立为主："地"字结构以作状语为常；"底"字结构以作定语、谓语为常；"得"字结构以作补语为常。"的"字的介入，主要是取代了"底"字的功能而不是取代"地"字。这样一来，最终便形成了结构助词"的""地""得"三分系统的格局。这个系统的确立，当在近古汉语后期，亦即清代，才基本完成。如：

①这样的文字，都说的是些甚么话！(《儒林外史》，第三回)

②他说猪是他的。(《儒林外史》，第四回)

③他的女孩儿小名金哥，那年都往我庙里来进香，不想遇见长安府太爷的小舅子李少爷。(《红楼梦》，第十五回)

④我也不等银子使，也不做这样的事。(《红楼梦》，第十五回)

⑤园子里面，顶着篮子卖烧饼油条的有一二十个。(《老残游记》，第二回)

⑥亭子上悬了一副对联，写的是"历下此亭古，济南名士多"。(《老残游记》，第二回)

例①—⑥，为"的"字例。"的"字处于定语后，情况最稳，没有发现

---

① 按：有的学者将"得"拟为〔tei〕。〔e〕和〔ə〕虽然都是舌面元音，但〔e〕属前元音，〔ə〕属央元音，我们赞同王先生的意见。李珍华、周长楫：《汉字古今音表》(修订本)，中华书局1999年版，第401页。

"的""底"混用的用例。又如：

①乡间人见画得好，也有拿钱来买的。(《儒林外史》，第一回)

②众邻都拍手道："这个主意好得紧，好得紧！"(《儒林外史》，第三回)

③雨村不觉看得呆了。(《红楼梦》，第一回)

④于是接二连三，牵五挂四，将一条街烧得如"火焰山"一般。(《红楼梦》，第一回)

⑤这阁造得画栋飞云，珠帘卷雨，十分壮丽。(《老残游记》，第一回)

⑥顷刻之间，将那渔船打得粉碎。(《老残游记》，第一回)

例①—⑥，为"得"字用例。"得"字处于动词后，引出补语，情况也基本稳定。说是"基本稳定"，那是因为仍有"得""的"不分的用例。如：

①我已是饿的两眼都看不见了。(《儒林外史》，第三回)

②把那五十斤牛肉都堆在枷上，脸和颈子箍的紧紧的。(《儒林外史》，第四回)

③这个生的这样雄壮，却又这样褴褛。(《红楼梦》，第一回)

④智能儿急的跺脚说："这是做什么！"(《红楼梦》，第十五回)

⑤章伯气的两脚直跳。(《老残游记》，第一回)

⑥那知进了园门，园子里面已经坐的满满的了。(《老残游记》，第二回)

和"的""得"相比，显得最不稳定的是"地"字。在《儒林外史》《红楼梦》和《老残游记》三部书中，"地"字处于状语后的用例极少，大部分仍是"的""地"不分，用"的"代"地"。如：

①众人和邻居见这模样，忍不住的笑。(《儒林外史》，第三回)

②(你们)都湛起酒来满满的吃三杯，听我说。(《儒林外史》，第十七回)

③只听"嗤"的一笑，这才知是宝玉。(《红楼梦》，第十五回)

④这会子也不用说，等一会儿睡下咱们再慢慢的算账。(《红楼梦》，第十五回)

⑤难道白白地看他们死吗？(《老残游记》，第一回)

⑥唱了十数句之后，渐渐的越唱越高。(《老残游记》，第二回)

例①—⑥，为"的""地"混用例。"的""地"彻底分流，那是由于现代汉语里作了彻底的规范。

（三）动态助词的发展

纵观汉语动态助词的历史发展，应该分为三个系统来谈：一是"了""着""过"为一系；二是"得""地""的"为一系；三是"将"字独自为一系。下面就分别叙述一下。

1. "了""着""过"系统的发展

关于动态助词"了""着""过"的产生过程，我们在前面动词史中已有过详细交代，这里不再重复。这里要说的，主要是"了""着""过"形成后的一些情况，算是一种补充。

了

动态助词"了"，作为动词完成体的一个语法标志，其形成有个漫长的历史过程。其中最关键的一步是"动＋了＋宾"语法格式的形成。这种语法格式，使"了"彻底丧失了动词性质，完全变成了一个表示动词完成体的语法成分。"了"的彻底虚化，当在宋代，具体说是在南宋时代。如：

①贵朝吞了契丹许多国土。（宋·徐梦莘：《三朝北盟会编·茅斋自叙》，卷三十二）

②我住五矶山下七八十年，见了几家成败。（《张协状元》，第十一出）

③譬如耕田，须是下了种子，便去耘锄灌溉，然后到那熟处。（《朱子语类·训门人》）

④某尝叹息，以为此数人者，但求文字、言语、声响之工，用了许多工夫，费了许多精力，甚可惜也。（《朱子语类·总训门人》）

宋代以后，动态助词"了"用得更加广泛、成熟。如：

①周武动兵，取了纣江山。（《刘知远诸宫调》，第一）

②天子闻之，急起穿了衣服。（《宣和遗事》）

③我今日放鹰，得了一个野鸡。（明·哈铭：《正统临戎录》）

④你两个且在这里，等洒家打死了那厮便来。（《水浒传》，第三回）

⑤当夜吃完了酒，送蘧公孙回鲁宅去。（《儒林外史》，第十一回）

⑥外客没见就脱了衣裳了。（《红楼梦》，第三回）

着

动态助词"着"，是汉语动词持续体、进行体的语法标志。不论是表持续，还是表进行，"着"作为动态助词，认定它产生于晚唐五代是没有问题的，而正式形成，当在宋代。如：

①净能都不忙惧，收毡盖着死女子尸。（变文《叶净能诗》）

②缘有孙陁罗是妻，容颜殊性，时为恋着这妻。（变文《难陁出家缘起》）

③这饶舌沙弥，犹挂着唇齿在？（《祖堂集》，卷四）

④如战阵厮杀，擂着鼓，只是向前去，有死无二。（《朱子语类·总训门人》）

⑤青布帘大写着"员梦如神"。（《张协状元》，第四出）

⑥土床上卧着个少人，七尺堂堂貌美，御躯凛凛如神。（《刘知远诸宫调》，第一）

宋代以后，动态助词"着"更加成熟，不论其后有无宾语。如：

①我离了家中，瞒着我浑家，则说街市上寻个护臂的人去。（元·高文秀：《黑旋风》，第一折）

②上头吊着一个驴，下面一个鼓儿，响得扑洞洞响，谑得那人不敢出来。（《元典章·前集刑部》）

③手持着闷棍，腰胯（挎）着镶刀，急奔师师宅。（《宣和遗事》）

④（孟光）与他夫主送饭，高的擎着，这个便是那"举案齐眉"。（元·无名氏：《小张屠焚儿求母》，第一折）

⑤赵正看罢了书，伸着舌头缩不上。（明·冯梦龙：《喻世明言·宋四公大闹禁魂张》，第三十六卷）

⑥恁每都在这里歇着。（明·刘仲璟：《遇恩录》）

⑦我在学堂里坐着，心里也闷。（《儒林外史》，第一回）

⑧进入门中，只见有十数个大橱，皆用封条封着。（《红楼梦》，第五回）

值得注意的是，动态助词在发展中也存在一些混用现象，这是语言发展不可避免的。但是这不是主流，并不影响我们的结论。如：

①女孩儿从幼未曾出着闺门，我又不知路径，教我怎生去的？（元·乔孟符：《金钱记》，第一折）

②那个妇女入着酒店，与宋四公道个万福，拍手唱一支曲儿。（明·冯梦龙：《喻世明言·宋四公大闹禁魂张》，第三十六卷）

③说毕，关着门进去了。(《儒林外史》，第一回)

④他没有帖子，问着他名姓，也不肯说。(《儒林外史》，第十回)

例①，"着"与"过"同义；例②—④，"着"与"了"同义。

过

动态助词"过"，是动词经历体的语法标志。动词的经历体，是表示动作行为的一种经历、体验，并已成为过去。汉语"动＋过"的虚化时间，主要是从宋代开始的，而"动＋过＋宾/补"语法格式的形成，则主要在宋代以后。如：

①鸿尔和大山、天池子曾有北朝国信使带过圣旨去定了界至，怎生道不知国信使是谁?(宋·李焘：《续资治通鉴长编》，卷二六五)

②某等当面看过，遂辞而退。(宋·徐梦莘：《三朝北盟会编·绍兴甲寅通和录》，卷一六三)

③每日读书，只是读过了，便不知将此心在体会，所以说得来如此疏。(《朱子语类·训门人》)

④老身是开封人氏，夫主姓孙，亡过数载。(元·无名氏：《小孙屠》，第四出)

⑤下那岭去，行过一里，到了坟头。(明·冯梦龙：《警世通言·一窟鬼癞道人除怪》，第十四卷)

⑥晚生今年二十二岁，还不曾娶过妻子。(《儒林外史》，第十五回)

2. "得""地""的"系统的发展

得

汉语动态助词系统的建立是一个十分复杂的过程。动态助词在发展中，是由多元系统而逐渐走向单一系统的，并非一开始就是"了""着""过"独霸天下。动态助词"得""地""的"的存在，就是一个不争的事实。

上面，我们讲了结构助词"地""底""得""的"发展。"得""地""的"既然是结构助词，为什么又可以作动态助词呢? 两者是什么关系? 我认为这个问题并不难解释。动态助词"了""着""过"，这些词最大的特点就是它们都来源于动词，都是动词长期虚化的结果，而动态助词"得""地""的"的直接来源并不是动词，而是由结构助词"得"进一步虚化而成。我想，这就是结构助词"得""地""的"和动态助词"得""地""的"两者关系的最简单的描述。

前面说过，谓语动词后的"得"字，可以扩展为两种最基本的语法格式：一是"动词＋得₁＋宾语"，二是"动词＋得₂＋补语"。结构助词"得"的产生，同这两种句式都有关系。"得₁"表示动作或行为的可能，"得₂"表示动作的结果、程度或状态。我认为，动态助词"得"的产生，就是同"得₂"引出的结果补语有关。"得₂"既然可以表示动作或行为造成的结果，那它本身也就必然含有终了义或终结义，而动态助词"得"所表示的完成体或经历体的语法意义，也正应该由"得₂"虚化而来。动态助词"得"产生于唐代，而到了晚唐五代，已经比较广泛地使用在文献之中。如：

①譬如帝王生得太子，若同俗例者，无有是处。(《神会语录》)

②养得一犎牛，生得五犊子。(唐·寒山子：《寒山诗·丈夫》，第一三二)

③燕子单贫，造得一宅，乃被雀儿强夺。(变文《燕子赋》一)

④曹山云："成得个一头水牯牛。"(《祖堂集》，卷十六)

⑤(座主)对曰："讲得四十本经论。"(《祖堂集》，卷十四)

例①—⑤，"得"，动态助词完成体，皆"了"义，"得"所引出的皆为结果补语。"得"后出现的不一定都是结果补语，有时也可以是数量补语、处所宾语或补语，甚至还可以是对象宾语。这些成分，从广义上看，也都是动词造成的结果。如：

①从上房行得廿里，到刘使普通院宿。(唐·[日]释圆仁：《入唐求法巡礼行记》，卷二)

②相公问："汝念得多小(少)卷数？"(变文《庐山远公话》)

③二将听得此事，放过楚军，到峡路上靽(绊)却马脚。(变文《汉将王陵变》)

④到得南岸，应是舟舡溺在水中。(变文《韩擒虎话本》)

⑤远公出得寺门，约行百步已来，忽然腾空而去，莫知所在。(变文《庐山远公话》)

⑥一日行得五百里，恰到百丈庄头，讨吃饭。(《祖堂集》，卷四)

⑦过得两年，院主见他孝顺，教伊念《心经》。(《祖堂集》，卷五)

⑧隐峰接得锹子，向师划一下。(《祖堂集》，卷四)

例①—⑧，"得"均为动态助词，或为完成体，义同"了"（例①③④⑤⑥⑦），或为经历体，义同"过"（例②⑧）。

两宋以后，动态助词"得"，应用更加普遍，并且以表示完成体的用例居多。如：

①近日陆子静门人寄得数篇诗来。（《朱子语类·训门人》）

②而今只想像那熟处，却不曾下得种子，如何会熟？（《朱子语类·训门人》）

③到得龙城里，身心一处新。（《张协状元》，第二十四出）

④郭威到得邢州，寻问唐山县地名尧山。（《新编五代史平话·周史平话上》）

⑤入得房门，怎回身？（元·关汉卿：《诈妮子调风月》，第一折）

⑥过得几日，他到小的铺中讨服毒药。（元·关汉卿：《窦娥冤》，第四折）

⑦徽宗入内，听得张梦熊、张商英二臣的奏章，常有忧色。（《宣和遗事》）

⑧因此舍了自己性命救得高祖。（《皇明诏令·戒谕军官敕》）

⑨（石崇）用六斛大明珠买得一妾，名曰绿珠。（明·冯梦龙：《喻世明言·宋四公大闹禁魂张》，第三十六卷）

⑩到得三更，被一伙强盗劫入店来。（明·洪楩：《清平山堂话本·杨温拦路虎传》）

⑪（秀秀）道罢起身，双手揪住崔宁，叫得一声，匹然倒地。（明·冯梦龙：《警世通言·崔待诏生死冤家》，第八卷）

⑫是教你下山去杀得一个人，将头献纳，他便无疑心。（《水浒传》，第十一回）

⑬林冲与陆谦出得门来，街上闲走了一回。（《水浒传》，第七回）

⑭才说得一句，听见锣响，一齐立起来说道："回衙了。"（《儒林外史》，第四回）

地

动态助词"地"，主要用于动词的持续体，始用于晚唐五代。前面说，结构助词"得₂"（表结果）可以虚化为动态助词"得"。同样，结构助词

“得₂”（表程度、状态）也可以虚化为动态助词“地”和“的”。动态助词“地”“的”，主要用于持续体或进行体，义同“着”。持续或进行，就是一种状态。因此，我们认为，近古汉语动态助词“地”或“的”，其直接来源仍是结构助词“得₂”。

动态助词“地”，与动词的结合能力不是很强，主要是用在居止动词或状态动词之后。从功能上看，与“地”结合的动词主要是作谓语、状语。如：

①二将勒在帐西角头立地。（变文《汉将王陵变》）

②后妻向床上卧地不起。（变文《舜子变》）

③舜子府（抚）琴忠（中）间，门前有一老人立地。（变文《舜子变》）

④今日见我归家，床上卧地不起。（变文《舜子变》）

⑤把舜子头发悬在中庭树（竖）地，从项决到脚胅，鲜血遍流洒地。（变文《舜子变》）

⑥两人坐地歇息次，道吾起来礼拜曰：“某甲有段事欲问多时，未得其便。”（《祖堂集》，卷四）

⑦师教他身边立地。（《祖堂集》，卷十四）

例④⑤，“地”，原卷无，据蒋礼鸿先生校补。“‘卧地’即卧着，……下文‘树地’之‘地’同。”①

两宋以后，“地”使用得更广一些，但与动词的结合能力，仍十分有限。功能上，与动词结合后仍以作谓语、状语为主，个别的也可作定语。如：

①其萧禧只于厅上倚柱立地，屡遣人请唤，不肯下阶习仪。（宋·李焘：《续资治通鉴长编》，卷二六三）

②（王）俊叫起王观察，于教场内亭子西边坐地。（《王俊首岳侯状》）

③张太尉先与一个和尚何泽，点着烛，对面坐地说话。（《王俊首岳侯状》）

④你再坐地，我说与你。（元·贯云石：《孝经直解·开宗明义章》）

⑤郭立道：“也不知他仔细，只见他在那里住地，依旧挂牌做生活。”（明·冯梦龙：《警世通言·崔待诏生死冤家》，第八卷）

---

① 黄征、张涌泉：《敦煌变文校注》，中华书局 1997 年版，第 207 页注㊱。

⑥边头立地闲看的人说，这牙家说的价钱，正是本分的言语。(《老乞大》)

⑦到街上立地的其间，一个客人赶着一群羊过来。(《老乞大》)

的

动态助词"的"，主要是用于动词的持续体或进行体，义同"着"。其部分用法，与"地"有交叉。结构助词"的"产生于北宋，所以动态助词"的"的产生时间不会早于宋代。元代入声消失，"的"由入声字变为阴声字，广泛使用于元明清时代。如：

①呆厮，跟的我来，这是牢里。(元·高文秀：《黑旋风》，第三折)

②(钮魔)看天色尚早，端坐的堂上，十分恭敬。(《皇明诏令·戒谕管军官敕》)

③请，请，里头坐的。(《老乞大》)

④严贡生回家，忙领了儿子和媳妇拜家堂，又忙的请奶奶来一同受拜。(《儒林外史》，第六回)

⑤我们不知系何"贵客"，忙的接出来。(《红楼梦》，第五回)

宋代，"地"已由定母变为端母；元代，"得""的"又都从入声字变为阴声字。于是，"得""地""的"在元代已变为音同或音近字（均为端母、齐微韵，只有开口、齐齿之分）。因此文献中出现"的""得"混用现象是很自然的。如：

①(他老子)才吃的几口，便死了。(元·关汉卿：《窦娥冤》，第二折)

②天子出的师师门，相别了投西而去了。(《宣和遗事》)

③那大汉下的车，众人施礼数。(元·睢景臣：《高祖还乡》)

④懒步红尘，倦到山村，入的宅门，愁的是母亲问。(元·无名氏：《小张屠焚儿救母》，第四折)

⑤婆婆，出的城来，你看郊外实是好春景也。(明·朱有燉：《团圆梦》，第二折)

⑥林冲上的楼上，寻不见高衙内。(《水浒传》，第七回)

⑦过的义州，汉儿地面来，都是汉儿言语。(《老乞大》)

⑧咱们往前行的十里来田地里，有个店子，名唤瓦店。(《老乞大》)

例①—⑧，"的"均用于完成体或经历体，与"得"的用法无异。近古汉语里，动态助词系统正处于发展之中，因此系统之间混用也是很自然的。如：

①远公对曰："贱奴念得一部十二卷，昨夜总念过。"（变文《庐山远公话》）

②拴了牛驴，不问拖车，上得庙阶。（《刘知远诸宫调》，第二）

③弃了个小冤家凄凉杀他，存得个老尊堂快活杀我。（元·无名氏：《小张屠焚儿救母》，第二折）

④后来我家生得一子，名做锁儿；他家生了一女，名做官保，今长一十八岁。（明·朱有燉：《团圆梦》，楔子）

⑤二人出得店门，离了村镇，又行不过五七里，到一个三岔路口。（《水浒传》，第六回）

例①—⑤，"得"与"过""了"共用，均用于完成体或经历体。又如：

①到得明日早饭后，王吉把那封书来，折（拆）开看时，里面写着四句诗。（明·洪楩：《清平山堂话本·简贴和尚》

②小娘子则叫得一声，掩着面，哭将入去。（明·洪楩：《清平山堂话本·简贴和尚》）

③到得来日，尹宗背着万秀娘，走相将到襄阳府，则有得五七里田地。（明·冯梦龙：《警世通言·万秀娘仇报山亭儿》，第三十七卷）

④入得那土库，一个纸人手里托着个银毬，底下做着关捩子。（明·冯梦龙：《喻世明言·宋四公大闹禁魂张》，第三十六卷）

⑤于是三四人争着打帘子，一面听得人说："林姑娘来了！"（《红楼梦》，第三回）

例①—⑤，"得""着"共用，一用于完成体或经历体，一用于持续体或进行体。以上的共用例，均属于动态助词体系之间的交叉混用。

3. "将"字系统的发展

"将"原本是个动词。《说文》云："将，帅也。"段注云："'帅'当作'衛'，行部曰："衛"，将也'，二字互训。"扶持、持有、携带诸义，都是它的引申义。大约从魏晋时代起，动词"将"就常常附缀于另一个动词之后，组成一个并列结构，或称之为连动结构，合起来作谓语。据青年学者龙国富先生研究，在姚秦时代的汉译佛经中，已经出现了"V＋将＋趋向动词"这样的语法格式。^① 龙氏引例如：

①即便授旨与之，令捉将来，自入住房，共止一宿。(《四分律》，22/638 b)

②诸比丘往白佛，佛言：不应诱将他弟子去。(《四分律》，22/804 c)

③父母不听而辄度，后为父母夫主还将去。(《四分律》，22/762 c)

总体上看，"动＋将"的后续成分，主要有两类：一是续接宾语，二是续接趋向补语。前一类，从中古到近古，用例都不是很多；而后一类，从中古到近古，却得到了充分的发展。"动词＋将＋趋向补语"这一格式非常重要，是动态助词"将"产生的重要"温床"或条件，是演变中的关键环节。换句话说，在我们看来，"将"由动词虚化为一个动态助词，最关键的因素，不仅是这前面的动词，而更重要的是它后面的充当补语的趋向动词。我们应特别注意的是，当"将"字处于带有动向的动词和表示动作趋向的补语之间的时候，它的词汇意义就已经开始虚化了。可是当"将"字后面的趋向动词，由表示动作趋向的实在意义向表示抽象的动态意义（或表开始、或表持续、或表完成）转变的时候，动态助词"将"字的演变也就正式完成了。从这个角度来看，我们可以说，动态助词"将"应产生于晚唐五代。曹广顺先生说："晚唐五代助词'将'所构成的'动＋将'结构的格式，开始趋向于统一为'动＋将＋趋向补语'"，并认为"B类例句中动作都不带趋向性，作补语的'来''去'也已经虚化，不再表示动作趋向，而是表示动作开始、持续等了"，因此"这类例句中'将'字的功能，主要是和补语一起表示某种'动态'（开始、持续、完成等）"^②。曹氏的引例如：

①道吾问："有一人无出入息，速道将来。"(《祖堂集》，2.72)

②讶将去，钻将去，研将去，直教透过。(《祖堂集》，2.91)

实际上，从宋代开始，"动词＋将＋趋向补语"这一格式中的动词和趋向补语的去动向化就已经开始并普遍应用了。这表明"将"字已彻底语法化了，变成了一个表示动词起始体、持续体或完成体的语法标志。如：

①学问亦无个一超直入之理，直是铢积寸累做将去。(《朱子语类·训门人》)

---

① 龙国富：《姚秦译经助词研究》，湖南师范大学出版社 2004 年版，第 50—52 页。

② 曹广顺：《近代汉语助词》，语文出版社 1995 年版，第 53 页。

②天下事不拣甚么公事，都从那正心上做将出来，撇不得那正心两个字。（元·许衡：《鲁斋遗书·直说大学要略》，卷三）

③窦娥，婆婆想羊肚汤吃，快安排将来。（元·关汉卿：《窦娥冤》，第二折）

④酒京城糟房虽然多，街市酒打将来怎么吃？（《朴通事》）

⑤那妇人听罢，哭将起来。（《水浒传》，第八回）

⑥那官人笑将起来，便喝散了那二三十人，各自去了。（《水浒传》，第四回）

⑦话说众回子因汤知县枷死了老师夫，闹将起来。（《儒林外史》，第五回）

"将"前的动词也可换成形容词，这样一来，句中谓词就更无动向可言了。如：

⑧自此以后，王氏的病，渐渐重将起来。（《儒林外史》，第五回）

⑨天气冷将上来，家中冬事未办，狗儿未免心中烦躁。（《红楼梦》，第六回）

语言发展总是不平衡的。两宋以后，虽说"动词＋将＋趋向补语"中的动词和趋向补语去动向化已成为既定事实，但有些句子的谓语动词仍具有动向特点。在这种情况下，句中的由动词充当的趋向补语也必然仍带有一定的动词性质。如：

①王世充将唤作单雄信，骑了马望着唐太宗刺将来。（《皇明诏令·戒谕管军官敕》）

②（朱贵）搭上那一枝响箭，觑着对港败芦折苇里面射将去。（《水浒传》，第十一回）

③（鲁智深）把肉望下首的禅和子嘴边塞将去。（《水浒传》，第四回）

④周进看着号板，又是一头撞将去。（《儒林外史》，第二回）

例①—④，"刺""射""塞""撞"，动向为外向。又如：

①如自家有一大光明宝藏，被人偷将去，此心还肯放舍否？（《朱子语类·总训门人》）

②不如且捉手中一条棒去夺将来。（明·洪楩：《清平山堂话本·杨温拦路虎传》）

③入的庙门，再把门掩上，傍边止有一块大石头，掇将过来，靠了门。（《水浒传》，第十回）

④前日三更前后，贼入来，把我二三年布施来的金银钞锭都偷将去了。（《朴通事》）

例①—④，"偷""夺""掇""偷"，动向为内向。又如：

①王四吃了一惊，跳将起来。（《水浒传》，第二回）

②小二扒将起来，一道烟走了。（《水浒传》，第三回）

③拔将小蒜、田菁、荠菜、芘荇，都拔将来，把芘荇来煮吃。（《朴通事》）

④他爬将起来，又拍着手大笑道："噫，好了，我中了！"（《儒林外史》，第三回）

例①—④，"跳""扒""拔""爬"，动向为上向。又如：

①（小娘子）恰待要跳将下去，则见后面一个人，把小娘子衣裳一摔摔住。（明·洪楩：《清平山堂话本·简贴和尚》）

②看了一回，只见濛濛的细雨下将起来。（《儒林外史》，第二回）

③原来是一个老鼠从梁上走滑了脚，掉将下来。（《儒林外史》，第十回）

例①—③，"跳""下""掉"，动向为下向。

前面还说过，"动＋将"的后续成分，如果接宾语，这种结构从中古到近古，都是少见的。少见不等于没有。两宋以后，这类用例如：

①昨日是个七月七日节，我特地打将上等酒来，待和你赏七月七日则个。（《宣和遗事》）

②（正旦）云："引章妹子，你跟将他去。"（元·关汉卿：《救风尘》，第四折）

③元来是神灵送将孩儿来了。（元·无名氏：《小张屠焚儿救母》，第四折）

④这胡仲渊，他乡里都信服他，与我带将许多人来。（明·刘仲璟：《遇恩录》）

⑤旧例买主管税，卖主管牙钱，你各自算将牙税钱来。（《老乞大》）

⑥当时崔宁买将酒来。（明·冯梦龙：《警世通言·崔待诏生死冤家》，第八卷）

⑦大尹叫将皇甫殿直来。（明·洪楩：《清平山堂话本·简贴和尚》）

⑧林冲便拿枪，却待开门来救火，只听得前面有人说将话来。（《水浒传》，第十回）

例①—⑧，由引例可知，上述格式中的"将"字也是已虚化为动态助词了。这些"将"，或表完成体，或表持续体。"将"后的宾语，也可借助介词"把""将"提到动词之前。这种句式，元明清三代都是存在的。如：

①衙内性儿乖，把他叫将来。（元·高文秀：《黑旋风》，第一折）

②只见水面上有鬼使三人出，把船推将去。（明·冯梦龙：《喻世明言·宋四公大闹禁魂张》，第三十六卷）

③话犹未了，只听迷津内响如雷声，有许多夜叉海魂，将宝玉拖将下去。（《红楼梦》，第五回）

有的学者以《敦煌变文集》中助词"将"为考察对象，共得 124 例，并列出四种格式："动＋将""动＋将＋宾""动＋将＋动""动＋将＋趋向补语"①。其实其中最重要的格式仍是"动＋将＋宾"和"动＋将＋趋向补语"两种。宋代以后出现的"动词＋将＋宾语＋趋向补语"格式，实际就是上述格式的综合形式，所以也必须予以重视。

说到这里，还有个问题必须提到的是，元代蒙式汉语的时体标志"有"字问题。大家知道，在元代直译体文献中，我们经常发现一些句子的末尾缀以"有"字，很难懂。有的学者认为，这种"时体标志'有'虽然借用了汉语的词汇形式，但其意义和用法却是源自蒙古语底层，全然是移植和复制蒙古语助动词 a—、bü 及对应蒙古语动词现将时和过去时附加成分的结果"②。元代的这种蒙式汉语语法，甚至对明代汉语都产生了影响。如：

①众人听说，与也先磕头有。（明·哈铭：《正统临戎录》）

②爷爷将前情对伯颜帖木儿说有。（明·哈铭：《正统临戎录》）

③后十一月十一日，遇圣节有，也先亲来与爷爷上寿。（明·哈铭：《正统临戎录》）

例①—③，"有"表示动词过去时的完成体。有时，这种"有"还与汉语的动态助词"了"或动补结构配合使用。如：

---

① 蒋冀骋、吴福祥：《近代汉语纲要》，湖南教育出版社 1997 年版，第 537—540 页。

② 冯力、杨永龙、赵长才：《汉语时体的历时研究》，语文出版社 2009 年版，第 49 页。

①达子遇见打柴草使车的人，都杀了，将柴草车辆都抢了有。（明·哈铭：《正统临戎录》）

②伯颜帖木儿亲领人马，同大同王等众头目往宁夏高桥儿一带抢掠去了有。（明·哈铭：《正统临戎录》）

③近前叩头进马乳毕有。（明·哈铭：《正统临戎录》）

处于句末的"有"，也可表示动词现在时的进行体或持续体。如：

①国土是皇帝底根本，皇帝主着天下，要似山岳高大，要似日月光明，遮莫那里都照见有。（元·吴澄：《吴文正集·经筵讲义》，卷九十）

②不是在先圣人制下有法度的衣服不敢穿有，不是在先圣人说下的好言语不敢说有。（元·贯云石：《孝经直解·卿大夫》）

③也先领大众人马犯边，将我每各使臣脚带木枷，每人着四个达子看守，夜晚绑缚有。（明·哈铭：《正统临戎录》）

这种"有"也可和汉语动态助词"着""地"直接搭配使用。如：

①将那孝顺父母的心来孝顺官里呵，心里一般敬有着。（元·贯云石：《孝经直解·士章》）

②俺将一切强歹的人都拿了，俺大位子里坐地有。（《高皇帝御制文集·谕西番罕东毕里等诏》）

处于句末的"有"，也可用于动词将来时的进行体或持续体。如：

①我的伴当吴县令，你的二十件罪过，要告有。（《元典章·前集刑部》）

②有着自家爱父母的心呵，也不肯将别人来小看有。（元·贯云石：《孝经直解·天子章》）

③有一达子来剥我衣甲，我不服他剥，达子要害我有。（明·哈铭：《正统临戎录》）

④《西游记》热闹，闷时节好看有。（《朴通事》）

这种"有"，也经常加在存现句、时间句或判断句之后，这似乎与时体语法范畴没有多大关系。如：

①孩儿每长大呵，那一个无孝顺父母的心？圣人因他有这般心呵，就教他每爱亲尊君，有勾当有。（元·贯云石：《孝经直解·圣治章》）

②这般呵，天下都太平，百姓每无灾难有。（元·贯云石：《孝经直解·孝治章》）

③那达鲁花赤是甚么人有？（《元典章·前集刑部》）

④孝道的勾当，是德行的根本有。（元·贯云石：《孝经直解·开宗明义章》）

⑤你的师傅是甚么人？是汉儿人有。（《老乞大》）

⑥十五日有，也先同圣驾领人马到于德胜门外土。（明·哈铭：《正统临戎录》）

⑦又于本月内有，也先亲自来帐殿望看。（明·哈铭：《正统临戎录》）

⑧至五更有，喜太监声叫："上位在那里有？"铭与袁彬把台听，应说："在这里有。"（明·哈铭：《正统临戎录》）

说到底，这种蒙式汉语毕竟不是真正的汉语，因而它的影响也是有限的，流传也不会太久。但是，从汉语语法史角度去观察问题，它毕竟又是语言接触的产物，又不能不认识它，因为这对考察近古汉语词类的发展终究是有益的。

综合上述可知，近古汉语的动态助词系统，"了""着""过"系统是代表着汉民族共同语的发展方向的，所以在现代汉语里得到了继承和发展；"得""地""的"系统和"将"字系统，可能都同方言有关，所以后来在普通话里都不见踪影了；至于"有"字一系，由于那是语言接触的产物，本质上就不是汉语成分，所以后来也遭到了彻底屏弃。

以上是《汉语词类史稿》十章全部内容。至于"叹词"部分，由于资料太少，不能形成系统，论述从略。

附录一

主要资料来源

一

郭沫若主编：《甲骨文合集》（计13册），中华书局，1982年。

胡厚宣主编：《甲骨文合集释文》，中国社会科学出版社，1999年。

郭沫若：《卜辞通纂》，东京文求堂书店，1933年。

郭沫若：《殷契粹编》，科学出版社，1965年。

罗振玉：《殷虚书契前编》，民国一至二年（1912—1913年）

叶玉森：《殷虚书契前编集释》，石印本，原北京图书馆藏。（此外，其他专家学者著述中的甲文例证，本书论述中也多所引用，恕不一一注明。）

李圃：《甲骨文选注》，上海古籍出版社，1989年。

秦永龙：《西周金文选注》，北京师范大学出版社，1992年。

《尚书正义》（《十三经注疏本》，下简称《注疏本》），中华书局，1980年。

屈万里：《尚书今注今译》，台湾商务印书馆，1969年。

《毛诗正义》（注疏本），中华书局，1980年。

高亨：《诗经今注》，上海古籍出版社，1980年。

杨任之：《诗经今译今注》，天津古籍出版社，1986年。

高亨：《老子正诂》，重订本，古籍出版社，1956年。

《论语注疏》（注疏本），中华书局，1980年。

杨伯峻：《论语译注》，中华书局，1962年。

《春秋左传正义》（注疏本），中华书局，1980 年。

杨伯峻：《春秋左传注》（四册本），中华书局，1981 年。

《孟子注疏》（注疏本），中华书局，1980 年。

杨伯峻：《孟子译注》，中华书局，1962 年。

（清）郭庆藩：《庄子集释》（《新编诸子集成》本），中华书局，1961 年。

曹础基：《庄子浅注》，中华书局，1985 年。

梁启雄：《荀子柬释》，商务印书馆，民国二十五年。

章诗同：《荀子简注》，上海古籍出版社，1974 年。

梁启雄：《韩子浅解》，中华书局，1982 年。

陈奇猷：《韩非子集释》（校注本），上海人民出版社，1974 年。

张双棣等：《吕氏春秋译注》，吉林文史出版社，1986 年。

（宋）洪兴祖：《楚辞补注》，中华书局，1957 年。

金开诚：《楚辞选注》，北京出版社，1980 年。

刘向集录：《战国策》（三册本），上海古籍出版社，1978 年。

袁珂：《山海经校注》，上海古籍出版社，1980 年。

方韬译注：《山海经》，中华书局，2009 年。

《史记》（标点本），中华书局，1963 年。

王伯祥：《史记选》，人民文学出版社，1973 年。

《汉书》（标点本），中华书局，1987 年。

郑天挺主编：《汉书选》，中华书局，1979 年。

王充：《论衡》，上海人民出版社，1974 年。

蒋祖怡：《论衡选》，中华书局，1962 年。

二

（晋）陈寿：《三国志》，中华书局，2009 年。

郑天挺主编：《三国志选》，中华书局，1985 年。

杨伯峻：《列子集释》，中华书局，1979 年。

汪绍楹校注：《搜神记》，中华书局，1979 年。

黄涤明：《搜神记全译》，贵州人民出版社，1991 年。

张新民、龚妮丽注译：《法华经今译》，中国社会科学出版社，2007 年。

道生等注译：《维摩诘经今译》，中国社会科学出版社，2008 年。

（刘宋）范晔：《后汉书》，中华书局，2008 年。

郑天挺主编：《后汉书选》，中华书局，1985 年。

（齐梁）沈约：《宋书》（标点本），中华书局，1974 年。

（梁）萧子显：《南齐书》（标点本），中华书局，1972 年。

（北齐）魏收：《魏书》（标点本），中华书局，1974 年。

（北魏）郦道元：《水经注》，上海古籍出版社，1990 年。

陈桥驿译注、王东补注：《水经注》，中华书局，2009 年。

余嘉锡：《世说新语笺疏》，中华书局，1983 年。

许绍早主编：《世说新语译注》，吉林教育出版社，1989 年。

缪启愉、缪桂龙：《齐民要术译注》，上海古籍出版社，2006 年。

周绍良：《百喻经译注》，中华书局，1993 年。

杨勇：《洛阳伽蓝记校笺》，中华书局，2006 年。

檀作文译注：《颜氏家训》，中华书局，2009 年。

张友鹤：《唐宋传奇传》，人民文学出版社，1979 年。

王泽君、常思春：《古代短篇小说选注》（上下册），1985 年。

《古代白话小说选》（上下册），上海古籍出版社，1980 年。

钱学烈：《寒山诗校注》，广东高等教育出版社，1991 年。

黄征、张涌泉：《敦煌变文校注》，中华书局，1997 年。

刘坚、蒋绍愚主编：《近代汉语语法资料汇编》（唐五代卷），商务印书馆，1995 年。（按：本书引用的篇名，基本上是依据《汇编》而定。下同。）

三

刘坚、蒋绍愚主编：《近代汉语语法资料汇编》（宋代卷），商务印书馆，1995 年。

刘坚、蒋绍愚主编：《近代汉语语法资料汇编》（元代明代卷），商务印书馆，2007 年。

（宋）普济：《五灯会元》，中华书局，1984 年。

（明）臧晋叔：《元曲选》（四册本），中华书局，1979 年。

（明）冯梦龙：《警世通言》，时代文艺出版社，2003 年。

（明）冯梦龙：《喻世明言》，时代文艺出版社，2003 年。

（明）施耐庵、罗贯中：《水浒传》（百回本），人民文学出版社，1975 年。

（明）吴承恩：《西游记》（三册本），人民文学出版社，1972年。

（清）吴敬梓：《儒林外史》，人民文学出版社，1963年。

（清）曹雪芹、高鹗：《红楼梦》（百二十回本），人民文学出版社，1972年。

（清）刘鹗：《老残游记》，人民文学出版社，1979年。

附录二

本书所引甲骨文著录简称一览表

以例证出现先后为序：

粹编　　郭沫若：《殷契粹编》

合集　　郭沫若主编：《甲骨文合集》

前　　　罗振玉：《殷虚书契前编》

合　　　郭若愚等：《殷虚文字缀合》

人　　　贝塚茂树：《京都大学人文科学研究所藏甲骨文字》

金　　　方法敛：《金璋所藏甲骨卜辞》

遗　　　金祖同：《殷契遗珠》

乙　　　董作宾：《小屯·殷虚文字乙编》

掇　　　郭若愚：《殷契拾缀》

京　　　胡厚宣：《战后京津新获甲骨集》

存　　　胡厚宣：《甲骨续存》

卜　　　容庚：《殷契卜辞》

库　　　方法敛：《库方二氏藏甲骨卜辞》

甲　　　董作宾：《小屯·殷虚文字甲编》

佚　　　商承祚：《殷契佚存》

铁　　　刘鹗：《铁云藏龟》

陈　　　陈邦怀：《甲骨文零拾》

摭续　　李亚农：《殷契摭佚续编》

续　　　罗振玉：《殷虚书契续编》

通纂　　郭沫若：《卜辞通纂》

丙　　　张秉权：《小屯·殷虚文字丙编》

屯南　　中国社科院考古所：《小屯南地甲骨》

戬　　　王国维：《戬寿堂所藏殷虚文字》

菁　　　罗振玉：《殷虚书契菁华》

宁　　　胡厚宣：《战后宁沪新获甲骨集》

周原　　王宇信：《周原甲骨初探》

林　　　林泰辅：《龟甲兽骨文字》

附录三

主要参考文献

一

王力：《汉语史稿》，中册，科学出版社，1958 年。

王力：《汉语语法史》（见《王力文集》，第 11 卷），山东教育出版社，1990 年。

向熹：《简明汉语史》（修订本），下册，商务印书馆，2010 年。

潘允中：《汉语语法史概要》，中州书画社，1982 年。

孙锡信：《汉语历史语法要略》，复旦大学出版社，1992 年。

史存直：《汉语史纲要》，中华书局，2008 年。

殷国光、龙国富、赵彤：《汉语史纲要》，中国人民大学出版社，2011 年。

［日］太田辰夫著，蒋绍愚、徐昌华译：《中国语历史文法》，北京大学出版社，1987 年。

二

马建忠著，章锡琛校注：《马氏文通校注》，中华书局，1961 年。

郭锡良：《汉语史论集》（增补本），商务印书馆，2005 年。

杨伯峻、何乐士：《古汉语语法及其发展》，语文出版社，1992 年。

何乐士：《古汉语语法研究论文集》，商务印书馆，2000 年。

洪波：《汉语历史语法研究》，商务印书馆，2010 年。

冯力等：《汉语时体的历时研究》，语文出版社，2009 年。

吴福祥主编：《汉语语法化研究》，商务印书馆，2005 年。

张先坦：《古今汉语语法比较概要》，巴蜀书社，2007 年。

郭锡良主编：《第二届国际古汉语语法研讨会论文选编·古汉语语法论集》，语文出版社，1998 年。

〔法〕罗端主编：《古汉语语法论文集》，巴黎高等社科学校东亚语言学研究中心，2001 年。

周法高：《中国古代语法·称代编》，中华书局，1990 年。

周法高：《中国古代语法·构词编》，影印本，国家图书馆藏。

〔加〕蒲立本著，孙景涛译：《古汉语语法纲要》，语文出版社，2006 年。

三

姚振武：《上古汉语语法史》，上海古籍出版社，2015 年。

管燮初：《殷虚甲骨刻辞的语法研究》，中国科学院，1953 年。

张玉金：《甲骨文语法学》，学林出版社，2002 年。

杨逢彬：《殷虚甲骨刻辞词类研究》，花城出版社，2003 年。

管燮初：《西周金文语法研究》，商务印书馆，1981 年。

张玉金：《西周汉语语法研究》，商务印书馆，2004 年。

钱宗武：《今文尚书语法研究》，商务印书馆，2004 年。

裘燮君：《商周虚词研究》，中华书局，2008 年。

张猛：《〈左传〉谓语动词研究》，语文出版社，2003 年。

崔立斌：《〈孟子〉词类研究》，河南大学出版社，2004 年。

殷国光：《吕氏春秋词类研究》，华夏出版社，1997 年。

廖序东：《楚辞语法研究》，语文出版社，1996 年。

葛佳才：《东汉副词系统研究》，岳麓书社，2005 年。

高思曼、何乐士主编：《第一届国际先秦汉语语法研讨会论文集》，岳麓书社，1994 年。

程湘清主编：《先秦汉语研究》，山东教育出版社，1994 年。

程湘清主编：《两汉汉语研究》，山东教育出版社，1994 年。

四

柳士镇：《魏晋南北朝历史语法》，南京大学出版社，1992 年。

刘世儒：《魏晋南北朝量词研究》，中华书局，1965 年。

邓军：《魏晋南北朝代词研究》，上海人民出版社，2008年。

龙国富：《姚秦译经助词研究》，湖南师范大学出版社，2004年。

龙国富：《〈妙法莲华经〉语法研究》，商务印书馆，2013年。

姜南：《基于梵汉对勘的〈法华经〉语法研究》，商务印书馆，2011年。

张振德、宋子然：《〈世说新语〉语言研究》，巴蜀书社，1995年。

王云路、方一新：《中古汉语研究》，商务印书馆，2004年。

朱庆之：《中古汉语研究》（二），商务印书馆，2005年。

吴福祥：《敦煌变文12种语法研究》，河南大学出版社，2004年。

程湘清主编：《魏晋南北朝汉语研究》，山东教育出版社，1994年。

程湘清主编：《隋唐五代语法研究》，山东教育出版社，1994年。

[日]志村良治著，江蓝生、白维国译：《中国中世语法史研究》，中华书局，1995年。

五

吕叔湘：《汉语语法论文集》，科学出版社，1956年。

蒋冀骋、吴福祥：《近代汉语纲要》，湖南教育出版社，1997年。

刘坚等：《近代汉语虚词研究》，语文出版社，1992年。

江蓝生：《近代汉语探源》，商务印书馆，2007年。

曹广顺：《近代汉语助词》，语文出版社，1995年。

蒋绍愚：《近代汉语研究概况》，北京大学出版社，1996年。

蒋绍愚、曹广顺主编：《近代汉语语法史研究综述》，商务印书馆，2005年。

杨永龙：《〈朱子语类〉完成体研究》，河南大学出版社，2001年。

林新平：《〈祖堂集〉的动态助词研究》，上海三联书店，2006年。

金桂桃：《宋元明清动量词研究》，武汉大学出版社，2007年。

谢晓安等：《〈老乞大〉〈朴通事〉语言研究》，兰州大学出版社，1991年。

程湘清主编：《宋元明汉语研究》，山东教育出版社，1994年。

[日]香坂顺一著，江蓝生、白维国译：《白话语汇研究》，中华书局，1997年。

六

王力：《汉语语音史》，中国社会科学出版社，1985年。

向熹：《简明汉语史》（修订本），上册，商务印书馆，2010 年。

陈复华、何九盈：《古韵通晓》，中国社会科学出版社，1987 年。

宁继福：《中原音韵表稿》，吉林文史出版社，1985 年。

李珍华、周长楫：《汉字古今音表》（修订本），中华书局，1999 年。

罗常培、王均：《普通语音学纲要》，科学出版社，1957 年。

七

陈梦家：《殷虚卜辞综述》，中华书局，1988 年。

高明：《中国古文字学通论》，文物出版社，1987 年。

裘锡圭：《文字学概要》，商务印书馆，1996 年。

陈世辉、汤余惠：《古文字学概要》，吉林大学出版社，1988 年（再版本，福建人民出版社，2011 年）。

刘翔等：《商周古文字读本》，语文出版社，1996 年。

八

高名凯：《汉语语法论》（修订本），科学出版社，1957 年。

高名凯：《语言论》，科学出版社，1963 年。

徐通锵：《历史语言学》，商务印书馆，1996 年。

马学良、瞿霭堂主编：《普通语言学》，中央民族大学出版社，1997 年。

梅祖麟：《语言学论文集》，商务印书馆，2007 年。

胡明扬：《语言学论文集》（增订本），商务印书馆，2011 年。

徐丹主编：《量与复数的研究》，商务印书馆，2010 年。

〔美〕王士元主编，李葆嘉主译：《汉语的祖先》，中华书局，2005 年。

九

（汉）许慎撰，（清）段玉裁注：《说文解字注》，上海古籍出版社，1981 年。

徐中舒主编：《甲骨文字典》，四川辞书出版社，1995 年。

姚孝遂主编：《殷虚甲骨刻辞类纂》，中华书局，1989 年。

陈初生编纂，曾宪通审校：《金文常用字典》（修订再版本），陕西人民出版社，2004 年。

张玉金：《甲骨文虚词词典》，中华书局，1994 年。

崔永东：《两周金文虚词集释》，中华书局，1994 年。

向熹：《诗经词典》，四川人民出版社，1986 年。

杨伯峻：《论语词典》（附《论语译注》后），中华书局，1962 年。

杨伯峻：《孟子词典》（附《孟子译注》后），中华书局，1962 年。

杨伯峻、徐提：《春秋左传词典》，中华书局，1985 年。

张双棣等：《吕氏春秋词典》，山东教育出版社，1993 年。

江蓝生：《魏晋南北朝小说词语汇释》，语文出版社，1988 年。

陆澹安：《小说词语汇释》，上海古籍出版社，1979 年。

张万起：《世说新语词典》，商务印书馆，1993 年。

张相：《诗词曲语辞汇释》（上下册），中华书局，1963 年。

王锳：《诗词曲语辞例释》（增订本），中华书局，1986 年。

王贵元、叶桂刚主编：《诗词曲小说语辞大典》，群言出版社，1993 年。

（清）王引之：《经传释词》，岳麓书社，1984 年。

（清）刘淇著，章锡琛校注：《助字辨略》，中华书局，1983 年。

裴学海：《古书虚字集释》（上下册），中华书局，1982 年。

中国社科院语言所古代汉语研究室：《古代汉语虚词词典》，商务印书馆，1999 年。

楚永安：《文言复式虚词》，中国人民大学出版社，1986 年。

顾颉刚主编：《尚书通检》，哈佛燕京学社，民国二十五年。

陈宏天、吕岚：《诗经索引》，书目文献出版社，1984 年。

洪业等：《〈论语〉〈孟子〉引得》，上海古籍出版社，1986 年。

洪业等：《春秋经传引得》，上海古籍出版社，1983 年。

引得编纂处：《墨子引得》，上海古籍出版社，1986 年。

引得编纂处：《庄子引得》，上海古籍出版社，1986 年。

引得编纂处：《荀子引得》，上海古籍出版社，1986 年。

周钟灵等：《韩非子索引》，中华书局，1982 年。

张双棣等《吕氏春秋索引》，山东教育出版社，2002 年。

程湘清等：《论衡索引》，中华书局，1994 年。

关键术语索引

后　记

　　写好汉语词类史，理想的语言背景有两条：一是要有各个历史时期代表性文献的语言专题研究；二是要有汉语各种词类历史发展变化的专题研究。目前语言学界，第一类研究已有多种著作问世，而第二类研究几乎还没有开始。2007 年，我写的《〈搜神记〉语言研究》一书，已由中国人民大学出版社正式出版。写这本书的真实目的，就是为写《汉语词类史稿》做点铺垫工作：先以《搜神记》语言为研究对象，做个"切片"，观察一下古代汉语词类在中古汉语前期发展变化的情况，以求心中有数。

　　本书写作始于 2010 年，到 2016 年脱稿，前后用去六年时间。六年在人生长河中不算太长，但也不短。长年劳作，使我常常感到身心疲惫不堪。书稿完成后，承蒙杰出的青年学者、中国人民大学文学院龙国富教授审阅一过。书稿在申报国家"成果文库"项目中，又得到了中国人民大学副校长、原中国人民大学出版社总编辑贺耀敏教授和出版社综合编辑室主任王宏霞副编审的大力支持、指导和帮助。王宏霞主任是本书的策划编辑兼责任编辑，她工作凝神聚力，审校认真负责，为本书的顺利出版付出了大量心血。此外，还应提到，社外编辑、中国人民大学文学院在读研究生许悦同志也参加了书稿的初审和一校工作，她对工作一丝不苟、敬业有加的精神，也令我十分感动。在本书即将正式出版之际，对于上述诸位所给予的有力支持和真诚帮助，在此一并表示由衷的谢意！

　　在过往的学术研究中，有两位大学者对我影响很大：一位是著名的语言学家、中国汉语史学科的奠基人王力先生。王先生是我的老师许绍早教授的老师。王先生的《汉语史稿》，就是我当年读研究生时的教材。这部开创性的著作，连同王先生后来出版的《汉语语音史》、《汉语语法史》和《汉语词汇史》三部巨著，都给了我丰富的专业知识、先进的语言理论和科学的研究方法。另一位就是著名的语言学家、古典文献专家杨伯峻先生。我念大学时，是杨先生的《文言语法》一书把我引上了古代汉语语法的研究道路。杨先生的《春秋左传注》一书，是解读、研究《左传》的经典之作，令人常读常新。杨先生的著作给了我大量鲜活的古代文献知识，让我受益匪浅；至于说到他的朴实学风，更是令我十分景仰。

　　一切学术研究都是一个不断探索的过程，一切研究结论也都不必把话说得太死太满。人的生命是有限的。丰腴的学术沃土，需要几代学人去共同经营。人虽老了，但能以书为友，做点力所能及的研究工作，这终究是有益的，也是快乐的，因为那里有追求，有美梦，也有自由。

周生亚

2017 年 12 月 20 日于默人斋

策划编辑：王宏霞

责任编辑：王宏霞　许　悦

装帧设计：肖　辉　彭莉莉

图书在版编目（CIP）数据

汉语词类史稿/周生亚著. —北京：中国人民大学出版社，2018.3
（国家哲学社会科学成果文库）
ISBN 978-7-300-25622-1

Ⅰ.①汉… Ⅱ.①周… Ⅲ.①汉语-词类-语言学史-研究 Ⅳ.①H146.2

中国版本图书馆 CIP 数据核字（2018）第 046551 号

汉语词类史稿

HANYU CILEI SHIGAO

周生亚　著

中国人民大学出版社　出版发行

（100080　北京中关村大街 31 号）

涿州市星河印刷有限公司印刷　新华书店经销

2018 年 3 月第 1 版　2018 年 3 月第 1 次印刷
开本：710 毫米×1000 毫米 1/16　印张：44
字数：690 千字　印数：0-2,000 册

ISBN 978-7-300-25622-1　定价：228.00 元

邮购地址 100080　北京中关村大街 31 号
中国人民大学出版社读者服务部　电话（010）62515195　82501766